# 立德树人

## 大思政视域下
## 小学思政教学实践

孙明东 著

中国科学技术大学出版社

## 内 容 简 介

思政课是落实立德树人根本任务的关键课程，办好思政课关键在教师。本书立足思政课教育教学实践关键要素，针对教育教学面临的问题与教育改革发展的需要，从教材解读、课例研究、课后拓展和理论思考等方面予以介绍。教材解读通过教材逻辑还原教学逻辑；课例研究以案例为载体阐述教学原理；课后拓展实现教材、课堂和生活一体化，知行合一；理论思考聚焦实践，丰富思政教学理论。全书以实践为经，以理论为纬，助力广大思政课教师上好课、育好人。

本书是作者十多年思政教育教学经验的总结沉淀，既有大量实践情境，又有概念、原理阐述与运用，确保了内容的实践性、理论性和可读性，适合广大一线思政课教师阅读，也适合从事思政课教学研究等人员阅读。

**图书在版编目(CIP)数据**

立德树人 ：大思政视域下小学思政教学实践 / 孙明东著. -- 合肥 ：中国科学技术大学出版社，2024.8. -- ISBN 978-7-312-06048-9

Ⅰ. G623.102

中国国家版本馆 CIP 数据核字第 2024GC0417 号

**立德树人：大思政视域下小学思政教学实践**

LIDE-SHUREN：DA SIZHENG SHIYU XIA XIAOXUE SIZHENG JIAOXUE SHIJIAN

**出版** 中国科学技术大学出版社

安徽省合肥市金寨路 96 号，230026

http://press.ustc.edu.cn

https://zgkxjsdxcbs.tmall.com

**印刷** 安徽省瑞隆印务有限公司

**发行** 中国科学技术大学出版社

**开本** 787 mm×1092 mm 1/16

**印张** 12

**字数** 285 千

**版次** 2024 年 8 月第 1 版

**印次** 2024 年 8 月第 1 次印刷

**定价** 48.00 元

# 前　言

2020年9月1日，《求是》杂志发表了习近平总书记在学校思想政治理论课教师座谈会上的重要讲话《思政课是落实立德树人根本任务的关键课程》。学习并落实好讲话精神，在实践中不断探索新时代思政课的发展之路，牢记习总书记嘱托，办好思政课是每一位思政教师义不容辞的责任与担当。

办好思政课，“思政课教师队伍责任重大”。作为多年从事思政课教学的一线教师，既备受鼓舞，又感到肩头沉甸甸的责任，责任源于如何解决好“培养什么人、怎样培养人、为谁培养人”这个根本问题。教师要研究教育规律，思政课教师更要研究怎样立德树人并在课堂教学中践行，甚至在社会大课堂中践行。本书是笔者多年来对大思政课从教材解读、课例研究、课后拓展和理论思考等方面进行实践和思考的成果。

“要坚持社会主义办学方向，把立德树人作为教育的根本任务，发挥教育在培育和践行社会主义核心价值观中的重要作用，深化学校思想政治理论课改革创新。”只有在深刻理解教材、读懂教材原意基础上才能改革创新。“教材解读”是笔者在反复研读教材、深入研究教材基础上对教材的解读，挖掘教材背后蕴含的思想，搭建教与学之间的通道和桥梁，以正确的学科教学理念和方法预设出既体现国家意志，又适合学生的教学预案。学校教育肩负青少年思想政治教育使命，而思政课是培育学生社会主义核心价值观的主阵地，只有不断改革创新，引导学生喜欢思政课、爱上思政课，才能增强他们听党话、感党恩、跟党走的自觉意识，筑牢青少年信仰的根基。

“要用好课堂教学这个主渠道，思想政治理论课要坚持在改进中加强。”用好课堂教学主渠道就要研究课堂教学，课例是研究课堂教学最重要的载体和平台。基于课堂教学问题解决，指向教师专业成长的课例研究，不仅为教师自我反思提供依据，也为团队合作搭建平台，更为教师研究营造氛围。“课例研究”是笔者多年执教课堂实录精选，教学设计基于对教材理解、学生了解、德育回归生活的探索与践行。教学是一个不断探索的过程，课堂永远不完美，课例研究就是追求完美路上的航船，每一节课堂实录都有笔者基于课堂、基于课程的深度思考，记录了课堂教学探索的心路历程和走过的深浅足迹。

“要把课堂教学和实践教学有机结合起来，充分运用丰富的历史文化资源。”回归生活的德育才是学生喜欢的、有效的德育，道德与法治课堂一定要与学生生活大课堂链接。“课后拓展”是笔者立足教材、立足课堂、面向学生生活设计的课后实践作业，通过国家发展、社会进步、人民幸福等形象可感的素材，将教材与生活链接，课堂与社会结合，让学生在学习中实践，在实践中成长。

成长＝实践＋反思。教学论文是教师教学实践和反思的主要渠道与研究记录。教学论文是教学经验在理论指导下系统、深入的实践总结，揭示教学改进过程，探索教学改进背后的观念和认识，并将教学研究成果以文字形式记录并推广。“理论思考”遴选文章是笔者多年来一线教学经验的理论思考与实践探索，无论是《再谈生活资源在〈道德与法治〉教学中的运用策略》，还是《提高小学思政课教学有效性的策略探究》，无不立足于思政课在学生心灵埋下真善美的种子，引导学生扣好人生第一粒扣子，在大思政视域下实现立德树人。

编　者

2024年5月

# 目　　录

# 第一章　教 材 解 读

读懂教材是上好课的第一步。本章在深度研究教材基础上理清教材编写思路，从教材整体架构、单元以及课的角度对教材进行解读，力求呈现教材单元之间逻辑关系、课题设计意图及教材栏目功能等，从而把握、读懂教材要点。

## 第一节　三年级上册教材解读

道德与法治是一门体现国家意志的综合性课程，知识面广，涵盖语文、历史、地理以及心理学等内容，授课教师要具备一定的知识宽度、深度，才能使教学生动、有效。

教材分析是搭建教与学的桥梁。教师只有读懂、读透教材，知晓教材背后蕴含的思想，了解教材图、文的深层意义，才能以正确的学科理念和方法预设出既体现国家意志又适合学生学习的教学设计。下面从教材整体、教材新教育理念、教材单元和课及教学建议四个方面对小学《道德与法治》三年级上册教材(以下简称教材)进行解读。

### 一、教材整体

教材的使用对象是刚刚升入中年级的小学生。低年级学生以直观、具体形象思维为主，为适应学生思维特点，低年级教材以绘本形式引领学生回望生活、开展学习。与低年级学生相比，三年级学生抽象思维开始形成并逐渐向纵深发展，教材编写时既要兼顾学生的思维特点，又要注重思维含量，引导学生思维螺旋式发展。教材编写紧扣以下几点。

#### (一) 单元主题指向领域

教材共有四个单元，每个单元主题分别指向学生学习生活四个问题域，力求引导学生自主探索四个生活领域。第一单元“快乐学习”引导学生探究“学习与自身成长的关系”“学习的乐趣”“怎样做学习的主人”三个问题；第二单元“我们的学校”引导学生探究“学校的物理空间”“我们的老师”“学校未来怎么发展”三个问题；第三单元“安全护我成长”引导学生探究“生命是怎么来的”“应该怎样保护生命”两个问题；第四单元“家是最温暖的地方”引导学生探究“怎么理解父母”“怎样用行动爱父母”“家庭的过去怎么样”三个问题。

每个单元问题域价值导向鲜明，体现国家意志，承载育人使命，具有其他学科不能替代的育人功能。第一单元“快乐学习”引导学生爱学习、会学习;第二单元“我们的学校”引导学生爱学校、爱老师;第三单元“安全护我成长”引导学生热爱生命、保护生命;第四单元“家是最温暖的地方”引导学生爱父母、爱家庭。教材对学生价值导向的培养没有采用概念直接表达和灌输,而是引导学生通过探究获得感悟并内化于心。

### (二)“学”为主线,“教”隐含在学中

教材既是“教本”也是“学本”,具有“教”和“学”两个功能。在突出“学”的功能上,以“学”为主线,“教”隐含在学生学习活动中。体现在以下几点。

(1) 教材以学生生活经验为编写基础,使用源于学生生活的范例唤醒学生生活经验,引导学生在课堂学习中通过交流、反思自己的生活,获得情感提升。比如,第一课《学习伴我成长》以婴儿、幼儿、小学生三个阶段生活为范例,唤起学生对自己生活经验的回忆,通过回忆、讨论和交流让学生认识到自己的成长离不开学习。

(2) 把活动“蓝本”植入教材,引导学生开展学习活动。比如,第二课《我学习,我快乐》是情感教育,情感教育用知识说教无法达到应有的教育效果,教材用游戏、做家务、制作书签等活动,让学生在活动中体验学习的快乐;第三课《做学习的主人》引导学生开展到野外和社会上观察的活动;第七课《生命最宝贵》让学生参与五分钟妈妈体验活动;第九课《心中的“110”》引导学生了解独自一个人在家,陌生人来了应该怎么办;等等。这些都是直接把活动“蓝本”植入教材,通过活动“蓝本”引导学生学习。

(3) 教材设置多种栏目,引导学生参与不同类型的学习活动。教材设置了“活动园”“交流园”“故事屋”“阅读角”“美文欣赏”“知识窗”“小贴士”“相关链接”八个栏目;除此之外还有隐含活动,如38页“小小故事会”,39页制作感谢卡,引导学生参与不同类型的活动。教师要深入了解栏目活动意图,做好学生活动指导。“活动园”引导学生开展实践、动手或者体验活动,活动既有班级、小组现场活动,又有走出教室的社会学习活动。“交流园”是课堂学习中学生分享思想或者观点碰撞的辩论活动。“故事屋”是古今中外名人故事,如16页宋濂读书的故事,21页鲁迅小时候的故事。“阅读角”与“故事屋”不同,“阅读角”是与学生同龄的人的作品或适合儿童阅读的寓言童话,或带有哲理性的文章,如25页《小花园中乐趣多》,39页《学生的关心让我感动》,76页《爱的味道》,82页《回“老家”过春节》等。“美文欣赏”来自名家经典作品,包括名人写的诗歌和散文等,如27页《温情的大雁》。“知识窗”展示知识性内容,以法律条文呈现居多,如42页、55页都呈现了相关法律条文。“小贴士”是注意事项和学生活动提示,如26页小组活动提示,30页画平面图提示,57页游泳安全提示,59页打火警电话提示。“相关链接”主要链接新闻事件等,如56页链接了“一天内16名学生溺亡”新闻事件。

(4) 发挥卡通儿童学习引导作用。教材中卡通儿童主要有启发思考、引导活动、总结提示和表达情感等作用。卡通儿童一共吐了56个泡,其中33个激发思考,16个引导活动,7个总结和表达情感共鸣。卡通儿童总结和表达情感共鸣不多,更多是激发思考和引导活动。

(5) 留白为儿童提供思考和活动空间。教材有31处留白。留白设计体现新教育观、教材观,以往教科书是权威,学生必须记住教材中的权威知识和规范,留白设计体现出教材把

学生生活经验置于与教材经验同等的地位，使学生和教材形成互动关系，与教材对话、交流。同时，留白设计使教材具有档案功能，当学生长大以后翻阅《道德与法治》教材，能看到自己的童年笔记。留白形式多样，有苹果树、小山头、表格等几种表达形式。

(6) 注重对学生社会性学习能力和探究性学习方法的培养。教材通过引导学生调查研究来培养学生社会性学习能力和探究性学习方法，比如通过表格列出调查对象、路径和方法，以及调查注意事项和调查报告填写等内容，对学生进行调查指导。教材以多样化形式引导学生开展调查。

### (三) 法治教育方式

法治教育是《道德与法治》的重要内容。教材以三种方式渗透法治教育。首先是前法律教育。教材在中低段设计规则、规范和文明素养培养等基础性道德教育内容，这些教育内容发生在儿童能够理解法律概念之前，不是严格意义上的法律教育，是前法律教育。这些教育虽不是法律教育，但有法律教育意义，能够为学生在后续严格意义上的法律教育奠定基础。比如低年级《上学路上》《校园里的号令》《班级生活有规则》《这些是大家的》《我们不乱扔》《大家排好队》《我们小声点儿》等都是前法律教育。其次是融合式法律教育，教材将法治教育知识点融合到相关主题教育中，采用分散嵌入方式对学生进行法治教育。融合式法律教育在中、高年级较多。本册教材体现融合式法治教育的有两课，《让我们的学校更美好》融合《中华人民共和国义务教育法》，《安全记心上》融合《中华人民共和国道路交通安全法》。最后是直接法律教育，六年级上册是法治专册，按照法律、法治教育体系集中讲述法治教育内容。

## 二、教材新教育理念

与以前的教材相比，新教材不仅形式上有较大变化，内容上也有很大突破，蕴含新的教育理念，主要体现在以下几方面。

### (一) 师生观

小学生特别是低年级学生向师性强，老师在他们心目中是神圣的，他们认为老师都是正确的。随着儿童年龄的增长，他们发现老师也有不完美之处。老师的不完美会给他们内心带来一定冲击，有时让他们感到委屈、难过，甚至产生抵触心理。教材既引导学生了解老师工作的辛苦，也引导学生认识到老师也有不完美的地方；当老师做法不合适的时候，引导学生用适当方式与老师沟通，表达自己的意见。

### (二) 爱父母观

教材重视在低年级对学生开展爱父母、孝敬父母教育。爱父母、孝敬父母不代表对父母无原则服从，父母也有人性弱点和自身缺点。爱有双重含义，既包含对父母的热爱与感激，也包含帮助父母改正缺点。教材 77 页设计了学生帮助爸爸改掉不健康习惯的情境，引导学生根据父母实际情况,尝试帮助父母改正不健康的生活习惯。

### (三) 学习观

第一单元体现了综合学习观和快乐学习观。综合学习观认为学习不仅学习知识,还包括生活技能、道德学习以及终身学习。学习过程是辛苦的,但其中也蕴含乐趣,苦中有乐是快乐学习观。

### (四) 多元智能观

人的智能是多元的,存在着个体差异,不同的人具有不同智能优势,每个学生在学习中有不同长处和闪光点,人人都能学好。教材帮助学生发现自己学习上的优势和潜力,学会管理时间,掌握科学学习方法,树立学习自信心。玩要也是重要的学习途径。

### (五) 道德教育建立在对人理解的基础上

德育是教会学生理解人,理解是个体道德形成的基础,德育是人理解人的教育。亲社会行为水平高的儿童都是对他人情感、处境理解更准确的儿童。教材第五课、第十课体现了在理解教育基础上的道德教育。

### (六) 注重对学生道德智慧的提升

提升学生道德智慧是教材的重要关注点。道德智慧对学生生活有较大指导作用,道德智慧核心是对生活中道德问题具有敏锐的思辨能力,面对道德困境时能够作出正确判断,机智处理好事情。教材引导学生对道德现象不但要知其然,还要知其所以然;行善要动脑筋、讲方法,了解对方需要,否则可能会对别人造成伤害。这些教育都是为了提升学生的道德智慧。

### (七) 安全教育观

教材把安全教育上升到生命教育高度,改变以前教材中安全教育和生命教育割裂的状况,把生命教育和安全教育整合为一个单元,从生命来之不易和生命不可重来的角度讨论安全话题,把以前外在要求的安全教育转变为内在需求的安全教育,让学生热爱生命、珍惜生命,学会保护生命,这既是对学生进行安全教育的情感基础,也是安全教育的最终目的。

### (八) 引导学生正确对待陌生人

社会具有复杂性,存在极少数坏人拐卖儿童的现象。出于对学生安全的考虑,家长或老师可能会教育儿童不要与陌生人交往。儿童时期禁止与陌生人交流,容易造成儿童道德冷漠,不利于人际交往,甚至可能影响儿童成人后的人际交往。教材引导儿童既不要把陌生人全部当成坏人,也要对陌生人有一定的警惕性。

## 三、教材单元和课

教材共有四个单元,第一单元主题是学习,第二单元主题是学校,第三单元主题是安全,第四单元主题是家庭。

### (一) 第一单元“快乐学习”

学习主题主要安排在中、低年级教材中。一年级强调学习习惯培养，如一年级上册第八课《上课了》就是围绕课前准备、课堂多提问和小组合作等学习习惯培养展开。二年级强调掌握科学学习方法，如二年级下册第四单元“学习有方法”。三年级在二年级基础上提升学生对学习意义的认识，树立新的学习观和学习自信心，学会时间管理，掌握良好的学习方法。本册第一单元有三课。第一课《学习伴我成长》引导学生懂得学习的意义，愿意学习。第二课《我学习，我快乐》引导学生体验学习的快乐。第三课《做学习的主人》帮助学生掌握学习方法，做到会学。

第一课《学习伴我成长》重点帮助学生认识学习的意义，树立新的学习观。教材引导学生回忆婴儿期、幼儿期、儿童期三个阶段的成长经历，从成长经历中感悟自身成长离不开学习。从两方面引导学生了解新的学习观。首先，从人的自然属性来说，人是一种善于学习的动物，但人和动物学习不同，动物的学习是本能学习，人的学习是有思想、有思考的学习。每个人成长都离不开学习，学习不应成为负担，应当是快乐的。其次，从学习本质来说，学习是综合的。学习空间多重，有学校、家庭和社会学习空间；学习内容多元、丰富；学习途径多样；学习时间为终身。新的学习观以终身教育思想为导向，通过引导学生调查、采访身边不断学习的人，帮助学生从小树立终身学习的观念。每个人都应当终身学习，特别是教师，应该保持空杯心态，在学习上永不停歇，成为学生终身学习的榜样。教学时引导学生通过调查、采访等活动树立终身学习观念，重视学生调查、采访能力的培养。“处处可学习”让学生懂得学习内容的广泛性和学习途径的多样性，明白生活处处皆学问。玩耍是一种重要的学习方式和途径，但玩耍不是贪玩，引导学生会玩，在玩中增长知识、能力。指导学生在“做”中学，让学生亲自做，体验“做”中学对学习的重要性。

第二课《我学习，我快乐》引导学生体验学习蕴含的快乐，激发学习兴趣，学会克服困难。教育如果让学生从小对学习产生恐惧、厌学，这是教育的失败。教材通过引导学生参与游戏、做家务、交流、阅读、制作书签等活动，让学生体验学习的快乐。“战胜困难更快乐”让学生懂得学习是快乐的，但在学习过程中难免会有困难、挫折甚至是失败，关键是对待困难的态度。本课重点是让学生体验战胜困难的快乐，使学生明白快乐的学习者能以积极乐观的心态对待困难、挫折和失败。教材呈现王栋学骑自行车的范例，让学生懂得遇到困难时，只要坚持不懈就一定能够战胜困难。“实话实说”栏目通过呈现人们遇到困难时的六种心态，引导学生运用心理力量解决学习上遇到的困难，实现道德修养、道德意志和心理健康的和谐发展。教材出示两种解决困难的方法供学生学习，省略号引导学生思考和寻找还有哪些解决困难的方法。

第三课《做学习的主人》针对学生学习上泄气和不自信的缺点，帮助学生发现自己的优势和潜力，树立自信心，掌握适合自己的学习方法，达到好学、会学的目的。教材呈现音乐、绘画、人际沟通、自然探索、动手制作五个方面的智能范例，引导学生寻找自己的智能优势和闪光点，发掘自己的学习潜力。“多在心中画问号”引导学生在学习上多提问、敢质疑。提问和质疑是学习品质也是学习方法，具备这种品质非常重要，有效学习都是从问题出发。爱问问题是儿童的天性，但随着年龄增长，儿童主动发问的热情逐渐降低，为了强化和保持儿童好问的天性，并将天性上升为勇敢质疑的品质，教材设计了夏夜星空、城市堵车两幅图，让学生通过观察提出问题。教材 16 页呈现了宋濂小时候爱提问的故事和《问号之歌》。17 页呈现了学生提问时的几种心理障碍，如不好意思、怕提出的问题太傻等。教学时教师要针对班级学生的特点，寻找学生不敢提问的真实心理，有针对性地进行本课教学。教材还呈现了一位特别爱鼓励学生多提问题的老师的故事，鼓励学生在课堂上提出五花八门的问题，即使是看起来很“傻”的问题，老师也都给予鼓励。在老师眼里，能提出问题的学生才是爱思考的学生。教学时要注意保护学生爱提问的天性。教材呈现的是引导学生在大自然、社会生活中提出问题的两个范例。“评一评”引导学生对提出的问题进行自我评价。如何解答自己提出的问题，教材提供了向别人请教、查阅相关资料、实地调查三种解决问题的范例。“活动园”中“我问你答”的游戏，旨在激发学生的提问兴趣。“我和时间交朋友”重在引导学生从小学会管理时间，养成合理安排和利用时间的好习惯。学会管理时间是一种非常重要的能力，时间管理的核心是提高效率。小学阶段要训练儿童做事情有截止时间和阶段目标意识。教材提供了学生不会合理利用时间的案例，教学时可以反面示例正面引导，引导学生给教材中的同学提出正面建议，帮助学生学会管理时间。教材出示小丽制订完成任务时间目标并高效完成作业的案例。小丽以前做作业很拖拉，边做作业边看电视、吃零食、玩玩具。这次她给自己提出了 40 分钟完成作业的时间目标。案例告诉学生在完成任务前要确定时间目标，在确定的时间目标内完成任务。“故事屋”呈现鲁迅小时候管理时间的故事。管理时间要制订计划，制订计划是管理时间的有效方法。教材中合理安排时间的表格设计了如何合理安排星期天的各种活动的时间，教学时通过星期天的活动表格，引导学生拓展到每天放学后如何管理自己的时间，寒暑假如何规划、管理自己的时间。话题“好经验共分享”引导学生掌握良好的学习方法。学习方法是影响学习效果的各种因素中十分重要的因素，帮助学生从小掌握学习方法比教育学生努力更重要，良好的学习方法能使才能得到充分发挥，让学习轻松愉快。

### （二）第二单元“我们的学校”

学校主题在全套教材中一共安排了八个单元。低年级从适应学校生活入手，如一年级上册第二单元“校园生活真快乐”，引导学生了解校园的空间布局，知道学校生活中的注意事项。中年级重点从物与人的角度增强对学校和老师的热爱，增加了访问、参观、调查、绘制平面图等学习内容和方式。高年级重点从民主、和平等角度对学生进行热爱学校的教育。本册第二单元有三课。第四课《说说我们的学校》整体认识学校，第五课《走近我们的老师》引导学生了解老师，第六课《让我们的学校更美好》期待学校更美好。

第四课《说说我们的学校》有四个话题。第一个话题是“我们的足迹”。三年级学生在学校已经生活两年，对学校比较了解，教材从我最喜欢的校园一角切入，让学生说说自己最喜欢的校园一角，增强学生对学校的亲近感和归属感。教学时从校园一角展开，引导学生认识校园功能室、活动场所以及学校环境。话题“我们的学校不简单”引导学生关注学校历史和人文环境，促进学生对学校有更深入的了解。教材运用调查、访问和探究学习方式，让学生了解学校建校时间、荣誉和学校变迁等历史。教材确定调查内容并对调查方法予以指导，适当留给学生拓展空间，从而使学生更有针对性地深入了解学校。话题最后引导学生开展介绍学校活动。话题“有了事情找哪里?”从问题解决的角度引导学生认识学校的不同部门及功能，进一步促进学生对学校的了解，增强对学校的认同感。话题“一起画张平面示意图”重点培养学生运用地图和识图的能力。读图、用图能力是道德与法治学科的重要教育任务，读地图、识地图、用地图也是现代人的基本生活技能。平面图是地图的一种，它把一定范围空间用平面图形式表现出来。教学时要注意对地图三要素——方向、图例和比例尺的关注，本课教学重点是引导学生关注方向和图例。教材留白处的卡通儿童是上北、下南、左西、右东的方向提示。

第五课《走近我们的老师》帮助学生进一步了解和理解老师，体会老师对学生的关爱。在学校生活中，师生关系是儿童生活中很重要的关系。三年级学生对老师的了解和认识比较有限，呈模糊和碎片化，教材引导学生挖掘老师的正能量。话题“我和老师的故事”呈现三个范例，引导学生回忆老师对自己的关爱;“阅读角”的学生作文引导学生从身边的小事中体会老师对学生的关爱。学生需要学会接受不完美的老师，教材引导学生学会从两个方面处理师生关系：一是学生对老师的不理解，教材通过范例帮助学生理解老师，了解老师的良苦用心；二是老师对学生的不理解，如果学生被老师误解、疏忽时，应该怎么办? 教材指导学生如果对老师有意见，要学会与老师沟通，向老师说明情况，给老师提出建议，沟通时要尊重老师。话题“老师，您辛苦了”重在引导学生了解老师工作的辛苦，从而理解和体谅老师。教材通过活动设计，引导学生观察一位老师一天之内与学生在一起的时间，通过涂一涂的方式体会老师工作的辛苦。接着，教材以“小小故事会”的形式引导学生分小组分别采访一位老师并在班级交流，了解老师的故事，走进老师的内心世界。“阅读角”呈现了一位老师从一个具体细节中感受到学生的关爱而被感动的故事。教材还引导学生认识学校其他工作人员，学会尊重并感谢学校里每一位工作人员。

第六课《让我们的学校更美好》引导学生认识自己的成长与学校教育密不可分，增进对学校教育重要性的认识，提升对学校的认同感。教材通过让学生思考自己在学校待一天、一周、一月的时间来认识学校对自己成长的重要意义。通过案例引导学生讨论不去学校学习行不行。小玲认为通过电脑可以学习，不去学校也行。教学时围绕小玲的观点，引导学生展开讨论，提升对学校教育重要性的认识。部分农村地区有歧视女童现象，父母不让女孩到学校读书。教材呈现范例，通过一幅图、一首诗反映不能上学的女童内心对上学的渴望。出示《中华人民共和国义务教育法》条文，让学生懂得到学校学习是法律保障我们的权利，也是每个公民应当履行的义务。话题“我为学校出点力”引导学生懂得学校是公共场所，在公共场所应该力所能及地为学校出力，唤醒学生的公民意识，提升公民能力。教材通过引导学生调查学校不如意的地方，为学校建设和发展提出有益建议，目的是萌发学生的公民意识。教材第一次提出问题解决学习，让学生在生活中寻找真实问题，学会综合、关联、多角度结合实际分析问题，帮助学生形成关心社会的态度和参与社会生活的行为方式。教材以留白形式引导学生开展问题解决学习活动，教学时引导学生懂得开展此类学习不是批评学校，而是引导学生关心学校,增强对学校的责任感。

### (三)第三单元“安全护我成长”

本单元有《生命最宝贵》《安全记心上》《心中的“110”》三课。防止儿童受意外伤害是世界难题,本套教材在低、中年级安排了安全教育内容,低年级重点培养学生自我保护意识和能力,中年级从生命高度开展安全教育,主要有保护生命安全技能学习和人际交往安全教育。教材第七课体会生命宝贵,树立安全意识,为本单元安全教育做铺垫。第八课从交通、防溺水、防火三方面对儿童进行专项安全教育,教育学生学会自护自救。第九课从防盗、防拐、防性侵三方面对学生进行人际交往安全教育。

第七课《生命最宝贵》引导学生体会生命来之不易,懂得生命不可重来,培养学生珍爱生命的意识。热爱生命,珍惜生命,学会保护生命,既是对学生进行安全教育的情感基础,也是安全教育的最终目的。教材以问题导学方式引导学生从自己的成长故事中认识生命不易和成长不易。教学时要注意关注特殊家庭儿童,离异家庭学生从小不一定生活在父母身边,教学时对这一类儿童要引导他们认识到父母即使离异也是关爱自己的。教材通过体验五分钟妈妈怀孕时的活动,引导学生理解妈妈孕育生命的艰辛。教材 49 页通过给婴儿洗澡、妈妈惦记我的生活、生病时爸爸妈妈照顾我三个场景,引导学生了解养育生命过程的艰辛。“爱护身体　珍惜生命”引导学生懂得只有爱护身体,才能保护好自己的生命。教材通过一个小孩玩火被烧伤的案例,引导学生认识到不注意安全会给自己带来伤害,甚至造成终身残疾,带来诸多不便。教材 51 页以图文结合的方式引导学生反思自己在爱护身体和珍爱生命方面做得怎么样。范例从避免受凉、不做危险动作、多运动、不挑食等方面引导学生注意爱护身体。教材通过体验性活动,引导学生懂得如果身体某个部位受伤害,会给生活带来不便与困难,感受健全、健康身体的重要性。“阅读角”中的《吾儿臭臭》小诗告诉学生身体不能再生,生命不可重来,只有好好活着才有希望。如果身体受到伤害,或者失去生命,最痛苦的是父母。极少数学生对自己的生命不尊重,没有认识到生命不仅属于自己,也关联到父母。教材通过一位母亲的札记引导学生体会父母在失去孩子时的痛苦、伤心。

第八课《安全记心上》帮助学生树立生命安全观,学会保护生命的基本技能。本课选择交通、溺水、火灾三个非常重要的危险源开展教学。在教学时可以根据本班学生安全状况扩展到其他方面安全教育。“平安出行”是交通安全教育,低年级交通安全教育重在引导学生认识交通安全标志、标识,中年级重在教育学生遵守交通规则。教材呈现马路上违反或遵守交通规则的四种现象,并将其分为两类,一类是摩托车载人不戴头盔和货车载客不遵守交通规则行为;一类是过马路走斑马线和走人行天桥遵守交通规则行为。教学时结合《中华人民共和国道路交通安全法》开展教育。“知识窗”呈现了因交通事故造成伤亡的数量呈逐年上升的趋势,让学生认识到交通事故危害的严重性。教材 55 页呈现学生在马路上踢球、翻越护栏以及爸爸酒驾的事例。翻越护栏是《中华人民共和国道路交通安全法》第六十三条所禁止的,酒驾也是违法的。“不让溺水悲剧发生”是防溺水教育,教材通过三个案例引导学生探究溺水发生的原因。教学时利用教材留白拓展到不下河摸鱼、不独自到水边玩耍等其他溺水发生原因的探究。教材同时教给学生安全游泳小技能,预防溺水发生。“小贴士”教给学生安全游泳常识，比如抽筋时该怎么处理，呛水时怎么办，卷入漩涡怎么处理，在保障自身安全的情况下如何营救他人等安全常识。“‘119’的警示”是防火安全教育，教材图文结合，分别选取四种不同情境下火灾逃生的方法。发生火灾时很多受害者不是被烧死，而是被烟呛死。火灾发生时要用湿毛巾捂住自己的口鼻，将湿衣物披在身上。如果被困室内，在窗前用红色毛巾呼救，让别人发现自己。发生火灾时不能乘坐电梯逃生，要走楼梯。草原、森林发生火灾，逃生时不能顺风跑，要掌握草原和森林火灾正确的逃生方式。教材 59 页三幅图是火灾发生原因探究，教材以冬季取暖、室内燃烧、郊外乱烧三个问题情境呈现火灾发生的原因。“小贴士”呈现拨打火警电话“119”时的注意事项。教学时可以联系《中华人民共和国消防法》开展相关法律教育。“安全通行证”是综合性安全教育，重点从居家安全、校园安全、交通安全和户外安全几方面展开教学。教材呈现了湿手插电源插头、攀爬楼梯扶手、不满 12 周岁骑自行车上马路以及在高压线下放风筝的案例，引导学生辨析如何注意安全，教学时应结合学生生活实际进一步拓展丰富教学内容。教材选择出行安全、电器使用、燃气抢险、电梯求生四个方面的安全知识让学生辨识，为学生安全生活奠定基础。教学时还应该拓展到如何防触电、防食物中毒、防疾病、防运动伤害、防地震、防煤气中毒等，提高学生基本安全自救和自护技能。

第九课《心中的“110”》引导学生认识社会复杂的一面，能够识别社会生活中人为欺骗，初步建立人际交往安全防范意识。角色扮演是一种很好的道德教育方式，教材 62 页角色扮演活动引导学生思考一个人独自在家的时候，如何面对不同外人入户，学会机智处理。教材 63 页通过故事引导学生懂得当发现险情时需要智慧处理。教学时利用小主持人提问，引导学生思考如何学会自我保护。“不要上当受骗”引导学生懂得要有防范和自我保护意识，教材通过吴华上当受骗案例引导学生明白在生活中要注意安全自护，学会当发生险情时如何机智自救。教材 65 页通过四个情境引导学生思考遇到这些情况如何应对。第四幅图“防止性侵”需要特别关注，少年儿童被性侵是一个引起社会关注的问题。性侵往往发生在熟人中，存在极少数邻居、老师等对学生性侵的现象。通过教学让学生知道穿内衣、内裤的地方是身体隐私部位，除了爸爸妈妈和医生外，任何人不能够随意触摸。如果被性侵要及时告诉家长或老师。

### (四) 第四单元“家是最温暖的地方”

本单元主题是家庭教育，家庭教育主题低、中、高年级都有。低年级突出家人和家庭情感教育，如一年级下册第九课《我和我家》、第十课《家人的爱》，激发学生的爱家情感。中年级突出对家长爱的理解和爱家人的能力以及对家庭历史的了解。高年级突出家庭民主、和谐以及家风建设。本单元逻辑思路是：理解父母的爱(第十课)→表达对父母的爱(第十一课)→认识家庭(第十二课)。

第十课《父母多爱我》引导学生体会父母的爱，尝试走进父母的内心世界，增进对父母的理解。生活中父母对孩子的爱是默默的，孩子对父母默默的爱习以为常，很少从生活细节中体会到父母对自己的爱。教材通过填写爱心树引导学生回忆、观察并记录父母每天为自己所做的事情。“阅读角”中的故事《妈妈喜欢吃鱼头》引导学生从生活细节中体会和发现父母默默的爱。教学时有的学生可能认为鱼头比鱼肉更好吃，需要跟学生特别说明案例中的鱼头非常难吃，妈妈吃鱼头是对孩子的一种关爱。教材68页呈现一首古诗和一首现代诗，两首诗都体现了母爱深沉。卡通儿童的提问引导学生认识到在自己成长过程中，父爱和母爱同等重要。由于儿童认识和理解能力有限，常常对父母爱的方式不能理解，需要给儿童这方面的引导。话题“多一些理解”呈现在日常生活中学生对父母爱的不理解情境。70页在承接上一页的基础上，通过表格帮助学生学会理性思考，理解父母，引导学生体会父母有些行为虽然让我们不能理解，但也可能包含着对我们的爱。教材71页用书信形式呈现一位爸爸不被自己孩子理解的心声。卡通儿童提问是教学重难点，教学时要重视该提问对学习的引导作用。

第十一课《爸爸妈妈在我心中》引导学生走进父母世界。通过观察和调查加深对父母的了解，学会用具体行动爱父母。教材72页从三个具体场景切入，表达孩子爱父母的情感。73页通过四个案例呈现孩子对父母了解的内容和途径。教材通过名言引导学生懂得：父母的年龄做子女的不可不知道，一是为双亲年高体健而高兴，一是为双亲年岁大了而担心。教材通过“我为父母写档案”活动增进学生对父母的了解，留白是对活动的提升，让学生在留白处写下自己的感受和发现。“爱父母，在行动”引导学生懂得爱父母不能仅停留在口头上，重要的是要体现在具体行动中。范例引导学生说出自己在生活中爱父母的具体行为表现。教材76页呈现一篇美文和两个具体情境，帮助学生懂得爱父母还需要有爱的行动和能力。教材设计了一位学生帮助爸爸改掉吸烟不健康习惯的情境，体现爱的双重含义，除了感谢、感激父母，关心、帮助爸爸妈妈改掉不健康的生活习惯，也是爱父母的表现。

第十二课《家庭的记忆》引导学生了解家庭基本结构，体会中华民族对家庭传统文化建设的重视。本课从三方面引导学生了解家庭。首先通过家庭树填写和称呼抢答了解家庭结构，即横向家庭学习。其次通过“家史”小调查了解家庭历史，即纵向社会学习。最后通过传统节日和语言文字增进对家庭传统文化的了解。话题“家庭称呼抢答赛”通过家庭树填写和称呼抢答了解家庭结构。现在不少学生生活在核心家庭，对大家庭结构和称呼不太了解。通过填写家庭树引导学生进一步了解大家庭亲友之间的正确称呼。教学时可以结合本地方言称呼开展教学。“‘家史’小调查”让学生通过调查采访，收集家庭过去几十年发生的事，了解家庭历史，感受家庭发生的变化。“传统节日中的‘家’”呈现大年三十吃年夜饭的情景，突出中华传统文化对家庭的重视，引导学生通过回忆吃年夜饭时一家人团团圆圆，特别是千里之外都赶回来和家人团聚的情景，体会对家的情感。“知识窗”介绍年夜饭的意义。“阅读角”呈现一家人回家过春节的心情，体现中华民族对家庭传统的重视。卡通儿童问题引导学生思考为什么很多中国人过春节一定要回家与亲人团聚，从而了解家庭传统文化。最后通过开放性表格引导学生探究中华民族还有哪些传统节日与重视家庭观念有关，比如端午节、清明节、中秋节等。“语言文字中的‘家’”通过猜谜语体会语言文字中的“家”。第一个谜底是“家”，第二个谜底是“合”，第三个谜底是“吉”，第四个谜底是“喜”。接着通过成语和谚语引导学生体会语言文字中的家庭观念。最后以一首古诗和一幅水墨画让学生体会诗人离家后思念家人的情感，从诗歌中深入体会中华民族重视家庭的传统观念。“活动园”引导学生收集有关“家”的成语、谚语、格言、诗篇或者故事，并制作简报，通过活动进一步引导学生感受语言文字中的家庭观念。

## 四、教学建议

### （一）科学划分课时

道德与法治学科大多是兼职教师，缺乏对教材的深入研究，一课用一课时还是两课时或三课时完成教学任务，对他们来说比较难以把握。教材每课一般2～4个话题，教材编写一般按照每课两课时量进行设计。教学中要注意课时划分和教学目标确定。比如第一课《学习伴我成长》有两个话题，有的老师认为两个话题可以用一课时完成教学任务。通过研读教材发现，每个话题内容较多，两个话题之间逻辑关联度不高，是两个并列话题，一个话题应该用一课时完成教学任务，本课需要两课时完成教学任务。新课程改革强调以学生为主体，以学生为中心，课堂教学应该慢下来，给学生更多活动时间、表达机会。传统讲授式教学，老师讲学生听，一课时可以完成任务。新课程理念下通过活动开展教学，让学生在课堂学习中多思、多说、多动，因此本课教学需要两课时。教材次序不完全是教学次序，课时划分可以将逻辑关系相近的内容划分为一课时。比如三年级上册第三课《做学习的主人》有四个话题。如果把第一个话题和第二个话题划为一个课时，可能不太好上，因为这两个话题逻辑联系不强。对这一课课时应该灵活划分，可以把第一个话题和第四个话题作为第一课时，“多在心中画问号”作为第二课时，“我和时间交朋友”作为第三课时，这样划分把逻辑相近的内容划为一个课时，有利于教学开展。或者把第一个话题作为一个单独课时，然后把第二个话题和第四个话题作为一个课时。第二个话题和第四个话题都讲学习方法，逻辑关系相近。三年级上册共12课33个话题，一学期大约20个教学周，除去假期后有17～18个教学周，根据教材内容结合学期教学时间，本册教材可以划分为26个课时，有的一课两课时，少部分一课三课时，只有第九课可以用一个课时完成教学任务。

### （二）精准确定教学目标和教学思路

课时划分后要确定教学目标和教学思路。教学目标是课堂教学的风向标，目标不准确课堂便低效甚至无效。确定教学目标要基于课程标准、教材内容和学生实际。比如，第一课《学习伴我成长》划分为两课时。第一课时教学目标：(1) 知道人的成长离不开学习；(2) 初步具有不断学习、终身学习的意识。第二课时教学目标：(1) 懂得学习不仅有课堂学习，还包括多种途径和内容；(2) 知道玩耍也是一种重要的学习方式；(3) 学会在“做”中学。教学目标指向学生行为，从教学目的到拟定教学目标是教学观、学生观的落实。以前拟定教学目标更多指向教师行为，新课程理念下教学目标指向学生行为，是学生通过本节课学习能够达到的行为要求。教学目标确定后要确定课堂教学思路，教学思路是课堂教学中学生“学”与教师“教”的步骤流程，也是教师对课堂教学过程作出的思考、安排与策划，体现了“学”与“教”的逻辑。凡是不成功的课，一定是主线不明，思路混乱，教学肤浅。一节成功的课必定有一条非常清晰的教学主线，有条理，环环相扣，重点突出，深入浅出，精彩纷呈。比如，第一课《学习伴我成长》第一课时“成长离不开学习”教学思路:(1) 引导学生了解、回忆婴儿期、幼儿期、小学期自己的学习收获;(2) 了解不学习对人成长的影响;(3) 观察了解身边的人都在不断学习;(4) 展望未来,树立终身学习观念。主线围绕学习和学习意义展开。根据以上教学思路确定本节课教学活动。活动一:成长的小脚丫。听爸爸妈妈讲婴儿时期的故事,自己讲幼儿时期学习收获,展示小学阶段学习收获。活动二:故事会《狼孩的故事》。活动三:大家都在学。讲爸爸妈妈学习的故事,现场采访老师学习的故事。活动四:展望未来、不断学习。观看视频“变化的世界”。

### (三) 准确使用教材,引领学生有效学习

准确使用教材,引领学生有效学习,首先要树立“教材是一种学习资源,是达成课程目标的范例和桥梁”的新教材观。《道德与法治》作为全国统编教材,反映场景和事件更多体现教育共性,不可能兼顾到全国不同地区学生的实际。因此,要灵活使用教材,做到用教材,而不是教教材。比如,在教学《学习伴我成长》导入活动时,作者在活动一展示学生婴儿期、幼儿期、小学期照片课件,唤醒学生已有经验。学生看到自己或者同学照片,产生强烈学习欲。具体教学活动如下。活动一:成长的小脚丫。(1) 听爸爸妈妈讲故事,我们婴儿期学了什么。(2) 幼儿期学到什么,学生展示自己的照片,讲述自己怎么学会叠被子、穿裤子等。(3) 上小学后,我学会了(知识、技能、礼貌……)。(4) 听老师开发《狼孩的故事》课程资源。听完故事,老师提出问题:通过故事你懂得了什么?活动二:学无止境。开展调查活动,调查对象是爸爸妈妈、外公外婆、爷爷奶奶、老师和其他人,了解他们现在还在学什么、有什么收获。小组汇报采访情况。活动三:变化的世界。教师播放视频,通过视频了解社会飞速发展,必须要终身学习,不断学习。

接着,把学生“在场因素”作为教学出发点。“在场因素”指儿童自身经验、体验等与儿童生活直接相关的因素,学生知道或感知的东西。“不在场因素”是和学生经验、体验无关的知识体系。教学时要从“在场因素”出发,将“在场”与“不在场”互渗、互动、互连。

其次,把静态教材内容转化为动态学生活动。活动是学生认知和情感形成的基础,通过活动提升学生生活经验,促进正确观念和行为的形成。

最后,体现教学对话性。教育的本质就是对话,学生良好品德的形成不能靠说教,教师在教学中要注意通过对话引导学生道德自主建构,激发学生探索兴趣和愿望。激发学生探索兴趣和愿望首先要用好教材留白、问号、省略号,留白让学生与教材对话,问号引导学生思维方向,省略号留给学生思考空间。用好教材给学生创造展示机会,让学生在课堂中精彩表现。课堂要启发学生思考,搭建让学生在课堂中讲述自己的故事和展示的平台,给学生说、写、画、演的时间和空间。学习过程重视引导学生相互评价,对小组发言等学习活动后要及时评价。教师要增强为学生服务的意识。新课程理念下,教师角色发生三个阶段变化,第一阶段是教师独白,自编、自导、自演,课堂表演式教学。第二阶段是教师自编、自导,学生根据教师设计表演,教师角色是导演。第三阶段强调教师是对话者角色,教师参与活动和学生分享并引导,教师是课堂教学组织、引导、点拨、激励者角色。三个阶段变化是教师由教学单纯发问者转变为活动参与者,把自己的经验、故事、感悟与学生分享。教学中教师要认真倾听学生发言,观

察学生行为表现，针对学生发言和表现及时、有效地评价学生，使学生得到激励、提升。

### （四）坚持法治教育准确性与适切性统一

三年级法治教育是融合式教育，教学时坚持法律精神和教育规律统一，体现法治精神、理念、原则，力求法律知识的准确性。充分考虑学生年龄特点，采用学生能够理解的语言，运用场景和案例，避免法治教育僵化，将“法言法语”转化为学生可接受的“童言童语”。法律条文呈现力求自然、形象、生动，引导学生理解法律条文核心概念，挖掘法律知识教育性，力求道德教育与法律教育的融合。比如，第六课女童失学问题，教材呈现一幅图和一首诗。教学时用课件播放这幅图和诗歌音频，唤起学生对女童的同情心，引起道德感。教师播放课件并提出“你理解失学女童的心情吗？有什么话想对她说吗？”等问题。学生发言后教师总结：《中华人民共和国宪法》第四十六条规定，中华人民共和国公民有受教育的权利和义务。出示教材《中华人民共和国义务教育法》第四条法律条文并让学生读一读。抓住适龄儿童、义务教育两个核心概念，引导学生知道两个概念。适当拓展引导学生了解《中华人民共和国未成年人保护法》，未成年人享有受教育权，国家、社会、学校、家庭尊重和保障未成年人受教育的权利；该法第十六条规定父母或其他监护人应当尊重未成年人受教育的权利。呈现法律条文以后，进一步引导学生思考为什么要制定保护少年儿童接受义务教育的法律条文。

“道德与法治”是一门有魅力的课程，立足新课标把握教材，树立新理念，探索新教法，一定会创造出有生命力、有魅力的道德与法治课堂。

## 第二节　四年级上册教材解读

四年级是小学中段，本册教材主要围绕学生熟悉的、直接的生活领域设计。对于刚步入四年级的学生而言，班级集体意识初步形成，但随着学生主体意识和班级集体意识增强，班级发展也遇到了诸如如何处理班级集体意识膨胀导致的班级间交往等新问题。本册教材设计了“与班级共成长”单元，聚焦学校生活领域中的班级发展主题。通过一至三年级家庭生活主题教育，学生不仅能够深刻体会到父母的爱，也能够向父母表达爱，但是家庭生活不仅涉及爱的情感问题，也涉及家庭责任等问题，本册教材针对四年级学生发展状况，设计了“为父母分担”单元，从家庭责任角度进一步引导学生更好地过好家庭生活。现代媒介，尤其是电视和网络等现代电子媒介已经成为学生生活的重要组成部分，四年级学生需要学会合理使用现代媒介。此外，商业广告已经渗入现代人生活的方方面面，并产生了不少消极影响，如何避免商业广告的消极影响、理性对待它们已经成为亟须关注的教育主题，因此本册教材设计了“信息万花筒”单元。面对全球性的生态危机以及现实生活中学生环保意识不强，尚未将环保意识落实为环保生活方式的现状，本册教材设计了“让生活多一些绿色”环保教育主题。下面从教材整体、教材单元和课、单元概况及课时划分与教学目标三个方面对小学《道德与法治》四年级上册教材（以下简称教材）进行解读。

## 一、教材整体

教材主要依据《义务教育品德与社会课程标准》(2011 年版)要求,包括"我的健康成长""我的家庭生活""我们的学校生活""我们的社区生活""我们的国家""我们共同的世界"六个生活领域。每个生活领域侧重点不同,"我的健康成长"帮助学生认识并养成健康的生活习惯。"我的家庭生活"培养学生家庭生活能力、家庭责任感。"我们的学校生活"引导学生学习班级之间、同伴之间如何交往,培养班级归属感,养成自觉的班级生活方式,掌握我们班和其他班的交往方法。"我们的社区生活"有消费、环保和家乡三个话题,消费话题培养学生消费能力和消费基本品质;环保话题培养学生环保意识、能力以及绿色生活方式;家乡话题侧重于关心家乡文化、家乡变化和发展。"我们的国家"侧重介绍如何培养学生信息媒介素养和各行各业的劳动者。"我们共同的世界"教育学生学会珍惜资源,保护环境,对共同生活的世界有好奇心,不断学习和探索。

教材共有四个单元。第一单元"与班级共成长"是学校生活领域内容,有《我们班四岁了》《我们的班规我们订》《我们班　他们班》三课;第二单元"为父母分担"是家庭生活领域内容,有《少让父母为我操心》《这些事我来做》《我的家庭贡献与责任》三课;第三单元"信息万花筒"是健康成长和社区生活领域内容,有《健康看电视》《网络新世界》《正确认识广告》三课;第四单元"让生活多一些绿色"是社区生活领域环保内容,有《我们所了解的环境污染》《变废为宝有妙招》《低碳生活每一天》三课。

## 二、教材单元和课

把握单元和课文之间的逻辑关系有助于更好地认识和解读教材。比如,四年级下册 43 页"阅读角"是关于节约的话题。如果没有把握单元和课文之间的逻辑关系,教材解读就可能产生偏差。该"阅读角"是《合理消费》课文的一部分,如果仅从节约角度来看的话,无论买进口矿泉水还是国产矿泉水都不节约,但《合理消费》一文重在引导学生判断购买哪种矿泉水最合理。教学时,如果教材内容不适合班级实际,可以对内容适当修改,有的地方农村学生很少购买矿泉水,自己从家里带水,教学时要根据本班实际情况更换与农村地区学生不合理消费行为密切相关的材料内容,更换前提是教师能够准确把握单元与课文之间的逻辑关系,根据逻辑找到适当、适合本班教学的材料进行替换。下面对单元和课进行解读。

### (一) 第一单元"与班级共成长"

二年级有"我们的班级"单元,该单元设计了《我爱我们班》《班级生活有规则》《我是班级值日生》《装扮我们的教室》四课,侧重于关注班级生活细节,比如布置我们的教室、做好班级值日生等,对班级规则理解比较具体、细微,让学生认识到班级规则是班级生活的共同约定,每个人都要遵守班规。四年级班级领域话题有《我们班四岁了》《我们的班规我们订》《我们班　他们班》三课。首先让学生回顾班级在过去三年多时间里的成长和变化,了解班级特点。在探讨班规时，与二年级相比，四年级注重引导学生了解班规制订的程序，在班级生活中如何遵守班规，班规不合理时如何改进。四年级还增加了班级与班级之间关系的内容，引导学生关注本班和其他班友好交往、交流。五年级设计了《选举产生班委会》《协商决定班级事务》的班级话题学习内容，关注班级生活民主过程，探讨班委会选举和民主方式商定班级事务。

第一单元“与班级共成长”的教育主题是引导学生产生班级归属感，养成班级自治能力与习惯，学会处理班级与班级之间关系。本单元的教育目标是帮助学生树立班级集体生活意识，有班级归属感；树立班级生活规则意识，形成班级自治；同时克服小团体主义，能够与其他班级和谐相处。本单元设计的逻辑是首先引导学生回顾班级集体生活，了解班级特点、优点和不足以及属于我们班的特殊精神面貌；接下来引导学生通过民主制订班规、遵守班规、合理改进班规等了解如何实现班级自治；本单元最后一课引导学生学习如何处理与其他班的关系，了解其他班，能够和其他班进行合作和正当竞争，以尊重和欣赏的态度对待其他班。

本单元设计了《我们班四岁了》《我们的班规我们订》《我们班　他们班》三课。

第一课《我们班四岁了》有“我们班的成长足迹”“我们班很棒”“班徽设计大赛”三个话题。“我们班的成长足迹”引导学生回顾班级生活中的人和事。教材从三个方面引导学生回顾，一是借班级“重大事件”回顾班级成长足迹，比如班级生活中的特殊日子、特别事件，班级建队日等；二是借“物”帮助学生回顾班级成长足迹，比如班级生活照片、视频、奖杯等特殊物品；三是借“事”回顾班级成长，比如班级生活中的一些小事（温暖、有趣、难过的事情）。“我们班很棒”核心词是“棒”，教材引导学生具体了解班级的特点和优点，让学生知道“棒”在哪儿。教材提供班级“岗位轮换”制度范例，通过班级特别制度说明班级特别之处。引导学生从同伴关系、班级风貌、学习状况、班级获奖状况等方面了解自己班的特点和优点。“棒”有两个层面的意思，一个是班级现有特点和优点，另一个是通过改变班级不足使班级变得更棒。“班徽设计大赛”首先引导学生了解班徽内涵，班徽不仅是一个符号，更是一个班级目标、精神风貌的标识。教材提供的三个班徽范例蕴含学生对自己班的期待，体现班级奋斗目标。比如，最后一幅“小螺号”班徽图，寄托同学们希望自己班像小螺号一样向着阳光，吹响嘹亮号角，向着彩虹扬帆起航。前两个话题作为第一课时，着重引导学生了解班级生活中发生的事和班级中的人，发现班级优点。第二课时“班徽设计大赛”引导学生探寻班级内隐特点和奋斗目标，爱自己班，有集体意识，感受班级精神风貌。

第二课《我们的班规我们订》有“班规的作用”“班规我们订”“班规重执行”“班规可改进”四个话题。教学时前两个话题作为第一课时教学内容，后两个话题作为第二课时教学内容。本课教学目标是引导学生体会班规在班级生活中的作用，了解班规民主制订与修订过程，自觉接受班规约束，形成自觉遵守班规的意识。“班规的作用”引导学生认识班规的价值和意义。教材设计两条线索，一条线索是引导学生联系具体班级生活，通过具体班级生活了解为什么要有班规，比如在课堂、课间、上学、放学、就餐和排队等具体生活细节中体会为什么需要班规，有了班规之后班级生活秩序怎样。另一条线索是通过具体班规引导学生了解班规的价值和意义，比如班规规定室内、室外不追跑，这些班规对班级生活有重要价值和作用，通过具体班规内容探讨让学生认识班规对班级生活的规范和引导作用。“班规我们订”核心词是“我们订”,重在引导学生了解和认识制订班规的合理性,教材首先呈现制订班规的两种方式,一种是由老师一个人制订或者老师一个人说了算,另一种是学生在老师指导下共同制订班规。到底哪种制订方式合理?教材引导学生懂得班规应该由老师和学生一起制订。如何以合理方式制订班规,教材用打钩方式引导学生关注制订班规的合理程序和方法,让学生意识到在制订班规的时候要针对具体问题,不能事无巨细,面面俱到。班规制订之后要经过大家表决通过。制订班规时要考虑本班具体情况,比如班规要和班级具体生活相适应,班规不仅规范学生也规范教师言行。针对老师总是爱提问前排同学的范例,教材建议班规应该加上“老师提问应该兼顾全班同学”这一条。“班规重执行”核心词是“重执行”,班规制订之后重在执行。班级生活中经常看到班级不是没有班规,而是学生或老师不能自觉遵守班规。比如教材举的随意乱扔垃圾的例子,可能自己不会随意乱扔,但一看到其他同学乱扔,自己无意间可能就违反了这条班规。帮助学生自觉遵守班规是本话题要着重解决的问题。教材设计了帮助学生自觉遵守班规的措施,称赞、表扬遵守班规者,还设计了“遵守班规之星”评选活动,通过活动激励和引导学生自觉遵守班规。“阅读角”引导学生认识真正自觉遵守班规不容易。“阅读角”里一位学生违反了班规,按照班规惩罚措施应该当着全班学生的面做检讨,但这位学生觉得这种检讨方式有伤面子,他向班长提议能不能不要在全班做检讨,而是通过为班级打扫卫生的方式来替代这种惩罚。通过具体事例引导学生思考假如你是班长,你会怎样执行已有的班规,学会在具体生活中思考如何自觉遵守班规。当班规不完美或存在问题的时候,班规是不是就不用执行了?教材最后一个话题引导学生思考怎样改进班规。现实生活中有些学生认为班规已经制订出来了,没有什么不合理的,只要遵守就可以了。教材通过讨论活动引导学生思考班规有不合理之处到底能不能改,如果要改怎么改。学生通过讨论达成共识,不合理的班规当然可以改,修改班规要有一定的程序。讨论活动引导学生深入思考班规修订前到底要不要遵守旧的班规。在遵守班规与改进班规两个层面引导学生思考班规虽然有不合理之处,但如果没有经过合理程序修改仍要遵守旧的班规,直到新的班规制订之后,旧的班规才能废除。

第三课《我们班　他们班》的主题是学校里不同班级之间相处,这个话题以往教材没有涉及,是新话题。本课有“走进他们班”“增进班级间的合作”“正确对待班级间的竞争”“为他班喝彩”四个话题。班级交往话题是有一定难度的,怎样解决班级交往是本课创新之处。前两个话题作为第一课时,后两个话题作为第二课时;根据内容逻辑也可以把第一个和第四个话题作为第一课时,第二个和第三个话题作为第二课时。第一个话题是了解其他班的特点和优点,了解这些内容之后过渡到尊重和欣赏其他班,把班级间的合作和竞争作为第二课时是合理的。本课目标是引导学生主动了解其他班的特点和长处;积极参加班级间合作,以正当方式进行班级间竞争;能够尊重和欣赏其他班级。“走进他们班”核心词是“走进”,很多时候学生对其他班是不了解的,但心里对其他班充满好奇。老师经常夸其他班,其他班到底是什么样子?其他班同学是怎么做的?这些都引起学生对其他班的好奇。教材以学生好奇心理作为线索,通过“小贴士”引导学生以调查方式了解其他班的特点和优点,以及值得我们班学习的地方,比如采访其他班的同学、老师,查阅其他班的资料,观察其他班的生活等方式。

“增进班级间的合作”核心词是“增进”。教材以引导学生回顾班级间具体合作经历为第一条线索，比如设计了在“文化月”活动中，四年级所有班级都齐心协力给全校同学奉献了一场精彩的联欢会的范例。在合作中每个班都发挥特长，共同做好活动，这是回顾班级间已有的合作。在学校生活中班级间合作的重要经历相对来说比较少，教材设计的第二条线索是通过活动促进班级间合作。教材以开展一次班级之间的读书交流会，和其他班一起郊游、做游戏，针对学校生活中存在的问题和其他班共同向学校提出建议，和其他班一起在校园科技节活动中展示大家的新发明等范例，引导学生认识、感受班级间合作的价值和意义。设计合作活动方案本身就是促进、建立班与班之间的交流与合作，从而让学生认识到班级合作的价值与意义。“正确对待班级间的竞争”核心词是“正确对待”。教材首先呈现班级与班级之间的竞争是有价值、有意义的，竞争产生动力。教材以“为了在合唱比赛中获得好成绩，我们班每天放学后都认真练习”为范例，引导学生认识到竞争本身会给每个班带来成长和收获。但在现实生活中班级与班级之间存在不正当竞争现象，比如教材范例是有学生在摄影比赛时拿家长的作品来参赛，这样参赛是以不正当方式进行竞争，要让学生懂得这种方式不光彩，甚至会产生不良后果。既然有不正当竞争现象，怎样才能做到以正当方式开展班级间竞争呢？教材设计思路是以学校生活情境为范例，引导学生思考并学会如何进行班级间正当竞争。一个范例是班级间举行话剧比赛，有些同学提议制作一条贬低其他班级的横幅，这种提议是正当竞争吗？通过范例引导学生思考。第二个范例是在运动会上对其他班运动员起哄、干扰，这种方式是正当竞争吗？通过学校具体生活情境，引导学生思考在这样的情境里以什么样的方式进行班级间竞争。“为他班喝彩”引导学生学会尊重和欣赏其他班。教材通过“阅读角”中的《为他人喝彩》故事让学生意识到其他班、其他人是值得我们尊重和欣赏的，他们有很多值得我们学习的优点。不能因为竞争而忽略了对其他班的尊重和欣赏。教材以讨论形式引导学生思考如下看法是否正确：“我只为我们班喝彩”“我们班在上次运动会上输给了2班，我才不会给他们班喝彩”“只要2班的创意节目真的很精彩，我就会为他们鼓掌喝彩”。在讨论中让学生懂得为他人喝彩，不能因为竞争关系而忽略了对他人的欣赏，竞争过程中他们的卓越表现和努力拼搏精神也是值得尊重和欣赏的。教材最后设计了“为他班喝彩倡议书”活动。

### （二）第二单元“为父母分担”

家庭领域学习内容在一年级有《我和我的家》《家人的爱》两课，旨在引导学生体会父母、家人的爱，认识家庭基本伦理关系。三年级“家是最温暖的地方”单元有《父母多爱我》《爸爸妈妈在我心中》《家庭的记忆》三课，引导学生关注家庭生活中的情感，内容和一年级相比有重复更有提升。重在让学生体会父母对我们的爱，引导学生思考父母这么爱我们，对父母的爱我们也需要回应、回馈。《爸爸妈妈在我心中》《父母多爱我》两课有对应和呼应关系。《家庭的记忆》引导学生认识我们的家庭，家庭不仅有三口之家、四口之家，还有祖辈、叔叔他们的家庭。教材侧重从历史维度引导学生关注他们的家庭。四年级家庭生活领域单元“为父母分担”有《少让父母为我操心》《这些事我来做》《我的家庭贡献与责任》三课，侧重从理性角度培养学生家庭生活观念和能力。五年级家庭生活领域单元“我们一家人”有《读懂彼此的心》《让我们的家更美好》《弘扬优秀家风》三课，侧重引导学生学会和父母沟通，学习、弘扬传统家风文化。

本单元教育主题旨在引导学生了解父母为家庭的付出，培养学生承担家务的能力和家庭责任意识。教育目标是引导学生了解并体会父母的辛苦，愿意替父母分担；能够以实际行动为父母分担；体会自己作为家庭一员，应该有家庭责任感。本单元设计逻辑是引导学生发现并学会体谅父母在生活、工作中的辛苦，少给父母添麻烦；为父母分担家务，引导学生愿做、会做、常做家务；引导学生意识到自己的家庭贡献，从而增强家庭责任感。

第四课《少让父母为我操心》有“爸爸妈妈多辛苦”“少给父母添麻烦”两个话题。“爸爸妈妈多辛苦”引导学生了解并感受父母在家里、工作中的辛苦，教学时作为第一课时。“少给父母添麻烦”引导学生用行动分担父母的辛苦，用行动体贴父母，是第二课时的教学内容。本课目标是引导学生了解、体谅、感恩父母的辛苦，管好自己，少给父母添麻烦，以实际行动体贴父母。“爸爸妈妈多辛苦”重在引导学生了解父母的辛苦，做自己能做的事情。教材第一条线索是通过引导学生观察父母在家一天所做的事情，了解父母日常家务，体会父母在家的辛苦。教材设计了早晨、上午、下午、晚上四个时间段的钟表，指导学生观察这些时间段父母做了哪些事情。通过“阅读角”让学生回顾和感受父母对家庭的付出，对前期观察进行总结，让学生从家务事中感受父母对家庭的付出。教材第二条线索是了解父母的日常工作，有条件的学生可以跟着父母去上班，了解父母日常工作的辛苦。“小贴士”提醒学生跟着爸爸妈妈去上一天班要做到：了解爸爸妈妈上班的地方有什么规定和要求，特别要记住哪些是不能做的；在爸爸妈妈工作的时候仔细观察，但不要打扰他们；要注意安全，讲礼貌。没有条件跟父母上班了解他们工作的学生，教材设计了通过采访了解父母的工作，提供了采访范例和留白，着重引导学生了解父母的工作是什么，具体工作细节和工作困难是什么，父母工作时情绪感受怎样。通过具体内容了解父母的工作情况。“小贴士”引导学生根据爸爸妈妈职业特点和工作内容，有针对性地问父母工作情况，也可以抓住爸爸妈妈工作细节，询问他们工作中的辛苦和烦恼，感受和认识父母工作的辛苦。“少给父母添麻烦”核心词是“少给”，学生在家庭生活中不可避免会给父母添麻烦，教材引导学生少给父母添麻烦，设计了以下线索。首先呈现生活中学生给父母添麻烦案例，比如上学经常忘带学习用品，麻烦家人送；在家中不听劝告，吃不该吃的东西闹肚子；玩耍忘记回家时间等。引导学生思考如何做才能少给父母添麻烦。其次从父母角度考虑问题，比如玩的时候踩倒了邻居家的菜，这种行为会给父母添麻烦，不这样做就少给父母添麻烦。教材还提供了自己生病父母把药拿来，药很苦自己不想吃的案例。站在父母角度设想把药吃了就是不给父母添麻烦。教材通过具体问题情境，引导学生思考在生活中如何站在父母角度想问题，少给父母添麻烦。教材还介绍了做一个懂事的学生，主动为父母解忧、分担，也是少给父母添麻烦，比如空闲时间经常陪奶奶散步，分担父母照顾奶奶的辛苦，让父母多休息，也是少给父母添麻烦。教材最后还设计了少给父母添麻烦的另一条线索，在生活和学习中照顾好自己，让父母少为我们操心，也是少给父母添麻烦。

第五课《这些事我来做》是关于学生做家务的内容，有“家务擂台赛”“愿做哪种人”“不让做　怎么办”“与家务活‘签约’”四个话题。教学时前两个话题作为第一课时，后两个话题作为第二课时。本课目标是引导学生了解做家务的价值，能够主动做家务；引导学生愿意和家人沟通，创造多做家务的机会，主动培养做家务的能力。“家务擂台赛”引导学生回顾做家务的经历。比如，放学之后喂羊、扫地、淘米煮饭。通过家务擂台赛引导学生回顾做家务的原因和坚持做家务的感受，认识做家务的价值。“知识窗”从有助于形成良好的生活习惯、劳动态度，增进对家人的理解、体会家庭责任，提高生活技能、培养自信，为成年后的生活打下良好基础等方面总结“做家务好处多”。从学生做家务的经历、经验引导学生了解做家务的价值和意义。“愿做哪种人”激发学生做家务的内在动机，让学生愿做家务。教材首先呈现生活中许多学生愿做家务，而且做得很好的正面范例。同时呈现不愿意做家务的反面案例，比如，经常一会儿让爸爸妈妈帮这，一会儿让爸爸妈妈帮那，这些行为体现学生不愿意做家务。教材剖析了这些不愿做家务的学生的内心原因，比如推脱没有时间做，家里有人做，嫌做家务累等。只有找准学生不愿做家务的具体原因，才能培养学生做家务的主观意愿。“不让做 怎么办”解决学生做家务的外在条件问题。现实生活中有时不是学生不愿意做家务，而是家长不让学生做。教材首先呈现家长不让学生做家务的具体原因，比如怕学生累着、学生还小不用学做家务、学习忙等原因。还有一种观点，家长认为学生不会做家务，经常帮倒忙，所以不需要也不让学生做家务。教材通过一封信向家长陈述学生内心希望做家务的愿望。学生愿意做家务源于喜欢模仿大人，模仿大人做家务是能力的学习，能够像大人一样做菜、扫地是能力的展现，学生的最初愿望是想学做家务，但因现实生活中的种种原因不让学生做家务。教材设计的线索是解决做家务外在条件问题，让学生有机会做，引导学生从三方面和家长沟通，说服家长同意自己做家务；引导学生利用上一课学习的内容跟父母聊做家务的价值，让父母相信自己能够坚持而且有能力做家务，通过这些理由说服家长给学生创造做家务的外在条件。“与家务活‘签约’”立足做家务客观条件，让学生能够做家务，在此基础上还要引导、帮助学生解决做家务的能力问题。现实生活中有的学生愿意做家务，家人也让他做，但不会做。为了帮助学生学做家务，教材以向爷爷学习择菜的方法为案例，引导学生学习时要仔细看、多问问、多思考、多动手。另外，引导学生学做家务要巧做，不能蛮干，通过“知识窗”把做常见家务的小妙招教给学生。教材最后介绍，只有多做、坚持做家务才有能力做家务。与家务活“签约”以让学生写一份家务承诺书的方式，引导学生学会做家务、坚持做家务、具备做家务的能力。

第六课《我的家庭贡献与责任》有“我的家庭贡献”“我也有责任”两个话题，分别作为第一、第二课时。本课目标是引导学生体会自己作为家庭一员的重要性，有为家庭做贡献的意识和行动；培养学生的家庭责任感，主动关心家庭事务。“我的家庭贡献”核心词是“贡献”。生活中有的学生可能不认为自己有家庭贡献。教材设计了家庭讨论会，引导学生认识到出生在家庭本身就是贡献，这种贡献是存在论意义上的贡献。现实生活中家长和学生之间因为学习、调皮等行为有许多冲突，父母意识不到学生在家里的价值、贡献，学生也意识不到自己在家庭的贡献。教材首先呈现我们是家庭一员本身就是贡献，在这种贡献认识论基础上进一步引导学生通过具体行动为家庭做贡献。为父母分担家务，陪伴、关心、支持家人，为家庭事务出主意，用自己的创意和行动为家庭做贡献，这些都是为家庭做贡献的具体方式。做好家庭情感纽带也是学生为家庭做贡献的方式，教材设计了增进家庭成员亲情关系的“家庭任务袋”,外公外婆和我们不住在一起,怎样关心他们,如何让我们家和叔叔、姨妈家联系更紧密,父母因为家庭事务生气如何让父母和好……通过具体家庭情境引导学生思考用什么样的行为或方式增进家庭成员之间的情感联系,发挥情感纽带作用,为家庭做贡献。“我也有责任”主要培养学生的家庭责任感。生活中无论大人还是学生自己都觉得学生小没有责任。教材设计一个细节,小朋友朱晓自告奋勇向爸爸申请每天倒垃圾,可是才干了一个星期,就不想干了。父母告诉他如果大人也嫌家务事烦,是不是可以不做家务?通过具体生活场景引导学生思考,生活中不仅成人有家庭责任,儿童也有,不能拒绝承担生活责任。教材通过“阅读角”引导学生体会家庭责任的内涵,坚持做自己承担的事情。责任精神在生活中的表现是为家庭着想、做事,比如积极待客,主动管理、照料家中物品。教材设计两个范例,假如客人来家里做客,我会怎么办?假如家里的洗发水快用光了,我会怎么办?通过具体生活细节让学生认识家庭责任就是为家庭着想,能够积极管理和照料家中物品。坚持做家务是家庭责任精神的体现。教材最后通过“阅读角”《童年小事》引导学生进一步体会、感悟家庭责任的精神内涵。

### (三)第三单元“信息万花筒”

本单元是有关媒介的单元,主要内容是电视、网络和广告等现代媒介。在信息媒介时代媒介素养非常重要,具备媒介素养的前提是对电视、网络、广告媒体有一定的认识和了解。

本单元教育主题是培养学生信息媒介素养,教育目标是引导学生了解电视、网络、广告等现代媒介的特点及其生活价值;知道过度看电视、玩网络游戏的危害;能够合理使用现代媒介辨别其中传递的信息。单元设计遵循如下逻辑:一方面从正面介绍看电视的益处,另一方面呈现电视对身心和生活的潜在伤害、影响;通过调查学生当下网络生活,呈现网络对生活的价值,引导学生合理使用网络,合理玩网络游戏;呈现广告形态和功能,引导学生思考如何甄别广告信息。

围绕以上教育目标,遵循单元设计逻辑,教材设计第七课《健康看电视》、第八课《网络新世界》、第九课《正确认识广告》。

第七课《健康看电视》有“神奇的‘宝盒’”“眼睛的‘抗议书’”“别让它抢走太多” 三个话题。前两个话题作为第一课时,第三个话题作为第二课时。本课目标是引导学生正面了解电视对生活的价值,认识过度看电视对身心的伤害和对生活的影响,引导学生反思并调整自己看电视的行为,养成合理看电视的生活习惯。在现实生活中引导学生合理、正确地看电视是非常重要的教育主题。“神奇的‘宝盒’”首先从正面引导学生客观看待电视这个“宝盒”。呈现学生看电视的两种生活体验,看电视可能是因为有好玩的动画片,情节、表情、动作对学生有很大的吸引力,喜欢看科学探索、比赛以及竞答类节目。从生活体验入手,引导学生了解看电视的价值和意义,比如扩大眼界,增长知识,感到快乐、愉悦,这是从正面看待电视对生活的价值。“眼睛的‘抗议书’”引导学生从批判的角度看待电视,让学生意识到看电视可能对身心有潜在伤害。小板块“眼睛的‘抗议书’”呈现看电视对眼睛的伤害,通过拟人方式表达眼睛在过度看电视的过程中受到伤害,提出抗议。通过“知识窗”让学生了解看电视容易造成眼睛疲劳、干涩,引发近视等伤害。教材设计的第三个层面是引导学生从看电视距离、时间以及看电视时保护眼睛的方法，了解如何避免看电视对眼睛的伤害。不合理看电视除了伤害眼睛，对身体、心灵也有伤害，教材通过留白引导学生进一步了解不合理看电视除了教材中所列举的，还有哪些伤害。“阅读角”中的“沙发里的土豆”通过土豆意象让学生了解看电视为什么对身体、心灵有伤害。“别让它抢走太多”从批判角度看待电视对生活的影响，教材引导学生了解为什么看电视对我们的生活有影响，列举过度看电视会抢走与同伴的交往、与父母的相处时间，没有独处空间等案例。“阅读角”中的《关掉电视　打开生活》引导学生感受电视对生活的影响。一家人围坐在桌边，边吃饭边看电视，突然停电了；没停电时围着看电视，停电之后不能看电视了，爸爸妈妈就轮流给孩子讲故事。一家人感受到关掉电视才是真正打开生活，会留出更多时间陪伴家人、陪伴朋友，用更多时间独处。现代家庭常常把电视放在客厅中心位置，一家人在一起看电视。有些家庭通过改变电视摆放的位置，比如摆放在次卧或者书房，从而改变电视对家庭生活的影响。客厅没有电视，一家人会开展诸如阅读、游戏等活动。教材最后设计了如何避免电视对身体、心灵、生活的伤害与影响，通过“动画片风波”案例引导学生和父母协商，合理安排看电视的时间。

第八课《网络新世界》有“新世界　很精彩”“新世界　有规则”“网络游戏的是与非”三个话题。前两个话题为第一课时，第三个话题为第二课时。本课目标是引导学生客观地看待网络的价值；遵守网络文明公约，安全、文明地过网络生活；引导学生辨明玩网络游戏的价值和危害，合理玩网络游戏。“新世界　很精彩”引导学生客观看待网络，教材首先通过互联网生活小调查引导学生了解发邮件、发信息、购物、上网课、搜索资料、玩游戏、聊天等网络生活。在小调查基础上引导学生认识、了解网络对生活的价值、给生活带来的便捷，比如，网上购物、网络学习等。“新世界　有规则”引导学生安全过网络生活。教材首先引导学生知道在网络生活中不泄露个人隐私、远离不良信息、慎重网上交友等保护个人安全的技巧；接着，引导学生知道网络生活不能损害他人，不在网上散布假消息、使用不良软件等。在网络生活中一方面要了解如何保护自己，另一方面要做到不损害他人。“网络游戏的是与非”引导学生正确地玩网络游戏。学生玩网络游戏不能一味认为就是不好。教材首先引导学生讨论、思考网络游戏的价值，比如，有的网络游戏内容有趣、有挑战性；玩网络游戏是同伴交往的一种方式，通过与同伴分享游戏心得，增加聊天话题。教材同时引导学生认识玩网络游戏可能存在的潜在危害，用一位学生网络成瘾的个人经历描述学生在虚拟世界得到满足和成就，导致远离现实社会，远离真实生活，这种危害对学生来说是潜在的。为防止学生沉迷网络游戏，教材首先引导学生思考如何防止沉迷网络游戏，比如，自制、转移注意力、发展其他爱好等。调查发现学生玩网络游戏并不一定沉迷或者非常喜欢游戏，而是现实生活中没有其他爱好才玩网络游戏。学生在生活中有更多娱乐方式、更多爱好，也是防止沉迷网络世界的方法。教材另一条线索是通过技术手段防止学生沉迷网络游戏。“网络游戏设计师”引导学生从一名网络游戏设计师角度，发挥想象力，画一画，说一说，设计技术手段避免青少年沉迷网络游戏。

第九课《正确认识广告》有“无处不在的广告”“广告都可信吗”“学会识别广告”三个话题。第一课时引导学生发现生活中的广告，了解广告的功能；第二课时引导学生了解并分辨广告是否为虚假宣传，能够识别广告，做聪明的消费者。本课目标是引导学生了解广告的存在形态及主要功能;知道广告可能存在信息夸大、虚假宣传的现象;能够辨识广告信息,做聪明的消费者。"无处不在的广告"引导学生了解商业广告在生活中存在的多种形态,教材首先通过图画呈现生活中的各种广告,除了看到、听到的广告,有的广告以隐蔽方式呈现,比如,大型活动中主办方赠送来宾的品牌饮料,体育节目中的品牌冠名,影视剧中明星反复使用的商品,都是以隐蔽的方式存在于生活中。教材除了呈现广告在生活中以多种形态存在,还设计了一个实验。余强决定周末整天都呆在家里不出门,要求父母也不打开电视和广播,不使用电脑和手机,也只吃爸爸妈妈做的东西。通过实验余强感受到广告在生活中无处不在。教材最后通过"知识窗"让学生知道广告分为商业广告和公益广告。教材以拟人化方式设计"广告先生"自我介绍功能:传递信息,通过广告让消费者了解商品的基本信息,如功能、价格、特点和产地等;提高知名度,让消费者了解、喜欢产品;劝说购买,让原本不想买的人因为广告而产生购买的欲望;引导学生了解商业广告的功能和作用。"广告都可信吗"引导学生了解过分夸大的广告。教材通过调查引导学生了解广告宣传是如何影响人们生活的,比如,用画面、音乐、故事、明星等方式让消费者喜欢广告;凭自己感觉,看产品名气,看产品本身还是看广告是否有明星,看广告是否有专家推荐或者是否有别人的购买经验等方式辨别广告宣传真假。通过调查让学生感知广告是如何影响自己的。教材第二条线索是引导学生了解什么叫广告虚假宣传,以学习枕为内容开展"小讨论",学习枕是不是真的有增强记忆力的功能,用了是否真的能够提高学习成绩。通过讨论让学生意识到什么是广告虚假宣传。通过案例让学生了解广告虚假宣传的后果,尤其是法律后果,总结广告虚假宣传对消费者、商家的危害。"知识窗"引导学生树立广告宣传要遵守《中华人民共和国广告法》的法治意识。"学会识别广告"引导学生学会识别广告。教材以拟人方式引导学生了解广告影响消费者的方式、作用机制以及"秘密招数"。简单重复、名人代言、利用贪便宜心理、利用从众心理是广告的"秘密招数"。教材针对这些"招数"引导学生思考如何破解广告对消费者的不良作用。"知识窗"中的《"彩色蘑菇"的诱惑》让学生知道过度宣传的广告如何影响消费者。过度宣传就像彩色蘑菇,看起来非常光鲜亮丽,有诱惑力,但可能对消费者身心有潜在伤害,要拥有慧眼、聪耳才能不被"彩色蘑菇"所诱惑。生活中破解广告机制的方法还有请父母帮助判断、货比三家、根据实际需要购买等。还有一个很好的破解方法是延迟满足,生活中需要购买的东西先放一放,不立即购买,等过一段时间再看自己是否真的需要这种东西。

### (四)第四单元"让生活多一些绿色"

本单元是环保主题单元。环保内容二年级已经涉及,二年级环保单元"绿色小卫士"有《小水滴的诉说》《清新空气是个宝》《我是一张纸》《我的环保小搭档》四课,探讨如何做环保小卫士。四年级"让生活多一些绿色"单元主要引导学生关注环境污染、垃圾、气候变暖等常见环境问题,设计了《我们所了解的环境污染》《变废为宝有妙招》《低碳生活每一天》三课。六年级"爱护地球　共同责任"单元从地球和自然角度看待环境问题,设计了《地球——我们的家园》《应对自然灾害》两课。

本单元教育主题旨在培养学生树立环保意识,提高参与环保能力,养成绿色生活方式。教育目标是引导学生了解常见环境污染、垃圾、气候变暖问题;知道应对常见环境问题的措施，树立环保意识；能够参与力所能及的环保活动，选择绿色生活方式。单元设计从白色污染问题入手，引入常见环境污染问题，了解环境污染的后果、原因以及应对措施；了解环境问题中的垃圾污染问题以及解决措施；引导学生认识气候变暖，帮助学生了解并践行绿色低碳生活方式。

单元设计按从环境污染问题入手到垃圾问题，最后到绿色低碳生活方式的逻辑，设计了《我们所了解的环境污染》《变废为宝有妙招》《低碳生活每一天》三课。

第十课《我们所了解的环境污染》有“从‘白色污染’说起”“环境污染大搜索”两个话题。一个话题一课时，共两课时。本课目标是引导学生了解白色污染产生的原因及危害，正确看待并合理使用塑料制品，主动了解生活中其他环境污染问题，培养环境保护法律意识。“从‘白色污染’说起”引导学生了解塑料制品以及从塑料制品到白色污染环境问题的产生过程。教材首先引导学生认识塑料制品在生活中的广泛应用、塑料制品的种类和性能。教材设计两个范例，通过具体探究让学生知道塑料制品在生活中被广泛使用是因为它有很多特殊功能和性能。一个是以儿童口吻搜集塑料糖纸，通过用手摸、鼻子闻、用水浸发现塑料很软，没有气味，有很好的隔水性；另一个是搜集一段电线，通过观察和请教爸爸，知道塑料有很好的隔电效果。教材第二条线索是塑料制品给生活带来了便利，但产生的“白色污染”问题给人们带来了困扰。通过“阅读角”中的《塑料袋漂流记》以拟人化方式引导学生认识塑料垃圾给人们带来的危害，引导学生了解“白色污染”的成因和危害。教材第三条线索是正确应对“白色污染”，引导学生正确看待塑料制品，生活中离不开塑料制品，解决“白色污染”首先要合理使用塑料制品。“相关链接”让学生了解其他国家合理使用塑料制品的经验，比如，通过立法、税收和政府命令方式，引导人们合理地使用塑料制品。找寻塑料制品的替代品也是应对“白色污染”的有效方式，比如，生活中用布口袋、竹制品替代塑料制品。应对“白色污染”要有具体行动，教材通过家庭“减塑”方案引导学生思考生活中怎样“减塑”。生活中除“白色污染”外还有其他环境污染，比如，工农业、交通运输业、建筑业等产生的环境污染问题，教材通过调查表以留白方式引导学生探索调查对象、污染产生的原因、对人类（动物、植物以及其他）造成的危害。此外，还从学生角度提出应对环境污染的具体建议。教材以农药污染调查为范例，指导学生开展调查。奶奶每次买回来的蔬菜都要用水泡很久；妈妈说吃水果要削皮，以免被果皮上的农药残留伤害。引导学生开展环境污染调查，不是给学生数据或空洞言语，而是在日常生活中发现环境污染问题。比如，日常生活中瓜果要削皮，蔬菜要用水泡，这些都是生活中可以感受到、观察到的环境污染现象。范例还引导学生了解农药污染的原因是没有科学地使用农药，造成对大气、水体、土壤、作物的危害。对减少农药危害，学生建议减少农药的使用，用绿色环保的方法防治病虫害；使用农药时，必须用国家认可的合格产品；严格按照说明书的要求使用农药。引导学生按照此范例开展其他环境污染调查。“阅读角”是用生态农业解决环境污染问题的内容。教材引导学生通过调查农村秸秆焚烧污染、建筑工地噪声污染等，了解其他方面的环境污染。“知识窗”提供环境保护法律知识学习，“活动园”引导学生探讨对“绿水青山就是金山银山”这句话的思考。

第十一课《变废为宝有妙招》有“暴增的垃圾”“减少垃圾　变废为宝”两个话题，旨在引导学生了解垃圾问题产生的原因、后果以及如何减少垃圾。一个话题一课时，共两课时。本课目标是引导学生了解垃圾问题的现状和后果;在日常生活中减少垃圾产生,对垃圾分类回收,使其变废为宝。“暴增的垃圾”首先呈现生活中随处可见的垃圾,生活垃圾、工业垃圾、医疗垃圾和建筑垃圾是人类废弃物,产生这些废弃物是正常现象,但也容易形成垃圾问题,垃圾问题的核心是垃圾暴增。第二条线索引导学生探讨垃圾问题的产生、垃圾暴增对生产生活的危害。教材引导学生认识垃圾造成的危害、后果不仅是环境污染,同时也是资源的巨大浪费。通过范例和“知识窗”引导学生知道某些垃圾是可以回收再利用的。“减少垃圾　变废为宝”核心词是“少”和“变”,教材以讨论活动引导学生探讨日常生活中哪些垃圾可以减少产生,比如,根据食量取食物,购买真正需要的东西,购物时使用布袋,少使用塑料袋,这些都可以减少垃圾产生。除了以上方法,日常生活中还有很多减少垃圾的方法,垃圾变废为宝也是减少垃圾的重要方式。首先对日常生活垃圾进行分类和再利用,引导学生识别垃圾分类,了解垃圾再利用、如何再利用。范例“厨余垃圾的自述”通过拟人化方式引导学生了解厨余垃圾再利用,垃圾处理厂将垃圾变成有机肥料,厨余垃圾加入活性污泥或动物的粪便变成“生物燃料”——沼气。教材另一条线索是生活垃圾分类,让学生研究在家庭和学校如何做到垃圾分类。垃圾变废为宝有很多创新方法,教材最后引导学生对垃圾进行有创意的再利用。

第十二课《低碳生活每一天》有“地球‘发烧’了”“减少我们的碳排放”两个话题。一个话题一课时,共两课时。本课目标是引导学生了解气候变暖问题的现状、后果及产生原因,了解减少碳排放能够解决气候变暖问题,主动过绿色低碳生活。“地球‘发烧’了”是全球气候变暖问题,教材引导学生在生活中发现、感受气候变暖现象,比如,连续高温,用电增多。本课地理内容偏多,但不能作为地理学科知识教学。教材将气候变暖和日常生活联系在一起,将地理问题、环境问题变成生活问题,让学生感受气候变暖。“知识窗”让学生了解气候变暖相关知识。教材设计另一条线索是气候变暖带来的后果,如冰山融化、部分地区干旱程度加剧、海平面上升导致沿海陆地面积缩小等。教材通过“假如夏天连续 30 天都是 45 ℃高温,会有什么后果?”的想象活动,让学生感受气候变暖对人类日常生活的影响和伤害。气候变暖核心是温室气体问题,教材用拟人化方式呈现温室气体知识,让学生了解、认识温室气体。温室气体与其他气体一起组成了地球的大气层,太阳光经过大气层被地表吸收,地表也向大气层辐射热量,温室气体把热量留在大气层中,保持大气的温度。适宜的温度对地球生命的存在有极大价值。由于现代生产生活导致大气系统的平衡被打破,使地表吸收过多热量,带来气候变暖问题。温室气体的产生受两方面影响:一是人类活动,比如人类生产生活中工厂烟囱、汽车等制造温室气体,增加温室气体排放;二是森林植被的存在有利于中和温室气体,随着植被的减少,温室气体在地球大气层中越来越多,导致全球气候变暖。“知识窗”进一步引导学生认识温室气体排放是气候变暖的主要因素。“减少我们的碳排放”引导学生知道应对全球气候变暖要减少碳排放。碳排放无处不在,教材将家庭每月用电度数转化成碳排放量的“算一算”活动,让学生了解日常生活中的碳排放。“生产一件衣服的‘碳排放’”范例呈现生产一件衣服各个环节的碳排放情况,让学生了解生产过程中存在的碳排放。教材通过留白引导学生主动探究一件物品在生产过程中的碳排放,活动不是为了知道具体碳排放值,而是引导学生了解物品每一个生产环节、过程都有碳排放,意识到生产本身带来的碳排放问题。教材设计了三条减少碳排放的线索，首先是减少家庭生活中的碳排放，在马桶水箱内放装满水的矿泉水瓶，节约用水；看电视时调暗电视的亮度，既能省电又能保护视力。其次从出行和穿着两个日常生活细节思考减少家庭碳排放，做“家庭低碳生活新规范”活动设计，构建低碳家庭生活方式。最后通过参与碳补偿活动，如植树、爱护树木等方式消解生产生活中带来的碳排放。“知识窗”介绍植物有碳补偿功能是因为植物的光合作用。

## 三、单元概况及课时划分与教学目标

四年级上册有“与班级共成长”“为父母分担”“信息万花筒”“让生活多一些绿色”四个单元，每个单元确定不同学习主题。第一单元“与班级共成长”培养学生班级归属感，形成班级自治程序性观念，知道制订和改进班规，学会处理本班与其他班之间的关系。单元学习目标是有班级集体生活意识、有班级归属感和班级生活规则意识，形成班级自治观念，克服小团体主义，能够与其他班级和谐相处。第二单元“为父母分担”的学习主题是了解父母为家庭的付出，有分担家务的能力和责任感，了解并体会父母的辛苦，愿意替父母分担，并付出实际行动。第三单元“信息万花筒”培养学生信息媒介素养，单元学习目标是了解电视、网络、广告等现代媒介的特点及生活价值，知道过多看电视、过度玩网络游戏的危害，合理使用现代媒介，能够辨别其中传递的信息。第四单元“让生活多一些绿色”的学习主题是培养学生环保意识、能力和绿色生活方式。单元学习目标是了解常见的环境污染、垃圾、气候变暖等问题，以及常见的应对环境问题的措施，有环保意识，参与力所能及的环保活动，选择绿色低碳生活方式。

第一课《我们班四岁了》有三个话题，前两个话题为第一课时，第三个话题为第二课时。教学目标是引导学生真正爱自己班，有集体意识，了解班级的奋斗目标，感受班级的精神风貌。第二课《我们的班规我们订》有四个话题，前两个话题为第一课时，后两个话题为第二课时。教学目标是引导学生体会班规在班级生活中的作用，了解班规民主制订与修订过程，自觉接受班规约束，有守班规意识。第三课《我们班　他们班》有四个话题，前两个话题为第一课时，后两个话题为第二课时。也可以第一个和第四个话题为第一课时，第二个和第三个话题为第二课时。教学目标是引导学生主动了解其他班的特点和长处，积极参与班级间合作，以正当方式进行班级间竞争，尊重和欣赏其他班。第四课《少让父母为我操心》有两个话题，两个话题各一课时。教学目标是引导学生了解、体谅、感恩父母的辛苦，管好自己，多从父母角度想问题，少给父母添麻烦，以实际行动体贴父母。第五课《这些事我来做》有四个话题，前两个话题为第一课时，后两个话题为第二课时。教学目标是引导学生了解做家务的价值，愿意主动做家务，愿意和家人沟通，抓住多做家务的机会，培养主动做家务的能力。第六课《我的家庭贡献与责任》有两个话题，两个话题各一课时。教学目标是引导学生体会自己作为家庭一员的重要性，有为家庭做贡献的意识和行动，培养家庭责任感，主动关心家庭事务。第七课《健康看电视》有三个话题，前两个话题为第一课时，第三个话题为第二课时。教学目标是引导学生正面了解电视对生活的价值，认识过度看电视对身心、对生活的伤害，能够反思并调整自己看电视的行为，养成合理看电视的习惯。第八课《网络新世界》有三个话题，前两个话题为第一课时,第三个话题为第二课时。教学目标是引导学生了解网络对生活的价值,遵守网络文明公约,安全文明过网络生活,辨明玩网络游戏的价值和危害,合理玩网络游戏。第九课《正确认识广告》有三个话题,第一个和第二个话题中的部分内容为第一课时,第二个话题中的虚假宣传部分和第三个话题为第二课时。教学目标是引导学生了解广告的存在形态及其主要功能,知道广告可能对信息夸大宣传和虚假宣传,辨识广告信息,做聪明的消费者。第十课《我们所了解的环境污染》有两个话题,两个话题各一课时。教学目标是引导学生了解白色污染产生的原因及危害,正确看待并合理使用塑料制品,引导学生主动了解生活中的其他环境污染问题,培养学生环境保护法律意识。第十一课《变废为宝有妙招》有两个话题,两个话题各一课时。教学目标是引导学生了解垃圾问题的现状和后果,知道如何减少日常生活中的垃圾,主动参与垃圾分类回收、变废为宝活动。第十二课《低碳生活每一天》有两个话题,两个话题各一课时。教学目标是引导学生了解气候变暖问题的现状、后果及产生原因,了解减少碳排放能够解决气候变暖问题,主动过绿色低碳生活。

## 第三节　五年级上册教材解读

统编《道德与法治》五年级上册教材(以下简称教材)是小学高年级教材,与中低年级教材相比学习主题学科性增强,涉及心理、伦理、政治、地理、历史等诸多学科。在立足教学内容科学、准确的前提下,体现小学道德与法治课程作为德育课程和综合课程的特点,把握好学科内容德育落点是本册教材、教学的重点和难点。下面从教材整体、教材单元和课两方面对教材进行解读。

### 一、教材整体

教材主要依据《义务教育品德与社会课程标准》(2011 年版)(以下简称《课程标准》)、党的十八大以来颁布的一系列与德育课程有关的文件(《关于培育和践行社会主义核心价值观的意见》(2013)、《完善中华优秀传统文化教育指导纲要》(2014)、《关于全面深化课程改革落实立德树人根本任务的意见》(2014)、《青少年法治教育大纲》(2016)等)编写。

《义务教育品德与社会课程标准》(2011 年版)把课程内容分为“我的健康成长”“我的家庭生活”“我们的学校生活”“我们的社区生活”“我们的国家”“我们共同的世界”六个由近及远、逐步扩展的生活领域。低年级教材的主要内容是个人、家庭、学校,中、高年级教材主要是社区、国家和世界。五年级上册教材共四个单元,第一单元“面对成长中的新问题”对应“我的健康成长”生活领域;第二单元“我们是班级的主人”对应“我们的学校生活”领域;第三单元“我们的国土　我们的家园”、第四单元“骄人祖先　灿烂文化”对应“我们的国家”生活领域。

教材包括七大教育主题,即日常生活中基本文明素养教育、规则意识和民主法治教育、爱国爱党和革命传统教育、中华优秀传统文化教育、生态伦理教育、国家领土和主权教育、开放的国际视野教育。第一单元对应日常生活中基本文明素养教育，第二单元对应规则意识和民主法治教育，第三单元对应国家领土和主权教育，第四单元对应中华优秀传统文化教育。

社会主义核心价值观包括国家、社会、个人三个层面，贯穿于七个教育主题中。教材对落实社会主义核心价值观进行整体设计，“民主”“法治”分别如图 1.1 和图 1.2 所示。

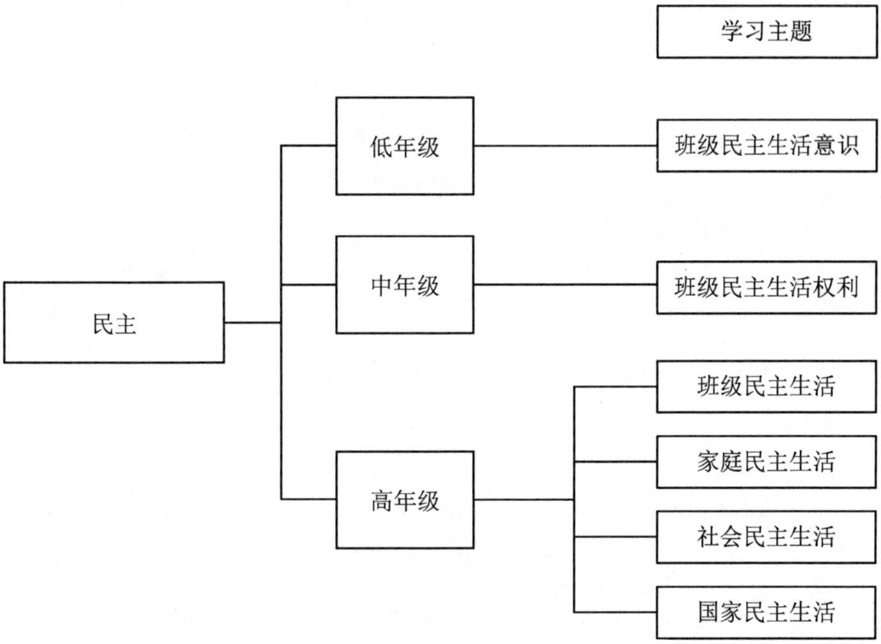


**图 1.1　小学德育教材贯彻落实社会主义核心价值观(以“民主”为例)**

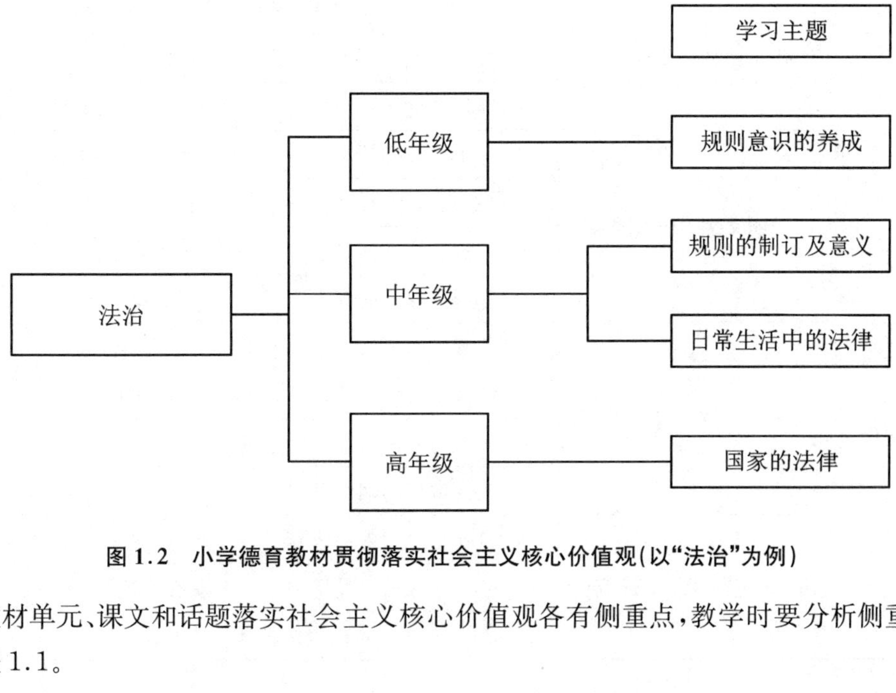


**图 1.2　小学德育教材贯彻落实社会主义核心价值观(以“法治”为例)**

教材单元、课文和话题落实社会主义核心价值观各有侧重点，教学时要分析侧重点，具体见表 1.1。

**表 1.1　五年级上册教材落实社会主义核心价值观情况简表**

| 单　元 | 课 | 话　　题 | 社会主义核心价值观 |
|---|---|---|---|
| 第一单元<br>面对成长中的新问题 | 1. 自主选择课余生活 | 课余生活我选择 | 自由 |
| | | 课余生活助我成长 | 自由、文明 |
| | | 过好我们的课余生活 | 文明、法治 |
| | 2. 学会沟通交流 | 正确对待不同看法 | 自由、平等 |
| | | 真诚坦率很重要 | 诚信、友善 |
| | | 与人沟通讲方法 | 和谐、友善 |
| | 3. 主动拒绝烟酒与毒品 | 烟酒有危害 | 文明、法治 |
| | | 毒品更危险 | 文明、法治 |
| | | 拒绝危害有方法 | 文明、法治 |
| 第二单元<br>我们是班级的主人 | 4. 选举产生班委会 | 班委会的职责 | 敬业 |
| | | 班委选举有程序 | 民主、法治 |
| | | 班级建设人人有责 | 敬业 |
| | 5. 协商决定班级事务 | 班级事务共商定 | 民主、平等、法治 |
| | | 决定班级事务有原则 | 民主、平等、公正、法治 |
| | | 共同的决定要落实 | 平等、友善、和谐 |
| 第三单元<br>我们的国土<br>我们的家园 | 6. 我们神圣的国土 | 辽阔的国土 | 爱国 |
| | | 好山好水好风光 | 爱国 |
| | | 一方水土　一方生活 | 爱国、文明 |
| | 7. 中华民族一家亲 | 中华民族大家庭 | 爱国、平等、和谐 |
| | | 各民族谁也离不开谁 | 爱国、平等、友善、和谐、文明 |
| | | 互相尊重　守望相助 | 爱国、平等、友善、和谐 |
| 第四单元<br>骄人祖先<br>灿烂文化 | 8. 美丽文字　民族瑰宝 | 丰富多样的文字 | 文明、法治、爱国 |
| | | 古老而优美的汉字 | 文明、爱国 |
| | | 意蕴隽永的汉字 | 文明、爱国 |
| | | 影响深远的汉字 | 文明、爱国 |
| | 9. 古代科技　耀我中华 | 灿若繁星的古代科技巨人 | 文明、敬业 |
| | | 独具特色的古代科学 | 文明、敬业 |
| | | 独领风骚的古代技术创造 | 文明、敬业 |
| | | 改变世界的四大发明 | 文明 |
| | 10. 传统美德　源远流长 | 自强不息的人格修养 | 诚信、友善 |
| | | 立己达人的仁爱精神 | 友善、和谐 |
| | | 天下兴亡、匹夫有责的爱国情怀 | 爱国 |

小学《道德与法治》整套教材根据六大领域、七大主题设计了 47 个单元。五年级上册第一、第二单元分别涉及“我的健康成长”“我们的学校生活”两个领域，这些领域内容在全套教材编排上采取螺旋上升方式呈现，从低年级到中、高年级都有分布，同一领域或主题在不同学段各有特点。比如，五年级上册第一单元“面对成长中的新问题”第一课《自主选择课余生活》有电子游戏内容，四年级上册第三单元“信息万花筒”第八课《网络新世界》也有网络游戏内容，如果不了解各自的重点，可能会在教学中产生简单重复现象。

《道德与法治》课文要素包括正文与“活动园”等不同栏目，它们在课文中承担不同功能。正文功能有引入学习情境、活动导入、活动之间连接、过渡与转换、客观知识或事实描述、思想观点陈述六个功能。低年级教材正文和活动之间很难区分，是由低年级学生的年龄特点、课程性质和教材编写理念决定的。比如二年级上册基本不分正文与辅助性课文，正文和活动设计融为一体。低年级教材正文比较少，即使有，基本也只是用一两句话把最重要的事实和观点呈现出来。中、高年级教材正文功能多数是复合性的，具有两个甚至三个功能。高年级教材正文主要是客观知识描述和思想观点陈述。多种形式的正文在中年级教材中体现得最为明显，例如四年级上册第一课《我们班四岁了》，正文“我们在一起学习已经三年多了，三年多的班级生活给我们留下了许多美好回忆。让我们一起来回忆班级的成长足迹吧!”正文的功能是将学生引入特定学习情境。正文“不知不觉中，我们班已经四岁了，让我们一起对着过去的照片，回忆一下班里发生过哪些有趣或难忘的事。”搭配“交流园”等活动，导入学习活动。“每个班都有自己的不足，我们一起来找一找自己班还存在哪些问题。”通过正文总结上一个活动，过渡、转换到下一个活动。再如第二课《我们的班规我们订》正文“班规可以让班级生活健康有序，使同学们在班里能愉快、安全地学习和活动。”是客观知识和事实表述。正文“我们是班规的制订者，也应该是班规的守护者。大家一起制订的班规，是对班集体所有成员的要求，每个人都应该自觉遵守。”是思想观点陈述。正文“但有时候也有下面这样的情况发生”引入学习情境。根据高年级学生学习特点，高年级教材正文承担客观知识和事实表述、思想观念陈述两个功能，有时两者交织在一起。比如五年级上册第 2 页上面正文是客观知识和事实描述，第 3 页下方正文是思想观点陈述，第 3 页上方正文是把客观事实和观点结合在一起陈述。五年级上册教材第七课第 54、55 页正文都是客观知识或事实的表述，第 54 页第一段正文介绍中华民族的民族构成、第二段介绍中华民族各民族分布的特点，第 55 页正文介绍我国现阶段民族关系的特点，第 38、39 页正文围绕如何协商决定班级事务列举一系列思想观点。

教材不同栏目承担不同功能。从整套教材来看，低年级以活动为主，正文与活动栏目没有明显区分。中年级栏目明显增多，有“活动园”“交流园”“小贴士”“知识窗”“相关链接”“阅读角”“故事屋”“美文欣赏”等栏目。高年级主要集中在“活动园”“相关链接”“阅读角”三个栏目。“活动园”按活动范围分为课堂、家庭、社区三类，有的活动在课堂上完成，这类活动设计占大多数。有的活动延伸到家庭，比如学生和家长探讨家庭发展历史等。有的活动延伸到社区，比如关注社区发展。按活动主体分为个人、小组和班级，有的活动由个人完成，有的由小组合作完成，有的由整个班级完成。小的探究活动由学生自主完成，稍微复杂的活动通过分头收集资料、展示等以小组合作形式完成，班级选举等活动需要整个班级一起完成。按活动形式分为动手参与和反思交流两种，低年级以动手、显性活动为主，高年级主要锻炼学生思维能力,反思交流活动明显增多。按活动开放程度分为封闭性探究、半开放性探究和全开放性探究。封闭性探究答案是固定的;半开放性探究在活动过程中先展示不同活动方案或活动步骤,让学生有选择地完成,答案可能有多种,不一定封闭;全开放性探究是开放性问题,具体步骤、指向是开放的,由学生自主选择,活动内容分为分享和辩论。按教材选择活动素材的性质分为示范性、应用性两种。教材第 10 页和第 36 页两个活动是示范性活动。第 10 页活动围绕学会沟通、交流展开,教材呈现班级输掉篮球比赛之后学生有不同观点,主持人提问为什么班级会出现学生对同一事件有不同观点。案例主要是给学生学习、教师教学提供情境设计素材或者思路,教学中班级进行的不一定是篮球赛,也可能是学生对其他事情产生不同看法。教学不能拘泥于教材案例,应该让学生围绕自己班级发生的事情进行探究。第 36 页是围绕"拜访秋天"主题协商决定班级事务活动案例,活动案例中的两个提案非常具体。该案例不可能适合所有地区教学,北方四季分明举行"拜访秋天"活动有特色,有些地区四季不太分明,无法以该主题为案例探究,应围绕自己班级实际设计相应活动。第 11 页和第 23 页两个活动属于应用性活动设计,其中第 11 页是两个小孩下棋发生争吵的情景,活动给出了具体步骤,教师引导学生围绕步骤一步步探究,即使小学生没有下棋经历也可以进行身份模拟代入进行思考;第 23 页是关于拒绝烟酒与毒品活动案例,教材设计了三种情境,情境普适性强,每位学生都可以围绕情境展开思考。

## 二、教材单元和课

"道德与法治"既是一门德育课程也是一门综合课程。高年级教材学科综合性越来越强,与地理、历史、心理等学科内容相融合。教学中既要注意课程综合性特点,也要注意学科特点,体现德育课程特色,从宏观上思考各专题教育德育落点。

### (一) 第一单元"面对成长中的新问题"

五年级是小学高年级,与低年级相比学生的知识和经验增多,自主性增强,对问题有自己的看法,希望按照自己的想法选择课余生活,希望得到群体和他人的认同、接纳,同时受到烟酒与毒品诱惑的机会也在增加。面对这些问题需要提升学生选择和安排课余生活的能力,提高与人沟通、交流的能力,学会拒绝烟酒与毒品的方法。教材围绕这些问题设置了第一单元"面对成长中的新问题"。该单元对应《课程标准》课程内容主题一"我的健康成长"中第 2、3、5、7、8 条,能够面对学习和生活中遇到的困难和问题,尝试自己解决,体验克服困难、取得成功的乐趣;懂得基本礼仪,学会欣赏、宽容和尊重他人;抵制不健康的生活方式,知道吸毒是违法行为,远离毒品,珍爱生命,过积极、健康的生活。

第一课《自主选择课余生活》包括"课余生活我选择""课余生活助我成长""过好我们的课余生活"三个话题。"课余生活我选择"有选择课余生活的权利和选择课余生活的能力两方面内容,引导学生知道如何维护、运用自己的权利,特别是遇到选择有困惑、矛盾和冲突的时候知道如何处理,学会选择的方法。"课余生活助我成长"分析课余生活的意义,围绕课余生活的意义,教材列举课余生活选择案例,案例兼顾校内课余生活与校外课余生活,兼顾城市课余生活与农村课余生活。统编教材面向全国提供不同类型典型素材，教学中可以结合本地实际情况选择素材。教材从知识与技能、情感态度与价值观方面介绍了课余生活对个人成长的价值。“课余生活助我成长”有三个片段，片段1选取校内课余生活素材，片段2、3选取校外课余生活素材，兼顾农村学生。“过好我们的课余生活”有三方面内容，从课余生活目的来说，选择课余生活既要注意个人兴趣、爱好，又要注意生活的意义和价值；安排课余生活要讲方法，既要处理好不同生活之间的关系，又要安排好课余生活的时间；从行为上来说在课余生活中要遵守规则，注意安全。教材第6页“活动园”突出兴趣，第7页“活动园”突出意义，第8页“活动园”突出方法，第9页“活动园”突出规则。学生有选择课余生活的权利，也要履行相应的义务，有选择的自由，同时需要承担相应的责任。在教学中需要注意以下几点：第一，根据实际情况，在理解教材的基础上灵活使用教材。注意课余生活因地区、学生、学校、班级、家庭而存在差异。第二，在把握教材核心观点基础上，注重与学生现实生活对接。了解学生自由支配课余时间以及有效利用空余时间的情况。课余生活有正面价值与负面价值之分，有的是正能量，有的是负能量。积极的课余生活参与方式有欣赏性参与、积极参与、创造性参与；消极的有消磨时间、伤害自我、反社会行为。本课旨在引导学生学会自主选择课余生活，过积极参与和创造性的课余生活，避免过消磨时间、伤害自我以及反社会的课余生活，实现全面发展。课余生活对儿童全面发展十分重要。苏联教育家苏霍姆林斯基曾说：“只有当孩子每天能按照自己的愿望随意使用不少于5小时空余时间，才有可能培养出聪明的、全面发展的人来。离开这一点去谈论全面发展，谈论培养素质、爱好和天赋才能，只不过是一句空话而已。”

第二课《学会沟通交流》有“正确对待不同看法”“真诚坦率很重要”“与人沟通讲方法”三个话题。五年级学生自主性进一步增强，在班级、学校、社区生活中希望得到群体和他人认同、接纳。他们可能会坚持自己的观点，不考虑他人感受，当产生矛盾或冲突的时候，能否真诚坦率与人沟通，掌握与人沟通的有效方法，化解矛盾，促进和谐，是他们要面对的问题。本课旨在引导学生认识产生分歧的原因，学会通过沟通、交流解决问题。方法引导是本课核心内容，包括换位思考、锻炼表达、学会倾听等方法。教学中要注意：第一，在方法引导上结合具体案例或学生生活实际。运用这些方法，不要求学生记忆抽象的沟通方法，比如，教材第12页“换位三部曲”，不要求学生记忆三部曲的步骤，而是让学生学会在现实生活中结合具体事例运用换位三部曲。第二，以沟通技能和方法为核心，同时重视能力和情感态度、价值观培养，学会欣赏、宽容和尊重他人，教学重心不能偏重于社会生活技能，忽视德育落点。第三，选择沟通方法负面案例，要分清产生负面行为的原因。比如，教材第13页锻炼表达内容，不敢表达是心理层面的问题，表达不清是能力问题，角度不同是价值观问题；第15、16页“活动园”和相关资料卡突出方法引导；第15页“表达有方法”列举了三条表达方法，分别指向心理、技能和礼仪引导；第16页“活动园”通过活动培养学生情感迁移能力。

第三课《主动拒绝烟酒与毒品》有“烟酒有危害”“毒品更危险”“拒绝危害有方法”三个话题。随着社会生活范围不断扩大，学生会受到烟酒与毒品的诱惑。如果学生不及时认清烟酒与毒品的危害，提高自我保护能力，会对自身的健康成长造成威胁。本课的目的是让学生认识烟酒与毒品对个人、家庭、国家和社会的危害，分析受烟酒与毒品诱惑的原因，学会拒绝烟酒与毒品的方法。教材第19页和第23页两个“活动园”围绕拒绝烟酒与毒品的方法展开。第25页“活动园”侧重于拒绝诱惑、远离危险行为的方法引导,让学生学会说“不”。教学时要注意以下几点:第一,学会拒绝烟酒与毒品的方法。第二,本课禁毒教育以预防为主,不是戒毒教育,教学时可将教学内容与学校禁毒教育活动联合开展,做到课程活动化。第三,根据学校、班级情况,有针对性地选择教学重点。第四,德育与法治教育有机结合。本课是道德教育与法治教育结合较为明显的一课,《中小学生守则》和《小学生日常行为规范》规定了不吸烟、不喝酒、远离毒品等内容。《中华人民共和国未成年人保护法》《中华人民共和国预防未成年人犯罪法》《中华人民共和国烟草专卖法》《中华人民共和国刑法》中都有关于青少年拒绝烟酒与毒品的相关规定。

### (二)第二单元“我们是班级的主人”

本单元对应班级生活内容,落实《课程标准》课程内容主题三“我们的学校生活”中第4—7条相关要求。选举产生班委会和协商决定班级事务,学生在五年级之前有相应经历,参加过班会活动。教材设置班级生活话题案例和素材是培养学生民主程序、协商意识的载体,教学中把本课教学内容与班委选举和班级事务协商结合起来,让学生在真实情境中学习、思考和行动,教学要侧重于集体、规则、民主、平等意识的培养。

第四课《选举产生班委会》有“班委会的职责”“班委选举有程序”“班级建设人人有责”三个话题。话题“班委会的职责”从班委会职责切入,引导学生了解班委会的分工及各自的职责,明确班委会的主要作用。话题“班委选举有程序”借助班委会产生程序引导学生理解民主生活。“班级建设人人有责”引导学生积极参与班级建设,为班级建设贡献力量。教学时需要把握以下几点:第一,在认知层面让学生了解班委职责、任职条件以及不同的班级管理方式及其优缺点。教材第26—28页介绍了班干部职责、任职条件,第29页介绍了不同班干部产生方式体现不同班级管理模式,引导学生讨论。第二,在技能层面围绕班委会选举,教会学生运用民主选举程序和规则。班委选举教学不能局限于程序介绍,而要让学生在实际选举中关注每个程序、环节的意义。第三,在情感、态度、价值观层面培养学生的集体意识、规则意识、民主意识、平等意识,既重视学生权利意识培养,也注意学生责任意识培养。用好选举权利为班级服务,民主意识与集体意识并重,不能偏废。第30、31页活动设计围绕选举步骤,既有价值引导又有方法引导。价值引导是学生通过活动确立规则意识、程序意识、民主意识和集体意识,其中也包含方法。第31页“第三步　竞选人演讲与答辩”说明竞选岗位、描述自身优势、提出工作方案、展示特长和在演讲中充满自信等属于方法引导。第32、33页“活动园”强调集体意识价值引导。从方法引导上看,第32页“活动园”引导学生如何发现、解决班级工作中出现的问题,第33页“活动园”引导学生如何处理班级工作中出现的问题。第32页“活动园”中班级问题比较宏观,第33页“活动园”活动设计则比较微观具体。本课落脚点是程序正义(正确地选人),实质正义(选正确的人);指向义务的集体意识,指向权利的平等意识。

第五课《协商决定班级事务》有“班级事务共商定”“决定班级事务有原则”“共同的决定要落实”三个话题。“班级事务共商定”话题重心是民主协商程序,引导学生建立民主协商程序意识,教给学生民主协商的具体方法。教材第34、35页围绕班级事务商定设计活动步骤,四个步骤每一步都有设计意图，既有价值引导也有方法引导，比如，第34页强调程序意识、规则意识和协商意识，是价值引导；第35页“第三步　充分讨论，表达意见”教给学生自由表达、礼貌沟通、相互尊重，是方法引导；第四步中少数服从多数是价值引导。“决定班级事务有原则”围绕三个关键词“公平公正、公开透明、协商合作”展开，“活动园”围绕关键词引导学生共同创建公平公正、公开透明的班级氛围，以便在相互沟通、理解和尊重的基础上协商合作，最终形成集体智慧。话题“共同的决定要落实”围绕班级决定作出之后出现的几种情况，在教会学生解决问题的技巧的过程中帮助学生树立平等观念、集体观念、协商观念。教材通过活动案例列举三个问题，第一个问题是不遵守决定问题，通过活动设计强调平等意识；第二个问题是班级决定与个人决定有冲突，活动设计引导学生建立集体意识及少数服从多数意识；第三个问题是执行决定过程中出现的问题，第42页“活动园”活动设计案例强调尊重少数。教材旨在强调协商班级事务过程中人人平等、服从多数、尊重少数，通过协商促进班级生活和谐。

### （三）第三单元“我们的国土　我们的家园”

随着年龄的增长，学生社会生活的范围不断扩大，视野不断开阔，他们积累了一些学习经验，掌握了一定的学习方法，对国家也有初步的了解与认识，但对国情的了解还缺乏针对性，比较分散。第三单元“我们的国土　我们的家园”包括《我们神圣的国土》《中华民族一家亲》两课内容。本单元主要引导学生了解我国的国土、行政区域和民族，指向国家认同和民族认同，指向对中华人民共和国和中华民族的认同。本单元对应《课程标准》课程内容主题五“我们的国家”第1—4条。第1条是“知道我国的地理位置、领土面积、海陆疆域、行政区划，知道台湾是我国不可分割的一部分，祖国的领土神圣不可侵犯”，和第六课《我们神圣的国土》对应。第2条是“知道我国是一个统一的多民族国家，各民族共同创造了中华民族的历史和文化，了解不同民族的生活习惯和风土人情，理解和尊重不同民族的文化”，和第七课《中华民族一家亲》对应。第3条是“了解我国不同地区自然环境的差异，知道并理解这些差异对人们的生产和生活方式的影响”，第4条是“知道我国是一个地域辽阔、有着许多名山大川和名胜古迹的国家，体验热爱国土的情感”，这两条和第六课《我们神圣的国土》相对应。

第六课《我们神圣的国土》包括“辽阔的国土”“好山好水好风光”“一方水土　一方生活”三个话题。本课主要引导学生了解我国的地理位置、领土面积、海陆疆域、行政区划等。通过观察社会生活现象，用多种方式感受祖国的辽阔和地形的多样，懂得祖国领土神圣不可侵犯，感知祖国壮丽的山河，理解地形差异与人们生活的关系。本课大多是地理内容，在教学中领会小学道德与法治课程中地理学科的内容特点，注意与初中地理课程中类似内容的差异，把握地理内容在小学道德与法治课程中的德育落点。教学中要注意以下几点。第一，在知识层面与初中地理课程相比，不追求知识的系统性。比如有关我国疆域辽阔，教材没有描述祖国疆域最南、最北、最东、最西分别在哪，没有介绍我国南北东西的实际跨度，而是通过设计活动让学生通过诗歌、数据、自己的旅游经历等多种方式直观感受祖国的疆域辽阔。教材第44页“活动园”侧重学生的情感体验，从不同角度对活动进行提示，不追求系统的知识。我国行政区域情况只要了解教材中“我国现有23个省、5个自治区、4个直辖市和2个特别行政区。北京是中华人民共和国的首都”即可，不需要学生记住每个省的名称、简称和省会。

这是本课的教学目的与初中地理课程的差异。第46页"阅读《中国的省级行政区域》图,看看我国都有哪些省,找找我国的自治区、直辖市和特别行政区。你和家人出生在什么地方?试着在图中找出来,并与同学交流。"学生只要看图找一找、说一说,不需要具体记忆。而《义务教育地理课程标准》(2011年版)则要求"在我国行政区图上准确找出34个省级行政区域单位,记住它们的简称和行政中心"。小学道德与法治是综合课程,本课以地理学科内容为主,综合了部分历史、社会学科内容,例如在讲到我国台湾省时,教材设计活动让学生通过查阅资料了解台湾省的美丽风光和民风民情,以及民族英雄郑成功收复台湾的故事等。第二,在方法和能力层面,学生通过收集资料探究解决问题。《课程标准》教学建议以简单活动为主,如列举一些能够代表中国的典型标志和象征,并说明理由;观看有关祖国风光的影视片,收集、整理图片、诗文、风景点门票等资料,相互交流。这些都是简单的收集资料、交流活动,没有上升到分析归纳层次,活动设计大多是感性认知层面,比如找找、看看、说说、观察、感受、欣赏等。第48页卡通儿童提问"阅读《中国地形》图,找找我国的主要山脉和大江大河,看看它们都分布在哪里。再看看我们居住的地方有没有山脉、河流,说说它们的名字",第49页"想一想,为什么长江、黄河都是自西向东流向大海。说一说,哪个景观给你留下的印象深刻,你有什么感受",都是感性认知层面。"活动园"中"利用节假日,观察所见的山水树木,用自己喜欢的方式记录和描述自然风光,欣赏和感受祖国山水之美"也是认知层面。而《义务教育地理课程标准》(2011年版)中有关自然环境要求学生达到的能力水平是"运用中国地形图概括我国地形、地势的主要特征;运用资料说出我国气候的主要特征以及影响我国气候的主要因素;运用地图和资料,说出长江、黄河的主要水文特征以及对社会经济发展的影响",同样的内容要求学生达到的能力水平是概括归纳、运用分析等。小学道德与法治中的地理教学与初中地理课程中的地理教学在能力要求上有差异,把握这些差异是关键,否则可能"走偏"。再比如"一方水土　一方生活"教材对应的《课程标准》是"了解我国不同地区自然环境的差异,知道并理解这些差异对人们的生产和生活方式的影响",侧重环境对生活的影响而非区域地理知识。教学时通过比较我国不同区域的气候、地形、资源等差异,以及这些差异对生产和人们衣、食、住、行等方面的影响,让学生认识到自然环境差异对生产和人们衣、食、住、行的影响。比如,第48页、52页、53页分别呈现了中国地形分布图、不同区域生产和生活图片,都是围绕环境对生产和生活的影响设计的,不是讲区域地理知识。如果像初中教材那样讲区域地理知识就偏离了《课程标准》和教材设计初衷,无论从课程难度还是容量来说,都不符合小学五年级学生认知水平。第48页呈现《中国地形》图,卡通儿童提问不是让学生认识中国有哪些地形、每种地形有哪些代表,而是落脚于让学生观察自己居住的地方有没有山脉、河流,说说它们的名字,这些与学生生活都是密切相关的。第49页呈现了长江三峡、黄河上游、黄山、天山牧场图片,呈现目的不是讲区域地理,学习地形地貌,而是通过图片让学生感受祖国山水之美,引导学生热爱国家。第52页呈现了江南丘陵上的茶园、华北平原上的农田、南方的渔业小镇、内蒙古高原上的牧场图片,引导学生认识自然环境对生产和生活方式的影响,不需要讲具体区域地形、地貌的特点。第52页卡通儿童提问的落脚点是了解我们所在地区的地形以及气候特点,和同学讨论,生产受到哪些自然环境的影响。第53页"活动园"探讨自然环境对民居风格的影响,教学时引导学生结合自己家乡的衣、食、住、行讨论，贴近学生生活，不需要按照学科体系学习。第三，在情感、态度、价值观层面，小学道德与法治课程与初中地理课程都有地理教育内容，承担着情感、态度、价值观教育任务。但小学道德与法治课程中情感、态度、价值观教育是显性的，初中地理课程中情感、态度、价值观教育是隐性的。第51页“活动园”设计突出了本课程德育价值和本课内容的德育落点，活动先讲感受祖国山河之美，最后落脚点是让学生设计一份《旅游文明公约》，引导学生遵守文明公约。教学时需要注意以下三点：(1) 要分清小学道德与法治课程与初中地理课程相同主题内容的差异；(2) 教学时突出道德与法治课程综合性特点，比如讲我国台湾省的时候不仅讲台湾的民风民情、自然风貌，还要讲相关历史知识，特别是郑成功收复台湾，落脚点是强调台湾自古以来就是我国不可分割的一部分，落实爱国主义教育；(3) 在教学中突出德育课程特点，比如《旅游文明公约》就是和道德与法治课程特点直接相关的。

第七课《中华民族一家亲》主要引导学生认识中华民族是由56个民族组成的大家庭。各族人民互相尊重、平等交往、和睦相处，各民族分布上交错杂居，文化上兼收并蓄，经济上相互依存，情感上相互亲近。你中有我，我中有你，相互合作互助，共同缔造光辉灿烂的中华文化。本课对应《课程标准》内容是“知道我国是一个统一的多民族国家，各民族共同创造了中华民族的历史和文化。了解不同民族的生活习惯和风土人情，理解和尊重不同民族的文化”。教学围绕民族构成、民族分布、民族关系三个方面展开。民族构成突出中华民族、汉族、少数民族三个关键词，民族分布把握大散居、小聚居、交错杂居三个关键词，民族关系把握平等、团结、互助、和谐、和平五个关键词。教材第55页“活动园”目的是让学生了解民族分布特点、趋势和影响。第56页“活动园”目的是以茶马古道为例，让学生认识民族之间的交往、交流、交融。人与人是交往，物品之间是交流，文化层面是交融。话题“各民族谁也离不开谁”和“互相尊重　守望相助”通过正文和“相关链接”让学生从不同角度认识我国各民族之间平等、团结、互助、和谐关系。“各民族谁也离不开谁”从历史角度呈现各民族尤其是少数民族在政治、经济和文化领域的贡献。第57页呈现一组对话，左上角“我们伟大祖国是统一的多民族国家”是概述性话语，从民族角度给国家下了定义；右上角“我通过查阅资料了解到，历史上，江南地区的开发是汉族和少数民族共同努力奋斗的结果”以中国古代事例说明各民族对于维护国家主权、共同开拓疆土的贡献；右下角“在今年学校举办的抗日战争图片展中，我看到来自不同民族的抗日英雄的事迹”以抗日战争为例，强调不同民族共同维护国家主权和领土完整。对话引导学生从不同角度分析各民族在奠定祖国疆域、开发祖国山河和维护领土完整的事业中都作出了重要贡献。第57页下面从历史视角讲不同民族对我国经济发展的贡献，突出了不同民族之间双向交流与相互影响。“汉朝时，中原的丝绸就已经沿着丝绸之路传播到西北边疆地区”强调汉族对少数民族地区的影响，“棉花、芝麻、大蒜是由古代边疆地区的少数民族传入内地的”是少数民族对汉族地区的影响，两者缺一不可、双向互动。第58页“相关链接”和“活动园”突出少数民族在文化领域的贡献，中华文化是少数民族与汉族共同创造的。活动设计与《课程标准》教学活动建议相呼应。《课程标准》教学活动建议是“选择、列举代表民族文化的实例(如传统节日、歌曲、民间传说、历史故事、服饰、建筑、饮食等)，进行交流展示”。第58页“活动园”列举的少数民族对中华文化贡献的例子，包括“胡同”名称、满族服饰旗袍、少数民族乐器、黄道婆传说等。第59页“活动园”以火把节为例从文化角度说明不同民族之间如何做到相互尊重。教材设计一组问题引导学生介绍、调查,比如,你了解的少数民族节日的名称是什么?与此相关的还有什么习俗?如果有人想参加这一节日的活动,你想提醒他注意什么?提醒注意事项落脚点是引导学生尊重少数民族文化习俗。第60页西藏墨脱小康示范村图片从经济角度讲不同民族之间守望相助。第60页“活动园”精准扶贫、第61页“相关链接”兴边富农,两个行动与少数民族地区发展密切相关。教学时需要注意以下几点:(1)本课是国情教育特别是民族教育的重要内容,教师必须了解国家相关政策;(2)中华民族呈“多元一体”格局,引导学生了解多元,重心是一体,即中华民族大家庭;(3)突出各民族在政治、经济、文化各个领域对中华民族大家庭的贡献。本课内容科学性、政治性强,生活中关于本课的教育资源比较少,教学时可以通过国家民委门户网站查找当今民族政策、各民族习俗文化等资料,参考国家民族事务委员会编写的《中央民族工作会议精神学习辅导读本》等。

### (四)第四单元“骄人祖先　灿烂文化”

中国传统文化是先辈传承下来的丰厚遗产,是历史的结晶,有活的生命,其中蕴含的思维方式、价值观念、行为准则等依然深刻影响着今天的中国人。本单元介绍了我国优秀传统文化,旨在让学生通过学习达成文化认同、树立文化自信,为中华民族拥有悠久灿烂的文化而自豪,落脚点是文化认同。传统文化内容在统编小学《道德与法治》教材中不同年级的呈现方式不同,根据学生心理发展特点采取集中呈现和有机渗透相结合的方式,低年级注重传统节日、民俗、传统礼仪、积极的民间文化等教育,如一年级上册《快乐过新年》,二年级上册《团团圆圆过中秋》等。低年级教材也注重在其他主题教育中使用古代诗歌、传统格言等题材对儿童进行优秀传统文化教育,比如《三字经》《弟子规》等题材。高年级教材集中进行优秀传统文化教育,比如五年级上册第四单元“骄人祖先　灿烂文化”等,围绕文字、科技、传统美德三方面内容,勾勒中华优秀传统文化。本单元的编写依据是《课程标准》课程内容主题五“我们的国家”中第9条,“知道我国是有几千年历史的文明古国,掌握应有的历史常识,了解中华民族对世界文明的重大贡献,珍爱我国的文化遗产”。2014年教育部发布的《完善中华优秀传统文化教育指导纲要》(以下简称《纲要》)也是教材编写的依据。中华优秀传统文化是小学德育教材的重要内容。中华优秀传统文化内容不仅继承了以前教科书培养学生对中国悠久历史和优秀传统文化的自豪感,而且立意更高。一方面从培育核心素养角度定位中华优秀传统文化内容,国家认同是学生核心素养的重要方面,尊重中华优秀传统文化是国家认同的重要内容,国家认同包括很多方面,文化自信、尊重中华民族优秀文明成果、传播弘扬中华优秀传统文化是其中的重要内容。另一方面从着力构建中华优秀传统文化传承发展体系格局出发,定位中华优秀传统文化内容,着眼于传承中华文脉,全面提升人民群众文化素养,维护国家文化安全,增强国家文化软实力等。2017年中共中央办公厅、国务院办公厅发布的《关于实施中华优秀传统文化传承发展工程的意见》中提到,实施中华优秀传统文化传承发展工程,“对于传承中华文脉、全面提升人民群众文化素养、维护国家文化安全、增强国家文化软实力、推进国家治理体系和治理能力现代化,具有重要意义”。传承“中华文化”与传承“中华文脉”虽一字之差,但都强调传承关系。从传统文化到革命文化,到社会主义新文化叫一脉相承，即强调传承中华文脉。把中华优秀传统文化提到维护国家文化安全和增强国家文化软实力的高度。在开展中华优秀传统文化教学内容时站位要更高，不仅立足于增强民族自豪感，更要自觉站在传承中华文脉、维护国家文化安全、增强国家文化软实力的高度来看待中华优秀传统文化教育。教材要充分体现中国和中华民族风格，充分体现国家和民族基本价值观。人类早期文明古国只有中国文化生生不息，绵延不绝，我们更应该重视中国优秀传统文化。

第八课《美丽文字　民族瑰宝》围绕中华民族有“丰富多样的文字”“古老而优美的汉字”“意蕴隽永的汉字”“影响深远的汉字”四个话题。中国是多文种国家，有几十种文字，这些文字共同书写了祖国的历史与文化。汉字是世界上古老文字之一，形体优美，具有十分独特的审美价值。汉字融入了先人的智慧和灵感，蕴含着中华民族的传统美德、道德观念。汉字体现了中华民族的创造力和价值取向，不仅是维系中华文明的重要纽带，也是世界人民的共同财富。历史上汉字对我国周边地区的文化产生了深远影响，在当今信息化时代更是释放出新的活力。第二个和第三个话题是重点，与此前小学德育教材有关汉字的内容相比，第三个话题是统编版教材最具特色也是教学中最难驾驭的内容，目的是引导学生发现、探究汉字所蕴含的传统文化。围绕教材有创意地教学且避免学科知识错误是难点，需要教师对传统文化尤其是汉字文化有一定的知识储备。教材第 64 页“阅读角”引导学生能够把甲骨文属性和具体形象对应即可，不要求对应具体汉字，因为古代汉字和现代汉字有差异。书法是中国文化的代表，流传至今。道德与法治课程中书法落实德育有两个视角，一是练习书法的态度，古人强调练习书法首先要做到心静，其次是勤奋，这方面古人有很多故事，比如练习书法时将缸水、池水染黑，缺少练习材料就在沙土上、芭蕉叶子上练字等；二是讲书法小故事，建立书法评价和人格关系，比如，颜真卿不仅书法好，人品也高尚。“意蕴隽永的汉字”主要强调汉字所蕴含的道德观念、价值观念、传统思想，是本课难度最大、最难驾驭的内容，也是本教材和以前德育教材有差异的地方。“活动园”对“孝”“德”等字进行了分析，“相关链接”解说了“和”字蕴含的价值观念、传统思想。“活动园”中的甲骨文“友”字，让学生分析其蕴含的价值观念。甲骨文“友”的形象看起来像两只手，两只手放在一起就是相互帮助，从更深层次来说是志同道合，这是“友”所蕴含的传统道德观念、价值观念和传统思想。第 69 页“活动园”突出汉字反映的历史文化变迁，汉字不仅随着时间变迁，也有地域差异，比如，秦朝统一中国之前各国的汉字是不同的。教材引导学生探究文字特别是汉字故事，教学时可从不同角度收集汉字故事，比如“仁”字造型非常简单，最原始的意思是两个人相遇，引申出如何处理人与人之间的关系。处理人与人之间关系的最高准则是仁爱，从造字角度引申出故事。“义”的繁体字上面是“羊”下面是“我”，在古代“我”表示武器或者切东西的器具，从造字来说就是用刀子把羊肉切好平均分就是正义，这也是“义”字所蕴含的道德价值观念。“武”从造字角度看由表示武器的“戈”和表示脚趾的“止”构成，表达中国传统对待战争的态度、看法，战争是为了和平，其中所蕴含的辩证思想体现了中国文化。寻找汉字故事不必局限于字源，字源涉及文字学，内容太深。道德与法治课程要求汉字故事只要达到对学生进行道德教育的效果即可。本课教学要把握以下三点：(1) 本课出现较多古汉字，教学时避免只重视古汉字辨认，忽略汉字所蕴含的中华传统思想观念；(2) 探究汉字源头要适度，避免上成“说文解字”课；(3) 把握好书法内容讲述尺度，注意德育课程特点，不能上成书法课或者美术课中的书法赏析课，注重汉字背后的传统观念和思维方式。

第九课《古代科技　耀我中华》围绕中国古代科技有“灿若繁星的古代科技巨人”“独具特色的古代科学”“独领风骚的古代技术创造”“改变世界的四大发明”四个话题。中国古代科技在世界文明史上独树一帜，独具特色的中国医药、农学、天文学、数学等古代科学至今仍闪烁着智慧的光芒。独领风骚的青铜器、丝绸、瓷器、水利工程等展示了中国古人的精湛技艺。改变世界的四大发明对人类社会发展和世界文明进步影响深远。“灿若繁星的古代科技巨人”引导学生了解中国古代著名科学家，特别是了解科学家的感人故事。该话题不在于学生了解中国古代科学家有哪些发明创造，重点在于挖掘这些科学家事迹中蕴含的德育价值，最终落脚点是励志。教材第 73 页“活动园”中三名学生说的话“我要像李时珍一样，做一个有理想、有追求，又脚踏实地、不懈努力的人”“在生活中，我要像张衡一样，善于观察，善于思考，做一个有心人”“我听过鲁班发明锯的传说，我要像他一样，用科技发明来改善人们的生活”，凸显故事蕴含的德育价值，有助于学生品德的形成，这是本学科与历史学科学习科学家事迹的区别。历史学科介绍李时珍侧重于写了哪本书、多少卷，记载了多少药方等具体数据。道德与法治课程侧重于李时珍为了写这本书翻阅了多少书、查阅了多少资料、用了多少年，数据突出了李时珍个人的道德品质。“独具特色的古代科学”简要勾勒了中国古代科学(中医药学、农学、天文学和数学)的理论体系以及相关代表性人物与成就。该话题不仅让学生了解相关知识，更注重潜移默化影响学生的道德品质。比如，第 74 页“活动园”介绍华佗、孙思邈等医学家，教材没有一一列举华佗的医学成就，而是突出他治病救人的美德；没有介绍孙思邈的著作《千金方》，而是摘录他关于医德的论述，突出他不分贵贱、一视同仁的高尚品质。“凡大医治病，必当安神定志，无欲无求，先发大慈恻隐之心，誓愿普救含灵之苦。若有疾厄来求救者，不得问其贵贱贫富，长幼妍媸，怨亲善友，华夷愚智，普同一等，皆如至亲之想。”这段话突出医生要有大慈恻隐之心，病人来了不问其贵贱贫富、长幼妍媸，突出医德而非具体贡献。第 75 页“阅读角”突出屠呦呦及其团队为了研制青蒿素，经历了上百次的失败，最终研制成功，凸显屠呦呦及其团队百折不挠的进取精神。屠呦呦在颁奖典礼上的讲话强调她对传统医学的弘扬，这些都是本课教学的德育落脚点。生物等学科也讲屠呦呦，但侧重点不同。“独领风骚的古代技术创造”主要从青铜、丝绸、陶瓷、工程技术几个方面展示中国古代科技的辉煌成就，司母戊鼎、素纱禅衣是重点。教材把“改变世界的四大发明”作为第四个话题放在最后，是教材编排的一个特点。以前小学德育教材介绍中国古代科技主要是四大发明，其他方面的成就只简略介绍。本册教材把它作为本课四个话题之一，而且放在最后，编排意图是突出它对世界的影响。四大发明还不足以代表中国古代科技的全部，鉴于此，教材在讲述中国古代科技发明的时候，没有把四大发明作为本课最为核心的内容，而是从中国古代科技对世界影响的角度来讲述四大发明，把四大发明放在应有的位置。本课教学要注意以下几点：(1) 本课内容与初中历史课讲传统科技成就的区别，二者的区别是知识系统性和知识难度的差异；(2) 注意综合课程历史教学内容特点，注意与儿童生活有机联系，注意不同学科内容之间的有机联系；(3) 注意德育课程历史教学内容特点，一方面要选取有德育价值的故事情节，另一方面要抓住活动内容的德育落脚点；(4) 避免厚古薄今，不能用中国古代辉煌科技成就贬低中国近代以来特别是中华人民共和国成立以来取得的科技成就；(5) 避免以西方科技评价体系为标准评价中国古代科学，比如，以西方科学为标准，认为中国古代只有技术没有科学，以西方近代科技成就对比中国古代科技成就，贬低中国古代科技成就等。

第十课《传统美德　源远流长》围绕中华传统美德有“自强不息的人格修养”“立己达人的仁爱精神”“天下兴亡、匹夫有责的爱国情怀”三个话题。中华传统美德历久弥新，世代相传，深深融入伟大民族精神之中。传统美德包括人格修养、社会关爱和爱国情怀三个方面。人格修养突出明志、气节、诚信、求新，社会关爱突出仁爱宽容、推己及人等，爱国情怀突出以天下为己任，前仆后继，保卫祖国，关怀民生的精神。“自强不息的人格修养”围绕自我修养，“立己达人的仁爱精神”围绕如何对待他人和社会，“天下兴亡、匹夫有责的爱国情怀”围绕国家展开。本课依据《纲要》编写。《纲要》指出“加强对青少年学生的中华优秀传统文化教育，要以弘扬爱国主义精神为核心，以家国情怀教育、社会关爱教育和人格修养教育为重点，着力完善青少年学生的道德品质，培育理想人格，提升政治素养”。这是教材把人格修养、社会关爱和家国情怀作为本课三个核心内容的依据。《纲要》还指出三方面教育重点。一是开展以天下兴亡，匹夫有责为重点的家国情怀教育；二是开展以仁爱共济、立己达人为重点的社会关爱教育；三是开展以正心笃志、崇德弘毅为重点的人格修养教育。根据学生的认知特点，把上述要求归纳为“自强不息的人格修养”“利己达人的仁爱精神”“天下兴亡、匹夫有责的爱国情怀”三个话题，围绕对自我、对他人、对国家三个层面展开。首先是自我修养的道德要求，然后是对待他人或社会的道德要求，最后是对待国家的道德要求。本课编排及宗旨首先是呈现传统美德内容或传统美德核心价值观，如明志、气节、诚信等；其次是对核心价值观用定义解释和故事诠释；最后是通过设计活动帮助学生进一步理解核心价值观，并能够分析指导自己的现实生活，设计活动实质是中华优秀传统文化创造性转换和创新性发展在教材编写中的体现。运用格言帮助学生理解传统美德核心价值观，提升学生对传统美德的认识，自觉选择格言指导自己的生活。“自强不息的人格修养”包含明志、气节、诚信、求新内容的学习与实践，它们是《纲要》明确而突出的内容。教材编写按照选择、解释、创造架构逻辑，先选择，然后解释，最后创造，包括观点、故事、活动等层面。“立己达人的仁爱精神”首先讲宽容，然后讲推己及人，最后讲民胞物与。民胞物与不需要学生背诵意思，只要了解他人都是自己的同胞，万物都是自己的朋友，这个观念把仁爱精神由爱他人推广到爱自然万物，不是把他人、万物作为工具，通过仁爱之心达到与他人、与外物和谐共生，这是一种崇高的精神境界，体现了中华传统文化、中华传统美德的特点。小学传统美德教育追求崇高精神境界，有“虽不能至心向往之”感受。“天下兴亡、匹夫有责的爱国情怀”包括三方面内容。一是为什么要爱国，强调个人命运与国家命运紧密相连；二是怎样爱国，爱国在不同时期表现不同，战争年代、和平时期分别要怎样爱国；最后讲忧患意识，通过不懈追求把国家建成理想国家。第 91 页“阅读角”是天下为公的理想，天下为公从古到今都是我们努力追寻的理想社会状态。教学时要把握统编教材讲传统美德与过去版本的区别，以前某些版本讲传统美德主要是以德目为中心。比如，有的版本讲仁爱、知礼、好学、诚信等传统美德精神。本教材既不是以德目为中心，也不是以故事为中心，具体德目与故事设置都是为主题服务，不必面面俱到讲每一个话题下的德目。

# 第二章　课 例 研 究

课例是研究教学第一手、最有价值的教育资源。本章遴选的研究课例是作者自身体验、经验汇成的宝贵资源，在教学设计和反思撰写过程中得到一线同事和教研员的帮助与指导，实践和理论指导减少了课堂教学遗憾，提升了课后反思审视课例高度，为课例研究提供参考和借鉴。

## 第一节　《生命最宝贵》课例研究

### 一、课例介绍

三年级是小学中段，三年级的学生好奇心强，精力充沛，对外界事物普遍充满好奇，但同时缺乏自我保护意识和能力，在生活中容易受伤甚至失去生命。目前无论是家庭还是学校对学生安全教育常常局限于交通安全、防火防盗、自我保护等具体操作层面，没有把安全教育上升到生命教育高度。因此，从生命来之不易、生命不可重来角度讨论安全话题，对学生健康成长显得尤为重要。通过课前调查，发现该班学生能从自己成长经历中，了解家人对自己的关爱，调查妈妈怀孕时的不容易，从父母复杂、辛苦的工作中感受到父母养育自己的不容易。

本课由两个板块组成。第一个板块的话题是“我们的生命来之不易”，从生命教育角度入手，让学生体验母亲孕育自己的艰辛，了解父母养育、呵护自己付出的心血，由此，认识到生命来之不易。第二个板块的话题是“爱护身体　珍惜生命”，目的是引导学生思考通过哪些行为能够爱护自己的身体和生命，想象身体受伤后面临的诸多困难以及生命遭遇伤害，甚至失去生命给家人带来的巨大痛苦。本板块有一系列体验活动，激发学生认识到生命来之不易，生命只有一次，因此更应该爱护身体，珍惜生命。

根据学情和教材分析，确定本课教学总目标：感受孕育不易、理解养育不易；知道怎样做才是爱护身体、珍惜生命；懂得生命不可重来，初步树立爱护自己的身体、珍惜生命的意识。本课教学重点：理解生命孕育和养育的艰辛，懂得生命不可重来，树立爱护身体、珍惜生命的意识。教学难点：感受自己的生命饱含家人的爱与辛苦，形成爱护身体、珍惜生命的意识，并落实到行动中。

根据教材编排，本课分为两课时，采用活动形式开展教学。第一课时设计了三个活动，分别是活动一“说说妈妈孕育生命的艰辛”，活动二“体验妈妈孕育生命的不易”，活动三“感悟爸爸妈妈养育生命的不易”。创设活动情境，引导学生回忆、思考生活中的点点滴滴，感受自己成长的不易，体会家人对自己的关爱。第二课时设计了四个活动，分别是活动一“意外发生不幸多”，活动二“爱护身体办法多”，活动三“身体健康幸福多”，活动四“珍惜生命感悟多”。

## 二、课堂实录

### 《生命最宝贵》第一课时

#### 教学目标

1. 知道父母及家人为自己的出生、成长付出了无数心血，体会生命来之不易。
2. 体验、理解孕育生命的艰辛，懂得爱惜自己的身体，珍惜自己的生命。
3. 能够正确描述爱惜身体、珍惜生命的行为，学会爱惜自己的身体。

#### 教学过程

师：同学们，老师出示的表格(表 2.1)有“健康”“生命”“快乐”“成功”“聪明”五个词汇，请大家按照自己对它们的重视程度排序，重视程度最高的排在前面，依次排序。

**表 2.1**

| 词语 | 健康 | 生命 | 快乐 | 成功 | 聪明 |
|---|---|---|---|---|---|
| 序号 | | | | | |

生：(排序)

师：大多数同学选择“生命”排在最前面，请谈谈你们是怎么想的。

生：没有生命了，什么都没有了……

生：与生命相比，其他都不是最重要的，只有生命是最重要的。

师：是的，生命是宝贵的。这节课，让我们走进第三单元第七课《生命最宝贵》第一个话题“我们的生命来之不易”。(板书课题：我们的生命来之不易)

(设计意图：通过词语排序活动，引导学生思考并明确，对我们每个人而言，最重要的是生命。健康、成功、快乐……都是建立在生命基础上，让学生初步感知生命最宝贵，引出本课学习主题。)

活动一：说说妈妈孕育生命的艰辛

师：同学们听一听，这是什么声音？(播放婴儿出生时的啼哭声)

生：小孩子的哭声，婴儿的哭声……

师：伴随着这一声清脆的哭声，我们来到了这个世界。

师：这些是刚刚出生的婴儿的照片，同学们，你们知道自己是怎么来的吗？（出示几位同学婴儿时期的照片）

生：妈妈怀孕生下的。

师：（板书：孕育）是的，同学们都是妈妈怀孕生下的，妈妈“十月怀胎”孕育了我们的生命，当我们在妈妈肚子里逐渐长大的时候，妈妈的身体会有怎样的变化？

生：妈妈的肚子会变大，体重会增加，身体越来越胖。（边汇报边出示课前收集的材料）

生：妈妈的手脚会变肿，脸上会出现很多妊娠斑……

师：你们是怎么知道妈妈怀孕时变化的？

生：看照片、听外婆讲、问妈妈……

师：同学们用收集照片、采访、听故事等方式收集资料，了解了妈妈怀孕时身体发生的变化。妈妈身体上的变化会给生活带来哪些不便？

生：走路、上下楼梯等会越来越不方便；洗头要人帮忙。

生：穿鞋、穿袜子弯不下腰，生活不能自理了。

生：上下公交车要人搀扶，拿高处的东西也很吃力。

…………

师：知道了妈妈怀孕后的情况，你们有什么感受？

生：妈妈怀孕时真的太辛苦了。

生：妈妈为了我的出生，付出了很多……

师：妈妈孕育生命真的很艰辛。（板书：艰辛）

（设计意图：学生通过交流妈妈在怀孕过程中的身体变化以及由此引发的生活上的诸多不便，体会妈妈为了孩子的顺利出生所付出的艰辛，初步感受妈妈孕育生命的不容易。）

### 活动二：体验妈妈孕育生命的不易

师：通过刚才的学习，同学们了解到妈妈孕育我们的不容易，到底有多不容易我们可能不知道，现在我们来体验一下。请同学们完成“弯腰捡东西”“弯腰系鞋带”“趴在桌子上休息一会儿”这几个动作。

生：（体验以上几个动作）

师：完成这几个动作难吗？

生：不难，很容易。

师：下面你们按照教材第 48 页“体验五分钟妈妈”的要求完成体验活动，思考：当你变成怀着宝宝的妈妈时，再做这些动作会有怎样的感受？活动时将书包尽量装满，挂在胸前模拟怀孕时的妈妈；注意保护好肚子里的“宝宝”，认真、尽力地完成每一个动作。

生：身体前面有个“宝宝”，弯腰不方便，够不到桌子。

生：太容易了，一点儿也不难。

…………

师：这几位同学说太容易了，我们请他们到讲台上来再次完成怀孕妈妈系鞋带的动作，观察他们的动作符不符合怀孕妈妈的要求。

生：(体验怀孕妈妈系鞋带)

师：他们的动作符合要求吗？

生：不符合要求，他把书包放在侧面，怀孕妈妈的大肚子是在身体前面。

生：××同学使劲压着书包系鞋带，怀孕的妈妈最怕伤害肚子里的宝宝，不会这样做。

师：请刚才体验的同学按照要求再完成动作一次。

生：(再次体验)

师：两次体验活动，你有什么不同感受？

生：自己做很轻松，挂着书包做比较困难。说明妈妈怀孕的时候生活很不方便，很多事做起来都不容易。

师：如果让你扮演妈妈的时间变成五十分钟、五个小时、五天，甚至更长的时间，你又有什么感觉？

生：太难了，要崩溃了……

师：妈妈怀宝宝要四十周，即九个月零十天，可以想象一下妈妈有多么不容易了。

师：请同学们观看一段视频。(视频内容：妈妈怀孕时注意事项)

师：妈妈怀孕时除了动作变化外，为了宝宝健康，还会改变饮食习惯、性格、睡眠时间……因为有了宝宝，妈妈还会关注许多与养育宝宝相关的事情，这些都是为了让我们能够健康出生而做的。

师：课前，有的同学告诉老师，调查发现妈妈怀孕时没有视频上说的那么多变化，外婆说妈妈能吃能睡的。咱们学校的王老师也怀孕了，她和这位同学的妈妈差不多，看上去没什么变化。让我们来听听王老师是怎么说的。(播放王老师录音)

录音内容：作为一个准妈妈，我除了稍稍变胖之外，体型、外貌确实没有太大的变化，但是精神上有一定的负担，总是担心胎儿是否健康，营养是否充足……

师：从刚才的交流和体验活动中，同学们看出妈妈在孕育我们的过程中除了身体上的变化，更多的是要承受精神上的压力，真是太辛苦了。

师：课前，老师让同学们调查妈妈怀孕时的情况，通过调查你还知道妈妈怀孕时的哪些事情？

生：妈妈怀孕后血糖高，血压也很高，很危险，全家人都很担心，要定期到医院治疗。

生：妈妈怀孕后身体很不好，好不容易坚持到生下我后，又经历了另外一场手术……

师：通过上面的交流，你们有什么想对妈妈说的吗？

生：妈妈孕育我们真的太不容易了！

生：妈妈孕育我们吃了很多苦。

师：过去人们常说，妈妈生宝宝是“九死一生”“鬼门关里走一遭”，意思是说生宝宝时妈妈要忍受巨大的疼痛，有的妈妈还要冒着风险进行手术，所以生宝宝是一件不容易的事，也是一件了不起的事。

师：妈妈孕育我们的时候付出了很多，家里其他人也为我们的出生做了很多事情，你们知道有哪些？

生:爸爸陪妈妈产检;奶奶每天为妈妈做可口的饭菜;外婆准备我出生时要用的东西……

师:我们的顺利出生凝聚了全家人的付出,真的是很不容易。

活动三:感悟爸爸妈妈养育生命的不易

师:同学们,妈妈孕育我们不容易,爸爸妈妈养育我们也是很不容易的事。(板书:养育不易)

师:课前,老师让同学们进行了采访,了解自己成长中的故事,接下来我们一起说一说在养育我们的过程中,爸爸妈妈都为我们做了哪些事。(出示交流要求)

交流要求:(1) 说清楚爸爸妈妈做了什么,是怎样具体关爱、呵护我们的;(2) 叙述有序,语言流畅;(3) 小组其他成员注意倾听。如果不是和爸爸妈妈住在一起,也可以说一说养育自己的其他人的事。

生:生病了爸爸妈妈夜里带我到医院去吊水。

生:家人每天为我准备好早餐,吃过早餐还送我上学。

…………

师:看来,爸爸妈妈在养育我们的过程中付出了无数心血。想一想,除了爸爸妈妈,还有哪些家人为了我们的成长付出了心血。

生:爷爷每天接送我上下学,即使下雨也没有间断。

生:外婆每天都做好多好吃的给我吃,说我正在长身体,要多吃点。

…………

师:我们的出生和成长倾注了家人无尽的关爱与呵护,我们的生命来之不易,所以我们要珍惜生命、健康成长。(板书:我们的生命来之不易　珍惜生命)

(设计意图:学生通过交流成长中父母及其他家人为了养育自己付出的艰辛,认识到在生命成长的过程中,可能会经历很多问题,体会父母养育生命的不容易。)

## 《生命最宝贵》第二课时

### 教学目标

1. 认识到不爱惜身体、不珍惜生命,会给自己、家庭和社会带来不幸,懂得珍惜来之不易的生命。

2. 辨析自己和他人的行为是否是爱惜身体、珍惜生命。

3. 通过体验活动认识到健全、健康身体的珍贵,热爱生命,珍惜生命。

### 教学过程

师:同学们,通过上节课的学习你有哪些收获?

生:我知道了妈妈孕育我们的艰辛。

生：家人为了养育我们付出了很多心血。

…………

师：上节课我们认识到生命来之不易，我们的健康成长离不开家人的养育和爱护。这节课，我们继续学习《生命最宝贵》的第二个话题“爱护身体　珍惜生命”。（板书课题：爱护身体　珍惜生命）

活动一：意外发生不幸多

师：阅读教材第50页莫莫玩火的故事，想一想在爱护自己方面，莫莫有哪些做得不当的地方。

生：不听爸爸妈妈的嘱咐，玩打火机太危险了。

生：没有注意安全，自己受伤了。

…………

师：莫莫的行为会给自己、家庭以及社会带来哪些不幸？

生：莫莫终身残疾，长大后好多工作都不能做了。

生：因为残疾，会给自己带来很多不方便。

生：会给家庭和社会增添负担。

…………

师：莫莫的故事对你有什么启示？

生：不玩火，要听家长的话，注意安全……

师：在学校里，也有很多像莫莫一样的“淘气包”，他们不遵守学校的纪律，滑楼梯扶手，攀爬学校的围栏……对于这些同学，你怎么看？

生：正常啊，身边的男孩常常淘气。

生：不能这样做，这样会有危险。

师：这些行为会有什么危险呢？

生：滑楼梯扶手摔下来会受伤，甚至有生命危险。

生：攀爬围栏容易被戳伤。

…………

师：生命来之不易，安全是第一位的。我们一定要爱护身体，千万不要盲目冒险，这样才能防止意外的发生。

（设计意图：通过分析莫莫被烧伤后对他生活的影响，反思校园里“淘气包”的行为，让学生认识到不注意安全、不爱护自己身体，会给自己、家人和社会带来哪些不幸。）

活动二：爱护身体办法多

师：阅读教材第51页的图，看看同学们在说什么。阅读之后在组内交流并完成以下学习任务单（表2.2）。（出示学习任务单和交流要求）

交流要求：(1) 小组长负责组织交流；(2) 发言人要讲清楚内容；(3) 其他同学要认真倾听，不重复发言；(4) 精心筛选信息，准备参与全班交流；(5) 组内推选发言人，代表本组交流……

表 2.2　小组发言总结

| | 做得好的地方 | 提醒大家注意的地方 |
|---|---|---|
| 1 | | |
| 2 | | |
| 3 | | |
| …… | | |

生：（阅读后小组讨论）

师：相信同学们在日常生活中一定有自己的想法，下面请各组代表汇报本组讨论情况，在爱护自己生命和身体方面，有哪些做得好的地方，有哪些需要提醒大家注意的地方。

生：我们组做得好的地方是经常参加跳绳等运动，锻炼身体；给大家的提醒是不能挑食，不能只吃自己爱吃的。

生：我们组做得好的地方是不爬窗台，不滑楼梯扶手；给大家的提醒是不私自下河游泳。

…………

师：同学们从安全、饮食、运动、保暖和防暑等方面交流了在爱护自己生命和身体方面做得好的地方以及给大家的提醒，希望同学们在生活中把做得好的地方坚持下去，记住提醒需要注意的地方，爱护自己的生命和身体。（板书：饮食、运动……）

师：保持心情愉快，学会控制情绪，也是爱护自己的生命和身体的表现。无论什么时候，我们都要保护自己的生命，保证自己的身心健康。

师：请同学们观看这组照片。（出示抓拍的学生在校日常生活的照片）

照片内容：(1) 啃指甲；(2) 下课了，懒洋洋地趴在桌子上写字；(3) 寒冷的冬天穿着单薄的衣服；(4) 吃小零食……

师：这些行为哪些是爱护自己的生命和身体的做法？哪些做法需要改进？

生：下课了，懒洋洋地趴在桌子上写字，是不爱护自己的生命和身体，下课后应该到室外走走，休息一下。

生：寒冷的冬天穿着单薄的衣服容易生病，冬天天气冷，要注意保暖。

…………

师：这些做法都是不爱护自己的生命和身体，如果有这样的做法，请根据同学们的建议改进。

师：请你们说说对这些事例的看法。（出示事例）

事例：(1) 芳芳怕感冒，天一冷，就不到操场活动了；(2) 玲玲只要身体一难受，就立刻吃药；(3) 东东和小明玩耍时，不小心摔倒了，东东要到医院做全身检查，防止摔坏……

生：这挺正常的呀，我也是这样爱惜自己身体的。

生：他们都过度爱惜自己的身体，这些做法不是真正的爱惜身体。

师：我们要爱护身体，珍惜生命，但是做任何事情都要有一个尺度，爱惜身体也是这样，

过分地爱惜身体，可能会有负面影响，有可能会导致抵抗力降低等。（板书：爱护身体　珍惜生命）

（设计意图：活动旨在引导学生审视在爱护自己的生命和身体方面做得好与不好的地方，进一步感知爱护身体、珍惜生命的重要性。）

活动三：身体健康幸福多

师：我们要保护好自己的身体，如果不小心身体某处受伤了，会怎样呢？下面我们做两个游戏。拿出课前准备的眼罩（或者不透明的宽布条），罩住眼睛（保证不能看见任何东西），找出事先准备好的纸条写下自己的名字。然后，摘下眼罩，展示写有名字的纸条。看看写的名字和平时的字迹有什么不一样。

生：名和姓分离。

生：名字写歪了，笔画不紧凑。

生：和平常写的有很大不同。

师：现在我们做第二个游戏，将一只手插进衣服兜内，另一只手拿出直尺，尝试用一只手在纸上画一条直线。然后，看看和平时用双手来做这件事有什么不一样。

生：画歪了。

生：画不出来。

师：通过这两个游戏，对比自己平时学习、生活的情况，你有什么想说的？

生：身体的任何部位受伤，做事都会很困难。

师：是的，身体的任何部位受伤，做事都会很困难。身体某个部位受伤，也许能利用自己的聪明才智，想出办法来解决学习、生活中一部分不便的问题，但是的的确确会面临很多的不便和困难。比如，霍金、张海迪等，他们在生活中也有诸多不便之处，他们要成功，往往需要付出多于正常人数倍的努力。

师：下面请同学们听一个故事，然后谈谈你的感受。（播放故事录音）

故事内容梗概：说到这儿，我想起童年时的一件事。老师小时候生活在农村，邻村有个不能说话的叔叔，只要看到小朋友玩树枝，他就会特别激动，跑过去把小朋友的树枝扔掉，我们都很害怕他。后来爸爸告诉我，那个叔叔本来是会说话的，可他小时候，一不小心把树枝插进了嘴里，结果他的声带受伤了，就说不出话了。他一辈子都很后悔，怕小朋友们像他一样发生意外，所以只要看到有小朋友玩树枝，他就会做出这样的举动。

生：那位叔叔不小心让身体受到伤害，一生都承受痛苦。

生：叔叔一生和别人交流都困难，真的太痛苦了。

师：是的，如果不小心让身体受到伤害，我们就要承受巨大的痛苦，还要面临学习和生活中的种种不便和困难。能拥有健全、健康身体是一件幸福的事，我们一定要好好珍惜。（板书：健全、健康）

（设计意图：通过体验活动，让学生认识到如果不小心让身体受到伤害，学习和生活会遇到不便和困难。借助讲述真实事例，加深对爱惜自己身体重要性的理解。）

活动四:珍惜生命感悟多

师:阅读教材第52页“阅读角”短文,想一想这篇短文要表达什么意思。

生:学会保护自己。

生:人的身体不能像壁虎的尾巴那样,断了还会长出新的来。

师:是的,身体不能再生,生命不能重来。我们只有保护好自己,珍爱生命,才能实现我们自己的理想。

师:同学们都有生病的经历,想一想父母当时的心情是怎样的。

生:很焦急,恨不得替自己生病。

师:如果自己病得特别严重,父母又会怎样呢?

生:十分焦急,睡不着、吃不香,一直到我恢复健康他们才放心。

生:整天愁眉苦脸的。

…………

师:同学们有过下面的经历吗?当时你的心情是怎样的?(讲述以下经历)

经历:(1)在人多的广场、商场、空旷的田野、深山中突然和父母走散了;(2)早晨睡醒时,发现家里一个人都没有,也不知道家人去哪儿了;(3)你最喜欢的玩具不见了;(4)养了多年的宠物走失了,而且永远找不回来了……

生:我会害怕得哭。

生:我很伤心,心情糟透了。

师:也许有一天,一个孩子因为意外而失去了生命,他父母的心情就如同我们现在的心情,而且会比我们痛苦千万倍。请听配乐诗朗诵。(伴着音乐朗诵第53页“阅读角”中的《吾儿臭臭》)

师:如果我们遇到巨大的伤害,甚至失去生命,世界上最痛苦的人,就是我们的父母。为了避免父母遭受这种痛苦,我们该怎样做?

生:爱护身体,珍惜生命。

师:是的,“爱护身体　珍惜生命”是我们这节课学习的主题,也是伴随我们一生的主题,希望同学们牢记。

(设计意图:通过品读教材第52页“阅读角”的内容,让学生明白身体不能再生、生命不能重来,要爱惜自己的身体;通过品读教材第53页的诗歌,想象父母失去孩子的痛苦,意在引导学生自觉地爱护身体、珍惜生命。)

## 三、课例反思

家人对孩子的成长倾注了无数心血和精力,孩子也习惯了父母日复一日的爱和呵护,认为父母对自己的照顾是天经地义的,缺乏父母呵护自己很辛苦的体会。这种想法弱化了学生对自己生命的照顾和保护。因此,对学生进行上升到生命高度的安全教育十分重要也十分必要。第一课时教材中的活动和讨论围绕“生命来之不易”进行,备课、教学中抓住“不易”

一词，围绕成长不易、孕育不易、养育不易三个方面开展。

在“我们的生命来之不易”教学中，最能让学生体会妈妈艰辛的活动是“体验当妈妈”。如何让学生深刻体会到孕育生命的不易，是最值得思考和关注的。在教学中，让学生把书包当成宝宝，学生背着“宝宝”做弯腰系鞋带等动作，让学生深刻感受母亲的伟大，体会孕育生命的不易。

为了使教学设计贴近学生生活，挖掘学生情感，以达到生生共情、师生共鸣的效果，设计了三个“不易”活动。活动开展比较流畅，层层推进，通过情境的创设，学生在活动体验中对孕育不易和养育不易的理解得到了进一步深化。

第二课时最能让学生触动的是学生体验身体不小心受伤后的生活。在这个环节，他们感受到了一时贪玩或疏忽，很有可能对身体造成严重伤害。这种伤害将使他们承受巨大的痛苦，而且这种痛苦很有可能伴随自己一生，从而使他们感悟到拥有健康的身体是多么幸福，要好好爱护自己的身体，珍惜来之不易的生命。

第一、第二课时教学导入环节设计中力求切合学情，开门见山，不拖泥带水。力求“问题”是“真问题”，减少简单有或无、是或否的封闭性提问方式。

在第二课时“意外发生不幸多”活动中，运用教材中莫莫玩火的故事开展教学，在学生阅读基础上提出连续性问题，引导学生思考莫莫受伤后带来的一系列变化。在这一环节中，用“问题”引导学生，让学生明白盲目好奇和胡乱尝试可能会给自己和家庭带来极大的不幸，因此要爱护身体，珍惜生命，以免造成不可逆转的伤害。该环节除了批评莫莫的做法外，还通过开放性提问，将讨论范围扩大，让学生在辩驳中对比、反思自己的行为，在生活中避免身体受到伤害。课堂讨论集中在莫莫行为失当之处，没有讨论行为背后的心理分析，学生可能知其然却不一定知其所以然。教学时应不仅讨论莫莫行为失当之处，还要引导学生讨论、探究该行为背后的心理活动，找到产生这种行为背后的心理活动，这样学生才能从内心深处认识到这种行为失当的危害。本节课在这一点还有提升空间和必要，缺乏深层次挖掘行为背后的心理动机，在以后的教学中还需深入探究。

教学中作者深刻感受到德育课堂的魅力来源于生活；从儿童生活出发，用儿童视角去发现问题、解决问题，引导学生形成正确的世界观、人生观和价值观，一切站在儿童立场，一切为了儿童成长。在以后的教学中，尽可能尝试找同类型的、贴近学生生活内容的案例或资源开展教学，对来源于学生身边的例子学生才会有亲近感，学生才愿意学习、讨论。现实生活纷繁复杂，儿童成长发展过程中出现的困惑、问题如果得不到及时、很好地解决，长此以往难以应对无法预料且时有发生的隐性伤害，将会导致他们产生心理脆弱、思想困惑和行为失控等问题，因此，需要对他们进行生命教育、生活教育，引导他们正确认识生命，看待生命，正确生活。本课对引导学生珍惜生命、健康成长有着非常重要的意义和作用。

为上好这一课，作者力求做到以下几点：

第一，立足儿童主体地位。儿童是学习的主体，是教育理念的重要组成部分。教材也充分体现这一教育理念。本课话题关乎每一个学生的成长，与学生生活息息相关。教材在设计上从儿童生活视角出发，引导儿童树立“生命最宝贵”这一意识。教学时，课堂选取的话题、设计的活动，要让每个学生都能够积极参与体验。力求学生生活中的每一个问题都较好地得到回应,每一个疑问都能得到解答,每一个学生都有所发展,真正树立珍爱生命意识,学会自我保护。课堂要重视学生情感体验,心灵对心灵的感应,感情对感情的激发,智慧对智慧的启迪。在这样的课堂上学生才能真正得到成长。

第二,立足教材组织教学。用教材教就要“活用”教材,“活用”教材要立足教材,灵活用好教材。《道德与法治》教材既是“教本”,也是“学本”,是教师引导学生开展课堂教学的“桥梁”,在研究教材时,准确把握教材内容,厘清教材内容的层级关系,明确课堂教学内容在课程和单元中的逻辑定位,特别是同一教学主题在不同年级的层次性,从而在整体性、联系性和层次性中实现课程育人功能。为了达到这一点,教学中充分利用教材资源:第一课时利用教材中“体验五分钟妈妈”的活动,帮助学生体会妈妈孕育生命的不易;第二课时阅读莫莫玩火的故事并朗读“阅读角”中的诗歌,引导学生学会保护自己、珍爱生命。教材不是知识的载体,不是学生必须完全接受的对象和内容,而是引起学生认知、分析、理解事物并进行反思、批判和建构意义的案例或范例。教学中充分利用教材,根据教材内容结合学生生活,给学生提出了一系列问题,供学生讨论、思考,充分调动学生参与积极性,让课堂里每一位孩子都参与到“生命最宝贵”的学习、讨论中。

第三,立足课堂开发资源。教学资源包括课程资源和教师根据教学需要自己开发的资源。发挥资源在教学中的作用,在充分利用课程资源的前提下善于自己开发和使用资源。在用好教材的前提下,教师要联系生活实际,突破教材内容的时间和空间局限,创造性地发掘和利用学校、家庭、社区、媒体已有的资源,捕捉课堂生成的资源。依据小学道德与法治生活性、实践性、活动性、开放性的课程性质,立足课堂,科学分析学情,以学定教,遵循学生认知规律,创设丰富多样的教学方式和方法,通过资源开发与利用提高整体教学质量,达成教学目标。比如,第一课时中播放婴儿啼哭声、出示照片等就是学生家庭生活资源在课堂教学中的运用;第二课时中拍摄的学生在学校攀爬围栏等场景,是学生学校生活资源在课堂教学中的运用;第一课时中学生体验当妈妈的感受就是捕捉课堂生成的资源。这些资源与学生生活关联密切,容易激发学生兴趣,引发学生思考,促进教学目标的达成。

## 第二节 《学会尊重》课例研究

### 一、课例介绍

六年级的学生刚刚进入青春期,非常渴望得到他人的尊重,有被人尊重的需求。大多数学生要求别人尊重自己,自尊心较强,但很多学生并不明白如何做才是真正的自尊,也不明白人们更会尊重哪些有自尊的人。有些学生爱面子,输不起,说不得,有过度维护自己的倾向,不能客观评价自己;有些学生因难以做到尊重他人而产生交往危机。引导学生在学会自尊和尊重他人的前提下,与人交往,融入社会,这对小学生尤其是六年级学生而言具有重要的价值。

第一课时是教材“每个人都应得到尊重”的话题内容。谈到尊重，孩子们往往只关注一些有成就的人，忽视身边默默无闻的人。对此，教材以开杂货店的周阿姨为范例，引导学生初步知道每个人都应得到尊重。

第二课时是教材“尊重自己”的话题内容。引导学生明白每个人都有自己的尊严和价值，都应该尊重自己。尊重自己包括自尊、自重、自爱和自我接纳等方面。最后，教材还设计活动引导学生懂得“尊重自己，并不意味着拒绝批评”。尊重自己与接受别人的批评是不矛盾的。

第三课时是教材“尊重他人”的话题内容。教材中“做小报”和“上兴趣班”两个范例的目的在于引发学生思考自己被尊重时的经历和体验，让学生感受人与人之间彼此尊重是一件特别美好的事，进而引导学生体会尊重他人的重要性。之后，教材引导学生分享自己尊重他人的事例，同时认识到，尊重他人不仅不会降低自己的地位，还能给他人带来愉悦。“活动园”中的“不尊重他人”快照旨在引导学生关注生活中不尊重他人的言行，并引以为戒。随后的“活动园”（尊重的语言）旨在引导学生意识到，对他人的尊重既表现在语言上，更要落实到行动上。通过修改班规的小故事，引导学生认识到尊重体现在对他人意见和他人需要的重视上。“阅读角”中的小故事让学生认识到尊重他人也需要维护他人的自尊心。教材法律内容的呈现，引导学生认识到尊重他人既是道德要求，也是法律要求。

在上述学情和教材分析的基础上，确定本课教学目标：感悟尊重的力量，知道每个人都应该得到尊重，要有尊重他人的意识；初步学会分析自己，客观评价自己，学会运用正确的方法尊重自己，懂得怎么做才是真正尊重自己；认识尊重他人是一个人文明素养的体现，学会从语言、行为等方面尊重他人。本课教学重难点：一是知道每个人都应该得到尊重；二是能够客观地评价自己，从内心懂得怎么做才是真正尊重自己；三是从语言、行为等方面做到尊重他人。

为了达成上述教学目标，突破重难点，作者采用活动化教学方式。

第一课时设计了三个活动，通过活动引导学生学习。先由“从‘礼’入手话尊重”导入，接着由活动展开教学。活动一是“尊重有成就的人”，通过两个内容，引导学生感受无论是有杰出贡献的科学家，还是有突出成就的伟人、社会名人，他们都是值得我们尊重的人。活动二是“尊重每一个人”，通过两个内容，引导学生感受无论从事什么工作，每个人都有自己的价值，每个人都应当得到尊重。活动三是“人人有生而为人的尊严”，通过故事和法律条文引导学生理解法律为每个人都应得到尊重保驾护航。

第二课时以四个活动贯穿整个课堂。活动一是“激发尊重自己的渴望”，激发学生对自我尊重的渴望，为后面的学习提供积极动力。活动二是“由不自尊到尊重自己”，通过充当心理咨询师，推动学生自主学习探究，体会尊重自己的表现到底是什么。活动三是“言行恰当不冒犯”，让学生充当言行问诊师，培养学习主动性，懂得言行得当也是尊重自己的一种表现；通过模拟问诊活动让学生懂得面对冒犯和侮辱及时应对的办法，知道这也是尊重自己的一种表现。活动四是“尊重自己要适度”，引导学生懂得尊重自己并不意味着拒绝批评，尊重自己与接受别人的批评是不矛盾的。

第三课时以三个活动贯穿整个课堂。活动一是“体验尊重他人的美好”,引导学生领悟想要别人尊重自己,就需要尊重他人的道理;体验被人尊重的满足感与价值感,激发尊重他人的情感。活动二是“拒绝不尊重他人的行为”,引导学生感受尊重他人是一种美德,知道不尊重他人所带来的危害。活动三是“造就美好的自我与世界”,引导学生把尊重他人落实到行动上,懂得尊重他人要言行合一;感受尊重他人带来的美好、和谐。

## 二、课堂实录

### 《学会尊重》第一课时

#### 教学目标

1. 在活动探究中体会尊重对每一个人的重要性,懂得每一位默默无闻的普通人都应得到尊重。

2. 在故事中认识尊严,感受尊重是一种权利,每个人在人格尊严上一律平等;通过对法规条文的学习,懂得尊重他人是法律要求。

#### 教学过程

(谈话导入:从“礼”入手话尊重)

师:同学们,每一次上课前,师生之间都要立正、鞠躬、问好,这是行上课礼。除了上课礼,你还知道不同生活场景中人们是如何行礼的吗?

生:庆祝爷爷九十大寿时,大家给爷爷磕头,行的是磕头礼。

生:大人见面时,会握手问好。

生:学校来人参观,我们向他们敬队礼。

师:你们真是生活的有心人。通过大家的分享,我们发现生活中处处都有“礼”。中国是礼仪之邦,礼仪文化源远流长。你们知道这些礼仪表达了什么吗?

生:待人有礼貌,是一种良好的修养。

生:与人交往,注重礼仪,是尊重对方的表现。

生:行礼,是对他人的尊重,也是对他人表示友好。

师:为同学们点赞!“礼”是人们在交往中相互表示敬重和友好,本质是对别人的尊重。这节课,我们一起来学习“学会尊重”。(板书:学会尊重)

(设计意图:从日常的师生上课礼导入,唤起学生生活经验中关于礼仪的认知。中国是礼仪之邦,在众多礼节背后,其核心精神内涵是什么?学生在教师的引导下,透过“行礼”现象,感受并发现“礼”的本质是尊重,由“礼”开课。)

活动一:尊重有成就的人

师:这是一位同学在介绍自己心目中最尊重的人,大家一起来听听!(播放微课)

微课内容：我最尊重的名人是钱学森。钱学森35岁被美国麻省理工学院聘为终身教授。这是一个很高的荣誉，它预示着钱学森的优厚待遇和远大前程。但是，当钱学森得知中华人民共和国成立的消息后，他说："我是中国人，我可以放弃这里的一切，但不能放弃祖国。我应该早日回到祖国去，为建设新中国贡献自己的全部力量。"最终，在他的不懈坚持下，冲破美国的重重阻拦毅然回国。他倾其所学，不断推出科研新成果，为祖国的国防事业作出了巨大的贡献，被誉为"中国航天之父"。他为了祖国的繁荣富强，放弃了在美国的一切。钱学森的爱国言行，凝聚着中华民族之魂。

师：同学们，你心目中最尊重的人是谁？他(她)值得你尊重的原因是什么？让我们来分享"我最尊重的人"。(出示课件)

课件内容：在"他(她)是我最尊重的人"活动卡上，写出你尊重的对象，并简要陈述他(她)值得你尊重的原因，时间3分钟。要求：(1) 小组成员依次分享，并认真倾听别人的发言，分享时间5分钟；(2) 分析小组成员最尊重的对象有怎样的共同点，并进行归类；(3) 选派一位同学总结小组的发现。

生：我们小组约30%的同学选择了将伟人作为自己心目中最尊重的人。

生：我们小组许多同学选择那些为科学发展作出突出贡献的科学家作为自己最尊重的人，比如"杂交水稻之父"袁隆平爷爷、"中国核潜艇之父"黄旭华爷爷和诺贝尔生理学或医学奖得主屠呦呦奶奶。

生：我们小组有的同学选择了将姚明作为自己最尊重的人，大家一致觉得他是一位优秀的篮球运动员，值得大家尊重。

…………

师：无论是有杰出贡献的科学家，还是有突出成就的伟人、社会名人，他们都是值得我们尊重的人。

(设计意图：通过故事引导，激发学生已有的或已形成的社会认知，即尊重的对象大多是取得一定成就的人。在此基础上，通过填写活动卡，在小组内交流探究，让学生说出自己心目中最尊重的名人，学习这些名人受人尊重的品质。)

活动二：尊重每一个人

师：同学们，是不是只有取得一定成就的人才值得我们尊重？那些平凡的默默无闻的人是不是就不值得尊重？

生：都应受到尊重。

生：有成就的人会更受尊重一些。

师：看来同学们的意见并不一致。我们先放下这个问题，一起来看看我们课前的搜集成果吧！课前，老师请同学们搜集"令你印象深刻的普通劳动者"的照片。我把大家传来的照片放进了课件，接下来放出哪一张，就请它的推荐者讲一讲，这张照片为什么令你印象深刻。(出示照片：令我们印象深刻的普通劳动者)

(1) 照片"快递小哥出现在2019年国庆70周年群众游行队伍中"。

生：2019年国庆70周年群众游行队伍中，"快递小哥"成为一道独特的风景线。如今，

“快递小哥”已经成为我们生活中不可缺少的一群人,他们穿梭在大街小巷,为保障人们的日常生活提供了便利,付出了辛勤的劳动。

师:“快递小哥”应不应该得到大家的尊重?

生:应该。

(2) 照片“清晨在清扫街道的环卫工人”。

生:他们有一个很美的头衔,叫“城市美容师”,干净整洁的城市环境离不开他们。然而,他们干着既脏又累的活,有时还得不到人们的尊重。有的人看见环卫工人在扫地,老远就捂着口鼻绕道走。有的人随手乱扔垃圾的习惯总是改不了。

师:环卫工人应不应该得到大家的尊重?

生:应该。我选这张照片,就是希望大家都尊重环卫工人,尊重他们的劳动成果。

(3) 照片“风雪中的小区保安”。

生:这位是我们小区的保安师傅,下着大雪,我爸爸拍下了他们在雪中执勤的照片。爸爸每次开车出小区,都会热情地和保安师傅问好。爸爸说,保安师傅守护的不仅是小区的大门,更是我们每个家庭的安全门。

师:保安师傅应不应该得到大家的尊重?

生:应该。

师:同学们课前的这些照片拍得好,你们讲得也好。各行各业的普通从业者,即使默默无闻,即使没有什么卓越成就,也应该得到尊重。

师:尊老爱幼是中华民族的传统美德。同学们有没有发现,我们刚才讨论受人尊重的人的时候,谈到了有成就的人、社会各行各业的普通从业者,还有没有人是值得我们尊重却没被提到的?

生:还有爸爸妈妈、身边的亲朋好友。

生:还有老师和同学。

师:他们为什么值得我们尊重?

生:我的爸爸妈妈就是普普通通的上班族,他们努力工作,也细心照顾着家庭。在我心中,他们是最好的父母,是我尊重的人。

师:在学校里,我们除了要尊重老师,也应该尊重为我们服务的食堂师傅、保洁阿姨、保安叔叔。没有他们的辛勤付出,就没有我们快乐和谐的学习生活。无论从事什么工作,每个人都有自己的价值。我们每个人,都应当得到尊重。(板书:每个人都应得到尊重)

(设计意图:在调动学生已有的社会认知基础上,引导学生关注身边的普通从业者和身边熟悉的人,以照片为媒介,定格生活中那些默默无闻的普通人,学生在叙述普通人案例的过程中,体会到尊重与对方的地位、收入、成就没有关系,从中获取每个人都应得到尊重的认知。)

活动三:人人有生而为人的尊严

师:请大家看一段俄国作家屠格涅夫的小说《乞丐》的片段,看完后交流感想。(出示《乞丐》片段课件)

一个乞丐——一个衰弱的老人挡住了我。……我伸手搜索自己身上所有口袋……我随身什么东西也没有带。……我惘然无措，惶惑不安，紧紧地握了握这只肮脏的、发抖的手……“请别见怪，兄弟，我什么也没有带，兄弟。”……（乞丐）也照样紧握了我的变得冷起来的手指。“哪儿的话，兄弟，”他吃力地说道，“这也应当谢谢啦。这也是一种施舍啊，兄弟。”我明白，我也从我的兄弟那儿得到了施舍。

师：故事中的乞丐明明没有得到施舍，却为什么说要谢谢这个人的施舍呢？乞丐认为这个人施舍给他什么？

生：尽管乞丐没有得到金钱的施舍，但他收获了别人对他的尊重。

生：乞丐认为这位先生不歧视他，平等地称他为兄弟，所以他很感激。

师：是啊，这位先生平等对待乞讨老人，也让他收获了尊重他人带来的美好。

师：无论是谁，生而为人，都拥有为人的权利和尊严，只有平等对人，才有可能尊重生活中的每个人，也才有可能赢得别人的尊重。（板书：生而为人的尊严）

师：保障人权，维护生而为人的尊严，也是法律的要求。让我们进入“法治小课堂”去学习与尊重有关的法律吧。（出示课件）

《中华人民共和国宪法》第三十三条（节选）规定：“中华人民共和国公民在法律面前一律平等。国家尊重和保障人权。”第三十八条规定：“中华人民共和国公民的人格尊严不受侵犯。禁止用任何方法对公民进行侮辱、诽谤和诬告陷害。”人格尊严是指公民作为平等的人的资格和权利，应该受到国家的承认和尊重，包括与公民人身存在密切联系的名誉、姓名、肖像等不容侵犯的权利。

师：你能从“法治小课堂”的学习中，说出与尊重有关的内容吗？

生：法律面前，人人平等。

生：国家尊重和保障人权。

生：中华人民共和国公民的人格尊严不受侵犯。禁止用任何方法对公民进行侮辱、诽谤和诬告陷害。

师：法律为每个人都应得到尊重保驾护航。（板书：法律护航）

师：通过本节课的学习，我们懂得不仅有成就的人值得我们尊重，每一位默默无闻的普通人也都应得到尊重。尊重是一种美德，也是法律对每个人的要求。下节课我们学习学会尊重自己。

（设计意图：由故事切入，让学生懂得每个人都有生而为人的尊严，让学生对于“尊重，是对一个‘人’的基本态度”有更深刻的理解。同时，通过“法治小课堂”，知道尊重也是法律的要求，法律保障人权和人格尊严不受侵犯。）

## 《学会尊重》第二课时

### 教学目标

1. 认识到自己的价值，懂得尊重自己，知道尊重自己的表现形式。

2. 掌握自我尊重的正确做法。不自卑,不过度维护自己,树立健康积极的心态。在被冒犯和侮辱时,勇于维护自己的权益。

3. 认识不尊重自己的行为,了解不尊重自己带来的伤害。

## 教学过程

### 活动一:激发尊重自己的渴望

师:同学们,你是否希望一想到自己,心里涌现的都是信心、满意和欣赏呢?

生:希望。

师:那这份信心、满意和欣赏,是从哪里得来的?

生:自己表现得好,是从别人的眼神和话语中得到的。

生:我有一技之长,自己非常欣赏自己。

生:可能有时候我表现得不尽如人意,但我没放弃,一直在努力,于是慢慢就获得了信心,同时也欣赏自己的勤奋。

生:我从别人身上学会了认可自己。张海迪、史铁生和海伦·凯勒都是身体不完美的人,但他们都获得了很大的成就。我是一个健全人,我怎能对自己没有信心?怎能不欣赏我自己?

师:为你们点赞!是的,不管我们是谁,不管我们是否有这样或那样的不完美,都应该勇敢地接纳自己,尊重自己。(板书:尊重自己)

师:接纳自己、尊重自己是我们信心的来源。请同学们听一段录音,然后说说自己的感受。(播放微课)

微课内容:曾经有人问我,如果你的一生已经注定,你还会努力生活吗?那么我的回答是我会更加努力地生活下去。

生:虽然我不知道说这话的人是谁,她身上究竟发生了什么事,但是从她的话语中,我能感受到她是一个勇敢的人,是一个勇于自我接纳的人,令人尊重。

生:这段录音我听过,我看过这个节目,当时我看到这里的时候眼泪都流下来了。说这话的是一位姐姐,她1岁的时候患了一种病,医生告诉她父母她活不过4岁,但是现在她已经18岁了。尽管她现在全身只有右手的大拇指能动,且必须24小时佩戴呼吸机,但是她一直都很乐观,一直都在坚持写作。

生:听了这段录音,我觉得一个人接纳自己、坚信自己的价值太重要了,很多时候这是我们克服一切困难并坚持下去的动力。这位姐姐不仅尊重自己,还赢得了别人对她的尊重。我内心好像有一股马上就要喷薄而出的力量,我要尊重我自己!

师:相信这位姐姐的故事会激励更多的人,也相信很多同学已经从她的身上找到了对尊重自己的渴望,让我们为这位姐姐和自己鼓掌!

师:就像大家都爱唱的《苔》这首歌里说的那样,“苔花如米小,也学牡丹开”,我相信,每个同学都希望跟苔花一样,即使自己很渺小,也要学会欣赏自己,寻找自己的价值。这样即使“白日不到处”,也会“青春恰自来”。老师衷心地希望同学们一想到自己,心里涌现的都是

满满的信心和欣赏。(播放微课。背景音乐:古诗歌曲《苔》)

(设计意图:六年级学生自尊意识有了很大发展,但还不够稳定,比较脆弱。开课时的谈话、事例的真实展现和熟悉的诗词歌曲,能很好地激发他们对自我尊重的渴望,也为后面的学习提供积极动力。)

活动二:由不自尊到尊重自己

师:每个人都有自己存在的价值,但刘菲同学不是这样想的,她总觉得自己比不上别人,她非常需要一位心理咨询师的帮助。你愿意当这个心理咨询师去帮助她吗?请大家先仔细阅读教材第 4 页"活动园"中的故事。

(学生阅读)

师:刘菲同学尊重自己吗?不尊重自己的表现有哪些?

生:刘菲同学不尊重自己。她主观地认为没有同学喜欢自己,不主动参加班级活动。

生:刘菲同学不尊重自己。她学习不认真,作业经常不按时完成。

生:刘菲同学不尊重自己。她看见表姐考上大学,很羡慕,可是自己又不愿意努力学习,还说考上大学没什么用,说自己不做白日梦,她这是自欺欺人。

生:刘菲同学说自己脑子笨,不尊重自己。

师:大家从字里行间找到了刘菲不尊重自己的各种表现。刘菲从内心认为自己没什么优点,表现在行动上就是很不积极,甚至觉得好事也不会发生在自己身上。

师:如果刘菲继续这样下去,可能会出现什么后果?又会给她带来什么不良影响?

生:如果继续这样下去,刘菲的学习成绩可能会变得更差,可能从不按时交作业到不交作业,甚至抄袭作业。

生:如果继续这样下去,刘菲会一蹶不振,做任何事情都觉得没有意义。

生:刘菲有可能会自暴自弃,很多习惯都会越变越差,她会觉得反正自己已经很差了,就破罐子破摔。也有可能对生活失去信心,觉得任何人都看不起她,她也不在乎别人对她的看法了。

师:是啊,如果真的这样继续下去,那就太可惜了。但是刘菲真的一无是处吗?她有没有优点?我们再一起来读一读材料。

生:我发现刘菲还是有优点的,她觉得自己各方面都不好,从这点上说明她能认识到自己的不足。

生:看到表姐考上大学,她很羡慕,说明她知道考上大学是件好事,她还是有梦想的。

生:她说她不做白日梦,这说明她知道应该脚踏实地。

师:你们都有一双善于发现别人优点的慧眼,这是心理咨询师必备的素质,你们又离优秀的心理咨询师更近一步了。

师:同学们,要想让刘菲转变看待自己的眼光,学会尊重自己,大家有什么建议送给她吗?

生:首先要对自己有信心,不自卑。

生:不贬低自己,要正视自己。

生：接纳自己，每个人都有缺点，但肯定还有很多优点。

生：相信自己存在的价值，明白通过努力是可以获得别人认可的。

师：大家都很会概括，思路很清晰，你们又具备了一项作为心理咨询师的必备技能。现在，相信大家一定可以独自完成给刘菲的建议了，有了你们这些心理咨询师的建议，刘菲一定会知道如何尊重自己，也会越来越好的，谢谢大家对刘菲同学的帮助。

师：正如大家所说的那样，每个人都有自己的亮点，我们要尊重自己。其实，我们既是刘菲的心理咨询师，又是自己的心理咨询师。我们每个人都要在内心深处认可自己、相信自己，不自我贬低，不自卑，这些都是尊重自己的表现。像刘菲同学这样，即使暂时没有做到也不要紧，面对自己的不足，依靠自己的力量慢慢改进，这也是尊重自己的表现。

（设计意图：通过担任心理咨询师角色，推动学生自主学习探究，体会尊重自己的表现到底是什么。）

### 活动三：言行恰当不冒犯

师：同学们，尊重自己，就要维护好自己的形象。在生活中，存在很多不尊重自己的行为。比如抄袭作业、随地吐痰等，你还知道生活中哪些行为是不尊重自己的行为吗？如果这样做，会有什么危害？请同学们针对大家生活中看到的一些实例，以小组为单位，对这些言行进行讨论，并提出建议。

（小组讨论，然后交流）

生：说话爆粗口、使用不文明用语以及语言上不饶人是不尊重自己的行为。有时不恰当的语言会让我们颜面扫地，我们小学生有时候听到一些不文明用语，要学会分辨和屏蔽，把好语言文明关。

师：是的，语言往往是一个人表现自己的第一扇门。尊重自己，就要学会好好说话，文明的语言也是对别人的尊重。

生：不顾自己的外在形象是不尊重自己的行为。比如衣衫不整，有时候大热天会看到一些男性将上衣卷得很高，或者直接将上衣脱掉，非常不雅观。还比如，不经常洗澡换衣服，身上散发出一股气味，同伴有可能会远离他，不愿意与之近距离接触，这会让人很难堪，形象也会受损。

生：有时候我们的妈妈上班前化点淡妆，这是尊重自己，也是对别人的尊重。

生：生活中很多人不信守承诺，说过的话做不到，答应的事办不到，借的东西不按时还，这都是不尊重自己的行为，别人以后也不会信任我们了。还有同学抄袭作业，考试作弊，不能真实检测自己对知识的掌握情况。

师：是的，“轻诺必寡信”，一个不诚信的人怎么会得到别人的尊重呢！还有吗？

生：不遵守公德也是不尊重自己的行为。对《中小学生守则》除了要记住“内化于心”，还要“外化于行”。

师：为你们竖起大拇指。你们觉得时刻把他人放在心上、关心他人，在他人有难时及时伸出双手，并为社会作出自己的贡献是不是尊重自己的行为？

生：是的。就像在应对新型冠状病毒感染时，无数同胞都在贡献着自己的力量，他们在不同的岗位上证明了自己的价值。

师：使用文明用语、爱惜自己身体、维护自己形象、爱惜自己名誉、信守承诺、关心他人、为社会做贡献等都是尊重自己的表现，我们要通过恰当的言行表现出来，有时候不尊重自己除了让自己颜面扫地、形象受损，还会给他人、社会带来危害。（板书：尊重自己的表现）

师：瞧，那边有人争吵了起来，让我们打开教材第6页，阅读“活动园”中的故事，阅读后完成以下任务。（出示课件）

课件任务：这个“好脾气”先生对人总是和和气气的，可是“讲道理”先生却说“好脾气”先生的做法是不对的。如果“好脾气”先生总是这样做，以后可能会发生什么事情？你的建议是什么？同桌之间互相讨论，并试着轮流扮演“讲道理”先生，继续做言行问诊师，针对“好脾气”先生的言行进行“问诊”，并给他开一剂“良方”。

（学生阅读）

师：请一组同学交流后扮演展示。

（学生角色扮演）

“好脾气”先生：我一直都觉得对人要和和气气。当我上公交车被人推开，领带都被挤歪了时，我一句话都没说，我不想惹麻烦，我要维护我的形象。看到一个小男孩在公共场合乱涂乱画，我就上前告诉他“不能这样做”，谁知道这个男孩脾气这么大，我只能走开，他肯定不愿意再听我的劝告了。

“讲道理”先生：“好脾气”先生，我知道你的出发点是好的，当别人做得不对时，特别是在公共场合，为了大家的共同利益，我们应该勇敢地站出来指出他们的不对。他们这样不礼貌，是对你的不尊重。有些人对你恶语相向，如果你还是忍让，这就是任人欺负了。

“好脾气”先生：我心里也很不舒服，特别是他们冒犯我时，可是我该怎么办呢？我要一团和气呀！

“讲道理”先生：我们和气地指出他们的不对是对的，是对他们的尊重。但是由着别人欺负和冒犯，一味地忍让，只会让别人更加不尊重你，觉得你好欺负。这也是你不尊重自己的表现。

“好脾气”先生：可是我说了他们不对，他们不听呀。

“讲道理”先生：当他们不听且还对你恶语相向时，你就不能忍气吞声了，这是对你的侮辱，让你失去了尊严。面对冒犯和侮辱时，你要勇于维护自己的权益，这是你对自己的尊重。

“好脾气”先生：谢谢你，我明白了。以后再遇到这样的事情，在尊重别人的前提下，我会好好维护自己的尊严和权益的。

师：感谢这对同桌，他们智慧地解决了“好脾气”先生的困惑。还有要补充的同学吗？

生：我想起了“晏子使楚”的故事，晏子面对楚国士兵及楚王的冒犯和侮辱时，非常勇敢地站了出来，维护了自己的权益和国家的权益，获得了该有的尊重。

生：故事中的尊重，有晏子对自己的尊重，也有楚国人对他的尊重，更有楚国人对齐国的尊重，这以后楚国对齐国都不敢再随便怎么样了。

生：必要时我们应该拿起法律武器维护自己的权益。

师：感谢大家的补充，让我们找到很多好的应对方法。

师:生活中,“好脾气”先生不少见,“好脾气”先生遇到的事我们也时常遇到。面对无心之失,我们应该选择宽容;但是如果是存心冒犯和侮辱,我们要机智地应对,及时指出对方的错误,尊重自己,拒绝冒犯和侮辱。(板书:言行恰当不冒犯)

(设计意图:让学生对言行进行诊断,培养学生学习主动性,对生活中的各种行为和情形进行辨析并提出建议,懂得言行得当也是尊重自己的一种表现。通过模拟问诊活动,创造轻松和谐的学习氛围,使学生懂得面对冒犯和侮辱及时应对的方法,知道这也是尊重自己的一种表现。)

活动四:尊重自己要适度

师:维护自己的尊严和权益,是不是意味着任何人都不能批评我们或者给我们提建议呢?教材第7页“活动园”中提供了几种情境,同学们思考一下,看一看这些行为中哪些属于“尊重自己”,哪些属于“过度维护自己”。先分类,将属于“尊重自己”行为的序号填在黑板上的绿色方框内,属于“过度维护自己”行为的序号填在黑板上的红色方框内。

生:第2个和第4个情境是“尊重自己”,第1个、第3个和第5个情境都是“过度维护自己”。

师:正确。

师:我们先来一起看看绿色方框里的情境2和情境4。情境2反映的是大家常见的给别人起外号的情况,你们是否都不喜欢别人给自己起外号呢?

生:那也不一定。有些外号是针对某个人的优点取的,比如宋江,大家都叫他“及时雨”。我们班有个同学知道很多东西,知识面非常广,就有人叫他“智多星”或“万事通”,还有“小灵通”。有的同学学习特别厉害,我们都叫他“学霸”。

师:看来同学们平时都很关注其他人的优点,为了突出这位同学的这个优点,就给他取了个相对应的外号,我相信被取这个外号的同学心里肯定也很开心。

师:那如果是你不喜欢的外号呢?就像情境2中是一个难听的外号。

生:如果我的同学给我起了一个不好听的外号,我心里会很不舒服,甚至会有点生气。

生:我会跟小明一样要求对方道歉。同学或者朋友之间,关系再怎么亲密,也不应该随便给别人取不好听的外号。我们应该勇敢地要求对方向自己道歉,这是对自己的尊重。

生:是的,有些同学或朋友觉得大家关系好,取个外号没关系,但是有时候难听的外号会伤自尊。小明要求给自己道歉,这是尊重自己的表现。

师:大家都说出了自己的理由。那我们再来看看情境4。谁来说一说?

生:这是尊重自己的做法。老师知道丽丽上课开小差,学习退步了,找她谈话,就是想提醒她。丽丽为自己的行为感到难过和惭愧,这是对自己的尊重,说明她知道自己这样是不对的。

生:老师的提醒或者批评有利于丽丽改正错误,不断成长。丽丽接受批评,就是对自己的尊重。

师:说得很好。是的,其实尊重自己并不意味着拒绝批评。

师:现在我们再来看看红色方框里的1、3、5三个情境。这三个情境有什么共同点?

生:这三种行为中,他们都不愿意承认自己的不好或者不足。

生:他们都接受不了别人对自己的看法。

生:情境1中的小刚听不得批评和建议,情境3中的晓璐不愿意接受别人的看法,情境5中的小吴是典型的玩游戏输不起。他们都是爱面子的人,说不得,输不起,这是过度维护自己。

师:老师相信他们这样做首先都是想肯定自己,渴望得到别人的欣赏,这是值得我们肯定的,但他们维护自己又过度了。这样下去会对他们的成长及人际关系带来哪些影响呢?这样做能否得到他人的尊重?

生:这样不利于他们的成长。比如情境1中如果小刚一直都这么做,以后肯定没人愿意给他提建议,他会错过很多很好的建议。

生:他们这样做,正说明了他们对自己的不信任和不肯定。

生:如果他们继续这样下去,也许就没人愿意再跟他们交往了,甚至有时还会与同学或朋友的关系闹得比较僵。

生:这样时间长了,得不到别人的尊重。

师:看来,我们维护自己应适度。同学们从中找到一些适度维护自己的好办法了吗?(板书:维护自尊要适度)

生:不过度维护自己,要学会控制自己的情绪。遇到事情时,不过分敏感,不急躁,保持情绪稳定,冷静处理。

生:我认为还要学会客观地评价自己,既相信自己的能力,也能认识到“人外有人,山外有山”,别人可能比自己更优秀,心态要放平和。

生:理性对待他人的意见,分析问题时对事不对人。

师:通过大家的交流,我们认识到要做到适度维护自己,就需要保持情绪平稳,能客观评价自己,理性对待他人的意见。

师:看来尊重自己,并不意味着拒绝批评,因为尊重自己与接受别人的批评是不矛盾的,就像唐太宗善于纳谏,勇于接受魏徵的建议和批评,终使天下长治久安。如果过于爱面子,输不起,说不得,就是过度维护自己。希望大家学会用正确的方式尊重自己,这样,你不仅会得到别人的尊重,还会为自己的人生涂抹上最亮丽的色彩。

(设计意图:理解维护自己要适度是尊重自己的一种表现,这是本节课的一个难点,解决这个难点的突破口就是区分“尊重自己”和“过度维护自己”的标准。通过引导讨论,对情境进行分类,归纳共性、区别不同,学生可以更容易地明白“尊重自己”和“过度维护自己”的表现。在整个学习过程中,注重自主探究得出结论,这样学生收获会更大。)

## 《学会尊重》第三课时

### 教学目标

1. 体会被尊重的心理体验,认识到每个人都有被尊重的需求,学会尊重他人。

2. 认清生活中不尊重他人的行为，学会分析尊重他人的具体言行以及这些言行给对方带来的影响，维护对方的尊严。

3. 理解尊重他人体现于一言一行中。知道尊重他人既是道德要求也是法律规定，感知尊重对社会文明的意义。

## 教学过程

### 活动一：体验尊重他人的美好

师：同学们，现在我们来做一个“照镜子”游戏。看到黑板上这三张卡片了吗？（出示三张卡片）

卡片内容：分别写着：微笑、皱眉、吐舌头；游戏规则：同桌两人组成一组，其中一名同学根据老师的提示词作出相应的表情，另外一名同学则假设自己是对方的镜子，模仿他的表情。

师：开始图片一的“微笑”啦！请转过头，面对你的同桌笑一笑。注意，是微笑而不是大笑，更不是嘲笑哟！

（学生互相做着各种微笑的表情，其他卡片如上操作）

师：下面老师来采访一下大家，当对方对你做着微笑的表情时，你的感受是什么？你想用怎样的表情去回应他？

生：我感到很温暖，也想对他笑。

生：看到他对我微笑，我更开心了！

生：我觉得他很友好，所以我也笑了。

师：那当对方对你皱眉或是吐舌头呢？你是怎么想的？你想如何回应他？

生：他皱眉让我感到心里很不舒服，原本开心的我也笑不出来了！

生：他朝我吐舌头让我感觉自己被轻视了，所以我也朝他吐舌头！

师：这说明了什么？

生：情绪是会传染的，会相互影响！

生：微笑可以收获微笑，不开心不会招来真心的微笑！

生：你怎样对待别人，别人就会怎样对待你。

师：与人交往就像照镜子，你以怎样的态度对待别人，决定了别人用怎样的态度对待你！所以我们要学会换位思考，想要他人尊重自己，就需要尊重他人！（板书：我尊重他人）

师：被人尊重是一种什么样的体验？我们先来看看这两位同学的感受吧。请打开教材，阅读第8页的两幅图片。

（学生阅读）

师：家明是怎么尊重自己的朋友的？

生：家明没有因为自己懂得的多而笑话好朋友。

生：家明邀请朋友一起参与科学小报制作，共同在“做”中学。

师：家明的好朋友感到高兴吗？

生：非常高兴。

师：他的好朋友得到尊重，准备怎么做来回报家明对自己的信任？

生：好朋友决定晚上好好查资料，完成家明布置的任务。

师：是呀，得到家明的尊重，故事中的这位同学很高兴，并决定用认真的态度去回应好朋友的这份信任。

师：图二故事中，这位女同学为什么很开心？

生：因为她的爸爸妈妈在报兴趣班的问题上，非常尊重她的意见。

师：看来，被人尊重是令人愉快的事。

师：生活中，你有被人尊重的时候吗？对方是怎么做的？你当时开心吗？你用什么表现回应对方的这种尊重？请大家说一说吧。

生：我与好朋友一起玩时，她很尊重我的想法，总问我喜欢玩什么。我很开心有这么贴心的朋友！作为回报，在玩的时候，我也会尊重她的想法。

生：邻居李爷爷令我很感动。有一次我们一起坐电梯回家，他看到电梯里人很多，对我说小学生学习辛苦，让我先上。怪不得周围邻居都说李爷爷人很好，我们都很尊敬他。我也要学习李爷爷，做个懂得谦让的人。

师：相互尊重，使人与人之间的交往变成一件特别美好的事情。

师：被别人尊重让我们感到愉快、满足，充满价值感。推己及人，别人也希望我们能给他们带来同样的体验。（板书：被尊重）

（设计意图：通过"照镜子"游戏，进行换位思考体验，从中领悟想要别人尊重自己，就需要尊重他人的道理。探讨案例，联系生活，营造温馨轻松的氛围，体验被人尊重的满足感与价值感，激发尊重他人的情感。）

### 活动二：拒绝不尊重他人的行为

师：尊重他人会不会自降身价？不尊重他人的行为又会带来哪些影响？让我们打开教材，阅读第 9 页国王与医生的故事，一起去寻找答案。

（学生阅读）

师：在这个故事中，当医生把每个病人都当作国王来对待时，他自己的地位降低了吗？为什么？

生：没有。有这样重视自己的医生，病人也会把医生当成国王一样来尊重。

生：他的病人会因此更加敬重他！

师：是呀，医生把每个病人都当作国王来对待，这样的医生，他的地位不仅不会降低，还只会让病人更加尊敬他。

师：生活中，你有过像故事中这位医生对待病人一样尊重别人的经历吗？结合自己的经历，谈谈你的尊重给别人带来了什么？

生：我很惭愧，我还要继续努力，向这些令人尊敬的人学习。

生：尽管我没有这样的经历，但在与同学的交往中，我体会到只要你是真心尊重他，不但不会掉价、降身份，还会给自己加分，让自己变得更好、更受欢迎。

生:隔壁张阿姨的女儿萌萌小我好几岁,但她时不时会跑到我家来让我教她跳舞。一次我表姐看见了,开玩笑似的跟我说:"这么笨的小孩你也有耐心教,你的同学如果知道她是你这个舞蹈比赛冠军教出来的学生,岂不是很掉价。"我没有听表姐的,没有表现出任何不耐烦。结果有一天,这位小妹妹说了一句话,让我非常感动。她说:"小萍姐姐,你表姐那天说的话我都听到了,谢谢你不嫌弃我笨。你是我心中最好最好的姐姐!我要一辈子把你当我的亲姐姐。"哈哈,真是好感动,好有存在感啊!

师:你的经历也打动了我们。你并没有因为邻居小妹妹年纪小而怠慢她,你也因此获得了小妹妹的尊重,给她带来满满的正能量。

师小结:尊重他人,只会给自己加分,不会减分。

师:大家看看屏幕上这张图片,这种行为会对自己和他人带来哪些坏影响?(出示图片:两个小男孩乱扔垃圾,清洁工阿姨摇头叹气)

生:清洁工阿姨刚刚辛辛苦苦打扫干净,两个男孩乱扔垃圾又弄脏了地面,这是不尊重他人劳动的可耻行为。

生:这样的行为会显得自己没有修养,也破坏了环境整洁。

生:旁边的清洁工阿姨看到后肯定会很难受!这也让她的劳动量变大,她会更累的。

师:这是不尊重他人的行为,也是违背道德、缺乏文明素养的表现,并且对人对己都不会有好影响。

师:你还发现生活中哪些不尊重他人的例子?你有什么感受?

生:有的同学在教室里面乱扔垃圾,这是对值日同学的不尊重!我每次看到心里都很气愤!

生:有一次我的数学考砸了,有同学说"他这智商,估计不交白卷都是好的",听了真让人心里难受。

师:如果时光倒流,一切重来,再发生这样的行为,你会怎么做?

生:我会勇敢地上前对这位同学说"不",请他尊重其他同学的劳动,这样轮到他值日时,别人也能尊重他的劳动。

生:我会从这位同学的话语中汲取正能量,努力学习,用行动证明自己的实力。

师:希望这样的行为不再有,希望同学们相互尊重,班级和谐团结。

师:尊重他人是一项基本的道德要求,也是一个人文明素养的体现。那些不尊重他人的行为,我们要引以为戒。如果人人都能尊重他人,我们的世界会越来越美好。

(设计意图:从故事到个人经历,层层推进,从中得到启发,认识到尊重他人不仅不会降低自己,还能给他人带来愉悦,感受尊重他人是一种美德。通过讨论生活中那些不尊重他人的行为,明白行为界限,知道不尊重他人所带来的危害。)

### 活动三:造就美好的自我与世界

师:中国有句俗语说得好,"良言一句三冬暖,恶语伤人六月寒"。要学会尊重,让我们先从语言入手。请大家观看视频,注意听人物的对话。(播放课件)

视频内容:在公交车上,一位男士踩了别人的脚,两人彼此谦让,最后达成和解。

（学生观看视频）

师：视频中这两个人的用语都有什么特点？

生：都有“谢谢您”“不好意思”等礼貌用语。

生：语气平和，懂得为他人着想。

生：用“可以吗”等表达请求的用词，还用了尊称“您”。

师：大家观察得真仔细。尊重他人的语言，多含有礼貌用语，比如谢谢、对不起、给您添麻烦了、不好意思、打扰了等，还包含理解、信任、鼓励或感谢的语言。如果我们观察得再仔细些，还会发现说话人的表情、动作也包含有尊重的信息。

师：以组为单位，从下列两个情境中选择一个进行表演，看哪组使用的礼貌用语、相关语言、动作表情与尊重能恰当联系起来。

情境1：为谁有资格当班长，两位同学发生了争执，最后两人取得一致意见。

情境2：李同学刚刚拖过教室的地板，而张同学两脚污渍地从室外回来。

（学生表演，生生互评）

师：同学们的表现充分体现了语言传递尊重，尊重的话语可以给别人带来温暖和鼓励。希望同学们多加练习，为生活带来更多的良言温语。

师：同学们，你赞同下面哪位同学的看法呢？讨论一下，说说你的理由。（播放教材第11页“活动园”中第一段内容的音频）

生：黄凯说得对。班规不合理的地方，就应当改。

生：秦波说得对。黄凯的这种不遵守班规的行为，就是不尊重老师。

生：但是黄凯的建议有道理呀！

师：负责纪律的秦波从老师的角度出发，黄凯从同学听课的角度出发，两个人都是在为他人着想，尊重他人，只不过出发点不同！

师：看来同学们没有统一意见，让我们再来听听六(3)班最后是怎么解决这件事情的。（播放教材第11页“活动园”中第二段内容的音频）

师：看来，最后大家还是采纳了黄凯的建议，从同学听课的角度出发，六(3)班后来对班规进行了修改。

师：黄凯尊重他人（老师和班上的同学），最终大家采纳了他的建议，他尊重他人体现在什么地方？

生：他悄悄进教室，怕打扰到老师和同学。

生：我觉得他关心班级建设，提出合理建议也是一种尊重他人的行为。

师：是呀，围绕六(3)班的班规，引发了一场对全班师生是否尊重他人的大检验。在这场检验中，黄凯用他的行动和建议验证过关；秦波为班规的执行和老师着想，也是一个尊重他人的人；而六(3)班老师能重视、尊重同学们的意见，更是尊重他人的一种表现。

师：六(3)班新班规的出台，也引发了我们对尊重他人行为的思考。同学们能说说哪些是尊重他人的行为吗？

生：愿意聆听。

生：与人交往时平等友好。

生：尊重他人意见。

生：善良，关心他人的需要，维护他人的自尊心。

师：是的，这些令人温暖的行为举止，都是尊重他人的表现。

师：尊重不只体现在一句“谢谢您”的话语中，还体现在每天吃饭饭必尽的习惯中，体现在守时的承诺中等实实在在的行动上。有人说得好，“把尊重自己与尊重他人结合起来，就会散发出高贵的气质”。如果把两者完美结合，更会造就一个尊重他人的美好的自己。

师：同学们，如果每个普通人都能得到应有的尊重，我们生活的社会将会发生怎样的变化？让我们开展一次情境体验活动。班级分组，组长负责分工，根据指定的情境，用模拟演绎的方式，呈现生活中如何尊重每个普通人，准备时间5分钟。（出示课件）

情境1：家门口，迟到了的快递小哥按下门铃。

情境2：公交车司机打开车门，乘客上车。

情境3：餐厅里服务员来收拾客人用完餐后的餐桌。

情境4：火车上保洁阿姨来收垃圾。

情境5：地铁里浑身灰尘的农民工师傅走进车厢，看到你身旁的空位，没有坐下来。

（小组上台演示）

师：同学们，通过刚才的情境体验，你们有什么感受？如果每个普通人都能得到应有的尊重，我们生活的社会是一番什么样的景象？

生：如果每个人都能得到尊重，人与人相处就会很融洽，我们生活的社会就会更和谐。

生：刚才我们每个人都得到了应有的尊重，心里都是美美的，人人面带微笑，生活真美好。

师：尊重他人既是法律要求，也是一种社会美德。它让我们内心愉悦，让社会更加美好！（板书：社会更加美好）

（设计意图：从文明礼貌用语的学习与演练中，知道语言可以体现尊重，体会恰当的语言与神态在尊重他人中的作用。通过案例分析，引导学生把尊重他人落实到行动上，懂得尊重他人要言行合一。通过“亲身体验”，激发学生直观感受“尊重他人”带来的美好、和谐。）

## 三、课例反思

作者任教四个班道德与法治学科，每节课后都会对各个班教学情况进行反思，比较各个班级教学效果。反思中，认为第一次在一班教学时，学生课堂上学习兴趣不够浓厚，这一状况可能与教学内容设计稍显单薄有一定关系，尤其第一课时“尊重每一个人”的活动。学生尊重有钱人、明星、有成就的名人等固有思维难以改变，而对身边平凡的人，他们觉得没有什么可以尊重的地方，缺乏对他们的尊重。引导学生感悟“人人在尊严和权利上一律平等”有一定教学难度，学生真正学会“尊重自己”也存在较大难度。为了突破难点，教学中通过具体事例让学生学会尊重自己，并从中引导学生对一些行为进行判断。学生虽然明白了怎么做才是对自己的尊重，但对“过度维护自己”的理解还是不够透彻。

课后，反复揣摩。随着思考深入，思路越发清晰，将课堂改进方向聚焦到通过有趣、有效的教学活动引导学生学习“尊重”的话题上。

首先，针对每个人都值得尊重的教学难点，设计了“人人有生而为人的尊严”的活动。活动形式是从故事中认识尊严。故事是俄国作家屠格涅夫的小说《乞丐》中的片段，一位乞丐向“我”乞讨，“我”身上没有东西，但是我紧紧握住乞丐那双肮脏的、发抖的手，可是乞丐却十分感动，说这也是一种施舍。通过提问“故事中的乞丐明明没有得到施舍，却为什么说要谢谢这个人的施舍呢？乞丐认为这个人施舍给他什么？”引导学生探究无论是谁，包括乞丐，生而为人，都拥有为人的权利和尊严，只有平等对人，才有可能尊重生活中的每个人，也才有可能赢得别人的尊重。

其次，针对尊重自己要有正确的自我价值观的教学难点，设计了“由不自尊到尊重自己”的活动，活动以教材第 4 页“活动园”为素材。活动形式是以心理咨询师身份帮助刘菲。心理咨询活动层层递进。第一个层次是学生探讨案例中刘菲是否尊重自己，哪些行为不尊重自己。同学们从字里行间找到了刘菲不尊重自己的各种表现。刘菲从内心认为自己没什么优点，表现在行动上是不积极，甚至觉得好事也不会发生在自己身上。第二个层次是找出不尊重自己的行为后引导学生思考如果刘菲继续这样下去，可能会出现什么后果？又会给她带来什么不良影响？第三个层次是刘菲真的一无是处吗？她有没有优点？最后一个层次是给刘菲提出建议，让她转变看待自己的眼光，学会尊重自己。通过活动学生体会到我们每个人都要在内心深处认可自己、相信自己，不自我贬低，不自卑，这些都是尊重自己的表现。即使暂时没有做到也不要紧，面对自己的不足，依靠自己的力量慢慢改进，这也是尊重自己的表现。

通过本课教学，对道德与法治学科教学有了更深、更多的认识。

立足真实生活研究教材。备课时，深入思考为什么设置这节课、为什么选择这些图片和故事，思考这节课在整个单元的地位、在整个小学道德与法治课中的作用。研究本班学情，不能以完成课时教学任务为目的。这些是上好课的基础。对教材的研读要结合学情，有的放矢、有所侧重地选择教材内容。根据学情设计教学活动，解决学生在成长中遇到的道德困惑、道德问题。比如，学生在幼儿园就接受尊重他人教育，可对到底怎么做才是尊重他人缺乏思考。明明知道要尊重他人，尊重生活中的每一个人，可在人与人相处的时候难以做到平等尊重每一个人，特别是对普通人的尊重。因此，在教学设计和教学中要着重引导学生去体会那些不被他人尊重的人的内心感受。

引导学生学会尊重他人、尊重自己是本课教学的重点、难点。六年级的学生进入青春期后，有自己的想法和看法，课堂教学对他们实际生活的影响不一定很大，教学效果不一定很好。教学效果不是很好的一个重要原因是回避了学生成长中的道德困惑、道德问题，只在学生生活表层行走，没有立足于学生真实生活，潜入学生生活中的道德困惑、道德问题中。

比如，“每个人都应得到尊重”话题教学目的是引导学生知道人人都有生而为人的尊严，每个人都值得尊重。但这些抽象的、口号式的说辞似乎并不能回答学生心中的困惑，比如，乞丐、小偷也生而为人，他们值得尊重吗？此外，尊重他人包括重视他人意见和他人需要。可在现实生活中，人们为什么没有做到对他人意见、想法和需要的尊重呢？在尊重话题上，学生的道德学习有许多真实的、难以理解的地方。如果不面对这些真实的矛盾、学生真实的困惑,课堂教学效果是低效甚至是无效的。道德与法治教学必须立足于真实生活研究教材,直面教学难点,解决道德问题。

营造和谐课堂,提高育人效果。通过本课教学实践,加深了对和谐师生关系在德育课堂中重要性的认识,和谐师生关系一定程度上决定了德育课堂教学效果。

教学中不同班级学生参加教学活动的积极性不同,甚至差异较大。有的班级学生参加教学活动积极性不强。在开展学生表演活动时,学生不愿意即兴模仿,怕在全班同学面前丢面子。四节课效果最好的一次教学实践是在学生最愿意配合的情况下完成的。最不理想的教学实践则是师生之间关系不够和谐的班级,课堂纪律差,学生或是开小差、做小动作,或是不愿意参加学习活动。课前精心构思的活动教学设计没有达到理想的效果,学生能否积极参加课堂学习既取决于教师教学活动设计,也取决于和谐师生关系构建下的班级课堂纪律。

要取得良好的教学效果,仅有理想的活动化教学设计是不够的。道德与法治课活动教学设计,是一个有层次的、有德育内涵的学习活动体系设计。实现课堂教学的活动化,还需要更重要的条件——以具体班级、具体学情为基础,以具体师生和谐关系构建为基础。这才是生活化德育课堂的真义所在。师生和谐关系构建决定德育课堂教学效果,构建和谐的师生关系,也是课堂教学努力的方向。

## 第三节 《我们的好朋友》课例研究

### 一、课例介绍

作者执教的班级(4 个平行班,选取四(2)班进行重点学情分析)男生 27 人,女生 25 人,课前对全班学生进行了问卷调查。数据显示,18 名男生有 6 个以上好朋友,占男生人数的 66.66%、占全班人数的 34.61%;17 名女生有 5 个以上好朋友,占女生人数的 68%,占全班人数的 32.69%。对学生个别访谈后,发现学生好朋友人数少的原因主要有以下几类:4 位男生和 3 位女生因为比较内向,不爱与同学交流沟通,所以朋友少;5 位男生因为平时很顽皮,喜欢恶作剧,喜欢欺负弱小,所以交不到朋友;1 位女生因总爱嘲笑别人而没什么朋友;1 位男生和 2 位女生因为比较小气,所以没有朋友。

《我们的好朋友》是四年级下册第一单元“同伴与交往”的第一课。本课是该单元的基础和起点,旨在让学生体会同伴间真诚交往的快乐,学会增进友情的方法,懂得朋友对我们生活的影响。话题一是“说说我的好朋友”,从“猜猜他是谁”游戏入手,聚焦好朋友的特点。再讲述自己交友的过程,分享交友的快乐。“阅读角”中《校园的香甜》聚焦真心对待朋友的方式方法,帮助“交友进入误区”的学生走出误区,交到知心好朋友。话题二是“好朋友　真友谊”,通过情景再现、故事分享引导学生知道什么是真正的友谊。“议一议”通过对生活中常见的两难问题辨析交流,引导学生懂得不合理的要求会伤害朋友之间的友谊,通过设计友谊卡激发学生交友能力，懂得珍惜朋友间的友情。本课教学时间为两课时，第一课时为第一话题，第二课时为第二话题。

根据学情和教材分析本课教学目标为唤起美好记忆，分享友情故事，学会增进友谊的方法；结合生活实际，了解交友误区，学会结交朋友的方法；通过讨论辨析知道什么是真正的友谊，并体会友谊来之不易，需要珍惜，形成正确的交友观。在课前交流中，发现大部分学生对什么是"真友谊"这一话题表达欲望非常强烈，但在生活中也会出现好朋友间因不合理要求而导致的不愉快现象，因而把"唤起美好记忆，体会交友快乐，分享友情故事，学会增进友谊的方法"和"什么是真正的友谊，以及不合理的要求会伤害朋友之间的友谊"确立为这两课时的教学重点。课前调查发现学生在辨析交友中存在误区，不能真正帮助身边交友困难的同学，从而引发他们内心深处的共鸣，对于友谊的维护能力比较薄弱，对于如何珍惜友谊还不够明确，因而将这一部分的教学确定为教学难点。

根据教学目标和教学重难点，第一课时通过"起、承、转"三个环节设计，层层深入进行教学——了解我的好朋友(起)，感受交友的快乐(承)，聚焦交友的妙计(转)。活动一为"猜一猜，谁是我的好朋友"；活动二为"说一说，这是我的好朋友"；活动三为"想一想，为什么交不到朋友"。第二课时围绕友谊从"思、辨、行"三方面设计：采用活动式教学策略，帮助学生积极、理性地认识友谊，区分益友和损友，同时学会结交朋友并维护友情，不做有损友谊的事。活动一为"思，如何获得真友谊"；活动二为"辨，如何不损害友谊"；活动三为"做，一起维护我们的友谊"。三个活动环环相扣，螺旋上升。

## 二、课堂实录

### 《我们的好朋友》第一课时

#### 教学目标

1. 感受友谊的美好和朋友带来的快乐，愿意交朋友。
2. 找到交不到朋友的原因，学会交朋友。

#### 教学过程

师：同学们，我们已经在学校一起学习、生活三年多了。课前老师通过调查知道很多同学已经交了好朋友，这节课就来聊聊"我们的好朋友"这个话题。

活动一：猜一猜，谁是我的好朋友

师：请同学们拿出课前准备的好朋友画像，不说姓名，请其他同学猜一猜，谁是你的好朋友。(板书：说说我的好朋友)

生：我的好朋友衣服每天都是干干净净的，穿戴整整齐齐，你能猜到她是谁吗？

生：是……

生:我的好朋友爱踢足球,晒得很黑,是咱们班最黑的同学,你能猜到他是谁吗?

生:是……

生:大家请看我的"好朋友画像",我的好朋友喜欢扎一对辫子,辫子上还佩戴两只蝴蝶发卡,你能猜到她是谁吗?

生:是……

师:同学们从发型、服饰、肤色、配饰等方面猜朋友,都猜对了,说明好朋友之间都比较了解。

师:还有的同学用关键词描述自己的朋友,请亮出你写的关键词,让其他同学猜一猜你的好朋友是谁。

生:我的关键词是"开朗",我的好朋友很开朗,整天笑呵呵,很开心,跟他在一起我也感觉很开心,你能猜到他是谁吗?

生:是……

生:我的好朋友特别大方,有什么好东西都愿意与我们大家分享,我很喜欢他这种性格,所以我选的关键词是"大方",你能猜到他是谁吗?

生:是……

生:我的好朋友特别善良,对每一个人都非常友好,爱护小动物,更不会伤害它们,所以我的关键词是"善良",你能猜到她是谁吗?

生:是……

师:同学们从性格方面介绍自己的朋友,都猜对了,说明你对好朋友的性格十分了解。

师:在"猜一猜"游戏中,同学们之间相互观察、总结好朋友的特点,进一步了解和感受好朋友的优秀品质。

(设计意图:通过"猜一猜"游戏活动,激发学生学习兴趣,学生分享好朋友的特点和优秀品质,为接下来感受好朋友之间的友谊带来的温暖做好铺垫。)

#### 活动二:说一说,这是我的好朋友

师:有人说,把忧愁向一个朋友倾诉,你的忧愁会分掉一半;把快乐告诉一个朋友,你的快乐就会变成双倍。请你说一说和朋友之间的开心事,一起感受好朋友带来的温暖。

生:我一直不会跳绳,可是班级跳绳比赛马上就要进行了,我不想给班级拖后腿。就在我焦急万分的时候,我的好朋友丹丹来找我,主动说要教我跳绳。于是,每天放学后,她都来教我跳绳,在她的耐心指导下,我终于学会了跳绳,并且在班级跳绳比赛中取得了好成绩,我太开心了。

师:这位同学之所以非常开心,是因为她的朋友教会了她跳绳,让她在班级跳绳比赛中取得了好成绩。好朋友之间的相互帮助,带来了温暖的回忆。

生:我和小丽是好朋友,经常在一起学习、玩耍。有一次,我正在家里玩魔方游戏,发现好难啊,经过多次尝试都没有完成任务。正当我打算放弃的时候,小丽来找我玩,她鼓励我不要放弃,还和我一起想办法研究如何完成,后来在我们的合作下,经过一个多小时的努力,终于完成了,我们开心极了。

师:这位同学觉得这是非常开心的事情,朋友鼓励她不要放弃,并帮助她一起完成了具有挑战性的任务。好朋友之间的相互鼓励,带来了甜蜜的回忆。

师:同学们都有好朋友,说一说你为什么选择他(她)作为你的好朋友。

生:我的好朋友是李小冉,她特别乐于助人,有一次我不小心摔伤了,她立刻扶起我前往医院,一路上还不断安慰我,耐心陪我等待医生,最后还把我送回了班级,每次想起来这件事,我都非常感动。

师:这位同学之所以选择李小冉作为好朋友,是因为她乐于助人,在相互帮助中感受到了朋友之间的友谊。

生:我和好朋友有一个共同爱好,都喜欢小猫,家里都养了可爱的小猫,我们经常聚在一起讨论猫咪的习性和爱吃的东西。

师:这两位同学之所以能成为好朋友,是因为两个人有共同的兴趣爱好,他们在分享猫咪的快乐中感受到了朋友之间的友谊。

生:上学期末,班主任王老师带领我们一起复习,她把我们分成两人一组。我和好朋友分到了一组,我们相互督促,我取得了很好的成绩,可是我的好朋友成绩不太好,但我们并没有气馁,而是相互鼓励,利用课间和午饭后,一遍一遍地复习,终于,他也取得了好成绩,我们都很开心。

师:两位好朋友相互鼓励,相互督促,一起在期末考试中取得了好成绩,在彼此的鼓励中感受友谊的快乐。(板书:分享快乐)

师:好朋友之间最珍贵的是友谊,它给我们带来真情,让我们感受到温暖。下面,请大家聆听故事《校园的香甜》。(播放课件:《校园的香甜》故事音频)

师:故事中有哪些体现好朋友之间友谊的情节?

生:同桌晓宁经常送主人公自制的精美书签,主人公也送她麦秆编织的小动物,两个人玩得非常开心。

生:在主人公因为午餐犯难的时候,晓宁每次都带点心给她吃,而且坚持了好多年。

师:帮助有多种方式,如果故事中的晓宁采用的是下面的帮助方式,主人公会接受吗?请看情景剧。

情景剧内容如下。晓宁想帮助主人公,于是发生了下面的对话。晓宁:“我看你的午餐太简单了,听说你家庭贫困,没关系,以后我每天都给你带点心吃,我会帮助你的。”主人公(很难堪):“谢谢,不用了,我现在吃得挺好。”晓宁委屈得不知道说什么……

师:你怎么看待上面的情景剧?

生:晓宁也是好心,想帮助主人公,但主人公好像太敏感了。

生:我觉得不是主人公敏感,谁都不愿意自己的自尊心受到伤害,每个人都有自己的尊严。

生:他说得对,帮助别人,也要讲策略。刚才情景剧里展示的帮助方式没有顾及他人的感受,甚至是揭了别人的伤疤,只会让他人很难堪。

生:我建议对情景剧再改编,让主人公乐于接受晓宁的帮助。

师:这个建议很好,下面同学们对情景剧进行改编。

(生改编情景剧)

师:现在一起看看改编后的情景剧。

改编后的情景剧内容如下。晓宁:“我的梦想是做一个糕点师,最近在学做糕点,我怕做得不好别人不敢吃,你能当我的品尝师吗?告诉我哪些好吃,哪些不好吃,我好改进技术,做出最好吃的点心。”主人公(心里特别感动):“谢谢你,我一定做好你的品尝师。”晓宁和主人公开心地吃起了点心……

师:这种沟通方式,你们有什么感受?

生:这种方式帮助朋友,两个人都很开心。

生:这种沟通方式善解人意,担心对方难堪,用请帮忙的方式帮助朋友,既照顾了朋友的自尊心,又帮助了朋友。

师:晓宁带给主人公哪些“香甜”?

生:晓宁给主人公带来好吃的点心,主人公感受到了点心的香甜。

生:晓宁经常帮助主人公,让她感受到了朋友带来的温暖,是一种香甜的温暖。

生:晓宁不但帮助了故事中的主人公,还照顾了对方的自尊心,这种善解人意的体贴带来了香甜。

师:好朋友之间在欢声笑语、温暖感动、开心快乐、支持鼓励、相互帮助中感受友谊,友谊总能给我们带来温暖,让我们感受到真情存在。(板书:感受真情)

(设计意图:通过故事分享、案例分析、情景体验等方式引导学生感受好朋友之间的友谊,感受好朋友带来的快乐,了解好朋友之间真诚交往带来的真情与温暖,从而愿意与朋友交往,愿意用更好的方式维护朋友之间的友谊。)

### 活动三:想一想,为什么交不到朋友

师:友情如此珍贵,我们每个人都渴望得到这样的真情。但在现实生活中,有些人在交友时总是事与愿违,交不到好朋友,我们一起帮助他们找找原因吧。请看情景短剧《获奖后》。

剧情:最近区里举办了编程比赛,A同学获得了全区一等奖,大家都高兴地来祝贺他,于是发生了下面的对话。B同学:“恭喜你啊,太了不起了,不仅给咱们班赢得了荣誉,也给学校赢得了荣誉。”C同学:“是啊是啊,太棒了,我想跟你学习编程。”A同学:“谢谢大家,如果大家感兴趣,我们可以一起学习。”红红:“这有什么了不起,我如果参加的话,你哪有机会赢啊!”同学们都沉默了……

师:红红为什么交不到朋友?

生:红红不懂得尊重他人,所以交不到朋友。

生:红红不懂得欣赏别人,还挖苦别人,所以交不到朋友。

师:与他人相处,尊重他人是最基本的原则;与他人交往,欣赏他人才能赢得他人的欣赏与信任。尊重和欣赏是与人交往的重要原则。交朋友除了需要尊重别人,还需要什么吗?请继续看情景剧《操场》。

剧情:同学们去操场踢球,只有兵兵带了足球,当大家提出用他的球踢比赛的时候,发生了下面的对话。A同学:“终于做完功课了,让我们一起来一场足球比赛吧。”B同学:“是啊,

踢场比赛，放松一下，不过我们没带足球。”C同学：“兵兵带足球了，我们用他的足球吧。”兵兵：“你们踢得太狠了，会把我的球踢坏的，不能给你们踢。”同学们面面相觑，比赛是踢不成了，大家都很扫兴地回家了。

师：请同学们分析一下兵兵为什么交不到朋友。

生：兵兵不懂得分享，太自我，太小气了，所以交不到朋友。

师：朋友之间要学会分享，分享快乐，分享收获，也要分享能够分享的东西，这样才会给彼此带来快乐。交朋友要尊重别人，还要与别人分享，除此之外，还有什么要注意的吗？请看情景剧《课间》。

剧情：课间，当新转学来的A同学打算和芳芳打招呼的时候，发生了下面的对话。A同学：“芳芳，你好！我是新转学来的A同学。”芳芳：“不好意思，你的打扮太土了，而且还笨，我不喜欢和这样的人玩。”

师：请问此刻A同学的心情是怎样的？

生：伤心、难过，再也不愿意和芳芳打招呼了。

生：A同学刚来就遇到这样的情况，她以后可能不愿意也不敢和其他人打招呼了。

师：芳芳为什么交不到朋友？

生：芳芳不懂得包容他人，还挖苦别人，难怪交不到朋友。

师：朋友之间要相互包容，尊重彼此之间的差异。李键能够交到朋友吗？请看情景剧《教室里》。

剧情：在教室里，李键又开始欺负弱小同学了。李键：“班里最弱小的A同学过来了，我要去逗逗她，一定很好玩。”于是李键一下揪住了路过的A同学的辫子，A同学吓了一跳，大声喊道：“放开我。”李键不但不放开，还哈哈大笑。

师：请问此刻A同学的心情是怎样的？

生：害怕、难过，讨厌李键。

师：李键为什么交不到朋友？

生：李键对他人不友善，还欺负弱小同学，肯定交不到朋友。

师：与人为善是做人最基本的原则，一个不善良的人，是得不到别人喜欢的，很难交到朋友。

师：同学们，你愿意跟红红、兵兵、芳芳、李键成为好朋友吗？为什么？

生：不愿意，我不喜欢和不欣赏他人的人做朋友。

生：不愿意，我不喜欢和不懂得分享的人做朋友。

生：不愿意，我不喜欢和不懂得包容的人做朋友，不喜欢和挖苦别人的人做朋友。

生：不愿意，我不喜欢和不善良的人、欺负他人的人做朋友。

师：你能给他们提一提建议吗？

生：红红要学会欣赏他人，别人取得成绩要祝贺，这样她一定能交到朋友。

生：我想给兵兵提的建议是学会分享，好东西要与别人一起分享，其他人也会分享好东西给他，他就能交到朋友了。

生：我希望芳芳学会包容，友善对待他人，这样她一定会交到朋友的。

生：我希望李键不再欺负他人，而是帮助弱小的人，学会对人善良，这样他就能交到朋友了。

师：同学们的建议很好，请你选择一个情景，改编成新的情景剧。

（学生改编情景剧）

师：我们一起看看改编后的情景剧《新操场》。

剧情：同学们去操场踢球，只有兵兵带了足球，当大家提出用他的球踢比赛的时候，发生了下面的对话。A同学："终于做完功课了，让我们一起来一场足球比赛吧。"B同学："是啊，踢场比赛，放松一下，不过我们没带足球。"C同学："兵兵带足球了，我们用他的足球吧。"兵兵："好啊，我们一起踢比赛吧。"比赛后，同学们都夸兵兵的足球质量好，也夸兵兵舍得分享自己的好东西。A、B、C同学："兵兵，谢谢你，明天我们继续一起踢球啊。"

师：只要真诚对待他人，欣赏、包容他人，与人为善，就一定能交到好朋友。（板书：欣赏、分享、包容、友善）

师：同学们，朋友间的友谊让我们收获了许多快乐，感受到了真情。让我们敞开心扉，和更多同学成为朋友吧！

师：朋友间的友谊就像一棵大树，如何能让友谊之树快快长大，枝繁叶茂，开花结果呢？下节课我们一起去探讨。

（设计意图：通过情景体验与分析，找到有些人交不到朋友的原因，针对原因，提出相应建议，引导他们学会交朋友，交到好朋友。）

## 《我们的好朋友》第二课时

### 教学目标

1. 通过情景演示与分析讨论，知道什么是真正的友谊，树立正确的友谊观。

2. 通过辩论、体验、交流、分享等方式，学会如何更好地处理与朋友的关系，交到真正的好朋友。

3. 通过书写友谊卡等方式，感受真友谊带来的快乐，感受朋友带来的快乐。

### 教学过程

师：在上一节课的学习中，同学们分享了自己与朋友之间美好的故事，课前，大家都制作了"友谊树"，请拿出你制作的"友谊树"，我们一起玩一个接力游戏，向其他同学介绍一下你的好朋友是谁，他（她）最大的优点是什么。（板书：好朋友　真友谊）

生：我的好朋友是一个特别喜欢分享的人，有什么好玩的、好吃的，他都会跟我分享。

生：我的好朋友特别真诚，我特别喜欢她的性格。

生：我的好朋友特别会安慰人，每当我伤心难过的时候，她总会及时安慰我。

生：我的好朋友特别开朗，总能在她的脸上看到灿烂的笑容。

生：我的好朋友特别讲信用，答应我的事情，都能做到。

生：我的好朋友特别善良，每当我遇到困难的时候，她都会帮助我。

师：刚才，同学们谈到很多好朋友的优秀品质，我们一起用关键词来梳理小结。（板书：开朗　乐于助人　诚信　分享　理解　真诚……）

师：好朋友都有自己优秀的品格，这些品格也是你与朋友交往的基本原则。下面我们一起探讨怎样才能获得真正的友谊。

（设计意图：通过游戏，拉近与学生的距离，让学生在愉悦的环境中说出自己和朋友相处的原则，为学会处理朋友之间的关系奠定基础。）

### 活动一：思，如何获得真友谊

师：生活中同学们也许遇到过以下情况，请看案例。（出示案例）

案例一：与朋友相处，最困难的是当自己的朋友与别人发生矛盾的时候，到底要不要帮助自己的朋友。

案例二：我的两个好朋友去竞选班长，我感觉其中一个适合当班长，于是就投了他。我的另外一个好朋友跑过来问我有没有投他，我不知道该怎么回答。

师：都说好朋友应该互相帮助，你遇到这种情况该怎么办？

生：好朋友就应该互相帮助，所以我认为应该帮助。

生：我不同意他的观点，好朋友应该互相帮助，但也得分什么情况，如果你的朋友有错，就不应该帮助他继续犯错，否则就不是帮助他，反而是害了他。

生：好朋友应该真诚相待，选班长是公平竞争，不存在帮谁不帮谁的问题，最终的目的是选出对班级有利的人。

生：我同意上面这位同学的观点，如果选一个不合适的人当班长，不仅对班级不利，而且让一个不合适的人在不合适的岗位承担工作，他肯定会做得不好，长此以往，会打击他的自信心，看似帮助他，实际上是害了他。

师：好朋友需要互相帮助，但不能所有事情都去帮助，要先了解情况，具体问题具体分析。

（设计意图：针对课前调查中发现的真实困扰学生的实际问题展开讨论，激发学生的学习兴趣，解决学生遇到的两难问题，帮助学生梳理解决这类问题的方法。）

师：都说好朋友应该互相帮助，请问情景剧《考试》中陈诚应该帮助李浩吗？（播放学生排演的情景剧《考试》）

剧情：陈诚数学成绩一直不理想，这次数学考试有一道题不会做，于是，他用手肘轻轻地碰了碰李浩，想让李浩告诉他答案。李浩很紧张，偷偷地看了看老师，心想："要不要把答案给陈诚看呢？如果不给他看的话，是不是不够朋友？"

生：不应该帮，毕竟是在考试。

生：是的，考试有考试的纪律，要是帮助了，他们两个人就是作弊了。

师：李浩得知如果陈诚这次考不好，他的爸爸会揍他；你觉得李浩应该帮助陈诚吗？

生：如果我是李浩，可能会帮陈诚，不能看着我的朋友让他爸爸揍。

生：我能理解上面这位同学的心情，但是考试毕竟是考试，考试最大的原则是公平公正，你帮助了陈诚,就是对其他人的不公平,就是对其他人的伤害。

生:我同意上面这位同学的看法,你在考场上看似帮助了他,但他还是不会做这道题,下次遇到这种情况,他还是不会,长此以往会害了他。

生:所以说,这样不仅帮不了他,反而让他不知道自己不会的地方,长此以往也是害了他。

生:我觉得互相帮助要有前提,必须在不损害他人利益的前提下进行,在不破坏规则的前提下进行。

师:朋友之间应该互相帮助,但也要有一定的条件,需要学会判断,不能盲目帮助。[板书:互相帮助(有判断)]

师:考试结束了,我们看看陈诚和李浩之间发生了什么?(播放情景剧)

剧情:考试结束后,陈诚气冲冲地来找李浩,质问李浩为什么不帮助他。李浩解释后,陈诚才消了气。看着陈诚忧心忡忡的样子,李浩决定要帮助他。

师:考试的时候,李浩不应该帮助陈诚,那么考试结束后,李浩该如何帮助陈诚呢?

生:李浩应该跟陈诚解释自己为什么不能帮他。

生:李浩应该给陈诚讲讲这道题该怎么做。

生:李浩跟陈诚解释自己为什么不能帮他,考试后给陈诚讲讲这道题该怎么做,这样做才是好朋友。

(设计意图:将教材中的情景编排成情景剧,请同学们表演出来,吸引学生注意力,引导学生身临其境,提高学生学习兴趣,促使学生更好地理解什么情况下可以帮助朋友。)

师:好朋友应该怎么做?请看视频。阅读绘本《益友》,学习古人的智慧,帮助李浩想想办法。(播放课件:根据教材编排的故事绘本《益友》的视频)

师:吕岱为什么说徐原是他的益友?

生:徐原直接指出朋友的不足,帮助朋友变得更好,所以说是益友。

师:你欣赏徐原对待朋友的方式吗?

生:欣赏,徐原没有用庸俗的方式回报朋友,而是在朋友有过失的时候批评他,指出他的不足,这种方式有助于帮助他不断提高。

生:我同意上面这位同学的观点,但不太同意徐原在公开场合批评吕岱,一点没有顾及吕岱的面子。

师:你觉得徐原在公共场合批评吕岱时,有没有想过他的朋友会生气?

生:我觉得,徐原应该特别了解他的朋友,觉得他的朋友不会因此而生气,所以才直接指出他的不足。但现实生活中,我们应该根据朋友的性格特点决定采用何种方式去指出朋友的不足。

师:吕岱有什么可贵之处?

生:吕岱举贤不避亲,他看到自己的朋友有才华、有能力,就推荐他去适合他的岗位,让他担任重要官职。

生:吕岱特别廉明,他帮助了徐原,并不想要回报。

生:尤其可贵的是,当徐原批评吕岱,指出他的不足的时候,吕岱不仅不生气,反而还很高兴朋友指出他的不足。

师：绘本的题目为什么叫《益友》?

生：吕岱看到朋友有才华，就推荐他担任重要官职；徐原看到朋友的不足，直接指出。

师：请你用古人的智慧，帮助李浩想想办法。

生：《益友》告诉我们，应该坦诚告诉朋友他的问题和不足，并帮助他改正。

师：好朋友不仅要互相帮助，当看到朋友不足的时候，也应该积极、坦诚地指出朋友的不足，其实这也是一种帮助。[板书：直指不足(要坦诚)]

师：绘本《益友》里面两位朋友之间的友谊是一种什么样的友谊，你体会到了吗?

生：真诚交往，不求回报。朋友相互帮助，不是相互利用。

师：能这样获得友谊吗？请看视频并思考。(播放由学生排演的情景剧《礼物》。)

剧情：周丽经常带些巧克力请大家吃，课间的时候大家都围着她，边吃边聊天。这显得周丽很受欢迎，朋友很多。张华一边吃着巧克力，一边心里盘算："等我过生日，要不要请大家吃顿大餐呢？否则，他们会不会觉得我太小气，不愿跟我交朋友了呢?"

师：请用刚才阅读绘本《益友》时得到的感悟帮助张华。

生：朋友之间应该是纯洁的友谊，就如同吕岱推荐徐原担任重要官职，但从不求回报一样。

生：同意上面这位同学的观点，友谊应该是纯洁的，用礼物换来的友谊是不牢固的，或者说是不纯洁的友谊，当你没有礼物的时候，你所有的朋友可能就会离开你。

师：交朋友一定是真诚交往的，而不是靠送礼物换取朋友，只要你真诚待人，一定会交到真朋友。[板书：真诚相待(不讨好)]

(设计意图：将教材中绘本内容编排成情景剧，增加可读性，并不断挖掘绘本中蕴含的价值观和方式方法，引导学生学会正确处理朋友之间的关系，学会获得纯洁的真友谊。)

### 活动二：辨，如何不损害友谊

师：陈诚在考场对李浩提出的要求合理吗?

生：不合理，这种要求太为难自己的朋友了。

师：在生活中，我们有时候会无意间向朋友提出不合理的要求，给朋友造成困扰。你如何看待下面这个真实的案例?

案例：有一次，我借给她一支铅笔，她觉得不尖，让我换一支，我只有一支了，而且下午还有语文课和数学课，所以我没借给她，她很生气，用力把我的橡皮挖了一个洞。我也很无奈，没能帮助她。

生：这位同学的做法太不对了，朋友不是不借给你，她也只有一支铅笔了。

生：同意，朋友没借她，她还损坏了朋友的橡皮，太不应该了。

生：这种要求很不合理，不合理的要求伤害她们之间的友谊。

师：这位同学的要求不合理，更不能没有帮助她就损坏别人的东西。子晴这样做对吗?请看视频。(播放由学生排演的情景剧《选举之后》)

剧情：选班长的时候，好友王明把票投给了孟华，子晴很生气，质问王明为什么不投她一票。王明赶紧解释:“因为我觉得孟华比你更适合当班长。”子晴更生气了,不理王明了。

师:你觉得子晴的要求合理吗?

生:我觉得不合理,子晴不适合当班长,王明出于对班级集体利益的考虑选择孟华,子晴不能干涉朋友的投票自由权利。

生:子晴想强迫朋友投票给自己,这是不合理的要求,会伤害朋友之间的友谊。

师:如果你是王明,你该如何去说服你的朋友?

生:我会告诉子晴,竞选看的是能力,要公平公正去竞争,你提的要求不合理,会伤害我们的感情。如果她不听也不信,我也没办法,我问心无愧。

生:好朋友应该相互信任理解、替别人着想,站在朋友的角度去看待和考虑问题,不提不合理的要求。

师:好朋友应该学会站在对方的角度看问题,换位思考,不提不合理的要求。[板书:合理要求(能换位)]

师:昨天咱们班一位同学告诉我他的困惑。(出示困惑)

困惑内容:今天早上我跟她讲了一个秘密,没想到下午的时候,班里就有很多同学知道了这个秘密,我太生气了。

师:怎么看待这个现象?好朋友是否一定要替对方保密?

生:好朋友应该相互信任,彼此忠诚,必须保守秘密。

生:替朋友保守秘密要看什么情况。

师:现在我们对“好朋友是否一定要替对方保密?”这个话题开展辩论。正方:保密;反方:不保密。辩论要求:阐明观点,举例说明。

生:支持正方,好朋友出于信任,才告诉你自己的秘密,要忠于朋友,必须保守秘密。

生:支持反方,比如,你的朋友损坏了班级公物,他让你替他保守秘密,不要告诉任何人,这种情况下就不能保守秘密。

生:支持正方,好朋友告诉你他的隐私,你就应该替他保密。

生:你的朋友告诉你,他的脚受伤了,在体育课的时候,你就要告诉体育老师,不能让朋友带伤参加大运动量的活动,对朋友的身体没有好处。

…………

(学生不断辩论,教师据此梳理保密的基本原则)

师:作为朋友,彼此信任,一定要替对方保守秘密。但当朋友的秘密违反了规则、法律或者影响他人安全等原则的时候,就不能保守秘密。[板书:保守秘密(有原则)]

(设计意图:以学生的实际困惑为切入点,采用辩论的方式,引导学生从更深层角度去思考如何才能获得真友谊,解决学生生活中的真问题,帮且学生懂得如何呵护友谊。)

活动三:做,一起维护我们的友谊

师:友谊是人生最宝贵的财富,我们应该珍惜友谊。可惜的是,在你们的生活中,有时候太容易失去一段友谊了。老师把你们处理朋友之间关系的问题都收集起来,放在丁香心语信箱,接下来请你们抽取问题,一起帮助他们解决问题。(教师拿出丁香心语信箱请学生抽

取问题)

师出示来信1:学校的书法园地展示了一位同学的书法作品,我的好朋友非常喜欢,他想在没人的时候拿回家,并让我保守秘密,我应该怎么做?

生:根据刚才学习的内容,这种情况应该用"保守秘密有原则"的秘诀解决,这种行为是不对的,不应该替朋友保守秘密。

生:要用"直指不足要坦诚"的秘诀解决,朋友有这种想法是不对的,你知道后,就应该直接告诉他这样做是不对的,帮助他改正自己的不足。

师出示来信2:我的好朋友是丽丽,我很喜欢跟她玩,但是我的另一个好朋友不喜欢丽丽,她不让我和丽丽玩,我很苦恼,我该怎么办呢?

生:我觉得你另一个好朋友虽然不喜欢丽丽,但她不能强迫你不跟丽丽玩,这种要求不合理,不能向好朋友提不合理的要求。

师出示来信3:今天老师让我收家庭作业,要求第一节课后上交,可是我的朋友没有写完,还请我大课间之后再收,他的要求合理吗?我该怎么办?

生:你需要告诉你的朋友,家庭作业需要在家完成,你没写完作业,不能按时上交,我不能因为是你的朋友,就违反原则。

生:这位朋友提出的要求是不合理的,应该告诉这位同学,指出朋友的不足,请他改正。

师:处理朋友之间的关系,要学会判断,指出朋友的不足。

师:经过这节课的学习,同学们拿出课前打算送给朋友的友谊卡,说一说有没有要修改的地方,为什么要修改。

生:之前写的是你送我东西,我很开心,希望我们永远是朋友。现在我想改成,你是我的好朋友,希望你能指出我的不足,帮助我变得更好。

生:我之前写的是希望我们相互帮助。现在我想改成,希望你我都能在正确的判断下互相帮助,彼此成为益友。

师:一个好朋友,当看到对方的错误时,会真诚地指出;当朋友遇到好事时,会真心地感到高兴;当朋友遭受痛苦的时候,会守在朋友的身边,鼓励他、支持他。

师:作为好朋友,应该彼此理解包容,相互信任,不向对方提不合理的要求;当朋友遇到困难的时候,我们要学会相互帮助;当朋友帮助我们的时候,我们要学会感恩;当朋友有不足的时候,我们要坦诚地指出;当朋友遇到挫折的时候,我们要学会鼓励、支持他……只有这样,友谊之树才会慢慢长大。

(设计意图:出示学生处理好朋友关系时的真实困惑,请同学们用所学知识尝试解决,这样既能解决同学们的困惑,又能帮助他们巩固所学的知识。)

## 三、课例反思

第一课时在"猜一猜,谁是我的好朋友"环节,通过"观画像,猜朋友"和"说性格,猜朋友"两个游戏活动,引导学生从外貌和性格两方面对好朋友进行辨认。激发学生学习兴趣,为接下来感受好朋友之间的友谊带来的温暖做好铺垫。

在“说一说,这是我的好朋友”环节,引导学生讲一讲朋友之间的开心事,感受好朋友带来的温暖。学生回忆与朋友一起学习、玩耍的生活点滴,朋友之间相互帮助的温馨画面,为彼此之间为什么成为好朋友做情感铺垫。接着探讨为什么成为好朋友。通过探讨,学生懂得好朋友之间要相互鼓励,相互督促,在彼此鼓励中感受友谊的快乐。

在“想一想,为什么交不到朋友”环节,通过四个情景剧(《获奖后》《操场》《课间》《教室里》),寻找交不到朋友的原因(不欣赏他人、不懂得分享、不懂得包容、欺负他人),四个情景剧素材均来源于校园生活,涉及的问题在学生生活中比较常见,学生有浓厚的兴趣针对经典案例各抒己见,寻找原因并讨论办法,在交流分享的时候又能听到不同意见。

教学中要坚持学生主体。从情景剧改编到交流分享,都由学生完成,目的是在活动中指导交友难的学生学会交友。对照“剧情”认识到自己的不足,并根据同学的建议努力改正缺点,用学生的方法解决学生的问题。为达到这一目的,对这一环节的教学设计进行了调整,由原先学生口头提建议调整为围绕剧情讨论,再到情景剧改编,不仅激发了学生的兴趣,也让学生在活动中得到体验。

第二课时教学时,先对接上节课主要内容,学生开展“友谊树”游戏介绍自己的朋友。通过游戏,拉近与学生的距离,让学生在愉悦的环境中说出自己和朋友相处的原则,为学会处理朋友之间的关系奠定基础。

在“思,如何获得真友谊”环节,针对课前调查中发现的真实困扰学生的实际问题展开讨论,激发学生的学习兴趣,解决学生遇到的两难问题,帮助学生寻找解决这类问题的方法。通过学习学生认识到好朋友需要互相帮助,但不能所有事情都去帮助,要了解情况,具体问题具体分析。将教材中的情景编排成情景剧《考试》,请同学表演出来,引导学生身临其境,提高学生的学习兴趣,学生通过观看情景剧并讨论,掌握“朋友之间应该互相帮助,但也要有一定的条件,需要学会判断,不能盲目帮助”原则。使学生更好地理解什么情况下可以帮助朋友。接着,播放根据教材内容编排的故事绘本《益友》视频,阅读绘本《益友》,通过《益友》学习古人的智慧来帮助李浩想想办法。此设计顺利帮助学生解读了吕岱和徐原的友谊,让他们感受到了真正的朋友之间是如何相处的。然后再由点到面,让学生尝试从“故事屋”初步明白“真友谊”的含义。指导学生在生活中,朋友有困难要帮忙,朋友犯错时要及时指出,帮助改正,这才是真正的友谊。朋友之间交往要真诚,而不是靠送礼物换取朋友,只要你真诚待人,一定会交到真朋友。

在“辨,如何不损害友谊”环节,以学生的实际困惑(陈诚在考场对李浩提出的要求合理吗?)为切入点,采用辩论的方式,通过同学间借铅笔、选举等真实案例引导学生从更深层角度去思考,朋友之间不能提不合理要求,解决学生生活中的真问题,帮助学生懂得如何呵护友谊。重在让学生深入体会这两个同学在交友过程中遇到的困惑,以及自己是否能够真正处理好生活和学习中类似的问题。活动旨在帮助学生联系生活,回顾自己的交友过程,剖析曾经存在的问题,再次升华对“真友谊”的理解。在教材情景图交流过程中,发现遇到类似情况的同学很多,表明“教材只是一个范例”,是体现学生生活实际的重要切口。学生对自己不合理的要求会给他人带来不适的感受并不深,但通过集体交流讨论,学生更加体谅对方的做法和心理感受。

微型辩论会《要不要保守秘密》把“不合理要求”提上了一个高度。建构主义学习理论认为，学生是学习的主体，学生的知识不是老师传授的，而是在一定情境、会话、合作之下通过有意义的建构而获得的。要提高教学效果，必须把课堂还给学生，正方和反方观点陈述都在无形却有声地指导学生正确认识如何交朋友，这就是用学生的方法解决学生的问题。

“做，一起维护我们的友谊”由知导行，是对本课的总结梳理，旨在让学生明白真友谊的基本含义以及遇到好朋友提出不合理的要求应该怎么办。教材中的填空意在引导学生遇到问题怎么做，制作并修改友谊卡指导好朋友之间建立真正的友谊。好朋友坦诚相待，会让友谊之树常青，这是本课难点所在。

反思整个教学过程，存在诸多遗憾。比如，在学生对“真友谊”含义的理解上，引导不够，课后了解学生仅仅停留在初始认识，没有深入理解；在联系生活实际让学生交流的过程中，学生对于“不合理要求”存在一些困惑。这些问题的存在可能与过多关注教学设计与课堂预设有关，缺乏从理论层面对教材、教法和学生认知基础等方面的分析和思考。成功的课堂教学需要更多地关注课堂生成。

通过本课教学，深入思考后认识到：

把握教材内容逻辑关系是开展教学的前提。道德与法治课教材不容易读懂，在教学中容易“走形”。《我们的好朋友》根据教材编排划分为两课时。第一课时“说说我的好朋友”由两部分内容构成：感受友谊的美好与学会交友。感受友谊的美好是重点。第二课时“好朋友　真友谊”也由两部分内容构成：懂得什么是真正的友谊，以及懂得如何维系友谊。什么是真友谊是本课的教学难点。教学重点“感受友谊的美好”的教学目标是激发学生渴望友谊的情感和态度，一是感受到友谊的快乐（教材第2、3页两个栏目活动），二是感受到友谊的温暖（教材第4页“阅读角”中《校园的香甜》）。第二课时的难点是《益友》小故事，教学认知目标是认识什么是真正的友谊，教学情感目标是欣赏真友谊。

在教学中，对这一课重难点设定是清楚的，但对重难点教学目标的设定却把握得不够准确。第一课时友谊使人快乐和带给人温暖两个教学层次不够清晰，在目标达成度上不够理想；第二课时在“真友谊”的认知目标与情感目标方面，不够具象。

第一课时“学会交友”与“如何维系友谊”虽非重难点内容，却是学生人际交往中的真实问题与难题。“学会交友”可以将学生交友中存在的问题直接表现出来，让学生一目了然；“如何维系友谊”着重引导学生学会换位思考，能够站在对方角度思考问题，甚至还要从对方角度去观察自己的行为。两者都是促使学生行为改善，但方法不一样，后者比前者更复杂，层次更高。

灵活处理教材与学生的关系。第二课时“辨，如何不损害友谊”活动处理不理想，在引领学生分析教材案例后，立即联系学生生活，让学生说说生活中碰到的与好友之间的问题。在大多数学生举手表示生活中都有与好友发生过摩擦的情况下，只让少数学生发言，忽视了学生中普遍存在的问题，没有让学生充分交流，急着将学生引向教学预设。课后反思认为，对教材要灵活运用，重点放在学生的问题上。不能将学生硬拉到自己的预设上，要随着学生的节奏进行，不能让学生跟着教师一成不变的节奏开展教学。在讨论中，教师不能着急，要让学生充分讨论自己的问题。有时，讨论可以是一节课，甚至可以延伸到课后，只要问题对学生有意义。学生的发展需要时间,如需要可以打破教材对课时要求的束缚,以学生为中心。以学生为中心,重新看待教材与学生的关系,不仅表现在课堂上,还表现在教材内容的组织和选择上。

重视指导和训练的方法。道德与法治课除了教学途径还有指导和训练,指导有直接指导和间接指导。对学生认识上的指导,在价值冲突的情况下,给予价值澄清;对学生组织活动方面的指导,如指导学生进行问题调查、辩论程序、小组合作等,这些是直接指导。让学生通过扮演角色去体验、树立榜样让学生去模仿、用故事或名言对学生进行劝说,以及组织他们对相互冲突的观念进行充分的辩论,这些是间接指导。训练主要指对方法和技能方面的操练。

在教学如何交友这一部分内容时,通过学生相互之间交流如何交朋友这一活动,让不会交友的学生了解交友途径,掌握交友方法。教师如果不将具体方法明示出来,活动意图就很难达到。教师不仅要总结交友途径和方法,还要明确有礼、尊重、关心、分享是形成良好人际关系的品德,这就是直接指导。

在有关什么是真友谊讨论时,教师不仅要唤起学生已有经验,还要上升到人格层面,让学生学会欣赏豁达、公正、正直品质,形成高尚的审美品位。如果缺少教师指导,学生凭现有经验无法在认识上达到这样的高度。

课前做好活动充分准备。活动规则是准备工作中最重要的部分,是活动能否顺利开展的前提,要事先检查活动规则是否合理、清楚,学生能否一看就懂并容易记住。活动开始前要带领学生领会活动规则。第一课时"猜猜他是谁"活动,将游戏规则展示在屏幕上,学生只有几秒钟阅读时间。有些坐在后面的学生可能看不到;有些学生可能因阅读速度慢,没看完;还有的学生可能没有完全理解。下次活动设计需要改进。

教师要有为学生个别作业和小组作业准备工具的习惯。比如"设计友谊卡"活动,需要卡片、纸、彩笔以及其他一些工具。不能课堂上临时让小组长分发。小组讨论课前分好小组,让每个学生都参与讨论,否则会让学生感觉要么自己不重要,要么这件事不重要。这些虽然是细节,但课堂无小事,会对学生造成潜移默化的影响。

只有对教学目标精准把握,并把握好教材与学生的关系,将学生品德培养途径从单一的教学转向指导和训练并举,道德与法治课才会上得越来越好。

# 第三章　课后拓展

学生课外生活是大思政课堂的组成部分。基于学生生活设计作业是德育回归生活的重要载体和途径，可以有效链接课堂与生活。精选的单元作业设计基于学生生活真实情境，坚持素养导向；作业设计依据课程标准，坚持目标导向；作业评价基于激发学生学习动机，树立学习信心，坚持激励导向。

## 第一节　“安全护我成长”单元作业设计

### 一、单元信息

单元信息见表3.1。

表3.1　单元信息

<table>
<tr><td rowspan="2">基本信息</td><td>学　科</td><td>年　级</td><td>学　期</td><td>教材版本</td><td>单　元　名　称</td></tr>
<tr><td>道德与法治</td><td>三年级</td><td>上学期</td><td>人教版</td><td>第三单元<br>“安全护我成长”</td></tr>
<tr><td>单元组织方式</td><td colspan="5">☑自然单元　　□重组单元</td></tr>
<tr><td rowspan="4">课时信息</td><td>序号</td><td colspan="3">课　时　名　称</td><td>对应教材内容</td></tr>
<tr><td>1</td><td colspan="3">第七课《生命最宝贵》第一课时</td><td>P46—49<br>我们的生命来之不易</td></tr>
<tr><td>2</td><td colspan="3">第七课《生命最宝贵》第二课时</td><td>P50—53<br>爱护身体　珍惜生命</td></tr>
<tr><td>3</td><td colspan="3">第八课《安全记心上》第一课时</td><td>P54—57<br>平安出行<br>不让溺水悲剧发生</td></tr>
</table>

续表

| | 序号 | 课 时 名 称 | 对应教材内容 |
|---|---|---|---|
| 课时信息 | 4 | 第八课《安全记心上》第二课时 | P58—61<br>“119”的警示<br>安全通行证 |
| | 5 | 第九课《心中的“110”》第一课时 | P62、63<br>有点警惕性 |
| | 6 | 第九课《心中的“110”》第二课时 | P64、65<br>不要上当受骗 |

## 二、单元分析

### (一) 课标要求

本单元的编写依据是《义务教育品德与社会课程标准》(2011 年版)(以下简称《课程标准》)中课程内容主题一“我的健康成长”第 6 条和主题四“我们的社区生活”第 5 条。“我的健康成长”第 6 条是“体会生命来之不易。知道应该爱护自己的身体和健康。知道日常生活中有关安全的常识,有安全意识和基本的自护自救能力”。“我们的社区生活”第 5 条是“了解本地区交通情况,知道有关的交通常识,自觉遵守交通法规,注意安全”。根据《课程标准》并结合三年级学生特点、生活实际和成长需求,适当拓展教材学习视角,以帮助学生树立正确的生命观、安全观。

### (二) 教材分析

本册教材各单元主旨梳理见表 3.2,本单元逻辑结构图如图 3.1 所示。

**表 3.2 本册教材各单元主旨梳理**

| 单元主题(问题域) | 探 索 的 问 题 | | | 价值引导方向 |
|---|---|---|---|---|
| 第一单元<br>“快乐学习” | 学习意义与途径 | 学习的快乐 | 做学习的主人 | 正确学习观<br>终身学习意识 |
| 第二单元<br>“我们的学校” | 学校环境与<br>组织机构 | 老师辛苦与关爱 | 学校与自我成长 | 校园主人翁意识 |
| 第三单元<br>“安全护我成长” | 生命最宝贵 | 常见安全问题及<br>自护自救 | 安全防范 | 生命安全观<br>规则意识<br>安全防范意识 |
| 第四单元<br>“家是最温暖的地方” | 体会和理解<br>父母的爱 | 爱父母,在行动 | 家庭结构及<br>历史变迁 | 尊老爱幼<br>孝亲敬长<br>家庭观念 |

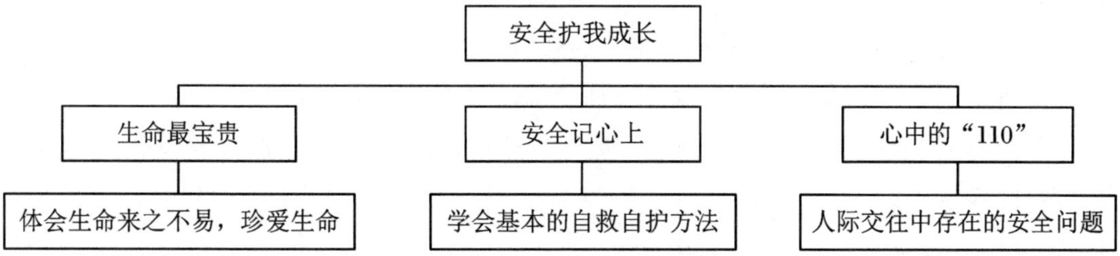


**图 3.1　本单元逻辑结构图**

安全问题是儿童在健康成长中非常重要的问题，针对各个阶段学生层出不穷的安全伤害事故，统编《道德与法治》教材在低、中年级都安排了安全教育内容，各年级安全教育侧重点有所区别，低年级安全教育主要是针对学生上学路上、家庭生活和游戏中存在的安全隐患，引导学生初步具有自我保护意识和安全防范能力。三年级上册《道德与法治》第三单元“安全护我成长”将安全教育提升到生命教育的高度，教材从家庭、学校、社会生活中的安全入手，教会学生一些必要的安全常识以及处理突发事件的方法，培养学生珍爱生命的意识和良好的应急心态，提升学生自护自救的能力，减少危险事件的发生。

本单元共三课，以“体会生命宝贵”“学会自护自救”“警惕人际交往安全”构成单元的逻辑主线，第一课《生命最宝贵》是本单元的基础和起点，旨在让学生体会生命来之不易，逐步认识到保护生命不仅要靠父母，还要靠自己，从而树立珍爱生命的意识。第二课《安全记心上》有交通安全、防溺水、预防火灾等内容，从正面引导学生发现生活中的安全隐患，逐步学会日常生活中基本的自护自救方法，提高安全意识。第三课《心中的“110”》包含防盗、防骗、防拐、防性侵等教育内容。引导学生初步认识社会的复杂性，在乐于助人、参与社会生活的同时保持警惕性，初步形成人际安全意识。

### （三）学情分析

对每个人来说生命都只有一次。保证人身安全是儿童健康成长的必要条件。经过前期学校、家长的安全教育，三年级学生初步了解一些安全常识，但因活泼好动、精力旺盛、好奇心强的年龄特点，同时社会变化和自主活动空间扩大，使他们直接面临危险的概率增大，自护的意识和能力欠缺，极易出现难以预料的安全事故。加之学生对安全事故造成的严重后果缺乏一定认识，因而对其进行生活和人际交往中的安全教育非常重要和必要。本单元的学习将帮助学生树立儿童生命安全观，初步建立人际安全防范意识，学会保护生命的基本技能，提升自护自救能力，从而减少危险事件的发生，为儿童健康安全的生活提供保障。

## 三、单元学习与作业目标

### （一）单元学习目标

围绕“安全护我成长”这一单元主题学习，通过调查与采访、情景表演、事例分析和小组

合作探究等方式,达到以下学习目标:

(1) 体会生命来之不易,树立珍爱生命的意识。

(2) 掌握基本的安全知识和技能,学习应对日常生活中的紧急情况。

(3) 初步认识社会的复杂性,在乐于助人、参与社会生活的同时,保持警惕性,初步形成人际安全意识。

### (二) 单元作业目标

围绕“安全护我成长”这一单元主题设计系列作业,通过阅读、交流、辨析、情境体验等方式,达到以下作业目标:

(1) 体会生命来之不易,树立珍爱生命的意识。

(2) 掌握基本的安全知识和技能,学习应对日常生活中的紧急情况。

(3) 初步认识社会的复杂性,初步形成人际安全意识。

## 四、单元作业设计思路

(1) 明确课标要求,解读教材内容,了解学情。

(2) 制订单元学习目标和作业目标。

(3) 作业设计基本流程如图 3.2 所示。

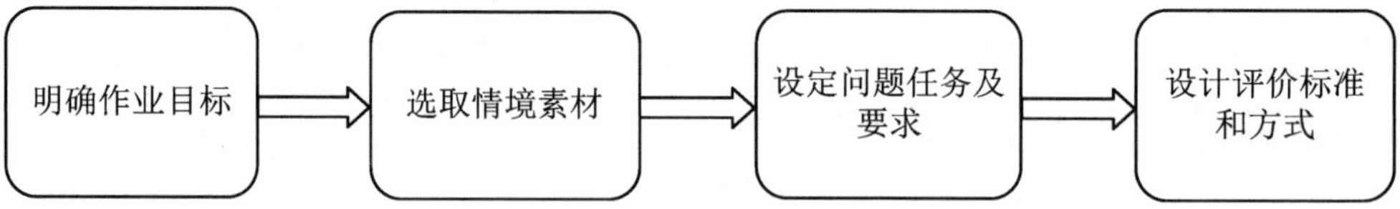


**图 3.2 作业设计基本流程**

## 五、课时作业

### 第七课《生命最宝贵》第一课时

**作业 1**

1. 作业内容

**小记者在行动**

从出生到长大,同学们成长过程中一定发生过很多故事吧!比如,妈妈在孕育你的过程中有哪些变化?妈妈的饮食、体型、心理、作息等有什么样的变化?你出生的过程是怎样的?出生时家人的心情如何?小时候你的身体好吗?经常生病吗?为了呵护你健康成长,家人做过哪些事……请你采访家人,了解自己的成长故事。填入表 3.3 中。

**表 3.3　采访记录单**

| ________的采访记录单 | |
| --- | --- |
| 采访对象： | 访谈时间： |
| 我的访谈话题： | |
| 通过采访我知道了： | |

2. 时间要求

本次作业访谈 8 分钟，书写 6 分钟左右。

3. 评价设计

作业评价标准见表 3.4。

**表 3.4　作业评价标准**

| 评价维度 | 评　价　标　准 | | |
| --- | --- | --- | --- |
| | ☆☆☆ | ☆☆ | ☆ |
| 作业完成 | 能积极主动向家人采访自己的成长故事 | 能采访家人了解自己的成长故事 | 在家人的帮助下通过采访了解自己的成长故事 |
| 处理信息 | 在规定时间内独立完成资料整理，能准确、高度概括、总结所收集的信息 | 在规定时间内独立完成资料的整理，能初步概括、总结所收集的信息 | 在家长的陪同下完成资料的整理，能收集、记录信息 |
| 准确表述 | 内容表述翔实，感受真切，书写整洁、规范 | 内容较具体，有一定感受，书写较规范 | 内容表述粗略，无情感表达，书写欠佳 |

4. 作业分析与设计意图

本题是课前实践作业，以“小记者”身份采访父母，角色的转换调动了学生参与交流的积极性。采访单中列出可供学生自主选择的开放性话题，让每个学生都有话说，切实提升讨论实效。通过完成采访单，了解家人对自己一直以来的呵护、付出，体会生命来之不易。

### 作业 2

1. 作业内容

**我的成长足迹**

我们每个人都是在爸爸妈妈的满心期待中出生的,我们成长的点点滴滴爸爸妈妈或许都有记录。提前准备能体现自己成长的记录(表 3.5),比如照片、视频、文字等,便于课堂上和同学交流分享。

**表 3.5　成长记录**

| ______________的成长足迹 | | | | |
|---|---|---|---|---|
| 资料类型 | 照片 | 视频 | 文字 | 其他 |
| 资料数量 | | | | |

2. 时间要求

8 分钟。

3. 评价设计

作业评价标准见表 3.6。

**表 3.6　作业评价标准**

| 评价维度 | 评　价　标　准 | | |
|---|---|---|---|
| | ☆☆☆ | ☆☆ | ☆ |
| 作业完成 | 能主动完成搜集任务,搜集多份不同形式的成长资料,深刻感受家人的呵护 | 能完成搜集任务,搜集两份资料,感受家人的呵护 | 在家长的帮助下,完成一份资料搜集任务 |
| 处理信息 | 在规定时间内独立完成表格填写,能将成长资料归类存放,能整理、归纳重要信息 | 独立完成表格填写,整理成长资料的主要信息 | 在家长的帮助下完成表格填写 |
| 准确表述 | 积极参与交流活动,分享成长的喜悦,表达准确 | 主动参与交流活动,展示自己的成长资料 | 能回答同学对自己资料的提问 |

4. 作业分析与设计意图

本题是课前实践作业,通过搜集家人记录的资料,了解自己的成长故事,感受家人对自己的关注、爱护和付出,学习与同伴共同分享成长记录的喜悦。

# 第七课《生命最宝贵》第二课时

## 作业

1. 作业内容

**情景分析**

2020年春节期间，因为新型冠状病毒感染疫情，小杰的爸爸取消了原定的全家出行计划，小杰很不高兴，吵着说："为什么要取消行程？我们注意点，戴口罩不就行了吗？"可随着疫情的实时播报，感染者人数不断增长，小杰也开始害怕了，他选择宅在家，不出门。当他从新闻中得知儿童也是易感人群后，开始变得焦虑了，偶尔出现一两声咳嗽，就不停地问爸爸："爸爸，爸爸，我会不会已经被感染了？怎么办啊！"

想一想，说一说：

(1) 小杰的爸爸取消了原定的全家出行计划，如果你是小杰，你也会不高兴吗？

(2) 面对疫情，小杰内心充满了担忧和恐惧，该如何缓解这种情绪呢？

2. 时间要求

10分钟。

3. 评价设计

作业评价标准见表3.7。

**表3.7　作业评价标准**

| 评价维度 | 评价标准 | | |
|---|---|---|---|
| | ☆☆☆ | ☆☆ | ☆ |
| 作业规范 | 认真思考，理由充分，语言表达清晰流畅 | 认真思考，语言表达清晰流畅 | 完成作业，理由简单，语言表达有待提高 |
| 建议合理 | 积极交流，能提出三条及以上建议，建议合理、可行 | 积极交流，能提出两条建议，建议合理 | 有交流，能提出一两条建议 |

4. 作业分析与设计意图

本题是课后实践作业，学生在分析案例的同时，反观自己面对疫情的心理，联系生活实际，感受疫情之下生命的可贵，从而树立防范意识，遵守防疫要求，掌握应对措施，珍爱生命。

# 第八课《安全记心上》第一课时

## 作业 1

1. 作业内容

**交通安全监督员**

同学们,在上学和放学路上,你们看到过哪些违反交通规则的行为?这些行为有什么安全隐患?请你当一名交通安全监督员,把道路上不安全的行为记录在表 3.8 中。如果发现他人有不安全的行为,试着提醒并监督其遵守交通规则,守护人身安全。(温馨提示:注意自身交通安全!)

**表 3.8 道路安全观察表**

| 姓名 | | 班级 | |
|---|---|---|---|
| 时间 | | 地点 | |

是否观察到不遵守交通规则的现象?

□是　　□否　　□没注意

| 违反交通规则的行为 | 安　全　隐　患 | 安全提醒和建议 |
|---|---|---|
| | | |
| | | |
| | | |

你的活动感受:

2. 时间要求

观察不限时间,在上学和放学途中随机观察,纸笔作业 10 分钟。

3. 评价设计

作业评价标准见表 3.9。

**表 3.9 作业评价标准**

<table>
<tr><th rowspan="2">评价维度</th><th colspan="3">评 价 标 准</th></tr>
<tr><th>☆☆☆</th><th>☆☆</th><th>☆</th></tr>
<tr><td>作业完成</td><td>能主动完成观察任务，搜集多个违规行为，愿意自觉遵守交通法规</td><td>能观察到一两个违规行为，懂得遵守交通法规</td><td>能观察到道路上的危险行为，掌握安全过马路等基本常识</td></tr>
<tr><td>处理信息</td><td>在规定时间内独立完成表格填写，准确认识到存在的安全隐患，并能准确地给予提醒和建议</td><td>独立完成表格填写，比较准确地认识到存在的安全隐患，并能给予一定的提醒和建议</td><td>在家长的帮助下完成表格填写，了解不安全的交通行为</td></tr>
<tr><td>准确表述</td><td>能主动提醒和监督他人遵守交通规则</td><td>能提醒同学遵守交通规则</td><td>能提醒家人遵守交通规则</td></tr>
</table>

4. 作业分析与设计意图

本题是课后实践作业，学生通过观察道路交通情况，发现危险行为，提醒他人注意遵守交通规则，进一步提高学生自我保护意识，掌握过马路等基本的交通安全常识和技能，懂得遵守《中华人民共和国道路交通安全法》等法规，愿意自觉遵守交通法规。

**作业 2**

1. 作业内容

**安全戏水我知道**

和同学分享戏水经历，交流安全戏水小常识，并结合自身实际情况，说一说游泳时需要掌握的安全技巧，完成表 3.10 中的游泳安全知识大比拼。

**表 3.10 游泳安全知识大比拼**

<table>
<tr><td>姓名</td><td></td><td>班级</td><td colspan="2"></td></tr>
<tr><td rowspan="4">游泳“四不要”</td><td colspan="4"></td></tr>
<tr><td colspan="4"></td></tr>
<tr><td colspan="4"></td></tr>
<tr><td colspan="4"></td></tr>
<tr><td rowspan="5">遇险自救方法判断（正确画“√”，错误画“×”）</td><td colspan="3">（1）不慌张，发现周围有人时立即呼救</td><td></td></tr>
<tr><td colspan="3">（2）放松全身，让身体漂浮在水面上，将头部浮出水面，用脚踢水，防止体力丧失，等待救援</td><td></td></tr>
<tr><td colspan="3">（3）身体下沉时，可将手掌向下压</td><td></td></tr>
<tr><td colspan="3">（4）不慎呛水时，应在水面闭气，再把头抬起来，调节呼吸动作</td><td></td></tr>
<tr><td colspan="3">（5）抽筋时若在浅水区，可马上站立并用力伸蹬，或用手把脚拇指往上扳，并按摩小腿</td><td></td></tr>
</table>

2. 时间要求

10分钟左右，可根据自身情况适当延长。

3. 评价设计

作业评价标准见表3.11。

**表3.11　作业评价标准**

| 评价维度 | 评价标准 | | |
|---|---|---|---|
| | ☆☆☆ | ☆☆ | ☆ |
| 作业完成 | 能积极主动完成交流任务，懂得生命的可贵 | 能完成交流任务，树立防溺水意识 | 能参与交流活动，了解防溺水相关知识 |
| 处理信息 | 在规定时间内独立完成表格填写，准确归纳游泳“四不要”，正确判断遇险自救方法 | 独立完成表格填写，比较准确地归纳游泳的危险行为，能做对三道以上遇险自救方法判断题 | 在家长的帮助下完成表格填写，了解游泳的危险行为，能做对一两道遇险自救方法判断题 |
| 准确表述 | 和同学分享戏水经历，交流安全戏水小常识，并结合自身实际情况，说出游泳时需要掌握的安全技巧 | 和同学分享戏水经历，交流安全戏水小常识 | 和同学分享戏水经历 |

4. 作业分析与设计意图

本题是课后实践作业，学生通过分享戏水经历，交流安全戏水小常识和游泳安全技巧，完成游泳安全知识判断题；知道溺水发生的主要原因，能够积极预防溺水事故的发生；了解安全游泳的常识，初步学会溺水的基本自护自救方法；树立安全意识，知道在保全自身安全的情况下如何营救他人。

## 第九课《心中的“110”》第一课时

**作业1**

1. 作业内容

**安全“小警哨”**

父母的担心和牵挂真的没有必要吗？一起来看看视频《安全教育：儿童防拐骗》。

视频内容：陌生人给的零食、玩具、宠物要拒绝；要知道父母的姓名、家庭电话和地址；遇到危险想办法拨打“110”报警求助；和爸爸妈妈约定“家庭暗码”；遇到危险可以为保护自己而适当反抗；与父母走散，可以根据情况向人求助；一个人在家不要给陌生人开门。根据视频内容完成表3.12，用于课上交流。

**表3.12　安全“小警哨”**

| | | |
|---|---|---|
| 心中的“110” | 视频内容你能做到几点？ | |
| | 除了视频上介绍的安全提醒，你还有哪些提醒？ | |
| | 选择其中一点与同学交流 | |
| | 看了视频，通过与同学的交流，你有什么想法？ | |

2. 时间要求

观看视频4分钟，纸笔作业8分钟。

3. 评价设计

作业评价标准见表3.13.

**表3.13　作业评价标准**

| 评价维度 | 评价标准 | | |
|---|---|---|---|
| | ☆☆☆ | ☆☆ | ☆ |
| 作业完成 | 在规定时间内独立完成表格填写，人际安全意识强 | 在规定时间内完成表格填写，有一定的人际安全意识 | 完成表格填写 |
| 处理信息 | 认真观看视频或内容，能做到视频提醒五点以上并补充两点以上 | 观看视频或内容，能做到视频提醒三点以上并补充一点以上 | 观看视频或内容，能做到视频提醒一点以上 |
| 准确表述 | 主动与同学交流，交流内容符合交流要求，交流表述清楚、条理清晰 | 与同学交流，交流内容基本符合交流要求，交流表述基本清楚、条理基本清晰 | 能与同学交流 |

4. 作业分析与设计意图

本题是课前实践作业，学生通过观看视频，在模拟情境中学会识破社会交往中的危险，知道防拐骗、防盗窃等安全常识，认识到社会的复杂性，懂得遇事要有智慧，学会自我保护，树立人际安全防范意识，提高自救自护能力。通过课堂与同学交流进一步增强生活智慧。

# 第九课《心中的“110”》第二课时

## 作业

1. 作业内容

### 家庭小剧场

和家庭成员一起开展家庭小剧场活动,分别扮演不同角色。可选择模拟以下不同情景,填写表3.14。

情景一:你独自在家,当隔壁邻居敲门时,你该怎么办?

情景二:你独自在家,遇到敲门送快递的快递员,你该怎么办?

情景三:你独自在家,遇到小偷入室盗窃,你该怎么办?

情景四:走在上学的路上,遇到陌生人问路,并请求你带路,你该怎么办?

情景五:在公共场所,遇到热情送你食物和饮料的陌生人,你该怎么办?

**表3.14　家庭小剧场**

| | |
|---|---|
| 小剧场成员 | |
| 模拟情景内容 | |
| 和陌生人交往经验 | |

2. 时间要求

模拟情景5分钟,纸笔作业5分钟。

3. 评价设计

作业评价标准见表3.15。

表 3.15 作业评价标准

| 评价维度 | 评价标准 | | |
|---|---|---|---|
| | ☆☆☆ | ☆☆ | ☆ |
| 作业完成 | 能积极主动参加模拟情境表演，正确采用自护自救方法 | 能主动参加模拟情境表演，在家长的提示下，正确自护自救 | 能参加表演，知道遇到危险可以向大人求助 |
| 处理信息 | 在规定时间内独立完成表格填写，正确对待陌生人，既不能把陌生人都当成坏人，也要有自我保护意识 | 独立完成表格填写，对陌生人保持警惕 | 在家长的帮助下完成表格填写，能总结与陌生人交往的经验 |
| 准确表述 | 会有礼貌地拒绝陌生人，遇到危险时，在自我保护的前提下，向成人求助 | 会拒绝陌生人，遇到危险时，向成人求助 | 与陌生人交流时，能保持警惕 |

4. 作业分析与设计意图

本题是课后实践作业，通过学生家庭角色扮演，引导学生了解生活中存在的安全隐患，知道正确与陌生人打交道，既不能把所有陌生人都当成坏人，也要保持一定的警惕性，遇到危险要向警察等成人求助。

## 六、单元质量检测作业

### (一) 单元质量检测内容

学习了本单元知识，同学们一定有很多收获吧！让我们一起来闯关吧。

第一关：判断正误(在你认为正确的说法后画"√"，错误的说法后画"×")

(1) 我们的生命和成长倾注了家人无尽的关爱与呵护。 (　　)

(2) 如果我们遇到巨大伤害，甚至失去生命，世界上最痛苦的人，就是我们的父母。 (　　)

(3) 乘公交车时为了缓解晕车症状，可以把头伸出窗外看风景。 (　　)

(4) 小明和小军在马路上比赛骑自行车。 (　　)

(5) 爸爸只喝了一杯酒，没有喝醉，可以开车。 (　　)

第二关：比一比

(1) 请与同桌比一比，谁能在 30 秒内正确说出 3 条预防溺水的措施。

(2) 请与同桌比一比，谁能在 30 秒内正确说出 3 条交通规则。

第三关：闯一闯

请与小组内同学合作，一起玩一玩交通安全飞行棋(图 3.3)。

游戏规则：

(1) 运用本单元所学的知识进行闯关，遵守游戏规则。

(2) 准备好骰子、棋子。掷骰子，根据骰子的点数确定前进步数，走到哪格就把棋子放在哪格。走到带有“任务要求”的“特殊格”时，请按照它的条件做。

(3) 本活动可以双人或多人互战，先到达终点者胜出，最终完成挑战者可以获得“小小交通安全员”的称号。

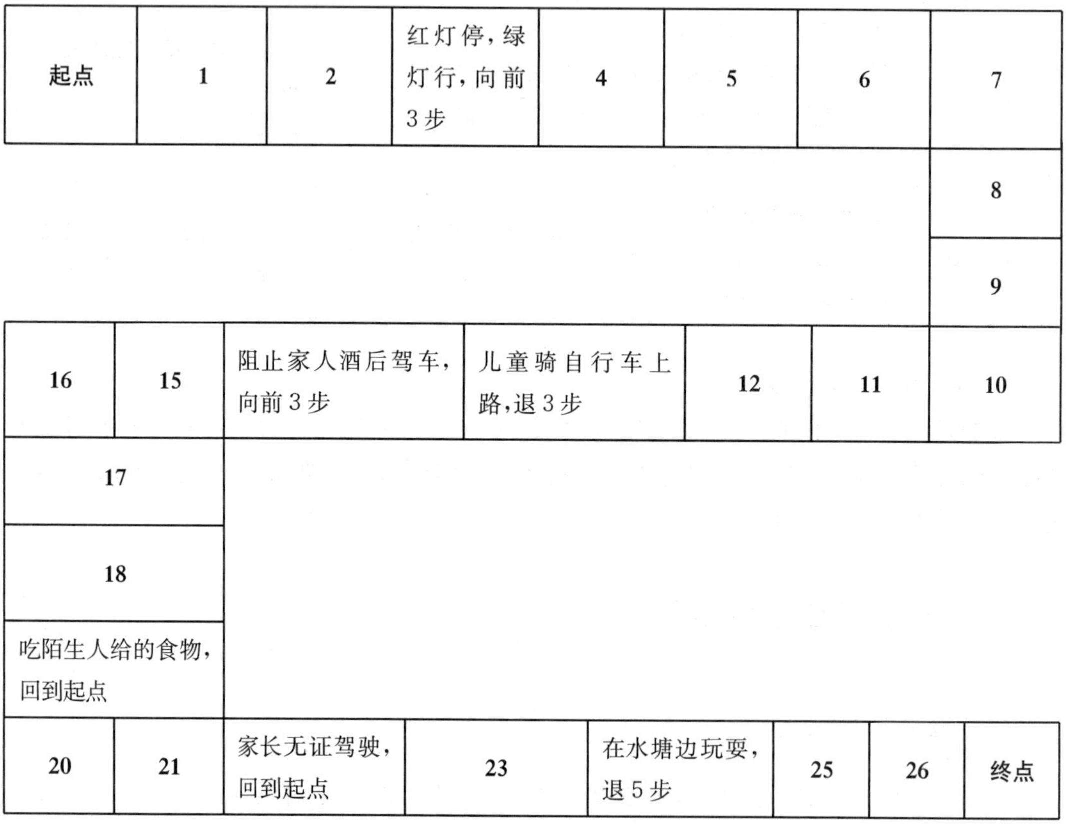


**图 3.3　交通安全飞行棋**

## (二) 单元质量检测作业属性表

单元质量检测作业属性表见表 3.16。

**表 3.16　单元质量检测作业属性表**

| 序号 | 类型 | 对应单元作业目标 | 对应学习水平 | | | 难度 | 来源 | 完成时间(分钟) |
|---|---|---|---|---|---|---|---|---|
| | | | 了解 | 理解 | 应用 | | | |
| 1 | 判断题 | (1) | √ | | | 一般 | 创编 | 2 |
| 2 | 简答题 | (1)、(2) | √ | | | 一般 | 创编 | 3 |
| 3 | 拓展性实践 | (1)、(2)、(3) | | √ | √ | 中等 | 创编 | 15 |

# 第二节　“为父母分担”单元作业设计

## 一、单元信息

单元信息见表3.17。

**表3.17　单元信息**

<table>
<tr><td rowspan="2">基本信息</td><td>学　科</td><td>年　级</td><td>学　期</td><td>教材版本</td><td colspan="2">单　元　名　称</td></tr>
<tr><td>道德与法治</td><td>四年级</td><td>上学期</td><td>人教版</td><td colspan="2">第二单元“为父母分担”</td></tr>
<tr><td>单元组织形式</td><td colspan="6">☑自然单元　　　　□重组单元</td></tr>
<tr><td rowspan="7">课时信息</td><td>序号</td><td colspan="4">课　时　名　称</td><td>对应教材内容</td></tr>
<tr><td>1</td><td colspan="4">第四课《少让父母为我操心》第一课时</td><td>P24—28<br>爸爸妈妈多辛苦</td></tr>
<tr><td>2</td><td colspan="4">第四课《少让父母为我操心》第二课时</td><td>P29—31<br>少给父母添麻烦</td></tr>
<tr><td>3</td><td colspan="4">第五课《这些事我来做》第一课时</td><td>P32—35<br>家务擂台赛<br>愿做哪种人</td></tr>
<tr><td>4</td><td colspan="4">第五课《这些事我来做》第二课时</td><td>P36—41<br>不让做　怎么办<br>与家务活“签约”</td></tr>
<tr><td>5</td><td colspan="4">第六课《我的家庭贡献与责任》第一课时</td><td>P42—45<br>我的家庭贡献</td></tr>
<tr><td>6</td><td colspan="4">第六课《我的家庭贡献与责任》第二课时</td><td>P46—49<br>我也有责任</td></tr>
</table>

## 二、单元分析

### (一) 课标要求

本单元的编写依据是《课程标准》中课程内容主题二“我的家庭生活”第1条“知道自己

的成长离不开家庭,感受父母长辈的养育之恩,以恰当的方式表达对他们的感激、尊敬和关心”,第2条“学习料理自己的生活,养成良好的生活习惯。关心家庭生活,主动分担家务,有一定的家庭责任感”。本单元共设计了三课内容,分别是《少让父母为我操心》《这些事我来做》《我的家庭贡献与责任》,这三课之间有着递进的逻辑关系,从学会“体谅父母辛苦”,到主动“分担家务劳动”,再到“建立家庭责任”。通过本单元的学习引导学生能进一步了解父母在家庭和工作中的辛苦,体谅父母的不易,能够以实际行动参与到家庭生活中,主动承担力所能及的家务劳动,为家庭作出贡献,初步树立家庭责任意识。

## (二)教材分析

本册教材各单元主旨梳理见表3.18,本单元逻辑结构图如图3.4所示。

表3.18 本册教材各单元主旨梳理

| 单元主题(问题域) | 探索的问题 | | | 价值引导的方向 |
|---|---|---|---|---|
| 第一单元“与班级共成长” | 班级与自我成长 | 班规的制订与执行 | 群体之间应当如何相处 | 集体意识、规则意识、公民意识 |
| 第二单元“为父母分担” | 关心与体谅父母 | 主动承担家务活 | 为家庭尽责任 | 家庭责任感 |
| 第三单元“信息万花筒” | 辩证地、健康地看电视 | 网络世界的规则 | 正确认识广告 | 提升新媒介素养及信息素养 |
| 第四单元“让生活多一些绿色” | 了解环境污染 | 怎样将垃圾变废为宝 | 怎样做到低碳生活 | 环保意识、责任和行动 |

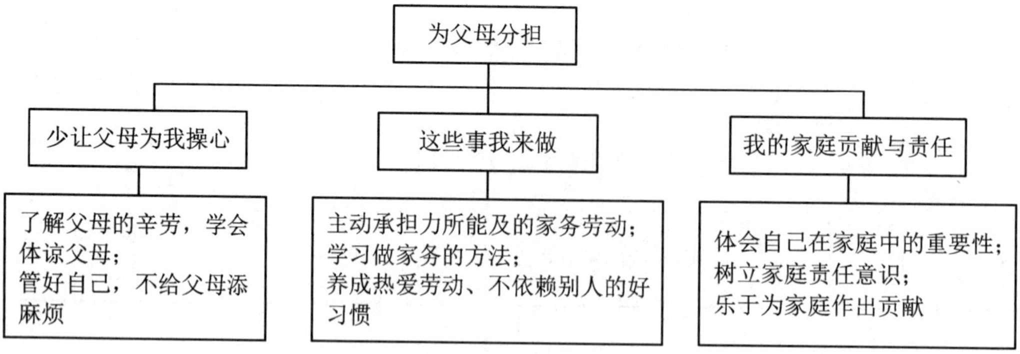


图3.4 本单元逻辑结构图

第二单元“为父母分担”教学内容与学生家庭生活息息相关。家庭是学生生活的基本社会单位,也是每个孩子成长的摇篮,它以缩影的形式反映着社会生活。通过本单元学习,有助于学生更好地了解家庭,体谅父母的辛苦和不易,更加主动地参与家务劳动,为家庭作出贡献,树立家庭责任意识,为将来适应社会生活打下基础。关于家庭主题的教学一直贯穿于

《道德与法治》教材各个年级,本单元是对三年级上册第四单元“家是最温暖的地方”的延续和深化。

本单元共设计了三课内容,其中,第四课《少让父母为我操心》主要是引导学生通过观察、采访、体验等多种方式了解父母在生活与工作中的辛苦,懂得体谅与体贴父母,学会换位思考,在行动上管好自己,不给父母添麻烦,少让父母操心,做个懂事的孩子。第五课《这些事我来做》主要是针对当下家庭生活中儿童过度依赖父母,什么事情都由家长包办的现实状况而设置,旨在培养学生“自己的事情自己做”的意识,让学生主动承担家务劳动。本课剖析了学生不做家务的内因和外因,激发学生参与家务劳动的自觉性和主动性,并使学生体验到学做家务的快乐与成就感。第六课《我的家庭贡献与责任》主要是让学生体会到自己是家庭中不可或缺的一员,激励其用自己的创意、行动来为家庭作出贡献。同时,本课重在培养学生的家庭责任感,使他们懂得在承担家庭事务的过程中要负起责任,坚持到底。

### (三)学情分析

学校周围小区均为新建商品房,大部分同学在入学前租住在其他片区或者留守老家,与父母相处时间不是非常充足。经过调查,在上小学后学生基本与父母长期生活在一起,家庭情感稳定。一方面,经过一至三年道德与法治课程学习,以及在长期家庭生活中,四年级学生对家庭概念已经有了初步了解,能感知家庭中的亲情,乐于以恰当方式表达对父母的情感。但他们对父母的爱的认知更多停留在“父母为‘我’做了什么”的层面,很容易忽略父母为承担家庭责任所付出的辛劳,不明白其实这也是父母对家庭、对孩子的爱。这就需要通过对本单元的学习,引导学生细致地观察父母,了解父母的工作内容、时间,了解父母在生活中为家庭和孩子做了哪些,让他们对父母的生活和工作有更加全面的了解。另一方面,大部分学生懂得“听父母的话”“自己的事情自己做”是爱父母、为父母分忧的表现,但在现实生活中,由于身心发育尚不完善和家长的包办代办,学生家务劳动经验的不足与家务劳动技能的缺乏使其劳动意识淡薄,自理能力也较差,不能很好地进行自我管理与约束,这就造成认知与行为的矛盾。根据调查,班级80%以上的学生在家不做家务,仅仅有几名同学在家每天做一些力所能及的家务。本单元的学习可以在一定程度上帮助学生解决这些难题,引导学生学会换位思考,帮助他们树立家务劳动观念和家庭责任感,提升家务能力和主人翁意识。

## 三、单元学习与作业目标

### (一)单元学习目标

(1)了解父母的辛苦,体谅他们的不易,激发感激父母、孝顺父母的情感;体会自己作为家庭一分子的重要性,有为家庭做贡献的意识与行动;能够主动关心家庭生活,有家庭责任感。

(2) 管好自己,少给父母添麻烦,以实际行动体贴父母;正确认识家长的溺爱行为,学会用恰当的方式与大人沟通,主动争取参与家务劳动的机会。

(3) 了解做家务的意义,能主动承担家务劳动;掌握一些做日常家务劳动的技能,学会自己的事情自己做。

### (二) 单元作业目标

围绕“为父母分担”这一单元主题设计系列作业,通过调查、实践、情景练习、生活体验等方式,达到以下作业目标:

(1) 进一步了解和理解父母,体谅父母的辛苦和不易。

(2) 学会用恰当方式与家长沟通,更加主动地参与家务劳动。

(3) 掌握做日常家务劳动技能,为家庭作出贡献,树立家庭责任意识。

## 四、单元作业设计思路

(1) 明确课标要求,解读教材内容,了解学情。

(2) 制订单元学习目标和作业目标。

(3) 作业设计基本流程如图 3.5 所示。

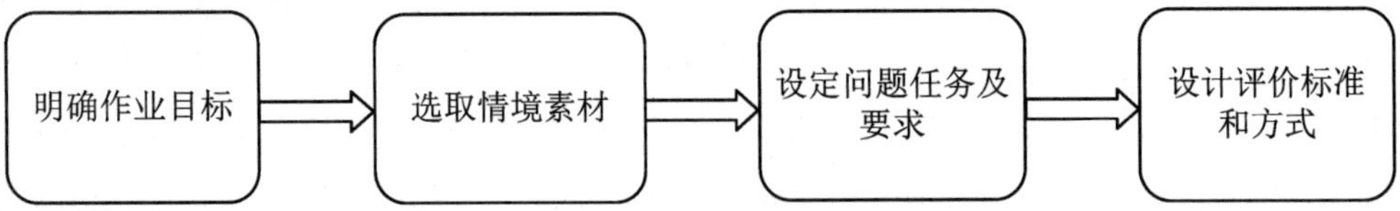


**图 3.5 作业设计基本流程**

## 五、课时作业

### 第四课《少让父母为我操心》第一课时

**作业**

1. 作业内容

**连连看**

| | |
|---|---|
| 爸爸很辛苦 | 我要和父母沟通 |
| 妈妈是白领 | 形成良好的劳动态度 |
| 自己整理衣物 | 既要上班又要辅导我学习 |
| 做家务有收获 | 经常出差、开会,加班到深夜 |
| 大人不让我做家务 | 少给父母添麻烦 |

2. 时间要求

3分钟。

3. 评价设计

作业评价标准见表3.19。

**表3.19　作业评价标准**

| 评价维度 | 评　价　标　准 | | |
|---|---|---|---|
| | ☆☆☆ | ☆☆ | ☆ |
| 作业完成 | 根据要求,独立、高效地完成作业 | 能根据要求,规定时间内在家长指导下完成作业 | 在家长指导下完成作业 |
| 处理信息 | 在规定时间内独立完成连线,能整理、归纳重要信息 | 独立完成连线,整理主要信息 | 在家长帮助下完成连线,整理相关信息 |

4. 作业分析与设计意图

本题是课前实践作业,通过观察、采访、体验等多种方式了解父母在生活与工作中的辛苦,采用"连连看"的形式,让学生深入了解并理解父母的辛苦,懂得体谅与体贴父母,学会换位思考,在行动上管好自己,不给父母添麻烦,少让父母操心,做个懂事的孩子。

## 第四课《少让父母为我操心》第二课时

### 作业

1. 作业内容

**小记者访问**

作为光明小学广播站的一名小记者,你清楚爸爸妈妈的职业是什么吗?他们的工作是否辛苦呢?请你对爸爸或妈妈的工作进行一次"小记者访问",完成表3.20中的访问提纲。也可以在留白部分自己设计问题进行访问。

(温馨提示:采访可以结合父母的职业特点和工作内容进行提问;抓住细节,询问工作中的辛苦和烦恼;采访父母后,别忘了整理访问实录,写下自己的感受,和大家一起交流。)

**表3.20　小记者访问实录**

| | |
|---|---|
| 采访对象 | |
| 职业 | |
| 访问人 | |

续表

| | |
|---|---|
| 访问时间 | |
| 工作时长 | |
| 工作要求 | |
| 工作内容 | |
| 工作感受 | |

2. 时间要求

采访时间自行掌握,纸笔作业 12 分钟。

3. 评价设计

作业评价标准见表 3.21。

**表 3.21　作业评价标准**

| 评价维度 | 评价标准 | | |
|---|---|---|---|
| | ☆☆☆ | ☆☆ | ☆ |
| 参与意识 | 能积极主动参与采访活动,记录翔实 | 能主动完成采访活动,记录简略 | 在家长督促下参与活动,记录潦草 |
| 实践能力 | 独立完成采访交流,互动顺畅,能提出两个以上合理的采访问题 | 独立完成采访交流,略有紧张,能提出两个合理的采访问题 | 在家长陪同下完成任务,能提出一个合理的采访问题 |
| 准确表达 | 记录表文字记录翔实,语句通顺,情感表达真实,有独特见解 | 记录表文字记录完整,语句较通顺,能简略地表达情感 | 基本能够呈现采访内容,无情感表达 |

4. 作业分析与设计意图

本题是课后实践作业,通过采访,用表格形式记录爸爸妈妈的工作时长、工作要求、工作内容、工作感受等内容,深入了解爸爸妈妈的工作;旨在培养学生实践活动、处理信息以及表达能力;引导学生理解父母、萌生关爱父母之心,体会父母的辛苦,激发学生感恩父母的意识和情感,学会换位思考,知道主动为父母分忧。

# 第五课《这些事我来做》第一课时

## 作业

1. 作业内容

**智慧小锦囊**

每周末是光明小学四(2)班李晓涵家的"清扫日",这周末李晓涵想加入其中,和爸爸妈妈一起大扫除。你能和她分享几条做家务的小妙招吗？填写表3.22。

**表3.22 "主动去承担,智慧做家务"小妙招分享**

| |
|---|
| 我会分享：<br>(1) 我选择的家务活动是：A. 整理床铺 B. 叠衣服 C. 拖地 D. 洗碗 E. 其他<br>(2) 我是跟谁学会的：________________<br>(3) 我学会的家务小妙招是：________________ |
| 谈谈收获：<br>聆听同学们的精彩分享,你有哪些收获？你打算怎么做？<br>________________<br>________________<br>________________<br>________________<br>________________ |

2. 时间要求

10分钟。

3. 评价设计

作业评价标准见表3.23。

表 3.23　作业评价标准

| 评价维度 | 评　　价　　标　　准 | | |
|---|---|---|---|
| | ☆☆☆ | ☆☆ | ☆ |
| 作业完成 | 能分享两条以上妙招,在规定时间内准确、完整地完成作业 | 能分享两条以上妙招,在规定时间内完成作业 | 能分享一条妙招 |
| 参与意识 | 能积极主动与同学分享,别人分享时能够认真倾听并做好记录 | 能与同学分享,别人分享时能够倾听并记录 | 能参与交流活动 |
| 准确表达 | 能够准确提炼做家务的小妙招,表达流利、有感染力 | 能够大致表述做家务的小妙招,比较清楚地表达观点 | 能尝试表述做家务的小妙招 |

4. 作业分析与设计意图

本题是课后实践作业,掌握与同学沟通的方法和技巧,主动与同学沟通。本活动旨在引导学生在开放的社会实践中主动参与,培养学生搜集和整理运用信息的能力,通过交流,锻炼语言表达和社会交往能力,并在此过程中提高学生完成家务的能力。

## 第五课《这些事我来做》第二课时

### 作业

1. 作业内容

**"主动去承担,智慧做家务"习惯养成**

千里之行,始于足下。主动承担家务,学会智慧做家务只是第一步,能长期坚持做家务才是最棒的!每天坚持做家务,在打卡记录表(表 3.24)中做标记,主动完成画"√",家人提醒完成画"☆",未完成画"×"。

表 3.24　打卡记录表

我选定的家务 1. ________________

我选定的家务 2. ________________

我选定的家务 3. ________________

我的打卡记录单(用√、☆、×标记)

| 第 1 天 | 第 2 天 | 第 3 天 | 第 4 天 | 第 5 天 | 第 6 天 | 第 7 天 | …… |
|---|---|---|---|---|---|---|---|
| | | | | | | | |
| | | | | | | | |

2. 时间要求

长期。

3. 评价设计

作业评价标准见表3.25。

**表3.25 作业评价标准**

| 评价维度 | 评价标准 | | |
|---|---|---|---|
| | ☆☆☆ | ☆☆ | ☆ |
| 作业完成 | 能积极主动完成两条以上家务并坚持记录 | 能积极主动完成一条以上家务并记录10天以上 | 能偶尔完成家务并记录5天以上 |
| 实践能力 | 选定两条以上适合自己完成的家务 | 选定一条以上适合自己完成的家务 | 能选定家务 |

4. 作业分析与设计意图

本题是课后家庭实践作业，通过学习，学生已懂得如何学做一个懂事的孩子。为父母分担，做家务是一个很好的途径。大部分学生都懂得劳动的意义和重要性，并掌握了一些劳动小妙招，通过"主动去承担，智慧做家务"习惯养成，让学生在参与家务劳动时有自豪感、责任感，养成坚持劳动的习惯。

## 第六课《我的家庭贡献与责任》第一课时

### 作业

1. 作业内容

**我来判一判**

光明小学四(1)班在学完《我的家庭贡献与责任》后展开了讨论，你来帮他们判断一下以下几种观点是否正确。(在你认为正确的说法后画"√"，错误的说法后画"×"。)

(1) 幸福美满的家庭需要人人为家庭作出贡献。 (　　)

(2) 做家务只是大人的事情，我们没有责任。 (　　)

(3) 只有做家务才是为家庭做贡献。 (　　)

(4) 承担家庭责任不能一时兴起，要负责到底。 (　　)

2. 时间要求

5分钟。

3. 评价设计

作业评价标准见表3.26。

表 3.26 作业评价标准

| | 评 价 标 准 | 评价结果 |
|---|---|---|
| 评价 | 全部正确 | ☆☆☆ |
| | 回答正确 2~3 个答案 | ☆☆ |
| | 回答正确 1 个答案 | ☆ |

4. 作业分析与设计意图

本次作业是课中对学生家务态度的了解,是对本节课学习情况的反馈。旨在引导学生正确对待家务,能够坚持做家务,从而减轻父母的家庭负担。

## 第六课《我的家庭贡献与责任》第二课时

### 作业

1. 作业内容

**我是小当家**

回顾之前的家庭任务清单,重新制订“责任单”(可选择的责任项目有:做家务、陪长辈聊天、组织家庭团建活动等)。将制作完成的责任单张贴在家里合适的地方,督促自己按时完成。记录“家庭责任周记”(表 3.27),一周一次,可以用文字、图画等形式记录。

表 3.27 家庭责任周记

| | |
|---|---|
| 原责任单 | (1)________<br>(2)________<br>(3)________ |
| 新责任单 | (1)________<br>(2)________<br>(3)________ |
| 责任完成情况 | |

2. 时间要求

责任单填写 8 分钟,完成情况填写 2 分钟。

3. 评价设计

作业评价标准见表 3.28。

表 3.28　作业评价标准

| 评价维度 | 评　价　标　准 | | |
| --- | --- | --- | --- |
| | ☆☆☆ | ☆☆ | ☆ |
| 作业完成 | 根据要求,独立、准确制订新的任务单,能坚持记录三周以上 | 能根据要求,在家长指导下制订新的任务单,能坚持记录两周以上 | 由家长代为制订并能坚持记录一周 |
| 处理信息 | 在规定时间内独立完成表格填写,能整理、归纳责任单信息 | 独立完成表格填写,整理责任单主要信息 | 在家长帮助下完成表格填写,整理责任单相关信息 |

4. 作业分析与设计意图

本题是课后实践作业,引导学生回望过去家庭生活,反思过往经验,进一步明确家庭责任,坚持做家务并认真记录,旨在培养学生履行适合自己的家庭责任,在平时生活中养成坚持做家务的良好习惯。

## 六、单元质量检测作业

### (一) 单元质量检测内容

学习了本单元知识,同学们一定有很多收获吧! 让我们一起来闯关吧。

第一关:选一选(请将你认为正确的选项编号填在括号内)

(1) 光明小学四(1)班新新同学在生日会结束后,邀请你在他家多玩一会儿时,你应该(　　)。

A. 盛情难却,再玩一会儿

B. 不知道该怎么办

C. 不行,回家晚了,家人会担心的

(2) 鹿鹿是本月四(1)班的“劳动之星”,你也想向他学习,你应该(　　)。

A. 每天写完作业,帮妈妈做家务

B. 周末,让妈妈帮我洗校服

C. 每天早上爸爸给我叠被

(3) 周末,乐乐做作业时,不小心把墨水洒到地板上,他拿起拖把正准备拖地,妈妈立刻跑来阻止,如果你是乐乐,你应该(　　)。

A. 妈妈不让做,很生气

B. 继续写作业,让妈妈做

C. 用“一屋不扫,何以扫天下”的道理说服大人

(4) 下面哪位同学的说法是正确的?(　　)

A. 小乐说:我放学后先淘米煮饭,等家人下班回来做晚饭就轻松多了

B. 小雅说:我家有钟点工,我不用做家务

C. 小鹿说:我每天回家都要看书、写作业

(5) 元旦小长假,光明小学四(1)班雅雅爸爸的朋友来家里做客,正好雅雅的父母外出买菜了,她应该怎样做?(　　)

A. 继续写作业

B. 先给客人倒杯茶,让客人等一等

C. 不予理睬

第二关:判一判(对的画"√",错的画"×")

(1) 光明小学四(1)班文文同学经常忘带课本和作业,每次都要麻烦爷爷把物品送到学校门卫处。(　　)

(2) 仔细看、动嘴问、爱思考、多动手可以帮助我们学会做家务。(　　)

(3) 爸爸像往常一样骑车送我去上学,我觉得他很轻松,一点儿也不辛苦。(　　)

(4) 新新每天回家都要看书、写作业,放学回到家总是说:"爸爸,快把桌子擦擦,我要写作业了。"(　　)

(5) 爷爷说,现在你还小,以后长大了再慢慢学做家务活。(　　)

(6) 作为孩子,我们对家庭也要有自己的贡献。(　　)

第三关:说一说

(1) 光明小学四年级共 178 人,通过问卷星调查得知父母是双职工的占 45%,父母一方长期在外地工作的占 13%,家长有两个及以上孩子的占 62%,父母工作繁忙,需要照顾老人和孩子,生活压力较大,很辛苦。我们都爱父母,也想为他们分担。很多事情我们帮不上忙,但起码能做到管好自己,你觉得怎样做才能少给父母添麻烦?

在学校里:________________________________________

在家里:________________________________________

玩耍时:________________________________________

(2) 四(1)班的学生在光明小学第三届"劳动技能大比拼"活动中表现出色,请把自己的劳动体会记录下来和大家一起分享吧!

我会做的家务活:

________________________________________

________________________________________

做家务的收获:

________________________________________

________________________________________

第四关:辩一辩

新新是光明小学四年级的学生,每天放学回家,都会把鞋子摆放整齐。饭前洗手,饭后帮妈妈洗碗、扫地。同班同学鹿鹿说:"我们现在的任务就是学习,把学习搞好了就是对父母最大的孝顺,我妈妈觉得做家务会耽误学习时间,没有必要做家务。"你认为谁说得对?为什么?

第五关：做一做

作为一名光明小学四年级的学生，如果我们做得更好，承担起一定的家庭责任，父母就可以少为我们操心。你对家庭的贡献有哪些？请你画一画或者用照片的形式记录下来。

### (二) 单元质量检测作业属性表

单元质量检测作业属性表见表3.29。

**表3.29 单元质量检测作业属性表**

| 序号 | 类型 | 对应单元作业目标 | 对应学习水平 | | | 难度 | 来源 | 完成时间（分钟） |
|---|---|---|---|---|---|---|---|---|
| | | | 了解 | 理解 | 应用 | | | |
| 1 | 选择题 | (1) | √ | | | 一般 | 创编 | 2 |
| 2 | 判断题 | (1) | | √ | | 一般 | 创编 | 3 |
| 3 | 简答题 | (1)、(2) | √ | √ | | 一般 | 创编 | 6 |
| 4 | 辨析题 | (1)、(2) | | √ | √ | 中等 | 创编 | 6 |
| 5 | 拓展性实践 | (1)、(2)、(3) | | √ | √ | 中等 | 创编 | 8 |

# 第三节 “信息万花筒”单元作业设计

## 一、单元信息

单元信息见表3.30。

表 3.30 单元信息

<table>
<tr><td rowspan="2">基本信息</td><td>学 科</td><td>年 级</td><td>学 期</td><td>教材版本</td><td>单 元 名 称</td></tr>
<tr><td>道德与法治</td><td>四年级</td><td>上学期</td><td>人教版</td><td>第三单元“信息万花筒”</td></tr>
<tr><td>单元组织形式</td><td colspan="5">☑自然单元 □重组单元</td></tr>
<tr><td rowspan="7">课时信息</td><td>序号</td><td colspan="3">课 时 名 称</td><td>对应教材内容</td></tr>
<tr><td>1</td><td colspan="3">第七课《健康看电视》第一课时</td><td>P50—54<br>神奇的“宝盒”<br>眼睛的“抗议书”</td></tr>
<tr><td>2</td><td colspan="3">第七课《健康看电视》第二课时</td><td>P55—57<br>别让它抢走太多</td></tr>
<tr><td>3</td><td colspan="3">第八课《网络新世界》第一课时</td><td>P58—61<br>新世界 很精彩<br>新世界 有规则</td></tr>
<tr><td>4</td><td colspan="3">第八课《网络新世界》第二课时</td><td>P62、63<br>网络游戏的是与非</td></tr>
<tr><td>5</td><td colspan="3">第九课《正确认识广告》第一课时</td><td>P64—66<br>无处不在的广告</td></tr>
<tr><td>6</td><td colspan="3">第九课《正确认识广告》第二课时</td><td>P67—71<br>广告都可信吗<br>学会识别广告</td></tr>
</table>

## 二、单元分析

### (一) 课标要求

本单元的编写依据是《课程标准》中课程内容主题一“我的健康成长”第7条“了解迷恋网络和电子游戏等不良嗜好的危害,抵制不健康的生活方式”,主题五“我们的国家”第8条“知道现代通信的种类和方式,体会现代传媒,尤其是网络与人们生活的关系。在有效获取信息的同时,增强对信息的辨别能力,遵守通信的基本礼貌和网络道德、法律规范,做到文明上网”。

### (二) 教材分析

本册教材各单元主旨梳理见表3.31,本单元逻辑结构图如图3.6所示。

表 3.31　本册教材各单元主旨梳理

| 单元主题(问题域) | 探 索 的 问 题 | | | 价值引导的方向 |
|---|---|---|---|---|
| 第一单元<br>“与班级共成长” | 班级与自我成长 | 班规的制订与执行 | 群体之间应当如何相处 | 集体意识、规则意识、公民意识 |
| 第二单元<br>“为当父母分担” | 关心与体谅父母 | 主动承担家务活 | 为家庭尽责任 | 家庭责任感 |
| 第三单元<br>“信息万花筒” | 辩证地、健康地看电视 | 网络世界的规则 | 正确认识广告 | 提升新媒介素养及信息素养 |
| 第四单元<br>“让生活多一些绿色” | 了解环境污染 | 怎样将垃圾变废为宝 | 怎样做到低碳生活 | 环保意识、责任和行动 |

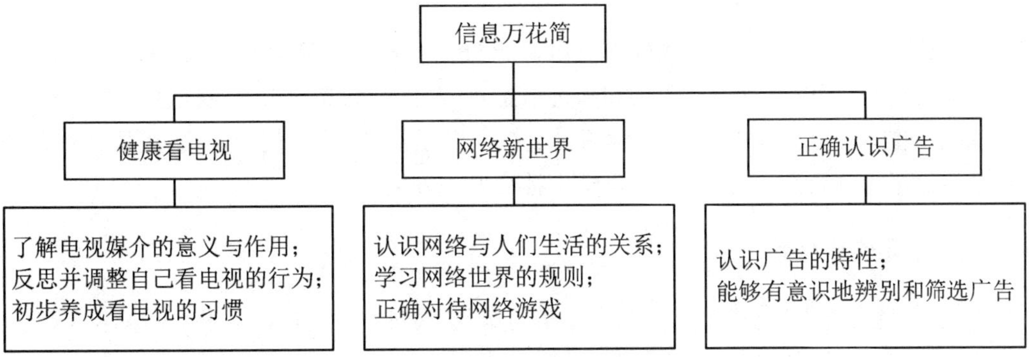


图 3.6　本单元逻辑结构图

第三单元“信息万花筒”紧扣时代主题，旨在引导学生能够有意识地辨别和筛选信息，健康看电视，合理使用网络，正确认识广告，高效、规范、文明地使用媒体，从而提升他们的媒介素养及信息素养，初步学会运用媒介资源完善自我，促进学生社会性的发展。

小学《道德与法治》教材中有关新媒体的教育内容只安排在中年级。本单元承接三年级下册第十三课《万里一线牵》的内容，第十三课主要介绍了现代通信和通信的历史，通信中的文明和有关法律法规要求，如《中华人民共和国宪法》第四十条、《中华人民共和国刑法》第二百五十三条，本单元内容与《万里一线牵》呈螺旋上升的关系。本单元是对前面内容的补充，侧重培养虚拟空间交往素养。

本单元共设计了三课内容，呈并列关系。从正确处理“看电视和其他生活的关系”，到提升“网络媒介素养”，再到增强对“广告信息”的辨别能力，引导学生能够在生活中初步学会有意识地辨别和筛选来自不同媒介的信息。第七课《健康看电视》重在引导学生辩证地看待电视，了解电视给我们的生活带来的变化，反思并调整自己看电视的行为。第八课《网络新世界》旨在引导学生体验网络在现代生活中的重要性，学习网络世界的规则，并正确对待网络游戏，养成健康的网络生活习惯。第九课《正确认识广告》旨在引导学生学会理性地对待社会中的商业广告，并学会辨别商业广告的常用方法，增强对广告信息的辨别能力。

### （三）学情分析

四年级学生对现代通信的发展历程有了一定的了解，对于现代媒介的使用方法以及特点和作用也有了初步认识，但由于社会认知和经验有限，辨别与自控力相对较弱，还没有足够的能力来正确认识、判断、筛选现代媒介带来的信息中的虚假或不良内容，他们对于不当使用现代媒介带来的不良后果，甚至需要承担的法律责任不甚了解。因此在教学中要引导学生从熟悉的生活话题和情境中展开学习讨论，引导他们规范、适度、高效、文明地使用媒体，提升良好的媒介素养。

## 三、单元学习与作业目标

### （一）单元学习目标

（1）通过对信息的调查与了解，进行讨论、辨析和探究，正确认识电视、网络、广告等现代媒介的利与弊，能够有意识地辨别和筛选信息，提升良好的媒介素养及信息素养。

（2）通过反思与实践探究，能够健康看电视等电子产品，合理使用网络，正确认识广告，初步学会运用媒介资源完善自我，促进学生社会性的发展。

### （二）单元作业目标

围绕“信息万花筒”这一单元主题设计系列作业，通过阅读、交流、辨析、情境体验等作业方式，达到以下作业目标：

（1）引导学生能够有意识地辨别和筛选信息，健康看电视。

（2）合理使用网络，正确认识广告。

（3）高效、规范、文明地使用媒体，从而提升媒介素养。

## 四、单元作业设计思路

（1）明确课标要求，解读教材内容，了解学情。

（2）制订单元学习目标和作业目标。

（3）作业设计基本流程如图 3.7 所示。

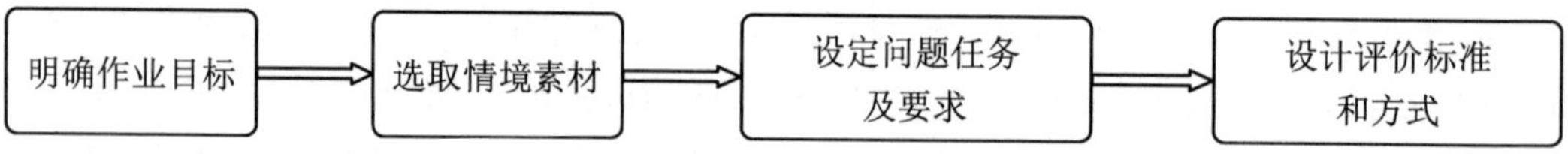


**图 3.7　作业设计基本流程**

## 五、课时作业

# 第七课《健康看电视》第一课时

## 作业 1

1. 作业内容

### 小小调查员

优秀的电视节目会帮助我们学到很多知识。你最喜爱的电视节目是什么？请你说一说，并制作一张电视节目推荐卡吧。

电视节目推荐卡

推荐人：

节目名称：

播出频道：

播出时间：

推荐理由：

2. 时间要求

10 分钟。

3. 评价设计

作业评价标准见表 3.32。

表 3.32 作业评价标准

| 评价维度 | 评价标准 | | |
|---|---|---|---|
| | ☆☆☆ | ☆☆ | ☆ |
| 规范填写 | 填写规范、正确、齐全，理由充分、合理 | 填写齐全，理由具体 | 栏目基本具备，理由简单 |
| 节目品质 | 内容丰富、健康、有意义，制作精良，可以开阔视野，增长见识 | 内容健康，有一定的意义，制作一般，对自己有一定帮助 | 内容基本合适，意义不大，对自己没有帮助 |

4. 作业分析与设计意图

本题是课前调查作业。学生通过制作一张电视节目推荐卡,回忆自己喜爱的电视节目,认识到电视媒体对自己成长的积极作用,有效达成学习目标。此项作业旨在让学生结合作业评价标准,推荐优秀电视节目,增强正确选择、筛选电视节目的能力,提升对优秀电视节目价值的认同。

**作业 2**

1. 作业内容

**实践小达人——保护视力小建议**

读了《眼睛的“抗议书”》,我们知道不健康看电视会给眼睛带来伤害。

请你了解同学们因为使用电子产品不当引起视力下降的情况,从正确使用电子产品的角度,给小伙伴们提出保护视力的建议。(温馨提示:可以运用语文课上学到的口语交际方法,提醒大家爱护眼睛,保护视力。)

**爱护眼睛　保护视力**

1. ______________________________
2. ______________________________
3. ______________________________
4. ______________________________
5. ______________________________

2. 时间要求

15 分钟(本次作业时间稍长,不再安排下课时课前学习任务)。

3. 评价设计

作业评价标准见表 3.33。

**表 3.33　作业评价标准**

| 评价维度 | 评价标准 | | |
|---|---|---|---|
| | ☆☆☆ | ☆☆ | ☆ |
| 作业规范 | 按时完成作业,书写认真,内容具体 | 基本按时完成作业,内容较具体 | 完成作业,内容较简单 |
| 调查真实 | 紧密结合班级同学实际情况,准确说出使用电子产品不当对眼睛的伤害 | 基本结合班级同学实际情况,说出使用电子产品不当对眼睛的伤害 | 未结合班级同学实际情况,但知道使用电子产品不当对眼睛的伤害 |
| 建议个例 | 能提出三条及以上建议,建议合理,可操作性强,有创新 | 能提出三条建议,建议较合理,有一定的可操作性 | 能提出一两条建议 |

4. 作业分析与设计意图

本题源于生活，回归生活，并结合四年级语文第三单元口语交际内容，在真实的生活情境中推动道德与法治跨学科融合，初步培养学生参与社会生活、解决问题的能力。通过让学生调查了解同伴因为使用电子产品不当引起视力下降的情况，对照自己平时使用电子产品的不良习惯进行反省，从正确使用电子产品的角度，提出“爱护眼睛　保护视力”的合理建议，做到科学用眼。

## 第七课《健康看电视》第二课时

**作业 1**

1. 作业内容

**探究小博士**

每天早餐后，明明都会花 10 分钟的时间看《早间新闻》，然后去上学。放学一回到家，他就打开电视，边吃晚饭边看电视。晚饭后，爸爸妈妈想带明明出去散步，他不愿出去，而是把自己关在房间里用平板电脑看动画片，一看就是两个多小时，还用手机和同学在 QQ 群聊天。明明每天都要晚上十点过后才睡觉。

请仔细观察明明一天的生活，找出他做得好的地方以及需要改进的地方，与同桌交流，简单说说你的理由。

做得好的地方：

需要改进的地方：

2. 时间要求

5 分钟。

3. 评价设计

同桌合作互评表见表 3.34。

**表 3.34　同桌合作互评表**

你同桌的姓名：__________

1. 一直处于合作状态，请在对应的位置画 ☺

2. 大多数时间内处于合作状态，请在对应的位置画 😐

3. 基本不在合作状态，请在对应的位置画 ☹

| 合作状态 | 自　评 | 互　评 |
|---|---|---|
| 参与讨论 | | |
| 关注焦点 | | |
| 乐于分享 | | |
| 认真倾听 | | |
| 作出表决 | | |
| 互相鼓励 | | |

4. 作业分析与设计意图

本题是课中探究作业，情境真实，高度贴近学生日常生活，能够激发学生思考兴趣和参与的积极性，适合同桌讨论探究。旨在引导学生集伙伴的智慧，思考如何面对诱惑，明确看电视的利与弊，反思、调整看电视的方式，从课堂、教材延伸至生活运用，从而提高健康看电视的自控意识。

**作业 2**

1. 作业内容

**体验小能人**

下面的活动是班级同学“电视节目推荐卡”中推荐的最受欢迎的五档节目内容。请以小组为单位，选择其中一项活动进行“现场版体验活动设计”并进行现场体验。

☆ 现场版体验活动项目：

① 微型诗词会——和同学一起组织策划，在班级开展一次诗词大会。

② 快乐游戏站——设计一款健康、向上的游戏，组织同学一起玩。

③ 摄影分享会——发现并拍摄记录有趣的瞬间，制成相片集，同学之间分享。

④ 驴友俱乐部——为旅游做攻略。

⑤ 大家来配音——为喜欢的动画片配音。

2. 时间要求

时间不限。

3. 评价设计

完成情况自评表见表 3.35。

**表 3.35　完成情况自评表**

| 现场版体验活动项目 | 出色完成 | 基本完成 | 未完成 |
|---|---|---|---|
| |  |  |  |

4. 作业分析与设计意图

本题是课后实践作业。把电视中有趣的栏目搬到现实生活中，让学生从简单地接收信息变成亲身体验，感受获取信息的多元性，感受现实生活的精彩。旨在让生活走进课堂，将课堂教育意义延伸至儿童生活里，学生在亲身体验中感受快乐，反思并合理调整看电视的习惯。

## 第八课《网络新世界》第一课时

### 作业 1

1. 作业内容

**实践小达人**

请同学们登录中国少年先锋队官网(http://zgsxd.k618.cn/)，浏览、学习少先队知识，学习后填写表 3.36。(温馨提示：完成作业后，记得做眼保健操或看一会儿绿植，让眼睛休息一会儿。)

**表 3.36　“网上学习”实践活动表**

| | |
|---|---|
| 上网收获 | (1) 在中国少年先锋队网站上，我学到的新知识有： |
| | (2) 与在教室听课学习相比，网上学习的优势有： |

2. 时间要求

网上学习 10 分钟，纸笔作业 5 分钟。

3. 评价设计

作业评价标准见表 3.37。

表 3.37 作业评价标准

| 评价维度 | 评价标准 | | |
|---|---|---|---|
| | ☆☆☆ | ☆☆ | ☆ |
| 作业完成 | 操作规范,登录指定网站学习,在规定时间内完成作业 | 操作较规范,登录指定网站学习,在规定时间内基本完成作业 | 登录指定网站学习,完成作业 |
| 处理信息 | 能准确地概括、总结所收集的信息 | 能概括、总结所收集的信息 | 能收集、记录信息 |
| 准确表述 | 准确说出两条及以上网上学习的优点 | 说出两条及以上网上学习的优点 | 说出一条网上学习的优点 |

4. 作业分析与设计意图

本题是课前实践作业。通过网络学习,提高学生在网络中辨识、筛选、处理信息的能力。旨在引导学生体验互联网与人们学习的密切关系,亲身感受网上学习知识的便捷,激发利用网络学习的兴趣,渗透健康上网、保护视力的意识。

**作业 2**

1. 作业内容

**我是“淘达人”**

遵守网络规则,为家人模拟网购一件礼物,价格 20 元以下,购物时间在 20 分钟内,购物后填写表 3.38。(温馨提示:完成作业后,记得做眼保健操或看一会儿绿植,让眼睛休息一会儿。)

表 3.38 “网上购物”实践活动表

| | |
|---|---|
| 上网收获 | (1) 我想购买的礼物是________,打算把礼物送给________(哪位家人)。 |
| | (2) 相同的礼物在不同的网店价格不等,在我选中的网店里,我的这份礼物价格是________元,我选择这家网店是因为________。 |
| | (3) 与在商场、超市等购物相比,网上购物的优势有:________________ |

2. 时间要求

15 分钟。

3. 评价设计

作业评价标准见表 3.39。

**表 3.39 作业评价标准**

| 评价维度 | 评价标准 | | |
|---|---|---|---|
| | ☆☆☆ | ☆☆ | ☆ |
| 购物体验 | 遵守网络规则，在较短时间内模拟购物成功，性价比高，家人非常满意 | 遵守网络规则，在规定时间内模拟购物成功，性价比较高，家人满意 | 遵守网络规则，完成模拟网购，家人基本满意 |
| 准确表述 | 准确写出三条及以上网购优势 | 准确写出三条以下网购优势 | 写出一两条网购优势 |

4. 作业分析与设计意图

本题是课后实践作业，情境真实，体验感强，能激发学生的参与热情，从而自觉遵守网络规则，促进家庭关系和谐。旨在引导学生继续感受互联网与人们日常生活的密切关系，亲身体验网上购物的便捷，渗透文明上网、合理消费的意识，表达对家人的关爱。

# 第八课《网络新世界》第二课时

## 作业 1

1. 作业内容

**创智小天地**

2021 年 9 月 1 日，《关于进一步严格管理 切实防止未成年人沉迷网络游戏的通知》正式施行，请你上网查找相关内容，写出“防沉迷”办法。你还有其他小妙招吗？请和同伴相互交流。

**“防沉迷”我知道**

(1) ______________________________

(2) ______________________________

(3) ______________________________

(4) ______________________________

我还有小妙招：______________________________

2. 时间要求

15 分钟。

3. 评价设计

作业评价标准见表 3.40。

表 3.40 作业评价标准

| 评价维度 | 评价标准 | | |
|---|---|---|---|
| | ☆☆☆ | ☆☆ | ☆ |
| 处理信息 | 能在规定时间内准确概括出三条及以上预防网络沉迷的方法 | 能准确概括出三条及以上预防网络沉迷的方法 | 能概括出一两条预防网络沉迷的方法 |
| 创新实践 | 说出两条及以上切实可行的“防沉迷”的小妙招 | 说出一条切实可行的“防沉迷”的小妙招 | 说出“防沉迷”的小妙招 |

4. 作业分析与设计意图

本题是课后拓展性作业,所选《关于进一步严格管理　切实防止未成年人沉迷网络游戏的通知》由国家新闻出版署于 2021 年 8 月 30 日印发,自 2021 年 9 月 1 日起施行,是对教学内容的有效补充,体现教学资源的开发与利用要与时俱进。本题旨在培养学生处理信息的能力,引导学生学习国家相关法律政策,联系自身实际,自主设计有效的预防沉迷网络的小妙招。

## 第九课《正确认识广告》第一课时

### 作业 1

1. 作业内容

**调查小能手——“火眼金睛找广告”**

请同学们按指定的调查地点(学校、家庭、小区、商场)分成四个小组,找一找身边的广告,填写表 3.41。

表 3.41 “火眼金睛找广告”调查表

| 调查地点:______ | 小组:______ | 记录人:______ |
|---|---|---|
| 商品名称 | 广告语 | 媒介 |
| | | |
| | | |
| | | |
| | | |
| 广告的功能: | | |
| 我们的感受: | | |

2. 时间要求

时间不定。

3. 评价设计

作业评价标准见表3.42。

表3.42 作业评价标准

| 评价维度 | 评价标准 | | |
|---|---|---|---|
| | ☆☆☆ | ☆☆ | ☆ |
| 小组合作 | 任务分配合理,组员服从安排,积极参与,任务按时完成,很有收获 | 任务分配较合理,组员服从安排,参与活动,任务完成,有所收获 | 有任务分配,组员能参与活动,任务基本完成 |
| 调查分析 | 搜集三种及以上不同媒介的广告,能准确概括广告的功能 | 搜集两种不同媒介的广告,能概括广告的功能 | 搜集一种广告 |

4. 作业分析与设计意图

本题是通过小组合作完成的课前调查作业。旨在引导学生关注生活,通过学生喜爱的"火眼金睛找广告"活动,了解生活中除了一些常见的显性广告,还存在着许多隐性广告,进一步感受现代社会广告的多元形式,认识到广告无处不在,能结合身边的实例理解、归纳广告的功能。

**作业2**

1. 作业内容

**实践小达人——我是广告设计师**

我们的家乡是一个物产丰富的地方,请你们选择其中一种特产,设计一则广告,让大家都能认识它,并评选出最具创意的广告。(温馨提示:形式不限,可以写广告词,编一首歌,演情景剧,画宣传画等。)

2. 时间要求

个人设计5分钟,组内交流修改5分钟,班级交流5分钟。

3. 评价设计

作业评价标准见表3.43。

表3.43 作业评价标准

| 评价维度 | 评价标准 | | |
|---|---|---|---|
| | ☆☆☆ | ☆☆ | ☆ |
| 广告设计 | 广告有创意,易于传播,突出产品特点,形式新颖,不低俗,不虚假宣传 | 广告基本突出产品特点,形式符合需要,不低俗,不虚假宣传 | 广告基本能体现产品特点,不虚假宣传 |

续表

| 评价维度 | 评价标准 | | |
|---|---|---|---|
| | ☆☆☆ | ☆☆ | ☆ |
| 活动感悟 | 参与广告设计兴趣浓厚,能感受广告的积极作用 | 有参与广告设计的兴趣,能感受广告的作用 | 参与广告设计,能基本感受广告的作用 |
| 我获得________颗星。自评: 同桌评: 师评: | | | |

4. 作业分析与设计意图

本题是课中实践创新作业,开放性强,呈现方式新颖,激发学生参与的积极性和创造力。通过运用自己喜欢的形式来自主设计家乡物产的广告,旨在唤醒学生学习内驱力,与学生的兴趣爱好(绘画、表演等)深度结合,在创作中享受成功的欢乐,并在设计广告的过程中巩固对商业广告功能的认识,明晰广告对消费者的价值,同时进一步增强学生对家乡的认同,有效落实课程核心素养。

## 第九课《正确认识广告》第二课时

**作业 1**

1. 作业内容

**辨析小能手——我是广告评价员**

看了身边的一个商品广告后,我的决定是__________(买/不买)。请对这则广告进行评价,并和家长交流。

| |
|---|
| |

2. 时间要求

10 分钟。

3. 评价设计

作业评价标准见表 3.44。

表 3.44 作业评价标准

| 评价内容 | 评价标准 | 自评 | 家长评 |
|---|---|---|---|
| 会对广告信息进行判断 | ☆ | | |
| 能分析广告对于自己价值观、道德观的影响 | ☆☆ | | |
| 理性消费，不被广告牵着走 | ☆☆☆ | | |

4. 作业分析与设计意图

本题是课后实践作业，家长一起参与，锻炼学生的思维，在实践中进一步树立学生理性消费的观念。旨在引导学生自主分析思考，培养他们对广告信息的基本判断能力，提升他们解决现实生活问题的能力。

## 六、单元质量检测作业

### (一) 单元质量检测内容

学习了本单元知识，同学们一定有很多收获吧！让我们一起来闯关吧。

第一关：火眼金睛

遇到下面这些情况，你会怎么做呢？

(1) 如果让你与家人一起制订一份“看电视的约定”，以下内容你可以选择的是(　　)。

A. 看电视时，眼睛与电视机的距离凭个人喜好

B. 寒暑假，我们可以不受时间约束，尽情看电视

C. 看电视或其他电子产品 30 分钟后，一定要让眼睛稍作休息

D. 为节电，也为舒适，可以关着灯，躺在床上看电视

2. 在网络新世界里，下列做法中正确的是(　　)。

A. 没有经过父母的允许，就轻易告诉他人自己的个人信息

B. 把网络当作一种精神寄托和唯一的兴趣爱好

C. 在网上与人交流或发表言论不可以无拘无束，要合规合法，自觉遵守网络秩序

D. 随意通过社交软件等渠道把自己的照片发给陌生人

(3) 广告无处不在，“彩色蘑菇”的诱惑力更大，我们抵御它的正确做法是(　　)。

A. 完全相信广告中的宣传，不相信身边使用者的真实评价

B. 同类商品要做细致比较，选性价比最高的购买

C. 只要喜欢就要购买，不要考虑价格和实际需要

D. 同学有的，我也应该有，缠着父母，直到买到为止

第二关：小小信息王

请与小组内同学合作，一起玩一玩下面的棋谱游戏(图 3.8)。

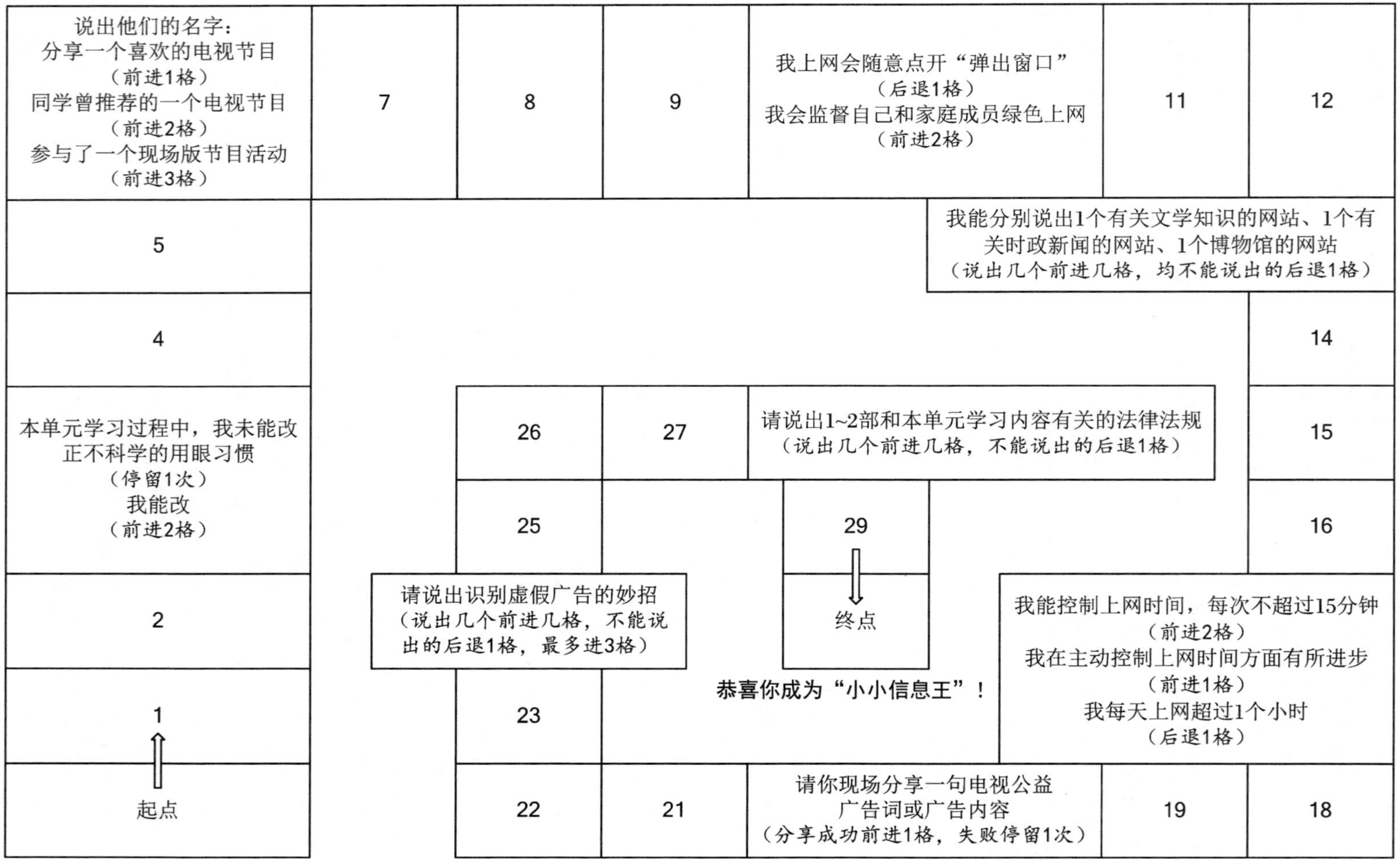
说出他们的名字：
分享一个喜欢的电视节目
（前进1格）
同学曾推荐的一个电视节目
（前进2格）
参与了一个现场版节目活动
（前进3格）
7
8
9
我上网会随意点开“弹出窗口”
（后退1格）
我会监督自己和家庭成员绿色上网
（前进2格）
11
12
5
我能分别说出1个有关文学知识的网站、1个有关时政新闻的网站、1个博物馆的网站
（说出几个前进几格，均不能说出的后退1格）
4
14
本单元学习过程中，我未能改正不科学的用眼习惯
（停留1次）
我能改
（前进2格）
26
27
请说出1~2部和本单元学习内容有关的法律法规
（说出几个前进几格，不能说出的后退1格）
15
25
29
16
2
请说出识别虚假广告的妙招
（说出几个前进几格，不能说出的后退1格，最多进3格）
终点
我能控制上网时间，每次不超过15分钟
（前进2格）
我在主动控制上网时间方面有所进步
（前进1格）
我每天上网超过1个小时
（后退1格）
1
23
恭喜你成为“小小信息王”！
起点
22
21
请你现场分享一句电视公益广告词或广告内容
（分享成功前进1格，失败停留1次）
19
18

图 3.8 棋谱游戏

游戏规则：

(1) 运用本单元所学的知识进行闯关，遵守游戏规则。

(2) 准备好骰子、棋子。掷骰子，根据骰子的点数确定前进步数，走到哪格就把棋子放在哪格。走到带有“任务要求”的“特殊格”时，请按照它的条件做。

(3) 本活动可以双人或多人互战，先到达终点者胜出，最终完成挑战者可以获得“小小信息王”的称号。

### (二) 单元质量检测作业属性表

单元质量检测作业属性表见表 3.45。

**表 3.45　单元质量检测作业属性表**

| 序号 | 类型 | 对应单元作业目标 | 对应学习水平 | | | 难度 | 来源 | 完成时间（分钟） |
|---|---|---|---|---|---|---|---|---|
| | | | 了解 | 理解 | 应用 | | | |
| 1 | 选择题 | (1)、(2) | | √ | √ | 一般 | 创编 | 3 |
| 2 | 拓展性实践 | (1)、(2)、(3) | | √ | √ | 中等 | 创编 | 15 |

# 第四节　“我们的国土　我们的家园”单元作业设计

## 一、单元信息

单元信息见表 3.46。

**表 3.46　单元信息**

<table>
<tr><td rowspan="2">基本信息</td><td>学　科</td><td>年　级</td><td>学　期</td><td>教材版本</td><td>单　元　名　称</td></tr>
<tr><td>道德与法治</td><td>五年级</td><td>上学期</td><td>人教版</td><td>第三单元<br>“我们的国土　我们的家园”</td></tr>
<tr><td>单元组织形式</td><td colspan="5">☑自然单元　　　　□重组单元</td></tr>
<tr><td rowspan="3">课时信息</td><td>序号</td><td colspan="3">课　时　名　称</td><td>对应教材内容</td></tr>
<tr><td>1</td><td colspan="3">第六课《我们神圣的国土》第一课时</td><td>P44—47<br>辽阔的国土</td></tr>
<tr><td>2</td><td colspan="3">第六课《我们神圣的国土》第二课时</td><td>P48—51<br>好山好水好风光</td></tr>
</table>

续表

| | 序号 | 课 时 名 称 | 对应教材内容 |
|---|---|---|---|
| 课时<br>信息 | 3 | 第六课《我们神圣的国土》第三课时 | P52、53<br>一方水土　一方生活 |
| | 4 | 第七课《中华民族一家亲》第一课时 | P54—58<br>中华民族大家庭<br>各民族谁也离不开谁 |
| | 5 | 第七课《中华民族一家亲》第二课时 | P59—61<br>互相尊重　守望相助 |

## 二、单元分析

### (一)课标要求

本单元的编写依据是《义务教育道德与法治课程标准》(2022年版)课程目标中“第三学段(5—6年级)”的学段目标。一是“政治认同”:“初步了解国情,具有维护国家利益和祖国尊严的意识与行动,形成中国人的身份认同感;初步认识重要历史事实”,做到热爱伟大祖国,热爱中华民族,自觉铸牢中华民族共同体意识,有以实现中华民族伟大复兴为己任的使命感,增进中华民族价值认同和文化自信。二是“法治观念”:“了解每个人都有维护国家利益和安全的责任”,初步了解危害国家安全特别是社会安全的行为及防范措施。三是“责任意识”:“树立维护国家统一和民族团结的责任意识”,培养主人翁意识,关心国家,维护祖国统一和国家安全,具备国家利益高于一切的观念,初步形成中华民族的归属感和自豪感。

### (二)教材分析

本册教材各单元主旨梳理见表3.47,本单元逻辑结构图如图3.9所示。

**表3.47　本册教材各单元主旨梳理**

| 单元主题(问题域) | 探 索 的 问 题 | | | 价值引导的方向 |
|---|---|---|---|---|
| 第一单元<br>“面对成长中的新问题” | 课余生活 | 沟通交流 | 拒绝烟酒与毒品 | 学会自主选择,学会主动沟通,学会拒绝 |
| 第二单元<br>“我们是班级的主人” | 班委会的产生 | 班级事务的管理 | 积极参与班级事务 | 民主意识、遵守程序、担当责任 |
| 第三单元<br>“我们的国土<br>我们的家园” | 神圣的国土 | 好山好水好风光 | 各民族互相尊重、守望相助 | 国家领土主权教育、民族教育 |

**续表**

| 单元主题(问题域) | 探　索　的　问　题 | | | 价值引导的方向 |
|---|---|---|---|---|
| 第四单元<br>“骄人祖先　灿烂文化” | 文字 | 科技 | 传统美德 | 体会中华文化源远流长、博大精深,主动传承与弘扬传统文化 |

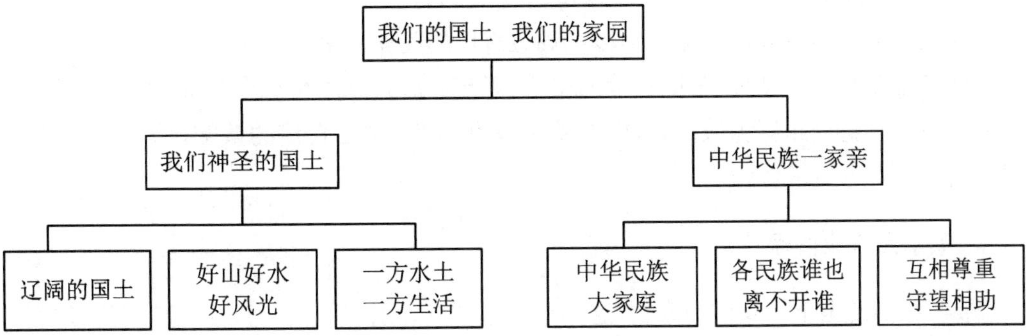


**图 3.9　本单元逻辑结构图**

本单元共两课。第六课《我们神圣的国土》主要引导学生了解我国的地理位置、领土面积、海陆疆域、行政区划等,通过观察社会生活现象,用多种方式感受祖国疆域的辽阔和地形的多样,懂得祖国的领土神圣不可侵犯,认识祖国的壮丽山河,理解地形差异与人们生活的关系。第七课《中华民族一家亲》主要引导学生认识到中华民族是由 56 个民族组成的大家庭,各族人民互相尊重、平等交往、和睦相处,各民族分布上交错杂居、文化上兼收并蓄、经济上相互依存、情感上相互亲近,你中有我,我中有你,合作互助,共同缔造了光辉灿烂的中华文化。

### (三) 学情分析

本单元旨在引导学生从整体上感受祖国疆域的辽阔,认识祖国壮丽的山河,了解灿烂辉煌的民族文化,从而产生初步的民族自豪感和民族责任感。伴随年龄的增长,五年级学生社会生活范围不断扩大,视野不断开阔,积累了一些学习经验,也掌握了一定的学习方法。知识层面,学生在以往学习中,对于我国民俗、民风以及国情有了初步的了解与认识;在日常生活中,通过图书、电视、网络等多种渠道,也知道一些与祖国相关的常识性知识,但是缺乏系统性的认知;方法层面,学生在生活中较少有机会主动去探究祖国疆域和民族文化等相关内容,也缺少自主学习的方法指导;情感态度层面,学生通过时政新闻、课外实践等活动,亲身经历或了解祖国的奥运会、抗疫、建党 100 周年庆典等重大活动相关内容,爱国之情不断提升,但是,他们尚缺乏从历史观、文化符号等角度去感悟民族团结友爱的家国意识,从地理、政治、文化等各方面深入了解祖国,激发作为中国人的民族自信和自豪感。

## 三、单元学习与作业目标

### (一) 单元学习目标

围绕“我们的国土　我们的家园”这一单元主题设计系列作业,通过阅读、交流、规划、辨析、情境体验、资料收集等作业方式,达到以下学习目标:

(1) 巩固和拓展对我国壮丽山河以及灿烂辉煌的民族文化的认知。

(2) 培养信息收集整理、与同伴沟通交流、观察生活与选择判断等方面的学习能力。

(3) 进一步感受祖国疆域的辽阔,提高对文化自信、制度自信的认知,培养民族自豪感和责任感。

### (二) 单元作业目标

围绕“我们的国土　我们的家园”这一单元主题设计系列作业,通过阅读、交流、规划、辨析、情境体验、资料收集等作业方式,达到以下作业目标:

(1) 巩固和拓展对我国壮丽山河以及灿烂辉煌的民族文化的认知。

(2) 培养信息收集整理、与同伴沟通交流、自我管理等方面的学习能力。

(3) 进一步感受祖国疆域的辽阔,培养对于传统文化的自信、民族自豪感和责任感。

## 四、单元作业设计思路

(1) 明确课标要求,解读教材内容,了解学情。

(2) 制订单元学习目标和作业目标。

(3) 作业设计基本流程如图 3.10 所示。

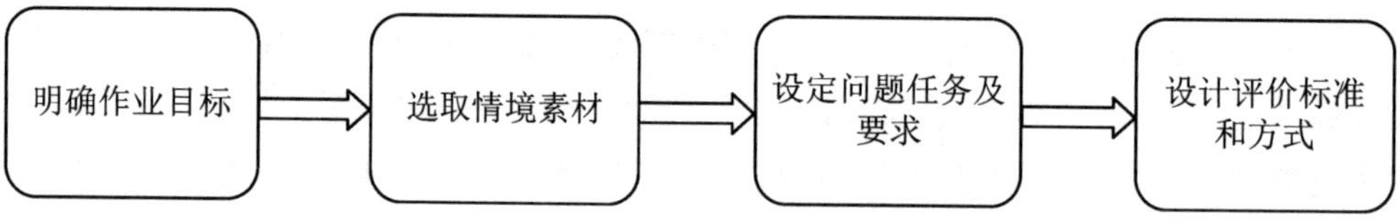


**图 3.10　作业设计基本流程**

## 五、课时作业

# 第六课《我们神圣的国土》第一课时

## 作业1

1. 作业内容

**资料大收集**

请同学们收集祖国国土辽阔的资料，可以是自己的旅游照片，可以是描绘祖国辽阔的文艺作品，还可以是有关祖国疆域的数据等，收集好后整理资料，完成表3.48，用于课上交流。

**表3.48 资料大收集**

| | |
|---|---|
| 纸质资料粘贴处 | 资料介绍： |
| | 通过收集相关资料，我感受到： |

2. 时间要求

收集资料10分钟，纸笔作业5分钟。

3. 评价设计

作业评价标准见表3.49。

**表3.49 作业评价标准**

| 评价维度 | 评价标准 | | |
|---|---|---|---|
| | ☆☆☆ | ☆☆ | ☆ |
| 作业完成 | 完全根据要求，独立、高效地完成资料收集 | 在家长帮助下，能根据要求，完整地完成资料收集 | 在家长帮助下收集部分资料 |
| 处理信息 | 在规定时间内独立完成资料整理，能准确地概括、总结所收集的信息 | 在规定时间内独立完成资料的整理，能初步概括、总结所收集的信息 | 资料整理在家长陪同下完成，能收集、记录信息 |
| 准确表述 | 资料文字表述翔实、生动，感情表达真挚 | 资料文字表述比较完整，表达了浅层的情感 | 资料文字表述粗略，无情感表达 |

4. 作业分析与设计意图

本题是课前实践作业,学生通过回忆旅游的路程、欣赏歌颂祖国辽阔的文艺作品,采集祖国疆域的数据,旨在培养学生资料收集、整理的学习能力,引导学生积累直观素材,感受国土辽阔,有利于课堂上发挥主动性,进行分享、比较,进一步了解祖国的领土辽阔。

**作业 2**

1. 作业内容

**景点小攻略**

和家人一起观看纪录片《中国微名片·世界遗产》,选择一处你最感兴趣的世界遗产,设计一份出行攻略(表 3.50),推荐给你的家人和朋友。

**表 3.50 景点小攻略**

| |
|---|
| 景点名称: |
| 景点特色: |
| 旅游攻略: |

2. 时间要求

可在 1 周之内完成,建议每次观看 1 集纪录片(5 分钟),纸笔作业 12 分钟。

3. 评价设计

作业评价标准见表 3.51。

**表 3.51 作业评价标准**

| 评价维度 | 评价标准 | | |
|---|---|---|---|
| | ☆☆☆ | ☆☆ | ☆ |
| 作业完成 | 根据要求,独立、高效地搜索并选择欣赏纪录片 | 能根据要求,在家长的指导下搜索并选择观看纪录片 | 由家长代为搜索和选择观看纪录片 |
| 处理信息 | 在规定时间内独立完成表格填写,能整理、归纳重要信息 | 独立完成表格填写,整理纪录片主要信息 | 在家长帮助下完成表格填写,整理纪录片相关信息 |
| 准确表述 | 能主动和家人探讨内容,树立文明旅游和保护生态的意识 | 能和家人交流内容,树立文明旅游的意识 | 在家长的帮助下能分享景点内容和简单的旅游想法 |

4. 作业分析与设计意图

本题是课后实践作业，纪录片《中国微名片·世界遗产》共15集，每集5分钟，精选我国15处世界遗产，讲述世界遗产故事，展现人与自然的融合。通过课后欣赏纪录片，直观感受世界遗产的魅力，拓展对我国壮丽山河以及灿烂辉煌的民族文化的认知；通过"景点小攻略"实践活动，引导学生整理和概括自己最感兴趣的世界遗产信息，结合旅游经历，整理旅游公约，体会世界遗产是人类共同的财富，树立文明旅游、保护环境的意识，进一步建立尊重自然的观念。同时，本题在设计过程中也考虑到了学生对于电子产品使用的合理时间，引导学生养成科学使用电子产品的好习惯。

## 第六课《我们神圣的国土》第二课时

**作业1**

1. 作业内容

**山川小导游**

游览自己家乡的山河美景，收集相关的文图或音视频资料，也可以根据自己去过的祖国名山大川的照片收集相关景点的资料，收集好后填写表3.52，整理资料，当"小导游"在课堂上向同学们介绍。

**表3.52　我当小导游**

| | |
|---|---|
| 纸质资料粘贴处 | 景　点　推　介<br>景点名称：<br><br>地理位置：<br><br>景点特色：<br><br>推荐理由： |

2. 时间要求

游览无时间要求，收集资料10分钟，纸笔作业5分钟。

3. 评价设计

作业评价标准见表3.53。

**表 3.53　作业评价标准**

| 评价维度 | 评价标准 | | |
|---|---|---|---|
| | ☆☆☆ | ☆☆ | ☆ |
| 作业完成 | 完全根据要求,独立、高效地完成游览资料收集 | 能根据要求,在家长指导下完成游览资料收集 | 由家长代为完成资料收集任务 |
| 处理信息 | 在规定时间内独立完成资料整理,能准确地概括、总结所收集的信息 | 在规定时间内独立完成主要资料整理,能初步概括、总结所收集的信息 | 资料整理在家长陪同下完成,能收集、记录信息 |
| 准确表述 | 能当好"小导游",热情地和家人、同学分享祖国的美景,能结合自己的感受表达对祖国山川真挚的热爱之情 | 能完成"小导游"任务,和家人、同学分享祖国美景,初步表达对祖国山川的热爱之情 | 能参与"小导游"任务,介绍一处祖国的美景,但情感表达不够明显 |

4. 作业分析与设计意图

本题是课前实践作业,通过游览自己家乡的山川和河流,收集祖国名山大川资料,旨在引导学生在生活中观察家乡、祖国的美景,培养资料收集整理、语言表达能力,引导学生通过实践,了解我国多样的地形,感受我国山川的壮美。

**作业 2**

1. 作业内容

(1) 小小观察员(基础题)(必做题)

和家人继续观看纪录片《中国微名片・世界遗产》,选择对应的世界遗产配对图,连一连。

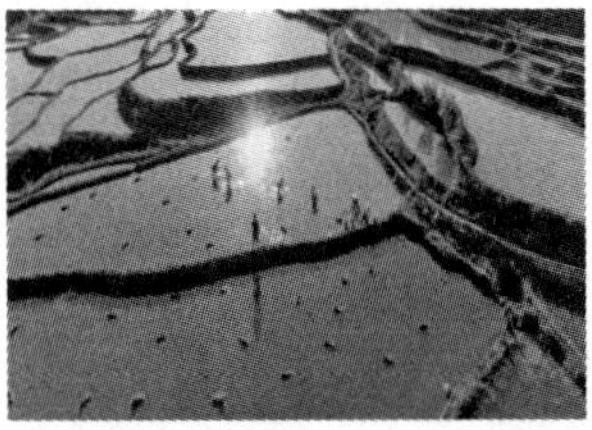

苏州古典园林　　　　红河哈尼梯田文化景观　　　　云冈石窟

(2) 小小调查员(提高题)(必做题)

选择以上一处世界遗产,查找相关资料,从地理位置、地势环境、文化特色、生活方式等方面探究其形成原因。

(3) 小小设计师 (拓展题)(选做题)

选择一处世界遗产,为它设计专属创意名片(表3.54)。名片样式不限,但需要包含以下关键内容。

**表 3.54 “世界遗产”名片**

| |
|---|
| 世界遗产名称: |
| 地理位置: |
| 世界遗产故事或特色文化: |

2. 时间要求

可在1周之内完成,建议每次观看1集纪录片(5分钟),纸笔作业12分钟。

3. 评价设计

作业评价标准见表3.55。

**表 3.55 作业评价标准**

| 评价维度 | 评价标准 | | |
|---|---|---|---|
| | ☆☆☆ | ☆☆ | ☆ |
| 作业完成 | 完全根据要求,独立完成必做题和选做题 | 能根据要求,在家长指导下完成必做题,并完成部分选做题 | 在家长的帮助下,完成必做题 |
| 处理信息 | 在规定时间内独立完成“世界遗产”必做题和选做题信息收集和整理任务,名片设计有特色 | 能独立完成“世界遗产”选做题,整理主要信息,但特色创意不明显 | 在家长帮助下完成“世界遗产”必做题信息收集和处理 |
| 准确表述 | 信息配对正确,调查资料文字表述精练,能生动地与家人交流名片内容,分享爱护生态和保护环境的感受 | 信息配对正确,调查资料文字较为清楚,能和家人交流名片内容,体现一定的环境保护意识 | 信息配对正确,能分享调查内容和自己的感受 |

4. 作业分析与设计意图

本题是课后实践作业,纪录片《中国微名片·世界遗产》共15集,每集5分钟,精选我国

15 处世界遗产,讲述世界遗产故事,展现人与自然的融合。通过课后欣赏纪录片,直观感受世界遗产的魅力;通过信息配对题、自主调查任务和制作“世界遗产”专属创意名片三个活动,关注学生能力的差异,进行必做题和选做题的分层作业设计,引导学生整理和概括自己感兴趣的世界遗产信息,体会世界遗产是人类共同的财富的内涵,进一步建立尊重自然、爱护生态和保护环境的意识,培养主动关心和了解祖国大好河山的兴趣。同时,本题在设计过程中也考虑到了学生对于电子产品使用的合理时间,引导学生养成科学使用电子产品的好习惯。

## 第六课《我们神圣的国土》第三课时

**作业 1**

1. 作业内容

**美食推荐家**

2022 年北京冬奥会正式开幕,迎来了世界各地的运动员,北京冬奥会的餐饮服务让运动员们感受到中国作为礼仪之邦的热情好客,结合中国东西南北美食主题,充分展示中国饮食文化的丰富性和多样性,有以宫保鸡丁为代表的川菜,以虾饺为代表的粤菜,还有鲁菜四喜丸子,浙江名菜西湖牛肉羹,主食有米饭、馒头、饺子等。世界各地的运动员都很好奇,中国菜为什么品种这么多?请你通过查阅资料简单说说各地美食的特色,并尝试分析这道美食与当地自然环境有什么关系,填入表 3.56 中。

**表 3.56 美食推荐**

| | |
|---|---|
| 推荐的美食及其特色 | (1)<br>(2)<br>(3) |
| 选择一道美食,简述它与当地自然环境的关系 | |

2. 时间要求

纸笔作业 10 分钟。

3. 评价设计

作业评价标准见表 3.57。

**表 3.57　作业评价标准**

| 评价维度 | 评　价　标　准 | | |
|---|---|---|---|
| | ☆☆☆ | ☆☆ | ☆ |
| 作业完成 | 能推荐两道以上美食，在规定时间内完成作业 | 能推荐两道美食，在规定时间内完成作业 | 能推荐一道美食 |
| 处理信息 | 能准确地概括、总结所收集的信息 | 能概括、总结所收集的信息 | 能收集、记录信息 |
| 准确表述 | 能够准确提炼美食与当地自然环境的关系，表达流利、有感染力 | 能够大致表述美食与当地环境的关系，能比较清楚地表达观点 | 能尝试表达美食与当地环境的关系 |

4. 作业分析与设计意图

针对美食、冬奥会的热点话题，从同学们感兴趣的话题入手，激发学生对中华民族博大饮食文化探究的兴趣。本题设计旨在引导学生感受到一方水土养一方人，不同地区拥有不同饮食，不同美食与当地自然环境有关系，以此感受不同地区人们生产和生活方式上有很大的差异，懂得尊重和理解彼此。在完成过程中，学生不仅拓展了自己的知识面，而且锻炼了信息收集整理和语言表达能力，激发对勤劳和智慧的中华民族的自豪感。

## 第七课《中华民族一家亲》第一课时

### 作业 1

1. 作业内容

**一起来调查**

请同学们在父母或社区工作人员的帮助下对自己所居住的社区进行调查，初步了解在自己生活的社区有哪些人是少数民族，填入表 3.58 中。

**表 3.58　关于你生活周围少数民族构成调查**

| | |
|---|---|
| 调查时间 | |
| 调查地点 | |
| 调查对象 | |
| 调查记录 | (1) 在我的调查对象中，少数民族有(　　)人。<br>(2) 他们分别来自哪些少数民族？<br>(3) ________________<br>(4) ________________<br>(5) ________________ |

**一起来了解**

相信你通过调查,已经了解了周围有哪些少数民族,让我们走近他们,对他们的饮食、住宿及生活习惯等进行一次简单的采访,了解他们吧!填入表3.59中。

**表3.59 采访记录表**

| | |
|---|---|
| 采访对象 | |
| 采访记录 | 采访时间:<br>采访地点:<br>交流内容:(如民族特色、生活习俗以及在社区生活的感受等) |

2. 时间要求

实践调查活动时间不定。

3. 评价设计

作业评价标准见表3.60。

**表3.60 作业评价标准**

| 评价维度 | 评价标准 | | |
|---|---|---|---|
| | ☆☆☆ | ☆☆ | ☆ |
| 参与意识 | 能积极主动参与实践活动,记录翔实 | 能主动完成实践活动,记录简略 | 在家长督促下参与活动,记录潦草 |
| 实践能力 | 独立完成采访交流,互动顺畅,能提出两个以上合理的采访问题 | 独立完成采访交流,略有紧张,能提出两个合理的采访问题 | 在家长陪同下完成任务,能提出一个合理的采访问题 |
| 准确表述 | 记录表文字记录翔实,语句通顺,情感表达真实,有独特见解 | 记录表文字记录完整,语句较通顺,能简略地表达情感 | 基本能够呈现采访内容,无情感表达 |

4. 作业分析与设计意图

本题是课前社会实践作业,需要学生主动参与社区工作或和家长进行沟通配合。活动旨在引导学生在开放的社会实践中主动参与,培养学生搜集和整理运用信息的能力,通过采访交流,锻炼语言表达和社会交往的能力,并在此过程中初步了解相关民族知识,感受到各民族汇聚成一个大家庭,从而开阔视野,提高思维能力。

### 作业 2

1. 作业内容

**听民歌了解少数民族**

2022 年虎年春晚原生态情景表演《土地的歌》给大家留下了深刻印象,《土地的歌》由鄂西大巴山的恩施抬工号子、陕北艄公谣、内蒙古鄂温克族童谣《敖鲁古雅》、畲族民歌《采茶歌》、白族大本曲《心肝票》组成,用原生态的音乐展示祖国多民族文化构成。少数民族能歌善舞,你听过哪些少数民族的歌曲呢?推荐 1～2 首给你的同学吧!填入表 3.61 中。

**表 3.61 "少数民族歌曲"推荐卡**

| | |
|---|---|
| 歌曲名称 | |
| 少数民族名称 | |
| 简述歌曲所蕴含的少数民族的民俗、民风 | |

2. 时间要求

网上听歌 10 分钟,书面作业 10 分钟。

3. 评价设计

作业评价标准见表 3.62。

**表 3.62 作业评价标准**

| 评价维度 | 评价标准 | | |
|---|---|---|---|
| | ☆☆☆ | ☆☆ | ☆ |
| 作业完成 | 正确选择两首少数民族民歌进行赏析,并完成两份推荐卡的填写 | 正确选择一首少数民族民歌进行赏析,并完成一份推荐卡的填写 | 正确选择一首少数民族民歌进行赏析,但推荐卡信息填写不完整 |
| 处理信息 | 能准确地概括、总结所收集的信息 | 能初步概括、总结所收集的信息 | 收集、记录信息不够准确 |
| 准确表述 | 能够推荐两首歌曲,对有关少数民族民俗、民风表述准确,表达出对少数民族的亲和感 | 能够推荐一首歌曲,对有关少数民族特点表述准确,但情感表达不明显 | 能够推荐一首歌曲,但对有关少数民族民俗、民风的介绍不完整 |

4. 作业分析和设计意图

以春晚节目《土地的歌》为引,激发学生探索民歌的兴趣,在搜集整理少数民族歌曲的过程中,欣赏颇具风格的少数民族歌曲,同时,加深学生对少数民族文化的理解,引导学生感受了解少数民族歌曲是祖国多民族文化的一部分,各民族相互借鉴,相互促进,共同创造了辉煌灿烂的中华文化。

## 第七课《中华民族一家亲》第二课时

### 作业1

1. 作业内容

**“守望相助,情暖中华”展览会**

分小组至少完成以下任务中的一项,一周后在班级“守望相助,情暖中华”主题活动中进行展示,也可以邀请爸爸妈妈们来参观。

(1) 一首吟唱一曲歌。

小组创作一首吟唱诗歌或者学唱一首能表现民族融合一家亲的歌曲,可排练表演歌伴舞进行展示。

(2) 一张图片一幅画。

小组共同搜集图片或者绘制画,能够表现民族团结相亲相爱的场景。

(3) 一个故事一段情。

小组共同找寻家乡民族融洽交往的感人故事,说一说故事背后的民族情。

(4) 一项政策一份暖。

了解国家为了实现小康路上“一个都不能少”的目标,制定过哪些政策对少数民族进行帮扶,小组成员共同说一说家乡政策以及政策背后的那份情感。

2. 时间要求

1周。

3. 评价设计

作业评价标准见表3.63。

**表3.63 作业评价标准**

| 评价维度 | 评价标准 | | |
|---|---|---|---|
| | ☆☆☆ | ☆☆ | ☆ |
| 任务完成 | 四项任务全部完成 | 完成三项任务 | 完成一项或两项任务 |
| 表演形式 | 小组合作展示,形式新颖、有趣,情感丰富,获得一致好评 | 小组合作展示,表演顺利,获得大部分同学认同 | 能完成展示,但未能体现小组合作 |
| 内容选择 | 内容新颖、翔实,能关注不同民族内容分配,资源选择多样化 | 内容选择准确,能够体现各民族之间的融合互助,但不够新颖 | 内容基本符合主题要求,但表述不够翔实 |

4. 作业分析与设计意图

本题是课后实践作业。准备展览会的过程是在和语文、音乐、美术学科进行跨学科多维度探寻方式中了解中华多民族之间守望相助的情谊。再通过学生真实生活资源链接，搜寻政策下多民族之间的故事，如点对点教育帮扶政策、扶贫活动等，感受真实存在的民族情谊，了解政府关怀是如何在各民族之间落地生根的。从实际和情感两个维度帮助学生在实践中感知：只有各民族守望相助、融洽和谐才能携手完成中华民族伟大复兴的梦想。本活动关注学生知识整理、语言表达、艺术表现、小组合作、时政关注等多方面能力发展。

**作业 2**

1. 作业内容

**“走进我们不同的家”——少数民族生活体验攻略**

节假日，我们常和家人外出旅游，你有没有想过来一场少数民族生活体验之旅呢？别着急，在下一个节假日旅程开始前，让我们先做一份图文并茂的生活体验攻略吧！

(1) 做好调研选择。翻阅资料调研不同少数民族风俗习惯，选择自己感兴趣的少数民族聚居地作为生活体验的目的地。

(2) 做好出行攻略。为了融入当地少数民族生活，尽可能多地关注该少数民族风俗习惯以及一些习俗禁忌，尽力做到入乡随俗。

(3) 做好寻访准备。为民族融合出一份力，比如，民族特色的才艺展示、文化交流、美食工艺等，与当地民族人民进行友好融洽的互动交流。

做好攻略后填入表 3.64 中，将它纳入你精彩的假期计划吧！

**表 3.64　少数民族生活体验攻略(可自行设计版式)**

| | |
|---|---|
| 少数民族名称 | |
| 出行目的地 | |
| 该少数民族的风俗习惯 | 语言：<br>文字：<br>节日：<br>民俗： |
| 该少数民族的习俗禁忌 | |
| 生活体验活动行程安排 | (简要罗列参观、互动等项目及时间安排) |

2. 时间要求

1周。

3. 评价设计

作业评价标准见表3.65。

**表3.65　作业评价标准**

| 评价维度 | 评　价　标　准 | | |
|---|---|---|---|
| | ☆☆☆ | ☆☆ | ☆ |
| 图文展示 | 图文内容丰富多样，排版精美，攻略考虑周到，能关注到民族交流的融洽和美 | 图文内容丰富，体验攻略安排完整、合理 | 图文内容简略，体验攻略安排内容单一 |
| 体现民族间互动交流 | 有详细的互动交流计划，体现丰富的民族交融情感 | 有简单的互动交流计划，能体现一定的民族交融 | 未能安排交流互动项目 |

4. 作业分析与设计意图

本题是课后生活体验作业。作业1展览会是代表少数民族故事和情感收集的展示活动，作业2"走进我们不同的家"是鼓励学生从书本和模拟情境中走出，为自己真正走入少数民族体验真实生活做准备计划，并鼓励学生做完计划后在假期付诸行动。道德与法治教学要求要源于生活，再走入生活，让学生用自己的感知去认识我国多民族国家文化风俗的多样性、丰富性，进而感受各民族携手实现中华民族伟大复兴梦想的必要性。

## 六、单元质量检测作业

### (一) 单元质量检测内容

学习了本单元知识，同学们一定有很多收获吧！让我们一起来闯关吧。

第一关：选一选(请将你认为正确的选项编号填在括号内)

(1) 下列说法错误的是(　　)。

A. 祖国的每一寸土地都神圣不可侵犯

B. "一方水土养一方人"，不同地区的人们只是在生活方式上有着很大差异

C. 随着时代发展，不同地区之间的人交往越来越多，这需要人们不断增加了解，相互尊重彼此的生活习俗

(2) "海上明珠""亚洲天然植物园""海上米仓""东方甜岛""水果之乡"等描述的是(　　)。

A. 海南岛　　B. 香港　　C. 台湾岛

(3) 我国各民族在分布上(　　)，文化上(　　)，经济上(　　)，情感上(　　)，形成了你中有我，我中有你，谁也离不开谁的格局。

A. 兼收并蓄　　B. 交错杂居　　C. 相互亲近　　D. 相互依存

(4) 2006 年 7 月 1 日全线通车的青藏铁路由(　　)建造完成。

A. 藏族同胞独立　　B. 汉族建设者独立

C. 藏族与汉族等多民族团队共同　　D. 藏族同胞与外国专家团队共同

第二关:比一比

(1) 请与同桌比一比,谁能在 30 秒内正确写出较多的我国省级行政区名称。

(2) 请与同桌比一比,谁能在 30 秒内正确写出较多的我国少数民族名称。

第三关:闯一闯

请与小组内同学合作,一起玩一玩下面的棋谱游戏(图 3.11),争做"小小国土守护者"吧!

游戏规则:

(1) 运用本单元所学的知识进行闯关,遵守游戏规则。

(2) 准备好骰子、棋子。掷骰子,根据骰子的点数确定前进步数,走到哪格就把棋子放在哪格。走到带有"任务要求"的"特殊格"时,请按照它的条件做。

(3) 本活动可以双人或多人互战,先到达终点者胜出,最终完成挑战者可以获得"小小国土守护者"的称号。

### (二) 单元质量检测作业属性表

单元质量检测作业属性表见表 3.66。

**表 3.66　单元质量检测作业属性表**

| 序号 | 类型 | 对应单元作业目标 | 对应学习水平 | | | 难度 | 来源 | 完成时间(分钟) |
|---|---|---|---|---|---|---|---|---|
| | | | 了解 | 理解 | 应用 | | | |
| 1 | 选择题 | (1) | √ | | | 一般 | 创编 | 3 |
| 2 | 简答题 | (1)、(2) | √ | | | 一般 | 创编 | 1 |
| 3 | 拓展性实践 | (1)、(2)、(3) | | √ | √ | 中等 | 创编 | 15 |

# 第五节　"我们的守护者"单元作业设计

## 一、单元信息

单元信息见表 3.67。

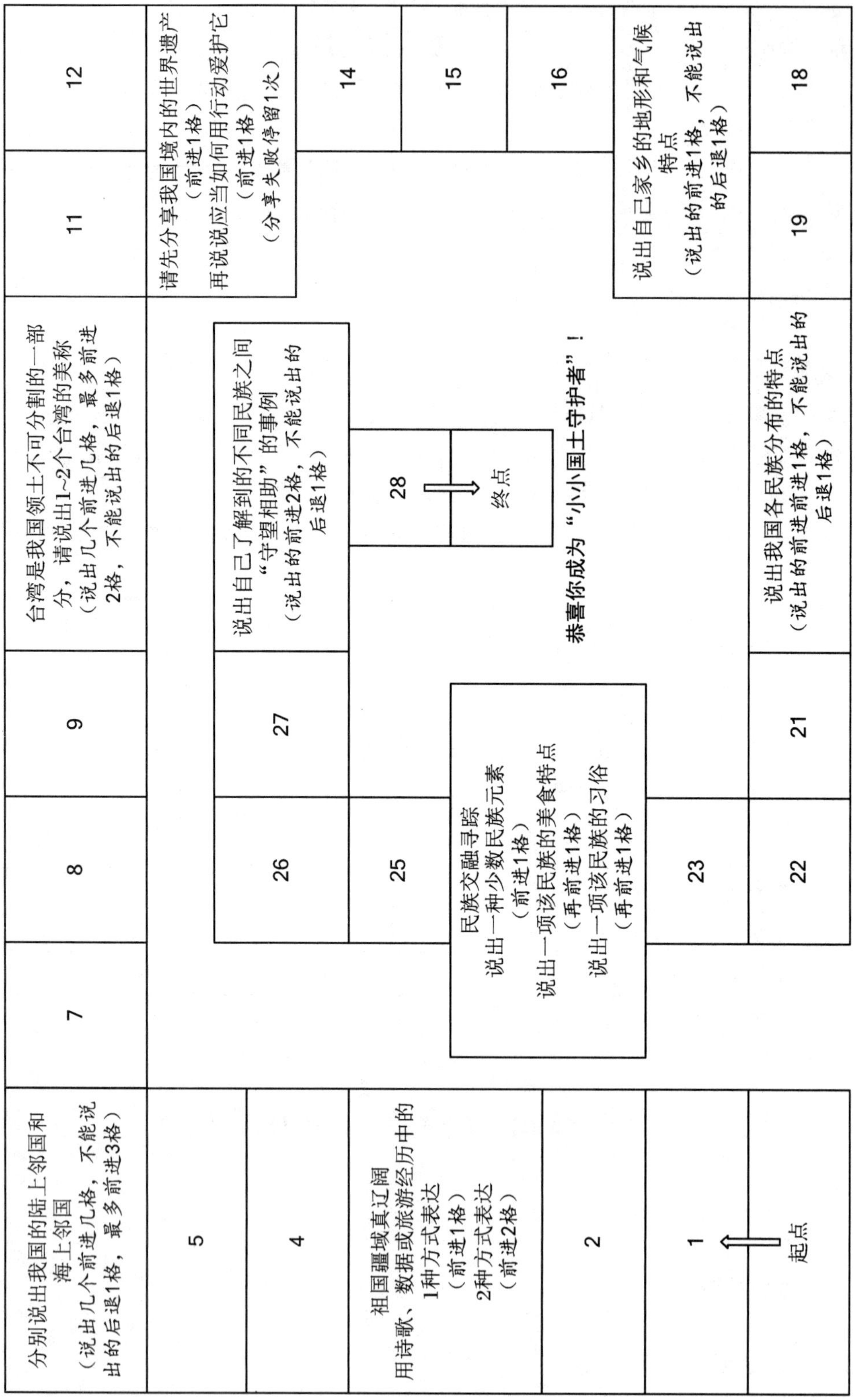
起点
1
2
祖国疆域真辽阔
用诗歌、数据或旅游经历中的
1种方式表达
（前进1格）
2种方式表达
（前进2格）
4
5
分别说出我国的陆上邻国和海上邻国
（说出几个前进几格，不能说出的后退1格，最多前进3格）
7
8
9
台湾是我国领土不可分割的一部分，请说出1~2个台湾的美称
（说出几个前进几格，最多前进2格，不能说出的后退1格）
11
12
请先分享我国境内的世界遗产
（前进1格）
再说说应当如何用行动爱护它
（前进1格）
（分享失败停留1次）
14
15
16
说出自己家乡的地形和气候特点
（说出的前进1格，不能说出的后退1格）
18
19
说出我国各民族分布的特点
（说出的前进1格，不能说出的后退1格）
21
22
23
民族交融寻踪
说出一种少数民族元素
（前进1格）
说出一项该民族的美食特点
（再前进1格）
说出一项该民族的习俗
（再前进1格）
25
26
27
说出自己了解到的不同民族之间“守望相助”的事例
（说出的前进2格，不能说出的后退1格）
28
终点
恭喜你成为“小小国土守护者”！

**图 3.11　棋谱游戏**

**表 3.67　单元信息**

<table>
<tr><td rowspan="2">基本信息</td><td>学　科</td><td>年　级</td><td>学　期</td><td>教材版本</td><td colspan="2">单　元　名　称</td></tr>
<tr><td>道德与法治</td><td>六年级</td><td>上学期</td><td>人教版</td><td colspan="2">第一单元<br>“我们的守护者”</td></tr>
<tr><td>单元组织形式</td><td colspan="6">☑自然单元　　　　□重组单元</td></tr>
<tr><td rowspan="7">课时信息</td><td>序号</td><td colspan="4">课　时　名　称</td><td>对应教材内容</td></tr>
<tr><td>1</td><td colspan="4">第一课《感受生活中的法律》第一课时</td><td>P2—4<br>法律是什么</td></tr>
<tr><td>2</td><td colspan="4">第一课《感受生活中的法律》第二课时</td><td>P5—8<br>生活与法律</td></tr>
<tr><td>3</td><td colspan="4">第一课《感受生活中的法律》第三课时</td><td>P9—11<br>法律作用大</td></tr>
<tr><td>4</td><td colspan="4">第二课《宪法是根本法》第一课时</td><td>P12—16<br>感受宪法日</td></tr>
<tr><td>5</td><td colspan="4">第二课《宪法是根本法》第二课时</td><td>P17—19<br>宪法具有最高法律效力</td></tr>
<tr><td>6</td><td colspan="4">第二课《宪法是根本法》第三课时</td><td>P20、21<br>树立宪法权威</td></tr>
</table>

## 二、单元分析

### (一) 课标要求

本单元的编写依据是《课程标准》中课程内容主题五“我们的国家”和《青少年法治教育大纲》中“小学高年级(3—6 年级)教学内容与要求”。《课程标准》中“我们的国家”第 13 条“知道自己是中华人民共和国的公民,初步了解自己拥有的基本权利和义务。知道我国颁布的与少年儿童有关的法律、法规,学习运用法律保护自己,形成初步的民主与法制意识”。《青少年法治教育大纲》中“小学高年级(3—6 年级)教学内容与要求”第 1 条“建立对宪法的法律地位和权威的初步认知。了解人民代表大会制度,初步认知主要国家机构,国家主权与领土,认知国防的意义,增强民族团结意识”。第 2 条“初步了解公民的基本权利和义务,简要认知重要民事权利,了解法律对未成年人的特定保护;初步理解权利行使规则,树立依法维权意识,树立有权利就有义务的观念,建立对校园欺凌行为的认知和防范意识”。第 3 条“了解制定规则要遵循一定的程序,进一步树立规则意识,遵守公共生活规则。初步了解合同以及合同的履行,理解诚实守信和友善的价值与意义”。第 4 条“初步了解消费者权益保护、道路交通、环境保护、消防安全、禁毒、食品安全等生活常用法律的基本规则”。根据课程标准要求,针对六年级学生特点、生活实际和成长需求,教材编写时根据学生现实生活和行为表现,对课程标准内容有一定拓展。

### (二)教材分析

本册教材各单元主旨梳理见表 3.68,本单元逻辑结构图如图 3.12 所示。

**表 3.68　本册教材各单元主旨梳理**

| 单元主题(问题域) | 探　索　的　问　题 | | | 价值引导的方向 |
|---|---|---|---|---|
| 第一单元<br>“我们的守护者” | 感受生活中的法律 | | 宪法是根本法 | 认识法律、尊重法律 |
| 第二单元<br>“我们是公民” | 公民意味着什么 | | 公民的基本权利和义务 | 培养爱国情怀 |
| 第三单元<br>“我们的国家机构” | 国家机构有哪些 | 人大代表为人民 | 权力受到制约和监督 | 主人翁意识、民主意识、程序意识、责任意识 |
| 第四单元<br>“法律保护我们健康成长” | 我们受特殊保护 | | 知法守法、依法维权 | 守法维权 |

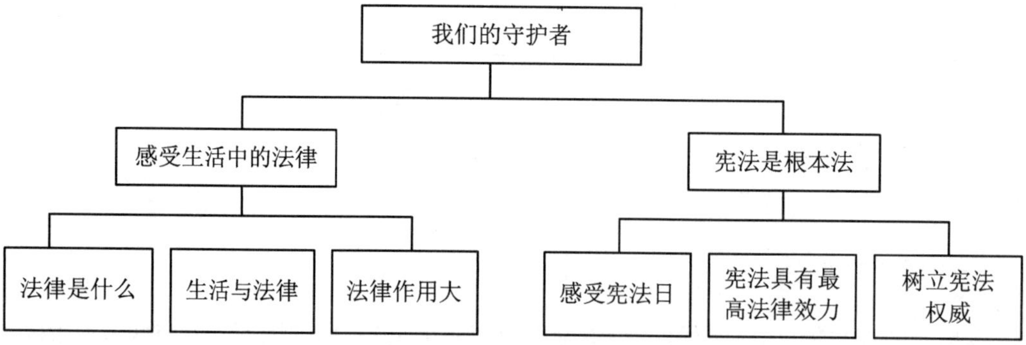


**图 3.12　本单元逻辑结构图**

在前五年的小学道德与法治课程中,教材采取分散教育方式,进行以纪律、规则为主要内容的法治意识教育。进入六年级,基于学生思维领悟能力和价值判断水平,采取集中法治教育专册方式,在六年级上学期开展以宪法精神为主线的系统法治教育。第一单元“我们的守护者”作为本册法治专册起始,率先作为导入、感知、总览单元,帮助学生初步认知法律和法律体系,引导学生通过对社会现象的观察与思考,了解生活中的法律及其作用,认识宪法的法律地位,学习关于宪法的基本知识,感受自己的生活、学习和健康成长离不开法律的保驾护航。

本单元共两课,以“生活中的法律”和“最高法律——宪法”为主要内容和逻辑主线,分别从微观角度和宏观角度、现实生活和法治体系引导学生初步认识“法律”和“法治”。第一课《感受生活中的法律》引导学生通过身边熟悉的日常生活，感受法律无处不在。这一课帮助学生初步了解法律的概念，认识与生活紧密联系的几种法律类型。知道法律对保障正常的社会生活、维护公平正义发挥的作用。第二课《宪法是根本法》让学生通过学习宪法知识，了解法律体系。初步培养学生宪法意识，了解宪法法律地位，引导学生运用这些知识简单地分析生活中与宪法有关的现象。

### （三）学情分析

六年级学生对法律了解比较少，认为学习法律是大人的事情，跟自己没有多大关系。学生对法律功能和作用的认知比较狭窄，认为法律是威严的，犯法会受到制裁。因此，需要通过教育、引导让他们发现法律离他们很近，就在身边，就在生活中。教学中通过生动的案例改变学生认知的局限性，让学生理解法律更重要的作用是保护人们的生活，让人和人之间和谐相处，让生活更美好，从而初步形成亲近法律、遵守法律的意识。

## 三、单元学习与作业目标

### （一）单元学习目标

围绕“我们的守护者”这一单元主题设计系列作业，通过阅读、交流、辨析、情境体验、资料收集等作业方式，达到以下学习目标：

（1）了解法律与纪律、道德等社会规范的区别，初步树立遵守法律的意识；了解宪法常识，培养宪法意识。

（2）理解公民学习宪法、遵守宪法的必要性，了解社会各主体必须以宪法为根本活动准则。

（3）积极参与国家宪法日活动。利用知识竞赛、故事分享会等活动方式亲近法律、认同法律。

### （二）单元作业目标

围绕“我们的守护者”这一单元主题设计系列作业，通过阅读、交流、辨析、情境体验、资料收集等作业方式，达到以下作业目标：

（1）了解法律与纪律、道德等社会规范的区别，初步树立遵守法律的意识。了解宪法常识，培养宪法意识。

（2）理解公民学习宪法、遵守宪法的必要性，了解社会各主体必须以宪法为根本活动准则。

（3）积极参与国家宪法日活动，利用知识竞赛、故事分享会等活动方式亲近法律、认同法律。

## 四、单元作业设计思路

(1) 明确课标要求,解读教材内容,了解学情。
(2) 制订单元学习目标和作业目标。
(3) 作业设计基本流程如图 3.13 所示。

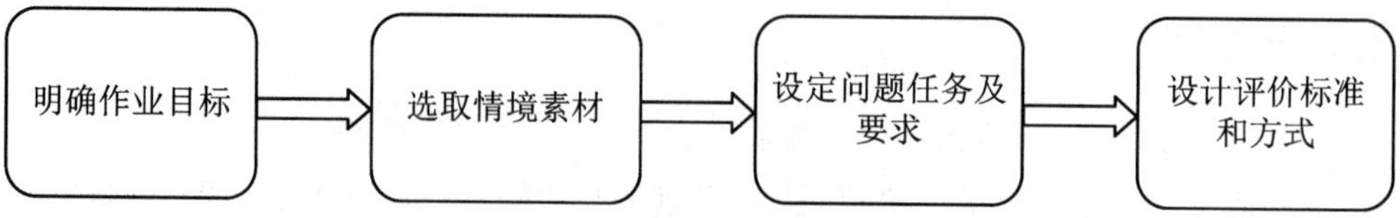


**图 3.13　作业设计基本流程**

## 五、课时作业

### 第一课《感受生活中的法律》第一课时

**作业**

1. 作业内容

**我是法律观察员**

同学们,为我们保驾护航的法律就在生活中与我们相伴,你们知道生活中有哪些场景与法律有关吗?请到不同地点去观察,并记录在表 3.69 中。

**表 3.69　生活中的法律场景表**

调查时间:＿＿＿＿　调查地点:＿＿＿＿　记录人:＿＿＿＿

| 场　　景 | 与该场景有关的法律 |
|---|---|
| | |
| | |
| | |
| | |

2. 时间要求

学生调查时间自行掌握,纸笔作业 8 分钟。

3. 评价设计

作业评价标准见表 3.70。

表 3.70　作业评价标准

| 评价维度 | 评　价　标　准 | | |
|---|---|---|---|
| | ☆☆☆ | ☆☆ | ☆ |
| 作业完成 | 完全根据要求，独立、高效地完成资料收集 | 在家长帮助下，能根据要求，完整地完成资料收集 | 在家长帮助下收集部分资料 |
| 处理信息 | 在规定时间内独立完成资料整理，能准确地概括、总结所收集的信息 | 在规定时间内独立完成资料整理，能初步概括、总结所收集的信息 | 资料整理在家长陪同下完成，能收集、记录信息 |
| 准确表述 | 资料文字表述翔实、准确 | 资料文字表述比较完整、准确 | 资料文字表述粗略、不够准确 |

4．作业分析与设计意图

本题是课前实践作业，学生观察日常生活，旨在培养学生资料收集、整理能力，引导学生积累直观素材，让他们发现日常生活与法律息息相关，初步感受法律就在生活之中，就在他们身边。

## 第一课《感受生活中的法律》第二课时

### 作业

1．作业内容

**争做合格小公民**

作为小学生，要依法行使自己的权利，也要依法履行自己的义务。学了今天的课程，生活和学习中你会怎样做？请在未来一周内主动承担义务，合理使用权利，并选用文字、图片或视频的方式将过程记录下来吧！填入表 3.71 中。

表 3.71　权利和义务记录表

| 我享有的权利 | | 我履行的义务 | |
|---|---|---|---|
| 文　字 | 图　片 | 文　字 | 图　片 |
| | | | |
| | | | |
| | | | |
| | | | |

2．时间要求

收集资料时间自定，纸笔作业 8 分钟。

3. 评价设计

作业评价标准见表 3.72。

表 3.72　作业评价标准

| 评价维度 | 评价标准 | | |
|---|---|---|---|
| | ☆☆☆ | ☆☆ | ☆ |
| 作业完成 | 完全根据要求,独立、高效地完成资料收集 | 在家长帮助下,能根据要求,完整地完成资料收集 | 在家长帮助下收集部分资料 |
| 处理信息 | 在规定时间内独立完成资料整理,能准确地概括、总结所收集的信息 | 在规定时间内独立完成资料整理,能初步概括、总结所收集的信息 | 资料整理在家长陪同下完成,能收集、记录信息 |
| 准确表述 | 资料文字表述翔实、准确,文字、图片表述内容一致 | 资料文字表述比较完整,文字、图片表述内容基本一致 | 资料文字表述粗略,文字、图片内容能表述出来 |

4. 作业分析与设计意图

本题是课后实践作业,引导学生结合学习、生活了解自己的权利和义务,旨在培养学生资料收集和整理的能力,通过实践加深对生活中法律的认识,明确权利和义务在生活中与我们相伴,培养学生的公民意识和责任感。

## 第一课《感受生活中的法律》第三课时

**作业 1**

1. 作业内容

**我是普法小记者**

采访家人或亲属,了解他们在工作和生活中涉及哪些法律。采访后及时填写采访记录表(表 3.73)。

表 3.73　采访记录表

<table>
<tr><td>采访者</td><td></td><td>被采访者</td><td></td><td>采访时间</td><td></td></tr>
<tr><td rowspan="4">采访记录</td><td colspan="3">工作、生活场景</td><td colspan="2">涉及的相关法律</td></tr>
<tr><td colspan="3"></td><td colspan="2"></td></tr>
<tr><td colspan="3"></td><td colspan="2"></td></tr>
<tr><td colspan="3"></td><td colspan="2"></td></tr>
</table>

2. 时间要求

采访时间学生自行掌握，纸笔作业8分钟。

3. 评价设计

作业评价标准见表3.74。

**表3.74 作业评价标准**

| 评价维度 | 评价标准 | | |
|---|---|---|---|
| | ☆☆☆ | ☆☆ | ☆ |
| 作业完成 | 完全根据要求，独立、高效完成采访 | 在家长帮助下，能根据要求，完整完成采访 | 在家长帮助下完成采访 |
| 处理信息 | 在规定时间内独立完成采访，能准确地概括、总结所收集的信息 | 在规定时间内独立完成采访，能初步概括、总结所收集的信息 | 采访在家长陪同下完成，能收集、记录信息 |
| 准确表述 | 文字表述翔实、清晰，场景与法律契合 | 文字表述比较完整，场景与法律基本契合 | 文字表述粗略 |

4. 作业分析与设计意图

本题是课前实践作业，引导学生学会从不同角度观察社会现象，了解法律与公民生活、工作息息相关，旨在培养学生资料收集和整理的能力，体会生活中处处有法律，感受法律调整不同社会关系的作用。

**作业2**

1. 作业内容

**普法情景剧展演**

同学们，你们见过不少新闻或日常生活场景中涉及相关法律，请以四人为一小组排练一出普法情景剧，体验法律帮助我们解决问题的过程，体会法律在建设美好生活中的作用。

要求：

(1) 选择的新闻事件或场景贴近学生日常生活或学习。

(2) 小组人人参与，共同策划，做好分工。

(3) 情节设计合理，相关法律条例和解决问题做法需要认真查找资料，力求严谨规范，最大可能地突出法律的作用。

2. 时间要求

利用课余时间，学生自主安排完成。

3. 评价设计

作业评价标准见表3.75。

**表 3.75 作业评价标准**

| 评价维度 | 评价标准 | | |
|---|---|---|---|
| | ☆☆☆ | ☆☆ | ☆ |
| 小组合作 | 任务分配合理,服从安排,积极参与,按时完成,很有收获 | 任务分配较合理,服从安排,参与活动,任务完成,有所收获 | 有任务分配,能参与活动,任务基本完成 |
| 资料收集 | 收集三种及以上新闻或场景的相关资料,新闻或场景贴近学生生活或学习 | 收集两种新闻或场景的相关资料,新闻或场景基本贴近学生生活或学习 | 收集一种新闻或场景的相关资料 |
| 剧情展演 | 紧扣主题演出,语言表达清楚,表演过程流畅 | 基本紧扣主题演出,语言表达基本清楚,表演过程基本流畅 | 能够将情景剧表演出来 |

4. 作业分析与设计意图

本题是通过小组合作完成的课前资料收集、整理与表演活动的实践作业,开放性强,呈现方式容易引起学生兴趣,能激发学生参与积极性和创造力。旨在引导学生通过查找法律资料、合理编排、亲身体验等方式,结合生活分析如何运用法律处理生活纠纷,学习运用法律解决问题,从而感受法律在人们生活中的重要作用,理解公平正义的内涵。

## 第二课《宪法是根本法》第一课时

**作业 1**

1. 作业内容

**宪法的前世今生**

宪法作为中国特色社会主义法律体系中的核心,有怎样的历史沿革呢?请同学们动手查找资料,探寻宪法的前世今生,以手绘思维导图形式将它表现出来。

2. 时间要求

资料收集时间学生自行掌握，纸笔作业 10 分钟。

3. 评价设计

作业评价标准见表 3.76。

**表 3.76 作业评价标准**

| 评价维度 | 评价标准 | | |
|---|---|---|---|
| | ☆☆☆ | ☆☆ | ☆ |
| 作业完成 | 独立查找资料，在规定时间内独立完成作业 | 在家长帮助下查找资料，在规定时间内基本完成作业 | 在家长帮助下完成作业 |
| 处理信息 | 能准确地概括、总结所收集的信息 | 能概括、总结所收集的信息 | 能收集、记录信息 |
| 准确表述 | 思维导图准确、清晰地表现宪法历史沿革 | 思维导图基本准确、清晰地表现宪法历史沿革 | 能画出宪法历史沿革思维导图 |

4. 作业分析与设计意图

本题是课后实践作业。通过查找资料走进宪法，关注宪法。旨在引导学生了解国家宪法的沿革，激发学生学习兴趣，从而尊重宪法，关注宪法，积极参与国家宪法日活动。

**作业 2**

1. 作业内容

**宪法宣传小使者**

同学们，宪法普及需要我们共同努力，让我们行动起来成为宪法宣传者、弘扬者。下面两项活动请大家任选其一：

(1) 积极参与学校宪法日多种形式的宣传活动，例如黑板报、手抄报、班队会等活动，阅读《习近平新时代中国特色社会主义思想学生读本》41 页和 42 页。

(2) 多种途径参与社区或自发组织的宪法日活动，阅读《中华人民共和国宪法》。

活动结束打卡上传活动图片，并附上一条创编宪法宣传标语。

2. 时间要求

本题是实践类为主的作业,纸笔作业10分钟以内。

3. 评价设计

作业评价标准见表3.77。

**表3.77 作业评价标准**

| 评价维度 | 评价标准 | | |
|---|---|---|---|
| | ☆☆☆ | ☆☆ | ☆ |
| 作业完成 | 积极参与活动并打卡上传图片,出色完成活动中承担的任务 | 能参与活动并打卡上传图片,基本完成活动中承担的任务 | 基本参与活动 |
| 准确表述 | 创编宣传标语简短,表情达意清楚 | 创编宣传标语表情达意基本清楚 | 能创编宣传标语 |

4. 作业分析与设计意图

本题是课后实践作业。通过参与宪法日相关活动,明白不仅要遵守宪法,还要做宪法的宣传者和传播者。旨在引导学生了解宪法,从多种途径深入学习宪法,规范自身行为,成为遵纪守法的好公民。

## 第二课《宪法是根本法》第二课时

### 作业

1. 作业内容

**我是法律宣讲员**

同学们,现在你们的身份是法律宣讲员,为提高公民法治观念,开展一次宪法知识宣讲活动。宣讲可以选择以下形式,也可自定形式。

形式一:制作一份"合法维权"宣传海报。

形式二:向身边家长、同学、邻居等口头宣讲宪法相关知识。

活动结束后评选出精美宣传海报、照片,张贴于学校或者班级进行展示宣传。

2. 时间要求

时间不限。

3. 评价设计

作业评价标准见表3.78。

**表3.78　作业评价标准**

| 评价维度 | 评价标准 | | |
|---|---|---|---|
| | ☆☆☆ | ☆☆ | ☆ |
| 作业规范 | 按时完成作业，宣传海报、照片精美，在校内或班级张贴展示宣传 | 基本按时完成作业，宣传海报、照片比较精美，在校内或班级张贴展示宣传 | 完成作业，在校内或班级张贴展示宣传 |
| 宣传海报 | 构图精美，文字内容与海报主题高度一致，创意好 | 构图较好，文字内容与海报主题基本一致，有一定创意 | 文字内容基本围绕海报主题 |
| 宪法宣讲 | 宣讲内容契合主题，语言表达清晰、流畅、自然，精神饱满 | 宣讲内容基本契合主题，语言表达基本清晰、流畅、自然 | 能围绕主题开展宣讲 |

4. 作业分析与设计意图

本题是课后实践作业，情境真实，体验感强，能激发学生的参与热情，从而使学生自觉遵守宪法，做宪法的宣传者和传播者。旨在引导学生继续了解宪法，多途径学习宪法，规范自身行为，做遵纪守法的好公民，提升法治素养。

## 第二课《宪法是根本法》第三课时

### 作业

1. 作业内容

采访身边的人，了解他们在生活中是如何遵守宪法的，完成调查表(表3.79)。

**表3.79　调查表**

| 采访对象 | 遵守宪法的表现 |
|---|---|
| 老师 | |
| 家长 | |
| 同学 | |
| …… | |

2. 时间要求

采访时间学生自行掌握,纸笔作业10分钟以内。

3. 评价设计

作业评价标准见表3.80。

**表3.80 作业评价标准**

| 评价维度 | 评价标准 | | |
|---|---|---|---|
| | ☆☆☆ | ☆☆ | ☆ |
| 作业规范 | 按时完成作业,书写认真,内容具体 | 基本按时完成作业,内容较具体 | 完成作业,内容较简单 |
| 采访调查 | 采访前做好充分准备,采访时紧密结合实际情况,准确填写遵守宪法的场景和表现 | 采访前做准备,采访时结合实际情况,基本填写遵守宪法的场景和表现 | 能结合实际情况采访,完成遵守宪法的场景和表现内容的填写 |

4. 作业分析与设计意图

本题是课前调查作业,作业内容源于生活,让学生了解生活中身边人遵守宪法的表现,如升国旗要行注目礼唱国歌、依法纳税等。旨在引导学生了解宪法是国家根本大法,具有最高权威,神圣不可侵犯,初步感知宪法和我们生活的关系。

## 六、单元质量检测作业

### (一) 单元质量检测内容

学习了本单元知识,同学们一定有很多收获吧!让我们一起来闯关吧。

第一关:我会判断(对的画"√",错的画"×")

(1) 在法律规定下,我们享有人身权、财产权和受教育权,使我们能学习知识、快乐成长。 ( )

(2) 大到国家政治生活,小到个人家庭生活,处处都有法律的身影。 ( )

(3) 我们的生命、健康、名誉、房屋、用具等不受民法保护。 ( )

(4) 2015年,我国将12月4日设立为国家宪法日。 ( )

(5) 刘某在微博上谩骂同事张某,已经触犯了法律。 ( )

第二关:我会选(请将你认为正确的选项编号填在括号内)

(1) 在法律规定下,( )不是我们享有的权利。

A. 人身权　　B. 乘坐大巴逃票　　C. 财产权　　D. 受教育的权利

(2) 法律规定:每年农历( )为老人节。

A. 五月初五　　B. 九月初九　　C. 八月十五　　D. 七月初七

(3) 一工厂向河里排放污水,导致大量鱼虾死亡。这一行为触犯了( )。

A.《中华人民共和国民法典》　　B.《中华人民共和国教师法》

C.《中华人民共和国广告法》　　D.《中华人民共和国环境保护法》

(4) 每个人都有自己的观点和做法,(　　)做法是正确的。

A. 爸爸酒后不开车

B. 有人偷摘我家果园的葡萄,我也去偷摘他们家的

C. 我被别人家的狗咬伤了,只能认倒霉

D. 有人欺负我,我告诉家长去揍他

(5) 每年的国家宪法日都有活动主题,(　　)是2016年的主题。

A. 弘扬宪法精神,建设法治中国

B. 学宪法,讲宪法

C. 弘扬宪法精神,推动创新、协调、绿色、开放、共享发展

D. 学习贯彻党的十九大精神,维护宪法权威

第三关:我会连

下面列出了宪法部分条款和一些生活中的场景,请你用连线的方式把对应的内容连起来。

| 《中华人民共和国宪法》 | 生活中的场景 |
| --- | --- |
| 第十三条　公民的合法的私有财产不受侵犯。 | 张天天的父亲向税务部门缴纳个人所得税。 |
| 第十二条　社会主义的公共财产神圣不可侵犯。 | 刘某在微博上谩骂同事张某，人民法院判决刘某向张某公开赔礼道歉。 |
| 第二十六条　国家保护和改善生活环境和生态环境，防治污染和其他公害。 | 区政府在房屋拆迁中毁损了李强家的屋内合法财产，需予以赔偿。 |
| 第三十八条　中华人民共和国公民的人格尊严不受侵犯。禁止用任何方法对公民进行侮辱、诽谤和诬告陷害。 | 县政府投入资金植树造林。 |
| 第五十六条　中华人民共和国公民有依照法律纳税的义务。 | 王某某破坏路灯被公安机关拘留。 |

## (二)单元质量检测作业属性表

单元质量检测作业属性表见表3.81。

**表3.81　单元质量检测作业属性表**

| 序号 | 类型 | 对应单元作业目标 | 对应学习水平 | | | 难度 | 来源 | 完成时间(分钟) |
|---|---|---|---|---|---|---|---|---|
| | | | 了解 | 理解 | 应用 | | | |
| 1 | 判断题 | (1) | √ | | | 一般 | 创编 | 2 |
| 2 | 选择题 | (1)、(2) | | √ | | 一般 | 创编 | 3 |
| 3 | 连线题 | (1)、(2)、(3) | | √ | √ | 中等 | 创编 | 8 |

# 第四章　理论思考

撰写教学论文是中小学教师应该具备的专业技能之一，它对于探索教育教学规律，推动教育改革和教学研究具有十分重要的意义和作用。本章所选论文是作者对提高课堂效率、开发（运用）教学资源等大思政课教学的实践与思考的总结。

## 第一节　理论传导

### 小学生法治思维培养策略探索[①]

**摘要**：受身心发展水平制约，小学生辨别是非能力较弱。小学阶段法治思维培养是引导学生运用法律知识从法治的视角观察生活，然后提出问题、分析问题和解决问题的思维训练。本文从链接真实生活，培养法治思维认同感；巧用两难情境，培养法治思维批判性；借助法治案例，培养法治思维实践性；关注时事热点，突破法治思维局限性四个方面论述培养小学生法治思维的策略。

**关键词**：小学道德与法治　法治思维　培养策略

小学生受身心发展水平的影响，对外界信息辨别能力较弱，需要教师正确引导。传统灌输式教学以教材为载体讲授法治知识，缺乏生活体验与思维碰撞，导致学生对法治学习停留于书本知识层面，内心没有触动，不利于法治思维培养。

“普及宪法常识，养成守法习惯，感知生活中的法、身边的法，培养学生国家观念、规则意识和遵纪守法的习惯”是小学阶段法治教育的主要目标，旨在通过法治思维的培养使学生将法治知识转变为自觉诉求。在小学道德与法治课堂教学中，将学生日常生活典型场景以法治教育情境的形式开发为课堂学习资源，增强法治体验，让学生在情境中思辨，引导学生以法治视角观察社会现象，分析社会问题，从而提升学生的法治思维水平。

一、链接真实生活，培养法治思维认同感

认同是深层次的理解、认可，只有产生强烈的法治思维认同感，才能在生活中自觉遵法、

---

① 原载于《安徽教育科研》2023 年第 20 期。

守法。受年龄和认知水平影响，小学生普遍对法治知识缺乏深层次的理解，法治意识淡薄，法治观念不强。他们认为“法”与自己生活很遥远，知法、懂法、守法、用法是成年人的事情，生活中很少关注“法治”，缺乏用法治思维思考问题的意识和解决问题的能力，这和学生对法治认同感不强，法治教育与学生生活“两张皮”有一定关系。链接学生真实生活开展教学，能够增加学生对法治的了解，深化对法治的理解，有利于培养学生法治思维认同感。

以部编版《道德与法治》教材（以下简称教材）六年级上册第二课《宪法是根本法》教学为例。教学时，一位特级教师采用以下形式导入。课堂开始，教师出示《中华人民共和国宪法》小册子并问学生：“同学们，这本小册子与我们日常生活有关系吗?”全班学生一脸茫然。正当他们疑惑不解时，教师出示一组“宪法伴我行”思维导图，让学生根据自身成长和家长经历填空并说说我们的生活和“宪法”有什么关系。通过完成思维导图，学生明白：我出生啦，成为中华人民共和国的一位公民；6 岁背着书包上学，享有受教育的权利；18 岁到部队参军，履行兵役义务；26 岁缴纳个人所得税，履行纳税义务；33 岁撰写教学论文，享有著作权。该导入以真实生活为素材，通过教学资源开发将宪法条文与每一位公民学习、工作与生活情境相链接，拉近了宪法与生活之间的关系，宪法走进日常生活，激发了学生法治学习的兴趣。学生直观地感受宪法就在身边，成长、工作和生活离不开宪法，加深了对宪法的理解，增强了对宪法的认可，宪法意识得以树立，维护宪法权威的自觉性得到增强。

独具匠心的导入给作者以启发。在教学中，教师应立足学生真实生活，挖掘代表性场景，选取典型性事件，将其开发为学习资源。学习资源源于学生生活，学生对学习内容熟悉、有亲近感，缩短了法治教育与现实生活之间的距离，有利于提升学生对生活法治化的认同，让学生学会从法治视角理性思考问题，构建以“生活”为中心的法治思维，培养学生法治思维认同感。

作者在教学本课时，设计一组课后拓展实践，训练学生运用法治思维解决生活问题的能力。设计如下：将情景描述与对应的宪法条文用线连起来。李叔叔通过网络如实向税务部门申报、缴纳个人所得税；王某在某论坛上发表不实言论诋毁宋某，人民法院判决王某向宋某公开赔礼道歉；小芳家在房屋拆迁中获得县政府一定数额的赔偿；杨某某破坏地铁安检等设备被公安机关拘留。《中华人民共和国宪法》第十二条“社会主义的公共财产神圣不可侵犯”；第十三条“公民的合法的私有财产不受侵犯”；第三十八条“中华人民共和国公民的人格尊严不受侵犯”，“禁止用任何方法对公民进行侮辱、诽谤和诬告陷害”；第五十六条“中华人民共和国公民有依照法律纳税的义务”。

二、巧用两难情境，培养法治思维批判性

小学生思维没有形成固定模式，是求异思维培养的最佳阶段。求异思维具有批判性的特点，对问题的解决往往“另辟蹊径”。教材呈现了很多源于生活的两难情境的教育素材，蕴含法治思维批判性教育的契机。例如《买东西的学问》（教材四年级下册第四课）中“维权意识不能少”话题呈现了一个生活中常见的两难情境：“我去超市购物。付完款出来时超市报警器突然报警，保安说我买东西没付款，要求把购物袋给他检查，我只好把购物袋给他检查……后来发现是报警器故障原因。回家后，我打开包装盒发现有几支新买的彩笔因没水不能使用,立刻回到超市要求退换,超市售货员以打开包装就不能退换为由拒绝了我,真气人!”妈妈告诉雯雯:“没事,只要没拿超市东西,给他们检查一下无所谓,也能证明自己清白。”爸爸却说:“我陪你去,到超市把坏了的彩笔扔给他们。他们售卖劣质商品,不给换就和他们吵,别便宜他们。”雯雯到底该怎么做?这样的购物经历学生在生活中可能也遇到过,购物中遇到权益被侵犯是像妈妈一样忍气吞声,还是像爸爸说的那样去大吵大闹?在道德与法治教学中,将生活中两难事件通过法治教育情境的创设开发为学习资源,制造认知矛盾,让学生在矛盾中辨析、选择,从而对原有认知结构进行修正和逐步完善,构建新的知识体系,培养批判性法治思维。又如《我家的好邻居》(教材三年级下册第六课)中“不给邻居添麻烦”话题也有这样的两难境地:在与邻居相处过程中,自己受到伤害,是一味忍受,还是去提醒对方?

这些法治教育情境的创设,激活了学生批判性思维。教师应根据教学目标精准而恰当地确定法治教育落点,创造性地运用这些素材,以小组讨论、辩论赛等方式开展教学活动,引导学生思维碰撞,使学生对法治困境的理解更加深入,让学生在思维冲突中观察、思考,在思维冲突中学会客观、辩证、系统地看待问题,作出正确的选择,促进法治知识的内化,培养批判性法治思维。

### 三、借助法治案例,培养法治思维实践性

规则思维、权利义务思维、程序思维、权衡思维、建设性思维是我国法治思维五大特征。法治思维特征是培养学生实践性法治思维的重要载体和目标。相较于日常生活现象,真实完整的法治案例不仅对学生具有警示性、教育性,影响深刻,更能全方位展现法治思维特征,培养法治思维实践性。

“遵守网络规则,注重网络道德,能文明、安全地使用网络”是《网络新世界》(教材四年级上册第八课)教学目标之一,话题“新世界　有规则”教学目标可引导学生在网络生活中遵守网络规则,保护好自己,同时又不伤害他人。教学中,作者引用了一个真实的法治案例:

2021 年 10 月,罗某发文,侮辱中国人民志愿军“冰雕连”英烈。经公安机关传唤后罗某发布致歉声明,但该帖文已经在网络上广泛传播,造成恶劣的社会影响。当日罗某到公安机关投案,如实供述其犯罪事实。

法院认为,中国人民志愿军英雄事迹是中华民族共同的历史记忆和宝贵的精神财富……绝不容许亵渎、诋毁。被告人罗某行为已构成侵害英雄烈士名誉、荣誉罪,应依法惩处,并承担相应的民事侵权责任。罗某具有自首情节,自愿认罪认罚,愿意赔偿公益损害赔偿金……辩护人请求对罗某从轻处罚的辩护意见成立,公诉机关提请对罗某判处有期徒刑七个月的量刑建议适当,法院均予采纳。

案例诠释了法治思维特点。案例教育网民在网络生活中,自觉遵守网络规则,不得有侵害他人名誉等侵权行为,诠释了规则思维。罗某在网络上散布不实言论,故意损毁英烈名誉,侵害了英烈名誉权,受伤害主体有权以侵害英雄烈士名誉权提起民事诉讼是权利义务思维的体现。案发后,检察机关立案,公安机关收集罗某侵害英雄烈士名誉的相关证据,履行诉讼前程序,体现了程序思维。罗某侮辱英烈,诋毁抗美援朝精神,否定社会主义核心价值观,对公共秩序造成破坏,触犯了法律,构成侵害英雄烈士名誉、荣誉罪,应依法惩处。罗某

认识到自己违法行为的危害性后到公安机关投案,供述犯罪事实,愿意赔偿用于抗美援朝烈士精神事迹宣传等公益事业,自愿认罪认罚,有自首情节。法院向公诉机关提请对罗某量刑建议和辩护人请求对罗某从轻处罚的辩护意见予以采纳。判决体现了权衡思维。结合案例以及教材中文本和“知识窗”的学习,学生不仅规范了网络行为,还对法治思维特点有深入、系统了解。借助法治案例,培养了学生实践性法治思维。

## 四、关注时事热点,突破法治思维局限性

随着网络自媒体的快速发展,信息传播迅速。社会上很多热点事件引发关注,成为谈论的中心话题,形成时事热点。小学生在生活中也会接触到时事热点。他们年龄小,心智不成熟,阅历不丰富,对时事热点难以作出正确的价值判断。在教学中,适当融入时事热点,丰富教学资源,让学生对时事热点展开思辨讨论,引导学生在原有思维基础上倾听来自社会方方面面的看法,学会从多维度、多视角看待问题,让法治思维“深”进去、“宽”起来。学生只有法治思维视野得到拓宽,深度得到挖掘,法治思维局限性才能得以突破。

以教材三年级下册第五课《我的家在这里》教学为例。本课旨在引导学生了解社区,增强对社区的认同感、喜爱感。作者在教学“我能做点什么”话题时,针对教材设计的“你们那里有哪些地方需要改进? 你能做点什么呢?”活动表格,组织学生分享填写内容。学生提出有待改进的地方是健身器材损坏、占用草坪种菜、无主高空坠物等。一小区发生无主高空坠物,是近期时事热点。这时,教师出示“普法小课堂——无主高空坠物”案例:李叔叔陪怀孕的妻子在小区散步,突然从高空掉下一个无主花盆砸在两人面前,吓得妻子摔倒在地,导致流产。“飞来横祸,谁来负责?”同学们畅所欲言。接着播放视频,让学生听取网友和居民对无主高空坠物追责的观点,了解法律专家专业解读,学习《中华人民共和国民法典》相关法律条文。无主高空坠物在生活中偶有发生,学生比较关注,然而对无主高空坠物追责观点不尽相同,大多从道德层面上谴责,缺乏法律角度解决意识和能力。作者在教学中以无主高空坠物为切入点,适当拓展教学内容,回应学生对时事热点的关切,并在其中渗透法治思维。学生在“飞来横祸,谁来负责?”讨论环节中表达自己的观点,在倾听他人发言中不断审视自己的观点,学会从多维度思考问题,对“飞来横祸,谁来负责?”认识更全面、更客观。

作为课后拓展,作者设计了法治辩论会活动。辩论内容围绕近期网络时事热点:某小区一车主发现有狗经常在她汽车轮胎上撒尿,几次告诉物业都没有得到解决。于是,她偷偷在停车位附近放了一些含鼠药的火腿肠,想用这种方法教训狗的主人。有三条狗误食后死亡。事发后,车主认为:“在我的轮胎上撒尿,活该。”

课后,同学们就这一事件分成正反两方开展辩论。

宠物随地大小便造成邻里矛盾较常见,辩论内容选材立足学生生活,也是时事热点。活动旨在引导学生将所学学科知识与生活实践相联系,提高法治辨析力。学生围绕时事热点展开辩论,辩论集中于:狗属于主人私有财产,不能随意损毁;狗经常在车主轮胎上撒尿,污损车主汽车,污染小区环境,应该受到惩罚等方面。辩论中,学生利用相关法律支撑各自观点,拓宽了法律知识,增进对《中华人民共和国治安管理处罚法》《中华人民共和国动物防疫法》等相关法律的了解。有的学生认为车主行为不仅构成故意破坏公私财物罪,投放有毒鼠药可

能构成投放危险物质罪；有学生认为狗主人也有责任，经常在车主轮胎上撒尿的狗没拴绳，对照相关法律，狗主人也违法了；如果拴了绳，还在车主的轮胎上撒尿，就是故意污染环境，也是有责任的……

同一问题，角度不同，产生的观点不同。通过对时事热点开展辩论，学生在多方面观点影响下，加深了对相关法律的认知和理解，学会多角度看待问题，思维得到了释放与拓展，突破了法治思维的局限性。

在教学中运用链接真实生活、巧用两难情境、借助法治案例和关注时事热点多种教学策略，有助于培养学生法治思维认同感、批判性和实践性，突破法治思维局限性，使法治思维扎根于学生幼小的心灵，从小树立正确法治观念，学会在生活中用法治思维辩证地看待问题，指导行为，作出正确选择。

## 参考文献

[1] 张家伶.让思维“在场”：小学道德与法治深度教学[J].教育界，2022(31)：95-97.

[2] 李蔚昕，刘新.小学道德与法治学科关键能力的重要性及培养策略：以法治思维能力的培养为例[J].辽宁教育，2021(17)：12-17.

[3] 张晓晨.在小学道德与法治课中培养学生的法治思维[J].北京教育(普教版)，2021(10)：18-20.

# 提高小学思政课教学有效性的策略探究

**摘要：**课堂提问是小学思政课教学的有效性因素之一，是师生之间课堂互动的生命线、思维的桥梁和学习的纽带。对影响小学思政课堂提问的有效性因素的分析和研究，可为提高课堂提问有效性策略的探究提供依据和指导，有利于学生良好道德素质的建构和正确人生观、价值观的形成。

**关键词：**思政课　课堂提问　有效性　因素分析　策略探究

小学开设的思政课是《道德与法治》，分为三个阶段，一、二年级为第一阶段，三、四年级为第二阶段，五、六年级为第三阶段 。其内容以传统文化、道德观念和社会主义核心价值观为指导，向小学生普及法律知识和做人做事的道理。在小学道德与法治课教学中，教师精心设计不同层次的课堂提问，引导学生深入思考，发挥师生互动、生生互动的课堂提问作用，是提高小学思政课有效性的策略之一。本文将对影响课堂提问的有效性的因素进行分析，并对相应的策略进行探讨。

## 一、影响课堂提问有效性的因素分析

影响课堂提问有效性的因素主要包括 6 个维度：问题类型、候答时间、回答方式、教师反馈方式、回答类型和追问情况。因此，作者从上述 6 个维度对 75 节小学道德与法治课例进行了观察、记录和对比分析研究。75 节课例分为两类：一类是从国家教育资源公共服务平台 2017、2018、2019 年度部级一师一优课随机抽取 36 节人教版课例，涵盖所有年级，为便于研究，将此类课例归为优秀课例；另一类是 2018、2019、2020 年度观摩的校级、县区级 39 节人教版现场课例,涵盖所有年级,归为一般课例。在影响课堂提问有效性因素的6个维度中,问题类型可分为以下6种:记忆型、理解型、应用型、分析型、综合型和评价型;候答时间分为1秒以内、1～3秒、3秒及以上;回答方式有思考、齐答、举手答、抽答和指名答;教师反馈包括打断、默许、直接反馈、赞赏、让别人判断、继续追问或忽略;学生回答分为无回答、记忆、选择、思考和创造5种类型;追问情况分为两个观察维度:重复追问和逐层追问。

（一）问题类型对比

分析、综合、评价型问题对应学生的高层次思维和高层次认知,属于高层次问题。记忆、理解、应用型问题对应学生的低层次思维和低层次认知,属于低层次问题。饼状统计图(图1)显示,两类课例在问题层次上存在明显差异。优秀课例中低层次问题的比例低于一般课例;高层次问题的比例高于一般课例。结果表明,优秀课例中的教师在设计和提出高层次问题方面更为出色。在有限的课堂时间内,教师可以有意识地提出高层次问题,体现了教师对培养学生高层次思维和学科素养的重视。课堂提问不取决于数量,而取决于学生的思维训练和学科素养训练是否到位。在优秀课例中,教师善于通过高层次问题的设置,引导学生积极、深入地思考,提高课堂提问效率,值得借鉴。

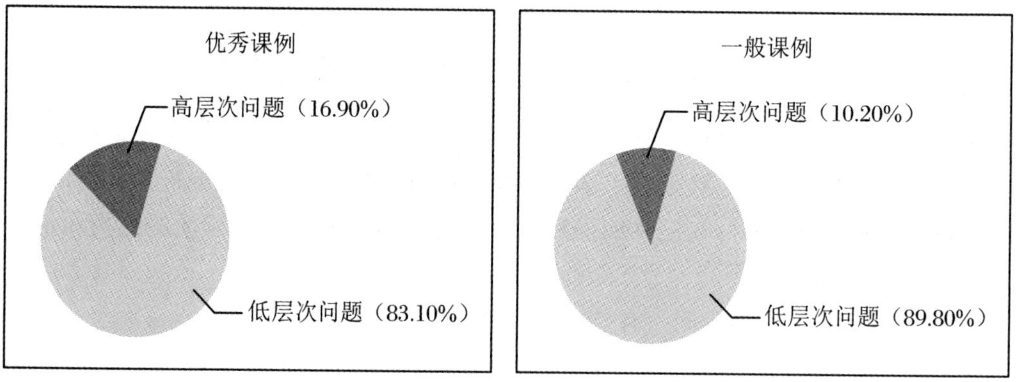


**图1　优秀课例与一般课例不同层次问题所占比例**

（二）候答时间对比

根据两种问题的类型层次,作者比较和分析了优秀课例与一般课例等待答案的时间(图2)。研究发现,优秀课例中低层次问题的等待时间明显短于一般课例。优秀课例中高层次问题的平均等待时间比一般课例要长得多。上述结果表明,低层次问题思考时间不必太久(平均为2秒),应适当延长高层次问题的等待时间,让学生充分思考,提高他们的思维水平。

（三）回答方式对比

对于低层次问题,优秀课例与一般课例在回答方式上存在明显差异。从图3可以看出,学生齐答的方式与举手回答问题的方式大致相同。有些问题提供给学生思考,无须回答或立即回答,以调动学生的学习积极性。

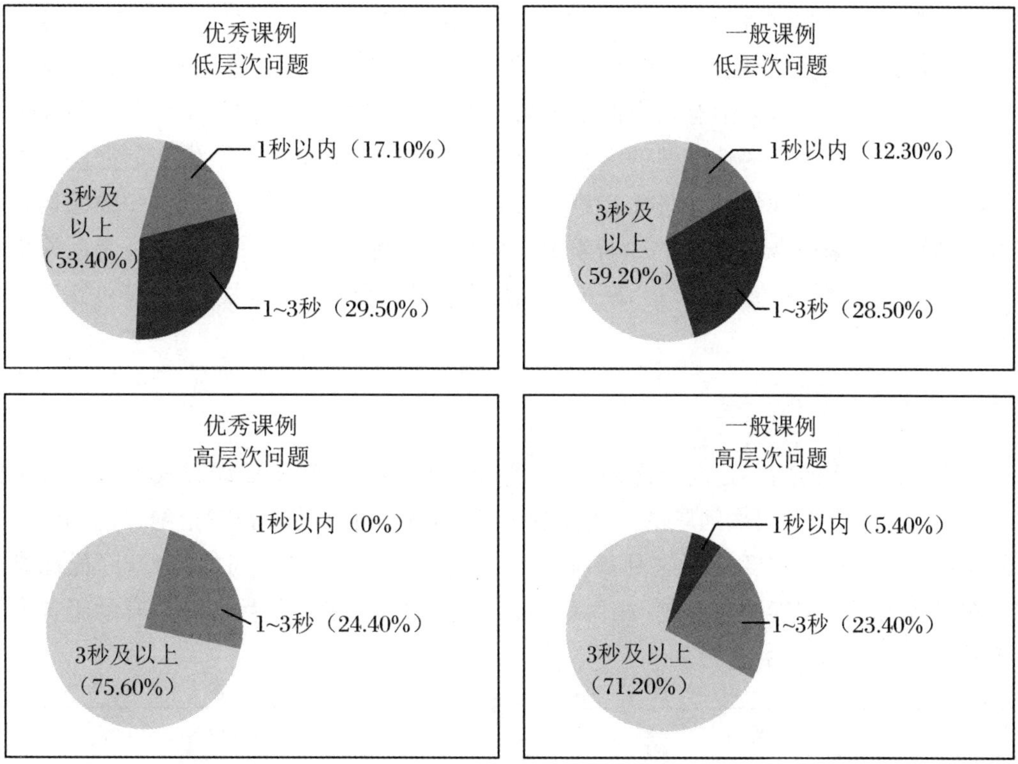


**图 2　不同层次问题优秀课例与一般课例候答时间对比**

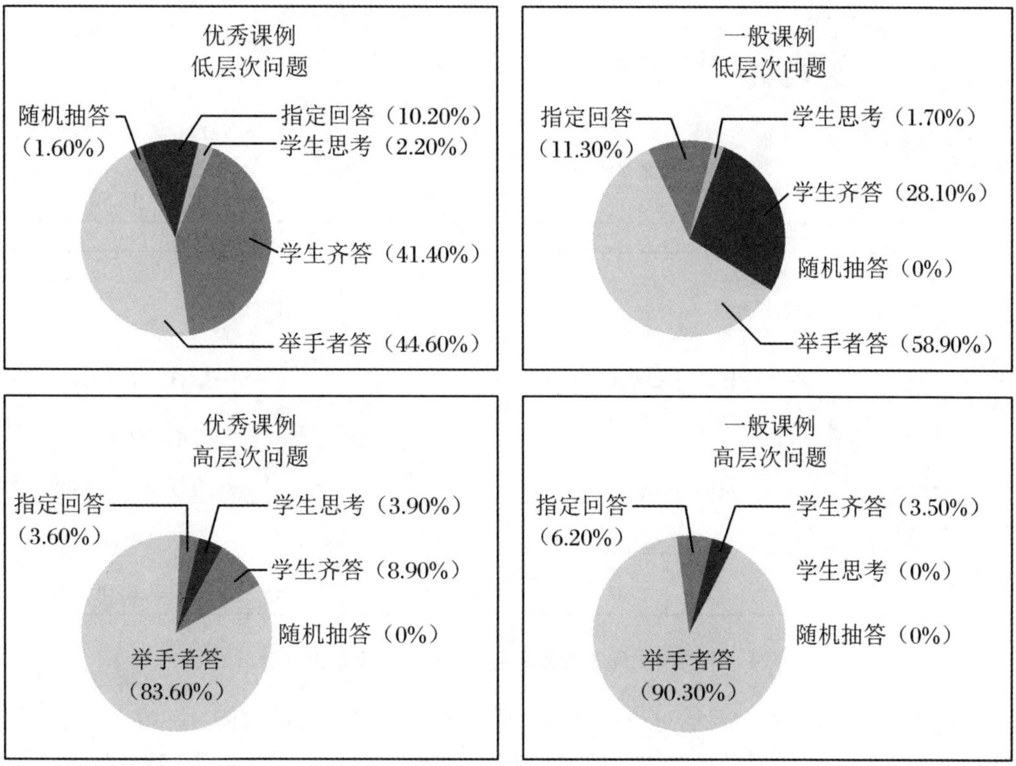


**图 3　不同层次问题优秀课例与一般课例回答方式差异**

对于高层次问题,教师在一般课例中采用举手回答的方式,而在优秀课例中,除了举手回答,教师还运用让学生一起思考、齐答的方式。通过对这一现象分析后认为:优秀课例中,教师让学生思考,为学有余力的学生拓展思维空间,培养思维能力。此外,研究图 3 发现,对于高层次问题,两种类型的课堂案例中,教师有意识地减少学生一起回答和指定回答的方式,提高举手回答的比例,能够培养学生认真思考的习惯。但是,一般课例老师所做的调整并不像优秀课例所做的调整那么明显。作者认为,举手回答比指定回答更合理,体现了老师对学生的充分尊重,减少了高层次问题给学生的心理压力及其可能带来的负面影响。

（四）教师反馈方式对比

无论是低层次问题还是高层次问题,优秀课例与一般课例在反馈方式上都有很大的区别。图 4 显示,在低层次问题的一般课堂示例中,教师通常使用暂时拒绝评论和继续提问的反馈方式。如果过度使用这种反馈方式,很容易造成课堂时间的浪费,降低课堂效率。在优秀课例中,“连续性问题”相对较少,大部分教师及时反馈给学生,有助于提高课堂效率。

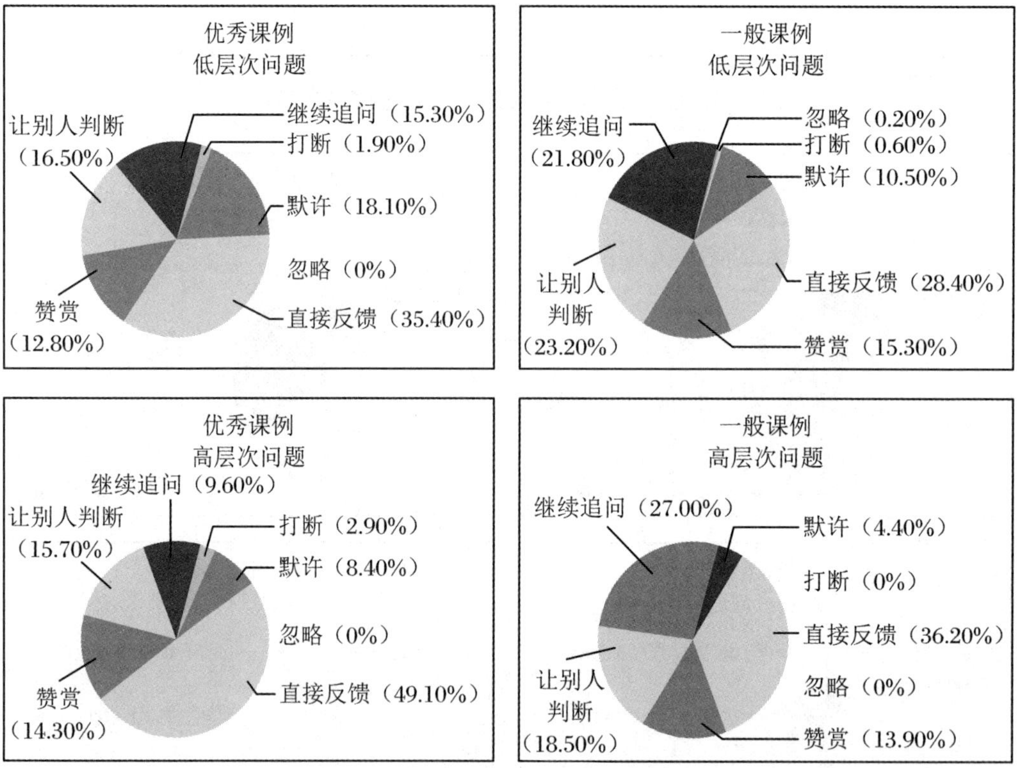


**图 4　不同层次问题优秀课例与一般课例反馈方式差异**

在优秀课例中,教师主要通过直接反馈和赞赏的方式回答高层次问题。在一般情况下,教师更喜欢继续提问。通过反馈方式的研究发现,如果学生能够回答这个问题,就应该提倡持续提问的方法。

（五）回答类型对比

由图5可看出，在优秀课例中，低层次问题回答类型的记忆和选择比例高于一般课例，这样的设计有助于学生巩固知识。

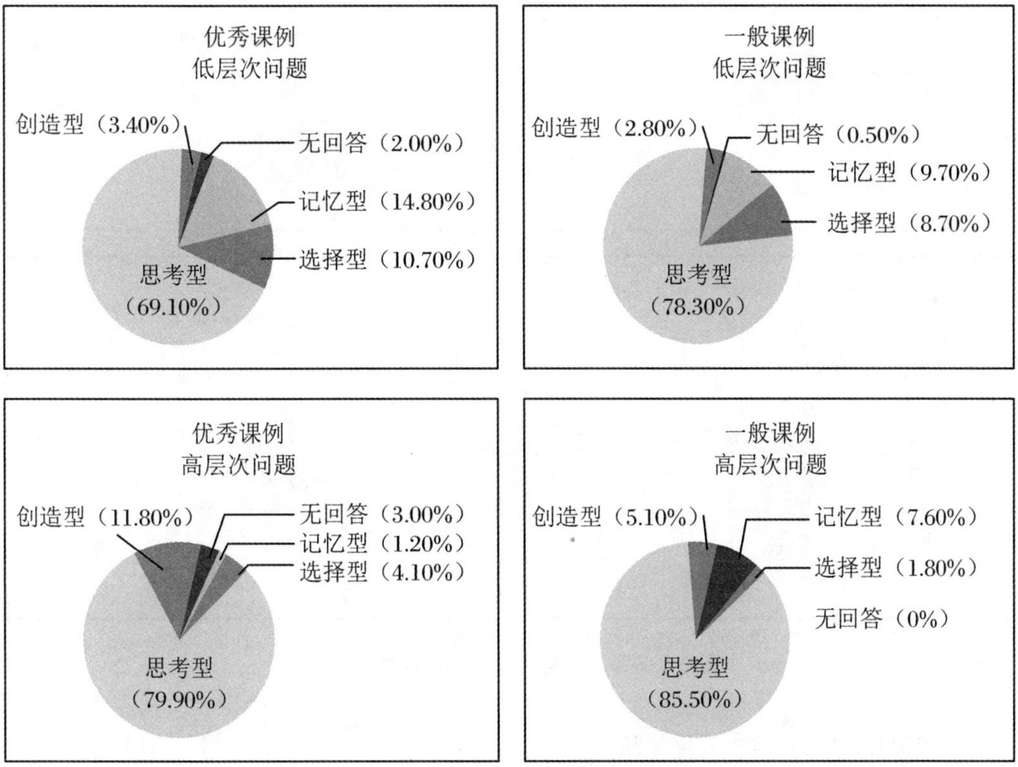


**图5　优秀课例与一般课例回答类型差异**

对于高层次问题，优秀课例中“选择型”和“创造型”回答类型的比例高于一般课例，而“记忆型”的比例低于一般课例。作者认为，在高层次问题上，优秀课例中教师对“创造型”和“记忆型”回答方法的有效调控，有助于激发学生思维的发展，完美体现教师的教育水平。

此外，通过观察不同层次问题下优秀课例回答类型的变化，可以看到，“记忆型”与“选择型”的比例明显下降，“思考型”与“创造型”的比例相比低层次问题明显上升，这体现了优秀教师的课堂调控能力。

（六）追问情况对比

作者从低层次问题和高层次问题两个层面研究了课堂追问情况，对重复追问和逐层追问占比情况进行了统计、分析(图6)。研究表明，对于低层次问题，优秀课例追问次数少于一般课例，逐层追问次数高于一般课例。在良好的课堂案例中，教师更擅长将问题分解为不同层次的启发式问题，并分阶段追问。这可以让学生在老师的指导下快速回忆他们所学的内容，而在一般的课堂案例中，教师只对低层次问题简单地重复追问，这显然不利于学生思维的拓展。

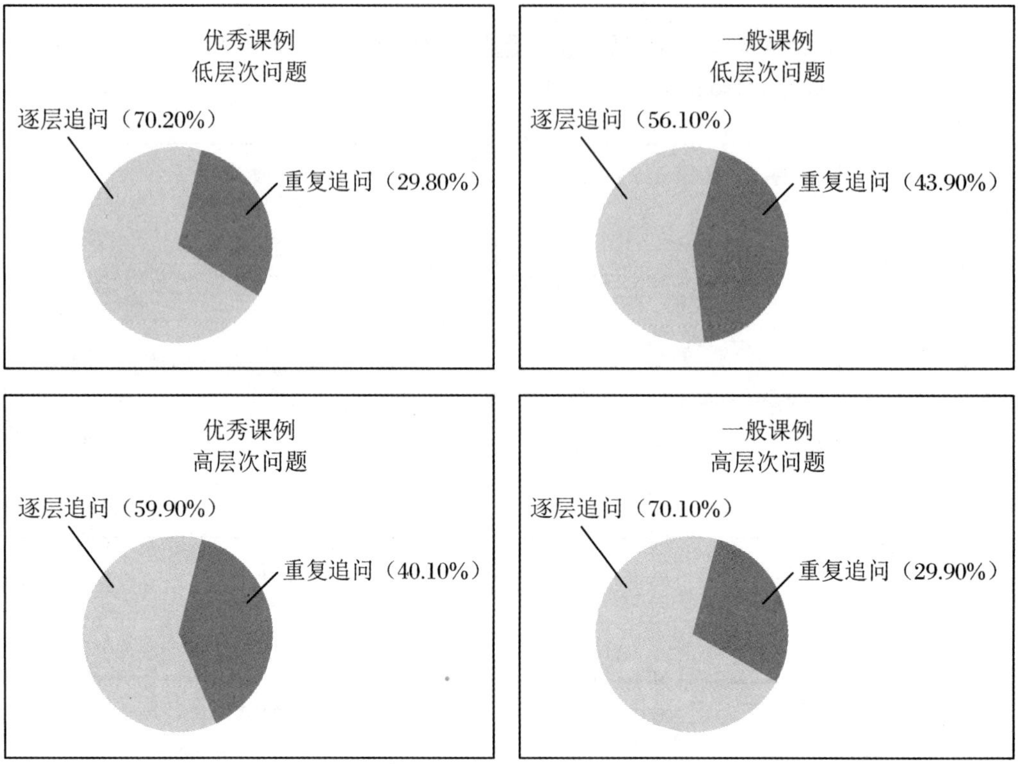


**图6　优秀课例与一般课例追问情况比较**

二、提高课堂提问的有效性策略

基于以上研究，为提高小学道德与法治课堂效率，有效培养学生思维，提高学科素养，提出如下策略：

（一）提高高层次问题提问占比

课堂提问对于提高学生的知识水平、培养他们的思维能力和创新精神非常重要。教师需要在课前精心设计课堂问题，鼓励学生多层次思考，增加解决问题的积极性，有效培养学生的思维能力。在实际课堂中，太多的低层次问题，使课堂显得非常活跃，在表面兴奋的背后缺乏真正的思考指导。因此，教师应自觉提高课堂提问中高层次问题的比例。当然，不是越高越好，而应基于对学情的全面分析，再根据教学目标和重难点，合理设计各个层次的问题。比如在《多元文化　多样魅力》第一课时教学中，教师适当提高问题设置层次："这些不同的地形在七大洲的分布情况一样吗？让我们带着这个问题再来看看《世界地形图》，说说你发现了什么。"设置这样的高层次问题，有助于培养学生分析问题的能力、综合判断能力和学科素养。

（二）延长高层次问题的候答时间

美国心理学家罗伊提出了"等待时间"的概念。他的研究发现，教师的教学行为和态度对超过3秒的等待时间有积极影响，且提问策略也会变化多样，比如减少问题数量，提高问题质量，丰富问题类型等。对比两种课例，作者发现，教师抛出问题后，延长3～5秒的候答时间，学生的课堂参与率明显提高。然而，对于大多数教师，尤其是一般课例中的教师来说，增加几秒钟的课堂“等待时间”并不容易。他们担心“冷场”，会重新组织语言来引导学生，甚至担心如果回答问题的时间延长，学生可能没有足够的注意力，还可能会恶作剧。对于低层次问题，由于学生不需要太多时间思考，教师的关注是合理的；然而，对于高层次问题，学生必须进行复杂的信息处理。而在高层次问题的思考过程中，时间的缺乏不可避免地导致学生缺乏思考或思考不深入。因此，教师应灵活处理不同问题的等待时间，适当延长高层次问题的等待时间，不必担心“冷场”，不必为教学进度“惜时如金”。

比如优秀课例《探访古代文明》在“拓展视野，代代传承”环节中，教师出示《良渚申遗》视频并提出问题：从这则新闻中你知道了什么？给学生候答时间为2.31秒。学生甲：中国良渚已成功申报世界遗产，成为世界文化遗产；学生乙：截至良渚成功申报世界遗产，中国的世界遗产已经达到55处，是世界上文化遗产最多的国家。针对学生乙的回答，教师追问“从数字55中，你感受到什么？”等待时间约为3.2秒。提出问题和跟进问题后，延长等待时间，让学生有充足的时间思考，学生只有经过一系列复杂信息提炼、高层次思维活动，才能深刻感受到我国是一个文化底蕴深厚、历史悠久的国家，并为此而感到自豪和骄傲。通过延长高层次问题候答时间，实现了教学目标。

### （三）课堂提问多样化

课堂是学生成长的主要场所，课堂教学应该帮助所有孩子成长。学生积极参与课堂提问，体现现代自由、民主、和谐的教育理念。学生的参与必须是有效参与和积极参与之间的匹配。因此，教师在设置问题时必须考虑班级学生的知识和智力水平，提出的问题必须是课堂上所有学生都要面对的。对于低层次问题，灵活运用多种提问方式，如“学生一起回答”和“随机回答”，以提高答案的广度，给每个孩子一个发光的机会，激活课堂气氛。对于高层次问题，学生需要一定的知识储备和良好的思维来回答。应根据学生的学习情况，采用有针对性的提问方式。“学生课后思考”能够帮助学习能力强的学生进行课后探索。“快速回答”仅适用于大多数学生完成答案的情况。否则，优生思维取代了班上所有学生的思维。课堂上看起来十分活跃，但缺乏真正的思维引导，并不能激发所有学生积极思考。久而久之，就会产生“学习障碍学生”。适当增加“举手回答”，减少“指定回答”，避免学生没有充分思考就被指名回答的尴尬，减少学生可能产生的消极心理。

### （四）反馈及时有效

对高层次问题，教师要给予肯定性反馈，使用“欣赏”和“直接反馈”更有利于学生及时掌握知识，尤其是欣赏性评价，对于调动学生的积极性，促进学生的积极思维起到积极的作用。无论学生的回答是否正确，教师都不得打断学生的回答，在等待学生的回答后，教师需要快速、恰当地评价学生的答案。正确的评价会引导学生继续在肯定答案的基础上向思维纵深发展；如果所有的答案都错了，教师应该耐心倾听，对学生给予足够的尊重，等待学生说完。然后，根据答案，设计纠错方法，并对学生进行激励性点评；如果答案不全对，在肯定正确答案的基础上，着重引导学生如何更全面地思考问题或改进答案，从而培养学生严谨而深刻的思维。

低层次问题主要测试学生的知识获取情况，可以对学生的回答直接反馈。不建议反复追问，因为那样做不仅会浪费宝贵的课堂时间，还会降低课堂效率。

### （五）设计问题层次性

为避免对低层次问题的重复追问，在设计问题时要记住它们的层次性。

对于低层次问题，教师不应过多地重复追问。否则，不仅会浪费上课时间，而且学生的思维也不会得到锻炼。但是，在设计分层问题时，教师可以将目标问题分解为几个启发式问题，为学生提供记住知识和思考问题所需的线索。

对于高层次问题，教师应该逐层追问，这样不仅能给学生提供足够的思考时间，还能为更多的学生创造表达观点的机会与平台，调动学生的积极性，激发他们的思维。

总之，通过两类课例对比研究发现，优秀课例具有以下特点：高层次问题比例大，等待时间长；低层次问题提问方式多样化，倾向于给予直接反馈；对高层次问题给予"欣赏性"反馈；对于低层次问题，老师应因材提问；对于高层次问题，教师善于将问题分解，逐层追问。这些特点为制订提高小学道德与法治课教学有效性策略提供了依据和指导。

### 参考文献

[1] 张鹏.高中生道德素质培育研究[D].太原：山西农业大学，2014.
[2] 赵燕.全民阅读背景下儿童阶梯阅读的研究与推广[J].出版广角，2019(335)：42-44.
[3] 周颖洁.初中数学有效课堂提问现状分析[D].上海：上海师范大学，2015.
[4] 王艳.初中优秀-普通语文教师课堂提问等待时间的对比研究[D].太原：山西师范大学，2015.
[5] 张春莉，宁丽曼.不同水平问题的小学课堂提问实证研究[J].课程·教材·教法，2011(10)：35-36.
[6] 李兴美.关于初中物理教学中课堂提问的思考[J].课程教材教学研究(教育研究)，2007(04)：51-53.

## "三气"——党的二十大精神融入思政课堂策略探究

**摘要：**将党的二十大精神与小学思政课有效融合，是达成立德树人根本任务、培养学生核心素养的根本需要。通过紧扣思政大方向、寻找内容切入点、设计主题聚焦活动点，让党的二十大精神"贴地气"地进课堂；通过创造课堂共情点，挖掘儿童生长点，紧扣教学突破点，使党的二十大精神融入课堂更"富童气"；通过把道理讲深、讲透、讲活，学校、家庭、社会三环相扣，儿童知行合一，让思政课堂"生正气"。

**关键词：**党的二十大精神　思政课堂　立德树人　教学策略

党的二十大是全党全国各族人民向第二个百年奋斗目标接续前进的关键时刻召开的一次十分重要的大会。习近平总书记所作的报告明确了党在新的征程上举什么旗、走什么路，以怎样的精神状态，朝着怎样的目标继续前行的关键问题。大会报告和过去十年的伟大成就，不仅是思政课教学的鲜活案例，更是最好的教科书。从党的二十大报告内容中不难发现，无论是十五个方面的内容阐述还是各种关键词的表达，都和《义务教育道德与法治课程标准》(2022年版)(以下简称新课标)中学科五大核心素养——政治认同、道德修养、法治观念、健全人格、责任意识相契合，可以从思政教材中找到相应教学内容，有力证明了党的二十大精神融入思政课堂的必要性、重要性与可行性。

如何有效地将党的二十大精神融入小学思政课堂，让学生愿意听、听得懂，入脑入心？本文从教材、党的二十大报告、学生、课标等多角度出发，从科学设计到巧妙融合再到知行合一，真正做到达意、知情、塑行的目的。

## 一、精准挖掘，科学设计——“贴地气”

把党的二十大精神巧妙融入小学思政课堂，达成立德树人的教育根本任务，要求教师把功夫下在课前，做好充足准备工作，把握思政大方向，寻找突破口，精心设计课堂活动，让党的二十大精神如春雨般润物无声，滋养童心。

### （一）紧扣思政大方向

思政课是落实立德树人根本任务的关键课程，旨在提升学生思想政治素质、道德修养、法治素养和人格修养等，增强学生做中国人的志气、骨气、底气，为培养以实现中华民族伟大复兴为己任的有理想、有本领、有担当的时代新人打下牢固的思想根基。新课标为我们指明了思政大方向，党的二十大报告是时代的最强音，其作为思政教学的内容补给和精神支撑，为思政教学提供了更加丰富、多维、真实、深刻的学习体验，必将有力推动学生正确的价值观、必备品格和关键能力的培养。在实施过程中要基于其原文原意，不得随意更改、发挥，需确保内容、方向的正确性，有鲜明的政治性，教师要坚守思政底线。坚持知识教育与价值教育相融合，要以党的二十大精神涵养学生的志气、骨气、底气，引导学生自觉扎根人民群众，立志民族复兴，努力成长为德、智、体、美、劳全面发展的社会主义建设者和接班人。

### （二）寻找内容切入点

党的二十大精神进课堂教学，不应打破原有的课程体系、课时安排去另起炉灶，应基于现行课程体系，寻找恰当的切入点，有机融入党的二十大精神，丰富、优化课堂教学内容。正如课标实施建议中指出要“及时丰富和充实教学内容，反映党和国家重大实践和理论创新成果”。

以党的二十大报告第十项“推动绿色发展，促进人与自然和谐共生”为例，其提出“加快发展方式绿色转型”“深入推进环境污染防治”“提升生态系统多样性、稳定性、持续性”“积极稳妥推进碳达峰、碳中和”等目标要求，这些内容在小学三个学段的课程体系中均有章节涉及(表1)，在具体实施过程中要基于学段目标、学生认知水平、已有生活体验等因素科学切入相应报告内容，充实丰富课堂教学，切不可盲目拔高要求，脱离学生心理认知水平。通过层层递进、环环相扣的教学，孩子们愿意听、喜欢听、听得懂，方能使“责任意识”这一核心素养落地生根。

**表1 党的二十大报告与课程体系关联性例析**

| 党的二十大报告第十项 | 具体目标 | 教材相关内容 | 学段目标 | 对应核心素养 |
|---|---|---|---|---|
| 推动绿色发展,促进人与自然和谐共生 | 1. 加快发展方式绿色转型 | 一年级下册第二单元“我和大自然” | 亲近自然,爱护动植物 | 责任意识 |
| | 2. 深入推进环境污染防治 | 二年级下册第三单元“绿色小卫士” | | |
| | 3. 提升生态系统多样性、稳定性、持续性 | 四年级上册第四单元“让生活多一些绿色” | 热爱自然,了解自然是我们生活的共同家园,懂得保护环境、爱护动物、节约资源 | |
| | 4. 积极稳妥推进碳达峰、碳中和 | 六年级下册第二单元“爱护地球　共同责任” | 热爱并尊重自然,自觉保护环境、爱护动物,初步了解可持续发展理念 | |

(三)设计主题聚焦的活动点

党的二十大报告内容丰富,内涵深刻,找寻切入点后,建构主题聚焦的系列学习活动很有必要。在课程实施中新课标倡导探索大单元教学、主题式学习,更加关注知识间的内在关联,引导学生进行知识框架的主动建构,使零散的知识点形成系统的知识体系。

党的二十大报告中强调“全面加强党的领导,明确中国特色社会主义最本质的特征是中国共产党领导”,何为“共产党”?为什么要加强党的领导?五年级下册第三单元“百年追梦　复兴中华”部分为我们做了很好的诠释,通过六课为我们介绍了屈辱的历史、中国共产党的诞生以及带领中国走向富强的历史,本单元可以以屈辱—觉醒—探索—发展—强大为主线进行教学,将整个单元的知识点串成一条线。其中《中国有了共产党》第一部分“开天辟地的大事变”,可以通过设计以下活动进行学习。看一看:通过《觉醒年代》影视片段,了解马克思主义在中国的初步形成;听一听:通过故事讲述,感受李大钊为革命献身的伟大精神;查一查:了解五四运动的故事和口号;议一议:为什么中国会遭受不平等对待?想一想:“红船精神”带给你什么力量?画一画:画中国共产党的党徽。

## 二、巧妙融合,共情生长——“富童气”

(一)创造课堂共情点

党的二十大报告指出,“新时代的伟大成就是党和人民一道拼出来、干出来、奋斗出来的!”回望百年,屈辱与鲜血,变革与进步,需要唤醒孩子的认知,需要课堂中师生的共情,需要用历史叩击孩子心灵的大门。以五年级下册第三单元“百年追梦　复兴中华”第九课《中国有了共产党》为例，在学习五四运动片段时，我是这么设计的：

师：1919 年 1 月，中国以战胜国身份去巴黎参加了“和平会议”。会议上，日本代表提出了很多无理要求，请看大屏幕(课件展示日本政府提出的要求)。

师：在这些条约里面反复出现的字眼有哪些？

生：让与日本，一并让与日本，无偿让与日本，无偿归还日本。

师：孩子们，面对这样的条约，你有什么感受？我们能签吗？

生：很气愤，很羞耻，这是在欺负中国！不能签！

生：心里很痛，坚决不能签！中国的土地凭什么给日本？

师：是啊，相信我们每一个有良知的中国人都无法接受，但是懦弱的北洋政府竟然想要在合约上签字，当这屈辱的消息传回国内，激起了社会各界的强烈愤慨。请同学们阅读 59 页的“阅读角”，说一说此次运动中国各界是怎么做的。

生：北京的学生纷纷罢课，在天安门前集合，组织演讲、宣传，游行示威。

生：各地学生纷纷罢课、工人罢工、商人罢市，支持北京学生。

生：经过全国各界的努力，北洋政府最终拒绝在合约上签字，我们胜利了！

师：孩子们，这就是五四运动(出示相关视频资料)，一场浩浩荡荡的以学生斗争为主导的反帝爱国运动，让我们看到那个时代有志青年谱写的救亡图存、振兴中华的青春乐章，为中国共产党的成立做了思想上和行动上的准备。同学们，现在的中国依然面临很多挑战，我们该怎么做才不会让巴黎“和平会议”的屈辱再次上演呢？

生：作为小学生，我们要发奋读书，听党话、跟党走，听习爷爷教诲。

生：我们要有梦想，做有理想、有担当、肯奋斗的新时代好少年。

师：孩子们，你们说得都很好！习爷爷在党的二十大报告中指出：我们已走过百年奋斗历程，我们要不忘初心，牢记使命，艰苦奋斗，敢于斗争！你们是我们伟大祖国的希望、我们伟大民族的希望，努力学习吧，少年！(课件出示习爷爷的话)

### (二) 挖掘儿童生长点

党的二十大报告对象主要是成人，但党的二十大精神进入课堂的对象是学生，传达给学生之前，需要从党的二十大精神与教材的融合中挖掘学生生长点，并通过课堂传递给学生德性、思想认知、价值观的正确方向。

以五年级上册第九课《古代科技　耀我中华》为例，这一课旨在通过对古代科技智慧的了解，激发学生对传统科技的钦佩之情和对传统文化的热爱。教材的目标设定仅止于此，但这一课学生的生长点不能只是获得文化认同和爱国情感教育，通过延伸、拓展，激发孩子的行动才是最终目标。党的二十大报告第五项“实施科教兴国战略，强化现代化建设人才支撑”中强调“教育、科技、人才是全面建设社会主义现代化国家的基础性、战略性支撑。必须坚持科技是第一生产力、人才是第一资源、创新是第一动力”。试问，全面建设社会主义现代化强国，谁来接力科技兴国，耀我中华？又该如何接力？基于党的二十大精神深度理解和实践思考将促进学生的责任担当，提升学生的核心素养，这样的党的二十大精神学习使课堂更贴地气，更有深度，是学生德性生长的需求所在。

（三）紧扣教学突破点

党的二十大精神进入课堂,并不是报告原文的生搬硬套,而是活用巧用,通过融入教材,助力教学重难点的突破。

以六年级上册第六课《人大代表为人民》第二课时“责任在肩　人民在心”为例,根据课文内容,这节课的教学设计分为认识人大代表构成的广泛性,了解人大代表的职责以及懂得人大代表不负人民重托。但对于小学生来说,这样的学习内容与其生活距离遥远,无法看到、听到、感受到,因此理解人大代表通过认真履职践行“人民在心”便成为教学的重难点,但融入党的二十大会议,是本节课教学最好的助力。如果紧扣教学的突破点,通过观看党的二十大会议现场视频,可以让学生获得直观的参会体验;通过研究各行各业代表们的工作,可以了解到代表们如何履职;通过一个个与人民息息相关的提案的诞生,可以了解代表们“为人民服务”的决心,通过研究这些比教材更丰富、更鲜活的活动,通过一系列的深度学习,这一课将更加入眼、入脑、入心。

三、三环相扣,知行合一——“生正气”

党的二十大精神落地离不开现实社会和学生的实际生活,在内容选择上应以社会发展和学生生活为基点,增强针对性和现实性。在这一过程中离不开老师的引导,更离不开家庭、社会的助力。

党的二十大报告第七项“坚持全面依法治国,推进法治中国建设”中第(四)项任务提出要“加快建设法治社会。法治社会是构筑法治国家的基础。弘扬社会主义法治精神,传承中华优秀传统法律文化,引导全体人民做社会主义法治的忠实崇尚者、自觉遵守者、坚定捍卫者”,这在四年级下册第二单元“做聪明的消费者”(表2)、六年级上册第一单元“我们的守护者”中都有体现,旨在通过学习教育孩子知道法律能够保护自己的生活;知道《中华人民共和

**表2　“做聪明的消费者”实践作业**

<table>
<tr><th colspan="2">课　题</th><th>实 践 任 务</th><th>目 标 关 联</th></tr>
<tr><td rowspan="3">做聪明的消费者</td><td>买东西的学问</td><td>1. 看一看自己喜欢的商品上面的包装信息<br>2. 购物后和收银员索要购物发票<br>3. 为自己网购一本书</td><td>学做家庭小当家,每周参与购物,在超市、商场、网络等环境中实践购物学问,养成文明购物的好习惯,在购物中有维权意识</td></tr>
<tr><td>合理消费</td><td>1. 和父母一起制作购物心愿卡并完成购物<br>2. 制订我的午餐计划并实施</td><td>梳理生活中的那些不合理的购物行为,规划家庭消费内容,再进行合理消费</td></tr>
<tr><td>有多少浪费本可避免</td><td>1. 记录一周的家庭消费,计算一周的浪费现象,建立奖惩机制<br>2. 和父母聊一聊身边物品背后需要劳动者付出的辛劳</td><td>懂得劳动成果是来之不易的,不同的商品需要不同的劳动,获得避免浪费的好方法,养成勤俭节约的好习惯</td></tr>
</table>

国民法典》,了解未成年人的权利,树立用法律保护个人生命财产安全的意识;同时也要知道违法要承担责任,形成守法意识。为了达成目标,我们要充分贴近学生的生活,通过设计科学的实践作业,将课堂所学知识和实践结合起来。

在实践活动中,除了教师的主导作用之外,还需要家长对孩子的消费行为进行引导,对涉及的法律知识进行再分析、再强化,同时也离不开社会的助推作用,学校、家庭、社会三者缺一不可,帮助孩子在认知和行为上成为一个循环提升的整体。

美国新行为主义创始人之一的 Skinne 认为,人的行为主要是由操作性反射构成的,通过不断地强化去改变自身、他人的反应。这和道德与法治教学中通过实践去改变和强化认知的过程是一致的,通过更多有针对性和指向性的个性体验,吸取实践、强化课堂所学知识,从而实现个体和群体的同步发展。

将党的二十大精神融入思政课教学中,是党的创新理论成果与时俱进的教学实践,更是落实思政课立德树人根本任务的重要举措。这既要立足思政小课堂,又要借助社会大课堂,将学生的学习路径、获取知识的途径和受教育空间从线化、平面化向多维型、立体型去拓宽、去拓展、去延伸,最终实现育人、树人的远大目标。

**参 考 文 献**


[1] 习近平.高举中国特色社会主义伟大旗帜　为全面建设社会主义现代化国家而团结奋斗:在中国共产党第二十次全国代表大会上的报告[M].北京:人民出版社,2022.

[2] 中华人民共和国教育部.义务教育道德与法治课程标准 2022 年版[M].北京:北京师范大学出版社,2022.

[3] 张彦,蒲菁斐.二十大精神融入大中小学思政课一体化:教学议题设置的意义、逻辑和建议[J].思想政治课研究,2023(1):16-25.

[4] 李月琴.多维活动链　通达儿童知行合一:大单元视角下的小学思政导行的精准"落地"[J].教育实践与研究,2022(19):51-54.

[5] 张娟,赵莉.党的二十大精神融入思政课教学的三个维度[N].太原城市职业技术学院学报,2023-1(1).


# 第二节　教 海 导 航

## 绘本在小学道德与法治教学中的运用

### 以"天气虽冷有温暖"为例①


**摘要:**小学道德与法治教材以图画为主,以文字为辅,以绘本的形式呈现知识内容。这些知识紧贴学生的生活,注重生活常识的学习和良好行为习惯的养成。在教学中,教师要以绘本为抓手,关注文本细节,梳理教学路径,突破教学难点,连接课外生活,帮助学生深化道


① 原载于《江西教育》2022 年第 7 期。

德与法治认知,形成综合能力的着力点和生长点。

**关键词:**绘本　道德与法治　应用

根据学生的心理特点与身心发展规律,编者设计的小学《道德与法治》教材以图画为主,以文字为辅,以绘本的形式呈现知识内容,帮助学生在有趣的绘本学习中内化知识,养成良好的行为习惯。本文以小学《道德与法治》一年级上册第四单元"天气虽冷有温暖"为例,探究教师如何应用绘本助力道德与法治的教学。

## 一、以绘本为支点,梳理故事大意

为了让学生对绘本内容有更深入的了解,教师要通过丰富的课内外绘本资源,引导学生参与课堂学习。如果纸质的绘本不够直观,教师可以利用多媒体设备动态、直观地展示绘本内容,激发学生的学习兴趣,引导学生更好地理解绘本内容。在绘本的学习中,教师可以通过基本问题、单元问题、内容问题设计教学支点,引导学生梳理绘本的故事大意,建立绘本内容与生活的联系。

### (一)植入交流支点

教师应以绘本为媒介,植入交流支点,引导学生开展有效讨论。例如,在教学"快快好起来"时,教师可运用"读绘本—说绘本—议留白"的学习思路,首先让学生读绘本,接着"说一说"绘本内容,最后引导学生抓住留白"我还遇到过这样的情况……","议一议"自己遇到过的其他情况。遵循这样的学习思路,学生不仅能了解绘本的内容,还能以绘本的内容为起点,延伸到生活中的多样化的内容,实现绘本内容与生活内容的有效连接,进而提升学生感知生活的能力。

### (二)呈现阅读支点

围绕一个主题,将几幅关联度不大的图读懂,对一年级的学生来说有一定的难度。因此,在教学中,教师要根据儿童的认知特点与习惯,基于绘本的信息呈现阅读支点,激发学生的阅读兴趣,激活学生的思维。例如,通过教材图画中的"雪太大了,学校停课了!"这句话,教师可以扩展到学校从学生的安全和健康出发,安排学生在家自习的情况;通过"爱心捐赠的货车"的图片,引导学生要乐于助人;通过电视上发布的"暴雪蓝色预警",引导学生要根据天气变化适当改变穿着,注意防寒保暖;通过阅读并串联绘本信息,学生就能将绘本的多幅图画进行综合观察,进而读懂绘本内容。

### (三)延伸交流支点

在小学低年级的《道德与法治》教材中,每个主题都由多幅图画组成,这些图画不仅能"讲故事",还能帮助学生建构精神世界,培养多元智能。例如,《新年的礼物》这一课中有三个话题——"新年的收获""收获哪里来""新年心愿"。每个话题都以绘本的形式解读文本内涵,同时有一定的留白,为学生的延伸交流与拓展留下了空间。延伸交流的支点,能让阅读走向开放化、多元化,有助于学生的多元化发展。

## 二、以绘本为依托，突破教学难点

对小学阶段的学生来说，学习抽象的道德与法治知识难度较大。教材编者将知识内容以绘本的形式呈现，有助于教师以绘本为依托，突破教学难点，提升学生的学习效率。例如，“天气虽冷有温暖”一单元有四个主题，不同的主题要用不同的教学策略去破解难点。

### （一）用“观察—发现”破解难点

在《美丽的冬天》一课中，儿歌《不一样的冬天》的理解难点在于东西南北中的冬天为什么有那么大的差别。在教学中，教师就可以依托绘本内容，用“观察—发现”法，帮助学生破解难点。首先，引导学生识读教材中呈现的南北方两个小朋友打电话的内容，让学生抓住留白把自己的猜测说出来；其次，用视频呈现东西南北中各地冬天的生活场景，创设生活化情境，引导学生观察，帮助学生理解儿歌内容；最后，引导学生将自己观察的结果组织成有序的语言，进行分享与交流。

### （二）用“体验—感悟”破解难点

在教学中，教师要依托绘本，引导学生用“体验—感悟”的形式破解教学难点。例如，在教学“冬天不怕冷”话题时，教师首先要引导学生识读绘本，然后“说一说”绘本呈现了什么内容。最后，教师可以根据绘本开展实践活动，将学生分成两部分：一部分堆雪人、踢毽子、打羽毛球等；另一部分则站在一旁观看。活动结束后让他们分别谈一谈各自的体验。在实践体验中，学生对知识的感悟会更加深刻，对知识的理解与掌握会更加深入，进而能有效提升学习效果。

## 三、以绘本为基点，连接课外生活

道德与法治知识和日常生活联系紧密，在教学中，教师不仅要指导学生在理解绘本内容的基础上掌握绘本的知识与内涵，还要帮助学生分析、理解、运用绘本，让学生懂得学以致用。

### （一）紧扣生活场景

生活是道德与法治知识的重要来源，道德与法治教学的目的也是让学生学会运用道德与法治知识更好地解决生活问题。在教学中，教师要紧扣生活场景，为学生创设生活化的情境，将知识融入生活实践。例如，在“冬天不怕冷”的话题中，教材展示了一个男孩穿着冬衣还发抖，大喊“好冷！”的图画，该页上方的其他小朋友在堆雪人、踢毽子、打羽毛球、踢足球……玩得不亦乐乎。在教学中，作者首先让学生联系绘本内容，说一说图中的小朋友在干什么。接着让学生在学习绘本后，说一说自己冬天准备怎么过，引导学生在冬天也积极参加户外运动，增加生活的乐趣。

### （二）感受文化习俗

小学道德与法治课程中有很多关于文化的内容，这些内容紧扣生活实际，有助于学生了解文化，提升文化认知。在教学中，教师要引导学生了解文化，并开展文化实践，将知识内化。例如,在“多样的传统新年”话题中,绘本不仅介绍了不同民族春节的传统习俗,让学生感受到了传统节日文化的多样性,而且还揭示了春节期间“阖家团圆”的文化意义。在绘本学习中,学生能体会到春节的传统文化意义,对传统文化的认知会更加深入,进而提升学生的文化认同感。

### 四、以绘本为生长点,“悦纳”自我

教材编排的绘本内容非常丰富,融德育于一幅幅图画中。有效使用绘本,能让课堂变得生动有趣,以绘本为生长点,能提升学生的多元认知能力。例如,《新年的礼物》一课由三个区块组成,每个区块只有几幅图几句话,简单明了,却意蕴深厚。在教学中,教师要引导学生透过这几幅图,看到自己的成长和变化,了解自己和他人的长处,进而“悦纳”自己,实现自我提升。

第一幅图是一个小男孩说“我又长高了,体重也增加了”;第二幅图是一个小女孩在洗衣服,配文“我学洗衣服了”;第三幅图是一个小女孩在读书,配文“我能读很多书了”。这提醒教师,要让学生关注自己在成长过程中的细微变化,而不是只关注考试成绩、比赛奖项等。因此,在教学中,教师可以抓住这部分内容的能力生长点,帮助学生学会正视自我的变化与成长,进而对自己形成科学合理的认知,提升学生的自我评价与自我发展能力。例如,教师可以在教室贴一个身高尺,放一个体重秤,让学生自己量一量、称一称。让学生看到自己的进步,接受自己,认同自己,进而“悦纳”自己。

综上所述,在教学中,教师要以绘本为抓手,梳理教学路径,突破教学难点。同时,以多元化的教学手段充实教学内容,发散学生的思维,连接生活,强化实践体验,实现道德与法治的育人目标。

### 参考文献

[1] 黄晓红.小绘本　大天地:谈绘本在小学道德与法治教学中的应用[J].当代家庭教育,2020(28):20-21.
[2] 赛媛媛.绘出精彩　激活课堂:谈小学道德与法治教学中绘本的融入策略[J].考试周刊,2021(9):121-122.

## “三用”绘本提升道德与法治教学有效性

**摘要**:小学道德与法治具有政治性、思想性和综合性、实践性的特点,小学生年龄小,不能仅靠德育知识灌输提升素养。运用绘本视觉形象性强、价值导向明的特点,善用绘本艺术留白、联系生活功能,巧用绘本创设情境、拓展延伸策略,提升教学有效性。

**关键词**:绘本　教学有效性　小学道德与法治

小学道德与法治是小学思政课,是立德树人的关键课程,本学科具有政治性、思想性和综合性、实践性的特点,要求教师在教学中立足教材,利用情境设置、活动体验等多种形式培养学生正确价值观、必备品格和关键能力。小学生年龄小,生活阅历少,抽象思维尚处于起步发展阶段,不能仅仅依靠灌输德育知识提升学生德育素养,要用学生喜闻乐见、乐于参与的教学资源与形式,提升教学有效性。绘本具有视觉形象性强、价值导向明等特点,学生喜欢阅读,容易理解,在小学道德与法治课堂教学中善用、巧用绘本资源,能激发学生探究热

情，引导学生思维进阶，从而提升课堂教学有效性。

## 一、运用绘本特点，提升教学有效性

绘本是一种以图画、色彩为主，附有少量文字，图文并茂呈现主题内容的读物。与纯文字相比，绘本图画、色彩视觉形象性强，有较强视觉冲击力，对小学生有天然的吸引力。绘本以图画等或讲故事，或介绍历史，或介绍音乐、舞蹈等艺术，引导学生追求真善美，有鲜明的价值导向。

### （一）绘本视觉形象强，有冲击力

绘本是一种视觉文学，通过色彩和图案构成的视觉形象来描绘世界，让孩子从视觉途径去解读，视觉形象性强，有较强视觉冲击力，特别是富有童趣的卡通形象，学生更是爱不释手。德育知识具有抽象性的特点，学习德育知识单靠教师传授理论知识，学生既没兴趣，也很难理解。融入绘本资源，引导学生阅读绘本，学生能在较短时间内集中注意力，准确提取、分析进而把握绘本价值导向。

部编版小学《道德与法治》三年级下册第九课《生活离不开规则》，旨在引导学生认识规则对生活的重要性，了解生活中有哪些规则。规则虽然普遍存在于日常生活，生活更是离不开规则，但学生缺乏深刻体验，无法认识到规则的重要性，更难以全面了解生活中有哪些规则。如果教师直接告诉学生规则的重要性以及生活中有哪些规则，学生会感觉枯燥，没有兴趣，无法真正认识到规则对生活的重要性，抽象的德育知识更无法促进学生成长。绘本《大卫，上学去》极具动作和画图夸张性，视觉形象性强，加之幽默诙谐的语言，学生喜爱阅读。课前布置学生阅读并思考：(1) 大卫在学校需要遵守哪些规则？为什么？(2) 你是否和大卫一样遵守了这些规则？学校有哪些需要同学们遵守的规则？每个问题有两个问题点，第一个问题基于绘本设问，第二个问题以绘本为基础，立足学生生活设问，由形象向抽象进阶。学生阅读绘本时被绘本故事吸引，带着生活经验走进“生活离不开规则”，在阅读中反照自己生活，实现绘本与生活对接。课中，在学生阅读绘本的基础上，引导学生思考并讨论：(1) 请你想象一下，假如人们都不遵守规则，世界会变成什么样子？(2) 如果你的身边有不遵守规则的人，你会怎么做？问题设置基于学生在绘本阅读中形成规则价值认知基础提出，旨在形成价值情感与价值行为，实现学生生活逻辑与学科逻辑相统一。绘本形象激发学生主动探索，把握绘本关键信息，深化对规则重要性认识，自觉遵守规则。运用绘本视觉形象性强的特点，突破本课了解规则重要性、树立遵守规则意识教学重难点。

科学研究表明，人接收信息主要依靠视觉、听觉，其中视觉是最主要的。小学生识字不多，对文字信息缺乏敏感度与理解力，兴趣不高，利用绘本资源能够激发学生兴趣，激活思维，提高学习主动性。

### （二）绘本价值导向明，有真善美

绘本围绕主题或将故事融入鲜活图画、色彩中，或将哲理等融入鲜活图画、色彩中，主题是绘本蕴含的价值导向，因此，绘本具有鲜明的价值导向。学生在欣赏、学习时浸润于绘本，学习某一方面的“道理”。教学时遴选匹配绘本，引导学生围绕主题开展阅读探究，有利于学生获得真善美体验。

小学道德与法治有明确的价值导向,责任意识是小学道德与法治培养学生核心素养之一,目的是培养学生的责任担当。教学中对学生进行价值观引导,促使学生崇尚并践行崇真、向善、爱美道德品质,教师如果直接告诉学生什么是责任担当,怎样做才是责任担当,效果不好,还有可能引发学生逆反心理。

诚信友善是责任担当核心素养的一个方面。在对部编版《道德与法治》三年级下册第三课《我很诚实》进行教学时,利用绘本《不编造　讲事实》面对错误不撒谎掩盖的价值导向,引导学生深入体会诚实守信的重要性。学生阅读绘本思考:蹦蹦编造各种故事掩盖真相,结果会怎么样?诚实守信有哪些具体表现?生活中你是一个诚实守信的人吗?借助绘本蹦蹦的形象,学生形象化感知诚实守信的内涵、诚实守信在生活中的具体表现,反思自己的行为。借助绘本这根拐杖,有的学生说:“放学后,和明明在外面玩没有及时回家,还像蹦蹦一样编造在学校做作业的理由骗妈妈,这是不诚实的表现。”还有的同学说:“我不小心弄坏了班级公物,同学们问是谁弄坏的,我一声不吭,这是不对的,这样做就不诚实了。”在学生发言基础上,教师引导:“你们意识到这是不诚实的表现,怎样才能改正不诚实的习惯,做一个诚实守信的人?”

绘本有明确的价值导向,不同绘本围绕不同主题,形成不同价值导向,要引导学生抓住绘本人物形象、故事情节等进行价值分析,挖掘绘本蕴含真善美价值导向,培养正确价值观,以正确价值观反思、指导实践行为。假以时日,学生就会形成、践行正确价值观,从而过积极健康的生活。

## 二、善用绘本功能,提高教学有效性

艺术留白是一种绘画技巧,画面留有空白,能给读者留有想象空间。绘本留白主要有画面留白、文字留白等几种。教学中,善用绘本艺术留白,拓宽学生思维与视野,能有效拓展教育空间。绘本创意、素材源于生活,或是儿童个体生活体验,或是对儿童个体生活观察记录和解读,善用绘本生活性链接学生生活,有效引导学生观察生活、反思生活、建构生活。

### (一)艺术留白,拓展教育空间

绘本以画图等呈现主题内容,绘本艺术留白无论画面留白还是文字留白为学生想象、思考留下空间提供可能。在小学道德与法治教学中,要善于利用艺术留白,挖掘教育深度,拓展教育宽度。学生阅读绘本,教师通过体验活动、思辨性问题设置等,挖掘绘本艺术留白,引导学生开展自主探究,培养学生想象力、思维和观察能力,拓宽思维边界,拓展教育空间。

在教学部编版《道德与法治》一年级下册第十一课《让我自己来整理》时,引导学生阅读绘本《我要靠自己走》思考并讨论:小考拉金伯利一开始做事和后来有什么不同?你从什么地方看到的?学生阅读绘本后发现,小考拉金伯利一开始无论做什么事都依靠妈妈,自己没有一点自理能力,后来在妈妈的教育下,自己能做的事自己做,学会了独立生活。学生这一发现源于“你从什么地方看到的?”设问,设问旨在引导学生探究图画、文字背后艺术留白。在学生讨论基础上,教师追问:“和同学说说自己能做的事是否自己做,除了整理还有哪些事情应该由自己做?”追问站在绘本整体角度,进一步挖掘绘本艺术留白。学生反思生活自理情况，寻找生活中自己能做的事情，以绘本为支架挖掘艺术留白，利用艺术留白将教育空间由课堂拓宽到家庭和社会，将知识由课堂迁移到生活。“假如有些事不会做该怎么办?”学生纷纷回答：“向同学请教。”“不一定不会做，要学着挑战自我。”进一步引导学生思考如何学习提高自理能力。学生通过分组讨论以上问题，将课堂教学和课后探究通过绘本融合在一起，拓展学生“自理”主题探究空间，探究生活中哪些事应该自己做，遇到不会做的事情该怎么做。

### （二）联系生活，引导观察判断

道德与法治是一门以学生生活为基础，以培养道德良好、乐于探究、热爱生活的儿童为目标的活动型综合课程，生活性是课程基本特征之一。教学要围绕生活展开，通过教学引导学生反思对生活的认识、体验，指导生活，实现课堂生活化。绘本源于生活，与道德与法治学科生活性高度契合。以绘本为媒介，引导学生阅读绘本，以想一想、说一说、议一议等形式就绘本主人公做法、生活中人们做法等展开思考、讨论，提升对绘本的理解。从你观察到怎样的现象、对此有什么看法等角度搭建绘本与生活的桥梁，引导学生观察生活，培养判断能力。根据绘本蕴含的价值，结合教育目标设置学生活动与思维引导，将绘本内容与生活相联系，长期这样，学生能学会知识源于生活又归于生活、指导生活思维，用学科知识观察生活、判断生活。

部编版《道德与法治》三年级下册第一课《我是独特的》教学目标是引导学生认识不仅自己是独特的，同时懂得每一个人都有与别人不同的地方，都是独特的。教师引导学生阅读绘本《方格子老虎》，在阅读中思考“小老虎的爸爸妈妈为什么要给小老虎画上花纹？小老虎为什么画上了方格花纹？最后，花纹没有了，小老虎高兴吗?”阅读后学生感悟到，虎爸爸、虎妈妈帮小老虎画上花纹是想得到同伴认可。花纹没有了，小老虎并没有大惊小怪，因为小老虎知道，每只虎都是不一样的，都是独一无二的。不仅每只虎是不一样的，生活中每个人都是不一样的，也是独一无二的。利用绘本引导学生观察并判断自己和别人不一样的地方，尝试用句型“我……但是某某……”说出自己观察、比较的结果，用代入法强化“我是独特的”思维。在阅读互动中，学生懂得每个人都是独特的，从而增强自信心。

## 三、巧用绘本策略，提高教学有效性

教学情境是实践教学目标、呈现教学内容的载体，有效教学活动离不开生活性、真实性教学情境。巧用绘本创设情境，能够在教材知识与学生经验之间搭建桥梁，激起情感共鸣，由教材拓展到生活，培养学生品格，实现学科逻辑与生活逻辑相统一。

### （一）创设情境，激起共鸣

小学道德与法治是一门综合性、实践性课程，立足生活，按照学生不断拓展的生活领域展开教育教学，指导生活。教学中巧妙运用绘本创设情境，引导学生走进情境，唤醒学生已有生活体验，获得人生感悟，激起情感共鸣。

部编版《道德与法治》一年级下册第八课《大自然，谢谢您》旨在引导学生认识大自然，知道人类生存所需物质来自大自然，培养对大自然的感恩之心，尊重生命，养成自觉保护大自然的意识。对小学低年级学生来说，这些知识较为抽象，学生难以理解，感情难以培养，意识难以养成,要通过创设特定情境,将抽象知识融入情境,引导学生在情境中理解知识,培养感情,养成意识。针对本课教学,利用绘本《男孩和大鱼》创设情境,引导学生阅读绘本并开展情境表演,创设热爱大自然、珍爱生命、珍爱自然情境,增进学生情感体验,形成情感共鸣。在创设情境中引导学生思考、讨论:故事中的爷爷为什么呵斥小男孩放了那条大鱼?小男孩一开始心甘情愿吗?你认可爷爷的做法吗?学生在情境中学会了思辨:“我觉得爷爷的做法是对的,那条大鱼的肚子里有许多小鱼,大鱼被捕捉了,许多小鱼也失去了生命,每一个生命都十分珍贵。”教师继续引导学生基于情景剧思考:放归那条大鱼仅仅是珍惜大鱼的生命吗?学生探究后感悟到,放生不仅是为了保住大小龙鱼的生命,保护鱼类资源,更重要的是保护当地环境,在亚马孙河流域,龙鱼这种生物是传播疾病的蚊虫的天敌。放生大龙鱼更是为了维护生态平衡,促使学生思考环保问题,增强环境保护意识,激起保护环境情感共鸣。

### (二)拓展延伸,培养品格

教材是静态、平面文本,学生生活是动态、立体的,受教材内容和表现形式等限制,教材并不能完全适应、满足学生学习需求。教学中,教师根据教学目标、学情等情况,选择绘本,运用绘本对教材做适当拓展和延伸,让学生与绘本开展心灵对话,在对话中浸润、熏陶,涵养性情,培养品格。

部编版《道德与法治》二年级下册第十三课《我能行》旨在培养学生正确面对挫折,养成充满自信、坚持不懈的品格。品格养成教育需要渗透在日常生活中,与日常生活相融合,才能取得良好效果。课后,指导学生阅读同主题绘本作品,探究主人公遇到困难,怎样克服困难,获得成功。例如,有学生阅读绘本《愚公移山》并谈了自己的感想:“看完《愚公移山》,我被愚公那种坚持不懈的精神感动了,我觉得,如果我们每个人都能坚持不懈地做一件事情,不怕困难,那就一定会成功的。”“我想,今后只要遇到困难,我就会想起愚公,那就什么困难也不怕了。”教师结合绘本引导学生讨论,说说自己在生活中是否具有这样的品质,以后打算怎么做。学生在思辨中体会到:“无论生活中会遇到什么困难,我都要告诉自己坚持下去,给自己多一些鼓励,告诉自己一定能行。”

教学中,教师可以结合学生在生活中遇到的问题,或者在道德修养、法治意识方面存在的问题,指导他们阅读相关主题绘本,在绘本阅读中受到教育与启发,汲取经验教训,探寻如何面对生活中的挫折,形成良好道德品质,从而过健康有意义的生活。

绘本是小学生最喜爱也是最适合他们的读物。教学中,教师运用绘本视觉形象强、价值导向明特点,善用绘本艺术留白、联系生活功能,巧用绘本创设情境、拓展延伸策略,“三用”绘本提升道德与法治教学有效性,实现立德树人。

## 再谈生活资源在道德与法治教学中的运用策略

**摘要:**良好的道德在儿童生活中逐渐形成,生活与道德之间的关系尤为紧密。教师会把道德与法治课堂教学和学生生活联系到一起,力求让学生学习兴趣得到最大化展现,学生实践能力得到优化与升级。让学生丰富多彩的生活资源走进课堂,使课堂教学与学生情感产生共鸣，在情感熏陶下树立高尚品德，养成良好行为习惯。

**关键词：**道德与法治　生活资源　运用　策略

道德与法治是儿童生活发展基础专业性极强的课程。儿童生活是道德与法治学习的基础，最终归宿是促进学生变得越来越好。生活性是该学科最主要的特征，教学时要“将儿童的现实生活作为课程发展源泉”，并将其视作一种规则。为此，我在平时教学中力求让儿童的生活资源走进道德与法治课堂，让课堂教学贴近儿童生活，实现课堂教学生活化。运用生活资源对儿童价值观进行引导，确保儿童健康成长。

## 一、生活资源导入策略

课堂导入环节尤为重要，对课堂教学质量有较大影响。学生具备主动探究欲望，就拥有良好的学习状态。

### （一）自主互动策略

道德与法治教学一般需要学生进行提前调查，教师要放手让学生完成各类资料搜集与整理。根据资料搜集与整理，在教学过程中，学生扮演主体角色开展交流与展示。例如，教学《生活中的快乐》时，在“图画导入，揭示快乐”环节，通过多媒体展示学生课前搜集生活中快乐场景精彩画面分享并互动：“同学们，看看照片上是谁？”“李明！”孩子们纷纷回答道。“李明，你能详细说一下照片背后的故事吗？”“这是我去年参加足球赛的照片，那天下着大雨，我和队友们衣服被雨水和汗水淋湿了，足球场上都是水，球无法传递。一开始我们心里挺紧张的，后来逐渐适应了，在我和队友们的努力下，最终以 2∶0 战胜了对手。我们快乐极了，这是在一旁的妈妈抓拍的照片。”和同伴分享时，李明仍然沉浸在快乐中。“同学们，你们也一定和李明一样，生活中有许多令自己感到快乐的事吧，这节课我们就来探讨生活中的快乐这个话题。”《生活中的快乐》能够给学生带来更多的启发和快乐。

### （二）情景再现策略

构建丰富多彩的生活环境有利于学生的健康成长。教学前，教师用视频记录下校园文化，课上呈现给学生，让他们犹如身临其境，就会起到事半功倍的效果。如在《我们的学校》导入时，通过多媒体技术展示课前制作的视频《我们的乐园》，视频以学生在校学习生活为内容，通过视频让学生体会快乐的学校生活，感受校园活动、墙壁和景观等文化的丰富内涵，学生会对校园生活产生亲近之感。在视频欣赏中与学生互动：“你们喜欢学校生活吗？请谈谈为什么喜欢。”在这样的背景下探讨对学校的感受，学生能积极参与互动，讲述自己的亲身经历或者深刻感受，一部分学生还提及了自己的梦想，情景再现使后续课堂教学活动能够更好地开展。

我国著名教育学家陶行知先生推崇“生活即教育，社会即学校”的教育思想，在《什么是生活教育》中明确指出：“生活教育来源于现实生活，教育的根本就在于生活的变化与发展，即生活无时不含教育的意义。”生活资源主要是由学生熟悉的生活直接衍生的，其与学生生活之间联系更为紧密，增加了学生的探究欲望。

## 二、生活资源解惑策略

道德与法治课堂教学重难点集中在基础知识,教学重难点是教学体系中的核心和基础,学生通过学习掌握某个知识点,增强某种情感体验。学生对传统道德与法治教学不感兴趣,其表现比较被动,体验肤浅,不能解决学生存在的困惑,更无法突破重难点形成一定道德行为。

### (一)角色体验策略

韩愈说:“师者,所以传道受业解惑也。”在道德与法治教学中,合理运用生活资源引导学生学习,能有效突破重难点。《我是谁》旨在引导学生感知每一个人所扮演的角色都是不同的,感悟不同场合角色变化后,也会承担不同责任。只有如此,自己才能够在家庭、集体当中发挥出更好的作用。围绕这一主题,课前布置学生搜集生活资源,知道自己在不同场合下的角色,思考在这个角色中自己该怎么做,用不同形式与同学分享。

场景一。生:今天,我给同学们带来一段优美的舞蹈,希望大家能够喜欢。师:她跳得好吗?让我们为她的精彩表演鼓掌吧!……同学们,她的表演结束了,你发现她的角色有什么变化?生:她一开始在舞台表演时,是作为一个演员登场的,到了座位上之后就是学生。师:刚才除了她的角色发生变化,咱们在座的各位角色发生变化了吗?生:我们的角色由学生变成了观众,老师也变成了观众。……通过简单的生活化表演,学生认识到:一个人的角色会因时间、地点和环境变化而改变的道理。

师:课前,同学们搜集整理了不同生活场景的资料,请先在小组内交流,然后用自己喜欢的方式在全班交流。

场景二。模拟表演:某生一边唱歌一边走在去学校的路上。学生通过交流、探讨认识到背着书包上学,走在路上是一位行人;体会到行人遵守:走人行道,红灯停,绿灯行,并始终恪守这一交通规则。

场景三。视频展示:在公共汽车上,有司机、乘客、售票员,上来一位老奶奶时,售票员是怎么做的?乘客又是怎么做的?学生交流观看视频体会。学生从角色以及角色承担的责任交流,认识到每一个人在不同环境,角色发生变化,深刻体会到自己所承担的角色,必须要付出努力。

### (二)情境模拟策略

在生活环境中,学生能够体会到差异性。千变万化的生活情境,有时让学生难以适应。教师通过有意识地创设多种生活情境让学生体验、交流,使他们学会适应不同的生活情境。如教学《做聪明的消费者》时,组织与学生日常生活密切相关的活动,引导学生从中了解包装袋知识、辨别区分商品等,并学会维权。课前组织学生走进超市,实地了解商品价格变化,观察商品包装袋上的商品信息。课上学生把课前收集的物品包装袋带来,师生在课堂上共同进行观察、讨论和交流。通过实地购物,师生、生生讨论,学生掌握了看包装袋和商品说明书的方法,从而形成购物判断力——哪些商品合格,哪些商品适合自己的需求,怎样购物最划算。通过模拟情境创设,让学生懂得在商品出现质量问题时如何保护自己的权益不受侵害,比如可以打包装袋上厂家电话,打 12315 消费者投诉举报专线电话,或者到商品购买处要求退货、到工商所进行投诉等，由此使学生具备一定的维权意识和自我保护能力，做一个聪明的消费者。

教师要在第一时间了解学生的实际情况，并根据相关经验完成教学设计。学生生活资源在教学中是非常重要而且必要的。基于课程标准完成教学设计，并采取相应教学策略来促进学生发展。让学生在活动中学会主动思考、主动参与、主动探究、主动实践，帮助解决现实生活中的问题，学生发展会更加全面。

## 三、生活资源拓展策略

学习的目的是让学生灵活运用各种工具，在课堂上能够学习到相关道德规范，并充分自省。

### （一）道德实践策略

让学生带着任务在生活课堂中进行道德实践，回归真实生活，以提高学生的道德实践能力是道德与法治课程生活性、实践性的有效体现。为此，在教学中将课堂学习与课外实践结合起来，根据教育主题利用生活资源进行延展设计。例如，在执教《读懂爸爸妈妈的心》时，为学生能够深入体会“爸爸妈妈爱自己”，组织学生开展以“家务劳动周”为主题的课外实践活动，体验家务劳动，增强学生家务劳动能力。有的学生说：“妈妈日复一日地上班，还要照顾家务，真的是非常辛苦。我们必须要帮妈妈干点活，减轻妈妈的家务重担。”有的学生说：“妈妈往往会自己做家务，不让我们来帮助。她们的目的只有一个，就是希望给我们更多的学习时间，让我们能够有一个良好的学习环境，未来成为栋梁之材。”通过生活资源开展一系列拓展活动，学生能够真切体会到父母的辛苦与不易，更加体贴父母。

### （二）知行合一策略

课程标准指出：教师要全面把握课程目标，将培养品德良好、乐于探究的儿童作为最终归宿。教学中，学生不仅要知其然，更要知其所以然。在教学《我们的母亲河》时，同学们发现学校门前小河污染严重：周围居民在河边乱倒垃圾，老鼠乱窜；河中不时看到腐烂动物尸体，苍蝇横飞；水呈现出暗黑色，并散发出阵阵臭味……课堂上学到了怎样保护我们的母亲河，如何利用所学保护身边的小河。同学们联合周边社区居民、干部等开展“碧水”行动，对河面污染情况进行调查，了解第一手资料，设计出“碧水”行动方案。有的同学在社区设置宣传窗，有的写倡议书、有的开展……正是利用生活资源富含的生活性情境的引导，学生才能养成环境保护意识，争做环保小卫士。杜威在《民主主义与教育》中提出：“教育是生活所必需的。”教育始终需要基于生活，并将现实情况予以改善，儿童也能够从中获得更好的发展。通过生活资源全面整合，学生参与社会实践的能力得到全面提升，体验更多的社会生活，道德意识通过实践转化为学生道德行为，从而实践“教育即生活”教育理念。

在现实生活中，课程资源尤为丰富，教师要秉持生活化教育的理念，链接课堂外的生活资源，由课堂生活逐步拓展到学校、家庭，让教育资源逐步丰富。利用生活资源开展教学需要从学生实际生活出发，力求培养学生对道德与法治的兴趣，丰富学生的道德情感体验，这样道德与法治课堂教学会表现出更多生活气息，学生道德实践能力才能够得到全面提升。

# 附录　守望教育　守护幸福[①]

"校长，我能不能从您的办公室借两个纸杯用一下？"记者在采访的过程中，一位学生敲门后进入孙明东校长的办公室，向校长借纸杯用。"好的，你稍等一下，我拿给你。"随即，孙校长拿出杯子给孩子。"谢谢校长！"孩子的脸上写满了开心与自豪。此时，办公室里没有校长和孩子，只有一位像父亲般高大伟岸的人，给予孩子满满的安全感和信任感。

这件事情虽然很小，但通过这些细节，却透露出很多信息。这位在孩子面前一点架子也没有的校长，是以一种什么样的方式成为了特别受老师和孩子喜欢的好校长呢？他又是怎样带领着合肥市桂花园学校教育集团一步一个脚印地前行的呢？

**扎根教育 30 年不改初心**

正如孙明东在专著《守望——一位校长的探索与思考》一书封面所写，"教育是平淡的，没有跌宕起伏的情节，但从不缺乏一个个值得玩味的细节，一个个细节编织成了校园故事，有了故事，教育生活才会丰富多彩。"

孙明东与教育之间的故事，得从 30 年前说起。

1991 年，孙明东毕业了，成为了肥西县郑村小学的一名教师。

2002 年，在工作中表现突出的孙明东，成为了一名光荣的共产党员。

2004 年，调往肥西县南岗中心小学担任校长。

2007 年，工作于高新区社会事业局，任综合学科教研员。

2010 年，担任合肥市桂花园学校支部书记、校长职务。

2020 年，合肥市桂花园学校教育集团成立，担任集团总校长。

…………

"不知不觉，自己在教育这条路上走了 30 年，不管时光如何变迁，我始终不忘自己是一位思政课教师。直到今日，我在教育中依然有很多困惑的地方，我也将继续带着这些困惑去探索教育的根源，把'三美教育'渗透在每个校区的角落。"据悉，合肥市桂花园学校教育集团 2020 年成立，现辖三个校区，分别为：合肥市桂花园学校教育集团桂园校区、和园校区、慧园校区。2022 年紫园校区和创园校区将如期开学，形成一校五区办学格局。

**办什么样的学校，培养什么人？**

一位好校长未必能带领一所学校快速发展，但一所快速发展的学校一定离不开一位好

---

① 原载于 2021 年 3 月 17 日中新网安徽。

校长的“掌舵”。一直以来，合肥市桂花园学校教育教学质量深得家长、社会认可，这背后，究竟有哪些“独门秘籍”呢？

“每个阶段，学校都紧紧围绕‘培养什么人，怎样培养人’以及‘办什么样的学校，怎样办’展开工作。我们不仅关注所取得的成绩和结果，更关心这些荣誉是通过什么方式方法得来的，从哪里得来的。”桂花园学校一直以来以“三美教育”（行美、心美、形美）作为办学特色，在“三美教育”指引下，孙明东带领全体师生，以阅读和体艺为抓手，以丰富多彩的德育活动为桥梁，以培养德智体美劳全面发展的孩子为目标，打亮每个孩子的生命底色。

“阅读是一件厚积薄发的事情。我们不仅为孩子们创设了良好的阅读环境，也为激发老师的阅读兴趣，提高综合素养，花尽了心思。每年寒暑假组织老师共读一本教育经典名著，并写下自己的读后感等内容。老师们更是将《给教师的100条建议》上传至喜马拉雅电台，有力地推动了学校其他阅读工作的开展。当阅读的能量积攒到一定程度时，会对他们的一生产生良好的影响。”孙校长坚定地说。一位老师在自己的读后感中这样写道：“寒假里学校如期开展特色读书活动，这次我们选择的书目是苏联教育大家苏霍姆林斯基的《给教师的100条建议》，我对教师和教育的理解又更深了一步。我明白只有让孩子内心好奇之苗茁壮成长，才能激发他们主动、独立探索世界的欲望。”

丁子墨和汪天博分别是五(1)班和五(2)班的班长，两个优秀的孩子还分别获得了2019年、2020年合肥市十佳少先队员称号。“子墨在学校这五年的成长过程中，阅读对他起到了非常重要的作用，孩子变得非常自信，也非常自律，懂得感恩，作为家长我们真的很感谢学校。”“学校非常注重孩子的德育教育，提供了很好的平台，举办了各种精彩的活动，培养了孩子的动手能力和创新能力。分数在这所学校里显得不那么重要，饱读诗书与健康阳光是老师对孩子们最大的要求。”两位妈妈提起学校时，一个劲儿地称赞。

“每年的六一儿童节，获得三美币前十名的同学有机会和孙校长一起吃牛排，我们别提多高兴啦！”六2(班)张存泳宣是学校的“三美少年”，她说最常听到孙校长告诉他们的话就是“你们要多读书、多锻炼，争取做一个身体健康、自信阳光，拥有健全人格的少年。”据记者了解，在抓体育特色方面，学校利用大课间、社团活动、体育活动和比赛等将体育特色全面掀起，“现在，桂花园的女足居于市里第一方阵，每一个桂花园的孩子都会跳健美操，学校的篮球特色也日益突出，看到这样的结果我很欣慰……”

**教育“老顽童”守护幸福**

工作30年，对于教育工作依然充满无限热情，活到老学到老，并通过自己的行动来带领老师们动起来，这位校长着实有些“倔强”，像极了一位教育“老顽童”，守护着桂花园师生们的幸福。

记者了解到，每学期，孙明东都会阅读并推荐好书，亲自主持线上、线下共读一本书活动。在他的率先垂范下，全体教师研读了李镇西、朱永新、于永正、佐藤学等系列书籍十几本。为了上好小学道德与法治课，孙明东利用下班和周末的时间，将《怎样上好小学道德与法治课》整本书读下来并录音，然后抽时间反复专心听，“我希望老师成为什么样的人，我就要和他们一起走，我要让老师们知道，不是他们自己在奋斗，我永远都陪在他们身边。我是学校最年长的老师,只有不断地学习,才能跟得上老师和孩子们的脚步……”

作为合肥市孙明东小学道德与法治名师工作室主持人及首席名师,合肥市小学道德与法治教师培训基地专家,合肥高新区孙明东名校长工作室领衔人,在孙明东眼里,思政课是一门综合性、开放性和实践性比较强的学科。不断学习与探索成为了他工作的常态,“我的教学方法虽说不上独特,却是孩子们比较喜欢的。我习惯于充分挖掘生活资源使之成为课堂资源,比如,在教学《我们的校园》时,为了搜集学生在校活动视频、图片资料,制作课件,常常需要查找学校几年前的材料,有时候一找就是大半天。”虽然费时费力,但是在孙明东看来,一切都是值得的。2020 年,他参加合肥市名师工作室赴庐江实验小学跟岗指导,为小学道德与法治教育教学创新教学方法,使学生的自主学习意识以及学习热情能够得到提升,最终提高教学效果。这样的事例在他的身上还有很多,学校发展的每一个足迹里,都藏着孙明东的影子与影响。

默默耕耘,才会硕果累累。在孙明东的示范影响下,学校学业质量全区居首,教师教科研获奖率全区前列,省市课题研究参与率超过 40%。同时,凭借着出色的教学管理方法和丰富的教学管理经验,孙明东先后获得“合肥市优秀教师”、“合肥市优秀教育工作者”、“合肥市未成年人思想道德先进个人”、“高新区优秀校长”、合肥市课例一等奖、安徽省陶行知研究会教育成果一等奖等多项荣誉。撰写的《三美茂德育评价激励机制》荣获教育部优秀德育案例,主持过三项省级、一项市级课题,研究成果荣获安徽省教育厅基础教育教学成果二等奖。多次在课例、论文比赛中获得一等奖,多篇论文在《教育文汇》《安徽青年报》《江西教育》等刊物上发表。他也是合肥市素质教育示范校评估专家、合肥市新优质学校评估专家、合肥市高级教师职称评审专家库成员,新冠疫情防控期间担任教学主讲,多次受邀承担国培、合肥市小学道德与法治教师培训等专题培训任务。

作为一个从教 30 年的教育人,孙明东一次次地凝视教育这片广袤而深邃的土地。他是播种者,播种知识和习惯;他是耕耘者,耕耘智慧和能力;他更是虔诚的守望者,用一颗无尘的心,盼望每一株苗发芽,等候每一朵花盛开,守望生命,见证成长。正是有无数个像孙明东一样平凡而又伟大的校长、老师们,我们的教育事业才能开出最美的花、结出丰硕的果、产生深远的影响……

# 第一章　实验室应急防护基础知识

按事故致因理论，事故发生和发展状态是不受控制和约束的状态，在这种不确定因素占主导的情况之下，应急救援人员作为与事故“最近距离的人”是极易受到伤害的。近年来，全国已发生多类型救援人员死伤的事故（如地震救援、火灾救援、中毒事故救援和辐射灾害救援等），应急救援人员的自身防护是具有决定性意义的一环，应予以高度重视。当今社会崇尚“以人为本”，应急救援最根本的原则应该是以最小的代价将事故的损害降到最低，尽量避免发生应急救援时的二次伤亡，救援人员要增强自我防护意识和自我防护本领，切不可冒险救援。而应急防护用品的正确选择、使用及管理决定着应急救援的成败，在应急救援中起到举足轻重的作用。

实验室常见应急防护用品包括应急个体防护装备和应急防护设备。实验室应定期进行安全风险评估，根据实验风险评估结果配备必要的安全个体防护装备和防护设备设施。与此同时，同步做好对相关人员的安全防护教育培训，以避免或杜绝因错误使用防护装备与错误操作防护设备而引发的实验室安全事故，保障实验人员和应急人员的生命安全。

## 第一节　应急个体防护装备

应急个体防护装备是应急救援人员在较高风险的环境下顺利实施救援工作的前提条件，是最重要的防护屏障和生命线。

### 一、个体防护装备基本知识

**1. 个体防护装备**

个体防护装备（personal protective equipment，PPE）是应急救援人员为防御物理、化学、生物等外界因素伤害所配备、穿戴和使用的各种防护品的总称，也称为个体防护装备、劳动防护装备、劳动保护装备等。一旦发生突发状况，防护装备就可以起到保护人体的作用，是保证人体安全与健康的重要装备。

个体防护装备主要包括防护服装、防护鞋帽、防护手套、防护面罩及眼镜、呼吸防护器、皮肤防护剂等。

**2. 个体防护装备的历史**

个体防护装备的起源可以追溯到千年前。在狩猎时期，人们发现野猪、大象和野牛等动物皮厚实且坚韧，可以保护自己。因此，人们通常剥下这些动物的厚皮，经晾晒脱水后穿在身上以保护自己。这是人类最早的皮革铠甲，所以《释文・释兵》里面说："甲，似物有孚甲以自卫也。"

甲骨文出土发掘之地——河南安阳殷墟曾出土了殷代的皮甲残迹，虽经历了3000多年的历史沉淀和风雨侵蚀，埋在墓中的皮甲早已腐烂无存，但其残余的颜色和纹理仍然可以让我们辨认当年皮甲的形态。在古代战争中，古人身着一整片的皮甲不便于作战，于是人们开始尝试将皮革切成小块并连接起来，从而方便四肢活动。所以《尚书・费誓》里面说："嗟！人无哗，听命。徂兹淮夷、徐戎并兴。善敹乃甲胄，敿乃干，无敢不吊。"士兵身上的盔铠、甲胄和盾牌，都是我国古代军事上应用个体防护装备的例证。此外，在生产劳动中，铁匠穿着厚底的鞋和用厚布做的围裙也是个体防护装备在生产劳动中的应用实例。

在现代，个体防护装备已出现在生产、生活的各个领域中，成为保证安全生产、应对突发公共卫生事件、维护人民群众安全与健康、实现经济社会可持续发展的重要物质保障。

**3. 个人防护的必要性**

个体防护装备在实验室安全管理中具有举足轻重的地位和作用。据不完全统计，因缺乏个体防护装备或个体防护装备不合格造成的各类伤亡事故占工矿企业伤亡事故总数的15%左右，实际可能占比更大。因此，《中华人民共和国安全生产法》规定，生产经营单位必须为从业人员提供符合国家标准或者行业标准的劳动防护装备，并监督、教育从业人员按照使用规则佩戴、使用。

在突发安全事故的特殊情况下，当应急救援人员冒险抢救遇险人员时，首要前提就是保护自身的安全与健康。个体防护装备是消除或减少危害最有效的途径，若缺少适配应急环境的个体防护装备，应急救援将无法进行，可能会造成人员伤亡和经济损失。

**4. 个体防护装备的作用和使用原则**

(1) 个体防护装备的作用

使用个体防护装备的目的是降低人员在工程控制和管理控制方法中暴露于危险的风险，并将风险水平降低到可控范围内。其主要作用是：

① 隔热和屏蔽作用，如防护服装、口罩、帽、手套、防护面具等；

② 吸附(吸收)和过滤作用：防护眼镜和呼吸防护用具，如防护眼镜片可选择性吸收、过滤紫外线等，过滤式防毒面具能吸收、过滤有毒气体和粉尘等。

(2) 个体防护装备的使用原则

根据不同的使用场所及工作岗位的不同防护要求，必须正确选择经过认证的、合格且性能符合要求的个体防护装备，绝对不能选错或将就使用。

使用者必须了解所使用的个体防护装备的性能和正确使用方法，并按照说明书要求规范操作，避免使用替代品或超限使用。对于结构和使用方法较为复杂的防护装备，必须进行反复训练，以确保能够迅速正确使用，避免在突发事故时无法正常工作，延误救援时间。

使用未发挥作用的个人防护装备是非常危险的,因为使用者往往会错误地认为自己已经得到了保护。事实上,这种错误的观念会导致使用者没有得到实际的防护效果,从而使其处于更加危险的状态。特别是对于应急救援人员来说,他们需要在特殊且危险的环境下进行工作,若穿戴未起作用的个体防护装备,就更有可能会出现“护己”变成“害己”的情况,将严重威胁应急人员的生命安全,同时也会造成更为严重的人员伤害。

使用个体防护装备前,必须注意检查:

① 无“生产许可证”单位生产的产品不得使用;

② 无“产品合格证书”的产品不得使用;

③ 产品的规格及技术性能是否与作业的防护要求吻合;

④ 外观有无缺陷或损坏;

⑤ 各部件组装是否严密,接口是否牢固;

⑥ 选择合适的产品种类及尺寸,如呼吸器、手套等;

⑦ 个体防护装备损坏或磨损严重的必须及时更换;

⑧ 使用者每次使用个体防护装备前,需详细记录检查情况,以备后用(表 1.1)。

**表 1.1　使用前检查情况记录表(使用者填写)**

| 序号 | 使用检查日期 | 品名 | 规格 | 数量 | 报废日期 | 检查情况 | 使用人签字 |
|---|---|---|---|---|---|---|---|
| | | | | | | | |
| | | | | | | | |

需有专人负责对应急个体防护装备进行经常性的维护、检修,定期检测其性能和效果,确保其在使用时完好有效(表 1.2)。

**表 1.2　日常维护检查情况记录表(管理员填写)**

| 序号 | 检查日期 | 品名 | 规格 | 数量 | 报废/更换日期 | 检查情况 | 处理情况 | 管理员签字 |
|---|---|---|---|---|---|---|---|---|
| | | | | | | | | |
| | | | | | | | | |

国家规定了各个作业场所必须佩戴个体防护装备的要求,而这些要求同样适用于应急救援人员。然而,事故应急救援人员的个体防护要求应该更高于一般作业人员的要求。尽管在救援过程中,个别情况可能会影响正常的穿戴或使用个体防护装备,但我们必须采取可靠的安全措施,确保人员的安全。

## 二、个体防护装备的分类

我国对劳动防护装备以人体防护部位为法定分类标准,分为 9 个大类:

**1. 头部防护装备**

头部防护装备是指为了防御头部不受外来物体打击和其他因素危害而配备的个体防护装备，主要有防尘帽、防水帽、安全帽、防静电帽等。

**2. 呼吸器官防护装备**

呼吸防护装备是为了防御有害气体、粉尘、烟、雾经呼吸道吸入，或直接向使用者提供氧气或洁净空气，保证污染或缺氧环境中使用者能正常呼吸的防护用具，主要有防尘和防毒两大类，按功能可分为过滤式和隔离式。

**3. 眼面部防护装备**

眼面部防护装备是预防烟雾、尘粒、金属火花和飞屑、热、电磁辐射、激光、化学飞溅等伤害眼睛或面部的个体防护装备。

眼面部防护装备的种类繁多，可根据其防护功能大致分为以下 9 类：防尘、防水、防冲击、防高温、防电磁辐射、防射线、防化学飞溅、防风沙以及防强光。

**4. 听觉器官防护装备**

听觉器官防护装备是能防止过量的声能侵入外耳道，避免人耳受到噪声的过度刺激，降低使用者听力损伤，预防由噪声对人造成不良影响的个体防护装备，主要有耳塞、耳罩和防噪声耳帽等 3 类。

**5. 手部防护装备**

手部防护装备是具有保护手和手臂功能的个体防护装备。实验室常用的手部防护装备主要有一般防护手套、防酸碱手套、防油手套、防水手套、防冻手套、防高温手套和防切割手套等。

**6. 足部防护装备**

足部防护装备是防止生产过程中有害物质和能量损伤使用者足部的护具。足部防护装备按照防护功能分为防尘鞋、防水鞋、防寒鞋、防足趾鞋、防静电鞋、防酸碱鞋、防油鞋、防烫脚鞋、防滑鞋、防刺穿鞋、电绝缘鞋和防振鞋等 12 类。

**7. 躯体防护装备**

躯体防护装备通常被称为防护服，不同种类的防护服可以提供不同的防护作用，如消防人员需穿阻燃性服，从事酸(碱)工作的工作人员需穿耐酸碱工作服装，易燃易爆物品场地的工作人员需穿防静电工作服等。根据实际情况，可以选择一般防护服、防水服、防寒服、防砸吊带背心、防毒服、阻燃性服、防静电工作服、防高温服、防电磁波辐射服、耐腐蚀服、防油服、海上救生圈、防虫类服、防沙尘服等 14 种产品。每种产品又可以按照实际防护规定或原材料的不同分为不同种类。因此，在选择和使用防护服时，需要根据具体情况和防护需求进行选择，并确保符合相关标准和规定，以确保人员的安全和健康。

**8. 护肤用品**

护肤用品用于防止皮肤(面、手等)免受化学、物理等因素危害的个体防护装备。按照防护功能，可分为防毒、防腐、防射线等类别。

**9. 防坠落防护装备**

防坠落防护装备是一种防止高处坠落的防护装备，通常包括保险带和安全防护网两种。高空作业者可以通过保险带将身体系接在固定不动的物件上，或在工作场地的边缘正下方设置栏网，从而避免不小心跌落。保险带通常由腰带、肩带和绳索组成，可以通过调节长度和紧固扣来适应不同的身形和工作需要，并且具有高强度和耐磨损的特点。安全防护网则通常由高强度的钢丝或尼龙绳制成，可避免或减轻坠落伤亡或落物伤人，从而有效地防止高空坠落事故的发生。

在一般情况下，个体防护装备可缓解或清除伤害，它可以阻止有害物质进入人体，起到保护身体的作用。但需要注意的是，个体防护装备只是一种阻止有害物质进入人体的屏障，无法降低或消除工作场所中危险化学品的浓度，也不能控制危害，仅起到辅助作用。当损害超出防护装备容许的范围，防护装备就会失效，无法继续提供保护屏障，因此正确选择和使用个体防护装备至关重要。

## 三、个体防护装备配备的步骤

个体防护装备的配备应遵循以下 4 个步骤。

**1. 识别危险因素**

在实验室的安全管理中，识别危险因素是一个非常关键的步骤。通过此步骤可确认实验室内或某项具体的实验活动中是否存在危险因素，并确定这些危险因素的类型，如危险化学品、有害生物因子、放射源与射线装置、机械设备、高(低)温物质以及有害健康的环境因素等。产生危害的源头因素有很多，要发现这些危险因素，需要在实验室现场认真仔细地进行分析和识别，以确保实验的安全性。同时，在进行实验时也需要注意危险因素的存在，并采取相应的措施进行防护和避免事故的发生。

**2. 评估危害程度**

为了选择适当的个体防护装备，需要对实验室现场的危害信息进行分析评估。这项评估主要包括：

① 判断实验室内的危险因素是否会对人体造成危害；

② 确定不同个体可能受到的危害程度；

③ 评价危险因素是否通过工程和管理控制或消除。

危险因素识别和危害程度评估是危害控制和安全防护的核心内容。在实验室布局发生变化、新实验项目启动、新设备引进或改装等情况下，应重新进行识别和评估。即使实验室没有任何变化，也应定期进行识别和评估，以确保结果准确和全面。危险因素识别和危害程度评估应当记录下来并留存备查。

**3. 选择适用的个体防护装备**

为确保人员的安全，选择适用的个体防护装备需要进行危险因素识别和危害程度评估。每种防护装备都有其适用环境和适用条件，因此需要根据实际情况选择具有相应能力、符合国家标准或行业标准的个体防护装备。对于特种防护装备，还需注意是否有安全标志。在实验活动中，所有参与人员(包括外来访客)必须佩戴适当的个体防护装备，以确保参与人员

的安全与健康。

**4. 使用方法的培训**

为确保个体防护装备的有效使用，使用人员需要接受定期培训和再培训，掌握正确的佩戴、使用、管理和维护方法。培训内容应包括何时需要使用个体防护装备、所需装备类型、正确的穿戴和使用方法、如何进行维护和保养、使用期限和局限性等方面的知识。只有经过培训并熟练掌握正确的佩戴、使用、管理和维护方法，才能确保所配备的个体防护装备发挥其应有的功能，方可最大程度地保护使用人员的安全与健康。

## 四、个体防护装备的最新国家标准及规范

自1981年起，国家陆续制定各种防护装备的安全技术标准，对防护装备的生产、生产质量、选用、使用等各个环节都做了明确严格的法律规定，并逐步形成了头部、眼部、面部、手部、身体、躯干、皮肤等较为齐全的防护国家标准体系和行业标准。《中华人民共和国劳动法》是保护劳动者的根本纲领，2018年修正的《中华人民共和国职业病防治法》等是我国现行的有关防护装备方面的国家标准和规章制度，为保障人员的安全健康奠定了坚实的法律基础。

目前，现行实验室安全个体防护装备相关的国家标准可参考表1.3。

**表1.3　个体防护装备相关的最新国家标准**

| 分类 | 标准号 | 标准名称 | 发布部门 | 实施日期 | 状态 |
|---|---|---|---|---|---|
| 防护综合标准 | AQ/T 3048—2013 | 化工企业劳动防护装备选用及配备 | 国家安全生产监督管理 | 2013-10-01 | 现行 |
| | DB36/T 843—2015 | 劳动防护装备配备规范 | 江西省质量技术监督局 | 2015-07-01 | 现行 |
| | GB/T 29510—2013 | 个体防护装备配备基本要求 | 国家质量监督检验检疫 | 2014-02-01 | 现行 |
| | GB 30077—2013 | 危险化学品单位应急救援物资配备要求 | 国家质量监督检验检疫 | 2014-11-01 | 现行 |
| | GB 39800.1—2020 | 个体防护装备配备规范　第1部分：总则 | 国家市场监督管理总局 | 2022-01-01 | 现行 |
| | GB 39800.2—2020 | 个体防护装备配备规范　第2部分：石油、化工、天然气 | 国家市场监督管理总局 | 2022-01-01 | 现行 |

续表

| 分类 | 标准号 | 标准名称 | 发布部门 | 实施日期 | 状态 |
|---|---|---|---|---|---|
| 防护服装 | GB/T 24536—2009 | 防护服装　化学防护服的选择、使用和维护 | 国家质量监督检验检疫 | 2010-09-01 | 现行 |
| | GB 24539—2009 | 防护服装　化学防护服通用技术要求 | 国家质量监督检验检疫 | 2010-09-01 | 现行 |
| | GB 24540—2009 | 防护服装　酸碱类化学品防护服 | 国家质量监督检验检疫 | 2010-09-01 | 现行 |
| | AQ/T 6107—2008 | 化学防护服的选择、使用和维护 | 国家安全生产监督管理 | 2009-01-01 | 现行 |
| | GB 12014—2019 | 防护服装　防静电服 | 国家市场监督管理总局 | 2020-07-01 | 现行 |
| | GB/T 23462—2009 | 防护服装　化学物质渗透试验方法 | 国家质量监督检验检疫 | 2009-12-01 | 现行 |
| | GB/T 23463—2009 | 防护服装　微波辐射防护服 | 国家质量监督检验检疫 | 2009-12-01 | 现行 |
| 头、眼、面部防护 | GB 2811—2019 | 头部防护　安全帽 | 国家市场监督管理总局 | 2020-07-01 | 现行 |
| | GB/T 30042—2013 | 个体防护装备　眼面部防护　名词术语 | 国家质量监督检验检疫 | 2014-09-01 | 现行 |
| | GB 30863—2014 | 个体防护装备　眼面部防护　激光防护镜 | 国家质量监督检验检疫 | 2015-06-01 | 现行 |
| | GB/T 31419—2015 | 火灾逃生面具有毒有害物质检测方法 | 国家质量监督检验检疫 | 2015-10-01 | 现行 |
| | GB/T 32166.2—2015 | 个体防护装备　眼面部防护　职业眼面部防护具 第2部分：测量方法 | 国家质量监督检验检疫 | 2016-11-01 | 现行 |

续表

| 分类 | 标准号 | 标准名称 | 发布部门 | 实施日期 | 状态 |
|---|---|---|---|---|---|
| 呼吸防护 | GB/T 18664—2002 | 呼吸防护装备的选择、使用与维护 | 国家质量监督检验检疫 | 2002-10-01 | 现行 |
| | GB 23394—2009 | 自给闭路式压缩氧气呼吸器 | 国家质量监督检验检疫 | 2009-12-01 | 现行 |
| | GB 2626—2019 | 呼吸防护　自吸过滤式防颗粒物呼吸器 | 国家市场监督管理总局 | 2020-07-01 | 现行 |
| | GB 2890—2009 | 呼吸防护　自吸过滤式防毒面具 | 国家质量监督检验检疫 | 2009-12-01 | 现行 |
| | GB 30864—2014 | 呼吸防护　动力送风过滤式呼吸器 | 国家质量监督检验检疫 | 2015-06-01 | 现行 |
| | GB/T 31975—2015 | 呼吸防护用压缩空气技术要求 | 国家质量监督检验检疫 | 2016-10-01 | 现行 |
| | T/CTCA 1—2015 | PM2.5 防护口罩 | 中国纺织品商业协会 | 2016-03-01 | 现行 |
| 手部防护 | GB 24541—2009 | 手部防护　机械危害防护手套 | 国家质量监督检验检疫 | 2010-09-01 | 现行 |
| | GB 28881—2012 | 手部防护　化学品及微生物防护手套 | 国家质量监督检验检疫 | 2013-05-01 | 现行 |
| | GB/T 29512—2013 | 手部防护　防护手套的选择、使用和维护指南 | 国家质量监督检验检疫 | 2014-02-01 | 现行 |
| | AQ 6101—2007 | 橡胶耐油手套 | 国家安全生产监督管理 | 2007-04-01 | 现行 |
| | AQ 6102—2007 | 耐酸(碱)手套 | 国家安全生产监督管理 | 2007-04-01 | 现行 |
| | GB/T 12624—2020 | 手部防护　通用测试方法 | 国家市场监督管理总局 | 2021-05-01 | 现行 |
| | GB/T 38304—2019 | 手部防护　防寒手套 | 国家市场监督管理总局 | 2020-07-01 | 现行 |

续表

| 分类 | 标准号 | 标准名称 | 发布部门 | 实施日期 | 状态 |
|---|---|---|---|---|---|
| 足部防护 | GB 20265—2019 | 足部防护　防化学品鞋 | 国家市场监督管理总局 | 2020-07-01 | 现行 |
| | GB/T 20991—2007 | 个体防护装备　鞋的测试方法 | 国家质量监督检验检疫 | 2008-02-01 | 现行 |
| | GB 21148—2020 | 足部防护　安全鞋 | 国家市场监督管理总局 | 2021-08-01 | 现行 |
| | GB/T 28409—2012 | 个体防护装备　足部防护鞋(靴)的选择、使用和维护指南 | 国家质量监督检验检疫 | 2013-03-01 | 现行 |
| 其他防护 | GB/T 38144.1—2019 | 眼面部防护　应急喷淋和洗眼设备 第1部分:技术要求 | 国家市场监督管理总局 | 2020-07-01 | 现行 |
| | GB/T 38144.2—2019 | 眼面部防护　应急喷淋和洗眼设备 第2部分:使用指南 | 国家市场监督管理总局 | 2020-07-01 | 现行 |
| | GB/T 38696.1—2020 | 眼面部防护　强光源(非激光)防护镜 第1部分:技术要求 | 国家市场监督管理总局 | 2020-12-01 | 现行 |
| | GB/T 38696.2—2020 | 眼面部防护　强光源(非激光)防护镜 第2部分:使用指南 | 国家市场监督管理总局 | 2020-12-01 | 现行 |

## 第二节　实验室应急防护设备

实验室必须存放一定数量且适合的消防应急类器材，放置位置明显、便于取用、不影响应急疏散。同时，应确保消防通道的畅通，禁止在通道内占用任何消防应急设施。根据设备用途可将实验室应急防护设备分类为消防设备类、检测类、警示类、吸附中和类、医疗急救类、废弃物处置类和洗消类等。

## 一、实验室常见消防设备

实验室的消防设备的配备，应确保其种类合适、能够正常使用，并定期进行维护管理。常见消防设备有灭火器、灭火毯、消防沙、消防喷淋装置等。这些设备需要能够正常有效地使用，且摆放位置方便取用。同时，应定期对这些设备进行维护和检查，以确保其处于良好的工作状态。一旦实验室突发火灾，就能够快速反应并采取有效措施，以最大限度地减少损失。

**1. 灭火器**

灭火器(图 1.1)是最为常见的灭火设备，可用于扑灭初期火灾，控制火势蔓延。不同类型的灭火器适用于不同类型的火灾，而且在结构和使用方法方面也有所不同。在灭火前，应综合考虑火灾类型、现场环境和现场物品等具体情况，选择适合的灭火器。否则，可能会适得其反，造成更严重的后果。

干粉灭火器　二氧化碳灭火器　水基灭火器　D类金属灭火器　推车式灭火器

**图 1.1　各种常见的灭火器和推车式灭火器**

灭火器按充装的灭火剂分类，可分为干粉灭火器(ABC 灭火器)、泡沫灭火器、水基灭火器、二氧化碳灭火器、D 类金属灭火器和卤代烷型灭火器(俗称 1211 灭火器和 1301 灭火器，因危害环境被限制使用)等。实验室中最常见灭火器是干粉灭火器和二氧化碳灭火器两种，其中干粉灭火器适用范围最广，适用于扑救油类、可燃气体、电气设备和水中燃烧物质的初期火灾。二氧化碳灭火器一般用于大型实验室，可以避免干粉灭火器对仪器造成损伤。

**2. 灭火毯**

灭火毯(图 1.2)又称消防被、防火毯、消防毯等，是由玻璃纤维等材料经过特殊处理编织而成的织物，可以有效扑灭初期小面积火焰，能起到隔离热源及火焰的作用，隔绝火焰对人体的伤害。灭火毯还可以用于火场中的紧急逃生，人在逃生时将灭火毯展开披覆在身上，注意要包裹住头部。

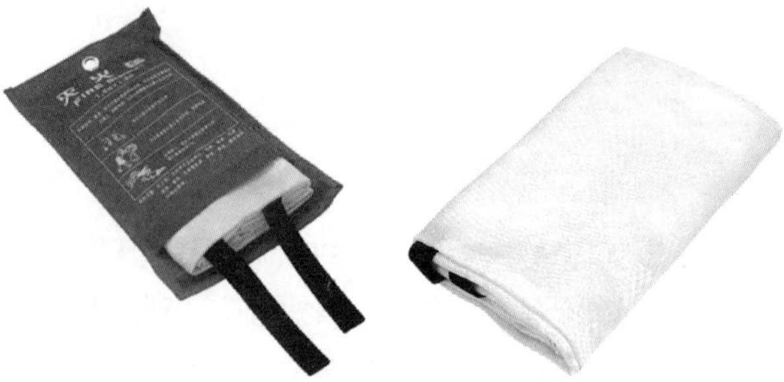

图 1.2　灭火毯

### 3. 消防沙

盛装消防沙的容器是红色的消防沙箱(图 1.3)。消防沙是消防用的沙,其不是普通的沙子,一般是中粗的干燥黄沙,密度高,透气性小,用于扑灭油类的初期火灾,也可用于易燃液体(甲苯、乙醇、乙醚等)的吸附和阻截。同时,还用于扑灭 D 类金属(钾、钠、镁、铝镁合金等)等初期火灾。使用时只需将消防沙倾倒在燃烧物上,确保火焰被完全覆盖,直至熄灭。

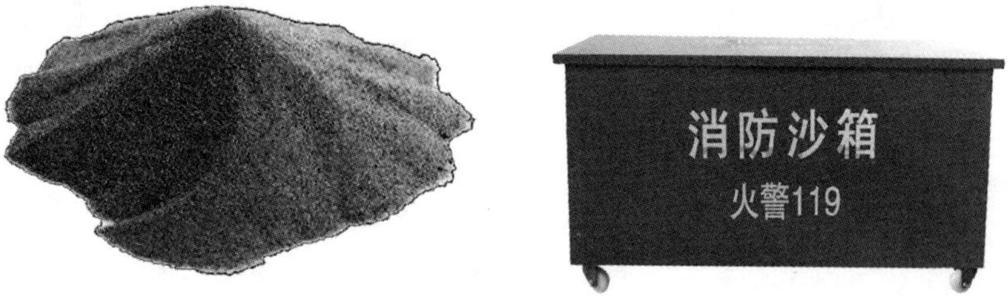


消防沙　　　　消防沙箱

图 1.3　消防沙、消防沙箱

### 4. 消防喷淋装置

消防喷淋装置(图 1.4)是一种被广泛应用的固定灭火设施。发生火灾时,通过喷洒自来水,并发出警报,可以有效控制火灾初期的火势,及时发现火情并控制其蔓延。根据功能不同,消防喷淋装置可分为人工控制和自动控制两种形式。人工控制需要工作人员在火灾发生时打开消防泵为主干管道供压力水,喷淋头在水压作用下开始工作。自动控制就是在检测到火灾后,会自动打开喷淋洒水喷头喷洒自来水灭火,并同时发出火灾报警信号,可有效控制和扑灭初期火灾。

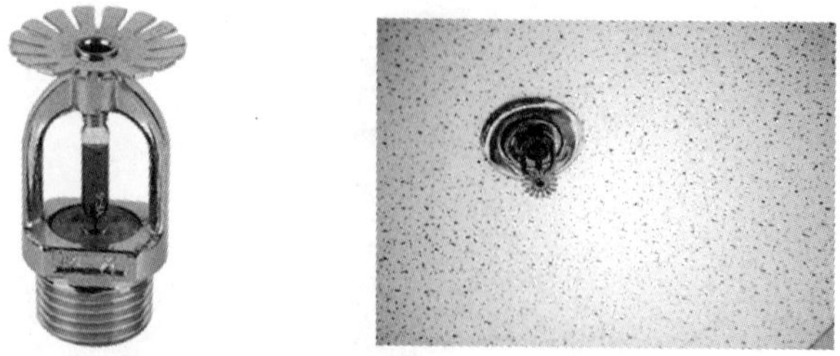

喷淋洒水喷头　　　　下喷喷头

图 1.4　喷淋洒水喷头、下喷喷头装置

## 二、检测类设备与物资

### 1. 气体检测仪

气体检测仪（图 1.5）是检测环境中气体浓度的仪器仪表，其核心部件是气体传感器，用来检测气体的成分和含量。气体检测仪可用于危化品泄漏应急、日常检查管理、密闭作业空间和气体泄漏等情况下的气体浓度检测，通过检测值，能够确认环境的安全性，对控制和避免安全事故具有重要意义。按使用方法分类，可分为固定式和便携式气体检测仪。

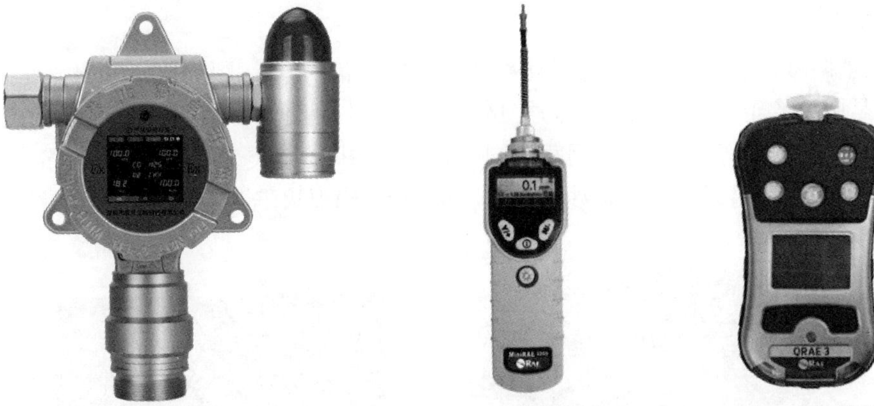


固定式气体检测仪　　VOC气体检测仪　　四合一气体检测仪

**图 1.5　气体检测仪**

气体检测仪通常检测的气体主要为 VOC（挥发性有机化合物）、可燃气体、有毒气体、氧气等。

### 2. 火灾报警探测器

火灾报警探测器主要是利用烟感探测器（图 1.6）检测烟雾的浓度，能够提早发现火灾并进行声光报警，从而将火灾扑灭在萌芽阶段，避免生命财产的损失。火灾报警器通常安装在建筑物的顶部（如天花板等），而不能安装在地板或靠下的墙壁上，原因是火灾发生后会产生浓烟，这些浓烟会上升并在高处聚集，将报警器安装在高处则能够最早检测到烟雾浓度，一旦浓度达到报警浓度后，则会立即发出警报，以提醒人员疏散撤离，为逃生和抢救争取时间。

**图 1.6　烟感探测器**

## 三、警示设备与物资

### 1. 隔离警示带

隔离警示带(图 1.7)广泛用于突发性事件的现场警戒、隔离,圈定出事故现场或警示特殊区域。另外,也可根据需求对现场人群临时做区域性的隔离,从而将人群导向至所需的方向,起到引导、疏散、隔离的作用,有效避开危险区域。

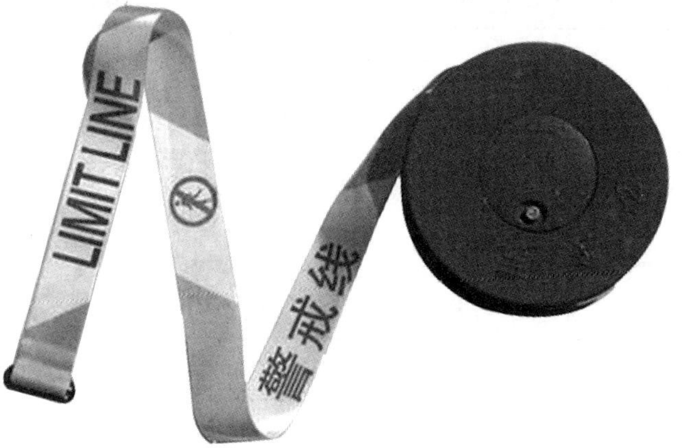


图 1.7　隔离警示带

### 2. 危险警示牌

危险警示牌(图 1.8)起到危险警告、隔离和禁止的作用。

图 1.8　危险警示牌

### 3. 安全标识

安全标识由安全色、几何图形和图形符号组成,代表特定的安全信息。红色:传递禁止、停止、危险或提示消防防备、设施的信息;蓝色:传递必须遵守规定的指令性信息;黄色:传递

注意、警告的信息；绿色：传递安全的提示性信息。安全标识示例见图 1.9，彩图见插页。

图 1.9　安全标识

**4. 化学品危险性象形图**

化学品危险性象形图是一种描述危险产品危险性质的图形，用来标识化学品的危害特性（表 1.4）。

表 1.4　化学品危险性象形图

| 序号 | 危险特性 | 象形图 | 序号 | 危险特性 | 象形图 | 序号 | 危险特性 | 象形图 |
|---|---|---|---|---|---|---|---|---|
| 1 | 爆炸危险 |  | 4 | 燃烧危险 |  | 7 | 加强燃烧危险 |  |
| 2 | 加压气体 |  | 5 | 腐蚀危险 |  | 8 | 毒性危险 |  |
| 3 | 警告 |  | 6 | 健康危险 |  | 9 | 危害水环境 |  |

## 四、吸附中和类物资与设备

**1. 吸附棉片、吸附棉卷、吸附棉枕、吸附棉条**

吸附棉（图 1.10）能够快速、大量、安全地吸收大部分酸性、碱性、油类和其他性质未知的液体，是处置泄漏物的最常用的物品。使用单位可根据实验室需求选择通用型吸附棉（通常为灰色）、油类吸附棉（通常为白色）、化学型吸附棉（通常为粉红色、红色或黄色）。使用时可直接把吸附棉片、吸附棉卷放在液体表面，泄漏液体被吸附棉迅速吸附后拎起时不会发生滴漏，即使在饱和的情况下也不会扯破、撕裂，安全方便。

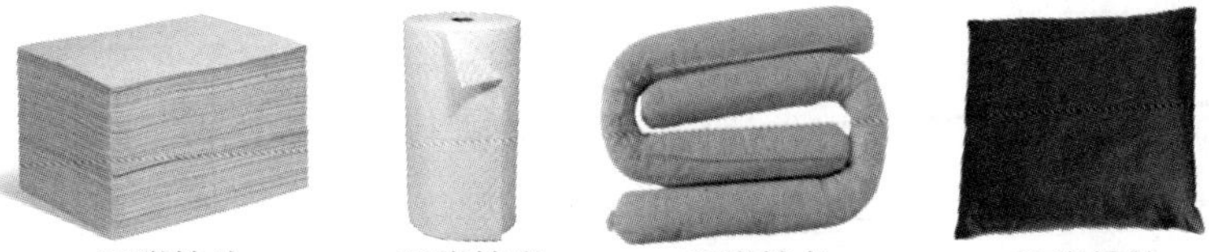

吸附棉片　　吸附棉卷　　吸附棉条　　吸附棉枕

**图 1.10　吸附棉片、吸附棉卷、吸附棉条及吸附棉枕**

**2. 吸附剂**

吸附剂是实验室液体泄漏应急处理的必备用品，吸附剂以多孔矿物或合成聚合物为原料，具有化学惰性，能够吸收自身 1～5 倍重量的液体，不含任何危险物质，安全无毒。吸附剂按吸附物质分类，可分为专用吸附剂和通用吸附剂。顾名思义，专用吸附剂适用于特定泄漏物的处理，主要有酸中和吸附剂、碱中和吸附剂、汞吸附剂、氢氟酸吸附剂等。通用吸附剂可清除几乎所有类型的液体泄漏，如浓酸、浓碱、酸性氯化物、水溶液、有机溶剂和油等。

## 五、医疗急救类设备与物资

急救药品和设备主要用于实验室安全突发事件的临时、初期、简单急救，不能代替送医治疗。如伤势严重，要及时拨打 120 电话尽早就医。此外，在使用急救药品前，请仔细阅读使用说明书，了解药理药性；否则可能因盲目使用造成浪费，甚至可能因错误使用延误治疗，导致更加严重的身体伤害。

**1. 实验室常用急救物品**

清创消毒类：碘伏消毒液、医用脱脂棉球、硼酸溶液、双氧水、碳酸氢钠溶液、酒精消毒巾、瞬冷冰袋、烧伤敷料等。

止血包扎类：创口贴、医用绷带、医用纱布、三角绷带、医用敷贴、止血带等。

其他类：退热贴、体温表、剪刀、镊子、别针、小型手电筒、救生哨、急救手册等。

**2. 实验室常用急救设备**

（1）AED

AED 的全称是自动体外心脏除颤器（automated external defibrillator），是一种可被非专业人士使用的用于抢救心脏骤停患者的便携式医疗设备。简单来说，没有学过急救知识的普通人也可以根据该设备的全程语音提示来操作。它能够监测病人的心电活动，自动进行诊断，并且给予电击除颤，挽救心脏骤停患者的生命，在急抢救领域具有不可取代的地位。

目前我国每年发生的心源性猝死约 55 万例。当在实验室内或公共场合发现因呼吸、心脏骤停猝死的人，若在最佳抢救时间的“黄金 4 分钟”内，利用 AED 对患者进行除颤和心肺复苏，使其心脏恢复正常节律，有很大的概率能够挽救生命。有研究表明，尽早的电除颤能使心脏骤停患者复苏成功率提高 2 倍以上，使成功率提升至 50%～70%。

（2）应急喷淋和洗眼装置

在进行化学实验和生物实验的区域，必须配置应急喷淋和洗眼装置（洗眼器）。例如，应急喷淋和洗眼装置是一种应急救援设施，适用于有毒有害危险作业环境下。当发生意外伤害事故时，可以选择复合式喷淋和洗眼装置（同时具备喷淋和洗眼功能），也可以选择单独的

喷淋装置和洗眼装置。

应急喷淋和洗眼装置可以快速喷淋和冲洗，将伤害程度降到最低限度。例如，当眼睛或面部受到危险化学品伤害时，可以先使用洗眼装置进行紧急冲洗，严重时应立即就医；当大量化学品溅洒到身上时，可以先使用紧急喷淋装置进行全身喷淋，必要时应尽快就医。

## 六、废弃物处置类物资

(1) 应急推车

应急推车采用防酸碱抗腐蚀材质，用于泄漏物清理用品的存储和运输。

(2) 防化垃圾袋/桶

防化垃圾袋/桶适用于临时存放大多数危险化学品固体废弃物、浸有化学液体的吸附棉、抹布等有害或污染废物，但不能用于盛装大量腐蚀性化学液体。通常，防化垃圾袋/桶采用聚乙烯材质，具有耐穿刺、耐撕裂的优点。但是，它不能存放一些和聚乙烯不兼容的化学品，如发烟硫酸、浓硝酸、铬酸等强氧化剂。此外，在高温条件下，此类垃圾袋不可长期存放脂肪烃、芳香烃、卤代烃、甲苯、乙酸戊酯、矿物油及石蜡等废弃物。因此，在实际使用时，请先进行实验确认后再使用。

(3) 生化垃圾袋/桶

生化垃圾袋/桶适用于分子生物学、细胞生物学、制药、食品工业等实验室所有常规废弃物的临时存储和处理，如培养皿、移液管、吸头、培养瓶、大量阳性样品等。

(4) 防静电防化簸箕、刷子

防静电防化簸箕、刷子由耐腐蚀的材料组成，便于处理化学泄漏品，以免人手直接接触，发生损伤事故。

## 七、应急防护设备最新国家标准及规范

《中华人民共和国劳动法》是保护劳动者的根本纲领，2019 年颁布的《生产安全事故应急条例》、2012 年施行的《消防应急救援　装备配备指南》等都是我国现行的有关防护设备方面的国家标准和规章制度，为切实保障实验室安全，奠定了坚实的法律基础。

目前，现行实验室应急防护设备、应急救援、应急培训相关的国家标准如表 1.5 所示。

**表 1.5　应急防护设备、应急救援、应急培训相关国家标准**

| 序号 | 标准编号 | 标准名称 | 实施日期 | 状态 |
|---|---|---|---|---|
| 1 | GB 25201—2010 | 建筑消防设施的维护管理 | 2011-03-01 | 现行 |
| 2 | GB/T 29176—2012 | 消防应急救援　通则 | 2013-10-01 | 现行 |
| 3 | GB 17945—2010 | 消防应急照明和疏散指示系统 | 2011-05-01 | 现行 |
| 4 | GB/T 29175—2012 | 消防应急救援　技术训练指南 | 2013-10-01 | 现行 |
| 5 | GB/T 29177—2012 | 消防应急救援　训练设施要求 | 2013-10-01 | 现行 |
| 6 | GB/T 29178—2012 | 消防应急救援　装备配备指南 | 2013-10-01 | 现行 |

续表

| 序号 | 标 准 编 号 | 标　准　名　称 | 实施日期 | 状态 |
| --- | --- | --- | --- | --- |
| 7 | GB/T 29179—2012 | 消防应急救援　作业规程 | 2013-10-01 | 现行 |
| 8 | GB 30077—2013 | 危险化学品单位应急救援物资配备要求 | 2014-11-01 | 现行 |
| 9 | GB/T 33942—2017 | 特种设备事故应急预案编制导则 | 2018-02-01 | 现行 |
| 10 | GB/T 31190—2014 | 实验室废弃化学品收集技术规范 | 2015-05-01 | 现行 |
| 11 | GB 19781—2005 | 医学实验室　安全要求 | 2005-12-01 | 现行 |
| 12 | GB/T 38144.1—2019 | 眼面部防护　应急喷淋和洗眼设备　第 1 部分:技术要求 | 2020-07-01 | 现行 |
| 13 | GB/T 38144.2—2019 | 眼面部防护　应急喷淋和洗眼设备　第 2 部分:使用指南 | 2020-07-01 | 现行 |
| 14 | GB 19489—2008 | 实验室　生物安全通用要求 | 2009-07-01 | 现行 |
| 15 | GB 4351.1—2005 | 手提式灭火器　第 1 部分:性能和结构要求 | 2005-12-01 | 现行 |
| 16 | GB/T 20702—2006 | 气体灭火剂灭火性能测试方法 | 2007-05-01 | 现行 |
| 17 | GB 4066—2017 | 干粉灭火剂 | 2018-07-01 | 现行 |
| 18 | GB 15308—2006 | 泡沫灭火剂 | 2007-07-01 | 现行 |
| 19 | GB 17835—2008 | 水系灭火剂 | 2009-05-01 | 现行 |
| 20 | GB 5135.1—2019 | 自动喷水灭火系统　第 1 部分:洒水喷头 | 2020-07-01 | 现行 |
| 21 | GB 5135.3—2003 | 自动喷水灭火系统　第 3 部分:水雾喷头 | 2004-05-01 | 现行 |
| 22 | GB/T 4351.3—2005 | 手提式灭火器　第 3 部分:检验细则 | 2005-12-01 | 现行 |
| 23 | GB 5135.5—2018 | 自动喷水灭火系统　第 5 部分:雨淋报警阀 | 2019-01-01 | 现行 |
| 24 | GB/T 31593.3—2015 | 消防安全工程　第 3 部分:火灾风险评估指南 | 2015-08-01 | 现行 |
| 25 | GB 29837—2013 | 火灾探测报警产品的维修保养与报废 | 2014-08-07 | 现行 |
| 26 | GB 20517—2006 | 独立式感烟火灾探测报警器 | 2007-04-01 | 现行 |
| 27 | GB 4717—2005 | 火灾报警控制器 | 2006-06-01 | 现行 |
| 28 | GB 19880—2005 | 手动火灾报警按钮 | 2006-06-01 | 现行 |
| 29 | GB 16280—2014 | 线型感温火灾探测器 | 2015-06-01 | 现行 |
| 30 | GB/T 2893.1—2013 | 图形符号　安全色和安全标志　第 1 部分:安全标志和安全标记的设计原则 | 2013-11-30 | 现行 |
| 31 | GB/T 2893.3—2010 | 图形符号　安全色和安全标志　第 3 部分:安全标志用图形符号设计原则 | 2011-07-01 | 现行 |
| 32 | GB/T 2893.5—2020 | 图形符号　安全色和安全标志　第 5 部分:安全标志使用原则与要求 | 2020-10-01 | 现行 |
| 33 | GB 2893—2008 | 安全色 | 2009-10-01 | 现行 |
| 34 | GB 16796—2009 | 安全防范报警设备　安全要求和试验方法 | 2010-06-01 | 现行 |
| 35 | GB/T 26443—2010 | 安全色和安全标志　安全标志的分类、性能和耐久性 | 2011-08-01 | 现行 |

续表

| 序号 | 标准编号 | 标准名称 | 实施日期 | 状态 |
|---|---|---|---|---|
| 36 | GB 15258—2009 | 化学品安全标签编写规定 | 2010-05-01 | 现行 |
| 37 | GB/T 22234—2008 | 基于 GHS 的化学品标签规范 | 2009-02-01 | 现行 |
| 38 | GB 30000—2013 系列 | 化学品分类和标签规范(1—29) | 2014-11-01 | 现行 |
| 39 | GB/T 17519—2013 | 化学品安全技术说明书编写指南 | 2014-01-31 | 现行 |
| 40 | GB/T 16483—2008 | 化学品安全技术说明书　内容和项目顺序 | 2009-02-01 | 现行 |
| 41 | GB/T 34714—2017 | 化学品 GHS 标签和安全技术说明书的可理解性测试方法 | 2018-05-01 | 现行 |
| 42 | GB/T 21976.1—2008 | 建筑火灾逃生避难器材　第 1 部分:配备指南 | 2009-06-01 | 现行 |
| 43 | GB/T 31593.3—2015 | 消防安全工程　第 3 部分:火灾风险评估指南 | 2015-08-01 | 现行 |
| 44 | GB/T 31540.3—2015 | 消防安全工程指南　第 3 部分:结构响应和室内火灾的对外蔓延 | 2015-08-01 | 现行 |
| 45 | GB/T 31540.2—2015 | 消防安全工程指南　第 2 部分:火灾发生、发展及烟气的生成 | 2015-08-01 | 现行 |
| 46 | GB 18218—2018 | 危险化学品重大危险源辨识 | 2019-03-01 | 现行 |
| 47 | GB 18597—2001 | 危险废物贮存污染控制标准 | 2002-07-01 | 现行 |
| 48 | GB 39707—2020 | 医疗废物处理处置污染控制标准 | 2021-07-01 | 现行 |
| 49 | GB/T 31190—2014 | 实验室废弃化学品收集技术规范 | 2015-05-01 | 现行 |
| 50 | GB/T 36381—2018 | 废弃液体化学品分类规范 | 2019-01-01 | 现行 |
| 51 | GB/T 31857—2015 | 废弃固体化学品分类规范 | 2016-02-01 | 现行 |
| 52 | XF/T 1340—2016 | 火警和应急救援分级 | 2016-12-01 | 现行 |
| 53 | XF 1205—2014 | 灭火毯 | 2015-03-01 | 现行 |
| 54 | XF/T 3006—2020 | 灭火剂及防火阻燃产品快速检定技术要求 | 2021-05-01 | 现行 |
| 55 | AQ/T 3052—2015 | 危化学品事故应急救援指挥导则 | 2015-09-01 | 现行 |
| 56 | GB 30077—2013 | 危险化学品单位应急救援物资配备要求 | 2014-11-01 | 现行 |
| 57 | AQ/T 9009—2015 | 生产安全事故应急演练评估规范 | 2015-09-29 | 现行 |
| 58 | AQ/T 3043—2013 | 危险化学品应急救援管理人员培训及考核要求 | 2013-10-01 | 现行 |
| 59 | SN/T 4835—2017 | 实验室生物废弃物管理要求 | 2018-03-01 | 现行 |
| 60 | HG/T 5012—2017 | 实验室废弃化学品安全预处理指南 | 2017-07-01 | 现行 |
| 61 | XF 941—2011 | 化工装置火灾事故处置训练设施技术要求 | 2011-07-01 | 现行 |
| 62 | XF/T 536.1—2013 | 易燃易爆危险品火灾危险性分级及试验方法　第 1 部分:火灾危险性分级 | 2013-08-12 | 现行 |
| 63 | SN/T 3592—2013 | 实验室化学药品和样品废弃物处理的标准指南 | 2014-03-01 | 现行 |

# 第二章　实验室安全事故案例分析与总结

实验室是科学研究和社会服务活动的必备场所，也是实现科技创新的关键条件。实验室的安全关系着高校乃至整个社会的安全与稳定。然而，近年来，各地实验室安全事故频发，实验室的安全状况不容忽视。实验室内火灾、爆炸、中毒、化学品灼伤、烧烫伤、冻伤、割伤、触电以及“三废”对环境的污染等危险性隐患时常存在。大多数实验室安全事故都是由于人为因素造成的，如疏忽职守、操作不当、防护不力等，这些因素可能会造成严重的后果。因此，对实验室常见安全事故案例进行全面分析，并对事故类型进行归纳总结，是预防事故、应急防护以及处理安全事故的重要环节。

## 第一节　实验室安全事故典型案例分析

### 一、事故案例分析目的和意义

曾经发生的安全事故，都是由多次未遂事故反复出现所诱发的结果。每一起事故都是以血和生命换来的教训。在风险评估或安全评价中进行事故案例分析，其本质是以血的教训来制止流血。通过剖析事故发生的直接和间接原因吸取经验教训，减少和防止同类事故发生。对于安全事故，我们应当采取高度重视的态度，采用科学的管控技术和闭环的安全落地措施，才能使安全事故在不幸的情况下产生最小的影响。

在剖析安全事故典型案例时，我们需要关注事故的直接原因，更应将注意力集中于了解和挖掘导致当事人引发事故的深层次因素。这些因素可能包括限制安全意识、实验室管理、实验流程设计、实验室文化差异等。只有通过系统性地提升安全意识水平、落实安全风险评估、挖掘并排除安全隐患、改进安全流程设计等措施，才能减少或避免安全事故的发生，保障自己和他人的生命安全。

### 二、实验室安全事故典型案例

近年的事故报道中，国内外实验室安全事故几乎每年都有发生，且不乏一些国内外的一流大学与研究所。科研实验室是安全事故重灾区，这些事故很多导致了人员的伤亡和巨大的财产损失，表 2.1 列举了 2010—2022 年一些实验室安全事故的典型案例。

**表 2.1　2010—2022 年实验室安全事故典型案例**

| 时　间 | 地　　点 | 事故原因 | 事故类别 | 事故结果 |
|---|---|---|---|---|
| 2022-12-06 | ×××大学(香港) | 化学品操作不当 | 灼伤 | 1 人受伤 |
| 2022-07-21 | 中石油×××研究院 | 化学品操作不当 | 火灾 | 1 死 3 伤 |
| 2022-06-07 | ×××大学(广东) | 实验操作不当 | 爆炸 | 1 人受伤 |
| 2022-05-03 | 北京×××医药公司 | 实验操作不当 | 火灾 | 4 人受伤 |
| 2022-04-20 | ×××大学(湖南) | 实验操作不当 | 爆燃 | 1 人受伤 |
| 2021-10-24 | 南京×××大学 | 化学品处理不当 | 爆炸 | 2 死 9 伤 |
| 2021-07-27 | ×××大学(广东) | 化学品处理不当 | 割伤 | 1 人受伤 |
| 2021-07-24 | 江西×××实业公司 | 实验操作不当 | 爆炸 | 1 死 1 伤 |
| 2021-07-13 | 南方×××大学(广东) | 实验操作不当 | 火灾 | 1 人受伤 |
| 2021-03-31 | 中国科学院××× | 反应釜操作不当 | 爆炸 | 1 人死亡 |
| 2020-09-25 | ×××实验室 | 材料着火 | 火灾 | 3 人死亡 |
| 2019-02-27 | 南京×××大学 | 电路火灾 | 火灾 | 无人员伤亡 |
| 2018-12-26 | 北京×××大学 | 易燃易爆危化品 | 爆炸 | 3 人死亡 |
| 2018-11-11 | 南京×××大学 | 实验操作不当 | 爆炸 | 多人受伤 |
| 2017-03-27 | ×××大学(上海) | 实验操作不当 | 爆炸 | 1 人受伤 |
| 2016-09-21 | ×××大学(上海) | 实验操作不当 | 爆炸 | 3 人受伤 |
| 2016-01-10 | 北京×××大学科技大厦 | 冰箱自燃 | 火灾 | 无人员伤亡 |
| 2015-12-18 | ×××大学(北京) | 火灾引起氢气瓶爆炸 | 爆炸 | 1 人死亡 |
| 2015-09-22 | ×××大学(北京) | 氢气泄漏引燃 | 火灾 | 无人员伤亡 |
| 2015-06-17 | ×××大学(江苏) | 化学品处理不当 | 爆炸 | 无人员伤亡 |
| 2015-04-29 | 安徽×××中学 | 易燃易爆危化品 | 爆炸 | 3 人受伤 |
| 2015-04-05 | 中国×××大学 | 瓦斯爆炸 | 爆炸 | 1 死 4 伤 |
| 2014-12-04 | ×××工程学院(江苏) | 电压不稳 | 爆炸 | 1 人受伤 |
| 2013-04-12 | ×××大学医学院 | 投毒 | 中毒 | 1 人死亡 |
| 2013-04-30 | 南京×××大学 | 爆炸 | 爆炸 | 1 人死亡 |
| 2012-06-03 | ×××大学(北京) | 疑似电路起火 | 火灾 | 无人员伤亡 |
| 2012-03-17 | 华南×××大学 | 仪器爆炸 | 爆炸 | 无人员伤亡 |
| 2012-03-06 | ×××大学医学部(北京) | — | 火灾 | 无人员伤亡 |
| 2012-02-15 | ×××大学(南京) | 甲醛泄漏 | 中毒 | 多人不适 |
| 2011-12-07 | ×××大学(天津) | 实验操作不当 | 爆炸 | 1 人受伤 |
| 2011-11-07 | ×××大学(广东) | 化学品点燃 | 火灾 | 无人员伤亡 |
| 2011-09-14 | 美国×××大学 | 病菌感染 | 生物性感染 | 1 人感染 |
| 2011-06-21 | ×××大学(山东) | 玻璃仪器爆炸 | 爆炸 | 1 人受伤 |

续表

| 时　间 | 地　　点 | 事故原因 | 事故类别 | 事故结果 |
|---|---|---|---|---|
| 2011-04-14 | ×××大学(四川) | 化学品处理不当 | 爆炸 | 3人受伤 |
| 2011-04-13 | 美国×××大学 | 机械绞缠头发 | 机械操作 | 1人死亡 |
| 2011-03-31 | 青岛×××大学 | 疑似电路起火 | 火灾 | 无人员伤亡 |
| 2010-12-19 | 东北×××大学 | 布鲁氏杆菌传染 | 生物性感染 | 28人感染 |
| 2010-08-07 | 北京×××研究所 | 钢瓶爆炸 | 爆炸 | 3人受伤 |
| 2010-06-21 | ×××大学重点实验室(浙江) | 实验操作不当 | 火灾 | 无人员伤亡 |
| 2010-06-09 | 中国科学院××× | 实验操作不当 | 爆炸 | 无人员伤亡 |
| 2010-06-08 | 天津×××大学 | 实验操作不当 | 爆炸 | 3人受伤 |
| 2010-05-26 | 昆明×××大学 | 电路火灾 | 火灾 | 无人员伤亡 |
| 2010-05-25 | 浙江×××大学 | 实验操作不当 | 火灾 | 无人员伤亡 |
| 2010-01-07 | 美国×××大学 | 实验防护不当 | 爆炸 | 1人受伤 |

## 三、实验室安全事故典型案例分析

前事不忘，后事之师。本节通过对8个实验室安全事故的典型案例进行深入剖析总结，吸取事故中血与泪的沉痛教训，深化对事故发生、发展规律的认识，加强管理、增强意识、规范操作、做好防护、落实应急，从而有效地预防、控制事故的发生，增强实验室相关人员的安全意识，提高其事故应急能力，做好安全防护，以避免或减轻事故伤害，保障人员生命安全和财产安全，维护社会稳定。

**1. 事故典型案例:美国加利福尼亚大学火灾事故**

(1) 事故经过

2008年12月29日，美国加利福尼亚大学洛杉矶分校(UCLA)1名23岁的研究助理在把一个瓶子里的叔丁基锂(高反应活性、极其易燃)抽入塑料注射器时，活塞滑出了针筒。由于推液柱塞从针筒中脱出，溅出的叔丁基锂遇空气自燃，引燃该研究助理穿着的化纤衣服，衣服和身上迅速着火，导致全身短时间内被大火覆盖，结果全身遭到大面积严重烧伤。在送至医院救治的18天后，因伤情过重，不治身亡。

(2) 事故原因及分析

① 实验人员安全意识薄弱，未对实验风险性进行有效评估；

② 实验人员未按规定穿实验服，且除了橡胶手套以外，未穿戴其他安全防护装备；

③ 实验人员在实验过程中存在违规操作行为，错误使用塑料针筒移取大剂量易燃化学品；

④ 实验人员未接受过专业的安全培训，未通过考核准入；

⑤ 开展高危实验未请求同事保护等；

⑥ 实验室管理和安全监督方面存在漏洞。

(3) 经验教训

① 强化安全意识，牢固树立“安全第一，以人为本”的安全理念，履行安全义务、承担安

全责任；

② 定期开展实验室安全知识学习、安全防护培训活动，使实验人员熟悉危险化学品性质、安全操作规程、应急防护与事故应急处置等常识，不断增强其履行实验室安全义务的自觉性，提高实验室安全防范与自我防范能力；

③ 所有实验室人员和申请到实验室进行实验的其他人员，必须先接受相关安全知识、法规制度培训和考核，签署实验室安全承诺书后方可准入；

④ 对于危险性较大的或需在特殊时间段开展的实验，必须做好报备、值守和必要的安全防范措施，严禁违规操作，开展高危实验须制定应急预案并向上级部门报备；

⑤ 完善实验室安全应急预案，定期组织相关人员开展演练，实验遇到突发情况时，应科学开展应急处置，做到迅速有效地控制和处置可能发生的安全事故，确保人员安全；

⑥ 严格落实实验室安全管理制度，加大实验室安全管理力度，落实到各个细节；

⑦ 应加强实验室安全检查，进一步督促存在安全隐患的实验室进行及时整改，并持续性跟踪问效，以推动安全整改的全面落实，实现安全管理与防护的闭环。

**2. 事故典型案例：美国耶鲁大学机械绞缠事故**

（1）事故经过

2011 年 4 月 13 日凌晨，美国耶鲁大学天文物理学专业 1 名大四学生单独在位于实验楼地下室的机械间操作车床时，头发被车床绞缠，最终导致颈部受压迫窒息身亡。同学发现后立即报警，纽黑文市警局发言人证实，警方在凌晨 2:30 左右接到了求救电话，赶到现场时该生已经死亡。

（2）事故原因

实验人员操作机械设备时，未按安全防护要求佩戴个体防护装备，头发被机械车床绞缠，导致窒息身亡。

（3）事故分析

① 实验人员安全意识薄弱；

② 实验人员未佩戴个体防护装备；

③ 实验人员未遵守操作规程；

④ 实验人员在事故发生后应急处理能力欠缺。

（4）经验教训

① 实验人员操作机械设备时，应佩戴必要的个人防护用品，束紧袖口；不得披散头发，不得敞开衣襟，不得穿着宽松的衣物、裙装、短裤，不得穿戴长项链、长丝巾、长挂绳、领带等易被卷入机器的物品；

② 实验人员应掌握机械传动设备使用常识；

③ 实验人员应严格遵守操作规程和实验室管理制度。

**3. 事故典型案例：中山大学玻璃仪器爆裂安全事故**

（1）事故经过

2021 年 7 月 27 日上午 10:40 左右，中山大学药学院 505 实验室发生一起实验安全事故。1 名博士生在清理白色未知固体时发生炸裂，导致该生手臂动脉血管刺破，伤情较为严重。最后在老师和同学们的及时应急救援下，该生被紧急送往医院进行治疗，才得以控制住

伤情，脱离生命危险。

(2) 事故原因

事发当日，实验室在清理此前毕业生遗留在烧瓶内的未知白色固体，1 名博士生用水冲洗时，烧瓶突然炸裂。炸裂产生的玻璃碎片刺穿该生手臂动脉血管。根据中山大学药学院的调查与分析，该不明白色固体疑为氢化钙或氢化钠，这两种物质遇水之后都会发生剧烈反应。

(3) 事故分析

① 实验人员安全意识薄弱，个人防护不到位；

② 实验室内危险化学品存储、分类、标识不当；

③ 实验室内未知化学品处置不当；

④ 实验室未严格执行国家制定的《危险化学品安全管理条例》和学校的实验室安全管理制度《危险化学品安全管理条例》；

⑤ 实验室安全管理存在疏漏。

(4) 经验教训

① 建立健全项目风险评估与管控机制。凡涉及有毒有害化学品(剧毒、易制爆、易制毒、爆炸品等)、危险气体(易燃、易爆、有毒、窒息)、病原微生物及携带致病原体的实验动物、辐射源及射线装置、同位素及核材料、强电强磁与激光设备、特种设备等各种危险源的项目，必须经过风险评估后方可进行实验活动。

② 开展实验前，应熟悉相关实验原理，针对实验中可能使用的具备危险性的化学品、仪器设备及实验操作提前做好详细调研，以实验室安全管理制度、实验室安全应急预案为主要依据，制定严格的实验安全风险预防和应急策略(示例见附录 A)，对存在重大安全隐患的项目，报请单位安全管理负责部门审批。在未切实落实安全保障和项目获批前，不得开展实验活动。

③ 实验人员切不可放松警惕，一定要做好个人防护，时刻牢记保障自身安全，一时麻痹大意就可能酿成惨剧。实验人员进入实验室前，根据实验风险评估情况，选择合适的防护用品，并正确穿戴，可在一定程度上有效保障实验人员健康安全。

④ 加强安全应急教育培训与应急演练。定期组织开展实验室安全教育培训及专项安全应急救援演练活动，培养实验人员的安全防范意识，熟悉实验室安全出口位置和紧急疏散方法，熟练掌握各类消防器材的使用方法、应急防护用品的正确选择使用和各类应急处置方法等，增强其应急疏散与自防自救逃生技能，提高实验人员对实验室突发情况的应急处置能力(遇事冷静沉着不慌乱，能够迅速根据危险程度采取必要措施进行自救、互救、报警等)，保障生命财产安全。

**4. 事故典型案例：美国得克萨斯州理工大学实验室爆炸事故**

(1) 事故经过

2010 年 1 月 7 日，美国得克萨斯州理工大学化学和生物化学系实验室，1 名研一学生和 1 名五年级博士生合成高氯酸肼镍衍生物(NPH)，该实验通常每次合成 50～300 mg。因 NPH 用于表征分析的项目较多，如差示扫描量热法(DSC)、热重分析(TGA)、落锤冲击试验等，为避免多次合成的化合物 NPH 可能存在差异，影响到后续测试结果，在未征求导师意见的情况下，两名学生擅自扩大合成实验规模，一次性合成了 10 g NPH。当放大规模时，博士

生发现合成物团聚成块了，因此将一半样品转移至研钵中，加入正己烷，用研磨棒破碎块体。由于化合物有潜在的爆炸可能，该生佩戴了护目镜，在搅拌结束后摘下护目镜并离开。再次返回之后，该生没有佩戴护目镜就开始继续搅拌，此时化合物突发爆炸，导致该生失去三根手指，手和脸被割伤烧伤，一只眼睛被穿孔。

(2) 事故原因

学生认为多次合成的化合物 NPH 可能会存在差异，影响后续测试结果，因此，在未征求导师意见和未进行实验风险评估的情况下，两名学生擅自扩大合成实验规模，然而合成后出现大块的合成物，其中一名学生贸然将一半的化合物团块加入溶剂进行研磨，其间将护目镜脱除，待返回后再次搅拌，发生爆炸事故。据调查，受害学生已研究高能材料项目一年，并未接受过任何有关处理潜在爆炸性化学物的专业安全培训。另一方面，学校并未持续强制要求使用个体防护装备，实验人员都是基于自身对危险的感觉程度决定是否穿戴个人防护装备，学校更未要求实验人员掌握如何选择和正确使用防护装备的应急知识和应急处置操作，风险无处不在。

(3) 事故分析

① 实验人员安全意识淡薄，未对实验风险性进行有效评估；

② 实验操作时，实验人员未佩戴护目镜等个体防护装备；

③ 实验过程中存在违规操作行为；

④ 学生未接受过专业的安全培训，未考核准入；

⑤ 实验室管理和安全监督方面存在漏洞。

(4) 经验教训

① 实验前，实验人员应对实验流程的原理及实验过程中所有可能的危险有全面的认识和了解。做好实验风险评估，根据规程进行正确的实验操作。

② 实验人员应做好安全有效的个人防护措施(如果实验人员当时佩戴护目镜，就会把对眼睛的伤害降到最低程度)。

③ 学校应定期对实验人员进行 MSDS、实验室个人防护用品的使用、应急措施等内容的专业培训，并对培训效果进行考核，并完善和落实实验安全准入制度。

④ 学校应根据每个实验室具体情况和涉及的具体危害因素，配齐各类安全防护装备和应急设施，另外需要加强安全防护措施使用规定，全面落实安全防护措施的有效执行。

⑤ 实验室发生应急情况(如火灾、危险化学品泄漏等)后，应立即按照已经制定好并经过审批和及时更新的《实验室应急响应预案》或《实验室专项应急预案》进行响应，按照应急预案采取相应的应急措施。定期组织人员对应急预案进行演练，并对应急演练的情况进行总结，不断完善应急预案，提升人员应急能力。

**5. 事故典型案例：东华大学实验爆燃致伤事故**

(1) 事故经过

2016 年 9 月 21 日上午 10:30 左右，东华大学化学化工与生物工程学院 3 名研究生(其中 1 名学生为研二学生、2 名学生为研一学生)在 4114 室(合成实验室)内进行氧化石墨烯制备实验。

研二学生做操作示范，首先在一锥形瓶中加入 750 mL 浓硫酸，与石墨混合，随后将 1 药匙的高锰酸钾放入；在放入之前，研二学生告知 2 名低年级同学该操作可能会有爆炸的危

险。结果在药品加入后，即刻发生爆炸。其他师生发现后立即拨打 110 和 120，并进行了现场处置。

事故共造成 1 名研究生轻伤，2 名研究生重伤。事故发生时正对着实验装置的 2 名研究生（研二学生和研一学生各 1 名）重伤，均为男性，分别为 24 岁和 23 岁，研二学生双目失明，研一学生有失明的可能性。

（2）事故原因

由于合成氧化石墨烯时，实验学生未了解实验细节，实验中错误地使用大量的浓硫酸，导致反应温度失控，最终实验装置发生爆燃，化学试剂高锰酸钾、玻璃碎片等四处迸溅，致使学生的头、面部和眼睛重度灼伤，玻璃碎片造成学生皮肤多处划伤。

事发时，3 名学生均未佩戴护目镜，也未在通风橱内拉下安全门后进行实验，3 名学生的导师也未在场指导，实验室内也无其他实验室安全管理工作人员或指导人员在场。

（3）事故分析

① 实验人员安全观念落后，安全意识淡薄；

② 实验时，3 名学生均未佩戴护目镜等防护装备；

③ 实验过程中存在违规操作行为；

④ 学生导师和校方未尽到安全管理职责；

⑤ 实验人员未能及时进行应急救援及事故处置，导致伤害加剧。

（4）经验教训

① 实验前，实验人员应对实验流程的原理及实验过程中所有可能的危险进行全面的认识和了解，做好实验风险评估，根据规程进行正确的实验操作。

② 实验人员应做好安全有效的个人防护措施（如果实验人员当时佩戴护目镜，就会把对眼睛的伤害降到最低程度）。

③ 实验人员在通风橱内拉下安全门后进行实验，则可最大程度减轻或避免爆炸造成的人员伤害。

④ 加强安全应急教育培训与应急演练。定期组织开展实验室安全教育培训及专项安全应急救援演练活动，培养实验人员的安全防范意识，增强其应急疏散与自防自救逃生技能，提高人员对实验室突发情况的应急处置能力。

**6. 事故典型案例：东北农业大学生物感染事故**

（1）事故经过

2010 年 12 月 19 日下午，东北农业大学相关教师违规从哈尔滨市香坊区幸福镇纪家村青喜养殖场购入 4 只山羊，并利用此山羊在动物医学学院实验室开展了 5 次“养活体解剖学实验”实验课程（共涉及 4 名教师、2 名实验员、110 名学生），导致该校 27 名学生及 1 名教师陆续确诊感染严重布鲁氏菌病。

布鲁氏菌病属于乙类传染病，人畜共患，潜伏期为 7～60 天，发病后 3 个月为急性期，主要由病牲畜传染给人，感染的病人会出现发热、关节肌肉痛、乏力多汗等临床症状。

（2）事故原因

① 实验室在购买山羊时未经过动物防疫部门的检疫；

② 实验前，实验人员未按规定对实验山羊进行现场检疫；

③ 在指导学生实验过程中，教师及学生并未按照要求严格穿戴个人防护用品。

(3) 经验教训

① 学校应全面提升师生的安全意识,完善实验室安全教育体系;

② 实验室应具备开展生物实验的资质和条件;

③ 实验所使用的动物须严格执行许可证制度,严控实验动物质量,对其携带的微生物和寄生虫进行控制,对遗传背景及来源进行明确处理;

④ 实验前,师生均须严格遵守操作章程和标准的实验规范,穿戴防护服、呼吸防护用具、防护手套等个人防护用品,进行有效防护,以保护实验人员、减免伤害;

⑤ 禁止佩戴防护手套开门、乘坐电梯、进出教室;

⑥ 生化固废须合理分类,并投入专用的黄色垃圾袋。

**7. 事故典型案例:北京交通大学实验室爆炸安全事故**

(1) 事故经过

2018 年 12 月 26 日,北京交通大学市政环境工程系学生在学校东校区 2 号楼环境工程实验室,进行垃圾渗滤液污水处理科研实验期间,实验现场发生爆炸,事故造成 3 名参与实验的学生死亡。事发科研项目负责老师李某、事发实验室安全责任人张某被追究刑事责任。包括学校书记、校长在内的 12 名相关安全责任人受到党纪政纪处分。

(2) 事故原因

实验使用搅拌机对镁粉和磷酸搅拌,反应过程中,料斗内产生的氢气被搅拌机转轴处金属摩擦、碰撞产生的火花点燃爆炸,继而引发镁粉粉尘云爆炸,爆炸引起周边镁粉和其他可燃物燃烧,造成现场 3 名学生被烧死。

(3) 事故分析

① 实验人员安全意识薄弱,无法及时识别危险源,排除安全隐患;

② 实验人员违规使用危险化学品,违规开展实验、危险作业;

③ 危险化学品存储不当;

④ 实验人员未严格执行国家制定的《危险化学品安全管理条例》和学校的实验室安全管理制度《危险化学品安全管理条例》;

⑤ 实验室安全管理存在疏漏;

⑥ 实验人员在事故发生后的应急防护和应急处理能力欠缺。

(4) 经验教训

强化安全意识,牢固树立“安全第一,以人为本”的安全理念,摒弃侥幸心理、麻痹思想,严禁违规实验;建立健全实验室安全文化体系,落实实验室安全教育培训和安全考核,以全面提升实验人员安全素养、专业知识和规范操作能力,实现“要我安全,我要安全,我会安全”的根本性转变。

全方位加强实验室安全管理:完善实验室管理制度,建立完备的安全风险评估体系,加大专业管理人员、基础安全设施和应急设施的投入,全面落实实验室准入制度;定期开展实验室安全检查,做到有问题及时发现、及时整改,把隐患消除在萌芽状态,把风险降到最低程度。

危险化学品管控:建设符合国家规定安全条件的危险化学品储存场所,建立危险化学品管理制度,加强对危险化学品购买、储存、使用的管理;开展有针对性的危险化学品安全培训和应急演练。

**8. 事故典型案例:中国矿业大学气瓶爆炸事故**

(1) 事故经过

2015 年 4 月 5 日中午,中国矿业大学南湖校区化工学院实验室 A315 进行纳米催化剂元件灵敏度测试试验,试验过程中不幸发生甲烷混合气体储气钢瓶爆炸。事故造成 1 名学生死亡,1 名学生重伤,3 名学生轻伤。

(2) 事故原因

实验中采用的是私自充装的甲烷混合气体钢瓶,其中气瓶内甲烷含量达到爆炸极限范围。当开启气瓶阀门时,气流快速流出引起的摩擦热能或静电,导致瓶内气体反应发生爆炸。

(3) 事故分析

① 实验人员安全意识薄弱,未充分了解甲烷混合气体的危险性,无法及时识别危险源,排除安全隐患;

② 实验人员在实验时操作不当;

③ 实验人员违规使用私自充装的气瓶,且爆炸气瓶属超期服役;

④ 实验室安全管理存在疏漏;

⑤ 实验人员在事故发生后的应急防护和应急处理能力欠缺。

(4) 经验教训

加强对实验室人员的安全知识、应急知识、法规教育培训,提高安全意识、自我防护意识和操作能力,一旦发生危险化学品或危险性气体泄漏,实验室人员即可迅速按照相关应急预案冷静采取正确的应急防护及处理,能最大程度地减轻事故伤害。

加强对气瓶的安全检查。做好实验室气瓶存放规范化管理,加强检查力度,督促整改安全隐患。使用部门必须指定专人负责气瓶的管理(气瓶的储存、使用、搬运等),高度重视气瓶的安全工作,对易燃易爆气体的储存和使用要加强统一管理。做好实验室气瓶存放规范化管理,加强检查力度,督促整改安全隐患。使用气瓶前,应认真进行安全状况检查:

① 禁止使用私自配置的瓶装气体;

② 所选用的气瓶漆色、字样与所充装的气体应符合规定;

③ 气瓶的安全附件要齐全、完好,瓶阀应有保护装置,气瓶上应配两个防震圈;

④ 气瓶的有关技术资料齐全,应符合检验期限,禁止使用超检验期和报废期的气瓶;

⑤ 瓶体经外观检查无缺陷,能够保证安全使用;

⑥ 使用时必须严格按照使用说明书的要求使用气瓶。

加强实验室安全管理,特别是对危险性较高的化学品、设备、仪器或设施的安全管控。

## 第二节　实验室安全事故典型案例总结

据不完全统计,2001—2020 年的 20 年间,媒体公开报道的全国高校实验室安全事故有 113 起,共造成 99 人伤亡,再加之全国科研院所以及企业单位的实验室事故等,安全事故数据更为庞大,这些事故在社会引起了较强烈的反响。一次次触目惊心的事故时刻警醒着我们要深刻吸取沉痛教训,认真总结,举一反三,总结事故发生规律、分析事故发生原因、采取

有效的防控措施，对进一步降低高校实验室事故率有重大意义。

现以 2010—2022 年中的 44 起国内外典型实验室事故案例为样本(表 2.1)，运用事故案例分析的方法，对事故趋势、事故类型、事故原因、危险物质类别等进行了统计分析，进而完善各层面实验室安全管理制度，强化制度的落实和监管，据此提出了相应的控制对策。这对学习者熟练掌握案例分析方法并实践应用具有一定的参考意义。

## 一、实验室事故总体情况分析

### 1. 事故概况

本节统计了 2010—2022 年国内外高校、科研院所及企业发生的 44 起实验室事故，共造成 14 人死亡，多人受伤，具体分布如图 2.1 所示。从图中可明显看出，近些年来，实验室安全事故数量和受伤人数均呈现线性下降趋势，这与国家对实验室安全高度重视和积极部署密切相关，一方面制定并完善安全标准、安全制度，另一方面建立并落实全国范围内高校和科研院所实验室定期安全检查工作。自 2010 年以来，国家颁布了一系列关于实验室安全的标准要求(《实验室生物安全通用标准》《化学品理化及其危险性检测实验室安全要求》《检测实验室安全》等)，教育部相关部门也制定了安全检查制度。2015—2022 年，教育部组织专家检查组开展了七年常态化的高校实验室安全专项检查工作，要求各高校、科研院所、企业实验室通过开展隐患自查、排查，找出安全存在的隐患问题和根源，提出整改要求、督促落实整改措施，做到整改闭环管理。以查促建、以查促管、以查促改，整体成效显著，实验室安全总体形势向好。

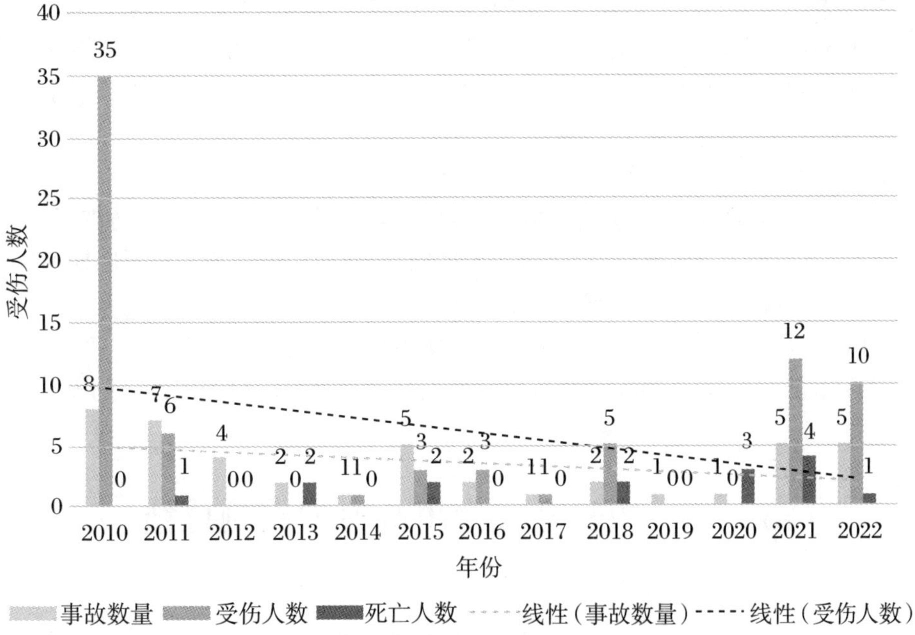


**图 2.1　2010—2022 年国内外实验室部分安全事故趋势分布**

### 2. 事故类型分析

从事故案例统计中可以看出，44 起实验室安全事故的主要类型有爆炸、火灾、毒害、生

物感染、腐蚀这 5 类事故，其中，爆炸、火灾事故共有 36 起，分别占事故总数的 52.27% 和 29.55%，是高校实验室安全事故的主要类型。此外，毒害、生物感染、腐蚀和其他事故，占事故总数的 18.18%（图 2.2）。统计发现，火灾与爆炸事故造成的受伤和死亡比例最高，事故的危害程度最大。这两种事故也常常会伴随发生，发生爆炸时，一般多为突发，实验人员如不及时采取正确应急措施予以阻止，则大概率就会发展成为火灾，后果极为严重。

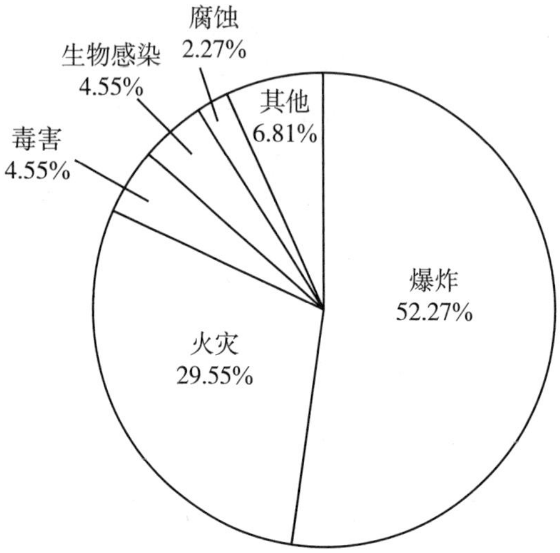


**图 2.2　各种类型事故占比**

火灾、爆炸事故高频发生的主要原因有：实验中普遍使用种类繁多的危险化学品（浓硫酸、重铬酸钾、氟化氢、氨水、汞等），高压反应釜、高温加热炉等仪器设备具有易燃、易爆性。如选择使用不当、不安全操作，很有可能引发火灾、爆炸事故。实验经常需要在高温、高压、高速、超高电压、超低温、超强磁场、辐射等部分特殊条件下进行，存在极大的安全隐患，实验人员些许疏忽、操作过程稍有不慎或条件控制不好，都很有可能引发火灾、爆炸事故。

此外，这些事故发生的地点集中在化学实验室、物理实验室、医学实验室、生物实验室，分别占比 75.00%、6.82%、6.82%、4.55%（图 2.3）。统计表明，化学实验室是事故频发的重灾区，应作为实验室安全重点检查和监管对象。

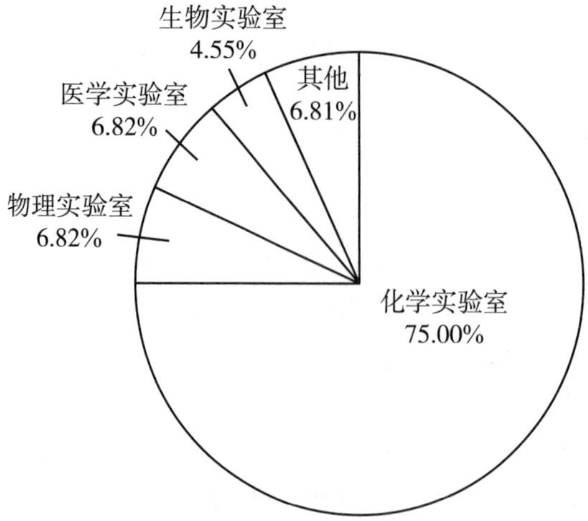


**图 2.3　各类事故发生地点分类占比**

**3. 事故危险因素分析**

根据统计表明，实验室事故危险因素发生占比从高到低依次为危险化学品事故(60.38%)、仪器设备事故(22.64%)、线路安全事故(7.55%)、生物安全事故(5.66%)和其他事故(3.77%)(图2.4)。由此可见，危险化学品是引发实验室安全事故的重要原因，占44起安全事故的比例超过了60%，共造成41人受伤，9人死亡。

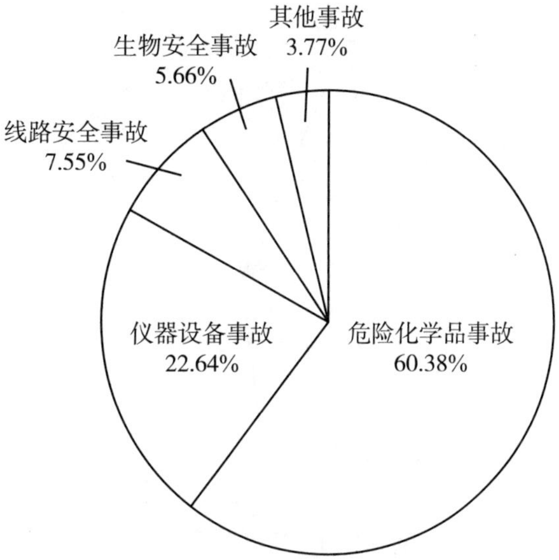


**图2.4　事故危险因素分类占比**

根据最新《危险化学品目录》，共记录有2828种常见危险化学品(已确认的具有易燃、易爆、腐蚀、毒害等危险特性的化学品)，涉及国民经济行业分类15个门类(共20个)，68个类别(共95个)。除了化学实验室之外，物理、生物和医学实验室也涉及大量的危险化学品，危险化学品是实验室管理中的重要环节，如管理不当，极易导致重大事故或使社会造成极大危害。因此，要加强危险化学品的采购、储存、使用、废弃物处理等每一个环节的精细化管理。

## 二、实验室安全事故原因分析及对策

现代安全管理理念中的事故致因理论提出了引发事故的4个基本要素:人的不安全行为、物的不安全状态、环境的不安全条件和管理缺陷。发生实验室安全事故的原因并非单一的，是多种原因相互复杂关联、交叉、共同作用的结果。

**1. 直接原因**

人的不安全行为和物的不安全状态是造成实验室安全事故发生的直接原因。国内外大量的调查统计表明，由于人的不安全行为所导致的事故占事故总数的70%～90%。美国安全工程师海因里希(Herbert William Heinrich)在其事故法则基础上又进行深入研究，他提出了事故致因理论，认为人的不安全行为是事故发生的第一要因。事故的发生存在着“88∶10∶2”的规律，即在100起事故中，有88起是纯属人的不安全行为造成的，有10起是由于人为和物的不安全状态导致的，只有2起是人难以预防的，即天灾。

本节研究的44起实验室事故的统计分析也表明，违规操作、操作不当是引发事故的两

个主要原因,约占总事故54%(图2.5)。例如,没有监管的习惯性违章操作、毫无安全防范意识的错误防护、将错误示范传递的言传身教、不吸取事故教训的无知无畏、缺乏系统的实验风险辨识能力的盲目操作等,这些人的不安全行为都是实验室事故频发的最直接触发因素。因此,为确保实验室安全,管控人的不安全行为是首要任务,这是一项长期且艰难的任务,不可能一蹴而就,因为人的行为存在着复杂的自身规律,既受人的生理和心理影响,也受社会和自然的影响,千差万别且千变万化而难以预测。

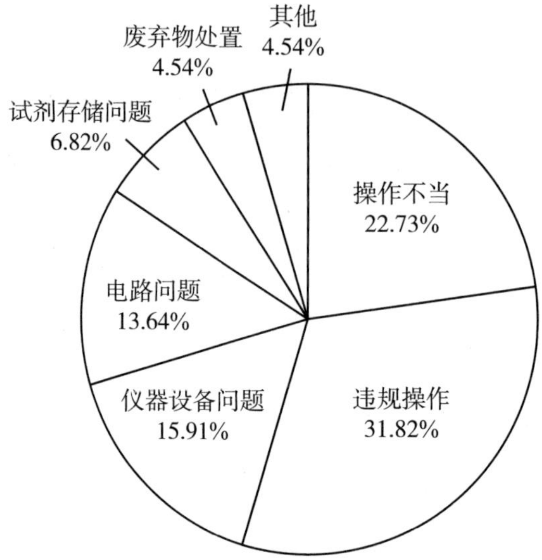


**图2.5 事故直接原因占比**

由此可见,应以提升人员的安全意识和风险管控能力为切入点,以建立健全安全制度和开展安全教育培训为路径,以形成安全文化为终极目标,有效地控制人的不安全行为。同时,推动科学管理、规范管理和高效管理,实现对实验室安全的全过程、全要素、全方位的管理和控制,减少或杜绝事故的发生,保障实验室安全和社会稳定。

值得注意的是,在实验过程中存在实验人员未使用、选择和使用个人防护用品不当因素的安全事故共计5起,占总事故的11.36%,占违规操作的35.71%,共造成1人死亡,31人重伤或严重感染,危害程度较大,应引起足够的重视。在实验危害评估的基础上,实验人员按不同级别的防护要求选择恰当的个体防护装备后,可直接对人体起到保护作用,免遭或减轻事故和实验过程中有可能受到的物理、化学、生物等外界危害因素伤害。个体防护装备是保护个人安全和健康的重要屏障。

**2. 间接原因**

发生事故的间接原因是实验室管理上的缺陷,即法规、标准和制度缺失或不健全,规章制度执行或监管过程等出现问题。

俗语有云,国有国法、家有家规。对于实验室安全管理人员和实验人员,应该有相应的强制性和约束力的职责规定使从事实验的人员在工作中有法可依、有章可循。目前我国实验室管理的相关法规、标准仍然欠缺或不完善,如实验室分级要求、风险评估方法、个人防护用品分级要求、个人防护用品使用及管理、实验室应急处理、实验室安全管理等相关法规和标准有待建立和完善。

在管理制度的制定、落实和监管方面，一些共性问题仍亟待解决：

① 实验室安全管理组织机构不健全、缺乏专业安全管理人员；

② 未建立系统化、科学化的管理体系、管理制度，导致管理混乱，无法可依、无章可循；

③ 安全培训教育体系不完善、缺乏系统性；

④ 实验室或相关单位并未开展安全培训，甚至存在未经培训直接开展实验的情况；

⑤ 实验前，未经风险评估，操作没有安全规程可循；

⑥ 应急设施和应急物资缺失、不全或未及时维护；

⑦ 化学品储存条件和管理不符合规范；

⑧ 实验人员未对实验设备设施进行定期检查和专业的维护；

⑨ 实验人员使用高风险的设备设施前，未经安全培训考核，缺乏安全准入制度等。

针对实验室安全管理中出现的诸多薄弱环节，结合实验室安全事故发生的原因分析，实验室相关管理部门应建立系统化的管理体系，并严格贯彻落实，按照体系的策划、实施、定期检查及考核、奖惩机制、整改、跟踪监管、完成整改、加强防范的整个流程，持续提升实验室安全管理水平，从而保障实验室安全稳定的运行。

**3. 实验室安全管理对策**

(1) 健全实验室安全管理组织机构

安全管理问题涉及面广且繁杂，建议高校、科研机构或企业成立专门的机构负责实验室安全方面的管理，根据危险源使用和储存情况配备或培养专职、专业的安全管理人员，建立严密的组织与管理体系，明确职责范围，落实各项责任。

(2) 完善安全管理制度，严格规范执行力度

实验室的安全管理要有制度建设作保障，从制度建设入手，建立一整套合理、严格、有效、具有针对性的规章制度，包括实验室安全工作制度、实验室安全操作规程、实验室仪器设备管理制度、实验室安全检查与隐患整改制度、危险化学品管理制度、实验室环境保护规定、安全事故应急处理方案和实验室安全责任追究办法等，以保障实验室安全有序运行，使安全管理工作科学化、规范化、标准化。

安全管理制度的制定与健全仅仅是实验室安全的首要前提，认真执行和严格落实各项安全制度是实验室安全管理的关键所在。因为再无懈可击的安全管理制度和措施、再完善的管理计划，如不能严格层层落到实处，那么制度和措施的建立仅仅停留在纸上谈兵，在这种情况下，有制度就等同于无制度，有措施就等同于无措施，就发挥不了实际管理效用，所以要落实各级责任，加强行动和监管的执行力，提高人员的安全责任心，强化安全意识。

(3) 加强实验室安全检查力度，切实消除安全隐患

加强实验室定期或不定期的安全检查，及时发现、督促实验室进行整改，跟踪整改效果，以彻底消除安全隐患，及时将事故消灭在萌芽状态，防患于未然。此外，通过安全检查，可时刻警醒实验室工作人员，增强其紧迫感、责任感和使命感，牢固树立安全发展理念，弘扬“生命至上，安全第一”的思想，坚决克服麻痹思想和侥幸心理，持续保障安全平稳的实验环境。

(4) 建立实验室安全应急预案，开展应急演练活动，提升应急能力

实验室要制定科学的安全应急预案，并成立专门的应急预案小组，对各类实验室可能发

生的事故进行分析，结合实验室涉及的行业类别、管理模式、风险种类等实际情况，充分借鉴国际、国内同行业的事故经验教训，在充分调查、全面分析的基础上，确定可能发生事故的危险因素，制定有针对性的救援方案，编制具有针对性、科学合理且切实可行的应急预案以应对突发事件。应急预案应包括组织机制、预防预警、应急措施、响应机制、保障手段和恢复重建等内容。

为了确保应急预案的科学性、针对性、实效性和先进性，要认真总结经验教训，根据技术条件、人员更替、外部环境等不断发展变化的实际情况，与时俱进，及时修订完善应急预案，实现动态管理，确保功能完备、人员到位、响应及时、处置合理，完善安全急救设施和个人防护器材，不断提高实验室工作人员应急能力。

同时，要积极深入开展应急演练活动，如爆炸、火灾、中毒、机械伤害、生物感染等，通过真实模拟事故发生场景(如实验室危险化学品泄漏、实验室危险气体泄漏、电梯故障人员被困、压力容器意外爆炸等)，有方案地组织开展多种类型的应急演练活动，有助于强化实验人员安全意识，熟悉实验室安全规定，提高对实验室风险的应急处置和自我保护能力，使事故伤害降到最低，另外，还可以达到检验应急预案、磨合机制、锻炼队伍的目的。

(5) 加强安全教育，建立准入制度，从源头解决问题

开展实验室安全教育和安全培训，在传统课堂教学、讲座等形式的基础上，要充分利用新闻报道、微博、微信公众平台等网络媒介，广泛开展应急处理实践、消防安全演练、安全知识竞赛等多种形式的活动，将外化知识内化于心，体现于行。注重倡导安全文化，树立“要我安全、我要安全、我会安全”的安全价值观念、提高安全意识，形成人人知安全、人人重安全的良好氛围，不断提高广大师生的安全意识和防范自救能力，力争从源头上解决实验室安全问题。这是保障正常实验室秩序和人身安全的必要途径。同时，还需建立并落实实验室的安全准入制度，对进入实验室的人员必须进行安全技能和操作规范培训，未经相关安全教育、未取得合格成绩者不得进入实验室进行相关操作。

(6) 加大实验室安全设施的投入，提高安全防护系数

实验室的安全防护基础硬件设施(消防、防盗、通风、防爆设备等)、仪器设备运行实时监控(摄像头、可燃或有毒气体监测设备等)、个人防护用品和应急用品的配备更新是保证实验室安全的重要条件。根据实验室危险因素的具体情况，单位应拨出安全管理的专项资金用于现有实验室在防火、防爆、防毒、防辐射、监控、检测等安全设施的添置、更换与维修保养上，对部分存在安全隐患的陈旧实验设备应进行更新换代或进行必要的维护保养，杜绝事故发生。

# 第三章　应急防护设施设备选择、使用与管理

实验室是安全事故发生的高危场所，除了加强对实验室的严格管理、规范实验人员的行为以外，配备充足的个人防护用品和应急设施设备尤为必要，这是保障实验室安全的基础。其中，应急设施设备是事故救援的有力武器和重要保障，在应急救援中发挥着十分重要的作用。因此，在配备充足的应急设施设备的同时，如何正确选择、规范使用和科学管理应急设施设备亦是重中之重，任何一个环节出了问题，都将导致事故不断升级恶化，造成难以估量的后果。

## 第一节　消防设施设备的选择、使用与管理

消防设施设备是火灾现场最直接的灭火工具。如何正确控制和使用消防设备将在减少火灾中的人员伤亡和财产损失方面发挥不可替代的作用。若掌握一定的消防常识、灭火器材的使用方法以及扑灭初期火灾的措施，是完全有可能把火灾扑灭在萌芽状态下的。所以，使用和管理人员需要充分掌握常见消防器材的性能、适用范围、使用方法及其管理方法。实验室常见的消防设施设备主要有灭火器、灭火毯、消防沙、应急喷淋和洗眼装置、火灾报警器等。

### 一、灭火器

灭火器是一种轻便的常规灭火工具，它能在其内部压力作用下，将所充装的灭火药剂喷出，用于扑灭初期火灾，控制火势蔓延。由于灭火器结构简单，方便、经济、有效、易于学习和操作，所以广泛用于公众场所、实验室和可能发生火灾的地方。

**1. 常用灭火器的选择**

根据充装的灭火剂类型，灭火器可分为泡沫灭火器、二氧化碳灭火器、干粉灭火器、1211 灭火器、D 类金属灭火器等。在选择灭火器时，需要根据可能出现的火灾类型来选择。不可随意选择灭火器，以避免产生反效果，从而带来危险。如金属钾、钠、镁、锂等发生火灾，二氧化碳灭火器、水基灭火器、泡沫灭火器等灭火器均不可使用，只能选择消防沙或 D 类金属灭火器，因为活泼金属和水反应会产生剧烈的化学反应，放出大量的氢气，甚至会引起爆炸。

(1) 火灾类型

火灾类型主要分为六大类(表3.1)。

**表3.1　火灾类型**

| 火灾分类 | 火 灾 类 型 | 举　　例 |
|---|---|---|
| A类 | 固体物质火灾 | 木材、棉、麻、毛、纸张及其制品等引发的火灾 |
| B类 | 液体火灾和可熔化的固体物质火灾 | 汽油、煤油、柴油、甲醇、乙醇、沥青、石蜡等引发的火灾 |
| C类 | 气体火灾 | 煤气、氢气、天然气、乙炔、甲烷、丙烷等引发的火灾 |
| D类 | 金属火灾 | 金属钾、钠、镁、钛、锆、锂、铝镁合金等引发的火灾 |
| E类 | 带电物体和精密仪器等物质火灾 | 变压器、发电机、电缆、电器、仪器仪表等设备引发的电气设备火灾 |
| F类 | 烹饪器具内的烹饪物 | 动植物油脂、油制品、肉类食物、肉制品等引发的火灾 |

(2) 灭火器选择因素

发生火灾时,灭火器应按下列因素选择:

① 灭火器的灭火效能和通用性;

② 火灾种类;

③ 火灾危险等级;

④ 灭火器的灭火效能;

⑤ 被保护物品的客观条件和保护要求;

⑥ 灭火器设置点的环境温度;

⑦ 使用人员的体能和安全素养。

(3) 选择原则

在灭火之前要先快速判断火灾具体情况,之后才能选择正确的灭火器去灭火,否则结果可能会适得其反。

(4) 灭火器选择

在选择灭火器时应根据实际需求及环境条件选用适当的灭火器,以确保灭火效果的最大化。一般情况下,灭火器的类型选择是根据火灾种类进行选择确定的,如表3.2所示。

**表3.2　火灾类型**

<table>
<tr><th colspan="2" rowspan="3">灭火器类型</th><th colspan="7">火　灾　种　类</th></tr>
<tr><th>A类火灾</th><th colspan="2">B类火灾</th><th>C类火灾</th><th>D类火灾</th><th>E类火灾</th><th>F类火灾</th></tr>
<tr><th>含碳固体火灾</th><th>油品火灾</th><th>水溶性火灾</th><th>可燃性气体火灾</th><th>金属火灾</th><th>电气设备火灾</th><th>烹饪器具内烹饪物火灾</th></tr>
<tr><td rowspan="2">干粉</td><td>磷酸铵盐(ABC)</td><td>适用</td><td rowspan="2">适用</td><td rowspan="2">适用</td><td rowspan="2">适用</td><td rowspan="2">不适用</td><td>适用</td><td>不适用</td></tr>
<tr><td>碳酸氢钠(BC)</td><td>不适用</td><td>不适用</td><td>适用</td></tr>
<tr><td colspan="2">化学泡沫</td><td>适用</td><td>适用</td><td>不适用</td><td>不适用</td><td>不适用</td><td>不适用</td><td>适用</td></tr>
</table>

续表

| 灭火器类型 | 火灾种类 | | | | | | |
|---|---|---|---|---|---|---|---|
| | A类火灾 | B类火灾 | | C类火灾 | D类火灾 | E类火灾 | F类火灾 |
| | 含碳固体火灾 | 油品火灾 | 水溶性火灾 | 可燃性气体火灾 | 金属火灾 | 电气设备火灾 | 烹饪器具内烹饪物火灾 |
| 水基 | 适用 | 不适用 | 不适用 | 不适用 | 不适用 | 不适用 | 适用 |
| 卤代烷 | 适用 | 适用 | 适用 | 适用 | 不适用 | 适用 | 适用 |
| 二氧化碳 | 不适用 | 适用 | 适用 | 适用 | 适用 | 适用 | 不适用 |
| D类(专用) | 不适用 | 不适用 | 不适用 | 不适用 | 适用 | 不适用 | 不适用 |

(5) 灭火器选择注意事项

① 为了保护大气臭氧层和人类生态环境,在非必要场所应当停止再配置卤代烷灭火器,可选配磷酸铵盐干粉灭火器。若是必要场所,仍可以选配卤代烷灭火器。

② 为了保护贵重物资与设备免受不必要的污渍损失,灭火器的选择应考虑对保护物品的污损程度。例如,在专用的电子计算机房内,要考虑被保护的对象是电子计算机等精密仪表设备,若使用干粉灭火器肯定能达到灭火目的,但是灭火后难以清洗,易造成设备损耗,此种情况适合选用气体灭火器灭火,能更有效地解决设备污损问题。

③ 灭火器设置点的环境温度对灭火器的喷射性能和安全性均有明显影响。如环境温度过高,容易导致灭火器爆炸;如环境温度过低,会影响灭火器的喷射性能。通常灭火器的使用温度范围为 $-10\sim55$ ℃。

④ 通常情况下,实验室可配备小规格手提灭火器,在有条件的场所亦可同时选配手提式灭火器和推车式灭火器。

⑤ 若同一灭火器配置场所中的火灾种类相同,则宜选用相同类型和操作方法的灭火器。若同一灭火器配置场所中的火灾种类不同,则应选用通用型灭火器,以满足不同火灾的灭火需要。

**2. 常用灭火器的使用**

(1) 干粉灭火器的使用

干粉灭火器是目前使用非常广泛的灭火器之一,其利用二氧化碳气体或氮气气体作动力,将筒内的干粉喷出与火焰接触,盖在固体燃烧物上,能够构成阻碍燃烧的隔离层,而且通过受热,干粉会分解出不燃气体,稀释燃烧区域中的氧含量,从而抑制火势的发展。除此之外,干粉还能够中断燃烧连锁反应,因此其灭火速度非常快,能够迅速有效地扑灭火源。

干粉灭火器的主要装填物由有灭火效能的无机盐和少量的添加剂经干燥、粉碎、混合而成的微细固体粉末组成。其中无机盐的种类和含量直接影响干粉灭火器的灭火效果和使用寿命。因此,在制造干粉灭火器时,需要根据具体的灭火需求选择适合的无机盐,并严格控制添加剂的种类和含量,以确保干粉灭火器的使用效果和安全性。

干粉灭火器适宜扑救石油产品、油漆、有机溶剂、液体、气体、电气火灾,但是不能扑救轻金属燃烧的火灾。

使用时,先拔掉保险销(拉环),在距离火焰 2 m 的地方按下压把,使干粉喷出。灭火时

要接近火焰喷射，选择好喷射目标，不要逆风喷射。

(2) 二氧化碳灭火器的使用

二氧化碳灭火器瓶体内存有液态的二氧化碳，灭火时里面的二氧化碳就会由虹吸管通过瓶身阀门从喷筒射出，迅速汽化成气体，吸收周围热量，变成干冰，从而达到降温冷却的作用。同时，二氧化碳气体可排除空气，并包围在燃烧物表面或分布在有限空间内，使得燃烧区氧气的浓度快速下降，待二氧化碳达到足够浓度时，达到灭火的作用。

二氧化碳灭火后不留痕迹，适宜扑救贵重精密仪器设备、档案资料的火灾。二氧化碳不导电，因此也适宜于扑救带电的低压电器设备和油类火灾，但不能扑救钾、钠、镁、铝等物质火灾。

使用时，先拔掉保险销，压下压把即可；注意手指不要碰到喇叭筒，否则会有冻伤的可能；灭火时，二氧化碳灭火器要接近着火点，在上风方向喷射。

(3) 泡沫灭火器的使用

根据灭火器内充装的灭火剂种类，灭火器可分为化学泡沫灭火器和空气泡沫灭火器。化学泡沫灭火器内充装硫酸铝(酸性)和碳酸氢钠(碱性)两种化学药剂，使用时，二者混合发生化学反应产生泡沫，并在压力作用下喷射进行灭火。空气泡沫灭火器充装的则是空气泡沫灭火剂，具有高效的灭火效能和简单、易用的特点。根据不同使用需求，可充装蛋白泡沫、氟蛋白泡沫、聚合物泡沫或抗溶性泡沫等不同种类的灭火剂。

泡沫能覆盖在燃烧物的表面，防止空气进入。泡沫灭火器适宜扑救液体火灾，不能扑救水溶性可燃、易燃液体的火灾，如醇、酯、醚、酮等物质和电器引发的火灾。

使用时，先用手指堵住喷嘴将筒体上下颠倒两次；对于油类火灾，不能对着油面中心喷射，以防着火的油品溅出，应顺着火源根部的周围，向上侧喷射，逐渐覆盖油面；使用时不可将筒底和筒盖对着人的方向，以防止因筒盖、底部爆破造成伤亡事故。

(4) 推车灭火器的使用

推车使用时，先将推车灭火器快速推到火源近处，一般离燃烧物 5～10 m；灭火时一般由两人操作，一人快速放开喷射软管并拉直，拔出保险销；另一人扳起阀门手柄，对准火焰根部，使粉雾横扫重点火焰，注意切断火源；由近及远向前推进灭火；灭火完成后，先关闭灭火器阀门，再关闭喷管处阀门。

(5) 水基灭火器的使用

水基灭火器是一种物理灭火器，具有无毒、无污染、灭火效率高、阻燃和抗复燃性能好的优点。它的罐体一般为绿色或不锈钢本色。其装填物主要含有表面活性剂、阻燃剂等灭火药剂。水基灭火器经雾化喷嘴喷射后，一方面喷射出细水雾，可吸收大量的热量，迅速降低火场温度；另一方面，表面活性剂在可燃物表面迅速扩展成一层水膜，使可燃物与氧气隔离，实现窒息灭火。同时，其装填物还具有很强的渗透作用，可渗透到可燃物内部，起到阻燃、抗复燃作用。

水基灭火器适用于扑救易燃固体或液体的初期火灾。

使用时，手提灭火器的提把，迅速赶到着火处，在距离起火点 5 m 左右处，放下灭火器(在室外使用时，应占据上风方向)，拔下保险销。一只手握住喷带前端，另一只手用力压下压把，灭火剂便会从喷嘴喷射出来。

起火时，将水基灭火器中的药剂喷在身上，避免火焰对人体造成伤害，在高温火场中最大限度地减轻烧伤。

水基灭火器使用方便、无须倒置、有效期长、抗复燃、灭火后不会污染物体表面、腐蚀性小、环保无污染。

(6) 灭火器使用注意事项

① 使用时,一般距离燃烧物 5 m 左右(最好是看现场的情况而定);

② 喷射时,应采取由近而远、由外而里的方法;

③ 灭火时,人要站在上风处;

④ 注意不要将灭火器的盖与底对着人体,防止弹出伤人;

⑤ 扑灭电器火灾时,应先切断电源,防止触电;

⑥ 持喷筒时,手应握住胶质喷管处,不要接触金属部分,以防冻伤;

⑦ 在空气不流通的火场使用二氧化碳灭火器后,必须及时通风,因为二氧化碳是窒息性气体,对人体有害,严重的可能因窒息而死亡;

⑧ 二氧化碳灭火器使用时应佩戴防冻手套,动作要迅速,尽量防止皮肤因直接接触喷筒和喷射胶管而造成冻伤;这是因为二氧化碳是以液态存放在钢瓶内的,使用时液态二氧化碳(干冰)会迅速汽化,吸收本身的热量,使自身温度急剧下降到 $-78.5^{\circ}C$ 左右;

⑨ 如果火势较大或可能蔓延,不可依赖灭火器,一定要赶紧撤离至安全区域,拨打消防电话 119,由专业消防人员来灭火。

**3. 灭火器的管理**

(1) 通用管理维护规则

灭火器要存放于干燥、阴凉、通风处,不可受潮或暴晒,避免有严重腐蚀场合,不得接近火源,严禁高温环境下存放。

灭火器要放于明显、取用方便的位置,严禁撞击或剧烈震动,确保使用通道畅通无阻,不影响安全疏散。

定期检查灭火器的可见零部件是否完整,有无松动、变形、锈蚀或损坏。

定期检查灭火器的喷筒是否畅通,如有堵塞,应及时疏通。

定期检查灭火器的压力表指针是否在绿色区域,如指针在红色区域,则表明灭火器桶内的压力已低于规定值,应查明原因,检修后重新灌装。二氧化碳灭火器无压力表,因为瓶体内充装的是干冰,汽化后能自动保持瓶内的压力,因此可不安装压力表,其他类型的灭火器都是利用压力将内部的灭火剂挤压释放灭火。

灭火器一经开启,必须重新充装。在每次使用后,必须送到已取得维修许可证的专业单位检查,更换已损件,进行水压试验,试验合格后才能再次充装灭火剂和驱动气体。水压试验应按灭火器铭牌标志上规定的水压试验压力进行,水压试验时不应有泄漏、部件脱落、破裂和可见的宏观变形。经水压试验合格的零部件应清洗干净,清洗不应使用有机溶剂。

灭火器不论已经使用过还是未经使用,距出厂的年月已达到规定期限时,必须送维修单位进行检查,试验合格后才能再次使用。

维修后的灭火器的筒体应贴有维修和合格标识,维修标识上的维修单位的名称、筒体的试验压力值、维修日期等内容应清晰。维修铭牌不可去除,同时每次的维修铭牌不得相互覆盖,以确保维修后灭火器的可追溯性。灭火器维修记录的保存期限应不少于 5 年。

(2) 干粉灭火器的管理

干粉灭火器应每半年检查干粉是否结块、驱动气体是否合格,如发现问题应及时更换;

每年检查一次药剂重量，若少于规定的重量，应及时充装，防止急需使用时失效。

干粉灭火器使用一次后，必须再充装。再充装时，绝对不能变换干粉灭火剂的种类，即磷酸铵盐干粉灭火剂不能充装为碳酸氢钠干粉灭火器。

干粉灭火器的报废年限从出厂日期算起，达到规定年限的，必须报废。手提式干粉灭火器贮气瓶式为 8 年、推车式干粉灭火器贮气瓶式为 10 年。干粉灭火器出厂期满 5 年，首次维修以后每满 2 年应及时送修。

(3) 二氧化碳灭火器的管理

二氧化碳灭火器的校验以称重为准，应每半年称量气瓶内二氧化碳的重量，称出的重量与灭火器钢瓶底部打的钢印总重量相比较，当手提式灭火器二氧化碳气瓶的泄漏量超过 5%，推车式灭火器二氧化碳泄漏量超过 10%时，应送专业机构检修后按规定充装量灌装。每次使用后或每隔 5 年，应送维修单位进行水压试验和残余变形率的测定(依照国家标准要求 GB/T 9251—2022《气瓶水压试验方法》)，二氧化碳灭火器钢瓶的残余变形率不应大于 3%。

二氧化碳灭火器存放区域的温度不得超过 42 ℃，因为钢瓶受热，液态二氧化碳会转变为气态，使瓶体内压力增大，易发生物理爆炸事故。

按照相关规范，二氧化碳灭火器的强制报废年限为 12 年。二氧化碳灭火器出厂期满 5 年，首次维修以后每满 2 年应及时送修。

(4) 泡沫灭火器的管理

化学泡沫灭火器不可靠近高温或受日光暴晒，以防碳酸氢钠分解。

化学泡沫灭火器，应每年定期检查碳酸氢钠溶液是否失效。检查方法是从筒体内取出 3 份 $NaHCO_3$ 溶液，从瓶胆内取出 1 份 $Al_2(SO_4)_3$ 溶液，将两种溶液迅速一起倒入量杯内，看产生的泡沫是否大于总溶液体积的 6 倍。如少于 6 倍，则应及时更换灭火剂。

每次更换灭火剂或使用期已满 2 年的，应每年进行水压试验，试验压力为该灭火器试验压力的 1.5 倍，试验合格后方可继续使用，并在灭火器上标明试压试验日期。

对储压式空气泡沫灭火器只需检查压力显示表，如表针指向红色区域即应及时进行修理。

储气瓶式空气泡沫灭火器，则要打开器盖检查二氧化碳储气瓶(驱动气体)，检查称重是否与钢瓶上的重量一致，如小于钢瓶总重量 25 g 以上的，应当进行检查修理。

按照相关规范，泡沫灭火器的强制报废年限为：手提式化学泡沫灭火器为 5 年，推车式化学泡沫灭火器为 8 年。泡沫灭火器出厂期满 2 年，首次维修以后每 2 年维修 1 次。

(5) 水基灭火器

灭火器应当放置在阴凉、干燥、通风并取用方便的部位，环境温度应为 4～55 ℃；

水基灭火器报废年限为 6 年。水基灭火器出厂期满 3 年，首次维修以后每年都应送修。

## 二、灭火毯

灭火毯采用难燃性纤维织物，经特殊工艺处理后加工而成，具有紧密的组织结构和耐高温性。利用灭火毯覆盖火源，阻隔空气，使燃烧无法得到氧气而熄灭，以达到灭火的目的。灭火毯具有难燃、耐高温、耐腐蚀的特性，可有效减少火灾伤害，增加逃生机会，减少人员伤亡。

**1. 灭火毯的选择**

灭火毯材质众多,大致可以分为玻璃纤维灭火毯、硅胶灭火毯、碳纤维灭火毯,功能差异不大,使用者可根据具体需求选择。

玻璃纤维灭火毯:绝缘阻燃、耐高温,体积小,重量轻,绿色环保、无污染,可用于初期灭火及火场逃生,性价比高。

硅胶灭火毯:在玻璃纤维的基础上添加双面硅胶涂层,硅胶涂层柔软亲肤,无碎屑脱落,接触皮肤不扎手、不刺激,高效隔热阻燃,较普通玻璃纤维灭火毯,灭火效率更高。

碳纤维灭火毯:由碳纤维加工而成,不刺激皮肤,碳纤维强度高,耐冲击性强,一般整体使用寿命更长,但价格较高。

**2. 灭火毯的使用**

一般情况下,灭火毯会固定或放置于比较显眼且能快速拿取的墙壁上,便于快速取用。

当发生火灾时,快速取出灭火毯,双手握住灭火毯下方的两根黑色拉带,拉出;将灭火毯轻轻抖开;将涂有阻燃、灭火涂料的一面朝外,轻轻覆盖在火焰上;将灭火毯迅速、持续覆盖在着火物体上,注意一定要包裹完全,并采取积极灭火措施直至着火物体上的火完全熄灭。

如人员身上着火,可将灭火毯展开后,包裹在人体着火部位,可很快灭火,并迅速拨打急救电话 120。

火场逃生时,可将灭火毯披裹在身上并戴上防烟面罩,迅速脱离火场。灭火毯可隔绝火焰,降低火场高温,可有效防止身体被火焰灼伤。

地震逃生时,可将灭火毯折叠后置于头顶,由于灭火毯厚实且有弹性,能起到缓冲作用,可减轻落物对头部的撞击。

**3. 灭火毯的管理**

将灭火毯固定或放置于比较明显、便于取用的墙壁上或抽屉内等位置处。

使用后,检查灭火毯,如无破损,则可重复使用多次。若有破损,则作为不可燃垃圾处理。

通常每年检查一次灭火毯,如发现有破损或污染,须立即更换。

灭火毯的科学折叠方法会使灭火毯在使用的时候更容易打开,在火灾发生时,节约宝贵的时间。折叠步骤如下:

① 拉住黑色拉带,放平毯子。

② 将毯子下边边缘折向拉带边缘。

③ 做两次对折,使毯子的长度小于外包装长度。

④ 把左边拉带折向右边拉带,两根拉带之间的距离小于外包装宽度。

⑤ 从左边至右边做两次折叠,使毯子宽度小于外包装宽度。

⑥ 放入外包装中并且封装好,确保拉带从缺口处伸出。

## 三、消防沙

消防沙是消防所用专用沙,一般为中粗的干燥黄沙,主要用于扑灭油制品、易燃化学品之类的火灾。消防沙的灭火原理是通过覆盖火源,达到窒息灭火的目的,可用于泄漏物料的

吸附和阻截，也适用于高温液态物料火灾。

**1. 消防沙的选择与使用**

消防沙一般存储在消防沙箱或消防沙桶内，放置于实验室和危险品储存场所附近，与消防铲、灭火器以及消防水带等消防设施配合使用(图 3.1)。当发生油制品、易燃化学品、高温黏稠物料引起的火灾时，可选择消防沙灭火。使用方法如下：

① 应急救火时，快速找到消防沙箱。

② 先掀开消防沙箱的上盖，用消防桶或消防铲取适量消防沙快速奔向着火点。

③ 在火源上风处，距离火源不低于 0.5 m，用消防沙先隔离可燃物，再从火源一侧向另一侧平铺过着火区域。

④ 继续覆盖消防沙，直到火完全熄灭。

⑤ 消防沙灭火使用过程，需要配合消防铲、消防桶等物品，以提高灭火效率。同时，还需要配备灭火器、灭火毯以及消防水带等消防设施，以防止火灾蔓延可能引起的二次火灾，有备无患。

**图 3.1　消防沙箱、消防铲、消防桶**

**2. 消防沙的管理**

① 消防沙应保持洁净，不允许与生活垃圾或其他物质混合，应定期检查和筛除垃圾。

② 消防沙要保持干燥，每月翻动一次，以防止结块。

③ 使用过的消防沙一般可以通过焚烧、填埋或者运输到指定的垃圾处理场进行处理，未经处理不可再次使用。

④ 消防沙箱箱体上应标注醒目的标识，注明“消防沙箱”。

⑤ 消防沙的储备量要充足，使用后应及时补充。

## 第二节　检测类设备的选择、使用与管理

气体检测仪是实验室中必不可少的检测设备，用于检测环境气体浓度。其主要目的是为了保障实验室中工作人员的安全，防止过量的有毒有害气体或易燃易爆气体在局部区域的空气中积聚而引发危险事故。此外，气体检测仪还可以用来检测室内外危险场所的气体泄漏情况。当环境内易燃易爆气体、有毒有害气体超标或氧气的浓度值过低时，气体检测仪

则会发出声光报警信号，以提醒工作人员采取安全应急措施，避免安全事故的发生。因此，气体检测仪不仅可以保障工作人员的生命安全，还可以保障实验室的正常运行。

**1. 气体检测仪的选择**

(1) 常见气体检测仪类型

① 可燃气体检测仪

可燃气体检测仪是对单一或多种可燃气体浓度响应的检测仪。当可燃气体报警仪检测到环境中可燃气体浓度达到爆炸下限或上限的临界点时，可燃气体报警仪就会发出报警信号，以提醒人员采取安全措施，从而保障安全。通常可用于检测氢气($H_2$)、苯($C_6H_6$)、甲烷($CH_4$)、乙烷($C_2H_6$)、丙烷($C_3H_8$)、正丁烷($C_4H_{10}$)、异丁烷($C_4H_{10}$)、乙烯($C_2H_4$)、丙烯($C_3H_6$)、乙炔($C_2H_2$)、甲醇($CH_4O$)、乙醇($C_2H_6O$)、丙醇($C_3H_8O$)、甲醚($C_2H_6O$)、丁酮($C_4H_8O$)、丙酮($C_3H_6O$)等气体。

② 有毒气体检测仪

有毒气体检测仪用于检测一定范围内有毒有害气体的浓度值，并在检测到其浓度过高或超标时报警，起到安全警示作用。通常可用于检测一氧化碳($CO$)、二氧化碳($CO_2$)、硫化氢($H_2S$)、二氧化硫($SO_2$)、氨气($NH_3$)、一氧化氮($NO$)、二氧化氮($NO_2$)、甲醛($CH_2O$)、氯气($Cl_2$)、氟化氢($HF$)等气体。

③ VOC 气体检测仪

VOC 气体检测仪是用于连续测量危险或实验室环境中有毒有害有机 VOCs 气体，在检测到其浓度过高(超过设定值)时，会自动报警，防止爆炸、火灾、中毒事故的发生。VOCs 是挥发性有机化合物(volatile organic compounds)，世界卫生组织对其的定义是：熔点低于室温而沸点在 50～260 ℃之间的挥发性有机化合物的总称。我国《挥发性有机物无组织排放控制标准》(GB 37822—2019)中对其的定义是：参与光化学反应的有机化合物或根据有关方法确定的有机化合物。目前已鉴定出的 VOCs 有 300 多种，是常温下易挥发的有机化合物，其成分非常复杂，包括烃类、酯类、醛类等，最常见的有苯、甲苯、二甲苯、苯乙烯、三氯乙烯、三氯甲烷、三氯乙烷、甲苯二异氰酸酯(TDI)、二异氰甲苯酯等。大气中的 VOCs 主要来源于煤化工、石油化工、燃料涂料等制造与使用过程。

④ 氧气检测仪

氧气检测仪能有效并且实时监测空气中所含氧气的浓度，当达到设定的数值时，便会发出警报提醒，相关人员可以第一时间采取应急处理措施，避免人因为缺氧、窒息而造成伤害。

⑤ 复合式气体检测仪

复合式气体检测仪能同时连续并快速检测多种气体，每种气体浓度读数都会直观地显示在检测仪的液晶显示屏上，当环境中所检测的气体浓度超过报警值时，气体检测仪就会发出报警提醒。它专门用于危险环境和密闭空间检测，以保障人员生命安全。此外，使用单位可按使用场所和使用环境的具体需求来定制所需气体种类和测量量程范围，如氧气、可燃气体、一氧化碳、硫化氢、二氧化硫等多类型的气体自由组合。

(2) 气体检测仪选择方法

① 明确检查气体类型

气体检测仪的关键在于气体传感仪。不同的气体传感仪可以用于检测不同类型的气体。例如，可燃气体检测仪只能检测环境中的可燃气体的浓度。因此，选择气体检测仪首先

要明确所需检查气体的类型。

② 确定使用检测仪类型

便携式气体检测仪体积小巧，操作简单，并可在短时间内获得测定数据，可以随身携带，随时随地检测身边的气体环境，多应用于泄漏检测、确认可燃气体或有毒气体环境、安全检查及检验个人安全防护等情况。根据取样方式差异，可分为扩散式和泵吸式两种。

a. 扩散式气体检测仪利用被测气体自然扩散到检测仪的传感器感应范围内进行检测，因此无法远距离采样，一般适合作业人员随身携带进入有限空间，在作业过程中实时检测周边气体浓度。这种检测方式易受检测环境的影响，如环境温度、风速等。

b. 泵吸式气体检测仪采用一体化吸气泵或者外置吸气泵，通过采气管将远距离的气体吸入检测仪中进行抽气采样检测。作业前应在有限空间外使用泵吸式气体检测仪进行远距离检测，以确定危险区域内的气体浓度，维护人员安全，其他和扩散式检测仪相同。

固定气体检测仪是指固定安装在某一区域实时检测该区域特定气体环境的仪器，适合需要连续、长时间、稳定检测的环境，广泛应用于环保、燃气、消防、化工、电力、污水处理、应急救援监测等行业。

③ 了解环境情况

每个气体检测仪对温度、湿度、压力等有一定的要求，常规条件为温度在 −20～60 ℃，湿度在 0～95% RH，压力在 80～120 kPa。另外，粉尘、流量等对检测的结果也会有影响。因此，当环境条件较为复杂，需按实验室环境情况和具体需求综合考虑，与商家定制适合的气体检测设备，以确保气体检测仪探测数据的准确性。

④ 根据所需现场安全要求

气体检测仪的安装和使用现场一般有防爆等强制性规定。气体检测仪有防爆和非防爆的种类，石油、化工、煤炭等行业对防爆要求较为严格，检测仪本身必须经过防爆认证才可使用。实验室内有涉及高压、高温、大量易燃易爆危险化学品的情况，也需要选择防爆类气体检测仪。

**2. 气体检测仪的使用与注意事项**

(1) 气体检测仪的使用

气体检测仪的使用方法比较简单，应严格按照厂家所提供的说明书进行使用。

固定式气体检测仪需要在安装前根据实验室的具体环境情况（检测气体种类、室内面积、室内布局、周边环境等），与厂家专业工程师确认好安装细节，安装后即可自动长期连续监测，可实现自动化，除了日常检查外，无须人为进行实际操作，当发生报警提示时，应立即排查问题，及时处理。

便携式气体检测仪的使用应严格遵循以下步骤：

① 仔细阅读使用说明书，熟悉仪器性能和操作方法。

② 检查外观是否完好无损坏，应检查气体检测仪的铭牌，明确检测气体的种类和量程、温度适用范围、防爆适用区域等，不同气体检测仪都有特定的使用范围，在超出使用范围的环境下工作，会对气体检测仪造成损伤，严重的可能会失去检测功能。例如，可燃气爆炸下限（lower explosion limited，LEL）检测仪，如果不慎在超过 100% LEL 的环境中使用，就有可能烧毁传感器。而有毒气体检测仪，长时间在较高浓度下使用也会造成传感器损坏。

③ 检查电池电量是否充足，不充足时应及时充电，禁止将电量不足的检测仪带入作业

现场，避免使用过程中出现因电量不足而自动关机的情况。

④ 检查进气口是否有杂物，如有堵塞需清理干净或更换。

⑤ 开机启动时，同时会进行预热和自检，观察检测仪最低报警值、最高报警值是否设定准确，如不符要求，应立即校正。一般情况下，报警值设定可参考表3.3。

**表3.3　部分气体报警值设定参考**

| 气体类型 | 最低报警值 | 最高报警值 | 备　注 |
|---|---|---|---|
| 可燃气体 | 25% LEL | 50% LEL | LEL：可燃气体在空气中遇明火爆炸的最低浓度，称为爆炸下限。空气中可燃气体浓度达到其爆炸下限值时，称为可燃气环境爆炸危险度为100% LEL |
| 氧气 | 19.5% VOL | 23.5% VOL | % VOL(volume percentage concentration)：体积百分浓度 |
| 氮气 | 75% VOL | 83% VOL | |
| 一氧化碳 | 20 ppm | 50 ppm | ppm (part per million)：百万分之一体积比浓度 |
| 硫化氢 | 7 ppm | 15 ppm | |
| 苯 | 2 ppm | 4 ppm | |
| 甲醇 | 17 ppm | 35 ppm | |
| 甲苯 | 12 ppm | 24 ppm | |
| 一氧化氮 | 11 ppm | 22 ppm | |
| 二氧化氮 | 3 ppm | 5 ppm | |
| 氨气 | 26 ppm | 52 ppm | |
| 二甲苯 | 10.5 ppm | 21 ppm | |

⑥ 在新鲜空气条件下打开便携式气体检测仪后观察初始数值是否准确。例如，一氧化碳检测仪初始显示0 ppm；氧气检测仪初始显示20.9%；硫化氢检测仪初始显示0 ppm。如显示数值不准确则严禁使用，应立即校准。

⑦ 通气测试，即检查气体检测仪传感器响应是否灵敏，报警功能是否完备。如气瓶通气测试后气体检测仪无反应，应立即返修。

⑧ 将取样管端部靠近测试点区域，待测试值变化稳定后，读数并记录。

⑨ 将气体检测仪远离检测区域，置于空气中，待LCD显示值回复到空气中状态后，再拿至检测区域进行一次检测，并记录对比数据。

⑩ 检查和测试均合格后，则可对检测区域进行气体浓度检测。

⑪ 便携式气体检测仪用于泄漏检测时，一旦泄漏点位置确定后应尽量减少高浓度气体对检测仪的冲击，以防传感器损坏。

(2) 气体检测仪使用注意事项

气体检测仪使用过程中应尽量不要发生碰撞，避免造成检测数据异常。

气体检测仪中的传感器和其他部件属于精密元件。在调整仪器时不可随意拆开仪器，使用过程中应注意防尘、防水，以防止数据异常。

气体检测仪如出现指示灯连续闪亮、显示屏突然无数值显示、气体明显超标区域显示数值不动、差距大等异常情况，应立即停止作业，撤离到安全区域，确认实际情况并及时排除，否则严禁继续使用。

**3. 气体检测仪的管理**

气体检测仪应定期维护保养，对异常现象、解决对策及结果及时记录并存档。档案资料一般包括维护维修记录、检验记录、校准周期计划表、报警信息记录等。应建立规范、统一的报警信息记录和处理程序，并根据泄漏级别制定相应的应急处置方案。

气体检测仪要注意防水、防尘和防杂质，应存放或安装在干燥、无尘的环境中，如环境灰尘较多，需定期用除尘纸除尘，避免影响检测的灵敏度。除尘时，不可使用酒精等溶剂对探头进行清洗。

应定期对气体检测报警器进行检定校准、使用中检验，保证气体检测报警仪和报警系统的准确性、可靠性。

如气体检测仪长期未使用，在使用前必须对仪器进行校准，因为环境中温度、湿度等原因会影响仪器的检测精度。

便携式气体检测仪应符合《作业场所环境气体检测报警仪　通用技术要求》(GB 12358—2006)的规定，其检测范围、检测和报警精度应满足工作要求。

便携式气体检测仪的日常检查周期应根据实际使用情况和使用环境确定，连续使用的仪器应每周检查一次；使用频率较低的仪器应每月检查一次，并在使用前进行检查；储备的仪器应每季检查一次，并在使用前进行检查。

定期对固定式气体检测仪的控制和报警单元进行检查，确保其灯光、报警和电路正常运行，检查周期不超过 3 个月。每次检查都应记录并归档，发现问题应立即处理。

固定式气体检测仪出现故障时，应立即安排人员到现场进行确认，故障期间应做好替代方案和安全防护措施，确保人员安全。

## 第三节　安全标识的选择、使用与管理

安全标识是能够提醒作业人员对工作场所和周围环境的不安全因素，指导作业人员采取合理行为的标识，从而预防事故发生，起到保障安全的作用，但不能代替安全操作规程和防护措施。

### 一、安全标识

安全标识是向工作人员警示工作场所或周围环境的危险状况，指导人们采取合理行为

的标志。安全标识能够提醒工作人员预防危险，从而避免事故发生；当危险发生时，能够指示人们尽快逃离，或者指示人们采取正确、有效、得力的措施，对危害加以遏制。

**1. 安全标识的选择与使用**

安全标识不仅类型要与所警示的内容相吻合，而且设置位置要正确合理，否则就难以真正充分发挥其警示作用。

国际标准化组织（ISO）建议采用红色、黄色和绿色三种颜色作为安全色，并用蓝色作为辅助色。中国国家标准《安全色》（GB 2893—2008）规定红色、蓝色、黄色、绿色四种颜色为安全色。红色表示：传递禁止、停止、危险或提示消防防备、设施的信息；蓝色表示：传递必须遵守规定的指令性信息；黄色表示：传递注意、警告的信息；绿色表示：传递安全的提示性信息（表 3.4，彩色图表见插页）。

**表 3.4　各类安全标识**

| 标识类别 | 颜色 | 标识含义 | 安　全　标　识 |
| --- | --- | --- | --- |
| 禁止标识 | 红色 | 禁止、停止、危险 |  |
| 警告标识 | 黄色 | 警告、注意 |  |
| 指令标识 | 蓝色 | 遵守指令 |  |
| 提示标识 | 绿色 | 安全信息、通行 |  |

安全标识的使用应注意如下几点：

① 所有安全标识需求必须符合相关国家、行业标准及现场安全需要，禁止随意乱贴。在选择安全标识时，必须遵守相关标准和规定，不能随意贴上不符合要求的标识。

② 安全标识分为禁止、警告、指令、提示 4 种，必须按要求分别张贴到位。在张贴安全标识时，必须按照给定的顺序和颜色分类，以确保标识的明确性和易读性。张贴顺序按自左到右、自上到下。

③ 安全标识现场设置要求高度、位置一致，有国家、行业标准要求必须按标准要求设置。

④ 设立于某一特定位置的安全标识须保证安装牢固，以确保其安全性和稳定性。

⑤ 在选择安装位置时，必须考虑标识的可读性和易识别性，以确保安全标识张贴位置的背景色应与标识上的主色形成对比，色彩对比醒目，方便辨识。

⑥ 对于信息已经无用的安全标识，应立即由设置单位卸下，这对于警示特殊的临时性危险的标识尤其重要，否则会导致观察者对其他有用标识的忽视。

⑦ 安全标识不应设置于可移动物体上，如门、窗、架等，以免这些物体位置移动后，观察者看不到安全标识。标识牌前不得放置旋转妨碍认读的障碍物。

**2. 安全标识的管理**

① 现场所有安全标识设置必须建立控制台账，明确警示标识的种类、设置地点、数量、责任人等。

② 定期检查，发现有损坏、变色、脱落、老化等现象存在时，应立即更换或修理。

## 二、危险化学品安全标签

**1. 危险化学品安全标签的选择与使用**

危险化学品安全标签是一组文字、象形图和编码的组合，用于标示化学品所具有的危险性和安全注意事项。它可以粘贴、喷印在化学品的外包装或容器上。通过简单易懂的文字和图形清晰地表述化学品的危险特性及其安全处置的注意事项，从而警示作业人员进行安全操作和应急处置。

我国《危险化学品安全管理条例》(国务院令第 591 号)在第十五条、第三十七条、第七十八条，从法律层面规定了我国关于危险化学品危险公示标签的强制性要求，简而言之：危险化学品必须加贴标签。国家标准《化学品安全标签编写规定》(GB 15258—2009)中规定化学品安全标签应包括物质名称、编号、危险性标志、警示词、危险性概述、安全措施、灭火方法、生产厂家、地址、电话、应急咨询电话、提示参阅化学品安全技术说明书(MSDS)等内容(图 3.2，图 3.3)。这些规定从法律和行业标准的角度确保了危险化学品安全标签的标准化与统一，有助于保障人身安全和环境安全。

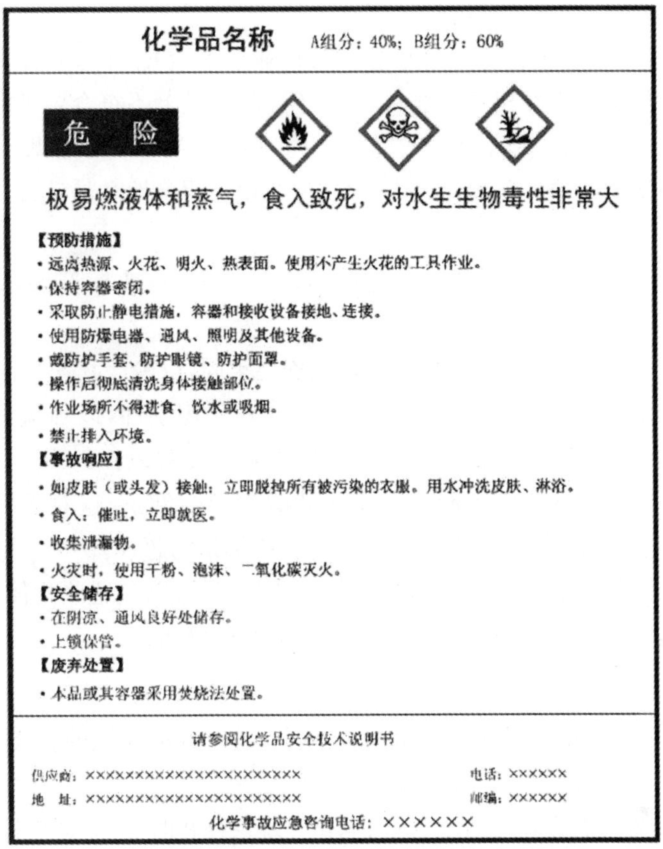


图 3.2 安全标签样例

来源：GB 15258—2009

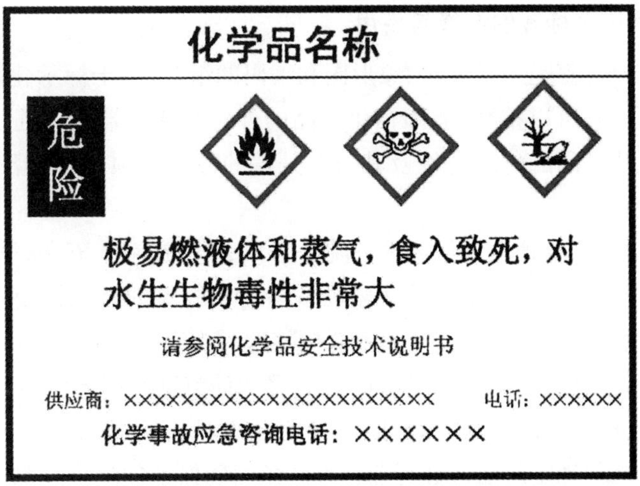


图 3.3 简化标签样例

来源：GB 15258—2009

通常来说，标准的安全危险化学品标签包含以下内容：

(1) 化学品标识

包括化学品中英文名称、危险成分的名称，要求醒目清晰，位于危险化学品进出口标签的正上方。对于混合物应标出对其危险分类有贡献的主要成分的化学名称或通用名、浓度或浓度范围。当需要标出的组分较多时，组分个数一般不超过5个。

(2) 象形图

象形图是由图形符号及其他图形要素，如边框、背景图案和颜色组成，表述特定信息的图形组合。危险化学品使用者可以从象形图部分最快速、直观、形象地了解危险性相关信息。联合国发布的《全球化学品统一分类和标签制度》(Globally Harmonized System of Classification and Labeling of Chemicals，简称GHS，又称“紫皮书”)是指导各国控制化学品危害、保护人类和环境的同一分类制度文件，其中统一规定了使用9种化学品危险性象形图(pictogram，GHS标准符号，图形边框是足够宽的红色，符号为黑色，背景为白色)来标示化学品危险特性(图3.4，彩图见插页)。

(3) 信号词

标签上用来表明危险的相对严重程度。据化学品的危险程度，分别用“危险(danger)”和“警告(warning)”作为危害程度的警示。当某种化学品具有两种及两种以上的危险性时，用危险性最大的信号词。信号词一般位于化学品名称下方，要求醒目、清晰。

(4) 危险说明

简要概述化学品燃烧爆炸危险特性、健康危害和环境危害，该说明要与化学品安全技术说明书的内容相一致，位置居于危险化学品信号词下方。

(5) 防范说明

主要包括预防措施、事故响应、安全存储、废弃处置4部分，要求内容简明扼要、重点突出。

(6) 供应商标识

包括生产商或供应商的名称、地址和电话号码；在我国须填写化学品生产商或生产商委托的24 h化学事故应急咨询电话。

**2. 危险化学品安全标签管理**

(1) 危险化学品包装物或容器上应有符合GB 15258—2009规定的化学品安全标签。

(2) 安全标签应进行常规检查，确保其可被正确辨识。安全标签污染、损坏后，应及时更换；安全标签脱落后应确认后及时补上，如不能确认，则以废弃化学品处置。

(3) 当危险化学品由原包装物转移或分装到其他包装物内时，转移或分装后的包装物应及时重新粘贴新的安全标签和采取防倾倒、防泄漏措施。

(4) 盛装危险化学品的容器或包装，在经过处理并确认其危险性完全消除之后，方可撕下标签，否则不得破坏或撕毁。

(5) 当化学品有新的信息变化时，标签应及时修订、更改，在正常情况下，标签的更新时间不得超过5年。

## 健康危害

**腐蚀**

金属腐蚀物；
皮肤腐蚀/刺激，类别1；
严重眼损伤/眼刺激，类别1

**有毒**

急性毒性，类别1~3

**健康危害**

呼吸道或皮肤致敏；
致癌性；
特异性靶器官毒性 一次接触，类别1~2；
特异性靶器官毒性 反复接触；
生殖细胞致突变性；
生殖毒性；
吸入危害

**有害**

急性毒性，类别4
严重眼损伤/眼刺激，类别2A；
特异性靶器官毒性 一次接触，类别3；
皮肤腐蚀/刺激，类别2；
呼吸道或皮肤致敏；
对臭氧层的危害

## 理化危害

**爆炸**

爆炸物：1.1~1.4项；
自反应物：A、B级
有机过氧化物：A、B级

**高压气体**

加压气体

**燃烧**

易燃气体，类别1；
易燃液体，类别1~3；
自反应物质和混合物，B~F型；
有机过氧化物，B~F型；
遇水放出易燃气体的物质和混合物
烟雾剂，类别1~2；
易燃固体；
自热物质和混合物；
自燃固体；
自燃液体；

**氧化**

氧化性气体；
氧化性液体；
氧化性固体

## 环境危害

**环境危害**

对水生环境的危害，急性类别1；
对水生环境的危害，慢性类别1、2

图 3.4　化学品危险性象形图

# 第四节　吸附中和物品的选择、使用与管理

危险化学品泄漏事故主要指液体危险化学品发生了一定规模的泄漏，一旦这种泄漏控制不当，可能会发生严重的火灾、爆炸或中毒事故，甚至造成重大经济损失和环境污染。因此，防患于未然非常重要。当实验室发生危险化学品泄漏事故，就应尽快采取积极、有效、正确的措施来予以控制。

在实验室危险化学品泄漏应急处理过程中，吸附棉和吸附剂是必不可少的应急材料。它们主要通过吸附或吸收来清理和净化泄漏物质，降低环境的危险性。吸附棉和吸附剂具有高效、可靠、方便使用等优点，能够快速处理危险化学品泄漏事故，减少对人员和环境的危害。在应急处理中，操作人员应根据泄漏物的类型和性质选择适当的吸附材料，并遵循安全操作规程进行处理。这样才能够最大程度地保护人身安全和环境安全。

## 一、吸附物品的选择

**1. 吸附棉**

(1) 按吸收物质特性分类

吸附棉按吸收物质特性分为吸油棉、化学脱脂棉和通用吸附棉 3 种。

① 吸油棉

吸油棉通常为白色。吸油棉内部填充物为聚丙烯材料，只吸油，不吸水。专用于吸收石油烃和碳氢化合物(如石油、汽油、柴油、油漆等)。吸附能力强，一般可吸附自重 10～20 倍的物质棉。

② 化学脱脂棉

化学脱脂棉通常为粉红色或红色，是由聚丙烯材料制成的液体脱脂棉，可抵抗强酸和强碱，适用于酸性、腐蚀性等危险液体的泄漏处理，也可吸收石油液体和水溶液。一般来说，所有化学品泄漏都可使用化学品吸附棉吸附，因其材质化学性质稳定，不易与泄漏物发生反应。

③ 通用吸附棉

通用吸附棉通常为灰色。吸附产品都是包裹在以线缝制的经表面活化处理剂处理的聚丙烯无纺布中，外层布坚韧耐用，具有极强的吸附性，可有效阻止泄漏的扩散。适用于油品、水、溶剂、颜料和其他不明液体的泄漏物应急处理。

(2) 按产品形式分类

吸附棉按产品形式可分为吸附棉(片)垫、吸附棉条(索)、吸附棉卷、吸附棉枕等。

① 吸附棉片、吸附棉卷

吸附棉片、吸附棉卷用于吸附、擦拭泄漏物，可控制和吸附油类、各类酸性、碱性危险化

学品、非腐蚀性液体等，是应急处置油品和化学品泄漏物最常用的物品。吸附棉片适用于小面积的泄漏处理，吸附棉卷适用于覆盖大面积的泄漏处理。

② 吸附棉枕

吸附棉枕适用于泄漏量较大的情况，可单独使用或配合吸附棉条使用。使用时，可直接把吸附棉枕放在较大面积的泄漏液体上，可迅速吸附泄漏液体。

③ 吸附棉条

吸附棉条适用于大面积或多容量的泄漏使用，可先用吸附棉枕来圈定泄漏范围并逐渐缩小泄漏范围，将泄漏污染物控制在一定范围内，再进行应急处理。实际操作时，应根据实际泄漏面积，选择适宜长度的吸附棉条，圈定时要正确使棉条两端的接点重叠（可使用吸附棉枕压实接头处），以防止泄漏面继续扩大、减少应急处理时间，保障安全。

**2. 吸附剂**

吸附剂集吸收、中和、固化等多种功能于一体，可高效吸附泄漏液体，降低化学品泄漏事故对人体和环境的危害。按吸附物质特性分为专用吸附剂和通用吸附剂。

（1）专用吸附剂

① 酸/碱中和吸附剂

酸/碱中和吸附剂是腐蚀性酸/碱和有机酸/碱的高强吸附剂，能够中和任何浓度的酸/碱性液体，如硝酸（$HNO_3$）、硫酸（$H_2SO_4$）、盐酸（HCl）、高氯酸（$HClO_4$）、甲酸（$CH_2O_2$）、氢氧化钠（NaOH）、氢氧化铵（$NH_5O$）、苯胺（$C_6H_7N$）、二乙胺（$C_4H_{11}N$）、氢氧化钾（KOH）、肼（$N_2H_4$）等。

酸/碱中和吸附剂吸附能力强，能快速将泄漏区 pH 恢复到安全范围（pH＝5～9），可减少接触泄漏危险品的时间。同时，吸附后的残留物少，完全符合国家关于废弃物的相关标准和规范要求。

② 氢氟酸吸附剂

氢氟酸吸附剂是氢氟酸高强吸附剂，能够吸附任何浓度氢氟酸液体，直至泄漏物变为干粉混合物。

③ 汞吸附剂

汞泄漏严重威胁着人们的身体健康，不容忽视。据知名大学生态社会学研究员研究发现，一支水银体温计打碎后，外泄的汞将在 10 min 内全部蒸发，可使一间 15 $m^2$、高 3 m 的房间室内空气中汞的浓度达到 22.2 $mg/m^3$，超过我国规定的汞在空气中最高允许浓度 0.01 $mg/m^3$ 标准的 2000 多倍，这些数值值得我们警醒。

元素汞具有很强的挥发性，元素汞在室温下会不断释放汞蒸气，尤其在高温环境下，其挥发速度加快。吸入汞蒸气会对中枢神经系统造成伤害，出现肠胃溃疡、神智错乱、呼吸衰竭、肺水肿、身体乏力、手指震颤、低热、牙龈出血等症状，更严重的可能导致汞中毒死亡。此外，汞也可以通过皮肤渗透引起中毒。

因此，对汞泄漏的处理要予以足够重视。由于汞黏度小而流动性大，极易留存于台面、地面的缝隙中而难以处理。同时，残留的汞也不断挥发汞蒸气，会导致慢性汞中毒，威胁人体健康。因此，实验室发生汞泄漏事件时，一定要谨慎处理，建议使用专用汞吸附剂进行吸

附处理,该吸附剂采用矿物或合成聚合物作为吸附材料,吸附过程安全快速,而且吸附后的残留物量少,便于后续处理。

(2) 通用吸附剂

绝大部分吸附剂具有选择性,即吸附剂只能有效吸附一种或几种化学品。与这些吸附剂不同的是,通用吸附剂是一种高效、快速、安全地清除液体泄漏的试剂,可吸附几乎所有类型的液体泄漏,如浓酸和碱、酸性氯化物、水溶液、有机溶剂和油等,这使得通用吸附剂能够应对很多种类的化学品泄漏事故。因此,在处理化学品泄漏事故时,使用通用吸附剂和中和固化剂是最佳选择,这主要是由于泄漏物质的化学成分通常很难确定,如果使用选择性吸附剂,可能会出现吸附效果不佳或引起二次灾害的情况。如果选择使用通用吸附剂和中和固化剂,就能在最短的时间内控制泄漏事故,为应急救援的开展赢得宝贵的时间,同时大大降低了泄漏环境的危险性。

此外,经过中和固化剂处理的化学品液体,pH 变为中性,毒性和危险性大大降低,这也有助于简化危险废弃物质、泄漏液、废液的清理及处理流程,使得它们更容易被安全地储存或焚烧处理。

### 二、吸附物品的使用

吸附物品的使用方法简单,当泄漏面积较小时,可用吸附垫,将其直接覆盖在泄漏物表面吸附;当泄漏面积或量比较大时,可使用吸附条,把泄漏范围缩至最小,然后再清理所有泄漏物;当实验室内部发生泄漏时,可以用吸附卷,直接铺在地上进行吸附清洁。

吸附剂一般是固体粉末或颗粒状,可直接均匀洒在液体泄漏物上,液体泄漏物即可快速被完全吸附,其中吸附剂的用量具体取决于泄漏危险品的类型、泄漏量和浓度。

吸附物品的使用,大大简化了危险废弃物质、泄漏液、废液的清理、收集及处理流程。使用后,须将使用过的吸附剂装至专用废弃物垃圾袋中,便于后续根据国家和地方规定进行规范处置。

### 三、吸附物品的管理

使用时,一定要按照泄漏物的性质选择适当材料的吸附棉;吸附泄漏物时,一定要紧贴或完全覆盖污染物质进行吸附;使用后的吸油棉要进行回收并妥善处置;应定期检查其储存情况,防止失效或者过期。

## 第五节　医疗急救类设备的使用与管理

医疗急救类设备是专门用于紧急救治的医疗装置。当实验室发生突发状况时,施救者常常需要在医护人员到达现场前,按照医学护理的原则,使用现场适用的医疗急救类设备对

伤者进行临时的、适当的初步救援和护理。这不仅可以减轻病情，还可以为抢救伤者的生命赢得宝贵的时间。在实验室中，因为实验环境较为复杂，所以施救者需要根据实际情况选择合适的医疗急救类设备进行救援和护理。这些设备可以为实验室工作人员提供及时、有效的救治措施，减少事故造成的损失。因此，实验室中的医疗急救类设备是必不可少的装置之一。

通常情况下，实验室常用的医疗急救类设备主要包括急救药箱、自动体外除颤仪(AED)、应急喷淋和洗眼装置3种。急救药箱通常包含用于急救的各种药品和医疗器械。AED是一种用于心脏骤停患者的紧急治疗设备，能够自动分析心律和提供电击治疗。应急喷淋和洗眼装置则是用于化学品泼溅伤等应急情况下的眼部冲洗器械，帮助伤员及时冲洗眼睛，减轻伤害。

## 一、急救药箱

实验室一定要配有急救药箱，药箱虽小但作用巨大，正确且及时地使用急救药品，可最大程度地减少事故对伤员的伤害，从而起到保护实验室人员的人身安全的重要作用(图3.5)。

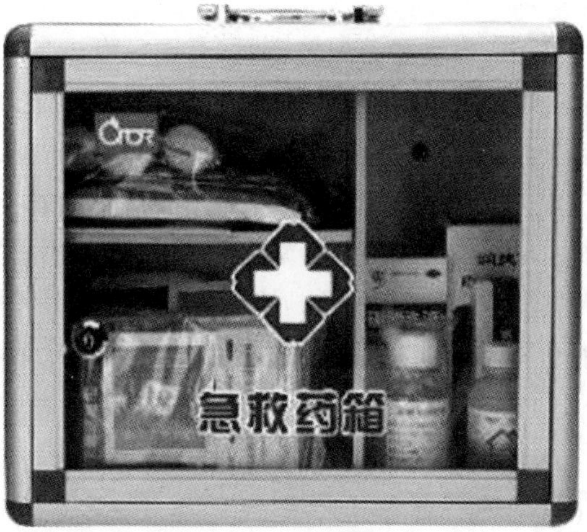


图3.5　急救药箱

### 1. 急救药箱的选择与使用

急救药箱主要分为2种型号：

① 适用于不涉及化学品使用的实验室(机房等)的基础型急救药箱；

② 适用于化学实验室的化学型急救药箱。

一般来说，化学型急救药箱内物品配置如表3.5所示。

**表 3.5　化学型急救箱内药品器械配置**

| 类别 | 序号 | 名称 | 用途及使用方法 |
|---|---|---|---|
| 清创消毒 | 1 | 碘伏消毒液/酒精棉球 | 具有杀菌作用，常用于皮肤、黏膜的消毒，也可以用于处理烫伤、皮肤霉菌感染等，由于碘伏刺激性较小，所以对伤口进行消毒时常用碘伏 |
| | 2 | 医用脱脂棉球 | 医用脱脂棉球采用医用脱脂棉加工而成。医用脱脂棉球分为无菌型和非无菌型两种。主要供医疗单位或家庭作医用敷料 |
| | 3 | 酒精消毒巾 | 用于对医疗器械或双手消毒 |
| | 4 | 双氧水 | 医用双氧水即过氧化氢，双氧水可以杀灭肠道致病菌、化脓性球菌以及一些厌氧性细菌，一般用于物体表面消毒 |
| | 5 | 清洁湿巾 | 用于清理创面，防止感染 |
| | 6 | 碳酸氢钠溶液 | 酸灼伤，要及时用大量的清水进行冲洗，外部可以使用碳酸氢钠溶液中和，以减轻伤害 |
| | 7 | 硼酸溶液 | 碱灼伤，要及时用大量的清水进行冲洗，外部可以使用硼酸溶液中和，以减轻伤害 |
| | 8 | 瞬冷冰袋 | 医疗降温退热、消炎止痛、冷敷止血，适用于扭伤、摔伤情况的急救。使用方法简单，找到冰袋内液体包，用力捏破，并迅速摇晃冰袋，水液与冷却剂混合吸热，冰袋瞬间变冷，即可使用 |
| | 9 | 烧伤敷料 | 用于烧伤后伤口护理，可起到保护烧伤创口的作用 |
| 止血包扎 | 10 | 止血带 | 通常情况下，止血带常用于治疗四肢大动脉的出血。止血带主要是采用医用高分子材料天然橡胶或特种橡胶制作而成，适用于治疗以及救治中输液、抽血、输血、止血时一次性使用 |
| | 11 | 医用绷带 | 主要成分是脱脂纱布，用于外科损伤、扭伤、手术后包扎、固定等，起到防止感染的作用 |
| | 12 | 医用纱布 | 无菌，主要作用是包扎伤口，以及在手术过程中清理伤口的血污，防止感染 |
| | 13 | 三角绷带 | 有弹性，用于包扎伤口，不会妨碍血液循环 |
| | 14 | 医用敷贴 | 主要应用在创伤中，可以促进伤口愈合，也可防止伤口出现感染的情况 |
| | 15 | 医用透气胶带 | 分纸胶布和硫化锌胶布；纸胶布可固定纱布，而硫化锌胶布用于固定绷带 |
| | 16 | 创口贴 | 覆盖小伤口，防感染 |
| | 17 | 医用夹板 | 固定骨折部位，防止断端移位，有助于后期恢复 |

续表

| 类别 | 序号 | 名称 | 用途及使用方法 |
| --- | --- | --- | --- |
| 其他 | 18 | 退热贴 | 物理退热降温 |
| | 19 | 体温表 | 测量体温 |
| | 20 | 剪刀 | 可用于剪开胶布、绷带或敷料等，在紧急必要的情况下也可用于剪开衣物 |
| | 21 | 敷料镊子 | 基础外科用镊夹 |
| | 22 | 安全别针 | 用于固定三角巾或纱布 |
| | 23 | 小型手电筒 | 紧急情况下，用于临时照明 |
| | 24 | 救生哨 | 具有求救、联络、通信等作用，能在紧急情况下高效地进行求救 |
| | 25 | 急救手册 | 包含相关急救知识、急救物品的使用及注意事项 |

**2. 急救药箱管理**

(1) 急救药箱应放置于显眼位置，不得上锁，保证需要时可快速取出，取用药品时要有登记记录。

(2) 危险性实验室，应在实验室内配备急救药箱。

(3) 急救药箱内的所有物品应固定位置，分区摆放整齐，以便紧急情况取用时节约急救时间。

(4) 每个急救药箱都要贴上标签，列出必备的用品及其数量，实验室安全责任人应根据清单定期检查(每隔 3 个月或半年)，确定所有物品是否包装完好，是否变质过期，并根据需要及时更换补充。

(5) 在开展实验前，实验室人员应仔细阅读实验室安全信息牌和急救药箱使用说明书，了解急救药箱内药品的药理药性和物品的使用须知，防止误用。

(6) 使用急救箱内的药物急救时，一定要注意使用的药物和剂量，严格按说明书要求，使用不当很有可能导致严重的身体伤害。

(7) 急救箱内药品使用后要及时补充，以便下次急救时使用。

(8) 急救药箱内的过期物品，应按照垃圾分类情况，投入生活垃圾箱，其中化学类的急救药箱若有过期的酸碱中和试剂，可把液体做废液处理，瓶子做固体废物处理。

## 二、AED

据 2020 年《中国心血管健康与疾病报告》统计，我国每年心源性猝死约 54.4 万例，即平均约每分钟都会有人发生心脏骤停。将近 90%的心脏骤停发生在医院外。心脏骤停是指心脏射血功能突然终止，大动脉搏动与心音消失，导致重要器官如脑严重缺血、缺氧而死亡。这种出乎意料的突然死亡，我们又称猝死。主要原因是心室颤动导致的心脏骤停。心脏骤停发生 4 min 后，脑细胞因缺氧而发生坏死，即使血液循环恢复，坏死的脑细胞也不能恢复正常的功能。据统计，若患者未得到救治，每分钟存活率将下降 7%～10%。利用 AED 对

患者进行除颤和心肺复苏，是最有效制止猝死的办法。

**1. AED 的使用**

AED(图 3.6)是一款可由非专业人士使用的急救设备，是挽救心脏骤停患者的救命医疗设备。它能够自动判断患者心律，并对其进行电击除颤，无须医务人员操作。相较于医用除颤器，AED 具有便携、易操作等优点，非专业人员稍加培训即能熟练使用。只要患者无反应、无呼吸，应立即对患者进行心肺复苏及 AED 除颤治疗。

**图 3.6　AED**

与传统除颤器不同的是，AED 能够自动分析发病者的身体情况，并决定是否进行电除颤，不会对患者造成二次伤害。在除颤过程中，AED 通过语音、屏幕发出指令，明确地提示使用者每一步的操作方法，使得使用 AED 变得简单易懂，堪称“傻瓜仪器”。总之，AED 是一款非常实用的急救设备，可以让更多的人在紧急情况下挽救生命，具体使用步骤如下：

① 确认患者状态：包括是否还有意识、是否失去呼吸；如果没有呼吸或呼吸不正常，应立即进行心肺复苏。

② 拨打急救电话：如患者没有反应，应立刻拨打急救电话 120，告诉接线员你所在的位置和需要使用 AED，同时请附近的人帮忙寻找到最近的 AED。

③ 打开 AED：打开患者衣物并裸露胸部，并根据标识将电极贴片贴在相应位置。注意：在贴电极贴片之前，需要确保患者身体干燥、身上无任何金属物，若患者胸部体毛较多，需先剃除；确保患者周边环境无水。

④ 心率分析：根据 AED 的语音指令操作，按下 AED 分析键，对患者进行心电图分析。AED 会分析患者的心律，并告知是否需要进行电击。期间应避免接触患者，以免干扰对心率的分析。

⑤ 进行电击：AED 指示需要电击时，应确保没有人碰到患者身体，再按下按钮进行电击，然后立即后退，让 AED 完成电击。

⑥ 进行心肺复苏：电击后，在连接着电极贴片的情况下，如果 AED 指示需要进行心肺复苏，应立即重新进行心肺复苏，包括按压胸部和进行人工呼吸。

⑦ 继续操作直到急救人员到达：2 min后，AED自动确定是否再次施加电击，按语音指令操作。反复持续按提示进行心肺复苏术(CPR)和使用AED，直到急救人员到达并接管急救工作。

⑧ 注意事项：在使用AED时，请务必遵循AED的使用说明书和急救人员的指示。

**2. AED的管理**

① AED应由专人管理，标识清晰，置于显眼的位置。

② 不可在易燃或易爆物品的环境中使用，以防发生火灾或爆炸。

③ 保持清洁、干燥，可用浸有消毒液的棉纱或软布擦拭清洁消毒。

④ AED可以反复使用，只要定期更换电池和电极贴片即可。

⑤ 定期更换电极贴片，使用过或过保质期都需要更换。电极贴片主要成分是导电水凝胶，只要除颤放电一次就会损耗，所以不可重复使用，否则会降低除颤效果，烧伤患者皮肤。另一种情况是，如果电极贴片过了2年保质期也必须更换，以保证除颤效果。

⑥ AED的电池是消耗品，不能充电，电池正常可待机4年，应定期检查，如电量不足，需要及时更换。

## 三、应急喷淋和洗眼装置

应急喷淋和洗眼装置(洗眼器)是为了操作人员在操作场所接触危险化学品等危险物品时保护眼睛和身体安全而设计的安全防护设备。在实验室中，这些设备是不可或缺的安全设备。实验室常见的洗眼装置有便携式洗眼器、台式洗眼器、立式洗眼器、自容式洗眼器(加压/不加压)、喷淋器、复合式喷淋洗眼器等，使用单位必须根据环境和使用需求选择适合现场使用的应急喷淋和洗眼装置(表3.6)。

**表3.6　应急喷淋和洗眼装置**

| 类　　型 | 图　　片 |
| --- | --- |
| 复合式喷淋洗眼器 |  |
| 立式洗眼器 |  |

**续表**

| 类　　型 | 图　　片 |
| --- | --- |
| 壁挂式双头洗眼器 |   |
| 壁挂式单头洗眼器 | 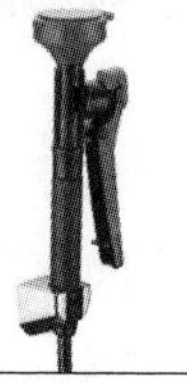 |
| 台式双头洗眼器 |  |
| 台式单头洗眼器 |  |
| 移动便携式洗眼器 | 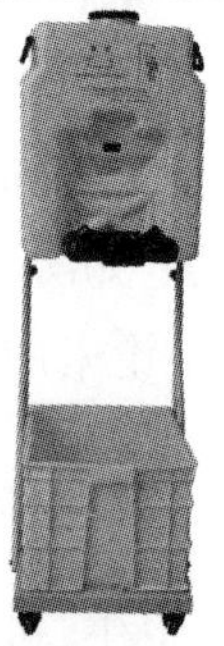 |
| 自容式喷淋洗眼器 |  |

**1. 应急喷淋和洗眼装置的选择与使用**

(1) 洗眼器

洗眼器是用于洗眼的设备,是接触酸、碱、有机物等有毒、腐蚀性物质场合必备的应急保护设施。洗眼器主要组成结构包括控制阀、洗眼盆、洗眼喷头、阀门驱动装置。当实验人员的眼睛或者身体接触有毒有害或其他具有腐蚀性化学物质时,可立即使用洗眼器对眼睛进行紧急冲洗,避免化学物质对人体造成进一步伤害。

① 洗眼器的选择

A. 根据工作场所是否有水源的情况选择

一般情况下,实验室空间有限,有水池、水槽和水源,适合安装台式洗眼器或壁挂式洗眼器。台式洗眼器配有洗眼系统,适合安装在实验室台面上;壁挂式洗眼器配有洗眼系统,适合安装在墙上。

如实验室室内或室外环境没有固定水源的,可使用便携式洗眼器,使用时可移动到工作现场需要的位置。但此种洗眼器只有洗眼功能,没有喷淋功能,洗眼的水流相对固定式洗眼器要小得多。

B. 根据工作现场有毒有害化学物质选择

正常情况下,实验室可选择304不锈钢材质洗眼器,可抗酸、碱、盐和油类等化学品物质的腐蚀,但无法抗氯化物、氟化物和浓度超过50%的草酸等化学品物质的腐蚀。当实验室存在着氯化物、氟化物、硫酸或是浓度超过50%的草酸时,适宜选择浸塑ABS防腐蚀涂层的不锈钢洗眼器,以保护洗眼器免受侵蚀,使其使用年限更长。

C. 根据环境温度选择

在环境温度高于38 ℃的区域中,宜选择配有高温保护装置的洗眼器设备,或对设备进行适当的降温和保温处理(如自排空装置、防烫保护阀)。

在冲洗液有结冰或长期冰冻的环境中,宜选择带防冻保护的洗眼器设备,或对设备进行适当的保温、伴热保温处理(如防冻保护阀、电伴热保温)。

需要特别注意的是,不论采用哪种防冻保护措施,最重要的是设备内的冲洗液适宜温度范围为16～38 ℃。

② 洗眼器使用

检查洗眼器是否清洁卫生,再打开两个出水孔上的盖子。

用手轻推开关阀,洗眼水从洗眼器自动喷出,打开阀门到喷出冲洗液的时间应在1 s或者更短的时间,而且是自动喷出冲洗液。

把受伤的眼睛或脸部对着水柱持续冲洗,眼部和脸部的清洗至少持续10 min;发生事故时,伤者须根据有害物质的侵害程序选择冲洗时间,其间准备应急抢救措施。

冲洗完后把开关阀和两个出水口盖子恢复原位。

(2) 应急喷淋装置

应急喷淋装置是在有毒有害危险环境下使用的应急救援设施。当发生意外伤害事故时,该装置能快速通过喷淋、冲洗以清除有毒有害物质,迅速将伤害程度减轻到最低限度。

其主要组成结构包括控制阀、喷淋头、阀门驱动装置(如手拉杆)。

① 应急喷淋装置选择

A. 根据工作场所是否有水源的情况选择

在有固定供水系统的区域,宜选用固定式应急喷淋装置。在受现场环境或水源限制的区域,宜选用自容式应急设备。

B. 根据工作现场有毒有害化学物质选择

正常情况下,实验室可选择304不锈钢材质应急喷淋装置,可抗酸、碱、盐和油类等化学品物质的腐蚀,但无法抗氯化物、氟化物和浓度超过50%草酸等化学品物质的腐蚀。当实验室存在着氯化物、氟化物、硫酸或者是浓度超过50%的草酸时,适宜选择浸塑ABS防腐蚀涂层的不锈钢应急喷淋装置,保护其免受侵蚀,使其使用年限更长。

在危害程度较高的区域,除配备应急喷淋和洗眼装置外,建议适当配备个人冲洗装置和喷淋软管。注意:两类补充装置作为辅助功用,不可取代应急喷淋和洗眼装置!

a. 个人冲洗装置:对眼部和身体进行紧急冲洗的独立补充装置。

b. 喷淋软管:由接通冲洗液供应装置的柔性软管组成的冲洗身体任何部位的补充装置。

C. 根据环境温度选择

在环境温度高于38 ℃的区域中,宜选择配有高温保护装置的应急喷淋装置,或对设备进行适当的降温和保温处理(如自排空装置、防烫保护阀)。

在冲洗液有结冰或长期冰冻的环境,宜选择带防冻保护的应急喷淋装置,或对设备进行适当的保温、伴热保温处理(如自排空装置、防冻保护阀、电伴热保温)。

需要特别注意的是,不论采用哪种防冻保护措施,最重要的是设备内的冲洗液适宜温度范围为16～38 ℃。

② 应急喷淋装置使用

站立于应急喷淋装置下方,向下拉动喷淋器手拉杆;用大量冲洗液冲洗全身(不少于15 min);冲洗完毕,将手拉杆向上推复位;应急喷淋装置无法替代个体防护装备(如护目镜、防护面罩等)。无法替代医学救护,情况严重的,冲洗完毕后应立即送医救治。

(3) 复合式应急喷淋洗眼装置

应急喷淋洗眼器有洗眼器和喷淋器两套装置,既可用于眼部、面部紧急冲洗,也可用于全身淋洗。

① 使用洗眼器时,轻推开关阀,洗眼水会自动喷出;使用后需要将开关阀复位。清洗眼部和脸部至少持续10 min。

② 使用喷淋器时,伤员需要站在喷头下方,拉下阀门拉手,清洁水会自动从喷头喷出。使用后,需要轻拉阀门拉杆,使水从喷淋系统的喷淋头自动喷出,并将阀门拉杆复位。

③ 当眼睛或面部受到化学危险品伤害时,可以先使用应急洗眼器进行紧急冲洗;当大量化学品溅洒到身上时,可以先使用紧急喷淋器进行全身喷淋,并尽快到医院进行治疗。

④ 在发生事故时,需要根据有害物质的侵害程度来选择冲洗时间,并准备好应急抢救措施。

⑤ 普通淋浴装置不能代替应急喷淋装置。

**2. 应急喷淋和洗眼装置的安装**

① 按照产品说明书的要求进行应急喷淋和洗眼装置的安装，并确保冲洗液的供给充足。

② 应急喷淋和洗眼装置必须安装在实验室危险工作区域附近，并且在10 s内能够快速到达的位置，有效救护的半径范围应该为10～15 m。此外，根据作业特点和防护要求，应配置应急用品柜、急救箱和个人防护用品。最好能够安装在同一水平面上，并且直线到达。

③ 应急喷淋器的喷头应该安装在距离使用者站立面2080～2440 mm高度范围内，且出液口中心距离任何障碍物的最小距离应为410 mm(注：复合式装置中的应急喷淋器和洗眼/洗脸器，不视为在使用应急喷淋和洗眼装置中的一种“障碍物”)。

④ 洗眼器的喷头应该安装在距离使用者站立面838～1143 mm高度范围内，且距离墙壁或最近的障碍物距离至少为153 mm。

⑤ 所有应急喷淋和洗眼装置的区域必须保持一条至少1 m宽的通道。同时，应保持一个以喷淋头为中心且直径不小于1.2 m的空旷区域，以便使用者可从三个方向进入设备进行操作。该区域必须刷成安全色。

⑥ 安装应急喷淋和洗眼装置的周围，应该放置醒目的标志。标志最好采用中英文双语和图示，以清晰地提醒使用者应急喷淋和洗眼装置的位置和用途。

⑦ 冲洗液必须符合饮用水卫生标准或被医学认可为清洗眼部的液体。如果使用水源作为冲洗液，应该使用符合卫生标准的饮用水，而不是任意的水源。水量和水压应该适中(喷出高度为8～10 cm)，水流应该流畅平稳。

⑧ 冲洗液的适宜温度范围应该在16～38 ℃。

⑨ 应急喷淋和洗眼装置的出水口必须连接下水道或废水处理池。

⑩ 应急喷淋和洗眼装置周围2 m半径内不得安装非防爆型电器开关，以防止发生意外。

⑪ 应急喷淋和洗眼装置周围2 m半径内不得堆放任何障碍物，以保证使用者在紧急情况下能够快速到达并使用设备。

**3. 应急喷淋和洗眼装置的管理**

① 应经常清洁洗眼器喷头，保持设备洁净，并盖好防尘盖以防止灰尘和污水进入设备喷头，防止设备堵塞。

② 应急喷淋和洗眼装置喷头内置过滤器，可过滤冲洗液中的杂质，避免冲洗液中杂质对眼睛的二次伤害，应定期清洗或更换过滤器。

③ 长时间不使用的洗眼器和喷淋装置容易堆积杂质，使用时会对眼睛造成二次伤害，如果用于冲洗化学性灼伤引起的皮肤损伤，容易感染发炎，带来更严重的后果。因此，管理人员应定期对洗眼器进行试水，至少每周启动一次(出水10 s)，以检验装置的出水可靠性和有效性，并及时清理管道内的杂质。同时，检查结果应记录备案，以便后续管理。

④ 对于移动洗眼器，如便携式洗眼器和便携式压力洗眼器，需要安排专人每天检查储备水源是否充足，并定时更换水源以保证水质符合要求。此外，每年还需对洗眼器和喷淋装置进行年检，以确保设备能够正常运行。

⑤ 在紧急情况下，洗眼器只能暂时缓解有害物对眼睛和身体的进一步侵害，但并不能代替医学治疗。对于较为严重的情况，必须尽快到医院进行处理和治疗。

⑥ 应急喷淋和洗眼装置属于专用的防护装置，任何个人不得将其用于其他用途。

⑦ 实验室相关人员必须确保自己掌握应急喷淋和洗眼装置的位置和正确使用方法。此外，在新员工进入工作岗位之前，必须进行应急喷淋和洗眼装置使用方法的培训。

# 第四章　实验室应急个体防护装备与管理

实验室是高等院校的重要组成部分，是开展实验教学、科学研究和服务社会的重要场所，是高校人才培养和科技创新的重要基地。冯端院士指出，实验室是培养创新人才的摇篮，是现代大学的心脏。实验室安全性直接关系到师生及其他员工的人身安全，以及学校实验教学和科研的开展。

新时期我国高校实验室安全面临着众多新的难题和挑战，高校实验室拥有大批精密仪器设备，使用各类化学、生物药品，存有各种易燃、易爆、有毒物品，同时各类实验条件也是实验安全风险重点关注之处，如高温、高压、超低温、真空、强磁、微波、辐射和病毒等危险实验条件。在国家大力推进“双一流”高校建设中，各高校纷纷响应号召，加大实验室管理力度，推进实验室安全教育的发展，“以人为本、安全第一、预防为主、综合治理”的理念得到越来越多的贯彻和落实。

同时，教育部办公厅发布的《关于进一步加强高校教学实验室安全检查工作的通知》中强调实验室应急工作的重要性：实验室安全应急能力是在事故发生时，全力保障师生生命财产安全，是防止事态扩大和蔓延的最后防线。高校要统筹制定教学实验室安全应急预案，坚持动态调整完善，做到“横向到边、纵向到底、不留死角”；要建立健全应急演练制度，不断提高现场救援时效和实战处置能力；要切实做好应急人员、物资和经费的保障工作，确保突发事件预防、现场控制等工作的及时开展；要对照安全检查结果，充分吸取经验教训，不断完善应急预案，建立健全应急管理机制，定期开展应急演练，确保能应急、有实效。其中，应急防护体系是应急体系中重要的组成部分，是实验室安全事故应急处置工作中不可缺少的重要环节。选择恰当的个体防护装备，这是保护应急人员及师生安全和健康的最后一道屏障，可直接对人体起到保护作用，免遭或减轻事故和职业危害因素的伤害，确保师生及应急人员安全。

实验室中常用应急个体防护装备有眼面部防护、呼吸防护、躯体防护、手部防护、足部防护等类型。

## 第一节　眼面部防护装备

眼面部是人体直接裸露在外界的器官，实验人员和应急人员易受烟雾、热、电磁辐射、化学飞溅、激光等各种有害因素的伤害，特别是双眼受到创伤后，有可能导致完全丧失工作能

力。因此，对于参与这些工作的人员，适当的眼部保护是非常必要的。有效的眼部保护可以减轻伤害程度，甚至可以避免大多数的眼部安全事故。除了直接参与作业的人员外，其他附近可能会受到眼部伤害的人员，也应该佩戴眼部防护装备，以防止眼部受到有害物质的伤害。

## 一、眼面部防护装备选择

每种眼部和面部防护装备都是为防止特定的危害设计的。为了确保选择合适的眼面部防护装备，需要根据使用者所处的实验室环境危害进行评估。在评估过程中，应考虑可能出现的眼面部危害类型，以选择适合的防护装备。同时，还应该考虑个体差异，选择舒适性好的眼镜或面罩，以提高眼面部防护的效果，同时也可确保实验的效率(表 4.1)。

**表 4.1　应急情况下的危害及防护装备的选择**

| 应急类型 | 危　害 | 推荐防护装备 | 可能涉及实验室 |
|---|---|---|---|
| 化学品处理 | 溅出液体，腐蚀性液体灼伤，强烈刺激性烟雾 | 护目镜、防护面罩(全面罩、半面罩) | 化学、化工、生物类实验室 |
| 切割 | 火花，有害射线，熔化的金属，弹射物 | 焊接眼罩，焊接头盔 | 工程、机械类实验室 |
| 玻璃仪器破损 | 摔碎玻璃仪器，可能有化学物质溅出 | 护目镜、防护面罩(半面屏) | 化学、化工、生物类实验室 |
| 电离/非电离辐射辐射区域 | 辐射伤害 | 防辐射眼镜、防辐射面罩 | 各类实验室 |

## 二、实验室主要眼部应急防护装备

### 1. 防护眼镜(护目镜)

防护眼镜是一种特殊眼镜，常用柔韧的塑料和橡胶制成，它是为防止放射性、化学性、机械性和不同波长的光损伤而设计的，防护眼镜的种类很多，应急场合不同需求的防护眼镜也不同，常见的有防固体碎屑的、防化学溶液的、防紫外线的防护眼镜等(图 4.1)。

**图 4.1　防护眼镜**

（1）防护眼镜分类

① 防固体碎屑的防护眼镜

防固体碎屑的防护眼镜主要用于防御金属或砂石碎屑等对眼睛的机械损伤。眼镜片和眼镜架应结构坚固，抗打击。框架周围装有遮边，其上应有通风孔。防护镜片可选用钢化玻璃、胶质黏合玻璃或铜丝网防护镜。

② 防化学溶液的防护眼镜

防化学溶液的防护眼镜主要用于防御有刺激或腐蚀性的溶液对眼睛的化学损伤，可选用普通平光镜片，镜框应有遮盖，以防溶液溅入。

③ 防紫外线眼镜

在光学玻璃内掺杂吸收紫外线的化学物质，对可见光线、紫外线吸收率高。

④ 放射线防护眼镜

在光学玻璃中加入铅，用于 X、$\alpha$、$\beta$、$\gamma$ 射线作业环境。

⑤ 防激光眼镜

防激光眼镜是一种可以有效防止激光辐射对眼部造成影响的防护装备。这种眼镜外形类似于风镜，可以防止激光透过镜片进入眼内。镜片通常采用高分子合成材料制成，可以更换。

根据防激光辐射原理，防激光眼镜分为反射型、吸收型、反射吸收型、爆炸型、光化学反应型和变色微晶玻璃型等类型，不同类型的眼镜适用于不同类型的激光操作。

（2）防护眼镜使用及管理注意事项

① 选用的护目镜要选用经产品检验机构检验合格的产品。

② 护目镜的宽窄和大小要适合使用者的脸形，舒适性及安全性都必须兼顾。

③ 实验人员如不需要使用经矫正的透镜，可以直接佩戴塑料安全镜；如需要使用经矫正的透镜，则应根据配镜处方选择合适的安全镜架。

④ 镜片受磨损严重、镜架损坏，都会影响实验人员的操作和视力，应及时调换。

⑤ 镜架变形时会给鼻子或耳朵造成负担，会影响佩戴人员的视力，应及时维修或调换。

⑥ 镀膜镜片清晰度高，但不能接触有机溶剂、油、酸、高温和化学物品及硬性物，否则易损伤镜片膜层，影响使用。

⑦ 静电和雾气易对视线造成影响，可以使用防静电和防雾气的清洗剂清洗镜片。

⑧ 不得佩戴眼部防护装备离开实验室区域。

**2. 防护面罩(面屏)**

实验操作或应急救援过程中，操作人员的面部可能会受到高速粒子、熔融金属、化学液体飞溅和有害光线等伤害，必须采用防护面罩进行防护。

防护面罩(图 4.2)的种类较多，按其用途大体可分为防打击面罩、防腐蚀面罩、隔热面罩、防尘及各种有毒气体面罩、防辐射面罩等，这些面罩上设置有观察窗。实验室内应急常用防护面罩主要有防化学飞溅面罩、隔热面罩 2 种。

（1）防护面罩分类

① 防化学飞溅面罩

防化学飞溅面罩主要用来防止酸碱等液体伤及面部，材质多为有机玻璃。

② 隔热面罩

隔热面罩由铝箔隔热布和玻璃头盔组成，对辐射热反应效果良好，质地柔软，防水，耐老

医用防护面罩　　防腐蚀面罩　　隔热面罩

**图 4.2　防护面罩**

化,适用于实验室高温装置安全操作和火灾消防应急等方面的作业。

(2) 防护面罩使用及管理注意事项

① 使用前,应仔细检查面罩是否存在明显的裂痕、刮痕或零件缺失的情况,如有应及时调整或更换。

② 使用前,须确认面罩与帽架的连接牢靠。帽架的系带可适当调整,以保证使用者佩戴松紧适度。

③ 防护面罩与面部有空隙,需要与防护眼镜一起使用,才能起到更全面的保护作用。

④ 使用防火、隔热面罩时,须确认现场是否存在有害光线,如果有,应与防光眼镜同时使用。

# 第二节　呼吸防护装备

呼吸防护装备是个体防护装备中的重要领域和分支,呼吸防护装备的主要作用是防御缺氧和空气污染物(粉尘、烟尘、有害气体、蒸气、微生物等)进入呼吸道,其作用是在存在危害的环境中,防止通过呼吸引入的有害物质损害人体健康。当出现下列情况时,便需要佩戴呼吸防护装备:

① 空气中含氧量少于 19%;

② 空气中含有毒气体和易挥发的物质;

③ 空气中含有害粒子,包括有害的尘埃和有毒粒子;

④ 有可传染性病菌和生物危害出现。

## 一、呼吸防护装备分类

呼吸防护装备的分类方法很多,常用的分类方法主要有以下几种。

### 1. 按防护原理分类

主要分为过滤式和隔绝式两大类。

过滤式呼吸防护装备是利用过滤材料的原理滤除空气中的有毒有害物质,将受污染的

空气转变为清洁的空气，以供人员呼吸，不能用于缺氧环境，包括防尘口罩、防毒口罩和过滤式防毒面具等。

隔绝式呼吸防护装备则是通过隔绝原理，将人员的呼吸器官、眼睛和面部与外界受污染空气隔绝，依靠自身携带的气源或导气管引入受污染环境以外的洁净空气作为气源供气，以保障人员正常呼吸。这类呼吸防护装备也被称为隔绝式防毒面具，包括携气式和供气式。

① 携气式：呼吸空气来自使用者携带的空气瓶，高压空气经降压后输送到全面罩内呼吸。

② 供气式：依靠空气导管，将外界洁净空气输送给使用者。

在选择呼吸防护装备时，需要考虑实际的操作环境和所需防护范围。过滤式呼吸防护装备的使用受环境的限制，对于微粒、细菌等有害物质，选择过滤式呼吸防护装备较为适合。当环境中存在着过滤材料不能滤除的有毒有害物质，或氧含量低于18%，或有毒物质浓度较高（>1%）时均不能使用过滤式呼吸防护装备，这种环境下应使用隔绝式呼吸防护装备，以保证完全隔绝有害气体和蒸气。

**2. 按供气原理和供气方式分类**

主要分为自吸式、自给式和动力送风式三类。

自吸式呼吸防护装备靠佩戴者自主呼吸克服部件阻力，如普通防尘口罩、防毒口罩和过滤式防毒面具等。其特点是结构简单，重量轻，不需要动力消耗，但吸气时容易产生负压，影响气密和安全性。

自给式呼吸防护装备以压缩气体钢瓶为气源供气，如贮气式防毒面具、贮氧式防毒面具等。其特点是使用不受环境中毒物种类、浓度的限制，但重量较重，结构复杂，使用、维护不便，费用较高。

动力送风式呼吸防护装备依靠动力克服部件阻力提供气源，如军用过滤送风面具、长管呼吸器等。其特点是使用时体力负荷小，适宜于作业强度较大、环境气压较低或人员心理紧张等情况。

**3. 按人员吸气环境分类**

隔绝式呼吸防护装备可分为负压式和正压式两类。

负压式呼吸器在使用时，面罩内的压力吸气阶段小于环境压力，环境中的有毒有害气体就容易进入面罩中，导致使用者受害，因安全性的原因已经很少使用。

与负压式呼吸器相反，正压式呼吸器为自给开放式空气呼吸器，使用时面罩内压力始终大于环境压力，正压式空气呼吸器能够保证使用者与周围污染环境完全隔离，在突发危机情况下，保障使用者的生命。即使面罩略有泄漏，也只允许面罩内的气体向外泄漏，而外界受污染或缺氧空气不会向面罩内泄漏，因此防护安全性更高。另外，可按使用者的呼吸需要来控制供给气量的多少，实现按需供气，使用者呼吸更为舒畅。当外界环境危险程度较高时，一般应优先选用正压式呼吸器。

## 二、实验室主要呼吸防护装备

表4.2按防护原理分类，介绍了几种常见呼吸防护装备。

**表 4.2　常见呼吸防护装备**

| 呼吸防护装备 | 图　　片 | 分　类 |
| --- | --- | --- |
| 医用口罩 |  | 过滤式 |
| 防尘口罩 | 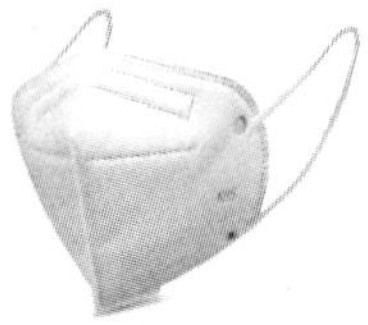 | 过滤式 |
| 防尘口罩(带呼吸阀) |  | 过滤式 |
| 防毒面具(半面罩) |  | 过滤式 |
| 防毒面具(全面罩) |  | 过滤式 |
| 正压式空气呼吸器 |  | 隔绝式 |

续表

| 呼吸防护装备 | 图　　片 | 分　类 |
|---|---|---|
| 电动送风式长管呼吸器 |  | 隔绝式 |
| 自吸式长管呼吸器 |  | 隔绝式 |

**1. 过滤式呼吸防护装备**

(1) 防尘口罩

防尘口罩是一种过滤式呼吸防护装备，主要采用纱布、无纺布、超细纤维材料等为核心过滤材料。其主要作用是滤除空气中的颗粒状有毒有害物质，但对有毒有害气体和蒸气无防护作用。普通防尘口罩只具有防护较大颗粒灰尘的作用，可以重复清洗和消毒后再使用。而含超细纤维材料的防尘口罩除了可以防护较大颗粒灰尘外，还可以防护粒径更细微的各种有毒有害气溶胶，防护能力和效果优于普通防尘口罩。但由于超细纤维材料的性质，此类口罩一般不可重复使用，或需定期更换滤棉。

从气密效果和安全性考虑，立体式、半立体式防尘口罩的气密效果更好，安全性也更高，平面式口罩的气密效果稍次之。防尘口罩适用于污染物仅为非挥发性的颗粒状物质，不含有毒有害气体和蒸气。在选择防尘口罩时，应根据具体的作业环境和工作需求进行选择，以达到最佳的防护效果。

(2) 防毒口罩

防毒口罩是一种过滤式呼吸防护装备，其过滤材料主要由超细纤维材料和活性炭、活性炭纤维等吸附材料组成。超细纤维材料用于滤除空气中的颗粒状物质，包括有毒有害气溶胶，活性炭和活性炭纤维等吸附材料用于吸附有毒有害气体和蒸气。与防尘口罩相比，防毒口罩不仅能够去除空气中的大颗粒灰尘和气溶胶，还对有毒有害气体和蒸气具有一定的过滤作用。防毒口罩主要为半面罩式，此外也有口罩式，适用于环境中含有较低浓度的有毒有害蒸气、气体，同时可能含有有毒有害物质的颗粒(包括气溶胶)。

(3) 过滤式防毒面具

过滤式防毒面具也是一种过滤式呼吸防护装备，其过滤材料和防毒口罩类似，主要由超细纤维材料和活性炭、活性炭纤维等吸附材料组成。不同之处在于，过滤式防毒面具由面罩和过滤部件(包括滤毒罐、滤毒盒、过滤元件)两部分组成，它们可以直接相连或通过导气管连接，相应面具分别称为直接式防毒面具和导气管式防毒面具。与防毒口罩相比，过滤式防

毒面具具有更广泛的防护范围和更长的防护时间，可以防护大颗粒灰尘、气溶胶以及更广范围的有毒有害气体和蒸气。另外，过滤式防毒面具除了可以保护呼吸器官(口、鼻)外，还可以保护眼睛和面部皮肤免受有毒有害物质的直接伤害，通常密合效果更好，具有更高和更全面的防护效能。

**2. 隔绝式呼吸防护装备**

(1) 氧气呼吸器

氧气呼吸器以压缩气体钢瓶为气源，盛装气体为压缩氧气。根据呼出气体是否排放到外界，可分为开路式和闭路式氧气呼吸器两大类。其中，开路式氧气呼吸器因安全性的原因已经很少使用。

对于常见的闭路式氧气呼吸器，使用时打开气瓶开关，氧气通过减压器、供气阀进入呼吸仓，再经过吸气软管、吸气阀进入面罩供使用者呼吸，呼出的废气经呼气阀、呼气软管进入清净罐，去除二氧化碳后再进入呼吸仓与新鲜氧气混合供循环呼吸。在二氧化碳的滤除过程中，会产生较高的热量，为了保证呼吸的舒适度，有些呼吸器在气路中设置有冷却罐、降温盒等气体降温装置。氧气呼吸器的工作时间一般为60～240 min，不同型号的氧气呼吸器防护时间的最高限值也不同。氧气呼吸器是作业人员在严重污染、存在窒息性气体、毒气类型不明确或缺氧等恶劣环境下工作时常用的呼吸防护设备。

(2) 空气呼吸器

空气呼吸器以压缩气体钢瓶为气源，但钢瓶中盛装气体为压缩空气。根据呼吸过程中面罩内的压力与外界环境压力间的高低，可分为正压式和负压式两种。正压式在使用过程中面罩内始终保持正压，安全性更高，目前已基本取代了后者，应用广泛。

对于常见的正压式空气呼吸器，使用时打开气瓶阀门，空气通过减压器、供气阀、导气管进入面罩供人员呼吸，呼出的废气直接经呼气活门排出。由于其不需要对呼出废气进行处理和循环使用，所以结构相对氧气呼吸器简单。空气呼吸器的工作时间一般为30～360 min，根据呼吸器型号的不同，防护时间的最高限值也不同。总的来说，空气呼吸器的防护时间比氧气呼吸器稍短。

空气呼吸器主要用于消防指战员以及相关人员在处理火灾、有害物质泄漏、烟雾、缺氧等恶劣作业现场进行火源侦察、灭火、救灾、抢险和支援。

## 三、呼吸防护装备的选择

如何正确选择呼吸防护装备，需要综合考虑多种因素的影响，例如环境的有毒有害气体浓度和种类情况、不同领域的作业要求和使用人员的个人状况等。呼吸防护装备的选择应符合《呼吸防护用品的选择、使用与维护》(GB/T 18664—2002)的规定。

**1. 根据危害程度选择呼吸防护装备**

有害环境分为极端危害环境与一般危害环境两类。

(1) 极端危害环境(IDLH)是指可立即威胁人员生命和健康的环境。以下三种情况可视为IDLH环境：

① 危害未知(危害种类、性质、浓度未知)；

② 缺氧或无法确定是否缺氧；

③ 污染物浓度未知、达到或超过 IDLH 浓度。

IDLH 浓度并不是职业卫生标准，它只用于呼吸防护装备的选择。在未采取呼吸防护的条件下，环境有害物质浓度达到 IDLH 浓度就会导致人员死亡、丧失逃生能力、残疾或永久性疾病。《呼吸防护用品的选择、使用与维护》(GB/T 18664—2002)附录 B 中提供了 317 种有害物质的 IDLH 浓度(该附录提供的 IDLH 浓度采纳美国国家职业安全卫生研究所(NIOSH)正式出版物 DHHS No. 90-117 版本的 IDLH 浓度)，可作为参考，部分节选见表 4.3。

**表 4.3　IDLH 浓度**

| 序号 | 污染物中文名称 | 污染物英文名称 | IDLH 浓度(ppm) | 1 ppm 换算 $mg/m^3$ 系数(20 ℃) | IDLH 浓度 ($mg/m^3$)(20 ℃) |
|---|---|---|---|---|---|
| 1 | 乙醛 | acetaldehyde, acetic aldehyde | 10000 | 1.83 | 18000 |
| 2 | 乙酸，醋酸 | acetic acid | 1000 | 2.50 | 2500 |
| 3 | 乙酸酐，醋酸酐 | acetic anhydride | 1000 | 4.24 | 4200 |
| 4 | 丙酮，阿西通 | acetone | 20000 | 2.42 | 48000 |
| 5 | 乙腈，甲基氰 | acetonitrile, methyl cyanide | 4000 | 1.71 | 6800 |
| 6 | 四溴乙烷 | acetylene tetrabromide, tetrabro-moethane | 10 | 14.37 | 140 |
| 7 | 乙烯醛 | acrolein, allyl aldehyde | 5 | 2.33 | 10 |
| 8 | 丙烯腈，乙烯基腈 | acrylonitrile, vinyl cyanide | 500 | 2.21 | 1100 |
| 9 | 艾氏剂 | aldrin | | | 100 |
| 10 | 烯丙醇 | allyl alcohol | 150 | 2.42 | 360 |
| 11 | 烯丙基氯 | allyl chloride | 300 | 3.18 | 950 |
| 12 | 缩水甘油烯丙醚 | allyl glycidyl ether | 270 | 4.75 | 1300 |
| 13 | 2-氨基吡啶 | 2-aminopyridine | 5 | 3.91 | 20 |
| 14 | 氨 | ammonia | 500 | 0.71 | 360 |
| 15 | 硫酸铵 | ammonium sulfamate | | | 5000 |
| 16 | 乙酸戊酯 | *n*-amyl acetate | 4000 | 5.41 | 22000 |
| 17 | 乙酸仲戊酯 | *sec*-amyl acetate | 9000 | 5.41 | 49000 |
| 18 | 苯胺 | aminobenzene | 100 | 3.87 | 390 |
| 19 | 茴香胺(所有异构体) | anisidine (all isomers) | | | 50 |
| 20 | 锑及其化合物 | antimony & its compounds(as Sb) | | | 80 |
| 21 | 砷(无机化合物，除砷化三氢) | arsenic(elmental & inorganic compounds (except arsine) as As) | | | 100 |
| 22 | 砷化三氢，胂烷 | arsine | 6 | 3.24 | 20 |
| 23 | 甲基谷硫磷，益棉磷 | azinphos-methyl | | | 20 |
| 24 | 钡(可溶化合物) | barium (soluble compounds, as Ba) | | 1100 | |
| 25 | 苯 | benzene | 3000 | 3.25 | 9800 |

IDLH 环境是呼吸防护用品应用风险最高的环境，理应严格限制适用的种类，其安全可靠性、可接受的风险和可行性是需考虑的主要因素。

《呼吸防护用品的选择、使用与维护》(GB/T 18664—2002)中明确规定：IDLH 环境下

选择呼吸防护装备应为全面罩正压携气式呼吸防护装备或配合适合辅助逃生呼吸防护的全面罩正压供气式呼吸防护装备，辅助逃生型呼吸防护装备应适合 IDLH 环境的性质。例如，在有害环境性质未知、是否缺氧未知及缺氧环境下，逃生型呼吸防护装备应为携气式，不允许使用过滤式；在不缺氧，但空气污染物浓度超过 IDLH 浓度的环境下，逃生型呼吸防护装备可以是携气式或过滤式，但应适应该空气污染物的种类及其浓度水平。

(2) 一般危害环境

一般危害环境(非 IDLH 环境)指空气中污染物浓度未超过 IDLH 浓度，应根据国家有关职业卫生标准规定浓度确定危害因数：

$$\text{危害因数(hazard ratio)} = \frac{\text{空气污染物浓度}}{\text{国家职业卫生标准规定浓度(OLE)}}$$

工作场所中空气化学有害因素职业接触限值可参考《工作场所有害因素职业接触限值　第 1 部分：化学有害因素》，节选见表 4.4。

**表 4.4　工作场所空气中化学有害因素职业接触限值**

| 序号 | 中文名 | 英文名 | 化学文摘号 CAS 号 | OELs ($mg/m^3$) | | | 临界不良健康效应 | 备注 |
|---|---|---|---|---|---|---|---|---|
| | | | | MAC | PC-TWA | PC-STEL | | |
| 1 | 安妥 | antu | 86-88-4 | | 0.3 | — | 甲状腺效应；恶心 | — |
| 2 | 氨 | ammonia | 7664-41-7 | — | 20 | 30 | 眼和上呼吸道刺激 | — |
| 3 | 2-氨基吡啶 | 2-aminopyridine | 504-29-0 | — | 2 | — | 中枢神经系统损伤；皮肤、黏膜刺激 | 皮 |
| 4 | 氨基磺酸铵 | ammonium sulfamate | 7773-06-0 | — | 6 | — | 呼吸道、眼及皮肤刺激 | — |
| 5 | 氨基氰 | cyanamide | 420-04-2 | | 2 | — | 眼和呼吸道刺激；皮肤刺激 | — |
| 6 | 奥克托今 | octogen | 2691-41-0 | — | 2 | 4 | 眼刺激 | — |
| 7 | 巴豆醛(丁烯醛) | crotonaldehyde | 4170-30-3 | 12 | — | — | 眼和呼吸道刺激；慢性鼻炎；神经功能障碍 | — |
| 8 | 百草枯 | paraquat | 4685-14-7 | — | 0.5 | — | 呼吸系统损害；皮肤、黏膜刺激 | — |
| 9 | 百菌清 | chlorothalonil | 1897-45-6 | 1 | — | — | 皮肤刺激、致敏；眼和呼吸道刺激 | G2B，敏 |
| 10 | 钡及其可溶性化合物(按 Ba 计) | barium and soluble compounds, as Ba | 7440-39-3(Ba) | — | 0.5 | 1.5 | 消化道刺激；低血钾 | — |
| 11 | 倍硫磷 | fenthion | 55-38-9 | — | 0.2 | 0.3 | 胆碱酯酶抑制 | 皮 |
| 12 | 苯 | benzene | 71-43-2 | — | 6 | 10 | 头晕、头痛、意识障碍；全血细胞减少；再障；白血病 | 皮，G1 |
| 13 | 苯胺 | aniline | 62-53-3 | — | 3 | — | 高铁血红蛋白血症 | 皮 |
| 14 | 苯基醚(二苯醚) | phenyl ether | 101-84-8 | — | 7 | 14 | 上呼吸道合眼刺激 | — |
| 15 | 苯醌 | benzoquinone | 106-51-4 | — | 0.45 | — | 眼、皮肤刺激 | — |
| 16 | 苯硫磷 | EPN | 2104-64-5 | — | 0.5 | — | 胆碱酯酶抑制 | 皮 |
| 17 | 苯乙烯 | styrene | 100-42-5 | — | 50 | 100 | 眼、上呼吸道刺激；神经衰弱；周围神经症状 | 皮，G2B |

当空气污染物浓度符合国家职业卫生标准限值时，无需使用呼吸防护装备；当空气污染物超标时，应选择指定防护因素(assigned protection factor，APF)大于危害因素的呼吸防护装备。若空气中同时存在一种以上的空气污染物，则应分别计算每种空气污染物的危害

因数，取数值最大的作为危害因数。

何为指定防护因素？《呼吸防护用品的选择、使用和维护》(GB/T 18664—2002)中提供了各类型呼吸器的指定防护因数。APF 是指一种或一类适宜功能的呼吸防护装备，在适合使用者佩戴且正确使用的前提下，预期能将空气污染物浓度降低到所需的倍数。指定防护因数越高，表明其安全性和可靠性越高，防护等级越高。例如，一款过滤式口罩的 APF 是 10，在污染物浓度为 200 ppm 的工作环境中使用，确保使用者正确佩戴的前提下，经口罩过滤后的面罩内部呼吸到的气体浓度降到 200 ppm 的 1/10，即 20 ppm。APF = 10 的防尘半面罩可将粉尘浓度降低至原来的 1/10。若作业场所粉尘浓度是国家职业卫生标准的 5 倍，防尘半面罩就适合；若粉尘浓度超标 10 倍，则不适合。常见呼吸防护装备 APF 见表 4.5。

**表 4.5　常见呼吸防护装备 APF**

<table>
<tr><td colspan="4">过　滤　式</td><td colspan="4">隔　绝　式</td></tr>
<tr><td colspan="2">自吸过滤式</td><td colspan="2">自动送风过滤式</td><td colspan="2">供气式</td><td colspan="2">携气式</td></tr>
<tr><td>半面罩</td><td>全面罩</td><td>全面罩</td><td>宽松式面罩<br>(开放型)</td><td>正压式</td><td>负压式</td><td>正压式</td><td>负压式</td></tr>
<tr><td>10</td><td>100</td><td>200～1000</td><td>25</td><td>1000</td><td>100</td><td>＞1000</td><td>100</td></tr>
<tr><td colspan="8">呼吸防护效能：紧密式＞宽松式；全面罩＞半面罩；正压式＞负压式</td></tr>
</table>

综上所述，根据危害程度选择呼吸防护装备应遵循表 4.6 所示流程。

**表 4.6　根据危害程度选择呼吸防护装备**

<table>
<tr><td>环　境</td><td>条　件</td><td colspan="2">呼吸防护装备选择</td></tr>
<tr><td rowspan="2">一般危害环境<br>(非 IDLH 环境)</td><td>空气污染浓度＜国家职业卫生标准限值</td><td colspan="2">无需使用呼吸防护装备</td></tr>
<tr><td>空气污染浓度≥国家职业卫生标准限值</td><td colspan="2">指定防护因素大于危害因素的呼吸防护装备</td></tr>
<tr><td rowspan="3">IDLH 环境</td><td>空气污染物浓度超过 IDLH 浓度的环境</td><td colspan="2">全面罩正压携气式呼吸防护装备</td></tr>
<tr><td>在有害环境性质未知、是否缺氧未知及缺氧环境</td><td>携气式</td><td rowspan="2">配合适合辅助逃生的呼吸防护装备</td></tr>
<tr><td>不缺氧，但空气污染物浓度超过 IDLH 浓度的环境</td><td>携气式/过滤式</td></tr>
</table>

### 2. 根据空气污染物种类选择

在实验室环境中，由于环境粉尘、毒气和蒸气的浓度及成分存在特殊性，可根据污染种类来选择呼吸防护装备。为了保证使用的相对安全性，应急救援人员在开展危险性较高的抢险救援工作时，尽量选用隔绝式正压氧气呼吸器或正压空气呼吸器等安全性高的呼吸防护装备。

如在有氧环境下(空气中含氧量＞18%)，可考虑使用过滤式呼吸器，首先需要确定空气

污染物形态和种类（颗粒、气体或蒸气，或是两者都有）来选用合适的气体滤毒罐（盒）和其他过滤部件，可以过滤净化目标的空气污染物。

若污染物为颗粒物，需要考虑：颗粒物是否具有挥发性？颗粒物粒径大小？颗粒物实际状态如何？根据情况选择合适的微粒过滤器（滤棉）。

若污染物为有害气体或蒸气，需要先确定污染物属性和种类，根据情况选择化学蒸气及气体滤盒（罐）。若污染物为颗粒物和有害气体或蒸气混合物，则需要考虑选用组合式过滤部件。

**3. 根据作业状况选择**

按照作业人员不同的使用情况和要求，呼吸防护装备可以有多种配置和组合使用方式。若在使用安全防护装备作业的场所存在与现有防护类型不同的突发安全隐患，导致现有呼吸防护装备无法保障作业人员安全时，应当增加配套安全防护装备来应对紧急出现的突发事故，如增配逃生呼吸器或紧急呼救器等装置。同时，呼吸器佩戴时间、佩戴舒适性、污染物浓度变化、是否影响工作本身（活动），在选择呼吸器时都需要进行综合考虑。

**4. 根据作业人员的特性选择**

选用半面罩或全面罩时，应根据人员面型选用不同大小型号的面罩，并考虑佩戴气密性问题。佩戴中胡须或较长的头发也会影响面罩的气密性。因此，在使用前，应预先刮净胡须；佩戴时应避免头发挡在面罩罩体与皮肤之间，影响佩戴气密性。若因疤痕、凹陷的太阳穴、非常突出的颧骨、皮肤褶皱和鼻畸形等原因影响面部与面罩的密合时，应选择与面部特征无关的面罩。简单的气密性试验方法可以按照相关产品说明书进行。专业的检验方法可以参考《呼吸防护装备的选择、使用与维护》（GB/T 18664—2002）中的附录 E。

## 四、呼吸防护装备使用及管理注意事项

**1. 呼吸防护装备的使用**

（1）当缺氧（含氧量＜18%）、有毒物种类未知、浓度未知或过高（含量＞1%）或毒物不能被过滤材料所滤除时，均不能使用过滤式呼吸防护装备，只能考虑使用隔绝式呼吸防护装备。

（2）在可以使用过滤式呼吸防护装备的情况下，应注意以下几点：

① 如果有害环境中污染物仅为非挥发性颗粒物质，且对眼睛、皮肤无刺激，可考虑使用防尘口罩。

② 如果颗粒物质中包含气溶胶，应选用含超细纤维材料的防尘口罩。

③ 如果颗粒物质为油性颗粒物质，应选用可以防油性物质的防尘口罩。

④ 如果有害环境中污染物为蒸气和气体，同时含有颗粒物质（包括气溶胶），可选择防毒口罩或过滤式防毒面具。

⑤ 如果污染物同时对眼睛、面部皮肤有刺激，或污染物浓度较高，应选择过滤式防毒面具。

（3）选配呼吸防护装备时大小要合适，使用时佩戴要正确，以使其与使用者脸形相匹配和贴合，确保气密性，保障防护的安全性，达到理想的防护效果。

(4) 佩戴口罩时，口罩要罩住鼻子、口和下巴，并注意将鼻梁上的鼻夹(金属条)固定好，以防止空气未经过滤而直接从鼻梁两侧漏入口罩内。另外，一次性口罩一般仅可以连续使用几个小时，当口罩潮湿、损坏或沾染上污物时需要及时更换。

(5) 佩戴呼吸防护装备后应进行相应的气密性检查，确定气密性良好后再进入含有毒有害物质的工作、作业场所，以确保安全。

防护口罩和防毒面具的气密性检查方式如下：

① 防护口罩气密性检查

检查无呼气阀防护口罩时，先将双手完全盖住口罩，然后快速呼气，口罩应稍微隆起。若有空气从密封处泄漏，应重新调整口罩位置，调整鼻夹；若有空气从口罩四周泄漏，应调整头带的位置；经过反复调整，保证气密性良好后，方可进入危险性区域；如多次检查仍然漏气，则不可使用。

检查有呼气阀防护口罩时，先将双手完全盖住口罩，然后快速吸气，口罩应有少许塌陷。若有空气从密封处泄漏，应重新调整口罩位置，调整鼻夹；若有空气从口罩四周泄漏，应调整头带的位置；经过反复调整，保证气密性良好后，方可进入危险性区域；如多次检查仍然漏气，则不可使用。

② 防毒面具气密性检查

吸气检测法：卸下防毒面具的滤毒罐，戴好防毒面具后，用手掌将吸气阀堵住，同时呼吸，若感觉有明显的吸气阻力，无法吸入空气，则证明防毒面具气密性良好；若能感觉到空气从防毒面具吸气阀以外的部位进入，则证明气密性不好。确认防毒面具佩戴正确后应重新检测，若多次检测仍然漏气，则不可使用。

呼气检测法：用手掌将呼气阀堵住，然后进行呼气，若感觉面部压力增加，证明防毒面具气密性良好；若能感觉到漏气，则证明防毒面具气密性不好。重新佩戴后继续测试，若仍然漏气，不可使用。

(6) 选用过滤式防毒面具和防毒口罩时要特别注意，配备某种滤盒的防毒面具或口罩通常只对某种或某类蒸气或气体具有防护功能，如有防酸性蒸气气体滤盒、防有机蒸气滤盒及防氨气滤盒等，分别用不同的颜色进行标识，要根据工作或作业环境中有毒有害蒸气或气体的种类进行选配。

(7) 在选用动力送风面具、氧气呼吸器、空气呼吸器等结构较为复杂的面具时，为保证安全使用，使用者在佩戴前应进行专门的培训和训练，充分了解使用个体防护装备的意义并掌握正确的使用方法。

(8) 选择和使用呼吸防护装备时，一定要严格遵照相应的产品说明书。

**2. 呼吸防护装备的管理与维护**

(1) 必须使用经过认证的合格的防护装备。

(2) 按照防护要求，正确选择性能符合要求的个体防护装备，绝不能错用或勉强使用。

(3) 个体防护装备在使用前和使用后要严格认真检查，确认其各种零部件完好、功能正常；如发现个体防护装备有任何缺陷和损坏，应立即停止使用，进行维修或更换；使用前必须进行气密性检查。

(4) 应急或实验人员自进入危害环境作业就应佩戴、使用个体防护装备，且应始终佩戴

呼吸防护装备。

(5) 在使用过程中，当使用者感到有异味、刺激、恶心等不适症状时，应立即离开危害环境，并检查呼吸防护装备是否存在故障，若无故障，应更换过滤器。

(6) 逃生型呼吸防护装备只允许从危害环境中离开时使用，不允许进入时使用。

(7) 要有专人负责保管个体防护装备，使用前后都要做好记录(危害评估记录，人员的培训记录，个体防护装备的配备、维修保养和更换记录等)，以便了解个体防护装备剩余有效防护时间、呼吸防护装备是否在有效期内；同时，应及时做好防护装备的更新及报废工作。

(8) 应遵照个体防护装备产品使用说明书和生产厂家的有关规定进行日常的清洁、保养，以延长其使用期限、保证其防护效用。

如果配备了不合格或失效的个体防护装备，甚至有可能比不配备更加糟糕，因为它会使人产生麻痹大意的思想，降低警惕性；值得注意的是，没有认真维护保养的个体防护装备，如呼吸器、防毒面具等，可能产生二次污染，甚至直接对人体产生损害。

## 第三节　躯体防护装备

躯体防护指对躯干、胸腹、肩和臀等部位的保护，为了应对在实验过程和应急处理中容易受到的物理、化学和生物等外界因素的伤害，通常采用躯体防护装备来包覆躯体的全部或部分，以保护人体的躯体部位(主要是皮肤)的安全。

### 一、实验室常见躯体防护装备

躯体防护装备的品种很多，可分为两类：一般防护服和特种防护服。特种防护服具有特定的防护功能，在特定环境下使用。实验室常用的特种防护服主要包括阻燃防护服、防静电服、防化服、隔热服、防冻服、辐射防护服、固体颗粒物防护服、医用一次性防护服、焊接防护服等。

### 二、实验室常见躯体防护装备分类、选择及使用

#### 1. 阻燃防护服

阻燃防护服主要用于保护人员在易燃、易爆、高温等危险环境下的安全，采取隔热、反射、吸收、碳化隔离等屏蔽方式。阻燃防护服面料中的阻燃纤维使火焰燃烧速度大大减慢，在撤去火源后马上自行熄灭，而且燃烧部分会迅速碳化，不会产生熔融、滴落或穿洞，为人员疏散撤离争取了宝贵的时间。人员撤离现场后，要尽快脱掉身上燃烧的衣服，减少或避免烧伤、烫伤，达到保护人员免受明火或热源伤害的目的。阻燃防护服广泛应用于石油、化工、消防、电力、建筑等行业，其标准为《防护服装　阻燃服》(GB 8965.1—2020)。

（1）阻燃防护服面料分类

阻燃防护服的材料主要是阻燃面料，这是一种能够延缓火焰燃烧的特殊织物。阻燃防护服的面料通常分为耐久性和永久性阻燃面料。

耐久性面料通常以全棉面料为底料，经过阻燃工艺处理后，不会损坏棉纤维本身的特性，具有高强度、耐拉伸、耐撕裂、透气性好等特点。

永久性阻燃面料通常采用芳纶、芳砜纶、腈氯纶等材料，这些面料本身就具有阻燃功能。

① 芳纶主要分为两种，即对位芳酰胺纤维（PPTA）和间位芳酰胺纤维（PMIA）。前者如芳纶 1414（Kevlar），具有超高强度、耐高温、耐酸碱、重量轻和尺寸稳定等优良性能；后者如芳纶 1313（Nomex），具备优越的耐高温、阻燃、无毒以及良好的电气、机械性能。芳纶的缺点是价格昂贵，染色性差。

② 芳砜纶属于对位芳纶系列，是一种在高分子主链上含有砜基的芳香族聚酰胺纤维，具有良好的染色性、电绝缘、抗化学腐蚀性、抗辐射性能。

③ 腈氯纶纤维是一种改性腈纶纤维，是丙烯腈单体和含阻燃元素的乙烯基化合物共聚而成，具有高阻燃性、耐化学腐蚀性和良好的染色性，材质手感柔软，穿着舒适安全。

（2）阻燃防护服使用注意事项

① 阻燃防护服应选用符合国家标准的产品，产品质量和性能符合要求，并且应该在正规的销售渠道购买。检查阻燃防护服的内外包装、商标标识、特种劳动防护装备安全标志是否齐全、正确。某些不合格的阻燃剂有一定的毒性，且有一定的刺激气味。将阻燃防护服从包装袋中拿出嗅闻，不应有异味或刺激性气味。

② 使用者有责任在每次使用前检查阻燃防护服，查看其外观是否有破洞、破损、磨损、变形及缝合缺陷等。阻燃防护服的结构应为领口、袖口、下摆三紧式，以免炽热物体或火花飞溅，伤害人体。为散热而留的通气孔宜在阻燃防护服的腋下、背部、胯部内侧，以免外部异物进入。

③ 禁止穿着破损的、污染的或过期的阻燃防护服；使用或保管存储期内遭到损坏、超过使用有效期、未达到标准规定功能指标的衣服禁止投入使用。

④ 禁止穿着阻燃防护服进行消防救援，因为阻燃防护服是在遭遇突发火灾事故时，能最大限度保障事故现场作业人员安全逃离的被动防护装备，而不是主动救援装备。

⑤ 穿着阻燃防护服时，必须佩戴相应的防护装备，以完全达到防护效果。

（3）阻燃防护服的管理

① 干燥通风存储，尽量避免接触酸、碱等化学腐蚀品，包装箱距离墙面、地面 20 mm 以上，防止鼠咬、霉变等。

② 全新阻燃防护服在第一次穿之前要先进行清洗。洗涤温度不应超过 60 ℃。水温要尽量低，以清洁为原则，控制衣服的缩水率，以防阻燃防护服缩水。避免使用肥皂和肥皂粉，最好使用中性洗涤剂清洗。切忌使用强氧化剂，如漂白粉、漂白剂等次氯酸钠产品，避免使用柔软剂，这些化学成分可能会减退衣服阻燃性能。

③ 阻燃防护服不宜暴晒，应自然晾干或烘干。

④ 阻燃防护服如有破损、磨损等情况应及时更换或修补，以保证服装的保护效果。

阻燃防护服保养中若出现下列情况之一，应立即报废：

① 有液态酸碱类化学品渗透至外层时，应立即报废。

② 有破损、磨损或油污污染时，应立即报废。

③ 对使用期满 1 年或存放期达 1 年的阻燃防护服进行抽样送检，经检测失去阻燃防护性能的产品，应立即报废。

**2. 防静电服**

如果可燃物在空气中的浓度达到爆炸极限，同时静电、放电产生的火花能量达到周围可燃物的最小着火能量，就会立即发生燃烧或爆炸。

为了防止防护服上的静电积聚，可以使用防静电织物作为面料，并按照规定的款式和结构进行缝制。防静电服主要利用金属纤维、亚导电纤维或防静电合成纤维的电晕放电和漏电放电机理，以减少防护服和人体的带电现象。具体来说，接地时织物上的静电会被导电纤维的电晕放电中和，也可以通过导电纤维放电到大地泄放；而在不接地的情况下，则借助于导电纤维的微弱电晕放电来消除电荷。防静电服标准为《防护服装　防静电服》（GB 12014—2019）。

防静电服按款式可分为分体式、套头式和连体式。防静电服一般用于对静电敏感或容易发生火灾爆炸的危险场所，如石油工业、化工、矿业、特殊行业等。

（1）防静电服的选择

① 防静电服的防静电性能有一定的耐久性，因此，选择防静电服时还需要根据工作场所的污染情况，选择相应防静电级别的防护服。

② 如防静电服用于易发火灾爆炸的场所，通常应选择既防静电又具有阻燃性能的阻燃防静电服。

③ 全棉制的服装有防止静电产生的效果，但不一定能达到防静电服所要求的单件服装带电电荷量小于 0.6 $\mu$C 的要求。如用洗涤剂清洗后，棉质服装防静电的效果可能会有所下降，因此，应尽量少选用全棉织物制作的防静电服。

④ 防静电服应与防静电劳保鞋、防静电手套配套使用，地面应配用导电地面。

（2）防静电服使用及管理注意事项

① 气体爆炸危险场所的区域等级，属 0 区、1 区且可燃物的最小点火能量在 0.25 mJ 以下者，应穿用防静电服。常见的最小点火能量在 0.25 mJ 的可燃物有丙烯腈、二硫化碳、呋喃、苯、甲醇等。（最小点火能量：在标准程序下，能够将易燃物质与空气或氧气混合物点燃的最小能量。）

② 防静电服一般不得悬挂附带任何金属的配件，以防止电荷分布不稳定。特殊情况必须使用时，应保证穿着时金属附件不外露。

③ 禁止在静电危险场所穿脱衣物及类似物，应到指定更衣室进行更换。

④ 防静电服的面料要求全部使用防静电织物，最好不使用衬里。如果必须使用衬里时，其露出面积占全部防静电服内面露出面积的 20%以下；超过 20%（如防寒服或特殊服装）时，应将面罩与衬里做成可拆式。

⑤ 防静电服出现破损、霉变斑点、导电纤维脱断，或已达到防静电等级规定的耐洗涤时间，应及时报废。使用单位应对使用期达到使用期限一半或存放期达 1 年的防静电防护服抽样送检，经检测失去防静电性能的产品应及时报废，以保证产品合格使用。

⑥ 防静电服应保持清洁,应使用软毛刷、软布蘸中性洗涤剂刷洗。

在易燃易爆危险品场所,避免使用非防爆通信设备,以免通信过程中产生的射频火花或静电引发安全事故。

**3. 防化服**

防化服是专门用来防御剧毒品、化学品、有毒有害气体等化学物质伤害的防护服,通常用在化学物质泄漏、化工行业日常工作等场所。防化服防护原理是通过防化服表层的高性能特殊化学涂层材料(抗渗透能力强)来阻断有害物质对人体组织和器官的侵害。依据作业环境的差异,对应的躯体防护有不同的标准等级。

(1) 防化服的分类

① 按照面料类型,分为限次使用防化服、重复使用防化服、选择吸附防化服等。

② 按照款式,分为分体式、连体式、全封闭式和半封闭式防化服。

③ 按照接缝结构,分为锁边缝合、包缝、超声波热熔、防化胶条密封、胶条密封缝线等。

④ 按照呼吸器具佩戴方式和类型,分为空气呼吸器内置化学防护服、空气呼吸器外置化学防护服、长管式呼吸器化学防护服等。

⑤ 按照化学品的危险程度,分为气密型防化服和液密型防化服。

⑥ 按照美国 EPA/OSHA 标准,分为 A、B、C、D 四个级别(表 4.7)。

**表 4.7 防化服等级(美国 EPA/OSHA 标准)**

| 级　别 | 简　介 | 适 用 场 合 |
|---|---|---|
| <br>A 级防化服<br>杜邦 Tychem TK554 | 气密性防化服是现有防护等级最高的防化服。一般认为,这类防化服可以抵御常规工业生产中所遇到的几乎所有种类、所有形态的危险化学品或其他危险物质对人体的威胁 | 污染环境中的化学物质的成分、浓度都不确定,测得存在高浓度蒸气、气体、粉尘环境;对呼吸系统、皮肤、眼睛可能形成极大威胁,有可能意外溅到、浸入或暴露于蒸气、气体和粉尘中,作业环境通风差,需要 A 级防护 |
| <br>B 级防化服<br>杜邦 Tychem TK527t | 与 A 级具有同样的呼吸防护水平,皮肤防护稍差,是处置危险品时最低的防护级别。B 级防化服对呼吸系统的保护水平可达到 A 级,而对皮肤和眼睛的保护水平比 A 级低,能防止液体化学物质的渗透,但不能防有毒化学物质的蒸气或气体的渗透 | 主要用于污染环境中化学物质的成分和浓度不需要很高的皮肤防护等级的场合,如已知环境中气体化学物质对皮肤无害或不经皮肤吸收,仅对呼吸系统造成伤害的场合;污染环境中化学物质的成分、浓度不需要很高的皮肤防护等级;只涉及液体而不是蒸气的场合 |

续表

| 级　　别 | 简　　介 | 适 用 场 合 |
| --- | --- | --- |
| <br>C级防化服<br>杜邦 Tychem 2000 | 增强功能型防化服，对皮肤的保护等级与B级相等，但对呼吸系统的保护等级比B级低。能防有毒液体物质喷射对人体产生的有害作用，但不能防有毒化学物质的蒸气或气体 | 污染环境中的化学物质的成分、浓度对皮肤无影响的场合；污染源空气中的毒性物质的成分和浓度都被确定的场合；污染环境中的毒性物质的所有特性都被确定下来的场合；空气中的污染物种类和浓度已知，过滤器可有效过滤；操作环境中的氧气含量不低于19.5%；低于IDLH的气体环境 |
| <br>D级防化服<br>杜邦 Tyvek400 TBM001 | 一般型防护服，有最低的皮肤保护，但不能保护呼吸系统 | 大气中无已知有害气体；工作中无液体飞溅、浸入液体或接触任何有害化学物的可能；已知污染环境的空气中无明显的危险。不能在对呼吸道和皮肤危险的场合穿戴。这一等级的防化服不能在热的环境中使用。操作环境中的氧气含量不能低于19.5%。不适合在处理突发性紧急事件时使用 |

(2) 防化服的选择

第一步：全面分析环境危害，确定是否需要穿着防化服。

第二步：确定防护水平和穿着时间。

第三步：选择合适、舒适、贴合性好的防化服。

第四步：对实际使用效果进行评估。

(3) 防化服使用及管理注意事项

① 防化服不可与热源、明火、火花或任何其他可能的点火源直接接触。

② 任何一种防护服的防护性能都有其选择性，防化服只能用于防护特定范围内的化学品物质，不可做其他用途，如防化服不可防护放射线危险、不可用于防护低温液体和气体、不可用于火灾救援、不可防护生物病毒危险等情况。

③ 任何一种防化服的防护性能都有限，防护材料各异，能对化学品防护的程度就有所不同。因此，使用防化服前，应详细分析各危险因素，再结合实际环境情况、人为因素，综合考量选择适合的防化服。

④ 使用前，必须认真检查服装有无破损、磨损，外层部分是否受到污染，缝线是否开裂等，如有问题，则严禁使用，应及时维修和更换。

⑤ 穿戴防化服前，选择适合使用者的尺寸，保证使用者能够有足够活动空间，方便处理工作。

⑥ 使用中，如果被化学物质污染或发现有破损，应在规定的时间段内立即更换，避免使用者受到伤害。

⑦ 在较高温度下化学品穿透防护层的时间会缩短，而且某些材料比其他材料对温度的变化更加敏感。

⑧ 防化服必须和其他防护器材（防护手套、防化靴等）配套使用，才能发挥全面的防护性能。

⑨ 防化服应存放在阴凉、干燥、通风处，不得与腐蚀性物品、油品或其他易燃物品共同存放。

**4. 隔热服**

隔热服是高温环境下作业或救援必备的防护服，其主要作用是帮助减轻高温对人体的热辐射，延缓热传导，让人体免于高温的伤害，包括消防隔热服、避火隔热服（图 4.3）等。

**图 4.3 消防隔热服和避火隔热服**

（1）隔热服的原理和材料

隔热原理是指当热量从温度较高的空间向温度较低的空间传递的过程中，由于传导介质的变化，导致单位空间温度变化变小，从而阻碍热传导的物理过程。为了实现隔热，通常采用隔热材料，也可以通过空气动力等动态技术手段实现。

隔热服一般由三层以上的功能材料组成。表层采用铝箔材料，具有良好的防热辐射性能，能够反射 95%的热辐射。第二层为耐高温基布，具有主要的保护作用，能够在接触高温或明火时不发生燃烧、热熔或碳化，从而有效地阻止热量传导。内层包括隔热层和舒适阻燃层，能够有效地增加隔热服的耐热时间，增加使用者的可持续工作时间。通过层层防护，隔热服能够有效地隔离温度较高的环境，保护使用者的身体免受高温的伤害。

（2）隔热服选择

隔热服根据服装材质、防护附件以及使用场合的不同，分为不同等级。在实际作业或应急救援过程中，应根据具体情况来选择合适的隔热服，以达到最佳的防护效果。

隔热服分为重型 A 级隔热服和轻型 B 级隔热服两种。前者是全封闭设计，主要用于恶

劣环境和最大危险程度，后者与前者相似，但是相对于皮肤的保护程度较弱。除了具备热防护性能外，隔热服还需要轻便、舒适，在使用者容易受伤的部位采取加强措施，以满足协调性和舒适性的要求，从而提高使用者的工作效率。

(3) 隔热服使用及管理注意事项

① 使用前，检查隔热服，确保其无破损、磨损、污渍等，处于良好状态，如有问题，应及时维修和更换。

② 隔热服仅用于抗高温热辐射，不能与火焰或高温炽热物体直接接触，也不得穿着隔热服处置放射性物质、生物毒剂及化学危险品。

③ 进入作业现场必须整套使用，严格按照要求着装，并注意以下事项：隔热服应与防护面罩、防护靴、正压式空气呼吸器等配套使用；隔热头套应穿戴在消防头盔外，有头套带的应将头套带穿过腋下，调整好松紧度，扣好纽扣，以免脱落；隔热脚套应套在消防靴、隔热服外，并覆盖消防靴整个靴面，与隔热服形成部分重叠；使用时应确保所有密封部位的部件密封完好。

④ 应贮存在通风透气的库房内，应避免与明火、酸类化学溶剂接触。

⑤ 尽量挂装，避免多次折叠后损坏衣服，影响其整体防护性能。

⑥ 避免隔热服与坚硬、锋利的物体接触，以防其被刮伤损坏。

## 第四节　手部防护装备

在实验和日常生活中，手是我们最常使用的部位，也是人体受伤率最高的部位。根据国际有关机构的统计，在各类工伤事故中，手伤害占据了伤害总数的25%。手部事故的种类很多，包括机械性的割伤、刺伤、轧伤、砸伤、挤伤，化学性的皮肤腐蚀、毒害，电磁与电离辐射侵害、烫伤、烧伤、冻伤，微生物侵害以及感染等。其中，大部分手部安全事故可以通过佩戴相应的手部防护装备来有效预防，因此手部防护装备的重要性不言而喻。

### 一、手部防护装备分类

手部防护是指在工作中保护手和手臂免受伤害。应根据作业环境的有害因素选择适合的手部防护装备，主要有防护手套和防护套袖。

**1. 防护手套**

防护手套是用来保护手或手的一部分使其免受伤害的个体防护装备，可以拓展到覆盖前臂的部分。按照功能分类可分为机械危害防护手套、化学品及微生物防护手套、耐臭氧及氧化化学品手套、防刀具割伤和防刺伤的防护手套、防静电手套、防辐射手套、电绝缘手套、防寒手套、防热伤害手套、防振手套、金属链甲手套、防冲击手套以及具有其他防护功能的手套。

**2. 防护套袖**

防护套袖是用来保护手上臂免受伤害的防护装备，主要有石棉防辐射热套袖、铝膜布隔热套袖、胶布防酸碱套袖和塑料防酸碱套袖等。

## 二、防护手套的选择与使用

实验人员在实验室进行实验时，需要接触各种化学试剂、尖锐物品、加热或制冷仪器、致病微生物等，这些都可能对实验人员的手部造成严重伤害。化学试剂可能会导致灼伤、中毒等；尖锐物品可能引起划伤、割伤；加热或制冷仪器可能会造成烫伤、冻伤等；致病微生物可能会引发病毒性疾病等。因此，佩戴正确且合适的手套是预防手部伤害的重要措施。

然而，任何防护手套的防护功能都是有限的，不存在万能的手套，每种材质都拥有不同特点。同时，不同工作环境中的风险因素存在多样性，对防护手套有不同的防护要求，需要具体情况具体分析，再谨慎选择及正确使用，方可达到最有效的防护效果。选择防护手套时应基于其材质的定量数据，如渗透率、穿透时间、渗透性、降解性等，有时需要选择复合手套（如氯丁橡胶/乳胶复合手套）或多层手套来确保对手部提供最好的防护。在实验室中，通常仅配备单一或较少种类的手套，无法全面保障实验人员的个人安全。

因此，实验室管理人员应根据安全风险评估和危害程度等情况，选择符合国家标准的、能进行足够防护的防护手套。同时，实验人员则需要根据各个实验的风险情况，选择适合的手套进行更换，再加上掌握正确使用手套的方法，才能最大限度地发挥其防护作用。

**1. 防护手套的选择**

（1）确定手套类型

根据伤害类型确定防护手套类型，可参考表 4.8。

**表 4.8　实验室常见防护手套类型、特性和缺点**

| 防护装备名称 | 伤害类型 | 材质 | 特　性 | 缺　点 |
| --- | --- | --- | --- | --- |
| <br>丁腈手套 | | 丁腈 | 不含蛋白质，强度高，延伸性和抗渗透性好，耐酸碱、耐油脂、耐燃油及多种溶剂等 | 延展性差；对很多酮类、一些芳香族化学品以及中等极性化合物的防护性能较差 |
| 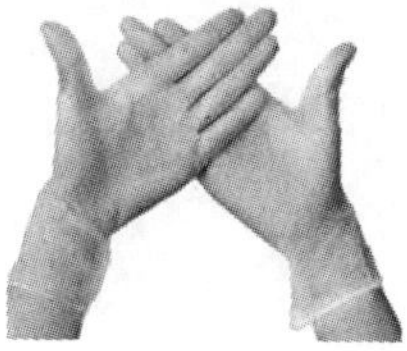<br>PVC 手套 | 化学伤害 | 聚氯乙烯 | 力学性能、防静电性能优良，化学稳定性好，具有良好的灵活性和触感，具有强弹性、耐穿刺，不易破裂 | 含有较高增塑剂，受热易挥发有害气体，且不可降解 |
| 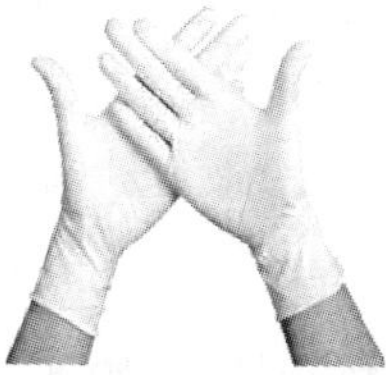<br>乳胶手套 | | 天然乳胶 | 舒适性高，弹性好，生物相容性好，抗拉力强，耐用性好 | 不能用于高温环境，耐油性和耐化学腐蚀性相对较弱，存在蛋白质致敏风险，易分解、老化 |

**续表**

| 防护装备名称 | 伤害类型 | 材质 | 特　性 | 缺　点 |
| --- | --- | --- | --- | --- |
| 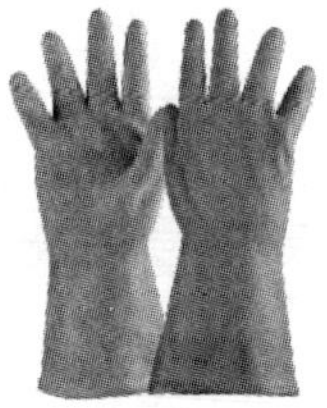<br>丁基手套 | | 丁基合成橡胶 | 具有很高的机械性能、抗撕裂强度高、气密性良好、耐老化性能高、耐酸碱和有机药液性强；有效隔离酮类、醚类的渗透，广泛用于危化品操作 | 对于包括碳氢化合物、含氯烃和含氟烃等的非极性溶剂的防护性较差；成本昂贵 |
| <br>氯丁手套 | 化学伤害 | 氯丁橡胶 | 抗化性良好。对油性物、酸类（硝酸和硫酸）、碱类、广泛溶剂（如苯酚、苯胺、乙二醇）、酮类、制冷剂、清洁剂的抗化性好，物理性能中等 | 抗钩破、切割、刺穿，耐磨性不如丁腈或天然乳胶；不建议使用于芳香族有机溶剂；成本较高 |
| <br>PVA 手套 | | 聚乙烯醇 | 针对多种有机化学品，如脂肪族、芳香烃、氯化溶剂、碳氟化合物和大多数酮（丙酮除外）、酯类以及醚类提供高水平的防护和抗腐蚀性；具有良好的物理性能，具有良好的耐划破、耐刺穿、耐磨损和耐切割的性能 | 当接触到水和轻醇时会很快分解；与很多其他耐化学性手套相比不够灵活；成本高昂 |
| <br>纯钢丝手套 | | 不锈钢 | 防割性能强 | 笨重，使用不便；钢丝间空隙较大，无法防止尖锐细小物体的刺入 |
| <br>凯夫拉手套 | 锐器伤害 | Kevlar、Spectra、Dyneema 等合成纤维 | 防割，隔热，轻便，使用舒适 | 防割性能不如钢丝手套 |
| <br>HPPE 手套（PU 掌心涂层） | | 高强度聚乙烯纤维、玻璃纤维＋PU 组合 | 防割性能好，可有效防止尖锐细小物体的刺入伤害 | 玻璃纤维易断，使用寿命一般 |

续表

| 防护装备名称 | 伤害类型 | 材质 | 特　性 | 缺　点 |
| --- | --- | --- | --- | --- |
|  皮革 | 锐器伤害 | 牛二层皮、牛头层皮、猪皮、羊皮等天然皮革 | 对冷、热、火花飞溅、磨损、割、刺穿具有一定的防护作用，耐磨损，抗撕裂，防穿刺能力强；外层镀铝的皮革手套，亦可防高温及热辐射 | 只能用于一般性的防护，切不可用于化学防护 |
|  棉纱手套 | 高温伤害 | 棉质 | 耐热性良好，适用于一般温度的防护 | 仅适用于一般防护 |
|  皮手套 | | 皮革 | 耐磨、抗割、具备防火及隔热性能，阻挡辐射，同时有一定的绝缘性能 | 佩戴灵活性和舒适性一般 |
|  凯夫拉手套 | | Kevlar 合成纤维、玻璃纤维 | 超高强度、高模量和耐高温、耐酸碱、重量轻等，在 560 ℃的温度下不分解、不熔化 | 对位芳纶纤维（PP-TA，1414）不易降解 |
| 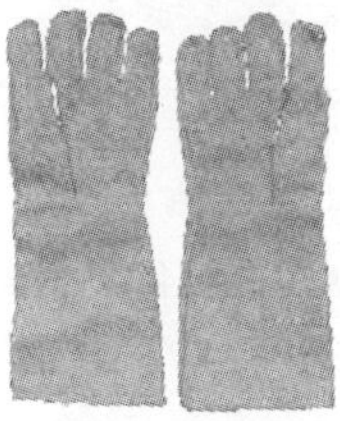 石棉手套 | | 石棉纤维 | 高度绝热性、耐火性、电绝缘性 | 石棉纤维能引起石棉肺、胸膜间皮瘤等疾病，对人体损伤的危险性较大 |
|  铝箔复合耐高温手套 | | 铝箔防火布、芳纶碳纤维混纺布、芳纶密织布等 | 此类复合材质手套，一般护腕或手背等为复合铝箔防火布，手掌等部位使用芳纶密织布、芳纶碳纤维混纺布等，可耐温范围为 300～1000 ℃ | 价格昂贵，灵活性和舒适性一般 |

**续表**

| 防护装备名称 | 伤害类型 | 材质 | 特　性 | 缺　点 |
|---|---|---|---|---|
|  防寒手套 | 低温伤害 | 皮革、低温棉、保温塑料或橡胶等 | 良好的低温防御、低温液体喷溅防护（液氮、液体二氧化碳等） | 手套较厚，操作不便 |
|  防X射线手套 | 电离辐射伤害 | 软质铅橡胶 | 柔软、弹性好、便于操作，有较好的屏蔽效果，防护区域应超过腕部 | 要根据具体环境的辐射情况，选择铅当量合适的防护手套 |
|  绝缘手套 | 电伤害 | 天然乳胶 | 具有防电、防水、耐酸碱、防化、防油的功能 | 不透气，舒适性一般 |
| 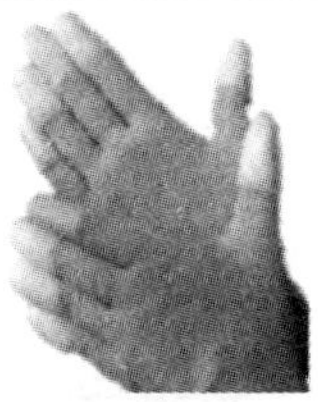 碳纤维防静电手套 | 静电引起的伤害 | 碳纤维、尼龙纤维 | 防静电、耐高温 | 价格较高 |
|  耐火阻燃手套 | 火灾伤害 | 铝箔复合芳纶材料、Kevlar芳纶纤维、碳纤维织物等 | 阻燃、耐高温、隔热 | 连续长时间使用后，内层隔热层的隔热性能可能会降低，注意每次控制使用时间 |
|  防振手套 | 振动引起的伤害 | 外层：皮质、合成纤维；衬垫：泡沫塑料、乳胶、硅胶等 | 手掌面内里添加衬垫、一定厚度的防振材料和空气夹层等来吸收振动 | 手套掌、指面太厚时易影响操作 |

(2) 查阅产品标准

此处列举国内防护手套相关现行国家和行业标准28项(表4.9)。

**表4.9 国内防护手套相关现行国家和行业标准**

| | 标准号 | 标准名称 | 实施日期 | 状态 |
|---|---|---|---|---|
| 1 | GB/T 30865.1—2014 | 手部防护 手持刀具割伤和刺伤的防护手套 第1部分:金属链甲手套和护臂 | 2015-06-01 | 现行 |
| 2 | GB/T 22845—2009 | 防静电手套 | 2009-12-01 | 现行 |
| 3 | GB/T 17622—2008 | 带电作业用绝缘手套 | 2009-08-01 | 现行 |
| 4 | GB/T 38304—2019 | 手部防护 防寒手套 | 2020-07-01 | 现行 |
| 5 | GB 24541—2009 | 手部防护 机械危害防护手套 | 2010-09-01 | 现行 |
| 6 | GB/T 38306—2019 | 手部防护 防热伤害手套 | 2020-07-01 | 现行 |
| 7 | GB/T 32103—2015 | 织物浸渍胶乳防护手套 | 2016-06-01 | 现行 |
| 8 | GB/T 21869—2008 | 医用手套表面残余粉末的测定 | 2008-10-01 | 现行 |
| 9 | GB 10213—2006 | 一次性使用医用橡胶检查手套 | 2006-12-01 | 现行 |
| 10 | GB/T 7543—2020 | 一次性使用灭菌橡胶外科手套 | 2021-07-01 | 现行 |
| 11 | GB/T 36796—2018 | 接触食品用胶乳手套 萃取物限量 | 2019-04-01 | 现行 |
| 12 | GB 24786—2009 | 一次性使用聚氯乙烯医用检查手套 | 2010-10-01 | 现行 |
| 13 | GB/T 24787—2009 | 一次性使用非灭菌橡胶外科手套 | 2010-10-01 | 现行 |
| 14 | GB 28881—2012 | 手部防护 化学品及微生物防护手套 | 2013-05-01 | 现行 |
| 15 | GB 24788—2009 | 医用手套表面残余粉末、水抽提蛋白质限量 | 2010-10-01 | 现行 |
| 16 | GB/T 29512—2013 | 手部防护 防护手套的选择、使用和维护指南 | 2014-02-01 | 现行 |
| 17 | GB 38452—2019 | 手部防护 电离辐射及放射性污染物防护手套 | 2020-07-01 | 现行 |
| 18 | GB/T 21870—2008 | 天然胶乳医用手套水抽提蛋白质的测定 改进Lowry法 | 2008-10-01 | 现行 |
| 19 | GB/T 18703—2021 | 机械振动与冲击 手传振动 手套掌部振动传递率的测量与评价 | 2022-03-01 | 现行 |
| 20 | HG/T 5645—2019 | 胶乳防氚手套 | 2020-07-01 | 现行 |
| 21 | FZ/T 73040—2010 | 高温高热作业防护手套 | 2010-12-01 | 现行 |
| 22 | FZ/T 73039—2010 | 涂胶防振手套 | 2010-12-01 | 现行 |
| 23 | AQ 6104—2007 | 防X射线手套 | 2007-04-01 | 现行 |
| 24 | QB/T 5069—2017 | 防护手套用聚氨酯超细纤维合成革 | 2017-07-01 | 现行 |
| 25 | FZ/T 54102—2018 | 防割手套用超高分子量聚乙烯长丝 | 2018-09-01 | 现行 |

**续表**

| | 标准号 | 标准名称 | 实施日期 | 状态 |
|---|---|---|---|---|
| 26 | YY/T 0616.5—2019 | 一次性使用医用手套　第 5 部分：抗化学品渗透　持续接触试验方法 | 2020-10-01 | 现行 |
| 27 | YY/T 0616.4—2018 | 一次性使用医用手套　第 4 部分：抗穿刺试验方法 | 2020-01-01 | 现行 |
| 28 | YY/T 0616.1—2016 | 一次性使用医用手套　第 1 部分：生物学评价要求与试验 | 2017-01-01 | 现行 |

(3) 确定性能需求

在实验室中，需要根据实验室环境和实验对象的特性、接触程度、单次接触时间和接触频率等条件综合确定手套应具备的防护性能。如果环境中存在多种危害因素，需要评估所接触化学品的危害性和危害程度，选择能同时防御相应危害的防护手套（如复合材质手套）或多重穿戴，并保证防护措施的有效性和使用的灵活性。

例如，许多有机溶剂是易燃易爆的，因此在此环境下实验和工作的人员需要选择既能对有机溶剂有良好的耐受性，同时也具备防静电性能的防护手套。选择适合性能的防护手套并掌握正确的穿戴方法，则可同时避免由于静电的产生而导致爆炸、火灾以及化学伤害。因此，实验人员需要根据具体条件选择符合要求的手套，以确保实验安全进行。

(4) 选择材质

防护手套的材质不同、供应商不同，防护性能均会有一定的差异。选择时应明确环境风险、防护对象，同时应参考供应商提供的详细产品性能手册，以充分了解防护手套的降解性、透过时间和渗透率等关键性能，再进行综合考量，仔细选用适合的防护手套，同时切忌盲目选择超高等级的防护手套，也需考虑实际作业中的操作性、舒适性和使用成本等条件。例如，耐酸碱防化手套有耐强酸（碱）的、有耐低浓度酸（碱）的，而耐低浓度酸（碱）手套不能用于接触高浓度酸（碱）；耐高温隔热手套因材质不同，其耐温范围也不同。切记不可乱用，以免发生意外。化学品防护手套的选择可参考《手部防护　防护手套的选择、使用和维护指南》（GB/T 29512—2013）的附录 B 和表 4.10。

**表 4.10　几种实验室常用防化手套适用性简表**

| 化学品种类 | 手套材质 | | | | | |
|---|---|---|---|---|---|---|
| | 天然橡胶 | 丁腈橡胶 | PVC | 丁基橡胶 | 氯丁橡胶 | PVA |
| | 非极性 | 弱极性 | 弱极性 | 非极性 | 弱极性 | 强极性 |
| 有机酸类 | * | * | * | * | √ | × |
| 无机酸类 | √ | * | √ | √ | √ | × |
| 强碱类 | √ | * | √ | √ | √ | × |
| 醇类 | √ | √ | √ | √ | √ | × |
| 醛类 | * | × | × | √ | * | * |
| 酮类 | * | × | × | √ | √ | * |

续表

| 化学品种类 | 手套材质 | | | | | |
|---|---|---|---|---|---|---|
| | 天然橡胶 | 丁腈橡胶 | PVC | 丁基橡胶 | 氯丁橡胶 | PVA |
| | 非极性 | 弱极性 | 弱极性 | 非极性 | 弱极性 | 强极性 |
| 酯类 | * | * | × | √ | * | √ |
| 芳香烃 | × | × | × | × | * | √ |
| 卤代烃 | × | × | × | × | × | √ |
| 脂肪烃 | × | √ | × | × | * | √ |
| 油类、脂类 | × | √ | × | √ | * | √ |
| 备注 | √:适合使用　*:适当控制条件下使用　×:避免使用<br>上述建议反映部分手套的实验室性能,仅作参考,如需确保其安全性、健康性和适用性,可先做试验再进行选择 | | | | | |

(5) 选择尺寸

作业人员在操作时应选择合适尺码的手套,如手套过紧,影响手部血液流通,易导致手部麻木或疲劳,同时手套也易破损;如手套过松,操作不灵活,易脱落,妨碍正常作业,同时也会导致防护失效,造成不必要的危险。防护范围决定了手套的长度,作业人员可参考标准GB/T 29512—2013 的附录 C 测量手部尺寸来选择适当的手套尺寸。

(6) 明确手套的安全性

为确保使用者的安全和健康,手套的材料和结构应当经过仔细的筛选和评估。例如,天然橡胶中的纯天然乳胶蛋白质和硫化橡胶等添加物易引起过敏症状。轻度过敏症状包括皮肤发红、瘙痒、起皮疹和荨麻疹等,而严重情况下可能会出现喉头水肿、呼吸困难等症状。在极少数情况下,严重的过敏反应可能会导致全身过敏性休克、血压下降等危及生命的状况。因此,选择手套材料时应当特别注意,确保其不会对使用者的安全和健康造成潜在威胁。

(7) 确定选择可重复使用或限次使用的手套

采购单位可考虑手套的必要性、使用和维护成本来选择。

(8) 提供采购规范

确保供应商能够供应符合质量要求的手套。

(9) 检查产品合格证、说明书及防护标识

防护标识参考标准可参考标准 GB/T 29512—2013 的附录 D。

(10) 确认手套的维护条件

防护装备管理者应充分了解手套的存储、清洁、保养、报废等维护条件,以确保手套使用的安全性。

(11) 验证手套的适用性

供应商所提供的手套的防护性能指标都是在标准试验条件下测试得出的,可能与实际情况有差异。因此,只有经过实际情况测试的手套才能确认其适用于自身环境,可要求供应商提供材料样品,以供采购者根据各自的安全需求做出合适的选择。如手套首次使用前,绝缘手套需进行耐压测试,防化学品手套需进行化学品防护测试。

**2. 防护手套的使用**

防护手套如果使用不当，不仅无法起到防护效果，成为安全隐患，而且可能导致严重的安全事故。作业人员应当严格按照产品说明书的使用规范进行使用。更重要的是，使用单位应定期针对防护手套的选择与使用对员工进行培训，培训过程应要求每位员工掌握正确穿戴和脱下手部防护装备的方法。

(1) 使用前

① 使用者应仔细检查，观察手套表面是否有明显缺陷或破损，如发现有小孔、破损、磨蚀等情况，不得继续使用。可采用简易的吹气法，向手套内吹气，将手套膨胀至原来的1.2～1.5倍，用手捏紧手套口，再浸入水中，观察表面是否有气泡或水滴，如漏气则不能使用。如果手套不适合使用充气法，可以使用漏水检测，向手套内充满水，将外表面擦干，如手套表面出现水滴，说明手套不具有抗渗透性。

② 手套应该具有足够的长度，手腕部不应裸露在外，以确保手部得到全面的保护。

③ 过长的指甲或首饰等尖锐物品可能会划破手套，使用者在穿戴前应注意修剪指甲和移除首饰，以确保防护手套使用的安全性。

④ 一次性防护手套不可重复使用，因为使用过的一次性手套可能会变薄、变脆，存在有观察不到的细微"小孔"，使用前应确认防护手套为一次性使用还是可重复使用，如已使用过，切勿使用，应将其按照危险废弃物处理方法及时处理。

⑤ 穿戴防护手套前，应洗净双手，减少细菌数量，防止细菌滋生。

⑥ 如手部存在伤口，在穿戴防护手套前要罩住伤口，以防细菌或化学物质进入人体，引起感染。.

(2) 使用中

① 不同种类的手套有其特定用途的性能，应根据具体作业环境选择正确的防护手套，避免使用错误的手套导致手部受伤。使用手套时，应结合作业情况正确使用和区分，避免同一双手套在不同作业环境中使用，以确保手部安全。

② 不应与他人共用手套，手套内部易滋生细菌和微生物，容易造成交叉感染。

③ 使用手套过程中，切勿将使用过的防护手套随意丢放，应按照规定将其作为废弃物进行处理，以确保环境卫生和安全。

④ 使用手套过程中，尽量不要离开实验区域。如需离开，切勿碰触非试验区域的门把手、电话、电脑、电梯按键等公共机器设备，以免交叉污染，应先脱下手套，洗手消毒后再进行其他操作。

(3) 使用后

① 使用后，正确脱除防护手套，可有效避免污染物的二次污染，具体方法可参考标准GB/T 29512—2013的附录B：

a. 将其中一只手套从指尖处拉下；

b. 边脱下手套边将脱下部分揉成球状；

c. 用已脱下的手套袖口捏紧另一只手套袖口；

d. 将第二只手套内外翻转拉出并覆盖包裹第一只手套；

e. 脱除已污染的手套后要避免污染物外露或接触皮肤；

f. 正确弃置手套。

② 脱除手套后，应洗净双手，避免病毒、细菌等交叉感染的风险。

③ 脱除手套后，如皮肤出现红点或刺痒、气泡等皮肤病，可能是皮肤过敏或佩戴手套时间过长所致，要及时到医院诊治。

④ 一次性手套是不能重复使用的，否则危害很大。重复使用不仅使手套的防护能力下降，还容易造成交叉感染，污染皮肤。正确的处置方法是：沾染有害化学品的手套要当作化学废弃物处理，而包含生物污染物的防护手套要作为生物有害物质处理，不可随意丢弃。

⑤ 可重复使用的防护手套在使用后应经过消毒灭菌，达到相应的消毒规范以后，再循环使用。

## 三、防护手套管理与维护

### 1. 管理制度

使用单位应制定手部防护相关的管理制度，保障作业人员手部免受伤害，管理制度内容应包括：

① 手部的危害辨识和危害评价；

② 危害控制方法；

③ 根据需要选择适当的防护手套；

④ 正确使用和存放防护手套；

⑤ 落实防护手套购买使用台账，监管防护手套的使用和报废情况。

### 2. 性能检测

防护手套应根据相关标准或产品说明书要求定期进行性能检测，如绝缘手套应定期检验电绝缘性能，符合规定方可使用(检测周期为 6 个月)。

### 3. 清洁与存储

① 绝缘手套不允许存放在过冷、过热、阳光直射和无腐蚀气体的场所，应存放在干燥、阴凉的存储柜内，以防胶质老化，降低绝缘性能。同时，应与其他工具分开放置，避免重物压放或折叠存放，以免刺破手套。

② 橡胶、塑料等材质的防护手套使用后应冲洗干净、凉干，保存时避免高温，并撒上滑石粉以防粘连。

③ 防护手套应避免存储在高温、高湿场所；焊工手套不能洗，并且不要密封在塑料袋内以免变质或发霉。

④ 可重复使用的防护手套在使用后应彻底清洁及风干。

### 4. 报废

① 当防护手套出现渗透、裂痕、严重磨损、变形、炒焦、发泡、僵硬、破洞、发黏或发脆等情况时，应及时报废，更换新的防护手套；一次性手套不可重复使用。

② 防护手套超过产品说明书规定的有效使用期限或存储期限时，应强制报废。

③ 进行定期检测后，防护性能不符合国家现行标准要求的防护手套，应强制报废。

④ 出现使用说明书中规定的其他报废条件，应强制报废。

# 第五节　足部防护装备

足部防护装备是保护劳动者足部免受生产过程中有害物质和能量损伤的护具。足部伤害的主要原因包括物体砸伤、刺伤、高温和低温伤害、化学性伤害以及触电和静电伤害。在工作场所,足部防护装备应该选择适合的材料和设计,以提供足部的全面保护。

## 一、常见足部防护装备的分类

根据不同环境的防护需求,常见的足部防护装备有以下种类:

① 防砸鞋(靴):足趾部分有保护包头(抗冲击材料),以保护足趾免受冲击或挤压伤害。

② 防刺穿鞋(靴):内底装有防刺穿垫,防止足部被各种尖硬物件刺伤。

③ 电绝缘鞋(靴):能使人的脚部与带电物体绝缘,防止电击。

④ 防静电鞋(靴):电阻值大于 100 kΩ,小于或等于 1000 kΩ,能及时消散人体聚积的静电荷,用于易燃易爆环境和电压 250 V 以下作业中提供有限防电击功能。

⑤ 导电鞋(靴):具有良好的导电性能,电阻值大于 0 kΩ,小于或等于 100 kΩ,能在最短时间内消散人体聚积的静电荷,用于易燃易爆环境且没有电击危险场所。

⑥ 防化鞋(靴):用于防护化学用品环境。

⑦ 高温防护鞋(靴):用于高温作业环境。

⑧ 低温作业保护鞋(靴):鞋体具有防寒保暖作用。

⑨ 防滑鞋(靴):防止滑倒。

⑩ 防油鞋(靴):具有防油性能,适合脚部接触油类的作业人员穿用。

⑪ 防水鞋(靴):用于地面积水或溅水的作业场所,防止水进入鞋(靴)内部。

## 二、足部防护装备相关国家标准及行业标准

此处列举国内足部防护装备相关现行国家和行业标准 9 项(表 4.11)。

**表 4.11　国内足部防护装备相关现行国家和行业标准**

| | 标准号 | 标 准 名 称 | 实施日期 | 状态 |
|---|---|---|---|---|
| 1 | GB 21148—2020 | 足部防护　安全鞋 | 2021-08-01 | 现行 |
| 2 | GB 20265—2019 | 足部防护　防化学品鞋 | 2020-07-01 | 现行 |
| 3 | GB 12011—2009 | 足部防护　电绝缘鞋 | 2009-12-01 | 现行 |
| 4 | GB/T 28287—2012 | 足部防护　鞋防滑性测试方法 | 2013-02-01 | 现行 |
| 5 | GB/T 20991—2007 | 个体防护装备　鞋的测试方法 | 2008-02-01 | 现行 |

续表

| | 标准号 | 标 准 名 称 | 实施日期 | 状态 |
|---|---|---|---|---|
| 6 | GB/T 31009—2020 | 足部防护　鞋(靴)限量物质要求及测试方法 | 2021-02-01 | 现行 |
| 7 | GB/T 28409—2012 | 个体防护装备　足部防护鞋(靴)的选择、使用和维护指南 | 2013-03-01 | 现行 |
| 8 | GB/T 28288—2012 | 足部防护　足趾保护包头和防刺穿垫 | 2013-02-01 | 现行 |
| 9 | GB/T 20098—2006 | 低温环境作业保护靴通用技术要求 | 2006-09-01 | 现行 |

## 三、足部防护装备的选择、使用

**1. 足部防护装备的选择**

当选择足部防护装备时,可参考以下流程:

① 在进入危险环境前,应对有害环境进行风险评价,并根据可被预知的风险因素,判定为多种风险因素或单一风险因素,判定后严格选择的防护鞋(靴)应尽可能同时防御各种风险因素。如无法判断危害级别,则应选择高级别防护等级的防护鞋(靴)。

② 根据伤害因素中危害性质、危害程度、危害范围等,选择适合的足部防护装备。

**2. 足部防护装备的使用**

任何足部防护装备的防护功能都是有限的,使用者和管理者都应接受专业培训,认真学习各类防护鞋(靴)的适用范围、使用方法,并熟练掌握正确使用方法。

① 在磁性和带电作业的环境下,足部防护鞋(靴)内的保护包头、衬垫等部分不可使用金属材料。

② 导电鞋(靴)、防静电鞋(靴)的电阻会由于破损、变形、污染或潮湿而发生显著变化。建议每次使用前应检测鞋(靴)的电阻值并记录。此外,不可选用绝缘袜或绝缘鞋垫搭配穿着。

③ 电绝缘鞋(靴)应根据不同环境的电压高低以及不同的防护条件进行选择。同时,应避免踩到金属碎屑等锋利的物体,否则鞋底易被割破刺穿,影响绝缘性能;在高温环境中或直接接触高温物体时,应注意鞋底有遇高温熔融的情况;在使用酸碱稀释剂等溶剂或水量较多的环境,容易造成鞋底脱胶剥落、破损、腐蚀、分解等,加速胶质老化,从而降低绝缘性能;如电绝缘鞋(靴)已出现破损、熔融或老化等情况,严禁将其再用作电绝缘鞋(靴)。

④ 防化鞋(靴)的材质和防护适用范围会因生产厂商和不同环境而有所不同。在购买前,必须进行严格的防化功能试验,以满足各种实际作业需求,避免在使用过程中出现意外。在易燃易爆化学品环境中,足部防护鞋(靴)应同时具备防静电功能。

⑤ 防燃油与防动植物油的防油鞋(靴)不可混用。在易燃易爆的油类环境中,应选择具有防静电功能的防油鞋(靴)。

⑥ 选择足部防护装备时,除了要根据作业条件选择适合的类型外,还要仔细挑选合适的鞋码,以确保穿着舒适和操作方便。

⑦ 每次使用前应对鞋(靴)进行外部检查,查看其表面是否有外伤、裂纹、气泡、毛刺、刮痕等缺陷。如果发现以上缺陷,应立即停止使用并及时更换。

## 四、足部防护装备的管理与维护

足部防护装备管理与维护应注意以下内容:

① 遵循产品说明书的相关要求和内容进行检查、储存和定期维护保养。

② 储存时应放置在阴凉、干燥、通风良好的地方,远离热源。

③ 经常清洁和保养,不可使用溶剂作为清洁剂。定期清理鞋底,避免污垢物的积聚,特别是对于绝缘安全鞋(靴),鞋底的导电性或防静电性能会受到鞋底污垢物的影响。

④ 对于产品说明书中提示可以修复的缺陷,应及时进行修复。

⑤ 不可随意改变防护鞋(靴)的结构,因为其结构可能会影响鞋的安全性能。

⑥ 电绝缘鞋(靴)应定期检查,并进行交流耐压和泄漏电流的试验,试验周期一般为 6 个月。

## 五、足部防护装备的报废

足部防护装备的报废应注意以下内容:

① 当防护鞋(靴)出现严重破损或超过产品说明书规定的有效使用期或储存期时,应及时报废并更换。

② 防护鞋(靴)应定期进行检验或抽查,如果其防护性能不符合国家现行标准要求,则应视为不合格。

③ 当防护鞋(靴)出现渗透、裂痕、开裂、严重磨损、变形、熔化、僵硬、破洞、发黏或发脆等情况时,应立即报废并更换。

④ 如果出现使用说明书中规定的其他报废条件,也应按照规定进行处理。

# 第五章 情景案例分析、应急策略及正确处理

在实验室发生事故或出现征兆时，正确的应急决策和高效的应急处理是至关重要的。面对压力和不确定性，我们需要在有限的时间里根据实际情况快速做出科学、高效的决策。只有在正确的决策指导下，才能及时控制突发事件，避免事态进一步扩大，从而最大程度地减少人员伤亡、事故的危害。

总体来说，突发事件的应急原则是服从上级应急决策，明确自身职责，以人为本，保护自身和他人的安全。不同人员的职责存在差异性，需要根据实际情况进行判断，并做好正确的安全防护。在实际应急处理中，我们应该根据不同的突发事件类型和情况，采取相应的应急措施，并注重个人安全和他人安全，以最大程度地减少事故危害。

下面以钠着火应急处理和实验室危化品泄漏应急处理这两个情景分析为例来说明。

## 第一节 钠着火应急处理情景分析

事件情景：某高校分析化学教学实验室内，10 名学生正在做实验，学生张某将金属钠从煤油瓶中取出放入空的小烧杯内，随手放在水槽旁，此时，另一名学生李某打开水龙头冲洗试剂瓶，有自来水溅入烧杯中。过了一会儿，烧杯内燃起火苗……

### 一、情景重点

本节情景重点如下：

① 分析化学实验室；

② 金属钠与水反应；

③ 起火；

④ 人员情况。

### 二、提出问题

本节情景可从以下方面提出问题：

(1) 分析化学实验室

① 分析化学实验室的消防疏散路线有哪些？如何选择合适的路线逃生？

② 实验室常见的消防设施有哪些？位置在哪里？如何选择与使用？

③ 实验室常见的安全防护装备有哪些？设施有哪些？位置在哪里？如何选择与使用？

④ 实验室内是否存储有易燃易爆危险化学品？如有，其存储量大概为多少？

⑤ 实验室内电路、气路是何种状态？

(2) 金属钠与水反应

① 金属钠的性质有哪些？

② 金属钠与水反应的现象有哪些？

③ 金属钠与水反应的危险性有哪些？

(3) 火灾

① 火灾阶段有哪些？

② 火情程度有哪些？

③ 正确的疏散逃生方法和注意事项有哪些？

④ 灭火措施有哪些？如何操作灭火？

⑤ 一般物质着火的灭火注意事项有哪些？

⑥ 一些特殊物质的灭火注意事项有哪些？

(4) 人员情况

① 当事人受伤情况如何？如何急救处理？

② 其他实验人员应采取何种应急措施？

③ 实验室安全负责人如何有序指挥现场应急处理工作(包括应急人员安排、应急措施决策、应急响应、事故后管理等)？

## 三、解决措施

### 1. 分析化学实验室

分析化学实验室的问题解决措施见表5.1。

**表5.1　分析化学实验室**

| 问题 | | 解决措施 |
|---|---|---|
| 1 | 分析化学实验室的消防疏散路线有哪些？如何选择合适的路线逃生？ | 平时要留心所处建筑的疏散通道、安全出口及楼梯方位等，便于发生突发情况时可快速判断，选择最近的安全出口逃生。 |
| 2 | 实验室常见的消防设施有哪些？位置在哪里？如何选择与使用？ | 实验室常见消防设施有灭火器、灭火毯、消防沙、消火栓箱、疏散指示灯、应急照明灯、火灾探测器、火灾报警器等。消防设施与器材的具体选择与使用方法见第三章的第一节。 |

续表

| 问题 | | 解决措施 |
|---|---|---|
| 3 | 实验室常见的安全防护装备有哪些？设施有哪些？位置在哪里？如何选择与使用？ | ● 实验室常见安全个体防护装备有眼面部防护装备、呼吸防护装备、躯体防护装备、手部防护装备、足部防护装备等类型，其具体选择与使用方法见第四章。<br>● 安全防护设施有气体探测器、安全标识、吸附用品、应急喷淋和洗眼装置、应急急救箱、AED 等，其具体选择与使用方法见第三章的第二至五节。 |
| 4 | 实验室内是否存储有易燃易爆危险化学品？如有，其存储量大概为多少？ | ● 根据《危险化学品安全管理条例》规定：危险化学品是指具有毒害、腐蚀、爆炸、燃烧、助燃等性质，对人体、设施、环境具有危害的剧毒化学品和其他化学品，其形态包含固态、液态、气态、半固态。<br>① 必须设置单独的储藏室或试剂柜来存放危险化学品，危险化学品储存柜需要经过国家检测合格，符合行业标准，并设置明显的标识。<br>② 危险化学品的储存场所严禁明火作业。<br>③ 禁止进行可能产生火花、火星的各类实验操作。<br>④ 轻拿轻放，避免碰撞摩擦发生泄漏、爆炸。<br>● 一旦发生火灾，当火势较大，或实验室现场有违规存储的易燃、易爆物品，有可能发生爆炸危险的，应立即安排疏散员疏散人员撤离现场，同时根据现场情况及时采取冷却、隔离等措施，防止火势蔓延，并向火警和上级汇报情况，待专业消防人员赶到，配合完成灭火。 |
| 5 | 实验室内电路、气路是何种状态？ | ● 火灾发生后，迅速检查是否已切断起火现场电源、气源和水源，主要是为了防止引起更大的火灾事故、气体爆炸事故和触电事故。气路注意事项：实验室有单独气瓶间实施集中管理，事故发生后直接关闭气阀即可。<br>● 若实验室内存放气瓶，就必须注意：<br>① 压缩气体属一级危险品，尽可能减少存放在实验室内的气瓶数量，实验室内严禁存放氢气。<br>② 应当避免暴晒、远离热源、腐蚀性材料和潜在的冲击。<br>③ 气瓶不得放于走廊与门厅，以防紧急疏散时受阻及其他意外事件的发生。<br>④ 易燃气体气瓶与助燃气体气瓶不得混合放置。 |

重点总结：

平时要留心所处建筑的消防设施、安全防护用品的位置、疏散路线，熟练掌握其选择、使用方法及注意事项等(图 5.1～图 5.3)，注意加强安全知识的学习和积累。一旦发生事故，就可在第一时间采取有效的应急措施，保护自己和他人的生命安全。

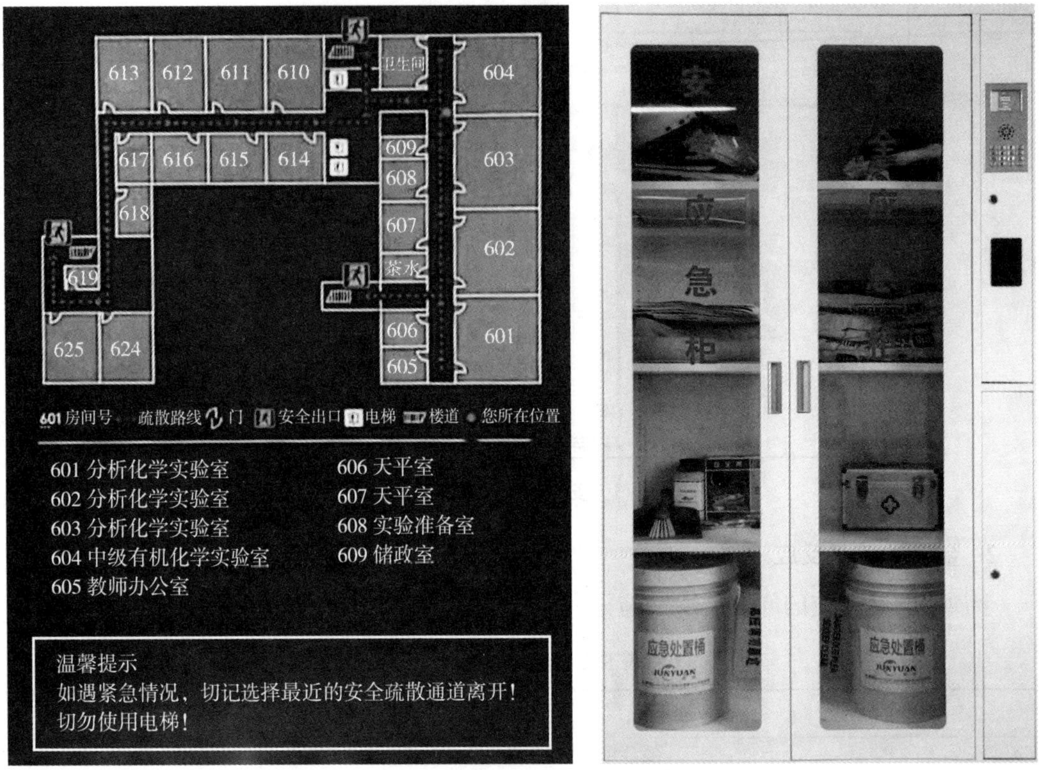


图 5.1　楼层安全疏散示意图与安全应急用品柜

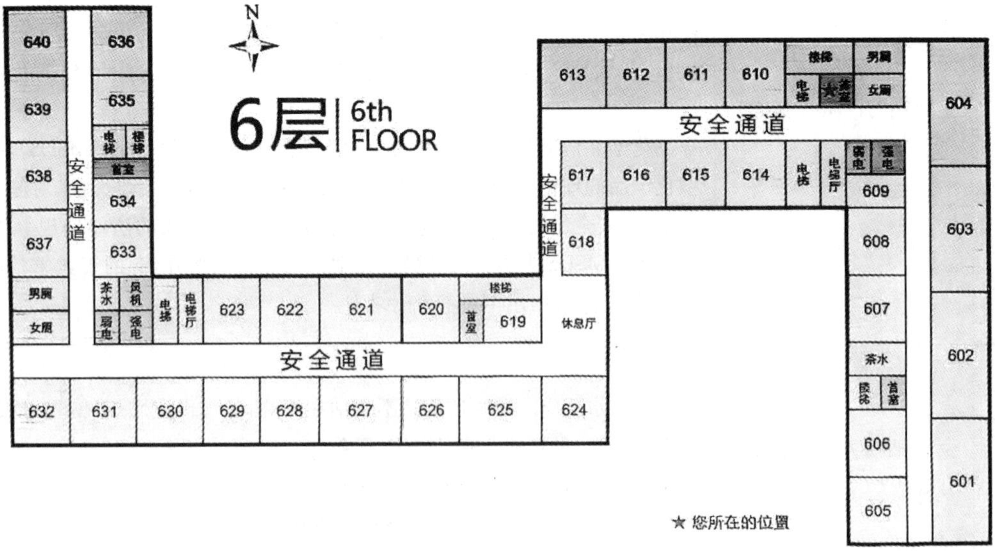


图 5.2　楼层消防安全平面图

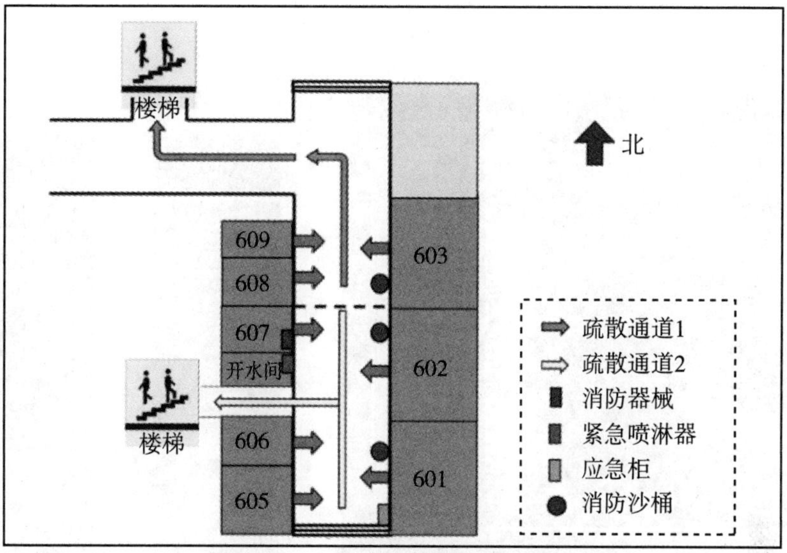


图 5.3　安全消防设施布局简图

**2. 金属钠与水反应**

金属钠与水反应的问题解决措施见表 5.2。

表 5.2　金属钠与水反应

| 问题 | | 解决措施 |
|---|---|---|
| 1 | 金属钠的性质有哪些? | ● 物理性质:钠是一种银白色的立方体结构金属,钠质软而轻,可用小刀切割,密度比水小,熔点低,是电和热的良导体。在空气中表面迅速氧化失去光泽。它在自然界中以化合态形式存在。<br>● 化学性质:化学性质很活泼,常温和加热时分别与氧气化合,和水剧烈反应,量大时发生爆炸。与氧气、卤素、水等物质能发生剧烈的化学反应。<br>详细化学品信息和安全说明,可查询化学品安全技术说明书(MSDS),提供化学品的理化参数(pH、闪点、易燃度、反应活性等)、燃爆性能、对健康的危害、安全使用、贮存、泄漏处置、急救措施以及有关的法律法规等 16 项内容。MSDS 为实验人员提供化学品安全使用指导,有助于紧急救助和事故应急处理,示例可参考附录 B。 |
| 2 | 金属钠与水反应现象有哪些? | 金属钠与水反应的燃烧现象是不仅钠在燃烧,氢气也在燃烧,钠先着火,再点燃氢气,引起着火或爆炸(图 5.4)。<br>化学方程式为:$2Na+2H_2O \xlongequal{} 2NaOH+H_2\uparrow$<br>离子方程式:$2Na+2H_2O \xlongequal{} 2Na^{+}+2OH^{-}+H_2\uparrow$ |

续表

| 问题 | | 解决措施 |
|---|---|---|
| 3 | 金属钠与水反应危险性有哪些？ | ● 常温和加热时分别与氧气化合，和水剧烈反应，如钠多、水少，产生有火焰（实际是氢气燃烧），量大时，产生的氢气在爆炸极限就会发生爆炸。<br>● 钠与水反应的间歇爆炸主要是过氧化钠与水反应产生的氧气和钠与水反应产生的氢气点燃引起的。<br>● 如果钠的纯度不高或钠的量不够，则放热不够，可能不会燃烧，更不会发生爆炸。 |
| 重点总结：<br>金属钠与水反应剧烈，放热，产生氢气，可能会引起火灾或爆炸，危险性较大；实验时，应注意钠块不宜过大，水量宜多，应及时通风散热，同时应做好安全防护，防止溶液迸溅造成人员灼伤。 | | |

图 5.4　金属钠与水燃烧现象

### 3. 火灾

火灾的问题解决措施见表 5.3。

表 5.3　火灾

| 问题 | | 解决措施 |
|---|---|---|
| 1 | 火灾阶段有哪些？ | ● 初期：如火灾初期阶段，燃烧面积不大，火灾扑救最有利阶段，可考虑自行扑灭。<br>● 中期：如火情发展较快，要迅速逃离现场，及时报警，并隔离事故现场。<br>● 后期：全力配合专业消防人员救火及事故后处理。 |
| 2 | 火情程度有哪些？ | ● 小火：火势可控，可考虑自行扑灭，应该注意先切断火灾场所的非消防电源、危险气源；如条件允许可迅速将现场的易燃易爆化学品或危险品移出火场。<br>● 中火：做好防护，可尝试自行扑灭，应该注意先切断火灾场所的非消防电源、危险气源；同时及时报警，迅速组织人员逃生疏散；一旦灭火失败，灭火人员应尽快撤离，同时隔离事故现场；依照应急预案，启动应急响应，全力配合专业消防人员救火。<br>● 大火：立即组织人员逃生疏散，同时及时报警，迅速隔离事故现场；依照应急预案，启动应急响应，全力配合专业消防人员救火。 |

续表

| 问　题 | | 解　决　措　施 |
|---|---|---|
| 3 | 正确的疏散逃生方法和注意事项有哪些? | ● 保持安全疏散秩序,切忌大喊大叫、乱窜乱撞,引起疏散人员拥挤和混乱,可能造成拥挤、践踏、摔伤等事故。<br>● 不要盲目跟从人流,而要沿着疏散指示标识的方向逃生。<br>● 火灾疏散中禁止使用普通电梯运载人员,因为电梯有可能因失控或因变形而不能运行。<br>● 穿过浓烟逃生时,要尽量用膝、肘着地,匍匐前进,或弯腰前进,使身体贴近地面,因为近地处往往残留新鲜空气。并用湿毛巾捂住口鼻低姿前进,注意呼吸要小而浅。<br>● 疏散过程中,如身上着火,应尽快地把衣服脱下扔掉,切记不可奔跑,否则会导致火越烧越旺,还会把火种带到其他地方。如旁边有水,应立即用水浇洒全身,或用湿衣服等压灭火焰,着火人也可就地倒下打滚,把火焰压灭。 |
| 4 | 灭火措施有哪些?如何操作灭火? | ● 冷却灭火法:是最常见的方法,即用水和二氧化碳作为灭火剂冷却降温灭火。在火场上,除了用冷却法直接扑灭明火外,还可以冷却尚未燃烧的可燃物,防止二次失火或者爆炸。<br>● 窒息灭火法:适用于扑救封闭式空间内及容器内的火灾。<br>① 用沙土、湿毛巾等不燃或难燃物质覆盖燃烧物或封闭空间或容器外漏孔洞。<br>② 用水蒸气、二氧化碳或惰性气体等充入燃烧区域内。<br>③ 喷洒雾状水、干粉、泡沫等灭火剂覆盖燃烧物。<br>④ 扑救钾、钠、镁粉等化学品时,应采用干沙埋压或D型专用灭火剂扑救的方法。<br>⑤ 在无法采取其他扑救方法而条件又允许的情况下,可采取水淹的方法。<br>● 隔离灭火法:适用于扑救各种固体、液体、气体火灾。<br>① 关闭可燃气体、液体管道的阀门,以减少和阻止可燃物质进入燃烧区域。<br>② 阻拦流散的易燃、可燃液体或扩散的可燃气体。<br>③ 封闭建筑物的孔洞,如门窗、楼板洞等,防止火焰和气流从孔洞蔓延引燃可燃物。<br>● 抑制灭火法:采用抑制灭火法时,一定要将足够数量的灭火剂准确无误地喷射到燃烧区内,使灭火剂参与并中断燃烧反应,否则,将起不到抑制燃烧反应的作用,达不到灭火的目的。要同时采取冷却降温措施,以防燃烧物质复燃。 |

续表

| 问题 | | 解决措施 |
|---|---|---|
| 5 | 一般物质着火灭火注意事项有哪些? | ● 正确选择灭火剂并充分发挥其效能:常用的灭火剂有水、蒸汽、二氧化碳、干粉和泡沫等。由于灭火剂的种类较多,效能各不相同,所以在扑救火灾时,一定要根据燃烧物料的性质、设备设施的特点、火源点部位(高、低)及火势等情况,要选择冷却、灭火效能特别高的灭火剂扑救火灾,充分发挥灭火剂各自的冷却与灭火的最大效能。灭火器选择及灭火方法见第三章的第一节。<br>● 注意重点区域灭火:当某个区域内有大量易燃易爆或毒性化学物质时,就应该把这个区域作为重点灭火区域,在实施冷却保护的同时,要尽快地组织力量消灭其周围的火源点,以防灾情扩大。<br>● 防止复燃复爆:将火灾消灭以后,要留有必要数量的灭火力量继续冷却燃烧区内的设备、设施、建(构)筑物等,消除着火源;同时将泄漏出的危险化学品及时处理,特别要尽量使用蒸汽或喷雾水流稀释、排除空间内残存的可燃气体或蒸气,以防止复燃复爆。<br>● 防止高温危害:火场上高温的存在不仅造成火势蔓延扩大,也会威胁灭火人员安全;可以使用喷水降温、利用掩体保护、穿隔热服装保护、定时组织换班等方法避免高温危害。<br>● 防止毒物危害:发生火灾时,可能出现一氧化碳、二氧化碳、有毒物质;在扑救时,应当设置警戒区,进入警戒区的抢险人员应当佩戴个体防护装备,并采取适当方法消除毒物。 |
| 6 | 一些特殊物质灭火注意事项有哪些? | ● 扑救气体类火灾时,切忌盲目扑灭火焰,在没有采取堵漏措施的情况下,必须保持火焰稳定燃烧;否则,大量可燃气体泄漏出来与空气混合,遇点火源就会发生爆炸,造成严重后果。<br>● 扑救爆炸物品火灾时,切忌用沙土盖压,以免增强爆炸物品的爆炸威力;另外扑救爆炸物品堆垛火灾时,水流应采用吊射,避免强力水流直接冲击堆垛,以免堆垛倒塌再次引起爆炸。<br>● 扑救遇湿易燃物品火灾时,禁止用水、泡沫、酸碱等湿性灭火剂扑救。<br>● 扑救易燃液体火灾时,比水轻又不溶于水的液体用直流水、雾状水灭火往往无效,可用普通蛋白泡沫或轻泡沫扑救;水溶性液体最好用抗溶性泡沫扑救。<br>● 扑救毒害和腐蚀品的火灾时,应尽量使用低压水流或雾状水,避免腐蚀品、毒害品溅出;遇酸类或碱类腐蚀品最好调制相应的中和剂稀释中和。<br>● 易燃固体、自燃物品火灾一般可用水和泡沫扑救,只要控制住燃烧范围,逐步扑灭即可。 |

根据表5.3,实验人员在发现火情时,应保持沉着镇定,理智分析火情。根据起火的原因,采取针对性的灭火措施,不可盲目自行扑救。

实验人员应牢记火灾救灾的第一原则:先救人,后救物。

① 火势较小时,实验室负责人应组织人员分头立即熄灭其他火源并关闭电闸,切断电源,情况允许则移走一切可燃物质,尽可能疏散其他实验人员。同时在做好防护的前提下,应根据着火物质、性质、周围的环境和现有的条件,采用正确的消防器材进行抢救和灭火。

② 火势较大时,应第一时间引导疏散实验人员,并报火警,隔离事故现场。依照单位的

正式应急预案，启动应急响应，全力配合专业消防人员救火。实验室火灾事故应急预案示例见附录C。

**4. 人员情况**

人员情况的问题解决措施见表5.4。

**表5.4　人员情况**

| 问　　题 | | 解　决　措　施 |
|---|---|---|
| 1 | 当事人受伤情况如何？如何急救处理？ | 当事人可能伤情有烧烫伤、火灾浓烟中毒等。根据受伤具体情况，实验室安全负责人需安排其他人员帮忙处理伤患，争分夺秒，伤情严重者应立即送医救治。<br>● 烧烫伤<br>① Ⅰ度：皮肤红肿，疼痛剧烈多为火烧样痛，3～5天可痊愈，不留瘢痕。<br>② 浅Ⅱ度：皮肤肿胀有水疱，伴有疼痛，水疱皮脱落后创面渗液较多，红肿；如无感染，半月左右可痊愈，不留瘢痕。<br>③ 深Ⅱ度：创面呈淡红色或白中透红，可见小红点，深层可见黑紫色小血管网，渗液较少，感觉迟钝，有疼痛感，3～4周可痊愈，一般会留瘢痕。<br>④ Ⅲ度：创面苍白或焦黄色，干燥、较硬，多能见到黑紫色树枝样粗大的皮下静脉网，无疼痛感觉。但比起烧伤的程度，烧伤面积更为重要，当人体表面的灼伤部分超过1/3时，属于Ⅰ度烧伤，也是十分严重的，有时还会发生休克或感染。伤焦痂脱落后形成肉芽创面，须植皮才能愈合，并会留大量瘢痕。<br>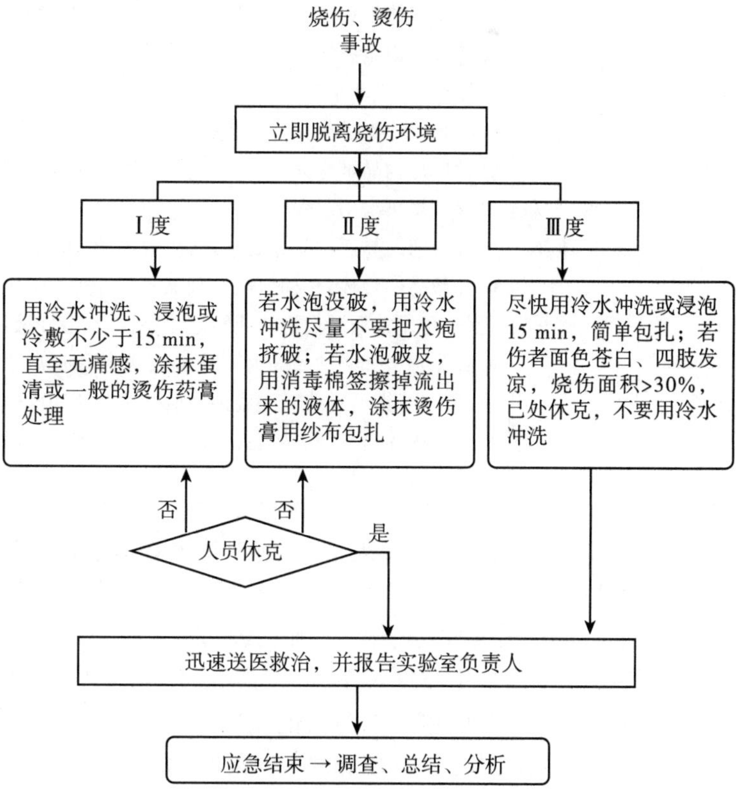 |

续表

| 问　　题 | | 解　决　措　施 |
|---|---|---|
| 1 | 当事人受伤情况如何？如何急救处理？ | ● 浓烟中毒<br>火灾发生时，物品燃烧消耗大量氧气，同时还产生一氧化碳、二氧化硫等具有毒性、刺激性的毒性气体。有毒烟气会损伤人体神经系统，容易使人失去意识，丧失行动能力；燃烧产生的大量烟尘会堵塞呼吸系统导致窒息死亡。如果人吸入 5 min 的浓烟(浓度达到了 500 ppm)，易导致死亡。<br>① 人在着火吸入浓烟时需要尽快转移到空旷的户外环境，呼吸新鲜空气，并且需要在转移过程中用湿毛巾捂住口鼻，尽量避免吸入过量浓烟，否则容易引起一氧化碳中毒。<br>② 人如果转移到户外后出现昏迷表现，需要及时解开衣领和裤腰部位，保持呼吸道通畅，并且要对患者进行胸外按压和人工呼吸，及时拨打 120 等待专业救治；注意救治要及时，如果长时间缺氧容易引起缺氧性脑病。 |
| 2 | 其他实验人员应采用何种应急措施？ | 其他人员应服从实验室安全负责人的应急安排；疏散逃生注意事项可参考表 5.1。 |
| 3 | 实验室安全负责人如何有序指挥现场应急处理工作？ | ● 收到当事人汇报事故发生情况，应迅速做出应急决策。<br>① 安排人员关闭电闸、气阀，关闭其他火源；如有人员受伤，及时安排从旁实施紧急救援。伤势严重者需立即送医。<br>② 安排其他实验人员迅速疏散逃生至安全地点。<br>③ 如火势小，应选择正确的灭火工具灭火；如火势无法控制，则立即隔离现场，同时拨打消防电话 119，说明具体火灾情况，等待专业救援。<br>④ 依照应急预案，向应急小组汇报火灾信息，启动应急响应，全力配合专业消防人员救火。<br>● 事故后，负责火灾现场的清理，积极配合相关安全部门调查事故原因，追究重大事故责任人的责任。对事故认真总结反思，定期开展实验人员的安全应急培训，进一步加强实验室的精细化管理，从而最大限度保护实验人员的生命安全，减少突发火灾事故及其损害。 |

## 四、应急措施

钠着火时的应急措施可参考图 5.5。

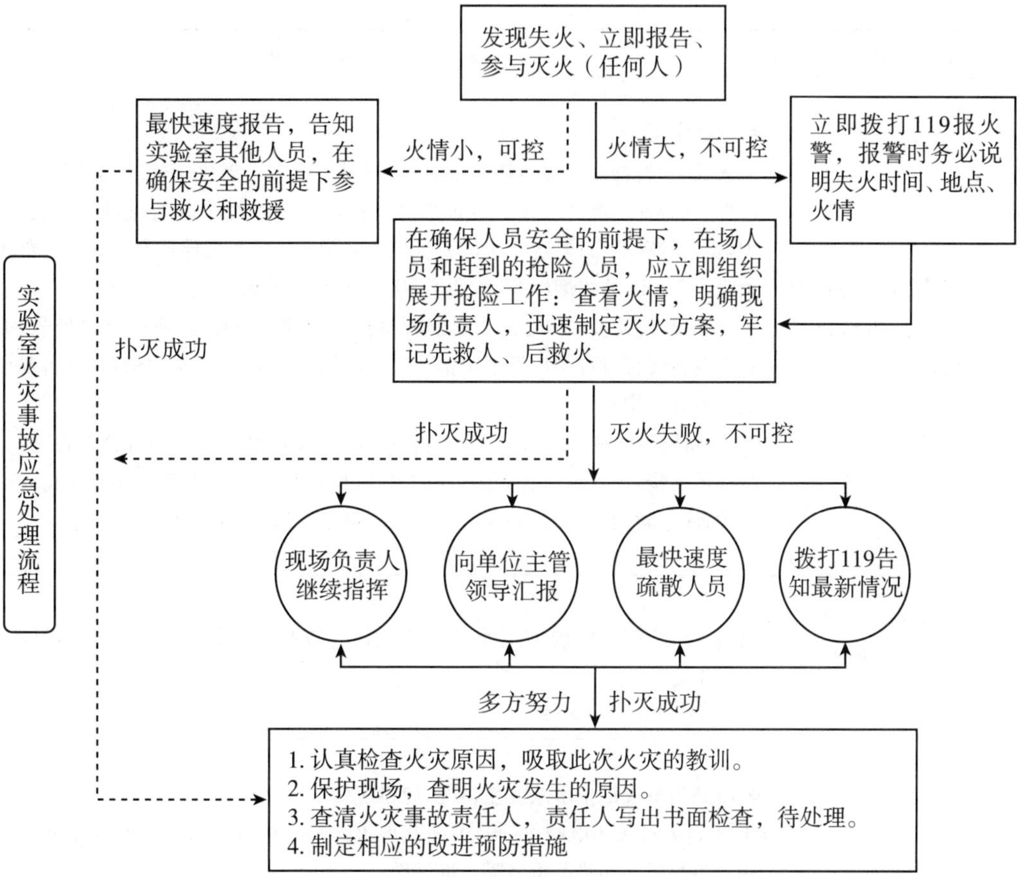


**图 5.5　钠着火应急措施**

## 五、火灾应急个人防护用品

(1) 呼吸器：是抵御火场有毒气体浓烟和热辐射的个人呼吸保护的装置，具有阻隔燃烧、滤毒、滤烟的功能，用于发生火灾、毒气泄漏等事故。一般情况下，可佩戴过滤式防毒面具；但是长时间在密闭空间开展灭火救援时，应视现场情况，佩戴空气呼吸器、氧气呼吸器或使用移动供气源。

(2) 防护服：进入高温高湿、强热辐射和有爆炸危险的区域时，应穿着消防隔热服、消防避火服或防爆服，佩戴防高温手套。

(3) 消防手套：灭火救援时，消防手套用于应急救援人员抵御明火、热辐射、水浸、一般化学品和机械伤害等，同时能保证救援人员手部动作灵活、舒适。

(4) 灭火防护靴：灭火救援时，用来保护脚部和小腿部免受水浸、外力损伤和热辐射等因素伤害的防护装备。

## 六、事故处理总结

(1) 平时注重积累安全知识，如安全疏散路线、疏散逃生方法、安全应急防护设施和用品的选择和使用方法等，以备不时之需。

(2) 充分了解引起火灾物品的性质和应急处理方法，可查询 MSDS，有助于紧急救助和事故应急处理。活泼金属钠、钾、镁、铝镁合金等发生初期火灾时，应使用 D 型金属灭火器或消防沙覆盖，切勿使用水和普通灭火器，以防扩大灾害。D 型金属灭火器使用时禁止倒置。

(3) 火灾中如有人员受伤(一般为烧烫伤)，应迅速脱离热源，同时采取正确的急救措施，大面积烧烫伤必须及时转移到就近有条件的医疗机构就医。

(4) 火势可控，可考虑自行扑灭，应该注意先切断火灾场所的非消防电源和危险气源；如条件允许可迅速将现场的易燃易爆化学品或危险品移出火场。

(5) 如火势不可控，灭火人员应做好安全防护，可尝试自行扑灭，应该注意先切断火灾场所的非消防电源和危险气源；同时及时报警，迅速组织人员逃生疏散；一旦灭火失败，灭火人员应尽快撤离，并隔离事故现场；依照应急预案，启动应急响应，全力配合专业消防人员救火。

(6) 定期举行消防应急演练，检验和提升应急能力。

① 应急演练可检验实验人员对各类消防灭火器材、伤员应急救援处理的技能水平，考查人员消防安全意识和逃生能力，整体评估实验室安全的应急能力。

② 通过应急演练，可使得各个相关单位、组织和人员的职责更加清晰明确，提高人员灭火、疏散、自救能力和指挥者火场组织、协调、指挥能力。

③ 检验应急响应人员对应急预案、执行程序的了解程度和实际操作技能水平。

④ 加强实验人员在演习中受到锻炼和教育，进一步增强师生的应急能力，做到遇事不慌乱、积极去应对、科学又规范、保护好自我。做到在紧急情景下，实验人员能够迅速有效、有序地开展救援工作，把事故危害减少到最低程度。

## 七、实验室火灾事故(虚拟仿真实验平台)

为了有效预防、及时控制和妥善处置实验室突发安全事件，建立健全预警和应急机制，提高应对突发事件的能力，我们建成了实验室安全应急虚拟仿真实验平台。

本平台使实验室安全教学在虚拟网络平台基础上能够覆盖更多的学生，使得实验教学突破时间、空间的限制，不必拘泥于实验室内，学生能够随时随地进入平台进行相关的实验安全学习。操作流程可参考附录 D。

该平台主要模拟个人防护、实验室消防安全、地震安全、化学实验安全事故应急处理等实验操作中可能发生的安全事故场景，让学生通过沉浸虚拟场景，身临其境，掌握实验室安全事故是如何发生的，发生后如何采取正确的处理方式应对，使学生养成规范的操作习惯，增强安全意识。一旦实验室发生了安全事故，实验人员就可熟练应对，最大限度地减少安全事故发生所造成的损失，维护自身和他人的生命安全。

# 第二节　实验室危化品泄漏应急处理情景分析

事件情景：某高校有机化学实验室，10名学生正在做实验，学生张某不小心把二甲苯试剂瓶从实验台碰倒，摔落在地面，约1 L有机试剂洒落在地面上，当事同学实验服上沾染了少量二甲苯试剂……

## 一、情景重点

本节情景重点如下：

① 有机化学实验室；

② 二甲苯化学品安全技术说明书；

③ 危化品泄漏；

④ 人员情况。

## 二、提出问题

本节情景可从以下方面提出问题：

(1) 分析化学实验室

① 有机化学实验室的消防疏散路线有哪些？如何选择合适的路线逃生？

② 实验室常见的消防设施有哪些？位置在哪里？如何选择与使用？

③ 实验室常见的安全防护装备有哪些？设施有哪些？位置在哪里？如何选择与使用？

④ 实验室内是否存储有易燃易爆危险化学品？如有，其存储量大概为多少？

⑤ 实验室内电路、气路是何种状态？

(2) 二甲苯化学品安全技术说明书

① 二甲苯的性质有哪些？

② 二甲苯泄漏有哪些危险性？

③ 二甲苯应急处置措施有哪些？

(3) 危化品泄漏

① 正确的疏散逃生方法和注意事项有哪些？

② 危化品泄漏应急处理的一般程序有哪些？

③ 危化品泄漏应急处理步骤有哪些？

④ 危化品泄漏处理注意事项有哪些？

(4) 人员情况

① 当事人受伤情况如何？如何急救处理？

② 其他实验人员应采用何种应急措施？

③ 应急救援人员在应急处理前的个人安全防护有哪些？

④ 实验室安全负责人如何有序指挥现场应急处理工作（包括应急人员安排、应急措施决策、应急响应、事故后管理等）？

## 三、解决措施

### 1. 有机化学实验室

有机化学实验室的问题解决措施见表5.5。

**表5.5　有机化学实验室**

| | 问　题 | 解　决　措　施 |
|---|---|---|
| 1 | 有机化学实验室的消防疏散路线有哪些？如何选择合适的路线逃生？ | 平时要留心所处实验室的疏散通道、安全出口及楼梯方位等，便于发生突发情况时可快速判断，选择最近的安全出口逃生。 |
| 2 | 实验室常见的消防设施有哪些？位置在哪里？如何选择与使用？ | 实验室常见消防设施有灭火器、灭火毯、消防沙、消火栓箱、疏散指示灯、应急照明灯、火灾探测器、火灾报警器等。消防设施与器材的具体选择与使用方法见第三章的第一节。 |
| 3 | 实验室常见的安全防护装备有哪些？设施有哪些？位置在哪里？如何选择与使用？ | ● 实验室常见安全个人防护装备有眼面部防护装备、呼吸防护装备、躯体防护装备、手部防护装备、足部防护装备等类型，其具体选择与使用方法见第四章。<br>● 安全防护设施有气体探测器、安全标识、吸附用品、应急喷淋和洗眼装置、应急急救箱、AED等。其具体选择与使用方法见第三章的第二至五节。 |
| 4 | 实验室内是否存储有易燃易爆危险化学品？如有，存储量大概为多少？ | ● 根据《危险化学品安全管理条例》规定：危险化学品是指具有毒害、腐蚀、爆炸、燃烧、助燃等性质，对人体、设施、环境具有危害的剧毒化学品和其他化学品，其形态包含固态、液态、气态、半固态。<br>① 必须设置单独的储藏室或试剂柜来存放危险化学品，危险化学品储存柜需要经过国家检测合格，符合行业标准，并设置明显的标识。<br>② 危险化学品的储存场所严禁明火作业。<br>③ 禁止进行可能产生火花、火星的各类实验操作。<br>④ 轻拿轻放，避免碰撞摩擦发生泄漏、爆炸。 |

**续表**

| 问　　题 | | 解　决　措　施 |
|---|---|---|
| 4 | 实验室内是否存储有易燃易爆危险化学品？如有，存储量大概为多少？ | ● 实验室内一旦发生危化品泄漏，泄漏的危化品可能易燃易爆且易挥发，如实验室内违规存储有易燃易爆物品，则有可能发生爆炸或火灾。一旦发生应立即安排疏散员疏散人员撤离现场，同时根据现场情况及时采取隔离措施，并向上级汇报情况，启动应急响应，等待专业应急救援人员和消防人员赶到，配合完成应急处理。 |
| 5 | 实验室内电路、气路是何种状态？ | 当实验室发生了危化品泄漏事故，应迅速检查是否已切断起火现场电源、气源和水源，主要是为了防止引起更大的气体爆炸事故和触电事故。<br>● 电路注意事项<br>① 当实验室内泄漏气体与空气形成爆炸性混合气体，达到爆炸极限，会遇关闭电气设备时产生的电火花发生爆炸，此种情况不可关闭电气设备，如电闸、通风设备等。<br>② 当实验室发生危化品泄漏事故，泄漏的危化品可能易燃易爆且易挥发，所以要利用气体检测仪动态判定室内危险气体浓度，如超出安全浓度范围，则不可关闭电气设备。<br>● 气路注意事项<br>实验室应设置单独气瓶间实施集中管理，事故发生后直接关闭气阀即可。若实验室内存放气瓶，就必须注意：<br>① 压缩气体属一级危险品，应尽可能减少存放在实验室的气瓶数量，实验室内严禁存放氢气。<br>② 应当避免气瓶暴晒、远离热源、腐蚀性材料和潜在的冲击。<br>③ 气瓶不得放于走廊与门厅，以防紧急疏散时受阻及其他意外事件的发生。<br>④ 易燃气体气瓶与助燃气体气瓶不得混合放置。 |

**2. 二甲苯化学品安全技术说明书**

(1) 二甲苯的性质有哪些？(参考附录 B)

(2) 二甲苯泄漏的危险性有哪些？(参考附录 B)

(3) 二甲苯应急处置措施有哪些？(参考附录 B)

**3. 危化品泄漏**

危化品泄漏的问题解决措施见表 5.6。

**表 5.6　危化品泄漏**

<table>
<tr><th colspan="2">问　题</th><th>解　决　措　施</th></tr>
<tr><td>1</td><td>正确的疏散逃生方法和注意事项有哪些？</td><td>● 保持安全疏散秩序，切忌大喊大叫、乱窜乱撞，引起疏散人员拥挤和混乱，造成拥挤、践踏、摔伤等事故。<br>● 不要盲目跟从人流，而要沿着疏散指示标识的方向逃生。<br>● 疏散中禁止使用普通电梯。</td></tr>
<tr><td>2</td><td>危化品泄漏处理的一般程序有哪些？</td><td>危险化学品泄漏应急处理程序，一般包括：<br>● 报警：保持镇静，立即警告附近实验人员疏散撤离，通知应急部门、保卫、医务，准确汇报时间、地点及相关情况。<br>● 逃生疏散：迅速有序疏散，确保可能受危害人员均离开事发现场，撤离至安全区域。<br>● 抢救受伤人员：伤者急救，应将受伤人员小心地从危险的环境转移到安全的地点。急救处理程序化，可采取如下步骤：除去伤病员污染衣物—冲洗—共性处理—个性处理—转送医院。<br>● 隔离保护：迅速封锁隔离事故现场，建立警戒隔离区（避免人员再次进入事发现场及邻近区域发生危险）。<br>● 报告信息：突发事件发生后，实验室负责人及相关管理人员应及时将有关情况报告应急处置领导小组，向其报告事件名称、发生地点和时间、报告时间、涉及人群或潜在的威胁和影响、事件初步性质、严重程度及发展趋势、可能的原因、已采取的措施等。领导小组接到报告后，根据职责和规定的权限启动应急预案，对突发事件进行及时、有效处置，控制事态进一步发展。在领导小组统一部署下，快速做出应急反应。<br>● 应急处理：现场调查—应急决策—安全防护—危险性评估—堵漏—围堤—覆盖—吸附中和—废弃物收集。<br>● 恢复：除污—洗消—废弃物处理。<br>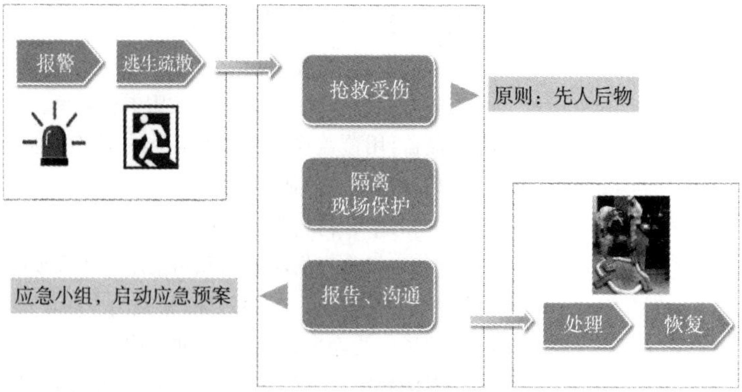<br></td></tr>
</table>

**续表**

| 问题 | | 解决措施 |
|---|---|---|
| 3 | 危化品泄漏应急处理步骤有哪些? | ● 现场调查<br>① 了解泄漏物质的MSDS、储存方式、储量、泄漏部位、泄漏量、扩散范围。<br>② 是否有人员受伤,伤者位置和情况。<br>③ 确认是否所有人员都已离开。<br>④ 现场环境是否有其他即时危害或潜在危险?<br>⑤ 现场是否有其他正在使用的仪器设备,是否可以关闭?<br>⑥ 现场气阀、电源、水源,是否需要或可以关闭、切断、停止?<br>⑦ 是否采取堵漏措施以及可能采取的堵漏方法等?<br>⑧ 根据实际情况和MSDS,讨论初步应急方案。<br>● 应急防护<br>① 评估事故危险程度,判断进入现场救援人员必须配备的个体防护装备,正确选择穿戴。<br>② 首次先进行先期空气探测,探测器进入,再退出进行室内情况评估,讨论泄漏处理二次可行性方案并确认防护用品的适用性(如含氧量<19%,人会有窒息风险;有机物浓度>50 ppm,需用提高呼吸装备等级方可救援)。<br>③ 个体防护装备的正确选择与穿脱是重中之重,选择错误或穿戴不规范无异于将应急人员置身于危险之中,造成更大的危险伤害。<br>● 现场探查<br>① 救援或处理人员以两人为一队,严禁单独行动,一人进入现场,另一人负责与外界沟通,防止意外。<br>② 确认无危险后,两人配合进入现场。检查是否有火源和其他隐患;情况较为复杂时,需进行连续空气监测。<br>③ 两人分工进行有序处理,如有风险则尽快撤出。<br>④ 进入事故现场时,时刻保持谨慎,注重自身保护。<br>● 泄漏处理及洗消<br>① 堵漏:把泄漏容器扶正、堵漏,送到安全区域或通风处理并排险(托盘、二次防漏容器等,防止二次污染)。<br>② 围堤堵截:筑堤堵截泄漏液体,防止四处蔓延扩散或引流到安全地点,防止其进入水体、下水道、地下室或限制性空间。<br>③ 覆盖:用覆盖物品覆盖泄漏物质,在其表面形成覆盖层,抑制其蒸发并用沙子、吸附棉等材料吸附。<br>④ 中和:中和材料吸收和中和。<br>⑤ 废弃:将收集的泄漏物和污染用品放入废固桶中(包括已污染手套,防护服吸附物料中和剂),标签注明,移交给专业单位处理。<br>⑥ 现场连续隐患识别、评估和监护。<br>⑦ 现场处置,除污,消洗(实验室一般使用应急喷淋和洗眼装置)。<br>● 调查总结<br>① 事故处理完毕后,要对其他实验室和相关人员进行培训和教育,及时部署和落实预防控制措施,防止类似突发事件再次发生。<br>② 分析总结应急处置过程中存在的问题及整改情况。 |

续表

| 问题 | | 解决措施 |
|---|---|---|
| 4 | 危化品泄漏处理注意事项有哪些？ | ● 所有进入泄漏现场的人员必须配备必要的个人防护用品。处理高毒类的危险化学品泄漏时，必须佩戴防毒用品；处理具有腐蚀性的危险化学品泄漏时，必须穿化学防护服，佩戴防飞溅面罩。个人防护用品的具体选择与使用方法见第四章。<br>● 伤者急救时，不论患者还是救援人员都需要进行适当的防护。特别是把患者从严重污染的场所救出时，救援人员必须加以预防，避免成为新的受害者。<br>● 危险化学品泄漏时，除受过特别应急训练的人员外，其他任何人均不得尝试处理泄漏物。<br>● 应急救援人员最少要有两人共同行动，严禁单独行动，避免不能互救。<br>● 泄漏物周围一定范围应划分隔离地带，进出口应保证通畅。<br>● 注意并考虑天气状况和周围环境对处理泄漏危险化学品带来的不利因素。 |

**4. 人员情况**

人员情况的问题解决措施见表 5.7。

**表 5.7　人员情况**

<table>
<tr><th colspan="2">问题</th><th>解决措施</th></tr>
<tr><td>1</td><td>当事人受伤情况如何？如何急救处理？</td><td>当事人可能的伤情有化学品灼伤、中毒、破损玻璃割伤等。根据受伤具体情况，实验室安全负责人需安排其他人员帮忙处理伤患，争分夺秒，严重者应立即送医救治。<br>
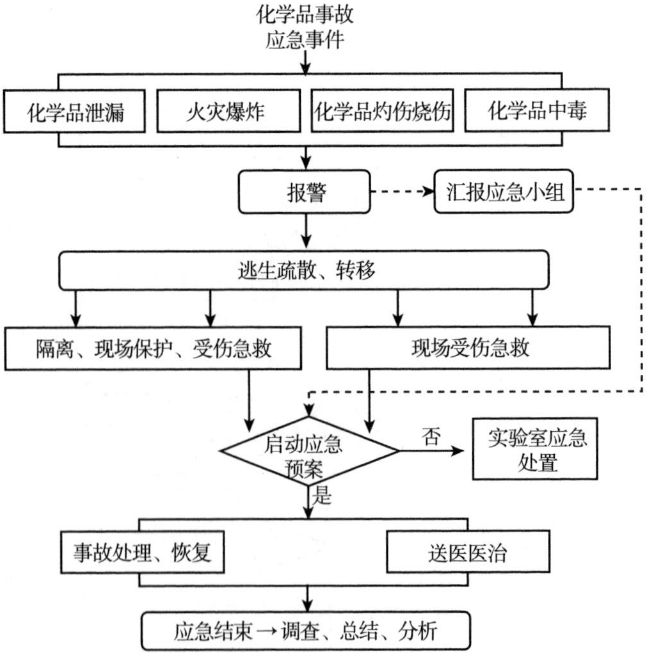
<br>
● 化学品灼伤<br>
① 眼睛灼伤：一旦眼内溅入任何化学药品，应立即用大量清水缓缓彻底冲洗。</td></tr>
</table>

**续表**

| 问题 | | 解决措施 |
| --- | --- | --- |
| 1 | 当事人受伤情况如何？如何急救处理？ | 使用实验室洗眼器洗眼时，要保持眼皮张开，翻开眼睑，持续冲洗 15 min。忌用稀酸中和溅入眼内的碱性物质，反之亦然。对因溅入碱金属、溴、磷、浓酸、浓碱或其他刺激性物质的眼睛灼伤者，急救后必须迅速送往医院检查治疗。<br>② 皮肤灼伤：<br>a. 酸灼伤：先用大量清水冲洗，以免深度受伤，再用稀 $NaHCO_3$ 溶液或稀氨水浸洗，最后用水洗。<br>b. 碱灼伤：先用大量清水冲洗，再用 1%硼酸或 2%醋酸溶液浸洗，最后用水洗。<br>c. 二甲苯灼伤：二甲苯有刺激性，应用流动清水或生理盐水冲洗患处至少20 min，在流水中脱去受污染的衣服，用无摩擦性的肥皂有助于从皮肤上洗去二甲苯，并及时就医。<br>● 中毒<br>① 吸入中毒：迅速将患者移到新鲜空气处，保持呼吸畅通。如呼吸困难，给输氧。如呼吸、心跳停止，立即进行人工呼吸、心肺复苏术，就医。<br>② 口服：用水漱口，禁止催吐，切勿给失去知觉者从嘴里喂食任何东西或用水漱口，就医。<br>③ 皮肤：应立即除去沾染在衣物及皮肤上的毒物。<br>● 割伤<br>先用急救药箱中的镊子，轻轻取出伤口处的玻璃碎屑等异物，用清水洗净伤口，挤出一点血，涂上红汞药水后用消毒纱布包扎。若严重割伤导致大量出血时，应先止血，让伤者平卧，抬高出血部位，压住附近动脉，或用绷带盖住伤口直接施压，若绷带被血浸透，再盖上一块绷带施压，送医治疗。<br>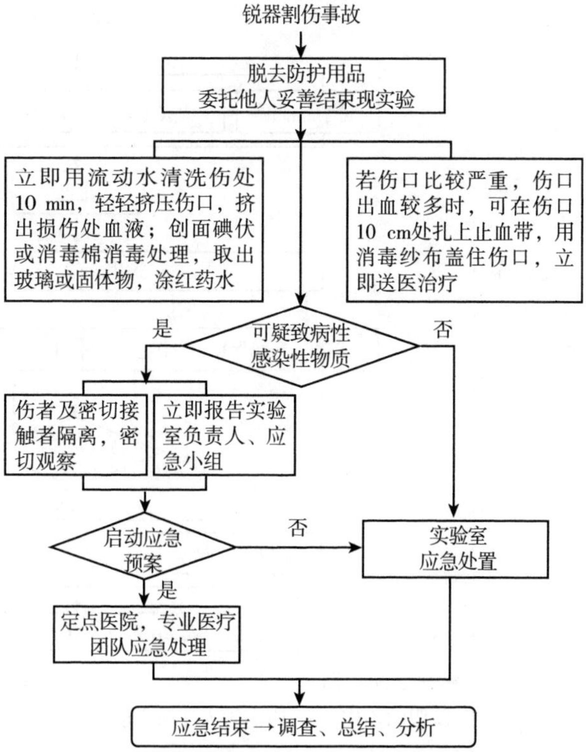<br> |

**续表**

| | 问　　题 | 解　决　措　施 |
|---|---|---|
| 2 | 其他实验人员应采用何种应急措施? | ● 其他人员应服从实验室安全负责人的应急安排。<br>● 疏散逃生注意事项可参见表5.1。 |
| 3 | 应急救援人员在应急处理前的个人安全防护有哪些? | ● 应急救援人员到达事故现场,应立即与安全负责人核实事故现场的具体情况及已经采取的紧急措施,再参考泄漏物的MSDS制定初步的应急处置计划。<br>● 经过对此次发生的危险化学品泄漏事故的初步事故外围现场查看、情况了解与分析,选用以下个体防护装备(具体内容见第四章):<br>① 眼面部防护装备:护目镜、防护面屏;<br>② 呼吸防护装备:半面罩防毒面具;<br>③ 躯体防护装备:C级防护服;<br>④ 手部防护装备:丁腈手套、氯丁橡胶手套;<br>⑤ 足部防护装备:防化靴。<br>● 在正确选择及穿戴应急个人防护装备后,应急救援人员进入事故现场,进行现场具体情况核查及内部气体浓度检测后,再根据实际情况制定进一步的应急处置计划。经现场核查后,此次事故现场气体浓度检测值正常,同时实验室内未发现其他危险源,才可继续选用上述防护装备。<br>● 如现场核查后,发现有其他危险源(如实验室内有易燃易爆危化品、电源未关灯情况),则需按情况提高个人安全防护等级,以保护个人安全。<br>● 正确选择、穿戴及使用好防护装备,这不仅关乎救援人员自身的安危,更直接影响到整个应急救援行动的成效。 |
| 4 | 实验室安全负责人如何有序指挥现场应急处理工作? | ● 收到当事人汇报事故发生情况时应进行以下处理:<br>① 安排人员关闭气阀、其他火源。<br>② 电闸是否关闭,需先确定泄漏物的MSDS和环境内挥发易燃易爆气体浓度,否则随意关闭可能引起爆炸。<br>③ 如有人员受伤,应及时安排从旁实施紧急救援。如伤势严重,应立即送医。<br>④ 安排其他实验人员迅速疏散逃生至安全地点。<br>⑤ 立即隔离现场。<br>⑥ 依照应急预案,向应急小组汇报事故信息,启动应急响应。<br>⑦ 应急处理过程中,所有人员退至隔离警戒线外等待,全力配合应急救援人员工作。<br>⑧ 同时,及时向应急工作小组和应急领导小组汇报现场应对的发展情况,请示并落实指令。<br>● 事故后,负责火灾现场的清理,积极配合相关安全部门调查事故原因,追究重大事故责任人的责任。对事故认真总结反思,定期开展实验人员的安全应急培训,进一步加强实验室的精细化管理,从而最大限度保护实验人员的生命安全,减少突发火灾事故及其损害。 |

## 四、应急措施

危化品泄漏时的应急措施如下：

(1) 伤者应急处理:脱防护—冲洗—严重尽快送医。

(2) 上报完整情况—评估自身能力。

① 有能力处理:应急防护+规范处理。

② 无信心处理:疏散+通知+安全配合。

(3) 现场信息对接,根据 MSDS 讨论方案,选择合适的防护装备。两名人员配合,穿戴呼吸防毒面具使用前需完成气密性检查。

(4) 进入实验室应进行全程气体浓度检测,一人警戒配合,另一人应急处理,如气体浓度超标,则立即撤离。

(5) 应急处理:清障—围堵—中和吸附—清理—气体浓度检测—洗消—脱去防护—处理完毕,应急解除。

(6) 记录、汇报、总结。

## 五、事故处理总结

(1) 危险化学品的泄漏可能导致中毒或火灾爆炸事故,因此,危险化学品泄漏的处理必须及时、有效,并且需要在事发前进行计划、编制应急预案,充分了解化学品的性质和反应特性。泄漏事故的控制可分为泄漏源控制和泄漏物处置两个部分。实验室危险化学品事故应急预案可参考附录 E。

(2) 平时注重积累安全知识,如安全疏散路线、疏散逃生方法、安全应急防护设施和用品的选择及使用方法、化学品信息和危险性等,以备不时之需。

(3) 在化学品泄漏处理过程中,切断火源尤为重要。如果泄漏物是易燃物,必须立即消除泄漏污染区域内的所有火源,以防止危险化学品燃烧或爆炸所导致的意外事故。如果涉及易燃易爆化学品的大量泄漏,应立即拨打消防电话 119,寻求专业救援。

(4) 充分了解泄漏物的性质和应急处理方法,可查询 MSDS,有助于对伤者急救和事故的应急处理。对于本场景中的二甲苯泄漏,应急救援人员应及时查询二甲苯的 MSDS,根据化学品信息、现场调查结果、气体浓度检测结果等信息,综合评估环境的风险,制定受伤人员急救和泄漏物应急处理方案。

(5) 所有进入泄漏现场的人员必须配备必要的个体防护装备。应急人员应根据环境风险,确定个体防护装备的等级和配备。例如,处理高毒类的危险化学品泄漏时,必须佩戴防毒用品;处理具有腐蚀性的危险化学品泄漏时,必须穿化学防护服,佩戴防飞溅面罩等。对于不同类型的泄漏现场,应急人员需要选择和使用不同的个体防护装备,以确保人员的安全和健康。

(6) 如是有经验的人员,可以和救援专业人员协作,共同观察现场火势和泄漏物质扩散情况。此外,可以利用检测仪器对现场气体浓度进行检测,并测定现场及周围区域的风力和风向等数据。但是,应急处理必须由专业应急人员操作,以确保应急处理的安全和有效性。

(7) 在处理现场泄漏物时，应及时进行引流、覆盖、吸收和处理，以确保泄漏物得到安全可靠的处置，防止二次事故的发生。引流和吸收过程中应采取防护措施，避免污染扩散。同时，应根据泄漏物质的种类和性质，选择合适的处理方式，确保处理过程和处理后的环境安全。

(8) 在泄漏事故应急处理完成后，应对泄漏现场的环境进行清理，以恢复环境的稳定和安全。此外，相关救援人员也要进行洗消处理，以防止对人体造成伤害。应急处理中所产生的废弃物需要交由专业公司处理或经过无害处理后方可废弃，以避免对环境造成污染和危害。对于废弃物的处理，应严格按照相关规定进行，确保处理过程和处理结果符合环保要求。

(9) 定期举行消防应急演练，检验和提升相关人员的应急能力。

## 六、实验室危化品泄漏虚拟仿真实验

实验室危化品泄漏虚拟仿真系统的开发，是为了有效预防、及时控制和妥善处置实验室危化品泄漏事件，建立健全预警和应急机制，提高应对此类事件的应急决策和应急救援能力，维护自身和其他师生的生命安全，最大限度地减少安全事故发生所造成的损失，保障教学和科研工作的正常秩序。具体操作流程可参考附录 D。

# 附　　录

## 附录 A　实验安全风险预防与应急策略表(示例)

实验安全风险预防与应急策略表示例如表 A.1 所示。

**表 A.1　实验安全风险预防与应急策略表**

实验名称：________________________________

| 风险点 | 示例及应急处理方法 | 预防及应急措施 |
| --- | --- | --- |
| 危险化学品使用 | 例：硝酸 | 硝酸MSDS安全告知卡<br>**品名、英文名、CAS号**：硝酸 $HNO_3$；Nitric acid；CAS: 7697-37-2<br>**危险警示词**：危险<br>**危险性标志**：<br>**危险特性**<br>• 强氧化剂能与多种物质如金属粉末、电石、硫化氢等猛烈反应，甚至发生爆炸，与还原剂、可燃物如糖、纤维素、木屑、棉花接触，引起燃烧并散发出剧毒的棕色烟雾<br>• 助燃，具强腐蚀性、强刺激性<br>**接触后症状**<br>• 其蒸气有刺激作用，引起眼和上呼吸道刺激症状，如流泪、咽喉刺激感、呛咳，并伴有头痛、头晕、胸闷等<br>• 口服引起腹部剧痛，严重者可有胃穿孔、腹膜炎、肾损害、休克以及窒息<br>• 皮肤接触引灼伤<br>**灭火措施**<br>• 灭火方法：消防人员必须穿全身耐酸碱消防服<br>• 灭火剂：雾状水、二氧化碳、沙土<br>**现场急救措施**<br>• 皮肤接触：立即脱去被污染的衣着，用大量流动清水冲洗，至少15 min内就医<br>• 眼睛接触：立即提起眼睑，用大量流动洁水或生理盐水彻底冲洗，至少15 min内就医<br>• 吸入：迅速脱离现场至空气新鲜处保持呼吸通畅如呼吸困难，给输氧如呼吸停止，立即进行人工呼吸就医<br>• 食入：误服者用水漱口，给饮牛奶或蛋清就医<br>**泄漏应急处置**<br>• 迅速撤离泄漏污染区人员至上风处，并进行隔离，严格限制出入建议应急处理人员戴自给正式呼吸器，穿防酸碱工作服，尽可能切断泄漏源<br>• 小量泄漏：将地面洒上苏打灰，然后用大量水冲洗，洗水稀释后放入废水系统<br>• 大量泄漏：构筑围堤或挖坑收容；喷雾状水冷却和稀释蒸气、保护现场人员、把泄漏物稀释成不燃物用泵转移至槽车或专用收集器内，回收或运至废物处理场所处置<br>**防护措施**： |

续表

| 风险点 | 示例及应急处理方法 | 预防及应急措施 |
| --- | --- | --- |
| 仪器设备使用 | 例:烘箱 | ● 应注意排列不能太密,散热板上不应放样品,以免影响热气流向上流动。<br>● 禁止烘焙易燃、易爆、易挥发及有腐蚀性的物品。<br>● 当需要观察工作室内样品情况时,透过玻璃门观察箱门以尽量少开为好,以免影响恒温。<br>● 烘箱工作完毕后应及时切断电源,确保安全烘箱内外保持干净。<br>● 使用时,温度不要超过烘箱的最高使用温度。<br>● 为防止烫伤,取放试品时要用夹钳等专用工具,同时穿戴好防高温手套等防护用品。 |
| | 例:水热合成反应釜 | ● 严禁超压使用水热釜;使用前必须向厂家索取其产品的较高使用压力上限。实验反应前,请查阅所用溶剂在所需反应温度下的饱和蒸气压,确认不会超过安全压力方可使用。<br>● 每次使用前不锈钢外套和内胆必须进行外观检查,有裂缝、点蚀、生锈、蠕变或过度磨损、内胆扭曲、钢壳破裂或有缺陷,严禁再次使用。<br>● 注意水热釜上下压力垫片的顺序,不可放反!<br>● 当用水热釜进行实验时,除非通过阀门调节保持一定的安全压力,否则加入的反应物料严禁超过内容积的 2/3,这将确保当水热釜被加热时,有足够的气体和流体的膨胀空间。<br>● 严禁水热釜过热。使用聚四氟乙烯做内胆时,较高温度是 200 ℃。聚四氟乙烯的常压使用温度为 250 ℃,但在较高压力、温度时,或是不均匀受压情况下蠕变严重,可能会造成泄漏引发事故。<br>● 实验结束后,不可立即把水热釜拧开,应等待水热釜自然降温后,确认釜内温度低于反应物几种溶剂沸点后,先用钢棒把釜盖旋扭松开,然后将釜盖打开;严禁将水热釜放置在水中骤冷。<br>● 实验结束要及时将其清洗干净,以免锈蚀。釜体、釜盖线密封处要格外注意清洗干净,避免碰伤损坏。<br>● 严禁使用水热釜进行有下列特征之一的反应:<br>① 溶剂的沸点低于 60 ℃(如乙醚、丙酮、二氯甲烷等)。<br>② 反应过程中产生大量气体的(氨水、双氧水等)。<br>③ 物料具有易燃、易爆特性或毒性程度为极度、高度危害。参考国家行业标准《压力容器中化学介质毒性危害和爆炸危险程度分类标准》(HG/T 20660—2017)。<br>● 水热釜经烘箱高温高压反应过后,釜盖处用手轻轻用力即可拧开,如果出现釜盖螺纹抱死,严禁再次使用。 |
| | 例:马弗炉 | ● 工作环境确保没有易燃易爆、腐蚀性物品或化学品,周围也不可放置危险性气瓶等,保持炉外易散热。<br>● 马弗炉控制器应限于在环境温度 0~40 ℃范围内使用。<br>● 使用之前要检查是否良好接地,可以加装地线,保证使用安全。 |

续表

| 风险点 | 示例及应急处理方法 | 预 防 及 应 急 措 施 |
| --- | --- | --- |
| 仪器设备使用 | 例:马弗炉 | ● 炉膛内取放物品时应先断开电源,炉门要轻开轻关,样品轻拿轻放,避免炉膛及部件的损坏。<br>● 使用时炉膛温度不要超过上限温度,同时也不要长时间在额定温度以上工作。凡附有油脂之类的金属材料需进行加热时,有大量挥发性气体将影响和腐蚀电热元件表面,使之销毁和缩短寿命。因此,加热时应及时预防和做好密封容器或适当开孔加以排除。<br>● 使用电炉做灰化实验时,注意先把样品放在电炉充分碳化后再放入灰化炉,因为碳的积累会导致加热元件的损坏。<br>● 禁止向炉膛内直接灌注各种液体及熔解金属加热时样品一定要用干净的坩埚盛放,注意不要污染炉膛,如果发现有异物就要及时清理。<br>● 使用中应随时注意观察,如发现异常情况,应立即断电,并由专业维修人员检修。<br>● 使用完毕后关掉电源,待自然降温方可取出样品。 |
| 气瓶使用 | 气瓶使用与存储 | ● 检漏<br>用肥皂水或仪器厂家提供的检漏水在所有的接口和减压阀处测试是否漏气。如果肥皂水接连不断地出现肥皂泡,则说明该处漏气,应更换漏气部件或进行补漏。<br>● 使用方法<br>气瓶上选用的减压器要分类专用,安装时螺扣要旋紧,防止泄漏,安装后及时检漏。使用中要经常注意有无漏气、压力表读数等。<br>① 开启气瓶:逆时针方向为开;先开总阀,后开减压阀。开启气门时应站在气压表的一侧,不能将头或身体对准气瓶总阀,以防万一阀门或气压表冲出伤人。<br>② 关闭气瓶:顺时针方向为关;先关总阀,后关减压阀,切不可只关减压阀,不关开关阀。<br>③ 气嘴保护:用死扳手夹紧气嘴后再开总阀。<br>● 气瓶使用与存储<br>① 存储和使用中,应保持通风、干燥、防止雨(雪)淋、水浸、避免阳光直射。<br>② 可燃、爆炸性气体气瓶的库房内照明设备必须防爆,电器开关和熔断器都应设置在库房外,同时应设避雷装置。<br>③ 气瓶应直立使用,严禁卧放,并应采取防止倾倒的措施;用栏杆或支架加以固定或扎牢。支架或扎牢应采用阻燃的材料,同时应保护气瓶的底部免受腐蚀。<br>④ 气瓶应分类放置,空瓶和满瓶分开、易燃易爆气体和助燃气体的气瓶不得混放。毒性气体气瓶分室,瓶内介质相互接触能引起燃烧、爆炸、产生毒物的气瓶分室。<br>⑤ 实验室内不得存放过量气体钢瓶,使用易燃易爆、有毒气体的实验室应配备气体监控,报警装置;窒息性气体房(大量惰性气体或二氧化碳气体)内应安装氧含量报警装置。 |

续表

| 风险点 | 示例及应急处理方法 | 预防及应急措施 |
| --- | --- | --- |
| | 气瓶使用与存储 | ⑥ 易燃气体气瓶放置场所的 15 m 范围内，禁止吸烟、从事明火和生成火花的工作，并设置相应的警示标志。<br>⑦ 存放易燃易爆、有毒气体的场所，配有通风设施和合适的监控报警装置等，张贴必要的安全警示标识。<br>⑧ 应定期对存储场所的用电设备、通风设备、气瓶搬运工具和栅栏、防火和防毒器具进行检查，发现问题及时处理。<br>⑨ 气瓶不能与易燃、易爆、有毒等危险化学品混存，并避开各种放射源；氢气瓶的放置地点不得靠近热源，应与办公、居住区域保持 10 m 以上。可燃性气体气瓶与明火或普通电气设备的间距应保持 10 m 以上；与空调装置、空气压缩机和通风设备等吸风口的间距不应小于 20 m；与其他可燃性气体贮存地点的间距不应小于 20 m。<br>⑩ 气瓶应防止暴晒、雨淋、水浸，环境温度超过 40 ℃，应采取遮阳等措施降温。 |
| 气瓶使用 | 注意事项 | 气瓶使用的注意事项可参考《气瓶搬运、装卸、储存和使用安全规定》(GB/T 34525—2017)。<br>① 气瓶使用前，应进行安全状况检查，确认外观、标签、气瓶种类、气压、纯度等。严格按照有关安全使用规定正确使用气瓶，做好台账管理。<br>② 使用单位应做到专瓶专用，不应擅自更改气体的钢印和颜色标记。<br>③ 气瓶及附件应保持清洁、干燥，防止沾染腐蚀性介质、灰尘等。氧气瓶阀不得沾有油脂，不得用沾有油脂的工具、手套或油污工作服去接触氧气瓶阀、减压器等。<br>④ 气瓶瓶阀或减压器有冻结、结霜现象时，不得用火烤，可将气瓶移入室内或气温较高的地方，或用 40 ℃以下的温水冲浇，再缓缓打开瓶阀。<br>⑤ 挂贴标签，标明气瓶的使用状态(满瓶、使用中、空瓶)。气瓶使用完毕，要妥善保管。<br>⑥ 近距离移动气瓶，可采用徒手倾斜滚动的方式移动，远距离移动时，可用轻便小车运送。不应抛滚、滑、翻。在工地使用气瓶时，应将其放在专用车辆上或将其固定使用。<br>⑦ 在安装减压阀或汇流排时，应检查卡箍或连接螺帽的螺纹完好。用于连接气瓶的减压器、接头、导管和压力表，应涂以标记，用在专一类气瓶上。<br>⑧ 开启或关闭瓶阀时，应用手或专用扳手，不应使用锤子、管钳、长柄螺纹扳手。<br>⑨ 开启或关闭瓶阀的转动速度应缓慢。<br>⑩ 发现瓶阀漏气、或打开无气体、或存在其他缺陷时，应将瓶阀关闭，并做好标识，返回气瓶充装单位处理。<br>⑪ 瓶内气体不应用尽，应留有余压。<br>⑫ 在可能造成回流的使用场合，使用设备上应配置防止倒灌的装置。<br>⑬ 不应将气瓶内的气体向其他气瓶倒装。不应自行处理瓶内的余气。<br>⑭ 若发现气体泄漏，应立即采取关闭气源、开窗通风、疏散人员等应急措施。切忌在易燃易爆气体泄漏时开关电源。 |

续表

| 风险点 | 示例及应急处理方法 | 预防及应急措施 |
|---|---|---|
| 锐器使用（玻璃仪器、针头等） | 例：容量瓶 | ● 检查：检查容量瓶的体积是否与所要求的一致；若配制见光易分解物质的溶液，应选择棕色容量瓶；检查磨口塞或塑料塞是否漏水。<br>● 检漏：加自来水至标线附近，塞紧瓶塞，用食指按住塞子，将瓶倒立 2 min，用干滤纸沿瓶口缝隙处检查有无水渗出。如不漏水，旋转瓶塞 180°，再倒立 2 min，检查。<br>● 注意事项<br>① 向容量瓶中转移溶液时必须用玻璃棒。<br>② 不能用手掌握住瓶身，以免造成液体膨胀。<br>③ 不能在容量瓶里进行溶质的溶解。<br>④ 如溶质在烧杯中溶解过程放热，要待溶液冷却至室温后再转移入容量瓶中；加热溶解配置的溶液，其热溶液应冷却至室温后才能注入容量瓶，否则可造成体积误差。<br>⑤ 当容量瓶内的容积达到 3/4 左右时，将容量瓶摇动几周（勿倒转），使溶液初步混匀，然后把容量瓶放在桌子上，慢慢加水到接近标线 1 cm 左右，等 1～2 min，使黏附在瓶颈内壁的溶液留下，加水至弯液面下最低点与标线相切。<br>⑥ 容量瓶不能长期存储溶液，特别是碱液，会腐蚀玻璃使瓶塞粘住，无法打开。<br>⑦ 容量瓶用毕，应用自来水冲洗干净。<br>⑧ 如长期不用，应将磨口处洗净吸干，垫上纸片。 |
| | 例：量筒和量杯 | ● 使用<br>① 量杯和量筒是一种精度要求不太高的量取液体体积的度量仪器，通常可以应用于定性分析和粗略的定量分析实验。<br>② 应根据需要选用合适的量程，切勿用大容量的量杯和量筒量取小体积，这样会使精度下降。<br>③ 量取液体时，应让量筒放平稳，且停留 15 s 以上待液面平静后。观察刻度时，视线、刻度线与量筒内液体的凹液面最低处三者保持水平，再读出所取液体的体积数，否则会造成较大的误差。<br>● 注意事项<br>① 量筒的刻度是指室内温度在 20 ℃时的体积数。当温度升高，量筒发生热膨胀，容积会增大。所以，量筒不可加热，也不能用于量取过热的液体，不可在量筒中进行化学反应或配制溶液。<br>② 不能稀释浓酸、浓碱；不能储存药剂；不能用去污粉清洗，以免刮花刻度；不可用毛刷、硬布洗涤。<br>③ 量筒没有“0”刻度，“0”刻度即为其底部。使用任何规格的量筒都不能量取小于其标称体积数的 1/20 体积的液体，否则会导致误差太大，应该改用更小的合适量筒量取。<br>④ 量筒一般只能用于要求不是很严格的情况下使用，精确的定量分析是不能使用量筒进行的，因为量筒的误差较大，此时可用移液管或滴定管来代替。 |

续表

<table>
<tr><th>风险点</th><th>示例及应急处理方法</th><th>预 防 及 应 急 措 施</th></tr>
<tr><td rowspan="2"></td><td>例:比色皿</td><td>● 注意事项<br>① 取比色皿只能用手指接触两侧的毛玻璃,避免接触光学面。拿取四面光面的比色皿须佩戴洁净干燥的丁腈、乳胶、PVC手套等橡胶手套,避免影响光度值。如何选用防护手套,见第四章的第四节。<br>② 比色皿不可加热或烘烤;不可较长时间存储试剂。<br>③ 盛装溶液时,液面高度应控制在比色皿的2/3处左右,光学面如有残液可先用滤纸吸附,再用镜头纸擦拭。<br>④ 不可用铬酸洗液洗涤比色皿,因为带水的比色皿在洗液中有时会局部发热,可能致使比色皿胶接面裂开而损坏。同时经洗液洗涤后的比色皿还很可能残存微量铬,其在紫外区有吸收,因此会影响铬及其他有关元素的测定。<br>⑤ 比色皿不可用碱液洗涤,不能用硬布、毛刷刷洗。<br>⑥ 注意轻拿轻放,使用后应及时用相应溶剂和水清洗干净,保存。</td></tr>
<tr><td>应急处理方法</td><td>● 割伤划伤:玻璃仪器或玻璃管的破碎引发的事故。<br>① 首先必须检查伤口内有无玻璃碎片,以防压迫止血时将碎玻璃片压深。若有碎片,应先用镊子将玻璃碎片取出,再用消毒棉花和硼酸溶液或双氧水洗净伤口,再涂上红汞或碘酒(两者不能同时使用)并包扎好,止血,以防大量流血引起休克。<br>② 若伤口太深,流血不止,可在伤口上方约10 cm处用纱布扎紧,压迫止血,并立即送医治疗。<br>③ 若被带有危险化学品或感染性物质的玻璃仪器碎片割伤,在执行上述①、②步骤外,应同时参照相应危险化学品泄漏、灼伤、感染性物质泄漏等应急处置方法,及时进行复杂情况的应急处置并送医救治。<br>● 针刺伤:注射针头、缝针等尖锐物刺伤,依据针头是否清洁以及扎伤的严重程度不同进行应急处理。<br>① 立即用手从伤口的近心端向远心端挤出伤口的血液,但禁止在伤口局部挤压或按压,以免产生虹吸现象。<br>② 用肥皂水清洗伤口,并在流动水下反复冲洗。暴露的黏膜,应当反复用生理盐水冲洗干净。<br>③ 受伤部位的伤口冲洗后,应当用消毒液、75%的酒精或0.5%的碘伏进行消毒,并包扎伤口。<br>④ 若尖锐物被污染,应在应急处理完成后,及时送医救治,按医嘱注射相关疫苗,预防传染病。<br>⑤ 若尖锐物沾有危险化学品,在执行上述①、②、③步骤外,应同时参照相应危险化学品泄漏、灼伤等应急处置方法,及时进行复杂情况的应急处置并送医救治。</td></tr>
</table>

续表

| 风险点 | 示例及应急处理方法 | 预防及应急措施 |
|---|---|---|
| 废液处置 | 例:无机废液 | 不得将含无机重金属的无机废液直接通过下水道进行排放,而须存放于专门的废液桶中,废液桶装满后,转移存放于废弃物存放房间,等待统一处理。无机废酸液必须用碱中和后,通过污水房进行排放。 |
| | 例:有机废液 | 不得将有机废溶剂、废试剂等直接倒入下水道进行排放,须按照碳氢化合物、卤代烃等进行分类,分别存放于专门的有机废液桶中。废液桶装满后,转移存放于废弃物存放房间,等待统一处理。 |
| 有害固体废弃物处理 | 例:黏附有害物质的滤纸、手套、棉签等 | 产生这些固体废物后应及时装入容器,贴好标签,并做详细的记录,送废弃物收集站存放。积存到一定量时及时联系相关单位进行统一处理。 |
| 气体废弃物 | 例:$NO_2$、$SO_2$、$H_2S$、CO等有害废气 | 凡是有气体产生的实验都必须在通风橱中进行,对产生有害气体的实验必须进行必要的吸收处理或采取相应的处理措施。 |

# 附录B 化学品安全技术说明书(MSDS)示例(钠、二甲苯)

化学品安全技术说明书(MSDS),由化学品生产商和进口商提供,其内容包括详细化学品的理化特性以及对使用者的健康可能产生的危害。

根据联合国 GHS 制度、欧盟 REACH 标准、国际标准 ISO 11014—2009、我国 GB/T 16483—2008,GB/T 17519—2013 等国家标准文件,MSDS 由以下 16 部分组成,每个部分的标题、编号和前后顺序不应随意变更。

① 化学品及企业标识(identification of the substance / preparation and of the company / undertaking);

② 危险性概述(hazards identification);

③ 成分/组成信息(composition / information on ingredients);

④ 急救措施(first-aid measures);

⑤ 消防措施(fire-fighting measures);

⑥ 泄漏应急措施(accidental release measures);

⑦ 操作处置与储存(handling and storage);

⑧ 接触控制/个体防护(exposure controls / personal protection);

⑨ 理化特性(physical and chemical properties);

⑩ 稳定性和反应性(stability and reactivity);
⑪ 毒理学信息(toxicological information);
⑫ 生态学信息(ecological information);
⑬ 废弃处置(disposal considerations);
⑭ 运输信息(transport information);
⑮ 法规信息(regulatory information);
⑯ 其他信息(other information)。

## 一、示例:钠 MSDS

### 1. 化学品及企业标识

中文名:钠;金属钠。

英文名:Sodium。

分子式:Na。

相对分子质量:22.99。

推荐用途:实验室用化验、试验及科学实验。

限制用途:不可作为药品、食品、家庭或其他用途。

生产商:×××。

公司信息:×××。

### 2. 危险性概述

2.1　紧急情况概述:遇水放出可自燃的易燃气体,造成严重皮肤灼伤和眼损伤。过量接触需采取特殊急救措施和进行医疗随访。火灾时应使用二氧化碳、沙粒、灭火粉末灭火,如必要的话,应佩戴自给式呼吸器去救火。

2.2　GHS 危险性分类:遇水放出易燃气体的物质和混合物(类别 1);皮肤腐蚀/刺激(类别 1B);严重眼损伤/眼刺激(类别 1)。

2.3　GHS 标记要素,包括预防性的陈述和象形图(图 B.1)。

**图 B.1　象形图**

警示词:危险。

危险信息:遇水放出可自燃的易燃气体,造成严重皮肤灼伤和眼损伤。

预防措施:因钠与水发生剧烈反应可能发生爆燃,应避免其与水接触,在惰性气体中操作,注意防潮;避免吸入粉尘或烟雾;避免接触眼睛、皮肤或衣物,操作后彻底清洗,戴防护手套,穿防护服,戴防护眼镜、防护面具、防护面罩。

事故响应:火灾时,使用干燥氯化钠粉末、干燥石墨粉、碳酸钠干粉、碳酸钙干粉、干沙等

灭火。如吸入:将患者转移到空气新鲜处并保持呼吸舒适的姿势休息,立即呼叫中毒控制中心或就医。如皮肤(或头发)接触:立即脱掉所有被污染的衣服,除掉皮肤上的微粒,将接触部位浸入冷水中,用湿绷带包扎污染的衣服,洗净后方可重新使用。如溅入眼睛:用水小心冲洗数分钟,如佩戴隐形眼镜可方便取出,取出隐形眼镜后继续冲洗。如误吞咽:漱口,不要诱导呕吐。

安全存储:存放于干燥处和密闭的容器中,存放处须加锁。

废弃处置:按照地方/区域/国家/国际规章处置内装物/容器。

2.4 物理化学危险性信息:遇水放出可自燃的易燃气体。

2.5 健康危害:在空气中能自燃,燃烧生成的烟对鼻、上呼吸道有腐蚀作用及较强的刺激作用。造成严重皮肤灼伤和眼损伤。

2.6 环境危害:对环境可能有害。

2.7 其他危害物:遇水剧烈反应。

**3. 成分/组成信息**

组成信息:混合物。(表 B.1)

**表 B.1 钠的成分/组成信息**

| 成分 | CAS | RN | 含量 |
|---|---|---|---|
| 钠 | 7440-23-5 | — | — |

**4. 急救措施**

4.1 必要的急救措施描述:

吸入:迅速将患者移到新鲜空气处,保持呼吸畅通。如呼吸困难,给输氧。如呼吸、心跳停止,立即进行人工呼吸、心肺复苏术,就医。

皮肤接触:立即脱掉被污染的衣物,用肥皂和大量的水冲洗至少 15 min,就医。

眼睛接触:立即分开眼睑,用流动清水或生理盐水彻底冲洗,就医。

食入:用水漱口,禁止催吐。切勿给失去知觉者从嘴里喂食任何东西。用水漱口。就医。

4.2 主要症状和影响,急性和迟发效应:咳嗽,喘息,喉炎,呼吸短促,痉挛,发炎,咽喉肿痛,痉挛,支气管炎,肺炎,肺水肿,该物质对黏膜组织和上呼吸道、眼睛和皮肤破坏巨大。吸入会导致类脂性肺炎,摄入的影响可包括轻泻作用、消化系统失调。

4.3 及时的医疗处理和特殊治疗的说明和提示:

对保护施救者的忠告:根据需要使用个人防护用品。

对医生的特别提示:对症处理。

**5. 消防措施**

5.1 特别危险性描述:遇水或潮气猛烈反应放出大量氢气,大量放热,引起燃烧或爆炸。金属钠暴露在空气或氧气中能自行燃烧并爆炸,使熔融物飞溅。与卤素、磷、氧化物、氧化剂及酸类发生剧烈反应。燃烧时呈黄色火焰,100 ℃时开始蒸发,蒸气可腐蚀玻璃,燃烧生成有害的氧化钠。

5.2 灭火剂:采干燥氯化钠粉末、干燥石墨粉、碳酸钠干粉、碳酸钙干粉、干沙等灭火。

5.3 灭火注意事项及防护措施：消防人员需佩戴空气呼吸器、穿全身防火防毒服，在上风向灭火。尽可能将容器从火场移至空旷处喷水，保持火场容器冷却，直至灭火结束。

**6. 泄漏应急措施**

6.1 作业人员的防护措施、防护设备和应急处置程序：严禁用水处理。保证充分的通风。隔离泄漏污染区，限制出入。人员疏散到安全区域。消除所有点火源。避免吸入蒸气、烟雾或气体。避免吸入粉尘。建议应急处理人员佩戴正压自给式呼吸器，穿戴防腐蚀、防毒服。禁止接触或跨越泄漏物。尽可能切断泄漏源，保持泄漏物干燥。

6.2 环境保护措施：无资料。

6.3 泄漏化学品的收容、清除方法及所使用的处置材料：如小量泄漏，可围堵溢出，用干燥的沙土或其他不燃材料覆盖泄漏物，然后用塑料布或帆布覆盖，减少飞散、保持干燥。用防电真空清洁器或湿刷子将溢出物收集起来，并放置到金属容器并保存在煤油或液体石蜡中。如粉末泄漏，用塑料布覆盖，减少飞散。严禁设法扫除干的泄漏物。在专家指导下清除。

**7. 操作处置与储存**

7.1 安全处置注意事项：密闭操作。操作人员必须经过专门培训，严格遵守操作规程。建议操作人员佩戴安全防护面罩，穿化学防护服，戴橡胶手套。远离火种、热源。工作场所严禁吸烟。使用防爆型的通风系统和设备。避免与氧化剂、酸类、卤素接触，尤其避免与水接触，在氮气中操作处置。搬运时要轻装、轻卸，防止包装及容器损坏。配备相应品种和数量的消防器材及应急泄漏处理设备。倒空的容器可能残留有害物。

7.2 安全储存注意事项：储存在干燥、阴凉、通风处，远离火种和热源。包装要求密封，不可与空气接触，库房温度不超过 32 ℃，相对湿度不超过 75%。包装要求密封，不可与空气接触应与氧化剂、酸类、卤素等分开存放，切忌混储。采用防爆型照明、通风设施。禁止使用易产生火花的机械设备和工具。存储区应备有合适的材料收容泄漏物。

**8. 接触控制/个体防护**

8.1 作业场所职业接触限值：

MAC($mg/m^3$)：无资料。

PC-STEL($mg/m^3$)：无资料。

TLV-TWA($mg/m^3$)：无资料。

PC-TWA($mg/m^3$)：无资料。

TLV-C($mg/m^3$)：无资料。

TLV-STEL($mg/m^3$)：无资料。

8.2 检测方法：无资料。

8.3 工程控制：密闭操作，加强通风。提供安全喷淋和洗眼设备。

8.4 暴露控制：

呼吸系统防护：如危险性评测显示需要使用空气净化的防毒面具，需使用全面罩式防毒面具，作为工程控制的候补呼吸器。使用经过测试并通过政府标准的呼吸器和相关配件。

手部防护：戴耐酸碱手套。

眼睛防护：戴面罩与护目镜。

皮肤和身体防护:穿化学防护服。穿防静电阻燃防护服。

**9. 理化特性**

外观与性状:银白色柔软块的轻金属。

熔点/凝固点:97～99 ℃。

密度/相对密度(水=1):0.968 g/cm$^3$(20 ℃时)。

饱和蒸汽压:0.16 kPa(440 ℃时)。

分解温度:无资料。

辛醇/水分配系数的对数值:-0.77。

自燃温度:>115 ℃。

溶解性:不溶于没有、乙醚、苯;遇水剧烈分解,溶于液氨时成蓝色溶液,氨中加热生成氨基钠。

pH:无资料。

沸点:883～889 ℃(760 mmHg 时)。

蒸汽密度(空气=1):无资料。

燃烧热:-209.5 kJ/mol。

临界压力:无资料。

闪点:82 ℃(179.6 ℉)。

爆炸上限:无意义。

爆炸下限:无意义。

易燃性(固体、气体):无资料。

蒸发速率:无资料。

**10. 稳定性和反应性**

10.1 稳定性:稳定。

10.2 危险反应:与强氧化剂、水、卤素、非金属氧化物等禁配物接触,有发生火灾和爆炸的危险。

10.3 应避免的条件:空气、潮湿空气。

10.4 不相容物质:强氧化剂、水、氧、酸类、卤素(氯、氟、溴)、磷、许多氧化物。

10.5 危险的分解产物:无意义。

**11. 毒理学信息**

11.1 急性毒性:LD50 4000 mg/kg(小鼠腹腔)。

11.2 皮肤刺激或腐蚀:无资料。

11.3 眼睛刺激和腐蚀:无资料。

11.4 呼吸或皮肤过敏:无资料。

11.5 生殖细胞突变性:无资料。

11.6 致癌性:无资料。

11.7 生殖毒性:无资料。

11.8 特异性靶器官系统毒性(一次接触):无资料。

11.9 特异性靶器官系统毒性(反复接触):无资料。

11.10　吸入危险:无资料。

11.11　潜在的健康危险:

吸入:无资料。

摄入:无资料。

皮肤:无资料。

眼睛:无资料。

**12. 生态学信息**

12.1　生态毒性:无资料。

12.2　持久性和降解性:无资料。

12.3　潜在的生物累积性:无资料。

12.4　土壤中的迁移性:无资料。

12.5　其他不良影响:无资料。

**13. 废弃处置**

13.1　残余废弃物处置方法:根据国家和地方有关法规的要求处置。

13.2　受污染的容器和包装:按未用产品处置。

13.3　废弃处置注意事项:根据国家和地方有关法律法规的要求处置。

**14. 运输信息**

14.1　联合国危险货物编号:1428。

14.2　联合国运输名称:Sodium。

14.3　联合国危险性分类:4.3。

14.4　包装组:Ⅰ类包装。

14.5　包装方法:浸没在装有矿物油或液体石蜡的坚固金属容器内,严密封口,再装入坚固木箱中;装入盛有矿物油或液体石蜡的玻璃瓶内,再装入金属容器,严封后装入木箱。

14.6　海洋污染物(是/否):否。

14.7　运输注意事项:运输时,运输车辆应配备相应品种和数量的消防器材及泄漏应急处理设备。装运本品的车辆排气管须有阻火装置。运输过程中要确保容器不泄漏、不倒塌、不坠落、不损坏。严禁与氧化剂、酸类、卤素、食用化学品等混装混运。运输途中应防暴晒、防雨淋、防高温。中途停留时应远离火种、热源。运输用车、船必须干燥,并有良好的防雨设施。车辆运输完毕应进行彻底清扫。铁路运输时要禁止溜放。

**15. 法规信息**

下列法律法规和标准对化学品的安全使用、储存、运输、装卸、分类和标志等方面均做了相应的规定:

《危险化学品目录》(2015 版):列入。

《易制毒化学品的分类和品种目录》(2015 版):未列入。

《易制爆危险化学品名录》(2017 版):列入。

《中国现有化学物质名录》:列入。

《化学品分类和标签规范》系列国家标准(GB 30000.2—2013~30000.29—2013)。

若适用，该化学品满足《危险化学品安全管理条例》的要求。

**16. 其他信息**

编制标准：《化学品安全技术说明书 内容和项目顺序》(GB/T 16483)。

编制部门：×××。

修改说明：每5年修订一次或有国家新的相关法律法规出台时。

免责说明：×××。

参考书目：《危险化学品安全技术全书》，化学工业出版社，2017年版。

## 二、示例：二甲苯 MSDS

**1. 化学品及企业标识**

中文名：二甲苯。

英文名：Xylene。

推荐用途：实验室用化验、试验及科学实验。

限制用途：不可作为药品、食品、家庭或其他用途。

生产商：×××。

公司信息：×××。

**2. 危险性概述**

2.1 紧急情况概述：

过量接触需采取特殊急救措施并进行医疗随访。火灾时应使用二氧化碳、沙粒、灭火粉末灭火。

2.2 GHS 危险性分类：

易燃液体 (类别 3)，H226。

急性毒性，经口 (类别 5)，H303。

急性毒性，吸入 (类别 4)，H332。

急性毒性，经皮 (类别 4)，H312。

皮肤腐蚀/刺激 (类别 2)，H315。

严重眼睛损伤/眼睛刺激性(类别 2A)，H319。

特异性靶器官系统毒性(一次接触)(类别 3)，呼吸道刺激，麻醉效应，H335，H336。

特异性靶器官系统毒性(反复接触)，吸入(类别 2)，中枢神经系统，肝，肾，H373。

吸入危害(类别 1)，H304。

急性(短期)水生危害(类别 2)，H401。

长期水生危害(类别 3)，H412。

2.3　GHS 标记要素,包括预防性的陈述和象形图(图 B.2)。

图 B.2　象形图

警示词:危险。

危险信息:

H226:易燃液体和蒸气。

H303:吞咽可能有害。

H304:吞咽及进入呼吸道可能致命。

H312 + H332:皮肤接触或吸入有害。

H315:造成皮肤刺激。

H319:造成严重眼刺激。

H335:可能造成呼吸道刺激。

H336:可能造成昏昏欲睡或眩晕。

H351:怀疑致癌。

H373:长期或反复接触可能损害(听觉器官)器官。

H373:长期吸入或反复接触可能损害(中枢神经系统,肝,肾)器官。

H401:对水生生物有毒。

H412:对水生生物有害并具有长期持续影响。

预防措施:

P201:使用前取得专用说明。

P202:在阅读并明了所有安全措施前切勿搬动。

P210:远离热源/火花/明火/热表面。禁止吸烟。

P233:保持容器密闭。

P240:容器和装载设备接地/等势连接。

P241:使用防爆的电气/通风/照明设备。

P242:只能使用不产生火花的工具。

P243:采取防止静电放电的措施。

P260:不要吸入粉尘/烟/气体/烟雾/蒸气/喷雾。

P264:作业后彻底清洗皮肤。

P271:只能在室外或通风良好之处使用。

P273:避免释放到环境中。

P280:戴防护手套/穿防护服/戴防护眼罩/戴防护面具。

事故响应：

P303＋P361＋P353：如皮肤（或头发）沾染，立即脱掉所有沾染的衣服，用水清洗皮肤/喷淋。

P304＋P340：如误吸入，将受害人转移到空气新鲜处，保持呼吸舒适的休息姿势。

P305＋P351＋P338：如进入眼睛，用水小心冲洗几分钟；如戴隐形眼镜可方便地取出，取出隐形眼镜后继续冲洗。

P312：如感觉不适，呼叫解毒中心或医生。

P322：具体处置（见本标签上提供的急救指导）。

P332＋P313：如发生皮肤刺激，求医/就诊。

P337＋P313：如仍觉眼刺激，求医/就诊。

P362：脱掉污染衣物。

P370＋P378：火灾时，用干沙、干粉或抗醇性的泡沫灭火。

安全存储：存放在通风良好的地方。保持容器密闭。保持低温。存放处须加锁。

废弃处置：按照地方/区域/国家/国际规章处置内装物/容器。

2.4　物理化学危险性信息：遇水放出可自燃的易燃气体。

2.5　健康危害：

H303：吞咽可能有害。

H332：吸入有害。

H312：皮肤接触有害。

H315：造成皮肤刺激。

H319：造成严重眼刺激。

H335，H336：可能造成呼吸道刺激，可能造成昏昏欲睡或眩晕。

H373：长期吸入或反复接触可能损害器官。

H304：吞咽及进入呼吸道可能致命。

2.6　环境危害：

H401：对水生生物有毒。

H412：对水生生物有害并具有长期持续影响。

2.7　其他危害物：无资料。

**3. 成分/组成信息**

组成信息：混合物（表 B.2）。

**表 B.2　二甲苯的成分/组成信息**

| 成分 | CAS | RN | 含量 |
|---|---|---|---|
| 二甲苯（主要） | 1330-20-7 | — | — |
| 乙基苯（次要） | 100-41-4 | — | ＜25% |

**4. 急救措施**

4.1　必要的急救措施描述：

一般的建议：向到现场的医生出示此安全技术说明书。

吸入：迅速将患者移到新鲜空气处，保持呼吸畅通。如呼吸困难，给输氧。如呼吸、心跳停止，立即进行人工呼吸、心肺复苏术，就医。

皮肤接触：立即脱掉被污染的衣物，用肥皂和大量的水冲洗至少 15 min，就医。

眼睛接触：立即分开眼睑，用流动清水或生理盐水彻底冲洗，就医。

食入：用水漱口，禁止催吐。切勿给失去知觉者从嘴里喂食任何东西。用水漱口，就医。

4.2　主要症状和影响，急性和迟发效应：咳嗽，喘息，喉炎，呼吸短促，痉挛，发炎，咽喉肿痛，痉挛，支气管炎，肺炎，肺水肿，该物质对黏膜组织和上呼吸道、眼睛和皮肤破坏巨大。吸入会导致类脂性肺炎，摄入的影响可包括轻泻作用、消化系统失调。

4.3　及时的医疗处理和特殊治疗的说明和提示：

对保护施救者的忠告：根据需要使用个人防护用品。

对医生的特别提示：对症处理。

**5. 消防措施**

5.1　特别危险性描述：易燃，其蒸气与空气可形成爆炸性混合物，遇明火、高热能引起燃烧爆炸。与氧化剂能发生强烈反应。流速过快，容易产生和积聚静电，其蒸气比空气重，能在较低处扩散到相当远的地方，遇明火会引着回燃。

5.2　灭火剂：火灾时应使用二氧化碳、沙粒、灭火粉末灭火。

5.3　灭火注意事项及防护措施：消防人员需佩戴空气呼吸器、穿全身防火防毒服。尽可能将容器从火场移至空旷处喷水，保持火场容器冷却，直至灭火结束。防止消防水污染地表和地下水系统。

**6. 泄漏应急措施**

6.1　作业人员的防护措施、防护设备和应急处置程序：保证充分的通风。隔离泄漏污染区，限制出入，遵守应急程序，征求专家意见。人员疏散到安全区域。消除所有点火源。避免吸入蒸气、烟雾或气体。避免吸入粉尘。建议应急处理人员佩戴正压自给式呼吸器，穿戴化学防护服。禁止接触或跨越泄漏物。尽可能切断泄漏源。

6.2　环境保护措施：在确保安全的前提下，采取措施防止进一步的泄漏或溢出。不要让产物进入下水道。防止排放到周围环境中。

6.3　泄漏化学品的收容、清除方法及所使用的处置材料：如小量泄漏，可围堵溢出，用干燥的沙土或其他不燃材料覆盖泄漏物，然后用塑料布或帆布覆盖，减少飞散、保持干燥。用防电真空清洁器或湿刷子将溢出物收集起来，并放置到金属容器并保存在煤油或液体石蜡中。如粉末泄漏，用塑料布覆盖，减少飞散。严禁设法扫除干的泄漏物。在专家指导下清除。

**7. 操作处置与储存**

7.1　安全处置注意事项：在通风橱下操作。避免接触皮肤和眼睛。防止吸入蒸气和烟

雾。切勿靠近火源。严禁烟火。采取措施防止静电积聚。

7.2　安全储存注意事项：储存在干燥、阴凉、通风处，远离火种和热源。包装要求密封，不可与空气接触。已开口的容器必须仔细重新封口，并保持竖放位置以防止泄漏。

**8. 接触控制/个体防护**

8.1　作业场所职业接触限值见表B.3。

**表B.3　作业场所职业接触限值**

| 组分 | 化学文摘登记号（CAS No.） | 值 | 容许浓度（$mg/m^3$） | 基　　准 |
|---|---|---|---|---|
| Xylene | 1330-20-7 | PC-TWA | 50 | 工作场所有害因素职业接触限值（化学有害因素） |
| PC-STEL | | | 100 | |
| PC-TWA | | | 50 | |
| PC-STEL | | | 100 | |

8.2　检测方法：无资料。

8.3　工程控制：密闭操作，加强通风。提供安全喷淋和洗眼设备。

8.4　暴露控制：

呼吸系统防护：空气中浓度超标时，佩戴过滤式防毒面具（半面罩）。紧急事态抢救或撤离时，建议佩戴自给式呼吸器。

手部防护：戴橡胶手套。

眼睛防护：戴面罩与护目镜。

皮肤和身体防护：全套防化学试剂工作服，阻燃防静电防护服。防护设备的类型必须根据特定工作场所中的危险物的浓度和数量来选择。

其他防护：工作现场禁止吸烟、进食和饮水。工作毕，淋浴更衣。保持良好的卫生习惯。

**9. 理化特性**

外观与性状：无色至淡黄色液体，芳香气味。

熔点/凝固点：−47.9 ℃。

密度/相对密度（水＝1）：0.86 $g/cm^3$（20 ℃时）。

饱和蒸汽压：24 kPa（37.70 ℃时）。

辛醇/水分配系数的对数值：3.12（20 ℃时）。

易燃性（固体、气体）：无资料。

溶解性：不溶于水，可混溶于乙醇、乙醚、氯仿等多种有机溶剂。

pH：无资料。

沸点：139 ℃（760 mmHg时）。

蒸汽密度（空气＝1）：3.66。

燃烧热：4549.5 kJ/mol。

分解温度：无资料。

临界压力：3.54。

闪点：无意义。

爆炸上限：7.0 %。

爆炸下限：1.1 %。

蒸发速率：无资料。

**10. 稳定性和反应性**

10.1　稳定性：在标准环境条件下，(室温)化学性质稳定。

10.2　危险反应：爆炸/放热危险反应物有硝酸、六氟化铀。

10.3　应避免的条件：热、火焰和火花。

10.4　不相容物质：强氧化剂。

10.5　危险的分解产物有燃烧分解产物：一氧化碳、二气化碳

**11. 毒理学信息**

11.1　急性毒性：LD50 5000 mg/kg（大鼠经口）；LD50 14100 mg/kg（兔经皮）；LC50 300 $mg/m^3$（小鼠吸入）。

11.2　皮肤刺激或腐蚀：无资料。

11.3　眼睛刺激和腐蚀：无资料。

11.4　呼吸或皮肤过敏：无资料。

11.5　生殖细胞突变性：无资料。

11.6　致癌性：无资料。

11.7　生殖毒性：大鼠吸入最低中毒浓度（TCL0）：3000 $mg/m^3$，24 h（孕 7～14 天用药），对胚泡植入前的死亡率、胎鼠肌肉骨骼形态有影响，有胚胎毒性。

11.8　特异性靶器官系统毒性（一次接触）：可能造成呼吸道刺激。

11.9　特异性靶器官系统毒性（反复接触）：吸入、长期或反复接触可能损害器官，如中枢神经系统的肝，肾。

11.10　吸入危险：吞咽及进入呼吸道可能致命。

11.11　潜在的健康危险：

吸入：吸入有害，引起呼吸道刺激。

摄入：如服入是有害的。

皮肤：如果通过皮肤被吸收是有害的，造成皮肤刺激。

眼睛：引起眼睛烧伤。

**12. 生态学信息**

12.1　生态毒性：无资料。

12.2　持久性和降解性：无资料。

12.3　潜在的生物累积性：无资料。

12.4　土壤中的迁移性：无资料。

12.5　其他不良影响：对水生生物有毒。

**13. 废弃处置**

13.1　残余废弃物处置方法：根据国家和地方有关法规的要求处置。

13.2　受污染的容器和包装：按未用产品处置。

13.3 废弃处置注意事项：根据国家和地方有关法律法规的要求处置。

**14. 运输信息**

14.1 联合国危险货物编号：1307。

14.2 联合国运输名称：Xylene。

14.3 联合国危险性分类：3。

14.4 包装组：Ⅲ类包装。

14.5 包装方法：无资料。

14.6 海洋污染物(是/否)：否。

14.7 运输注意事项：本品铁路运输时限使用钢制企业自备罐车装运，装运前需报有关部门批准。运输时，运输车辆应配备相应品种和数量的消防器材及泄漏应急处理设备。夏季最好早晚运输。运输时所用的槽(罐)车应有接地链，槽内可设孔隔板以减少振荡产生静电。严禁与氧化剂、食用化学品等混装混运。运输途中应防暴晒、防雨淋、防高温。中途停留时应远离火种、热源、高温区。装运该物品的车辆排气管必须配备阻火装置，禁止使用易产生火花的机械设备和工具装卸。公路运输时要按规定路线行驶，勿在居民区和人口稠密区停留。铁路运输时要禁止溜放。严禁用木船、水泥船散装运输。

**15. 法规信息**

下列法律法规和标准对化学品的安全使用、储存、运输、装卸、分类和标志等方面均做了相应的规定：

《危险化学品目录》(2015 版)：列入。

《易制毒化学品的分类和品种目录》(2015 版)：未列入。

《易制爆危险化学品名录》(2017 版)：列入。

《中国现有化学物质名录》：列入。

《化学品分类和标签规范》系列国家标准(GB 30000.2—2013～30000.29—2013)。

若适用，该化学品满足《危险化学品安全管理条例》的要求。

**16. 其他信息**

编制标准：《化学品安全技术说明书 内容和项目顺序》(GB/T 16483)。

编制部门：×××。

修改说明：每 5 年修订一次或有国家新的相关法律法规出台时。

免责说明：×××。

参考书目：《危险化学品安全技术全书》，化学工业出版社，2017 年版。

# 附录 C 实验室火灾事故应急预案(示例)

实验室是教学科研的重要场所，也是极易发生火灾爆炸的地方，因此，做好安全预防工作尤为重要，应充分了解可能引起火灾事故的多种原因，在开展预防工作的同时，应重视应急预案的编撰、完善和优化，一旦事故发生，要采取及时、有效的应急措施，以最大程度地减

轻事故伤害。

以下为×××学校×××学院×××实验室火灾事故应急预案示例。

## 一、总则

### 1. 目的和依据

为应对实验室突发火灾事故，及时、有序、高效地做出相应处理，保障师生、其他员工生命安全及学校的财产安全，保证实验室科研和教学工作的顺利进行，根据各单位学科专业特点及实验室类型，结合《中华人民共和国消防条例》《机关、团体、企业、事业单位消防安全管理规定》等法律法规，特制订实验室防范火灾事故制度及应急预案。

### 2. 适用范围

本预案适用于×××学校×××学院×××实验室发生火灾突发事件时的应急处理。

## 二、组织机构及职责分工

### 1. 组织机构

×××学校成立实验室安全事故应急处理领导小组，以便对×××学院×××实验室突发的安全事件进行及时处理，领导小组成员如下：

组长：×××（手机号码×××）。

组员：×××（手机号码×××）、×××（手机号码×××）。

疏散引导员：×××（手机号码×××）。

应急报警员：×××（手机号码×××）。

火灾扑救员：×××（手机号码×××）。

应急救护员：×××（手机号码×××）。

事故处理员：×××（手机号码×××）。

### 2. 职责分工

坚持“安全预防当先行”“统一领导、分级负责、责任到人”和“安全第一”的根本原则，做到事故应急与预防工作相结合，实行实验室安全工作领导小组统一领导、实验室全体人员分工责任、相互协作的管理模式。领导小组为实验室安全事故应急处理的领导机构，领导小组组长是第一负责人。

## 三、运行机制

实验室安全工作坚持“以人为本、预防为主”的原则。对突发安全事故的处置要做到依法规范、反应迅速、分工明确、科学处置。

### 1. 预防举措

具体预防举措如下：

(1) 各实验室应建立健全实验室安全管理制度、事故责任体系及追责机制,明确各管理环节的安全负责人,责任落实到人,不断增强实验室管理人员的责任意识。

(2) 各实验室应建立健全实验室安全档案、出入人员记录和使用登记制度。

(3) 实验室工作人员针对各种可能发生的突发事故,要加强预防,开展风险评估分析,做到早防范、早发现、早报告、早处置。

(4) 加强实验室标准化建设,由实验室负责人制订个人防护用品、应急设备配套、实验室危化品安全、安全操作规程等相关规范。

(5) 增强师生的安全意识,落实安全管理责任,加强日常安全巡查、检查,并及时督促整改,提醒相关人员提高警惕,尽快消除安全隐患。

(6) 加强实验人员的培训教育,加强应急反应机制的日常管理,在实践中通过经常演练不断完善应急处置预案,提高实验人员应对突发事故的实战能力。

通过规范和加强实验室安全管理,认真落实各项安全管理规章制度,可有效预防安全事故的发生。

**2. 安全检查**

(1) 每个实验室均应选派1位实验安全员,负责全体实验室定期巡查、汇总安全问题并及时向实验室负责人汇报。

(2) 与实验有关的人员均有义务对实验室安全状况进行监督、检查、举报。

(3) 实验过程中,应注意检查实验室内的安全状况。例如,检查水、电、气是否正常;检查实验室内有无异常气味、响声、(非正常)火苗等,空气中有无不明烟雾;检查地面上有无不明液体、固体等。

(4) 实验操作人员应定期对仪器设备进行检查,包括对仪器设备电气性能的评估;对装载易燃气体钢瓶或其他容器的安全检测;对化学试剂存储及使用的常规安全性检查;对实验室水、电、气等运行状况的检查等。

**3. 信息报告**

(1) 在发生突发安全事故后,现场人员应在自救、保护现场的同时立即向实验室安全负责人汇报,初步判定事故情况,及时迅速、准确地报警,如伤者情况较重,必须及时向医疗部门寻求医疗救助。与此同时,上报单位应急指挥小组,由应急指挥小组根据事故的严重程度,确定是否启动相应等级的火灾事故应急预案。

(2) 如出现本单位无法单独处置的较大人身伤害事故或不及时处置可能导致人员伤亡及重大财产损失的突发安全事故,除了迅速采取适当的应急救援措施外,由上级单位应急处置工作小组负责指挥、协调、处置。

(3) 凡发生实验室安全事故,必须逐级准确上报,不得隐瞒不报。对迟报、谎报、瞒漏报事故情况的,根据国家相关规定对相关责任人及单位给予相应处分;情节严重者,移交司法机关追究其刑事责任。

## 四、报警、通信联系方式

火警:119;急救:120;报警:110。

校内总值班室：×××（手机号码×××）；保卫处：×××（手机号码×××）；医护室：×××（手机号码×××）。

应急救援人员：×××（手机号码×××）、×××（手机号码×××）。

安全事故应急领导小组应根据火灾具体情况向内部发布事故信息，做出紧急疏散、撤离等警报，或向社会和周边发布警报。内部应急救援人员之间保持电话 24 h 开机，争分夺秒，第一时间处理应急事故，减轻事故伤害。

## 五、事故发生后应采取的处理措施

### 1. 事故原因分析

(1) 实验室用电不当：供电线路老化，超负荷运行，导致线路发热，进而引发火灾；实验室高压电器设备发生火花或电弧、静电放电产生火花等，进而引发火灾；操作人员用电不慎或操作不当，进而引发火灾等。

(2) 易燃易爆危化品存储不当：实验室内存储的易燃易爆的危化品，如果存储不当，就很容易成为引发实验室火灾事故的隐患。

(3) 人为疏忽管理不当：实验过程中如实验人员疏忽或者操作不当，很容易引发火灾。

### 2. 事故处理措施

(1) 报警（拨打 119、120、110、校内相关应急救护电话等），并逐一排查事故原因。

(2) 事故处理（切断电源、转移危化品、采取灭火措施等），按照“生命第一、物品次之”的原则抢救被困或受伤人员及贵重物品。

(3) 设置警戒隔离区域，并组织人员有计划、有序地疏散人员。

(4) 将伤员运送至安全区域并及时抢救。

(5) 火灾扑救员等抢险人员注意自身安全，救护前应做好个人防护，采取必要的防范措施，以防止意外事故的发生。

(6) 根据火灾类型，采用不同的灭火器材进行灭火。实验室起火时，一般不宜用水扑救。如火势较大不能灭火，就应等待专业消防人员来灭火，切勿强行灭火，否则可能会造成更多的人员伤亡。

## 六、事故应急处理和控制措施

对于初起火灾，应由各实验室负责人及时切断火源或电源，以防止事态扩大。在保证安全的前提下灭火，切忌盲目灭火，火灾事故首要是确保人员安全，必须要在确保人员安全的前提下方可进行扑灭。如火势较小，应迅速采取有效的灭火措施；如火势过大无法扑灭，应迅速报警并组织人员撤离，同时应把所有通向火场的门关紧，并用湿毛巾或湿衣服堵住门缝，以阻止火情的蔓延，等待专业消防人员来灭火。

### 1. 情况报告、报警程序

应急报警员应当在发生火灾后立即通知学校保卫处及相关部门。同时，根据火情大小和伤亡情况，确认是否报警，如需报警，应立即报告消防中心 119、医疗部门 120，说清楚失火

的单位名称和具体地址、起火点的位置、起火物品名称、火情大小、火灾现场有没有危险品、现场伤害和伤亡情况、受伤者是否转移、报警人姓名和电话号码等准确信息。应急报警员在向领导汇报的同时，应派出人员到各路口等待，引导消防车辆和急救车辆迅速到达火灾现场。

教职工在接到火灾报告后，要迅速到达火灾现场组织扑救火灾，疏散人员。

**2. 隔离火灾区域**

划出警戒范围，严禁无关人员进入着火现场，以防发生不必要的伤亡，同时可以保护事故现场，为事后调查起火原因提供有力证据。

**3. 应急疏散程序**

（1）人员疏散工作

应对火灾时，现场指挥人员应保持镇静，根据起火的位置和疏散的路线，在疏散通道楼梯口布置好疏散引导员，引导人员有序疏散，稳定好人员情绪，维护好现场秩序。分楼层按顺序疏散，疏散顺序：① 着火层；② 着火层以上楼层；③ 着火层以下楼层。

疏散引导员，应组织人员有序疏散，以防止人员因惊慌造成挤伤、踩伤等二次事故。楼栋内的师生听到警报声后，应听从现场指挥人员的指挥，从楼栋的消防通道内快速撤离火场，切勿因救物而延误逃离的最佳时机。

疏散须知：

① 听从疏散引导员的指挥，行动迅速而不慌乱。

② 通过烟雾区域时，须用湿毛巾（或湿衣服等）捂住口鼻，低姿前行。

③ 疏散过程中，如身上着火，应尽快地把衣服脱下扔掉，切记不可奔跑，否则会导致火越烧越旺，还会把火种带到其他地方。如旁边有水，立即用水浇洒全身，或用湿衣服等压灭火焰，着火人也可就地倒下打滚，把身上的火焰压灭。

④ 已疏散人员在楼外指定安全区域集合，未接到通知不得返回火灾现场。

（2）物资疏散工作

在应急抢救过程中，应坚持“先救人，后救物”的原则，一切行动听指挥。在保证人身安全的前提下，参与应急救援人员首先需要疏散可能扩大火灾和有爆炸危险的物品，例如起火点附近的气瓶、化学实验室易燃易爆和有毒化学品，避免二次事故的发生；然后转移重要、价值昂贵的物资，例如机密文件、档案资料、精密仪器设备等。

**4. 火灾扑救程序**

（1）发生火情时

在确保自己人身安全并能安全撤离的前提下，在场人员可采取及时有效的措施进行扑救。例如：发生有机物或能与水发生剧烈化学反应的试剂药品，若小面积着火，可用实验室配备的消防沙覆盖火焰直至扑灭，也可使用灭火器，切不可随意用水灭火，以免因扑救不当造成更大的伤害。使用灭火器时，应注意周围的环境，由于灭火器喷发出来的灭火剂具有一定的压力，使用时应避免打翻其他化学试剂，防止火势变大。

（2）发生火灾时

① 现场人员不要轻易打开门窗，应立即切断实验室的电源、移走气体钢瓶等压力容器。

② 实验室安全负责人接到火灾警报后应立即到达火灾现场，了解火灾的性质、火灾现

场可能存放的危险化学品的种类、存量，有无其他危险隐患、有无人员被围困等信息。火灾在可控范围内，应根据不同的起火原因，有效地组织实验室其他人员采取隔离灭火法、冷却灭火法、窒息灭火法进行灭火，如果可能，应在第一时间使用便携式灭火器或消防水枪进行灭火。常见的火灾扑救法和灭火器见表C.1、表C.2。

③ 当火情无法有效控制时，应向公安消防部门和学校保卫处报警，同时通知附近实验室人员立即疏散，并及时上报给安全事故应急小组，听从统一指挥。

**表C.1　常见的火灾扑救法**

| 火灾扑救法 | 具体内容和使用条件 |
| --- | --- |
| 冷却灭火法 | 最常见的灭火方法，用水和二氧化碳作为灭火剂冷却降温灭火。在火场上，除了可以用于直接扑灭明火外，还可以冷却尚未燃烧的可燃物，防止二次失火或者爆炸。 |
| 窒息灭火法 | 适用于扑救封闭式的空间及容器内的火灾。<br>① 用沙土、湿毛巾等不燃或难燃物质覆盖燃烧物或封闭空间或容器外漏孔洞。<br>② 用水蒸气、二氧化碳或惰性气体等充入燃烧区域内。<br>③ 喷洒雾状水、干粉、泡沫等灭火剂覆盖燃烧物。<br>④ 扑救钾、钠、镁粉等化学品引起的火灾时，应采用干沙埋压或D型专用灭火剂方法。<br>⑤ 在无法采取其他扑救方法而条件又允许的情况下，可采取水淹的方法。 |
| 隔离灭火法 | 适用于扑救各种固体、液体、气体火灾。<br>① 关闭可燃气体、液体管道的阀门，以减少和阻止可燃物质进入燃烧区域。<br>② 阻拦流散的易燃、可燃液体或扩散的可燃气体。<br>③ 封闭建筑物的孔洞，如门窗、楼板洞等，防止火焰和气流从孔洞蔓延引燃可燃物。 |
| 抑制灭火法 | 采用抑制灭火法时，一定要将足够数量的灭火剂准确无误地喷射到燃烧区内，使灭火剂参与并中断燃烧反应，否则，将起不到抑制燃烧反应的作用、达不到灭火的目的。要同时采取冷却降温措施，以防燃烧物质复燃。 |

**表C.2　常见灭火器**

| 灭火器 | 适用范围 |
| --- | --- |
| 水基灭火器 | 主要用于扑救固体或非水溶物液体的初期火灾，其中水基型水雾灭火器还可以扑救带电设备引起的火灾。 |
| 干粉灭火器 | 共分ABC类和BC类两种，ABC类干粉灭火器可用于扑灭固体、液体、气体火灾；BC类干粉灭火器主要用于扑灭液体和气体火灾。 |
| 二氧化碳灭火器 | 主要用于扑救贵重设备、档案资料、仪器仪表、电气设备及油类火灾，但不能用于扑救钾、钠、镁等轻金属着火。 |
| 泡沫灭火器 | 扑救一般固体、油类等可燃液体火灾，但不能用于扑救带电设备和醇、酮、酯、醚类有机溶剂的火灾。 |
| 1211灭火器 | 主要用于可燃液体或者可燃气体发生的火灾（目前，国家逐步限制该灭火器的使用，主要是因为卤代烷对大气造成污染，对人体有害）。 |
| D型干粉灭火器 | 适用于金属及轻金属D类火灾，如镁、钠、铝、钼、锂、钾以及碱金属、金属氢化物等金属有机化合物引发的火灾。 |

(3) 配合公安消防队灭火

消防队到达火灾现场后,应在公安消防员的指挥下,积极配合共同灭火。扑灭火灾后,应急指挥小组应组织人员检查火场是否存在火险隐患,并配合消防部门查清起火缘由,处理好事故的善后工作。

**5. 火场自救与急救措施**

(1) 火场自救

发生火灾时,首先要保持镇定,观察、判断火势情况,明确自己所在环境的危险程度,以便采取相应的措施来争取时间、逃生自救。

① 遇到火灾时,不可乘坐电梯,应根据安全出口指示方向逃生。

② 当火势不大时,应沿着消防通道迅速往楼下跑,切不可随意乱跑,否则可能引火上身,还可能引起新的燃烧点,造成火势蔓延。

③ 穿过浓烟逃生时,要马上停止前进,要尽量使身体贴近地面,并用湿毛巾、湿衣服等捂住口鼻。

④ 如无法撤离,千万不要盲目跳楼,应尽量退至室内,关闭通往着火区域的门窗,用湿毛巾或湿衣服等堵塞门缝并泼水降温,延缓火势蔓延,并发出求救信号。可利用疏散楼梯、阳台、水管等逃生自救。

⑤ 如身上起火,不可惊慌奔跑或拍打,以免风助火旺,也不要站立呼叫,以免造成呼吸道烧伤,应就地打滚或用厚重的衣服压灭火苗。如烧伤面积不大时,可以采用直接浇水,切不可用灭火器直接向着火人身上喷射,以免灭火器内的药剂引起伤口感染。

(2) 火场急救

① 对于烧伤者,应迅速扑灭其身上的火焰,减轻烧伤程度;可用冷水冲洗、冷敷或冷水浸泡,以降低皮肤温度;用干净纱布覆盖和包裹烧伤创面,切忌在烧伤处涂各种药水和药膏;不要随意把水疱弄破,以防伤口感染。患者口渴时,可适量饮水或含盐饮料。搬运烧伤伤员时,动作要轻、稳,以免加重皮肤损伤。对烧伤者进行初步处理后,应及时就近送医进行治疗。

② 对于昏迷的伤者,应先移至阴凉处,解松颈、胸部衣物,保持呼吸顺畅;对于呼吸困难者,应保持半坐卧姿势,等待医疗救护;对于呼吸、心跳停止者,应立即进行心肺复苏,专业人员可对伤者实施人工呼吸和胸外心脏按压,非专业人员可使用 AED(自动体外除颤器)辅助。

事故中确认发现伤员时,事故应急处理小组应及时组织安排人员将伤员尽快送至校医院进行急救或联系"120"并护送伤员去医院救治。

**6. 清点程序**

处置结束后或在消防队到场后,应及时清点人员和已疏散的重要物资,查清有无人员被困于火场中以及有待转移的重要物资,并将情况及时报告给组长。

## 七、应急响应的终止

当事故得以控制后,应由总指挥下达解除应急救援的命令,由学校安全部门通知解除警

报、组织警戒人员撤离。如果涉及周边社区和单位疏散时，应由总指挥通知周边单位负责人员或者社区负责人解除警报。

## 八、事故调查及总结

事故发生后，事故处理组负责保护好现场，以便调查实验室发生火灾的原因，总结应急过程的经验教训，同时提出整改意见，完善应急预案。

事故原因查明后，事故单位需向上级主管部门提交事故正式书面报告，及时将事故发生的起因、处理过程、原因分析和整改措施上报。同时，根据事故的具体情况追究相关人员责任。对于事故伤害较轻的，责任人予以通报批评并根据造成损失给予一定的经济处罚；对于事故伤害较大的，应报上级部门调查处理。

## 九、突发安全事故的应急保障

**1. 通信保障**

当事故发生时，应立即上报实验室负责人和安全应急指挥小组，如应急指挥小组确定启动应急预案，那么应服从统一指挥。应急人员进行现场应急处置时，应做好记录，保证应急处理信息的畅通无阻。实验室相关人员及管理人员的手机应保证 24 h 畅通。

**2. 技术保障**

聘请相关专业的专家，加强实验室规范化建设，提高实验人员的安全意识和防范意识，做好实验室安全培训，组织安全应急演练，提高突发安全事故的处理能力。

**3. 预案管理**

应急预案要定期评审，并根据重大事故的形势变化和实施情况及时发现问题，及时进行修订和完善。

## 十、施行日期

本预案自发布之日起施行。

## 十一、附则

本预案由×××单位×××学院组织落实，全体实验室工作人员必须严格按照本预案的规定实施。具体编制依据如下：

(1)《中华人民共和国安全生产法》。

(2)《中华人民共和国突发事件应对法》。

(3)《中华人民共和国消防法》。

(4)《危险化学品安全管理条例》。

(5)《生产经营单位生产安全事故应急预案编制导则》(GB/T 29639—2020)。

(6)《危险化学品重大危险源辨识》(GB 18218—2018)。
(7)《生产安全事故应急预案管理办法》。
(8)《生产经营单位生产安全事故应急预案评审指南(试行)》。

## 十二、附件

(1) 组织机构名单(略)。
(2) 值班人员的联系电话(略)。
(3) 组织应急救援人员的联系电话(表 C.3)。
(4) 本单位平面布置图(略)。
(5) 消防设施布置图(略)。
(6) 外部救援单位及政府有关部门的联系电话(表 C.4)。

**表 C.3 组织应急救援人员的联系电话**

| 应急救援领导小组 | | | |
|---|---|---|---|
| 职务 | 姓名 | 联系方式 | 备注 |
| 组长 | | | |
| 副组长 | | | |
| | | | |
| | | | |

| 应急救援小组成员 | | | | |
|---|---|---|---|---|
| 组别 | 姓名 | 职务 | 联系方式 | 备注 |
| 疏散警戒员 | | | | |
| 火灾扑灭员 | | | | |
| 应急救护员 | | | | |
| 事故处理员 | | | | |
| | | | | |
| | | | | |

**表 C.4 外部救援单位及政府有关部门的联系电话**

| 部　门 | 联 系 方 式 |
|---|---|
| 应急管理局 | |
| 附近医院 | |
| 消防队 | |
| 交警队 | |
| 派出所 | |

续表

| 部　　门 | 联 系 方 式 |
|---|---|
| 环保局 | |
| 供电所 | |
| | |
| | |

# 附录 D　安全应急虚拟仿真实验平台操作流程示例

安全应急虚拟仿真实验操作流程操作步骤如下：

(1) 在浏览器中输入网址 https://prj25.xnfz.cmet.ustc.edu.cn，登录安全应急虚拟仿真实验平台(图 D.1)，点击“专家登录”，自动生成账号和密码，自行输入验证码，即可登录。

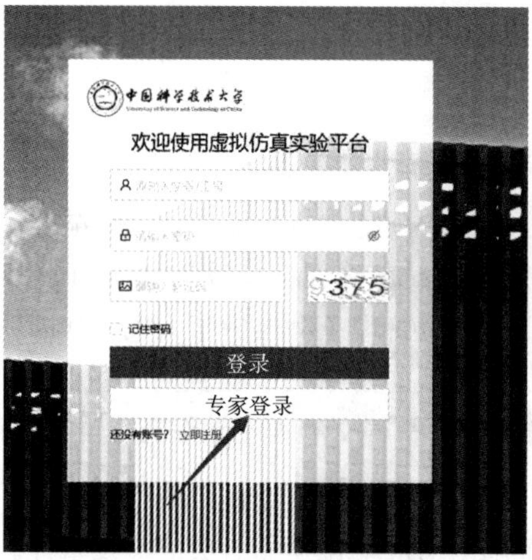


图 D.1　安全应急虚拟仿真实验平台登陆页面

(2) 开始实验，网页下拉有 2 个虚拟仿真实验链接(示例见图 D.2)，涉及熟悉实验室安全设施、危化品泄漏应急演练等实验内容，学习者可根据情况有选择地学习。

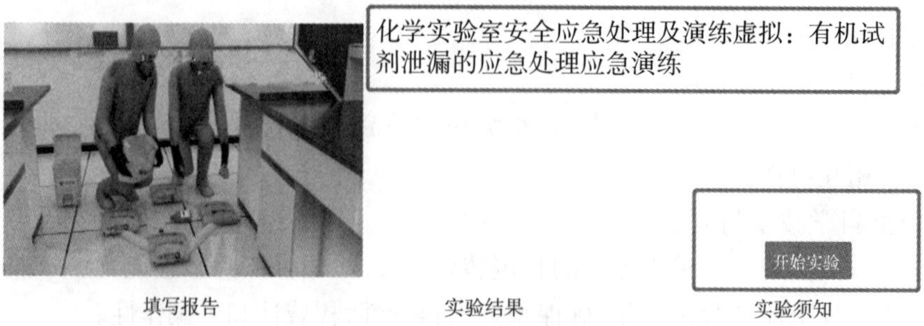


图 D.2　虚拟仿真实验链接示例

提示：

(1) 首次进入实验，系统可能提示安装插件，再运行软件。

(2) 实验完成后，会自动生成分数。

(3) 每个实验板块实验次数不限。

(4) 如操作中出现卡屏现象，需要关闭网页，重新进入实验。

# 附录 E　实验室危险化学品事故应急预案

近年来，实验室安全事故频发。据统计，这些安全事故中，危险化学品引起的事故约占实验室安全总事故数的 80%，其中易燃固体、易燃液体、强氧化性物质、腐蚀性物质和有机过氧化物等危化品引起的事故占比超过 50%。为了加强实验人员对危化品事故的有效控制，当危化品事故发生时，能迅速、有效地采取应对措施，防止事故扩大及二次伤害，减轻事故造成的危害和损失，本附录为×××学校×××学院×××实验室危险化学品事故应急预案。

## 一、总则

### 1. 编制目标和依据

为提高危险化学品突发事故的预防与应急能力，控制、减轻和消除危险化学品事故的危害，保障广大师生生命、学校财产安全，确保学校教学、科研工作正常开展，依据《中华人民共和国安全生产法》《危险化学品安全管理条例》《中华人民共和国环境保护法》《危险化学品事故应急救援预案编制导则》《教育部办公厅关于加强高校教学实验室安全工作的通知》等法律法规和文件有关要求，结合×××学校×××学院实际情况，特制定本预案。

### 2. 适用范围

本预案适用于全院系范围内与危险化学品有关的突发事件。

### 3. 工作原则

(1) 以人为本，安全第一

危险化学品事故应急救援工作要始终把保障广大师生的生命安全放在第一位，切实加强应急救援人员的安全防护，最大限度地减少事故造成的人员伤亡、财产损失及对环境的危害，防止次生、衍生事故发生。

(2) 统一领导，分级管理

在学院的统一领导下，分级负责，各相关单位分别制定和启动应急预案，同级各部门之间分工负责、相互协作。

(3) 依据科学技术与方法

依靠科学，依法规范。采用先进的救援装备和技术，增强应急救援能力。严格按照相关法律法规要求，规范应急救援工作，确保预案的科学性、权威性和可操作性。

(4) 预防为主，预应结合

坚持应急与预防相结合，做好应对危险化学品事故的思想准备、预案准备、物资器材等准备。积极开展培训教育，组织应急演练，利用现有应急救援力量，做到常备不懈。

## 二、应急机构与职责

**1. 学校机构及其职责**

在学校突发事件应急管理工作领导小组的统一领导下，成立危险化学品事故应急处置领导小组。

组长：由×××担任，负责对学校危险化学品事故应急处置工作进行统一指挥。

副组长：由×××主要负责人担任，协助组长做好学校危险化学品事故应急处置工作。

学校成立危险化学品事故应急处置领导小组，设立办公室，具体组织和实施本单位危险化学品事故的应对工作。

学校危险化学品事故应急处置领导小组的主要职责是：

(1) 贯彻落实相关法律法规，研究制定危险化学品事故的应对措施和指导意见。

(2) 具体指挥学校较大、重大危险化学品事故应急处理工作，指挥协调做好一般的事故应急处置工作。

(3) 分析总结年度危险化学品事故应急工作。

(4) 应急救援队伍建设和管理及应急物资保障工作。

(5) 当事故超出学校处置能力时，依照程序请求政府相关部门支援。

**2. 院系机构及其职责**

组长：由×××担任，负责对学院危险化学品事故应急处置工作进行统一指挥。

副组长：由×××主要负责人担任，协助组长做好学院危险化学品事故应急处置工作。

学院成立危险化学品事故应急处置领导小组。

学院危险化学品事故应急处置领导小组的主要职责是：

(1) 负责本单位危险化学品的购买、储存、使用、处置以及日常安全检查等工作。

(2) 开展危险化学品安全教育，组织安全技术培训，应急演练，配备防护设施，提高人员的安全意识和管理水平。

(3) 建立危险化学品管理台账，指定两名或以上人员负责日常管理，按照国家规定实施规范化储存，确保危险化学品的安全。

(4) 制订危险化学品使用操作规程，明确使用注意事项，并督促实验人员严格执行。

(5) 加强监管，定期检查，及时发现问题隐患并整改。

(6) 制订本单位应急预案。发生事故时，及时采取有效措施，防止事故扩大，减小事故损失。

(7) 联系校内专家参与事故应急救援，提供技术处置意见和建议。

**3. 应急组织职责**

组长：姓名×××，电话×××。负责组织、协调、实施应急救援工作；建立应急管理体制和机制，制订应急预案；做好应急物资储备。

组员：姓名×××，电话×××；姓名×××，电话×××……负责危险化学品、废弃危

险化学品突发事故的应急救援工作。

## 三、单位危险源

### 1. 危险目标确定

根据国家相关规定，结合危险化学品的危险源和安全隐患识别、排查、预警，按照不同分类分级制订应急处置预案内容的原则，确定危险目标。

### 2. 危险源种类

实验室涉及的危险化学品种类较多，包括爆炸品、易燃液体、易燃固体（含自燃物品和遇湿易燃物品）、氧化剂和有机过氧化物、有毒化学品（含剧毒品）及腐蚀化学品等。这些危险化学品分布在各实验室及危险化学品仓库内，具有毒害、腐蚀、爆炸、易燃、助燃等性质。

### 3. 风险分析

危险化学品风险涉及购买、储存、运输、使用、废弃物处置等多个环节，可能引发的安全事故有火灾、爆炸、泄漏、中毒、窒息、灼伤、失窃等，该类事故蔓延迅速，危害严重，影响广泛，具体风险分析情况见表 E.1。

**表 E.1　学校危险化学品风险分析情况表**

| 危险目标等级 | 1　级 | 2　级 |
|---|---|---|
| 地点 | 化学试剂库（学校） | 涉及危险化学品储存和使用的实验室 |
| 区域性质 | 危险化学品储存区 | 储存、存放和使用区 |
| 触发因素 | 泄漏、静电、雷电、明火、违规操作 | |
| 事件类型 | 火灾、爆炸、中毒、灼伤、窒息、泄漏、失窃丢失等 | |
| 危害情况说明 | 人员伤亡、财产损失、环境污染 | |
| 注：危险目标等级从高到低依次为 1 级、2 级 | | |

## 四、预测与预警

### 1. 危险源监控

各危险化学品涉及单位应对重大危险源进行监控和风险分析，对可能引发危险化学品事件的情况进行监控、预警和分析，切实做到“早发现、早报告、早处置”。实验室、保卫处应加强安全监管和巡查工作。

### 2. 预警级别

按照事故严重程度，将突发事件分为Ⅰ级、Ⅱ级和Ⅲ级三个级别。

Ⅰ级事件（重大事件）：事故发生学院不可控制的危险化学品火灾、泄漏等情况；危险化学品事件导致人员死亡或 3 人及以上人员受伤。

Ⅱ级事件（较大事件）：事故发生学院可以控制的危险化学品火灾、泄漏等情况；危险化

学品事件导致1～2人受伤。

Ⅲ级事件(一般事件):仅限某一实验室少量的危险化学品泄漏或事故发生后可由学院立即消灭的危险化学品火灾,且未造成人员伤亡。

**3. 预警响应**

(1) 当发生Ⅰ级事件时,事故发生单位应第一时间拨打“119”和“120”请求救援,同时向学校安全领导小组报告,报告内容包括事故发生的时间、地点,涉及危险化学品类别、名称和数量,涉及人员情况,已采取的控制措施等。同时,由学校安全领导小组确定启动应急预案,采取措施防止事态扩大。接到事故发生单位报告后,学校安全领导小组应第一时间向学校相关部门报告,同时立即成立应急处置临时指挥部,负责应急工作指挥、调度,及时、有效地对事故进行处置,全力控制事件发展态势,防止次生、衍生事件发生。待相关部门赶往现场后,安全领导小组应积极配合上级部门的救援工作,直至突发事件终止。

(2) 当发生Ⅱ级事件时,事故发生单位应第一时间向安全领导小组报告,并立即启动应急预案,采取措施防止事态扩大。接到事故发生单位报告后,学校安全领导小组应第一时间向学校相关部门报告,并立即成立应急处置现场指挥部,现场指导各部门开展应急处置,并按有关规定做好事件信息报送工作。事故终止后,事故发生单位应调查事故发生原因,并将书面报告上报至上级相关部门。

(3) 当发生Ⅲ级事件时,事故发生单位立即启动应急预案,开展应急处置工作,并根据事故情况进行现场处置并向领导小组报告。在对事故进行处置时,救援人员应注意自我防护。事故控制后,应由事故发生单位及时对突发事件进行调查、评估、总结,并向学校安全领导小组上报事件总结报告。

## 五、应急处置与救援

**1. 应急准备**

(1) 应急人员

① 由院系应急机构负责应急人员的组织和培训。

② 事故现场应急救援人员必须配备相应的防护装备,采取安全防护措施,应严格控制应急救援人员出入事故现场。

(2) 通信与信息保障

院系及学校保卫处应设有24 h值班电话,突发事故应急处置成员应保持手机24 h畅通。

(3) 应急和救助的装备、物资准备

使用、存储和处置危险化学品的实验室应根据所涉及危险化学品的性质、危害等因素,配备应急救援装备、物资,用于突发事故的应急准备与处理。

**2. 报告程序**

(1) 事故发生单位在积极组织现场应急工作的同时,应向本单位主管领导、保卫处(应急办)报告情况。保卫处在事故发生时应立即通报领导小组,并安排人员封锁事故现场、了解事故情况,相关职能部门和单位主要人员应立即赶赴现场。

(2) Ⅰ级事件、Ⅱ级事件危险化学品事故在确认后 0.5 h 内,由学校办公室负责向省级教育部门报告;由保卫处向公安部门、安监部门和应急部门报告;如果造成人员伤害、环境污染,应由公共事务处报上级环保部门和上级卫生部门。

(3) 如事故本身比较敏感或发生在特殊时期,或可能演化为超过重大事故级别时,事故发生单位应不受分级标准限制,立即向公安、应急、环保和卫生等政府部门报告,并请求支援。

(4) 事故信息报告内容包括:事故发生的单位名称、时间、地点,涉及危险化学品的名称、类别和数量;事故发生的初步原因;事故概况和处理情况;人员伤亡及撤离情况(人数、程度);事故对周边自然环境影响情况,如是否造成环境污染和破坏;报告人的单位、姓名和联系电话;续报相关情况等。

(5) 任何单位和个人不得迟报、漏报、谎报和瞒报危险化学品事故信息。

**3. 应急处置基本任务**

(1) 控制危险源

及时控制造成事故的危险源,防止事故继续扩散。

(2) 抢救伤者

及时、有序、有效地实施现场施救与安全转送伤者,以降低伤亡率,减少事故危害。

(3) 引导人员撤离

组织撤离时应指导人员采取各种措施进行自身防护,并朝上风向迅速撤离出危险区。撤离过程中,应积极组织人员开展自救和互救工作。

(4) 做好现场处置,防止次生事故

对于事故现场外逸的有毒有害物质,应及时组织人员予以清除,以防止对人和环境持续造成危害。在此过程中,应注重应急救援人员的自身防护,以防发生二次伤害。个人防护装备应根据现场的具体危害情况进行配备。

**4. 先期处置**

事故发生单位应迅速启动应急处置预案,组织本单位应急救援力量和工作人员搜救受害人员,疏散、撤离、安置受到威胁的人员;控制危险源,标明危险区域,封锁危险场所,采取其他防止危害扩大的必要措施,防止发生次生、衍生事故,避免造成更大的人员损伤、财产损失和环境污染。

**5. 现场应急处置**

危险化学品事故的应急处置方案包括危险化学品丢失或被盗事件、危险化学品泄漏事件、危险化学品中毒事件应急方案(具体见表 E.2),以及危险化学品火灾(爆炸)事件应急方案。

**表 E.2　危险化学品丢失或被盗、泄漏、中毒事件应急方案(简化版)**

| | 危险化学品丢失或被盗事件应急方案 | 危险化学品泄漏事件应急方案 | 危险化学品中毒事件应急方案 |
|---|---|---|---|
| 应急处理步骤 | 1. 搜查作案人员；<br>2. 确定事故发生位置；<br>3. 确定化学品种类(易燃、易爆物质或有毒物质)；<br>4. 确定丢失、被盗化学品数量；<br>5. 确定化学品被损坏程度；<br>6. 采取有效措施以保护、封锁现场；<br>7. 通过监控视频影像查找线索；<br>8. 在校园内保持适度戒备，必要时报告政府有关部门，请求支援，协助公安部门处置 | 1. 搜救受伤(中毒)及被困人员；<br>2. 确定泄漏源位置；<br>3. 确定泄漏的化学品种类(易燃、易爆物质)；<br>4. 确定泄漏所需的应急救援处置技术和专家；<br>5. 确定泄漏源的周围环境；<br>6. 确定有无泄漏物质进入大气、附近水源、下水道等；<br>7. 明确周围区域存在的危险源分布情况；<br>8. 确定泄漏时间或预计持续时间；<br>9. 确定实际或估算的泄漏量；<br>10. 明确现场的气象信息；<br>11. 预测泄漏扩散趋势；<br>12. 明确泄漏可能导致的后果(泄漏是否可能引起火灾、爆炸、中毒等后果)；<br>13. 明确泄漏危及周围环境的可能性；<br>14. 确定泄漏可能导致后果的主要控制措施(堵漏、工程抢险、人员疏散、医疗救护等)；<br>15. 确定需要使用的应急救援力量及设备器材 | 1. 搜救受伤(中毒)及被困人员；<br>2. 确定毒物源的位置；<br>3. 明确引起中毒的物质类别(剧毒性、腐蚀性等)；<br>4. 确定所需的中毒应急处置专家类别；<br>5. 明确中毒地点的周围环境；<br>6. 确定是否已有有毒物质进入大气、附近水源等场所；<br>7. 确定气象信息；<br>8. 确定中毒可能导致的后果及其主要控制措施(中和、解毒等措施)；<br>9. 确定需要调动的应急救援力量(卫生部门等)及设备器材 |

(1) 危险化学品丢失或被盗事件应急方案

当发生危险化学品丢失或被盗事故时，事故单位应保护好现场。相关学院、单位和实验室应根据本预案的事故报告程序，上报公安部门、安监部门和应急部门，并配合做好相关工作。

(2) 危险化学品泄漏事件应急方案

在化学品的储存和使用过程中，如发生盛装化学品的容器发生破裂、洒漏，造成危险化学品的外漏时，应采取简单、有效的措施减少或消除泄漏危险。

① 疏散与隔离

一旦发生危险化学品泄漏，首先应疏散无关人员，隔离泄漏污染区，及时在事故中心区边界设置警戒线。如果是易燃、易爆化学品大量泄漏，应立即切断事故区域内的各种火源，设置警戒线，并及时拨打“119”报警，请求消防专业人员救援，同时要保护、控制好现场。如泄漏物有毒，应使用专用防护服、隔绝式防毒面具。根据事故情况和事故发展，确定撤离事故波及区人员。

② 切断火源

切断火源对化学品的泄漏处理特别重要，如果泄漏物品是易燃品，必须立即消除泄漏污

染区域的各种火源。

③ 个人防护

参加泄漏处理人员应对泄漏品的化学性质和反应特征有充分的了解，要于高处和上风处进行处理，严禁单独行动，要有监护人。必要时要用水枪（雾状水）掩护。要根据泄漏品的性质和毒物接触形式，选择适当的防护用品，防止事故处理过程中发生中毒、伤亡事故。

④ 泄漏源控制与处理

应急救援人员尽可能通过关闭阀门、停止实验、堵漏、中和、吸附等方法控制危险化学品泄漏源。切忌直接接触泄漏物。

a. 围堤堵截。围堤堵截是控制液体泄漏物最常用的方法。当液体危险化学品泄漏到地面上，会四处蔓延扩散，难以收集处理，这就需要筑堤堵截或者将其引流到其他安全地点；如泄漏物是易燃物，操作时要特别注意，避免发生火灾。

b. 稀释与覆盖。可用消防用水向有害物蒸气云喷射雾状水，加速气体向高空扩散。对于可燃物，可在现场施放大量水蒸气或氮气，破坏燃烧条件；对于液体泄漏，可用泡沫或其他覆盖物品覆盖外泄的物料，在其表面形成覆盖层，抑制其蒸发；对于气体泄漏，应开窗保持通风，稀释其浓度。

c. 收集。当泄漏量小时，可用沙子、吸附材料、中和材料、吸收棉等吸收、中和；当泄漏量大时，可选择用隔膜泵将泄漏物抽入容器内。

d. 废弃。将收集的泄漏物包装好，按照学校的相关规定，进行暂存、处置。用消防水冲洗残留的少量物料。

(3) 危险化学品中毒事件应急方案

化学品急性中毒事件多由意外事件引起，其特点是病情发生急骤、病状严重、变化迅速，必须争分夺秒地抢救中毒人员。

① 个人防护最重要

当急性中毒发生时，毒物多数从呼吸道和皮肤侵入体内，因此应急救援人员在进入泄漏区域进行抢救工作之前，应该根据泄漏具体情况选择佩戴适合救援环境的防护用品和应急器具，如过滤式防毒面具、防毒防护服、防毒手套、防毒靴和气体检测仪等。

在救援过程中，一旦选择或使用的防护用品和应急器具的某一环节出了差错，将可能对应急救援人员造成致命性的伤害，因此，应急个人防护工作必须谨慎对待。

② 切断毒源要趁早

救援人员进入事故现场后，除对中毒者进行抢救外，同时应果断采取关闭阀门、堵塞泄漏等措施以尽快切断毒源，防止毒物继续外溢。对于已扩散出来的有毒气体，应立即启动通风设施抽排或开启门、窗等来通风，以降低有毒物质在空气中的含量，为抢救工作创造有利条件。

③ 转移伤者刻不容缓

将伤者尽快转移到空气流通的安全地带，解开其领扣，使其呼吸通畅；脱去其受污染衣服，并彻底清洗其受污染的部位，注意保暖，阻止毒物继续侵入其体内。

④ 应急救援不可少

针对不同的中毒事件，应采取相应的措施进行应急救援。对于呼吸困难或停止者，应立即进行人工呼吸；对心脏骤停者，应立即进行胸外心脏按压；对于眼部溅入毒物者，应立即用

大量清水冲洗。

⑤ 解毒排毒按种类

若毒物无腐蚀性，要立即对中毒者进行催吐，可用大量清水引吐，或用药物（0.02%～0.05%高锰酸钾溶液或5%活性炭溶液等）引吐；当发生氯化钡中毒时，可口服硫酸钠，使胃肠道尚未吸收的钡盐成为硫酸钡沉淀，防止被吸收；当发生氨、铬酸盐、汞盐、羧酸类、醛类、酯类中毒时，可喝牛奶、吃生鸡蛋等缓解；当发生烷烃、苯、石油醚中毒时，可喝一汤匙液体石蜡和含硫酸镁或硫酸钠的水；当发生一氧化碳中毒时，应立即吸入氧气，以缓解机体缺氧，并促进毒物排出。

⑥ 送医治疗最可靠

经过初步急救，应迅速将中毒者送往医院继续治疗。

（4）危险化学品火灾（爆炸）事件应急方案

危险化学品一旦起火，就会发展迅速而猛烈，甚至有时会发生爆炸，危险性和破坏性很大且不易扑救。在保证扑救人员安全的前提下，要遵循“先控制，后消灭；先救人，后救火”的原则。应急处理步骤见表E.3。

**表E.3　危险化学品火灾（爆炸）事件应急方案（简化版）**

| | 危险化学品火灾事故应急方案 | 爆炸事故处置应急方案 |
|---|---|---|
| 应急处理步骤 | 1. 搜救受伤及被困人员；<br>2. 确定火灾位置；<br>3. 确定引起火灾化学品的种类；<br>4. 确定所需的灭火应急处置技术和专家；<br>5. 明确周围区域存在的危险源分布情况；<br>6. 预测火灾扩散趋势；<br>7. 明确火灾危及周围环境的可能性；<br>8. 确定火灾可能导致后果的主要控制措施，如毒害气体防护、设备抢险、人员疏散、医疗救护等；<br>9. 确定需要使用的应急救援力量及装备器材 | 1. 搜救受伤及被困人员；<br>2. 确定爆炸地点；<br>3. 确定爆炸类型（物理爆炸、化学爆炸）；<br>4. 确定引起爆炸的物质类别（气体、液体、固体）；<br>5. 确定所需的爆炸应急救援处置技术和专家；<br>6. 明确爆炸地点危险化学品的存留情况及周围环境；<br>7. 明确周围区域存在的危险源分布情况；<br>8. 确定爆炸可能导致的后果，如火灾、二次爆炸等；<br>9. 确定爆炸可能导致后果的主要控制措施，如再次爆炸控制手段、人员疏散、医疗救护等；<br>10. 确定需要使用的应急救援力量及装备器材 |

① 易燃液体火灾

应先切断火势蔓延的途径，控制燃烧范围，并积极疏散被困人员和抢救受伤人员。常见的易燃液体有各种油品、有机溶剂等。易燃液体火灾的灭火方法主要取决于其比重和能否溶于水。一般来说，非溶性易燃液体燃烧可用普通泡沫、干粉或雾状水扑救，如石油、汽油、煤油、苯、柴油、石油醚、乙醚等比水轻且又不溶于水或微溶于水的烃基化合物。可溶性易燃液体应选用抗溶性泡沫、干粉等灭火剂，如甲醇、乙醇等醇类，乙酸戊酯、乙酸乙酯等酯类，丙酮、丁酮等酮类。

② 易燃气体火灾

易燃气体的主要危险性是易燃易爆性，所有处于燃烧浓度范围内的易燃气体，遇到火源都可能发生着火和爆炸，因此，不可盲目灭火。

首先，应扑灭气体泄漏处附近已经被引燃的可燃物火灾，控制火灾危害的范围。不可随意扑灭泄漏处火焰，以防堵漏失败后大量可燃气体继续泄漏，与空气形成爆炸性混合气体，其在遇到火源时易发生二次爆炸。气体泄漏着火后，应先将阀门关小，控制气体流量，降低气体泄漏压力后再进行灭火，如突然将阀门或管道关停，可能产生回火而引起爆炸。如泄漏口不大，可以在短时间内快速予以封堵，可用水、干粉、二氧化碳等先行灭火，然后组织人员迅速实施堵漏。如果有爆炸预兆，则应立即撤离泄漏区域内所有人员。

③ 易燃固体火灾

易燃固体燃点较低，受热、冲击、摩擦或与氧化剂接触都可能引起急剧及连续的燃烧或爆炸。易燃固体发生火灾时，一般都能用水、沙土、泡沫、二氧化碳、干粉等灭火剂扑救，但铝粉、镁粉等着火不可使用水、二氧化碳、卤代烷及泡沫等灭火剂扑救，多用干沙土或D型灭火器灭火。

另外，粉状固体着火时，不能用灭火剂直接对其强烈冲击灭火，以避免粉尘被冲散，在空气中形成爆炸性混合物，继而引发爆炸。磷的化合物、硝基化合物和硫磺等易燃固体着火燃烧时会产生有毒和刺激性气体，应急救援人员在扑救时要加强个人防护，且要站在上风向，以防中毒。

④ 遇湿易燃物品火灾

遇湿易燃物品能与水发生化学反应，产生可燃气体和热量，即使没有明火也可能发生自燃或爆炸，如金属钾、钠和三乙基铝（液态）等。遇湿易燃物品禁止用水、泡沫、酸碱灭火器等湿性灭火剂扑救，应用干粉、二氧化碳等扑救。固体遇湿易燃物品应用干沙、干粉、蛭石等覆盖。

⑤ 毒害品和腐蚀品火灾

毒害品通常是经口服、皮肤接触或吸入有毒蒸气而引起中毒。腐蚀品主要是通过皮肤接触导致化学灼伤。一般情况下，应急救援人员必须采取全身防护，应尽量使用低压水流或雾状水，以防毒害品溅出，扩大危害外溢范围。

对于遇酸类或碱类腐蚀品，应使用中和剂稀释中和。浓硫酸遇水能放出大量的热，会导致腐蚀物飞溅，需特别注意个人安全防护。对于少量浓硫酸，可用大量低压水快速扑救；对于大量浓硫酸，应先用二氧化碳、干粉等灭火器灭火，再把着火物品与浓硫酸分开。

⑥ 爆炸物品

迅速判断并快速查清再次发生爆炸的可能性和危险性，在保障救援人员人身安全的前提下，利用爆炸后和二次爆炸之前的时机，采取一切有效措施，尽可能地阻止二次爆炸的发生。当应急救援人员发现即将发生二次爆炸的危险时，应迅速撤至安全区域，如果来不及撤离，应就地卧倒。扑灭火灾后，需继续派人检查现场，消灭余火。

火灾事故发生单位应当及时保护现场，接受事故调查，协助公安消防监督部门和上级安全管理部门（或危险化学品监督管理部门）调查火灾事故发生的原因，核定火灾损失，查明火灾责任，未经相关部门的同意，不得擅自清理火灾现场。

### 6. 应急人员的安全防护

（1）应急人员的安全防护

现场应急救援人员及有关人员应按照要求佩戴相应的防护装备，采取安全防护措施，严格执行应急救援人员进入和离开事故现场的相关规定。

（2）现场人员安全防护

根据实际情况，制订切实可行的疏散程序（包括指挥机构、疏散组织、疏散范围、疏散路线、疏散人员的安置等）。组织师生撤离危险区域时，应选择安全的撤离路线，避免横穿危险区域。进入安全区域后，应尽快脱掉受污染的衣物，防止继发性伤害。根据不同的化学品安全事故的具体特点以及应急人员的职责，采取不同的防护措施：应急救援指挥人员、医务人员和其他不进入污染区域的应急人员一般配备过滤式防毒面罩、防护服、防毒手套、防毒靴等；消防和抢险人员等进入污染区域的应急人员应配备密闭型防毒面具、防酸碱型防护服、空气呼吸器、防化靴等。同时，应做好现场毒物的洗消工作（包括对人员、设备、设施和场所等的洗消工作）。

**7. 在不同危险化学品事故区域应采取的具体应对措施**

（1）事故中心区域

事故中心区的应急救援人员需要全身防护，并佩戴隔绝式防毒面具。救援工作包括封闭现场、切断事故源、抢救伤员、保护和转移其他危险化学品、清除渗漏毒物、洗消等。非应急救援人员撤离到安全区域后应清点人数，并进行登记。事故中心区域边界应设有显著的警戒标志。

（2）事故波及区域

该区域的救援工作主要是指导防护、监测污染情况，控制交通，组织排除滞留的危险化学品气体。应根据事故实际情况组织人员疏散转移。

（3）受影响区域

该区救援工作主要是及时指导群众进行防护，对群众进行有关知识的宣传，稳定群众的思想情绪，做好基本的应急准备。

**8. 信息发布和舆情监测**

危险化学品事故发生后，单位党委宣传部负责向新闻媒体提供相关信息，并加强舆情监测，关注网络舆情信息、自媒体等的信息安全，实施正面引导。

**9. 响应升级**

如果危险化学品事故的事态进一步扩大，预计依靠学校现有应急资源和人力难以实施有效处置时，应报请上级教育部门和公安、应急、环保、卫生等相关部门协助处置。

**10. 应急结束**

当事故现场得到有效控制，次生、衍生事故隐患消除后，经过应急救援组长确认或在公安、应急、环保、卫生等相关部门许可下，可宣布应急状态终止。

在一般、较大危险化学品事故应急处置完成后，由应急办确定应急响应结束。

在重大危险化学品事故应急结束后，由学校危险化学品事故应急处置领导小组组长宣布应急响应结束。

## 六、应急保障

**1. 应急资金保障**

学院提供安全管理专项经费，如安全管理工作经费、安全培训会议经费、事故发生后的

救护等处理费用、应急物资设备购置和维修费用等。做好经费保障,配备应急救援装备、物资(如急救箱、防毒面罩、防护服、防毒手套、防毒靴、防护服和空气呼吸器等),并定期检查维护,保证应急时可用。

**2. 应急通信保障**

安全应急小组成员、实验室安全负责人、实验室主任、实验室工作人员的手机应保持 24 h 畅通。如果需要更新联系方式,应及时向安全领导小组报备。应急处置过程中配备无线对讲机进行联络。

**3. 人员培训工作**

各危险化学品涉及单位负责配备本单位应急救援人员,并组织培训、演练,提升相关人员的应急能力。

**4. 应急技术保障**

校内各使用、存储、运输危险化学品的单位,应根据所涉及危险化学品的性质、危害等因素,做好技术保障,建立图像监控系统、自动化报警系统,实现对重要场所、重点部位、关键设备设施的动态化和信息化监管,全面提升学校各相关单位的监控、预警和应急处置能力。

建立危险化学品安全管理信息系统,及时汇总危险化学品基础数据和安全隐患台账信息,分析识别危险源和危险要素,为危险化学品事故应急救援提供准确信息。

## 七、后期处置与调查评估

**1. 后期处置**

应急状态终止后,根据事故实际情况及造成的后果,相关部门和学院制订善后处理措施,组织实施损失评估核定、秩序恢复、环境整治、事件调查评估等各项工作。

善后处理工作主要包括事件中伤亡人员的抚恤、补偿、补助和相应的心理干预及司法援助,紧急调拨物资的处理和补偿,环境污染清理,有关教学、科研、生活等设施的恢复重建,有关院系、教研室或个人向保险机构的理赔等。

**2. 调查评估**

(1) 在一般危险化学品事故处置工作结束后,学院应于 3 天内写出应对工作总结报告,并报应急办。报告内容应包括事故发生的时间地点、采取的措施和处置的结果。

(2) 在较大、重大危险化学品事故处置工作结束后,应急办应组织进行调查评估,学校相关单位应积极配合评估报告的撰写。

(3) 较大以上事故调查评估报告应包括事故原因及背景分析、处置过程规范性及效率分析、处置效果分析、责任分析等内容,此报告应在事故处置结束后 5 天内完成。

**3. 追究责任**

(1) 参加执行本预案的有关人员必须认真履行职责,严格服从命令、听从指挥、坚守岗位。

(2) 突发危险化学品事件处置实行问责制,对迟报、谎报、瞒报和漏报突发危险化学品事件重要情况,或在处置突发危险化学品事件中有其他失职、渎职行为的,根据其性质和造

成后果的严重程度，依法依规给予处理，构成犯罪的应移送司法机关依法追究其刑事责任。

## 八、宣传、培训和演练

**1. 宣传**

积极开展危险化学品事故应急救援有关法律法规以及危险化学品事故预防、疏散、自救、互救和应急处理等基本常识的宣传教育活动。

**2. 培训**

定期组织应急抢险救援队伍参加危险化学品安全知识、安全技能、应急救援的培训，进行常态化考核。强化实验室准入制度，严禁未经培训或未通过考核的人员参与实验室相关工作。

**3. 演练**

根据预案定期组织应急演练，应急演练包括规划与计划、准备、实施、评估总结和改进完善五个阶段。通过应急演练，落实岗位责任制，熟悉应急工作的指挥机制，决策、协调和处理程序，评价应急准备状态，检验预案的可行性，进一步修订和完善应急预案。

## 九、附则

本预案由学校×××办公室组织制订并负责解释。本预案未尽事项，按国家有关法律法规执行。

本预案自发布之日起施行。

## 十、附件

(1) 应急指挥机构人员表(表E.4)。

(2) 应急联络表(表E.5)。

**表E.4　应急指挥机构人员表**

| 组　　别 | 职　　务 | 姓　　名 | 联系方式 |
|---|---|---|---|
| 学校安全领导小组 | 组长 | | |
| | 副组长 | | |
| | | | |
| | | | |
| | 组员 | | |
| | | | |
| | | | |

续表

| 组　别 | 职　务 | 姓　名 | 联系方式 |
|---|---|---|---|
| 学院安全领导小组 | 组长 | | |
| | 副组长 | | |
| | | | |
| | | | |
| | 组员 | | |
| | | | |
| | | | |

**表 E.5　应急联络表**

| 序号 | 部　门 | 联系方式 | 联系人 | 备　注 |
|---|---|---|---|---|
| 1 | 公安局 | 110 | | |
| 2 | 急救中心 | 120 | | |
| 3 | 火警 | 119 | | |
| 4 | 实验室值班人员 | | | |
| | | | | |
| | | | | |

# 参考文献


［1］ 国家环境保护总局环境监察办公室.环境应急手册[M].北京:中国环境科学出版社,2003.

［2］ 邢娟娟.企业重大事故应急管理与预案编制[M].北京:航空工业出版社,2005.

［3］ 李涛,张敏,缪剑影.密闭空间职业危害防护手册[M].北京:中国科学技术出版社,2006.

［4］ 周素梅,吕琳,赵锐.个体防护在应急救援中的作用[J].安全,2003(6):42-43.

［5］ 刘功智,耿凤,邓云峰.企业重大事故应急预案编制探讨[J].中国安全生产科学技术,2005(5).

［6］ 王岩,刘妙,朱保卿.呼吸防护装备的分类及选用[J].中国个体防护装备, 2005(1):37-40.

［7］ 赵阳,董会君.特种劳动防护服的送检与检测[J].劳动保护,2005(6):74-76.

［8］ 顾华,翁景清.实验室意外事件应急处理手册[M].北京:人民卫生出版社,2016.

［9］ 赵正宏.应急救援装备[M].北京:中国石化出版社,2019.

[10] 邢娟娟,陈江.劳动防护用品与应急防护装备实用手册[M].北京:航空工业出版社,2007.

[11] 国家安全生产法制教育丛书编委会.劳动防护用品管理法规读本[M].北京:中国劳动社会保障出版社,2010.

[12] 闪淳昌,薛澜.应急管理概论:理论与实践[M].北京:高等教育出版社,2012.

[13] 龚建军.应急管理人员培训教材[M].北京:机械工业出版社,2019.

[14] 全国个体防护装备标准化技术委员会.个体防护装备标准汇编[M].北京:中国标准出版社,2021.

[15] 崔政斌,石方惠,周礼庆.危险化学品企业应急救援[M].北京:化学工业出版社,2018.

[16] 国家安全生产监督管理总局宣传教育中心.安全生产应急管理人员培训教材[M].北京:团结出版社,2015.

[17] 周国泰,余启元.中国劳动防护用品实用全书[M].北京:中国劳动出版社,1997.

[18] 聂幼平,崔慧峰.个体防护装备基础知识[M].北京:化学工业出版社,2005.

[19] 孙承业,姚红,突发公共卫生事件现场救援中的个体防护[J].中华预防医学杂志,2004(6):67-68.

[20] 刘铁民.应急体系建设与预案编制[M].北京:企业管理出版社,2004.

[21] 魏礼群.中国应急救援读本[M].北京:国家行政学院出版社,2018.

[22] 赵正宏.应急救援预案编制与演练[M].北京:中国石化出版社,2019.

[23] 张宏宇,王永西.危险化学品事故消防应急救援[M].北京:化学工业出版社,2019.

[24] 吴宗之,刘茂.重大事故应急救援系统及预案导论[M].北京:冶金工业出版社,2003.

[25] 万成略.应急救援与个体防护[J].中国个体防护装备,2004(3):6-7.

[26] 孙玉叶.危险化学品事故应急救援与处置[M].北京:化学工业出版社,2017.

[27] 王怀青.防护服[J].中国个体防护装备,2005(1):32-36.

[28] 国家安全生产应急救援指挥中心.危险化学品应急救援[M].北京:煤炭工业出版社,2008.

[29] 乔仁毅,龚维斌.政府应急管理[M].北京:国家行政学院出版社,2014.

[30] 陆愈实,郭海林,庞奇志.应急预案编制与演练[M].北京:气象出版社,2017.

[30] 王船英,桑蕾,郑枝花,等.医学院校化学实验室常见安全事故的防范与应急处理[J].安徽医专学报,2022,21(5):24-26.

[31] 徐涵湄.高校实验室安全管理问题分析及对策探讨[J].中国多媒体与网络教学学报(上旬刊),2022(10):130-133.

[32] 吕明泉,徐烜峰,李佳轶,等.建设事故案例多媒体库强化实验室安全教育[J].实验室研究与探索,2022,41(6):306-309.

[33] 彭卫芳,雎罡,曹新亭.化学实验室的安全管理与防护[J].化工管理,2022,630(15):18-20.

[34] 丁静,关明云.高校化工与化学实验室事故成因分析及对策[J].化工管理,2022, 624(9):110-112.

[35] 李垚栋.2010—2020年高校实验室事故统计分析及对策研究[J].黑龙江科学,2022,13(1):13-15.

[36] 汤海峰,刘艳,李臣亮,等.高校化学实验室常见安全事故的紧急处置策略[J].广东化工,2021,48(24):89-90.

[37] 王岩,张志勇,张迎颖,等.100起实验室安全事故分析与建议[J].实验室科学,2021,24(6):221-226,230.

[38] 陈亮,戴灵豪,关旸,等.高校实验室安全教育体系构建与实践[J].实验室研究与探索,2022,41(2):286-290.

[39] 谌委菊.高校科研化学实验室安全事故剖析及防患策略[J].山东化工,2021,50(16):238-239.

[40] 郭海军,唐寒露,王凯,等.基于24Model的高校危化品实验室事故分析及对策[J].中国安全科学学报,2022,32(11):168-174.

[41] 李贤功,吴祝武,张春蕾,等.基于关联规则的实验室事故分析[J].实验技术与管理,2022,39(10):218-221.

[42] 谌委菊.高校科研化学实验室安全事故剖析及防患策略[J].山东化工,2021,50(16):238-239.

[43] 李晓蔚,刘成涛,关晓琳.基于闭环管理浅谈高校实验室安全存在的隐患及整改[J].广州化工,2021,49(13):226-228.

[44] 李志华,邱晨超,贺继高,等.化学类实验室火灾爆炸事故分析及其预防[J].实验室科学,2021,24(3):218-222.

[45] 田志刚,郭子萌,佟瑞鹏.基于致因机理的高校实验室安全事故分析与危机管理探索[J].实验技术与管理,2021,38(6):265-268,286.

[46] 何在菊,刘鹏,毕建杰,等.实验室危险化学品事故发生原因及管理对策研究[J].实验室科学,2021,24(1):222-224,227.

[47] 李倩雯,许兰娟.高校化学实验室火灾爆炸事故分析及对策[J].山东化工,2020,49(15):251-252,258.

[48] 汤营茂,缪清清,钱庆荣,等.高校实验室危险化学品安全事故应急处置能力提升的探讨[J].实验技术与管理,2020,37(4):277-279.

[49] 吴粤桑.气瓶安全[M].北京:中国劳动社会保障出版社,2009.

[50] 董继业,马参国,傅贵,等.高校实验室安全事故行为原因分析及解决对策[J].实验技术与管理,2016,33(10):258-261.

[51] 杨健,史经纬,郑雨航,等.新形势下高校实验室安全事故应急演练设计与应用[J].实验室研究与探索,2022,41(9):300-303.

[52] 安宇,郭子萌,王彪,等.高校实验室事故致因分析与安全管理研究[J].安全,2022,43(8):34-39,6.

[53] 张晓华.化学实验室安全事故统计分析[J].安全、健康和环境,2022,22(8):7-11.

[54] 王梓丞.高校实验室火灾爆炸事故原因分析及管理对策[J].数据,2022,336(8):113-115.

[55] 王维.以事故为镜,提升实验室安全培训质量[J].劳动保护,2022,566(8):18-20.

[56] 北京大学化学与分子工程学院实验室安全技术教学组.化学实验室安全知识教程[M].北京:北京大学出版社,2012.

[57] 唐彬.美国德州理工大学实验室爆炸事故分析及启示[J].劳动保护,2016,495(9):83-85.

[58] 郭旭,陈秋平.高校化学实验室个体防护装备的选择与管理[J].中国个体防护装备,2014,126(5):22-25.

[59] 丁静,关明云.高校化工与化学实验室事故成因分析及对策[J].化工管理 2022(9):110-112.

[60] 李志红.100 起实验室安全事故统计分析及对策研究[J].实验技术与管理,2014,31(4):210-213,216.

[61] 刘浴辉,向东,陈少才.英国牛津大学实验室安全管理体系[J].实验技术与管理,2011,28(2):168-171.

[62] 武湘豫.高校实验室安全事故类型与安全管理对策研究[J].科技创新导报,2020,17(5):160-162.

[63] 付净,刘虹,刘文博.高校实验室火灾爆炸事故原因分析及管理对策[J].吉林化工学院学报,2018,35(5):87-92.

[64] 王岩,陶清源,任浩,等.浅谈高校实验室生物安全管理[J].实验室研究与探索,2014,33(9):301-304.

[65] 叶元兴,马静,赵玉泽,等.基于 150 起实验室事故的统计分析及安全管理对策研究[J].实验技术与管理,2020,37(12):317-322.

[66] 陈明勋.实验室安全防护知识及其管理研究[J].现代盐化工,2020,47(6):167-168.

[67] 徐超,郭琳,赵春雨,等.基于“2-4”模型的高校易燃易爆实验室事故致因与对策[J].实验技术与管理,2021,38(5):248-254.

[68] 贺蕾,廖婵娟,卢丽丽,等.112 起高校实验室事故分析统计与防控对策研究[J].中国公共安全(学术版),2017(2):49-53.

[69] 王蕾,代养勇.基于蝴蝶结贝叶斯网络的高校实验室火灾爆炸事故的风险评估[J].实验室研究与探索,2021,40(4):304-308.

[70] 甘圣义,文方林,聂冬梅,等.2010—2019 年国内高校及研究院所.实验室涉化类消防安全事故原因分析及对策研究[J].科技与创新,2021,175(7):32-36.

[71] 余庆华.抓好安全教育培训,治理隐患源头[J].西部探矿工程,2014(2):186-188.

[72] 田水承,景国勋.安全管理学[M].北京:机械工业出版社,2009.

[73] 沈子靖,黄开胜,艾德生,等.化学类实验室设施安全建设[J].实验技术与管理 2021,38(11):286-288,294.

[74] 教育部高等教育司.教育部办公厅关于组织开展 2022 年高等学校实验室安全检查工作的通知[EB/OL].(2022-03-16)[2024-07-15].http://www.moe.gov.cn/srcsite/A03/s7050/202204/t20220406_614080.html.

[75] 教育部高等教育司.教育部办公厅关于开展加强高校实验室安全专项行动的通知[EB/OL].(2021-12-10)[2024-07-15].http://www.moe.gov.cn/srcsite/A16/s7062/202112/t20211224_589878.html.

[76] 教育部高等教育司.教育部办公厅关于进一步加强高校教学实验室安全检查工作的通知[EB/OL].(2019-01-16)[2024-07-15].http://www.moe.gov.cn/srcsite/A08/s7945/s7946/201901/t20190124_368001.html.

[77] 教育部高等教育司.教育部办公厅关于印发《高等学校实验室安全规范》的通知[EB/OL].(2023-02-14)[2024-07-15].http://www.moe.gov.cn/srcsite/A16/moe_784/202302/t20230220_1045998.html.

# 彩 色 图 表

图 1.9　安全标识

表 3.4　各类安全标识

| 标识类别 | 颜色 | 标识含义 | 安　全　标　识 |
|---|---|---|---|
| 禁止标识 | 红色 | 禁止、停止、危险 |  |
| 警告标识 | 黄色 | 警告、注意 |  |
| 指令标识 | 蓝色 | 遵守指令 |  |
| 提示标识 | 绿色 | 安全信息、通行 |  |

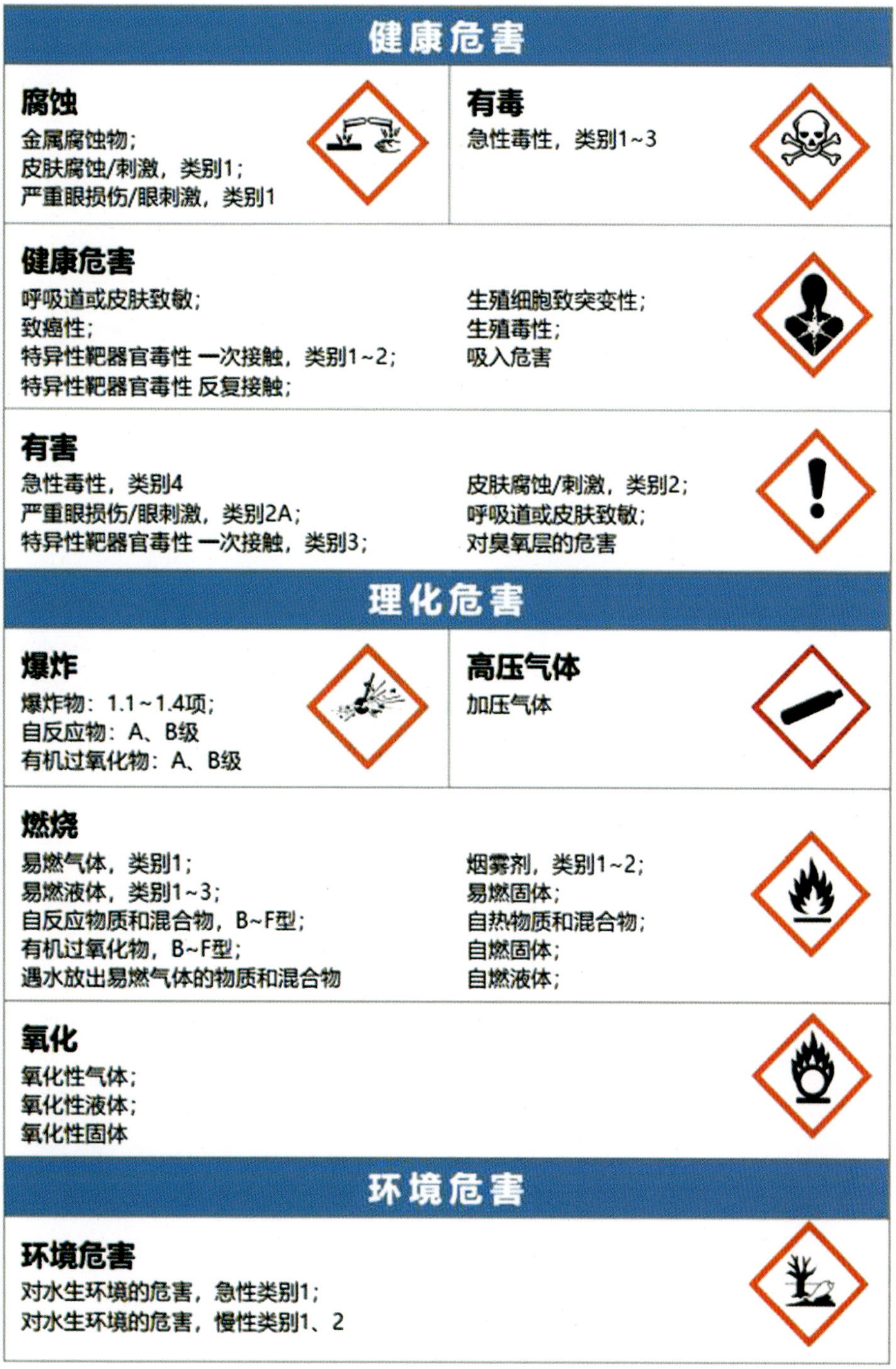


图 3.4　化学品危险性象形图

# 目　　录

仿真实验项目建设和应用的基础上，我们编写了《实验室安全应急防护概论》新形态教材。全书结合实验室安全事故经典案例、情景案例，以实验室安全应急防护工作为中心，着重介绍应急防护基础知识及设施设备的选择、使用方法和不同情景的案例分析、应急策略等安全知识。同时，还提供了一些学习资源，包括化学品安全技术说明书（Material Safety Data Sheet，MSDS）数据、实验室安全检查表等，也共享了虚拟仿真实验资源，供读者自主学习。基于以人为本、自我防护的理念，本书突出适用性、实用性和可操作性，易于掌握、借鉴与使用，对减少人员伤亡、财产损失和环境破坏，以及应急工作指导具有积极意义。

本书在编写过程中，得到了很多专家的宝贵意见和建议，在此对相关专家表示衷心的感谢！特别感谢朱平平老师、郑媛老师、冯红艳老师在实验室安全知识系统化方面的指导！本书出版获中国科学技术大学研究生教育创新计划教材出版项目的支持。由于编者水平有限，书中疏漏与不妥之处在所难免，敬请广大读者批评指正，以便今后补充完善。

**编　者**

2025 年 4 月

# 前　言

随着我国教育事业的不断进步，实验室作为重要的教学、科研和社会服务场所，受到了广泛的关注和重视。但是，实验室里的危险化学品、危险气瓶等给实验室和人员带来潜在安全风险，稍有不慎就会发生事故，轻则造成财产损失，重则导致人员伤亡。

党中央、国务院历来高度重视实验室安全工作，实验室安全工作复杂艰巨，是教育系统安全工作的重点。《教育部办公厅关于进一步加强高校教学实验室安全检查工作的通知》（教高厅〔2019〕1 号）明确指出：要切实做好应急人员、物资和经费的保障工作，确保突发事件预防、现场控制等工作的及时开展。要定期开展应急演练，确保能应急、有实效。《教育部办公厅关于开展加强高校实验室安全专项行动的通知》（教科信厅函〔2021〕38 号）明确指出：各级预案或措施要明确应急体系各节点的责任人，并配齐配足应急人员、物资、装备和经费，确保应急功能完备、人员到位、装备齐全、响应及时。实验室要配齐实验防护用品与装备并保证其在有效期内。《教育部办公厅关于印发〈高等学校实验室安全规范〉的通知》（教科信厅函〔2023〕5 号）中指出：定期开展应急知识学习、应急处置培训和应急演练，保障应急人员、物资、装备和经费，保证应急功能完备、人员到位、装备齐全、响应及时。高校应加强安全物资保障，配备必要的安全防护设施和器材，建立能够保障实验人员安全与健康的工作环境；定期检查实验防护用品与装备、应急物资的有效性；严格落实实验室安全准入、隐患整改、个人防护等日常安全管理工作，切实保障实验室安全。

在实施及时有效的应急处理过程中，个人应急防护用品和应急防护设施是保护实验室人员安全和健康的最后一道屏障。因此，必须让应急防护用品和设施真正管用、好用、用好，才能起到实际的保护作用。然而，由于政策、管理、制度、经费等多方面原因，全国仅部分高校设立了独立的安全教育课程，实验室安全相关课程教材较少，更是缺乏实验室应急防护知识方面的教材。

为此，在“实验室安全应急演练”与“实验室危化品泄漏应急处理”系列虚拟

## 内 容 简 介

本书在“实验室安全应急演练”与“实验室危化品泄漏应急处理”系列虚拟仿真实验项目建设和应用的基础上，结合实验室安全事故经典案例、情景案例，以实验室安全应急防护工作为中心，着重介绍实验室安全应急防护基础知识，应急防护设施设备的选择、使用与管理，应急个体防护设备及管理，应急防护策略等。本书突出适用性、实用性和可操作性，易于掌握和使用，对减少人员伤亡和财产损失，构建安全、高效的实验室环境，保障人员生命安全具有借鉴与参考价值。

本书可作为高等院校安全教育中实验室安全防护应急类教材，也可作为实验室事故应急救援人员的参考资料。

**图书在版编目(CIP)数据**

实验室安全应急防护概论 / 李娇编著. -- 合肥 ：中国科学技术大学出版社，2025. 7. -- ISBN 978-7-312-06219-3

Ⅰ. G311

中国国家版本馆 CIP 数据核字第 20252WF739 号

**实验室安全应急防护概论**

SHIYANSHI ANQUAN YINGJI FANGHU GAILUN

**出版** 中国科学技术大学出版社
安徽省合肥市金寨路 96 号，230026
http://press.ustc.edu.cn
https://zgkxjsdxcbs.tmall.com

**印刷** 安徽省瑞隆印务有限公司

**发行** 中国科学技术大学出版社

**开本** 787 mm×1092 mm 1/16

**印张** 10.5

**插页** 1

**字数** 256 千

**版次** 2025 年 7 月第 1 版

**印次** 2025 年 7 月第 1 次印刷

**定价** 40.00 元

一流规划教材

# 实验室安全应急防护概论

# INTRODUCTION TO LABORATORY SAFETY AND EMERGENCY PROTECTION

李　娇　编著

中国科学技术大学出版社

春秋战国起，在正式交际场合就已经形成了一种大家都要遵循的共同语。

中国从商周到北宋的两千年时间里，都城一直在中原地区，而且主要是在长安和洛阳两地。因此，全国都能通行的共同语的基础方言应该就是长安、洛阳一带中原地区的方言。但从金政权 1153 年正式迁都北京以后，长安和洛阳不再是全国的政治中心。到元代，北京成了世界闻名的元大都，取代了过去的长安和洛阳，成为全国唯一的政治中心，元大都方言也就取代长安和洛阳一带的中原方言，成为具有新的权威性的方言。

秦以前的书面语和口语的距离估计不会太大。秦始皇兼并六国后，实行"书同文"，以秦国文字统一六国文字。中央和各地官吏文书，不仅要文字形式相同，而且用文字写成的书面语也要相同。秦代刻碑和器物上的铭文就是当时的书面共同语。到西汉，封建统治者独尊儒家学派，记载这些经典的文言文，成了不可更改的楷模。汉魏以后，写文章的人沿袭和模仿先秦，逐渐形成了一种相当固定的书面语，并在书面语上占据统治地位，即后来所说的"文言"。文言跟口语的距离越来越远，能够使用的人只占当时全民中的极少数，这种情况难以适应社会和语言的发展。历代不少学者为了让更多的人看懂书面文字，主张书面语同口语相一致。但呼声较弱，效果甚微。

到了晚唐五代，在大众口语的基础上又形成了一种新的书面语，这就是与"文言"相对的"白话"。"白话"从晚唐五代的变文，到宋朝的话本，到元代的杂剧，发展到用当时口语写出来的明清章回小说(如明代的《水浒传》《西游记》，清代的《儒林外史》《红楼梦》等)，虽然都带着各自的方言色彩和一定文言色彩，但从总体上看，所用基础方言都是北方方言。这些白话文学作品大量流传到北方话地区，也流传到了非北方话地区，加速了北方方言的推广，非北方方言区的人通过这些变白话作品，也学会了"看"甚至"写"白话，因而白话文一定程度上已经成了汉语的书面共同语。这种白话是现代汉民族共同语书面形式的主要源头。清末，白话还只局限在通俗文学作品的范围之内，未能改变文言文独尊局面，未能成为通用的书面语。

现代汉民族共同语口语形式的形成年代较难确定。大约在白话文学作品广泛流传的同时，以北京话为代表的北方话也逐渐取得了各方言区之间的交际工具的地位。以北京为中心的北方话通行地区，元、明、清历代以来一直是中国政治文化中心，北京话也就成为各级官府交际时使用的语言，因而明清时代就有了"官话"这一名称。"官话"本来是指官吏所说的话，也就是官场上通行的口语交际工具，但并非只为官吏所用，它实际上是当时汉语各方言区的人们交际时共同使用的口语。18 世纪初，清朝皇帝雍正还下了一道谕旨，命令在福建、广东两省推行官话，首先在福建设立"正音书院"，教当地人说"官话"。到清末(1909 年)，"官话"正名为"国语"。

到了 20 世纪初，特别是"五四"运动时期，提倡书面语不用文言改用白话，上述两种趋势汇合为一，这就加速了现代汉民族共同语的发展。一方面，从清末到 1949 年中华人民共和国成立前，推行了"国语运动"。中华民国成立后，1912 年 7 月在北京召开的"临时教育会议"上肯定了"国语"这个名称，决定在全国范围内推行国语。1916 年北京教育界人士成立了"中华民国国语研究会"，提出"言文一致"和"国语统一"两大口号，确立了以北京语音为标准音的北方话的民族共同语的地位，使之具有比较明确一致的规范标准。另一方面，与"国语运动"相呼应，形成了语文改革的高潮，动摇了文言文的统治地位，使一向只用在所谓通俗文学上的"白话"取得了文学语言的地位。五四运动使国语的推行和白话文运动结合起来，便形成了书面形式和口语形式都有了统一规范的现代汉民族共同语。

中华人民共和国成立以后，白话完全取代了文言。1955 年中国科学院召开了“现代汉语规范问题学术会议”，确定“普通话”为汉民族共同语的正式名称，代替过去通行的“国语”这一名称。“普通”是“普遍共同”的意思。（此前，“普通话”是在社会上早已流传的名称，与过去的“官话”一样，并没有明确的解释，用来指没有严格标准的通用语。）1956 年国务院发布《关于推广普通话的指示》，确立了普通话在语音、词汇和语法上的标准。中央和各省、市、自治区相继成立了推广普通话工作委员会，在全国范围内推广普通话，同时进行全国汉语方言普查工作，举办普通话语音研究班，成立“普通话审音委员会”。

## 三、现代汉语的方言

### （一）方言（包括它的次方言）

方言是全民语言的地方变体、地域分支。方言为全民范围内某一地区的成员服务。方言是历史形成的，形成之后的发展前途完全由社会条件决定。如果社会仍然处于不完全统一的状态中，各方言就会保持一定的距离；同时又服从于自己所从属的语言的发展趋势，继续作为该语言的方言。几千年封建社会中的汉语方言即如此。如果经过政治、经济的集中，社会达到了一定程度的统一，就会在一种方言的基础上形成民族共同语，以满足不同方言区的人们之间的交际需要。共同语对方言来说是一种高级形式，它对方言的语音、词汇、语法都有一定影响，制约着方言的发展方向。

任何一种共同语都是在一种方言的基础上形成的，作为共同语的基础的方言，叫做“基础方言”。共同语的词汇和语法是以整个基础方言为主要来源和依据的。现代汉民族共同语以北方方言为基础方言。现代汉语各方言之间虽然有明显差异，但它们不是与普通话并列的独立语言，而是现代汉语的地域分支。因为现代汉语各方言之间，语音上对应规律很整齐，基本词汇和语法构造的基本面貌也大体相同或有对应关系。现代汉语各方言之间共用汉字作为统一的书写符号系统。

### （二）现代汉语的方言分区

**1. 七大方言**

1955 年 10 月，现代汉语规范问题学术会议提出，汉语方言分为七大方言区：北方方言、吴方言、湘方言、赣方言、客家方言、闽方言、粤方言。

北方方言以北京话为代表，是现代汉民族共同语的基础方言，分布在我国长江以北的广大地区、长江南岸九江至镇江的沿江地带、湖北（东南角除外）、四川、云南、贵州、广西西北部、湖南西北角。在汉语各方言中，北方方言分布地域最广，使用人口最多。内部一致性比较强，从东北的哈尔滨到西南的昆明，从东南的南京到西北的乌鲁木齐，都能通话。这么多的人口，这么大的地域，语言这样一致，在世界上是很少见的，使用人口约占汉人的 73％。

吴方言。吴方言区包括长江以南、镇江以东地区（镇江不包括在内）、浙江省大部。使用人口约占汉人的 7.2％。

湘方言。湘方言区就是湖南省（西北部除外）。使用人口约占汉人的 3.2％。

赣方言。赣方言区包括江西省大部（东北沿江地带和南部一部分除外）。使用人口约占汉人的 3.3％。

客家方言。客家方言区包括广东省东部和北部、广西壮族自治区东南部、福建省西部、江西省南部，以及湖南、四川少部分地区。使用人口约占汉人的3.6%。

闽方言。闽方言区包括福建省、台湾省、海南省一部分，以及广东省潮安、汕头一带。使用人口约占汉人的5.1%。

粤方言。粤方言区包括广东省大部分地区、香港特别行政区、澳门特别行政区，以及广西壮族自治区的东南部。使用人口约占汉人的4%。

不同方言之间的差别有大有小，总的说，语音上的差别比较大，其次是词汇，语法方面的差异最小。

就汉语来说，不同方言区的人，如果通过书面进行交际，都还不成问题，因为在书面上一般都是按汉民族共同语来写的；但口头交际，问题就比较大。且不说北方人可能听不懂南方人的话，南方人听不懂北方人的话，甚至都是福建人，这个县的人可能听不懂那个县的人说话，甚至这个村的人跟隔一座山或隔一条河的那个村的人彼此不能通话。一般说，中国东南省份的方言比较复杂，不同方言区、不同地区的人口头交际的障碍要大一些；而广大的北方地区和西南地区，方言分歧相对说比较小，一般说不同地区的人彼此都能进行口头交际。但不管怎么说，方言的存在，给全民族的自由交际带来极大的不便，甚至造成不必要的麻烦。显然，为了使我们的社会能有效地协调与运作，使我们社会的政治、经济、文化、科技等各方面能飞速发展，我们迫切需要一个规范的、为全体汉民族都能接受的现代汉民族共同语。民族语言规范化是一个民族在政治上高度统一、在经济上迅速发展的必然要求，也是“民族意识增长，民族文化高涨的自然而直接的表现”（罗常培、吕叔湘《现代汉语规范问题》）。这个现代汉民族共同语就是现在一般人所说的普通话。

**2. 怎样理解“普通话”**

普通话是现代汉民族的共同语。它是“以北京语音为标准音，以北方话为基础方言，以典范的现代白话文著作为语法规范”。“普通话”的名称及其含义是1956年2月6日国务院发布的《关于推广普通话的指示》里明确规定的。但是，现代汉民族的这种共同语则不是20世纪50年代才形成的。

从现有的古代文献资料看，我们汉族在历史上长期用“文言”作为统一的书面语。这种文言，最初想必也是以口语为基础的，但后来它越来越与口语脱节，能写能看的人只占汉民族的极少部分。这就很不适应汉语和整个社会的发展需要。汉民族共同语的最后确定，是在新中国成立以后。我国是一个多民族的国家，全国有56个民族。随着国家的统一，各民族人民同心协力，共同建设我们伟大的祖国。为了便于各民族相互交流，兄弟民族都自觉地要求选取汉语为共同的交际工具。而随着我国国际地位的提高，特别是在恢复了我国在联合国的合法地位之后，联合国大会第二十八届会议，于1973年12月18日一致通过决议，把汉语列为联合国大会和安理会的法定工作语言之一（目前列为法定工作语言的除汉语外，还有英语、俄语、法语、西班牙语和阿拉伯语）。

民族共同语是超方言的，同时又一定以某一种方言为基础。普通话以北方方言为基础方言，以北京语音为标准音，这不是少数人主观规定的，而是有它的客观基础的，这客观基础主要是指政治、经济、文化的因素。我们知道，从上古到近代，中国的经济中心一直在北方；八百年来，北京一直是中国的政治中心；唐宋以来，有影响的白话文学，都是以北方方言写成的。可见，今天规定普通话以北方方言为基础方言，以北京语音为标准音，以典范的现代白话文著作为语法规范，这是完全符合汉语发展规律的。

“普通话以北京语音为标准音”，是指北京语音的语音系统来说的，可不能把它理解为在语音上北京人怎么说，普通话也就怎么说。换句话说，我们不能认为北京土话就是普通话。譬如说，北京一部分人对某些字有误读的情况，北京话里的大量儿化词（如“今儿”“明儿”等）和轻音节词（如把“明天”“古怪”“主张”“重要”等词里的“天”“怪”“张”“要”都读成轻音），也不能照搬不误都吸收到普通话里来。再说，普通话也还要不断从其他方言中吸收富有表现力的成分。我们所以要强调这一点，这一方面有助于方言区的人们增强学习普通话的信心，另一方面也可以消除误解，以免把北京土话当普通话来学习。

最后还需说明一点，由于历史或其他的原因，现代汉民族共同语，在中国内地叫“普通话”，在中国香港、中国澳门和中国台湾叫“国语”（中国香港、中国澳门相继回归后也开始叫“普通话”），而在海外华人中又称为“华语”。

## 四、现代汉语的地位

汉语是一种历史悠久的语言，无论过去或现在，在国内外都有很大的影响，处于十分重要的地位。

### （一）国内地位和作用

现代汉语是我国汉民族各方言地区和我国各民族之间的共同交际用语，汉语对维护和加强我国各民族的大团结，发挥着巨大的作用；汉语是一种历史悠久的语言，无论过去或现在，在国内外都有很大的影响，处于十分重要的地位。

在国内，我国是一个多民族国家，共有56个民族。中华人民共和国的成立，促进了各兄弟民族政治、经济、文化和语言文字的发展，加速了汉族与兄弟民族的交往。汉族从兄弟民族语言中吸取了一些有用的词语；兄弟民族也从汉语中吸取了大量的语音、词汇、语法成分来丰富自己的语言。汉族和各少数民族彼此都在学习对方的语言，以便互相交际，共同建设伟大的祖国。目前，汉语不仅是汉族人民与兄弟民族交际的工具，也是兄弟民族人民经常使用的交际工具，说汉语的人占全国总人数的90%以上，汉语是我国使用人数最多的语言。汉语对我国各族人民的相互了解、相互学习，对全国人民的大团结，都起到了很大的作用。

### （二）国际地位和作用

在国际上，现代汉语是代表中华人民共和国的语言。随着中国国际地位的提高，汉语在世界语言中的地位也空前提高。就世界范围来说，汉语是使用人口最多的语言，并且传播至世界各地。20世纪80年代以来，许多国家出现了“汉语热”。世界各国研究汉语的历史也很长。

历史上，华夏文化对世界文化作出了极其重要的贡献，与此同时，由于语言与文化密不可分，汉语在人类文化发展史上在人类语言发展史上同样有着极其重要的地位。在汉语的形成和发展过程中，因为地理和历史的原因，它对东南亚各民族的语言，有着深刻的影响。朝鲜在15世纪40年代谚文产生以前，曾借用汉语的字、词；日本自古以来就和我国有交往，大约在三国时代就正式派使节来我国，随着外交往来，汉字东渐，汉语对日语产生了重大影响；越南从秦代起，就接触了中国的文化，18世纪以前越南的书面语言用的多数是汉字。朝鲜、日本、越南等的语言中不仅有大量的汉语借词，而且把这种借词作为他们构造新词的基础。现在日语中使用的常用汉字还有 1945 个。新中国成立以后，中华人民共和国在国际上的威望越来越高，因而汉语在国际交往中的地位也越来越显著，不仅在许多国家中学习和研究汉语的人越来越多，而且汉语已经成为联合国法定的六种通用语言之一。在国际交往中，汉语的重要作用越来越引起人们的高度重视。

## 五、现代汉语的特点

汉语具有深厚的历史基础，源远流长，与中华文化一起发展。汉语的悠久历史使它逐步发展成优美、丰富、严密、完善而具有高度交际功能的语言。与其他语言相比，在语音、词汇、语法等方面形成了自己的特点。

### （一）语音方面

**1. 音节整齐，界限分明，没有复辅音**

现代汉语的音节一般可分为声母和韵母两部分，同时又没有复辅音，像英语 disk（圆盘）、bliss（极乐），俄语 текст（课文）、Встреча（会晤）那样的辅音连缀现象在汉语中是没有的。汉语的音节由声母和韵母构成，声母在前，韵母在后，音节结构形式比较整齐，音节界线比较分明，易于分辨。

**2. 韵多声少，响亮悦耳，元音占优势**

现代汉语普通话共有 22 个声母，39 个韵母。就汉语音节的组合情况看，一个音节可以没有声母，但决不能没有韵母。除 hm（ND572）hng（哼），m（呒、ND573）n（嗯）等少数音节由辅音构成外，辅音一般不能单独构成音节。元音在音节中占优势，乐音成分比例大，听起来响亮悦耳。

**3. 声调抑扬，优美动听，每个音节都有声调**

汉语每个音节都有声调。声调是汉语不可缺少的因素，它不仅有辨别词义的作用，而且声调的抑扬顿挫，使音节分明洪亮，加以双音词又有双声、叠韵、叠音等语音形式，使得现代汉语具有独特的音乐美。

### （二）词汇方面

**1. 语素单音节化**

单音节语素是汉语语素的基本形式，它在汉语语素中占绝对优势，这是汉语语素的一个特点。

**2. 词的结构双音节化**

双音节化是现代汉语词的结构的主要倾向。上古汉语里就有一些双音节词，中古汉语里，双音节词逐渐增多，到现代汉语里，词的双音节化就成为一个明显的特点了。首先是大量古代单音节词发展成为双音节词，如：悦→喜欢、禾→庄稼、父→父亲、净→干净、谋→谋求、怜→可怜、怜悯。其次是一些多音节的短语又简缩成双音节词，有些多音节的音译词也逐渐为意译的双音节词所代替，如外交部长→外长、科学技术→科技。多音节词的双音化，既显示了音节节奏整齐化的美，又符合语言实际要求经济的原则和汉民族人民的审美心理。

**3. 构词手段多样，广泛运用词根复合法构成新词**

现代汉语造词方法灵活，词源雄厚，这是汉语词汇丰富的重要条件。其造词方法可以是“词根＋词根”的，也可以是“词根＋词缀”或“词缀＋词根”“词缀＋词根＋词缀”的；可以是模拟自然声音的，也可以是变化语音的（如轻声、儿化）；对外来词语可以是音译的，也可以是意译或音译结合的；而运用词根复合法构成新词最为普遍（如“火箭”“电脑”等，其中“火”“箭”“电”“脑”分别都是词根）。

**4. 词义精细形象**

现代汉语不仅词汇丰富，而且词义的区分非常精细、形象。比如用手表示的动作，在现代汉语里就有二百来个不同的词。此外，有些词虽然同指一物，但还有语体之分、雅俗之别或带有某种感情色彩，赋有某种比喻意义。这样，就为准确地反映客观事物、精细地表达思想提供了有利条件。

**5. 熟语丰富多彩**

汉语的成语、惯用语、谚语、格言、歇后语等熟语是非常丰富的。这些语言的现成材料不仅言简意赅，而且生动形象、幽默诙谐。

词汇无比丰富和词义区分精细，使得汉语表义严密、准确，能够表达任何复杂的思想和细致的感情。

### （三）语法方面

汉语的形态变化很少，语序和虚词是两个重要的语法手段。

**1. 语序的变化**

在汉语中，同样的成分组合，语序有所不同往往会改变结构关系并改变意义。例如：

我为人人（“人人”是宾语）　　人人为我（“人人”是主语）

语法研究（偏正关系）　　研究语法（动宾关系）

他很不高兴（不高兴的程度深）　　他不很高兴（不高兴的程度浅）

一会儿再谈（现在不谈）　　再谈一会儿（现在还谈得不够）

这一点与印欧语系某些语言很不相同。如俄语 Мылюбим ропину（我们爱祖国），可以说成 Ропину мы любим 或 Любим Родину мы，而语法关系不变。因为它的语法关系是通过性、数、格、时、体、式等来表现的，语序对它不起作用。

**2. 虚词的运用**

汉语里，同样的组合成分中，用不用虚词或用不同的虚词，会产生不同的意义。例如：

他读了（完成态）　他读过（经历态）　他读着（持续态）

工厂和学校（非选择关系的并列）　工厂或学校（选择关系的并列）　工厂的学校（偏正关系）

买书（动宾关系）　买的书（偏正关系）　买书的（特殊的偏正关系，“的”字短语）

我们消灭了敌人（语意重点是“我们”）　我们把敌人消灭了（语意重点是“我们”和“敌人”，且有处置意义）　敌人被我们消灭了（语意重点是“敌人”）

以上这些结构，有的所用虚词不同，有的没有用虚词。用和不用，用什么样的虚词，所表示的关系、意思是不同的。

除此之外，词的多功能性、构词法和句法的一致、短语和句子的结构原则基本一致、有丰富的量词和大量的语气词等，也是现代汉语语法重要的特点。

## 思考与练习

1. 什么是现代汉语？什么是现代汉民族共同语？

2. 现代汉民族共同语是怎样形成的？

3. 现代汉语在语音、词汇、词法方面各有哪些特点？

4. 共同语和方言的关系怎样？现代汉语有哪些方言？你自己的话属于什么方言？它与普通话有哪些不同？

# 第二节　汉语规范化和推广普通话

**【知识目标】**

1. 了解现代汉语规范化的意义、标准；
2. 新时期我国语言文字工作的任务。

**【能力目标】**

1. 能够顺利通过普通话等级测试；
2. 能够用规范词语与人交流沟通。

## 一、国家的语言文字方针政策

党的十一届三中全会以来，我国各项方针政策都得到了符合客观实际的调整，大大加快了社会主义现代化的进程。2000 年 10 月 31 日第九届全国人民代表大会常务委员会通过了《中华人民共和国国家通用语言文字法》。这一切都标志着中国的语言文字建设工作进入了一个新的历史时期，迈开了新的步伐。

根据《国家通用语言文字法》，我国语言文字的基本政策是：各民族语言文字平等共存，禁止任何形式的语言文字歧视；各民族都有学习、使用和发展本民族语言文字的自由；国家鼓励各民族互相学习语言文字；国家推广普通话，推行规范汉字。将国家语言文字的基本政策上升为法律，用法律形式推广普通话、推行规范汉字，有利于规范国家通用语言文字的社会应用。根据全国语言文字工作会议的精神，新时期语言文字工作的方针是："贯彻执行国家关于语言文字工作的政策和法令，促进语言文字规范化、标准化，继续推动文字改革工作，使语言文字在社会主义现代化建设中更好地发挥作用。"在这一方针指导下，当前语言文字工作的主要任务是：

### （一）做好现代汉语规范化工作，大力推广、积极普及普通话

在新时期里，推广普通话已成为现代化建设的迫切需要。1956年2月6日国务院发出《关于推广普通话的指示》，全国展开了普通话推广工作。

1982年12月4日，第五届全国人民代表大会第五次会议通过的《中华人民共和国宪法》第一章第十九条明确规定："国家推广全国通用的普通话。学习和推广普通话是每个中国公民的义务。"

1992年《国家语言文字工作十年规划和"八五"计划纲要》指出，普通话必须"大力推行，积极普及，逐步提高"。

为了有效地推动推广普通话的工作，中央有关部门将从实际出发，制定科学的测试标准，针对不同地区、不同部门、不同年龄等情况，提出不同的具体要求。

1994年10月30日，国家语委、国家教委、广电部三家发布《关于开展普通话水平测试工作的决定》，指出："推广普通话是社会主义精神文明建设的重要内容。社会主义市场经济的迅速发展和语言文字信息处理技术的不断革新，使推广普通话的紧迫性日益突出。"这个《决定》还附了《普通话水平测试实施办法（试行）》和《普通话水平测试等级标准（试行）》，把普通话水平划分为三级六等，级和等实行量化评分。三级为：第一级是会说相当标准的普通话，语音、词汇、语法差错很少。第二级是会说比较标准的普通话，方音不太重，词汇语法差错较少。第三级是会说一般的普通话，使听者能听懂，目标就是要普及普通话。

全国语言文字工作会议提出了推广普通话的跨世纪奋斗目标，计划2010年以前在全国范围内初步普及普通话，21世纪中叶在全国范围内普及普通话。自1998年起，每年9月份第三周为"全国推广普通话宣传周"。

### （二）研究和整理现行汉字

这方面有许多工作要做。概括起来主要就是"四定"：定量、定形、定音、定序。定量是要确定通用汉字的数量，淘汰异体字，限制造新字，以减轻人们学习的负担。定形是要对汉字的形体结构、部件等加以规范化。定音是要对汉字的读音进行审订，使其中的异读现象得到合理的规范。定序是要确定现代汉字的排列顺序，使之规范化，同时也为现行汉字规定标准的检字法。当前社会上滥用繁体字、乱造简化字的现象十分严重，商标、广告、招牌、电影和电视的片名、字幕、报纸的标题、杂志和书籍的封面等方面的用字问题更多。对此，必须采取有效措施予以纠正。

### （三）进一步推行《汉语拼音方案》，研究并解决实际使用中的有关问题

《汉语拼音方案》是国家制定公布的法定标准。它的制定是历史经验的总结，公布之后已经在国内外广泛应用。《汉语拼音方案》有深厚的历史基础和群众基础，是一个科学实用的方案。现在需要进一步推行，进一步扩大它的应用范围，进一步充分发挥它在汉字注音、汉语教学、序列检索、产品代号、邮电通信、电脑运用以及特殊教育方面的效能。今后主要着重研究解决使用中的实际问题，如汉语拼音的同音字、同音词的区分，汉语拼音正词法的标准，汉语拼音技术应用中的标调法等。

### （四）加强语言文字的基础研究和应用研究

基础研究包括对汉字性质、汉字符号系统的分析研究，对普通话语音、词汇、语法的研究，对汉语各方言的研究，等等；应用研究包括汉字的各种计量研究，计算机汉字输入方案的研究，汉字与电脑、汉语拼音与电脑，等等。所有这些都是当前非常重要的工作。

## 二、现代汉语的规范化

### （一）汉语规范化

语言规范作为一种社会现象，是社会群体行为趋同性的自然表现，普通话可以消除汉语方言之间的隔阂，可以沟通国内各民族之间的广泛联系，加强国家统一和人民团结。为推动国家通用语言文字的规范化、标准化及其健康发展，使国家通用语言文字在社会生活中更好地发挥作用，促进各民族各地区经济文化交流，根据宪法，制定了《中华人民共和国通用语言文字法》，该法自 2001 年 1 月 1 日起施行。

### （二）现代汉语规范化的标准

1956 年国务院发布《关于推广普通话的指示》，确定现代汉民族共同语是“以北京语音为标准音，以北方方言为基础方言，以典范的现代白话文著作为语法规范的普通话”。

**1. 语音：以北京语音为标准音**

共同语的语音通常总是以基础方言代表话的语音系统为标准。因为在大方言区内，语音系统并不完全一致，既不能人为地兼采不同语音系统的语音作为标准，也不能以北方话整个地域的语音为标准。“以北京语音为标准音”，是就北京话的语音系统而言。并不是说每一个字、每一个词都以北京的语音为标准，一些土音成分要排除；一些有分歧的读音比如异读，也要经过审订决定其取舍。例如北京话里“比较”既读“bǐjiào”也读“bǐjiǎo”，《普通话异读词审音表》将 bǐjiào 定为规范的读音。北京话的轻声、儿化问题，比较复杂，同样需要加以规范。

**2. 词汇：以北方方言为基础**

北方方言是现代汉语的基础方言，北方方言词汇是共同语词汇的基础和主要来源。共同语要舍弃基础方言中过于土俗的词汇；要从其他方言里吸收所需要的有表现力的词汇，如来自吴方言的“尴尬”“名堂”，来自粤方言的“煲”“看好”；也要从古代汉语里继承仍有生命力的古语词，如“华诞”“兹”；还要从其他民族语里吸收外来词，如来自蒙语的“站”（jam）“驿站”，来自英语的“的士”（taxi）、“摩托”（motor）。与此同时，我们要注意避免生造词带来的混乱。

**3. 语法：以典范的现代白话文著作为语法规范**

（1）语法规范是以北方方言为基础的，因为这些著作是以汉民族共同语写成的。选取书面语为标准。这是因为经过提炼的规范化的民族共同语的集中表现是文学语言，文学语言的主要形式是书面语言。

（2）“典范的著作”，指具有广泛代表性的著作，这种著作有它的稳固性，可以把规范的标准巩固下来，便于遵循。

（3）“现代白话文著作”，与早期的白话文著作相区别，因为语言在不断发展，宋元时代的白话文与五四时期的白话文在语法方面已有明显不同。

(4) 语法规范还必须是典范的现代白话文著作中的一般的并具有普遍性的用例,要舍弃个别的特殊的或者不纯洁的用例。

思考与练习

1. 为什么要实现现代汉语规范化?试举例说明现代汉语还有哪些不规范的地方。
2. 现代汉语规范化的标准是什么?如何促进现代汉语规范化?
3. 国家语言文字的基本政策和新时期语言文字工作的方针、任务是什么?

# 第三节 现代汉语课程的性质、内容和任务

**【知识目标】**

1. 了解现代汉语课程的内容、性质和任务;
2. 掌握学习现代汉语的方法。

**【能力目标】**

1. 能更好地使用现代汉语;
2. 能更好地参与语文教学。

## 一、现代汉语的课程性质、任务

现代汉语课是师范类学生的一门重要的基础课。它以马克思主义语言学理论和国家的语言文字政策为指导,贯彻理论联系实际的原则,系统地讲授现代汉语的基本理论和基础知识,加强基本技能的训练,培养和提高学生理解、分析和运用现代汉语的能力,为他们将来从事语言文字工作、语文教学工作和现代汉语的研究工作打下坚实的基础。

## 二、现代汉语课程的内容

这门课程包括以下几个部分:

一是绪论。

简要地讲述语言的产生、发展及其性质,现代汉语的概况,现代汉语规范化问题,现代汉语课的性质、内容、任务和学习方法;使学生对马克思主义关于语言的基本观点和语言学的基本知识、现代汉语的基本情况和国家的语言文字政策有一个基本的了解,对学习这门课程的目的和方法有一个起码的认识。

二是语音。

运用语音学的原理，系统地讲述有关普通话语音的基本知识，要求学生掌握普通话的语音系统，能够辨音、正音，能够用汉语拼音字母为汉字注音，能够学会说普通话。

三是文字。

讲述汉字的特点，汉字的结构，汉字的发展规律，汉字改革和汉字规范化问题，要求学生能够正确地使用汉字，不写错别字。

四是词汇。

讲述现代汉语词汇的组成，词的构成，词义和词义的发展变化，要求学生能够正确地辨析和解释词义，丰富自己的词汇，提高准确、恰当地运用词语的能力。

五是语法。

讲述现代汉语组词造句的规则和有关的基础理论知识，要求学生了解现代汉语的语法系统，具有辨别词性、分析句子、句群和识别、改正病句的能力。

六是修辞。

讲述词语和句式的选用，常用的修辞方式，要求学生了解修辞的基本知识，具有分析一般修辞现象和运用常见修辞方式的能力。

怎样学好现代汉语呢？

首先，必须以马列主义为指导，自觉地运用马克思主义语言学观点，解释现代汉语的语言现象，揭示和掌握现代汉语的内部规律。

其次，必须明确学习目的。语言的学习，对一个语文教师来说是具有重大意义的。一个教师，不仅是语言的使用者，而且要处处指导学生正确地使用语言。我们要从教育事业出发，从维护祖国语言的纯洁健康出发，好好学习现代汉语，做一个合乎规格的称职的中学语文教师。

再次，在注意现代汉语科学性、系统性，牢牢掌握基本概念和基本规律的同时，要坚持理论联系实际的原则，努力培养自己对现代汉语实际情况的认识和分析能力，并能把这些理论知识和分析能力运用到听、说、读、写的实践中去，真正做到“上口”和“上手”，提高运用语言的实际水平。

然后，学习现代汉语必须勤学苦练。毛泽东同志说：“语言这东西，不是随便可以学好的，非下苦功不可。”语言知识只能从勤学中获得，分析和运用语言的能力只能在苦练中形成，终南捷径是没有的。

最后，还要注意吸收现代语言学的新观点、新方法，不仅注意语言学同文学、历史学、哲学、心理学、人类学、考古学等人文科学的联系，而且在今天还要注意它同数学、生理学、物理学、电子学、信息论、控制论、符号学、计算机技术、通信技术、自动化技术等自然科学和新兴科学的联系，以解决一些边缘性的课题。

## 思考与练习

1. 普通话的含义是什么？推广普通话是不是要取消方言？
2. “现代汉语基础”是一门什么性质的课程？
3. 你们并非是中文专业的考生，为什么也要对你们开设“现代汉语”这门课程？

# 第二章　语　　音

## 第一节　语音概说

**【知识目标】**

1. 了解语音的含义；
2. 掌握语音的性质、语音单位和记音符号。

**【能力目标】**

能分析普通话的语音，能使用符号进行记音。

### 一、语音的性质

什么是语音？语音是由人的发音器官发出来的具有一定意义的声音。自然界的风声、雨声都不是由人的发音器官发出来的，所以不是语音；气喘声、打喷嚏声虽然是由人的发音器官发出来的，但那只是人的本能生理反应，并不具有意义，不起交际作用，所以也不是语音。语音是语言的物质外壳，语言要通过语音来传递信息，进行交际。没有语音这个物质外壳，意义无法传递，语言也就不能成为交际工具。

语音具有物理的、生理的和社会的三种性质。

#### （一）语音的物理性质

语音作为一种声音具有物理性质。从物理上说，声音是由物体振动而产生的音波。音波示意图如图 2.1 所示。

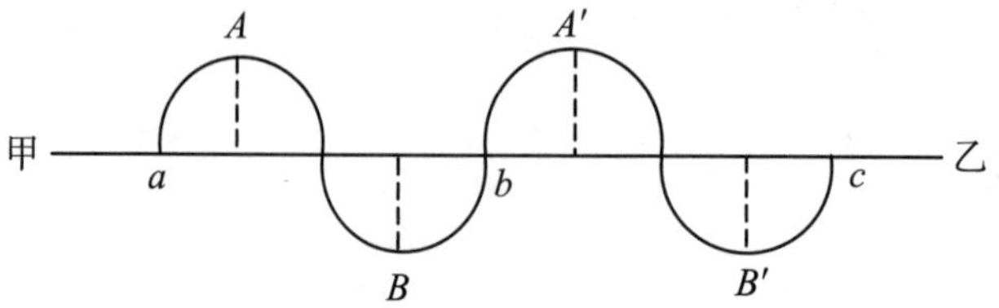


**图 2.1**

图中 $a$ 到 $b$ 是一个波，$b$ 到 $c$ 是另一个波。$A$ 和 $A'$ 叫波峰，$B$ 和 $B'$ 叫波谷。$a$ 到 $b$、$b$ 到

$c$ 的距离叫波长。$A,A',B,B'$到甲乙线上的距离叫振幅。

语音和其他声音一样具有音高、音强、音长、音色四种要素。

(1) 音高指声音的高低,是由发音体振动的快慢来决定的。声波每秒振动的周期次数就是声波的频率。振动的次数多,频率就高,声音就高;振动的次数少,频率就低,声音就低。音乐里的音阶是由音高构成的。汉语的声调,如北京话里的 dū(督)、dú(独)、dǔ(赌)、dù(度),主要是由不同的音高构成的。女人的声音听起来比男人高,就是因为女人说话时声波的频率比男人高。

(2) 音强指声音的强弱,是由声波振幅的大小决定的。振幅大,声音就强;振幅小,声音就弱。敲鼓时,用力大,音强就强,发出的声音就大;用力小,音强就弱,发出的声音就小。北京话里的"孝子"和"儿子"里的"子"音强不同,前一个"子"音强比较强,后一个"子"音强比较弱。

(3) 音长指声音的长短,是由发音体振动时间的长短决定的。时间长,音长就长;时间短,音长就短。英语 eat(吃)和 it(它)的区别,主要是其中元音 i 的音长不同。eat 里的 i 音长长,it 里的 i 音长短。广州话里"三"和"心"的不同,主要是其中元音 ɑ 的音长不同,"三"里的 ɑ 音长长,"心"里的 ɑ 音长短。

(4) 音色指声音的特色,是由声波的不同形状决定的。它是每个声音的本质,所以也叫音质。音色是区别不同声音的最重要的要素,元音 ɑ、o、i 的区别就是由于它们的音色不同。ɑ、o、i 波纹的示意图如图 2.2 所示。

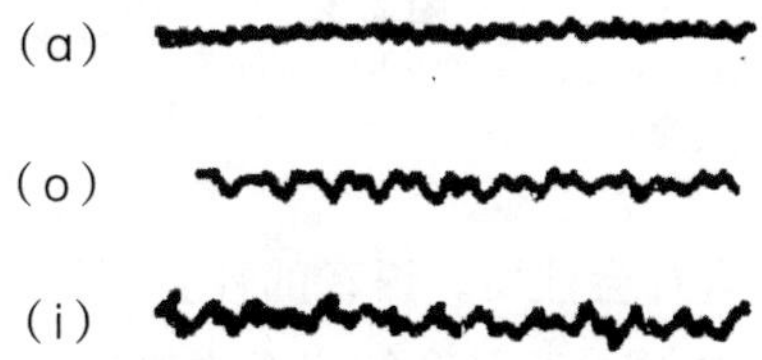


**图 2.2**

### (二) 生理属性

语音的生理属性指语音是由人的发音器官发出来的,语音单位的差别是由发音器官的不同而造成的。例如 z 和 zh 的不同,就是由不同的发音部位而形成的。

根据发音器官在语音形成中的作用,发音器官可以分为三个部分:

**1. 肺和气管**

肺是语音发音的动力装置,气管是传送装置。气流由肺呼出,经气管传输到声带。

**2. 声带**

声带是发音体,由肺呼出的气流经气管输送到声带,声带在气流的冲击下产生振动,发出声源波,形成浊音。所有的元音发音时声带都要振动,所以元音都是浊音。有部分辅音发音时声带也要振动,这部分辅音叫浊辅音。声带也有不振动的时候,这限于发一些辅音的情形。在语音学上把发音时声带不振动的语音叫清音。

**3. 口腔和鼻腔**

口腔、鼻腔是语音的共鸣腔。元音在口腔中受到调节,从而形成不同的元音。辅音在口腔或鼻腔中受到阻碍,阻碍部位不同就会形成不同的辅音。在语音学上,把在口腔中共鸣或受到阻碍的音叫口音;把在鼻腔中共鸣或受到阻碍的音叫鼻音。如果口腔内无阻碍,气流从鼻腔和口腔同时呼出,这时发出的音同时在口腔和鼻腔中共鸣,就叫做鼻化音(也叫半鼻音或口鼻音)。口腔和鼻腔的示意图如图 2.3 所示。

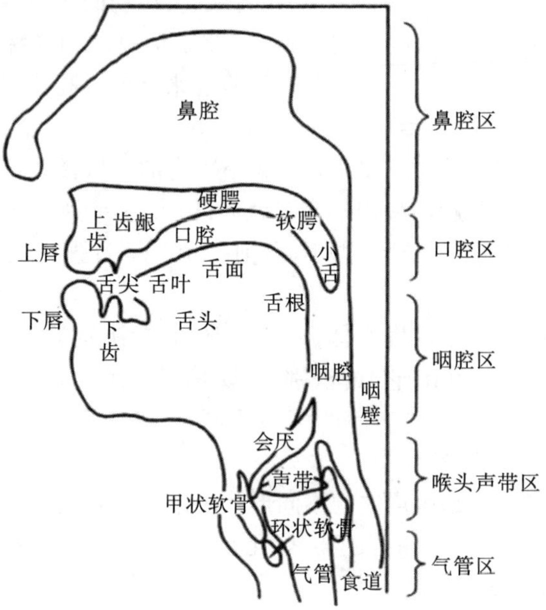


**图 2.3**

## (三) 社会属性

语音的社会属性指语音具有社会性质。语音的社会属性表现在以下两个方面:

**1. 语音与其所表达的意义之间具有社会约定俗成的特点**

语言的各种意义都要靠语音表达出来。但什么样的语音表达什么样的语义,什么样的语义由什么样的语音表达出来,这是社会约定俗成的,并不是天然的。例如 rén(人)表达"会说话会思维的动物",这样的意义,并不是因为 rén 这个语音形式天然就有这种功能,而是说汉语普通话的人约定的、公认的。

**2. 语音的社会属性还表现在语音的系统性上**

一种语言或方言中采用哪些语音单位来组成系统,各语音单位之间如何组合,这也是由社会约定俗成的。例如普通话中有 22 个声母(包括零声母),南昌话中只有 19 个声母(包括零声母);普通话中有 z、c、s,也有 zh、ch、sh,南昌话中没有 zh、ch、sh,只有 z、c、s;普通话中的声母 h 可以与合口呼韵母相拼,南昌话中的 h 不与合口呼韵母相拼;等等。这些也是由社会约定俗成的,只要得到社会认可就行。

# 二、语音单位

## (一) 音素和元音、辅音

音素是最小的语音单位,它是从音色的角度划分出来的。例如,汉语里的 a、i、u 都是音素。一种语言的语音系统大都是由几十个不同的音素组成的。

音素分为元音和辅音两大类，元音如 a、o、e、i、u；辅音如 b、p、d、t、g、k、s、r。元音和辅音的区别主要是：

(1) 元音发音时，气流不受阻碍；辅音发音时，气流通过口腔、鼻腔时要受到阻碍。

(2) 元音发音时，发音器官各部位保持均衡的紧张状态；辅音发音时，构成阻碍的部位比较紧张，其他部位比较松弛。

(3) 元音发音时，气流较弱；辅音发音时，气流较强。

(4) 元音发音时，声带要颤动，发出的声音比较响亮；辅音发音时，有的声带颤动，声音响亮，如 m、n、l、r，有的不颤动，声音不响亮，如 b、t、z、c。

### (二) 音节

音节是听觉上最容易分辨出来的语音单位，如"建设"是两个音节，"图书馆"是三个音节，"社会主义"是四个音节。汉语音节和汉字基本上是一对一，一个汉字也就是一个音节。只有少数例外，如"花儿、盆儿"都写成两个汉字，可是读成一个音节 huār、pénr。

音节是由音素构成的。北京话里一个音节可以只有一个音素，例如"啊"(ā)、"鹅"(é)，也可以有两个或三个音素，例如"搭"(dā)、"地"(dì)、"人"(rén)、"民"(mín)，最多可以有四个音素，例如"交"(jiāo)、"先"(xiān)。

### (三) 声母、韵母、声调

汉语音韵学的传统办法是把一个音节分为声母、韵母和声调三个部分。

声母指音节开头的辅音，韵母指音节里声母后面的部分。例如 dā(搭)的声母是 d，韵母是 ā；jiǎ(甲)的声母是 j，韵母是 iǎ；rǎng(嚷)的声母是 r，韵母是 ǎng。

声母和韵母与辅音和元音并不相等。元音和辅音是从音素的角度划分出来的，声母和韵母则主要是根据汉语音节结构的特点划分出来的，同时又考虑到了音素的特点。在普通话中，声母都是由辅音充当的，韵母主要由元音来充当，有的韵母中也有辅音，但只限于 n 和 ng。换一个角度说，元音只用在韵母中，辅音主要用在声母中(只有 ng 不作声母)。辅音 n 既用在声母中，也用在韵母中。如音节 niān(蔫)里的前一个 n 是声母，后一个 n 是韵尾。辅音 ng 不用在声母中，只用在韵母中，如 gāng(钢)里的 ng。又如"dà"(大)这个音节，从音素的角度看，包含一个辅音 d 和一个元音 a；从音节结构的角度看，包含声母 d、韵母 a 和声调。汉语的音节均可分为两个部分，前面的辅音是声母，后面除去声调的部分是韵母。声母和韵母的划分还考虑到了音素的特点。例如我们不能把位于音节开头的元音叫声母。"yào"(药)这个音节，不能认为音节开头的元音[i]是声母。

声母与辅音不相等。虽然声母都由辅音充当，但有的辅音不作声母用。如"ng"只能作韵尾，例如"guāng"(光)这个音节的韵尾就是由"ng"构成。辅音"n"既可作声母又可作韵尾，如"nán"(男)中的"n"，在音节的开头是声母 n，在音节的末尾是韵尾 n。

韵母和元音也不相等。韵母有由单元音构成的，有由复元音构成的，有由元音加辅音构成的，甚至有单独由辅音构成的。"tā"(他)音节中的韵母由单元音构成，xiā(瞎)中的韵母"ia"由复元音构成，"kān"(刊)中的韵母"an"由元音带辅音构成。

声调指整个音节的高低升降的变化。普通话里 dū(督)、dú(毒)、dǔ(赌)、dù(度)这四个音节的声母和韵母都相同，只是声调不同，表示的意思也就不同。声调是音节中贯穿始终的具有区别意义作用的音高，声调的表现是音节的音高变化。例如 dǐ(底)读起来先降低然后又升上去这种先降后升的变化形式和升降幅度就是音节“dǐ”的声调。汉语中声调具有辨义作用。dǐ(底)与 dì(帝)的不同就是由于声调的不同造成的。

### (四) 音位

音位是一个语音系统中能够区别意义的最小语音单位，也就是按语音的辨义作用归纳出来的音类。

## 三、语音符号

### (一) 汉语拼音方案

**1. 汉语拼音方案的作用**

记录现代汉语语音系统的法定拼音方案，汉语拼音方案是给普通话注音的一套符号。1958 年 2 月由第一届全国人民代表大会第五次会议批准作为正式方案推行。它采用国际普遍使用的拉丁字母，又根据现代汉语语音系统的特点进行了调整和加工，准确、灵活、妥善地反映了现代汉语的语音系统，是一个比较完善的记录现代汉语语音系统的拼音方案。

(1) 给汉字注音。由于汉字字形本身不能表示读音，学习汉字就需要一套注音工具。注音字母是 1918 年由当时的教育部公布的一套记音符号。这是中国第一套由国家正式公布并且在中小学校普遍推行过的拼音字母。注音字母拼注字音准确、科学、方便多了。但是，注音字母拼注字音还不够细致，笔画式字母笔顺方向错杂，不便连写，不利于国际文化交流。因此被拉丁式拼音字母代替是难免的。拼音字母拼注字音更加准确，又便于连写，事实证明是适合现代汉语语音系统的较好的记音符号。

(2) 作为推广普通话的工具。推广普通话，是我国社会主义建设的需要，是国家统一和人民团结的需要。学习普通话光靠口说耳听是不够的，必须有一套记音符号，以帮助教学和矫正读音。事实证明，汉语拼音方案正是推广普通话的有效工具。

(3) 作为我国各少数民族创制和改革文字的共同基础，用来帮助外国人学汉语，用来音译人名、地名和科学术语，以及用来编制索引和代号，等等。

**2. 汉语拼音方案的内容**

《汉语拼音方案》包括五个部分：

(1) 字母表。规定了二十六个字母及每个字母的学名。

(2) 声母表。提供了普通话二十一个声母的读音和例子。

(3) 韵母表。提供了普通话三十五个韵母的写法、例子及一些用法。

(4) 声调符号。提供了普通话四个调类的名称、所用符号及标调方法。

(5) 隔音符号。提供了隔音符号的形式及其方法。

**3. 汉语拼音方案的用途**

(1) 给汉字注音，帮助人们准确地识读汉字。

(2) 作为推广普通话的工具。

(3) 作为少数民族制定文字的依据和基础。

此外，汉语拼音方案也可用来音译人名、地名和科学用语，还可用来编制索引和代号等。

（二）国际音标

国际音标是国际语音学会制定的一套语音符号，是用来记录各民族语言的语音的，符合“一个音素一个符号，一个符号一个音素”的原则，共有一百多个符号，记音有严式、宽式之分。

记录音素的标写符号叫做音标，目前世界上最通行的记录音素的符号是国际音标。它是国际语音协会于 1888 年制定并开始使用的一套记音符号，它具有以下两个特点：

(1) 遵循一音一符、一符一音的原则，将音素与标写符号一一对应，从而避免了混淆和两可的现象。

(2) 以拉丁字母的小写印刷体为基础，必要时采用拉丁字母的大写、倒写、草写、合体或添加符号等办法来加以补充，或采用希腊字母，从而增强了这套符号的灵活性和应变性。

我国的语言学者也都使用这套国际统一的记音符号，为了避免同汉语拼音字母或其他符号相混，使用国际音标时一般加[ ]标注。

**思考与练习**

1. 什么叫语音？语音同自然界的声音有什么不同？
2. 什么是音高、音强、音长、音色？它们在现代汉语中有什么作用？
3. 为什么语音的社会性质是语音的本质属性？
4. 什么是音节？什么是音素？音素中的元音与辅音的区别是什么？
5. 声母与辅音有什么不同？韵母和元音有什么不同？
6.《汉语拼音方案》的主要用途是什么？与国际音际的作用有什么不同？

## 第二节　声　　母

**【知识目标】**

1. 掌握辅音声母的发音部位和发音方法；
2. 了解零声母的发音；
3. 掌握声母辨正的要领。

**【能力目标】**

1. 能准确把握普通话的声母发音部位和方法；
2. 能辨析 21 个声母。

声母指音节开头的辅音。普通话中有 21 个辅音声母，即：b、p、m、f、d、t、n、l、g、k、h、j、q、x、zh、ch、sh、r、z、c、s。此外还有零声母。

## 一、辅音声母的发音

### （一）辅音声母的发音部位

声母是由辅音构成的，研究声母的发音也就是研究构成声母的辅音的发音。辅音发音时，气流通过口腔或鼻腔时要受到阻碍，通过克服阻碍而发出声音。因此，可以从两个方面来研究声母的发音：① 发音部位，就是气流受到阻碍的部位。② 发音方法，就是气流克服阻碍发出声音的方法。声母的发音部位是指发音时发音器官阻碍气流的位置。根据发音部位，普通话声母可以分成七类。

**1. 双唇音**

由上唇和下唇构成阻碍而形成的音，有 3 个，是：b、p、m。

**2. 唇齿音**

由下唇和上齿构成阻碍而形成的音，只有 1 个，是：f。

**3. 舌尖中音**

由舌尖和上齿龈构成阻碍而形成的音，有 4 个，是：d、t、n、l。

**4. 舌根音**

由舌根和软腭构成阻碍而形成的音，有 3 个，是：g、k、h。

**5. 舌面音**

由舌面和硬腭构成阻碍而形成的音，有 3 个，是：j、q、x。

**6. 舌尖后音**

舌尖翘起和硬腭构成阻碍而形成的音，有 4 个，是：zh、ch、sh、r。

**7. 舌尖前音**

由舌尖和上齿背构成阻碍而形成的音，有 3 个，是：z、c、s。

### （二）声母的发音方法

声母的发音方法要从三个方面来说明：

**1. 克服阻碍的方式**

按照发音时气流克服阻碍的方式，普通话的声母分为五类：

(1) 塞音。构成阻碍的两个部位完全闭塞。软腭上升，堵塞通向鼻腔的通路。气流经过口腔时冲破阻碍迸裂而出，爆发成声。塞音有 6 个：b、p、d、t、g、k。

(2) 擦音。构成阻碍的两个部位非常接近，留下窄缝。软腭上升，堵塞通向鼻腔的通路。气流经过口腔时从窄缝挤出，摩擦成声。擦音有 6 个：f、h、x、sh、r、s。

(3) 塞擦音。构成阻碍的两个部位完全闭塞。软腭上升，堵塞通向鼻腔的通路。气流经过口腔先把阻塞部位冲开一条窄缝，从窄缝中挤出，摩擦成声。先破裂，后摩擦，结合成一个音。塞擦音有 6 个：j、q、zh、ch、z、c。

(4) 鼻音。口腔里构成阻碍的两个部位完全闭塞。软腭下垂，打开通向鼻腔的通路。气流颤动声带，从鼻腔通过。鼻音有两个：m 和 n。

(5) 边音。舌尖与齿龈相接构成阻碍，舌头两边留有空隙。软腭上升，堵塞通向鼻腔的通路。气流经过口腔，颤动声带，从舌头的两边通过。边音只有 1 个：l。

**2. 气流的强弱**

按照发音时呼出的气流的强弱,普通话声母中的塞音和塞擦音分为两类:不送气音和送气音。

(1) 不送气音。发音时,呼出的气流较弱。不送气音有 6 个:b、d、g、j、zh、z。

(2) 送气音。发音时,呼出的气流较强。送气音有 6 个:p、t、k、q、ch、c。

**3. 声带是否颤动**

按照发音时声带是否颤动,普通话的声母分为两类,就是清音和浊音。

(1) 清音。气流呼出时,声门打开,声带不颤动,发出的音不响亮。清音有 17 个:b、p、f、d、t、g、k、h、j、q、x、zh、ch、sh、z、c、s。

(2) 浊音。气流呼出时,颤动声带,发出的音比较响亮。浊音有 4 个:m、n、l、r。

### (三) 普通话声母的发音

把上面讲的声母的发音部位和发音方法结合起来,就可以说明普通话 21 声母是怎么发音的。

b 双唇不送气清塞音,例字:罢、拜、报、辨别、标兵。

p 双唇送气清塞音,例字:怕、派、炮、批评、乒乓。

m 双唇浊鼻音,例字:骂、迈、冒、美满、面目。

f 唇齿清擦音,例字:法、飞、凤、方法、反复。

d 舌尖中不送气清塞音,例字:大、代、到、地点、当代。

t 舌尖中送气清塞音,例字:踏、太、套、团体、探讨。

n 舌尖中浊鼻音,例字:纳、耐、闹、牛奶、农奴。

l 舌尖中浊边音,例字:辣、赖、烙、联络、劳力。

g 舌根不送气清塞音,例字:尬、盖、告、骨干、国歌。

k 舌根送气清塞音,例字:喀、慨、靠、刻苦、宽阔。

h 舌根清擦音,例字:哈、害、浩、欢呼、辉煌。

j 舌面不送气清塞擦音,例字:架、街、建、积极、经济。

q 舌面送气清塞擦音,例字:恰、窃、欠、请求、确切。

x 舌面清擦音,例字:下、歇、县、学习、虚心。

zh 舌尖后不送气清塞擦音,例字:诈、债、照、主张、政治。

ch 舌尖后送气清塞擦音,例字:岔、拆、超、出产、查抄。

sh 舌尖后清擦音,例字:事、晒、哨、声势、手术。

r 舌尖后浊擦音,例字:日、热、绕、柔软、仍然。

z 舌尖前不送气清塞擦音,例字:杂、在、早、走卒、栽赃。

c 舌尖前送气清塞擦音,例字:擦、菜、草、层次、参差。

s 舌尖前清擦音,例字:撒、塞、臊、思索、琐碎。

声母的发音部位和发音方法可以综合为表 2.1。

表 2.1

| 发音部位＼发音方法 | 塞音 | | 塞擦音 | | 擦音 | | 鼻音 | 边音 |
|---|---|---|---|---|---|---|---|---|
| | 清音 | | 清音 | | 清音 | 浊音 | 浊音 | 浊音 |
| | 不送气 | 送气 | 不送气 | 送气 | | | | |
| 双唇音 | b | p | | | | | m | |
| 唇齿音 | | | | | f | | | |
| 舌尖中音 | d | t | | | | | n | l |
| 舌根音 | g | k | | | h | | | |
| 舌面音 | | | j | q | x | | | |
| 舌尖后音 | | | zh | ch | sh | r | | |
| 舌尖前音 | | | z | c | s | | | |

## 二、零声母

普通话语音还有一类零声母。有些音节是韵母独立自成音节，发音时音节开头有一点轻微的摩擦成分，但不是辅音声母，所以语音学里把这种成分称为零声母。零声母共有两类，一类是 i、u、ü 和 i、u、ü 开头的韵母自成音节时前面的成分。这一类《汉语拼音方案》规定这类零声母用 y、w 作为书写形式。另一类是 ɑ、o、e 开头的韵母自成音节后前面的成分。这一类《汉语拼音方案》没有用字母来表示它的书写形式，只是当它们与前面一个音节连写时采用隔音符号“’”分隔。

零声母音节举例：

| | | | |
|---|---|---|---|
| yi(i)yī 一 | ya(ia)yā 压 | ye(ie)yě 也 | yao(iao)yáo 摇 |
| you(iou)yōu 优 | yan(ian)yān 烟 | yin(in)yīn 因 | yang(iang)yāng 秧 |
| ying(ing)yīng 英 | yong(iong)yōng 拥 | wu(u)wū 屋 | wa(ua)wā 挖 |
| wo(uo)wǒ 我 | wai(uai)wài 外 | wei(uei)wēi 微 | wan(uan)wān 弯 |
| wen(uen)wēn 温 | wang(uang)wāng 汪 | weng(ueng)wēng 翁 | yu(ü)yú 余 |
| yue(üe)yuē 约 | yuan(üan)yuán 元 | yun(ün)yún 云 | ɑ ā 阿 |
| ai ài 爱 | ao āo 凹 | an ān 安 | ang áng 昂 |
| o o 哦 | ou ōu 欧 | pèi’ǒu 配偶 | e è 饿 |
| en ēn 恩 | er ér 儿 | jī’è 饥饿 | |

## 三、声母辨正

### （一）区分 n 和 l

**1. 区分 n、l 的读音**

n 的发音方式是舌尖翘起，顶住上齿龈，同时小舌下垂，气流通过鼻腔流出。而 l 的发音方式是舌尖翘起，顶住上齿龈，同时小舌抬起，堵住通往鼻腔的通道，气流经过舌头的两边流出。n、l 不分的情况主要分布于湘方言、赣方言、闽方言的一部分地区以及西南官话、江淮官话等地区,其表现情况也不同,有的两者可以互换,如兰州话;有的 l 变为 n,如重庆话;有的是 n 变为 l,如南京话。其情形非常复杂。各方言区的人最好先对自己方言中 n、l 的表现进行一个了解,再进行发音纠正。

**2. 区分读 n、l 的字**

区分读 n 和 l 的字,一方面多注意广播电视中的发音,熟记读 n 和读 l 的常用字、词。另一方面可以根据谐声字来区分读 n 和 l 的字,汉字的谐声系统中,n、l 记住一个字的声母读音,就可以记住一系列字的声母读音。如:

农(n)——浓 侬 脓 哝 秾

龙(l)——笼 拢 聋 陇 垄 垅 胧 珑 砻 昽 泷

囊(n)——攮 囔 馕 曩 齉

朗(l)——浪 郎 狼 廊 琅 啷 莨

南(n)——楠 喃 腩

兰(l)——栏 烂 拦

辨 n、l 字例:

哪能不来　南方来信　楼兰龙城　留恋女色

吃苦耐劳　拿泥捏鸟　劳累过度　红黄蓝绿

饮食男女　虐待奴隶　乱拉乱推　冷暖自知

南瓜地里长兰花　老刘留了六头牛　年年过年吃榴梿

六年奶牛做留念

**3. 区分 zh、ch、sh 与 z、c、s**

(1) 区分 zh、ch、sh 与 z、c、s 的读音

zh、ch、sh 与 z、c、s 的区别在于发音部位的不同,zh、ch、sh 发音时舌尖翘起来,顶住硬腭的前部,然后再放开,气流慢慢摩擦而出(zh、ch);或者舌尖翘起,靠近硬腭,气流摩擦而出(sh)。而 z、c、s 发音时舌尖是顶住上齿背。一个卷舌,一个不卷舌。zh、ch、sh 与 z、c、s 不分的情况,分布的地区比较广,东北方言、西北方言的太原等地、江淮方言和西南方言的大部分地区,都有此现象。

(2) 区分读 zh、ch、sh 与 z、c、s 的字

分辨它们的发音,多注意广播电视中的发音,逐渐形成习惯。由于 zh、ch、sh 的来源非常复杂,与 z、c、s 交叉的情形很多,所以一般不能根据谐声来区分 zh、ch、sh 与 z、c、s。

下面用 shi 这一音节的字写成的例子。

赵元任《施氏食狮史》:"石室诗士施氏,嗜狮,誓食十狮。氏时时适市视狮,十时,适十狮适市。是时,适施氏适市。氏视是十狮,恃矢势,使是十狮逝世。氏拾是十狮尸,适石室,石室湿,氏使侍拭石室。石室拭,氏始试食是十狮尸。食时,始识是十狮尸,实十石狮尸。试释是事。"

辨 zh、ch、sh 与 z、c、s 字例:

实事求是　声势盛大　私自下山　再三思忖

历史事实　乘胜追击　曾经存在　三次猜测

尊敬师长　四首诗词　随从数人　残存毒素

世事无常　真正知识　增加层次　松柏苍翠

**4. 区分 f 与 h**

f 与 h 的差别在于，f 是唇齿清擦音，而 h 是舌根清擦音，二者的不同在于发音部位。f 与 h 混淆的情况主要出现于西南方言、赣方言等地区，在方言中表现不一，合口字中声母读为 f，是比较突出的现象，应掌握其对应规律，逐渐改正过来，例如：

伐(f)——筏 阀 垡

化(h)——花 华 骅 哗 桦

付(f)——附 府 符 腐 俯 苻 咐 拊

户(h)——沪 护 戽 扈

辨 f、h 字例：

大雪纷飞　风吹蜂房　花卉绘画　黄花芬芳

分发肥皂　分封诸侯　毁坏花圃　不会悔婚

佛法无边　上下翻飞　左右回环　华语会话

分配不是婚配　黄昏不是房分　待到房分婚配　已是黄昏时分

**5. 区分 f 与 sh**

在有些方言里有 f、sh 不分的情况，比如山东鲁西南地区。

f 与 sh 都是擦音，但发音部位不同。二者相混的情形主要是 sh 声母的合口字混入 f 声母。在掌握二者的发音差别的基础上，记住哪些字读 f，哪些字读 sh，予以纠正。也可以通过谐声字来记忆哪些读 f，哪些读 sh。一般来说，f 经常同 b、p 有联系，而 sh 经常同 zh、ch、d、t 有联系。

如：(fu)富、幅、福、副、辐、蝠　(fei)非、霏、菲、匪、绯、悱、扉、斐、腓、啡、诽、翡、痱、篚、鲱、蜚、榧　(fan)饭、返、贩、畈　(shu)术、述、沭、秫(shui)税、说(shuan)拴、栓

辨字例：

老鼠掉到水缸里。

叔叔去摘玉蜀黍。

上述叔叔上树数树。

树上拴着水牛，书房睡着书童。

## 思考与练习

1. 声母按发音部位可分为几大类？按发音方法又可分为几类？

2. 根据发音部位和发音方法写出汉语拼音字母。

舌根送气清塞音（ k ）　　舌尖前不送气清塞擦音（ z ）

舌面不送气清塞擦音（ j ）　　双唇送气清塞音（ p ）

舌尖中浊鼻音（ n ）　　舌尖后浊擦音（ r ）

3. 练习下列词语(按发音部位练习)

| | | | | |
|---|---|---|---|---|
| bǎo bèi 宝贝 | pī píng 批评 | měi miào 美妙 | fēng fù 丰富 | dào dé 道德 |
| tuán tǐ 团体 | nán nǚ 男女 | lì lǜ 利率 | gǎi gé 改革 | kè kǔ 刻苦 |
| huān hū 欢呼 | zì zài 自在 | cū cāo 粗糙 | sī suǒ 思索 | jīng jì 经济 |
| què qiè 确切 | xué xí 学习 | zhǔ zhāng 主张 | chōu chá 抽查 | shè shī 设施 |

4. 练习下列词语(按发音方法练习)

| | | | |
|---|---|---|---|
| bēn pǎo 奔跑 | bào pò 爆破 | dài tì 代替 | dì tú 地图 |
| gài kuò 概括 | gōng kāi 公开 | jiān qiáng 坚强 | jīn qián 金钱 |
| zhàn chǎng 战场 | zhēn chéng 真诚 | zūn cóng 遵从 | cāo zuò 操作 |
| fǎn fù 反复 | fēi fǎ 非法 | háng hǎi 航海 | hū hǎn 呼喊 |
| xíng xiàng 形象 | xián xiá 闲暇 | shān shuǐ 山水 | shàng shēng 上升 |
| réng rán 仍然 | róng rěn 容忍 | suǒ suì 琐碎 | sù sòng 诉讼 |
| máng mù 盲目 | miàn mào 面貌 | nǎi niú 奶牛 | néng nài 能耐 |

5. 注出下面《小儿垂钓》每个字的声母,并按发音部位重新排列。

蓬头稚子学垂纶,侧坐莓台草映身。

路人借问遥招手,怕得鱼惊不应人。

# 第三节 韵 母

**【知识目标】**

1. 掌握韵母的分类和发音;
2. 掌握韵母的结构与“四呼”;
3. 掌握韵母的辨正要领。

**【能力目标】**

能准确发韵母音,能纠正方言。

## 一、韵母的分类和发音

韵母指音节里声母后面的部分。韵母主要由元音构成,有些韵母里除了元音之外还有辅音。普通话韵母里的辅音只有 n 和 ng 两个鼻辅音。

普通话有 39 个韵母①,分为三类:① 单元音韵母,也叫单韵母。韵母是由一个元音构成的。普通话有 10 个单元音韵母。② 复元音韵母,也叫复韵母。韵母是由两个或三个元音构成的。普通话有 13 个复元音韵母。③ 带鼻音韵母,也叫鼻韵母。韵母是由元音和鼻辅音构成的。普通话有 16 个鼻韵母。

### (一) 单元音韵母

单韵母是由单元音充当的,普通话 10 个单韵母可以分为舌面元音、舌尖元音和卷舌元

① 《汉语拼音方案》只收了 35 个舌面元音韵母,未收舌尖元音韵母及卷舌元音韵母。

音三类。舌面元音是由舌面起主要作用的元音，有 ɑ、o、e、ê、i、u、ü 七个；舌尖元音是由舌尖起主要作用的元音，有-i[ɿ]、-i[ʅ]两个；er 是卷舌元音。

第一，舌位的前后

舌位指发音时舌面隆起部分的所在位置。发元音时舌头前伸，舌位在前，这时发出的元音叫前元音。普通话舌面元音里有两个前元音，就是 i、ü。发元音时，舌头后缩，舌位在后，这时发出的元音叫后元音。普通话舌面元音里有 3 个后元音，就是 o、e、u。发元音时，舌头不前不后，舌位居中，这时发出的元音叫央元音。普通话里有 1 个舌面央元音，就是 ɑ。

第二，舌位的高低

舌面抬高，和硬腭的距离达到最小时，发出的元音叫高元音。舌面降低，和硬腭的距离达到最大时，发出的元音叫低元音。由高元音到低元音的这段距离可以分为相等的四份，中间有三个点。舌位处在这三个点上时，发出的元音由上而下分别叫做半高元音、中元音和半低元音。普通话里有 3 个舌面高元音，就是 i、u、ü，有两个半高元音，就是 o、e，有 1 个低元音，就是 ɑ。

第三，唇形的圆展

嘴唇收圆，发出的元音叫圆唇元音；嘴唇展开，发出的元音叫不圆唇元音。普通话舌面元音里有 3 个圆唇元音，就是 o、u、ü；有 4 个不圆唇元音，就是 ɑ、e、i、ê。

单韵母的发音特点是发音过程中舌位、唇形和开口度始终不变。如有一点变化，就不是纯正的单韵母了，所以，发音时要保持固定的口形。

**1. ɑ[ᴀ]舌面、央、低、不圆唇元音**

发音时，口自然大开，扁唇，舌头居中央，舌面中部略隆起，舌尖置下齿龈，声带振动。软腭上升，关闭鼻腔通路。

发音例词：打靶 dǎ bǎ　大厦 dà shà　发达 fā dá　马达 mǎ dá　喇叭 lǎ ba　哪怕 nǎ pà

**2. o[o]舌面、后、半高、圆唇元音**

发音时，口半闭，圆唇，舌头后缩，舌面后部略隆起，舌尖置下齿龈后，声带振动。软腭上升，关闭鼻腔通路。

发音例词：伯伯 bó bo　婆婆 pó po　默默 mò mo　泼墨 pō mò　薄膜 bó mó

**3. e[ɤ]舌面、后、半高、不圆唇元音**

发音时，口半闭，扁唇，舌头后缩，舌面后部略隆起，舌面两边微卷，舌面中部稍凹，舌尖置于下齿龈后，嘴角向两边微展，声带振动。软腭上升，关闭鼻腔通路。

发音例词：隔阂 gé hé　合格 hé gé　客车 kè chē　特色 tè sè　折射 zhé shè

**4. ê[ɛ]舌面、前、半低、不圆唇元音**

发音时，口自然打开，扁唇，舌头前伸，舌面前部略隆起，舌尖抵住下齿背，嘴角向两边微展，声带振动。软腭上升，关闭鼻腔通路。

在普通话中，ê 只在语气词"欸"中单用。ê 不与任何辅音声母相拼，只构成复韵母 ie、üe，并在书写时省去上面的附加符号"ˆ"。

发音例词：告别 gào bié　感谢 gǎn xiè　夜晚 yè wǎn　消灭 xiāo miè　坚决 jiān jué

**5. i[i]舌面、前、高、不圆唇元音 ɛ**

发音时，口微开，扁唇，上下齿相对，舌头前伸，舌面前部略隆起，舌尖抵住下齿背，嘴角向两边微展，声带振动。软腭上升，关闭鼻腔通路。

发音例词：笔记 bǐ jì　激励 jī lì　基地 jī dì　记忆 jì yì　霹雳 pī lì　习题 xí tí

**6. u[u]舌面、后、高、圆唇元音**

发音时，口微开，圆唇，舌头后缩，舌面后部高度隆起和软腭相对，舌尖置下齿龈后，声带振动。软腭上升，关闭鼻腔通路。

发音例词：补助 bǔ zhù　读物 dú wù　辜负 gū fù　瀑布 pù bù　入伍 rù wǔ　疏忽 shū hū

**7. ü[y]舌面、前、高、圆唇元音**

发音时，口微开，圆唇（近椭圆）略向前突，舌头前伸，舌面前部略隆起，舌尖抵住下齿背，声带振动。软腭上升，关闭鼻腔通路。

发音例词：聚居 jù jū　区域 qū yù　屈居 qū jū　须臾 xū yú　序曲 xù qǔ　语序 yǔ xù

舌面单元音韵母的发音可以综合为表 2.2。

**表 2.2**

| | 前元音 | | 央元音 | | 后元音 | |
|---|---|---|---|---|---|---|
| | 不圆唇 | 圆　唇 | 不圆唇 | 圆　唇 | 不圆唇 | 圆　唇 |
| 高元音 | i 衣 | ü 遇 | | | | u 屋 |
| 半高元音 | | | | | e 饿 | o 喔 |
| 中元音 | | | | | | |
| 半低元音 | | | | | | |
| 低元音 | | | ɑ 啊 | | | |

**8. er[ə]：卷舌、央、中、不圆唇元音**

er[ə]是在[ə]的基础上加上卷舌动作而成。发音时，口腔自然打开（是 ɑ[A]的开口度的一半），扁唇，舌头居中央，舌尖向硬腭中部上卷（但不接触），声带振动。软腭上升，关闭鼻腔通路。

发音例词：而且 ér qiě　儿歌 ér gē　耳朵 ěr duō　二胡 èr hú　二十 èr shí

**9. -i[ɿ]：舌尖、前、高、不圆唇元音**

发音时，口微开，扁唇，嘴角向两边展开，舌头平伸，舌尖靠近上齿背，声带振动。软腭上升，关闭鼻腔通路。z、c、s 的发音拉长，拉长的部分即是-i（前）的读音。

发音例词：私自 sī zì　此次 cǐ cì　次子 cì zǐ　字词 zì cí　自私 zì sī　孜孜 zī zī

**10. -i[ʅ]：舌尖、后、高、不圆唇元音**

发音时，口微开，扁唇，嘴角向两边展开，舌尖上翘，靠近硬腭前部，声带振动。软腭上升，关闭鼻腔通路。zh、ch、sh 的发音拉长，拉长的部分即是-i（后）的读音。

发音例词：实施 shí shī　支持 zhī chí　知识 zhī shi　制止 zhì zhǐ　值日 zhí rì

### （二）复韵母

复韵母是由两个或三个元音组成的韵母。复韵母的发音有两个特点：一是元音之间没有明显的界线，整个过程是从一个元音滑向另一个元音。二是各元音的发音响度不同。主要元音的发音口腔开口度最大，声音最响亮，持续时间最长，其他元音发音轻短或含混模糊。响度大的元音在前的，叫做前响复韵母；响度大的元音在后的，叫做后响复韵母；响度大的元音在中间的，叫做中响复韵母。

**1. 前响复韵母**

前响复韵母指主要元音处在前面的复韵母，普通话前响复韵母有四个：ai、ao、ei、ou。发音时，开头的元音清晰响亮、时间较长，后头的元音含混模糊，音值不太固定，只表示舌位滑动的方向。

(1) ai[ai]发音时，a[a]是比单元音 a[A]舌位靠前的前低不圆唇元音。发 a[a]时，口大开，扁唇，舌面前部略隆起，舌尖抵住下齿背，声带振动。发 ai[ai]时，a[a]清晰响亮，后头元音 i[i]含混模糊，只表示舌位滑动的方向。

发音例词：爱戴 ài dài　采摘 cǎi zhāi　海带 hǎi dài　开采 kāi cǎi　拍卖 pāi mài

(2) ao[ɑu]发音时，a[ɑ]是比单元音 a[A]舌位靠后的后低不圆唇元音。发 a[ɑ]时，口大开，扁唇，舌头后缩，舌面后部略隆起，声带振动。发 ao[ɑu]时，a[ɑ]清晰响亮，后头的元音 o[u]舌位状态接近单元音 u[u](拼写作 o，实际发音接近 u)，但舌位略低，只表示舌位滑动的方向。

发音例词：懊恼 ào nǎo　操劳 cāo láo　高潮 gāo cháo　骚扰 sāo rǎo　逃跑 táo pǎo

(3) ei[ei]发音时，起点元音是前半高不圆唇元音 e[e]，实际发音舌位略靠后靠下，接近央元音。发 ei[ei]时，开头的元音 e[e]清晰响亮，舌尖抵住下齿背，使舌面前部隆起与硬腭中部相对。从 e[e]开始舌位升高，向 i[i]的方向往前高滑动，i[i]的发音含混模糊，只表示舌位滑动的方向。

发音例词：肥美 féi měi　妹妹 mèi mei　配备 pèi bèi　蓓蕾 bèi lěi

(4) ou[ou]发音时，起点元音 o 比单元音 o[o]的舌位略高、略前，唇形略圆。发音时，开头的元音 o[o]清晰响亮，舌位向 u 的方向滑动，u[u]的发音含混模糊，只表示舌位滑动的方向。ou 是普通话复韵母中动程最短的复合元音。

发音例词：丑陋 chǒu lòu　兜售 dōu shòu　口头 kǒu tóu　漏斗 lòu dǒu

**2. 后响复韵母**

后响复韵母是指主要元音处在后面的复韵母。普通话后响复韵母有 5 个：ia、ie、ua、uo、üe。它们发音的特点是舌位由高向低滑动，收尾的元音响亮清晰，在韵母中处在韵腹的位置。而开头的元音都是高元音 i-、u-、ü-，由于它处于韵母的韵头位置，发音轻短，只表示舌位滑动的方向。

(1) ia[iA]

发音时，从前高元音 i[i]开始，舌位滑向央低元音 a[A]结束。i[i]的发音较短，a[A]的发音响亮而且时间较长。

发音例词：假牙 jiǎ yá　恰恰 qià qià　压价 yā jià　下家 xià jiā

(2) ie[iɛ]

发音时，从前高元音 i[i]开始，舌位滑向前半低元音 ê[ɛ]结束。i[i]发音较短，ê[ɛ]发音响亮而且时间较长。

发音例词：结业 jié yè　贴切 tiē qiè　铁屑 tiě xiè　谢谢 xiè xie

(3) ua[uA]

发音时，从后高圆唇元音 u[u]开始，舌位滑向央低元音 a[A]结束。唇形由最圆逐步展开到不圆。u[u]发音较短，a[A]的发音响亮而且时间较长。

发音例词：挂花 guà huā　耍滑 shuǎ huá　娃娃 wá wa　画画 huà huà

(4) uo[uo]

由圆唇后元音复合而成。发音时，从后高元音 u[u]开始，舌位向下滑到后半高元音 o[o]结束。发音过程中，唇形保持圆唇，开头最圆，结尾圆唇度略减。u[u]发音较短，o[o]的发音响亮而且时间较长。

发音例词：错落 cuò luò　硕果 shuò guǒ　脱落 tuō luò　阔绰 kuò chuò　骆驼 luò tuo

(5) üe[yɛ]

由前元音复合而成。发音时，从圆唇的前高元音 ü[y]开始，舌位下滑到前半低元音 ê[ɛ]，唇形由圆到不圆。ü[y]的发音时间较短，ê[ɛ]的发音响亮而且时间较长。

发音例词：雀跃 què yuè　约略 yuē lüè　雪月 xuě yuè

**3. 中响复韵母**

中响复韵母是指主要元音处在中间的复韵母。普通话中的中响复韵母共有 4 个：iao、iou、uai、uei。这些韵母发音的特点是舌位由高向低滑动，再从低向高滑动。开头的元音发音不响亮、较短促，只表示舌位滑动的开始，中间的元音清晰响亮，收尾的元音轻短模糊，音值不太固定，只表示舌位滑动的方向。

(1) iao[iɑu]

发音时，由前高不圆唇元音 i[i]开始，舌位降至后低元音 a[ɑ]，然后再向后高圆唇元音 u[u]的方向滑升。发音过程中，舌位先降后升，由前到后。唇形从中间的元音 a[ɑ]开始由不圆唇变为圆唇。

发音例词：吊销 diào xiāo　疗效 liáo xiào　巧妙 qiǎo miào　调料 tiáo liào

(2) iou[iou]

发音时，由前高不圆唇元音 i[i]开始，舌位后移且降至后半高元音[o]，然后再向后高圆唇元音 u[u]的方向滑升。发音过程中，舌位先降后升，由前到后。唇形由不圆唇开始到后元音[o]时，逐渐圆唇。

发音例词：久留 jiǔ liú　求救 qiú jiù　绣球 xiù qiú　优秀 yōu xiù　悠久 yōu jiǔ

(3) uai[uai]

发音时，由圆唇的后高元音 u[u]开始，舌位向前滑降到前低不圆唇元音 a[a]（即“前 a”），然后再向前高不圆唇元音 i[i]的方向滑升。舌位动程先降后升，由后到前。唇形从最圆开始，逐渐减弱圆唇度，至发前元音 a[a]始渐变为不圆唇。

发音例词：外快 wài kuài　怀揣 huái chuāi　乖乖 guāi guai　摔坏 shuāi huài

(4) uei[uei]发音时，由后高圆唇元音 u[u]开始，舌位向前向下滑到前半高不圆唇元音 e[e]的位置，然后再向前高不圆唇元音 i[i]的方向滑升。发音过程中，舌位先降后升，由后到前。唇形从最圆开始，随着舌位的前移，渐变为不圆唇。

发音例词：垂危 chuí wēi　归队 guī duì　悔罪 huǐ zuì　追悔 zhuī huǐ　荟萃 huì cuì

## （三）鼻韵母

鼻韵母指带有鼻辅音的韵母，又叫做鼻音尾韵母。鼻韵母的发音有两个特点：一是元音同后面的鼻辅音不是生硬地结合在一起，而是有机的统一体。发音时，逐渐由元音向鼻辅音过渡，逐渐增加鼻音色彩，最后形成鼻辅音。二是除阻阶段作韵尾的鼻辅音不发音，所以又叫唯闭音。鼻韵母的发音不是以鼻辅音为主，而是以元音为主，元音清晰响亮，鼻辅音重在做出发音状态，发音不太明显。

**1. 前鼻音尾韵母**

前鼻音尾韵母指的是鼻韵母中以-n为韵尾的韵母。普通话中的前鼻音尾韵母有8个：an、en、in、un、ian、uan、üan、uen。韵尾-n的发音部位比声母n-的位置略微靠后，一般是舌面前部向硬腭接触。前鼻音尾韵母的发音中，韵头的发音比较轻短，韵腹的发音清晰响亮，韵尾的发音只做出发音状态。

(1) an[an]发音时，起点元音是前低不圆唇元音 ɑ[a]，舌尖抵住下齿背，舌位降到最低，软腭上升，关闭鼻腔通路。从“前 ɑ”开始，舌面升高，舌面前部抵住硬腭前部，当两者将要接触时，软腭下降，打开鼻腔通路，紧接着舌面前部与硬腭前部闭合，使在口腔受到阻碍的气流从鼻腔里透出。口形由开到合，舌位移动较大。

发音例词：参战 cān zhàn　反感 fǎn gǎn　烂漫 làn màn　谈判 tán pàn　坦然 tǎn rán

(2) en[ən]发音时，起点元音是央元音[ən]，舌位中性(不高不低不前不后)，舌尖接触下齿背，舌面隆起部位受韵尾影响略靠前。从央元音 e[ən]开始，舌面升高，舌面前部抵住硬腭前部，当两者将要接触时，软腭下降，打开鼻腔通路，紧接着舌面前部与硬腭前部闭合，使在口腔受到阻碍的气流从鼻腔里透出。口形由开到闭，舌位移动较小。

发音例词：根本 gēn běn　门诊 mén zhěn　人参 rén shēn　认真 rèn zhēn

(3) in[in]发音时，起点元音是前高不圆唇元音 i[i]，舌尖抵住下齿背，软腭上升，关闭鼻腔通路。从舌位最高的前元音 i[i]开始，舌面升高，舌面前部抵住硬腭前部，当两者将要接触时，软腭下降，打开鼻腔通路，紧接着舌面前部与硬腭前部闭合，使在口腔受到阻碍的气流从鼻腔透出。开口度几乎没有变化，舌位动程很小。

发音例词：近邻 jìn lín　拼音 pīn yīn　信心 xìn xīn　辛勤 xīn qín　引进 yǐn jìn

(4) ün[yn]发音时，起点元音是前高圆唇元音 ü[y]。与 in 的发音过程基本相同，只是唇形变化不同。从圆唇的前元音 ü 开始，唇形从圆唇逐步展开，而 in 的唇形始终是展唇。

发音例词：军训 jūn xùn　均匀 jūn yún　芸芸 yún yún　群众 qún zhòng

(5) ian[iɛn]发音时，从前高不圆唇元音 i[i]开始，舌位向前低元音 ɑ[a](前 ɑ)的方向滑降，舌位只降到半低前元音。

ê[ɛ]的位置就开始升高。发 ê[ɛ]后，软腭下降，逐渐增强鼻音色彩，舌尖迅速移到上齿龈，最后抵住上齿龈做出发鼻音-n的状态。

发音例词：艰险 jiān xiǎn　简便 jiǎn biàn　连篇 lián piān　前天 qián tiān

(6) uan[uan]发音时，由圆唇的后高元音 u[u]开始，口形迅速由合口变为开口状，舌位向前迅速滑降到不圆唇的前低元音 ɑ[a](前 ɑ)的位置就开始升高。发 ɑ[a]后，软腭下降，逐渐增强鼻音色彩，舌尖迅速移到上齿龈，最后抵住上齿龈做出发鼻音-n的状态。

发音例词：贯穿 guàn chuān　软缎 ruǎn duàn　酸软 suān ruǎn　婉转 wǎn zhuǎn

(7) üan[yɛn]发音时，由圆唇的后高元音 ü[y]开始，向前低元音 ɑ[a]的方向滑降。舌位只降到前半低元音 ê[ɛ]略后的位置就开始升高。发[ɛ]后，软腭下降，逐渐增强鼻音色彩，舌尖迅速移到上齿龈，最后抵住上齿龈做出发鼻音—n的状态。

发音例词：源泉 yuán quán　轩辕 xuān yuán　涓涓 juān juān　圆圈 yuán quān

(8) uen[uən]发音时，由圆唇的后高元音 u[u]开始，向央元音[ə]:的位置滑降，然后舌位升高。发[ə]:后，软腭下降，逐渐增强鼻音色彩，舌尖迅速移到上齿龈，最后抵住上齿龈做出发鼻音-n的状态。唇形由圆唇在向中间折点元音滑动的过程中渐变为展唇。

发音例词：昆仑 kūn lún　温存 wēn cún　温顺 wēn shùn　论文 lùn wén　馄饨 hún tun

汉语拼音方案规定，韵母 uen 和辅音声母相拼时，受声母和声调的影响，中间的元音（韵腹）产生弱化。写作 un。例如“论”写作 lùn，不作 luèn。

**2. 后鼻音尾韵母**

后鼻音尾韵母指的是鼻韵母中以 -ng 为韵尾的韵母。普通话中的后鼻音尾韵母有 8 个：ang、eng、ing、ong、iang、uang、ueng、iong。ng[ŋ]

是舌面后、浊、鼻音，在普通话中只作韵尾不作声母。发音时，软腭下降，关闭口腔，打开鼻腔通道，舌面后部后缩，并抵住软腭，气流颤动声带，从鼻腔通过。在鼻韵母中，同-n 的发音一样，-ng 除阻阶段也不发音。后鼻音尾韵母的发音中，韵头的发音比较轻短，韵腹的发音清晰响亮，韵尾的发音只做出发音状态。

(1) ang[ɑŋ]

发音时，起点元音是后低不圆唇元音 ɑ[ɑ]（后 ɑ），口大开，舌尖离开下齿背，舌头后缩。从“后 ɑ”开始，舌面后部抬起，当贴近软腭时，软腭下降，打开鼻腔通路，紧接着舌根与软腭接触，封闭了口腔通路，气流从鼻腔里透出。

发音例词：帮忙 bāng máng　苍茫 cāng máng　当场 dāng chǎng　刚刚 gāng gāng

(2) eng[əŋ]

发音时，起点元音是央元音 e[ə]。从 e[ə]开始，舌面后部抬起，贴向软腭。当两者将要接触时，软腭下降，打开鼻腔通路，紧接着舌面后部抵住软腭，使在口腔受到阻碍的气流从鼻腔里透出。

发音例词：承蒙 chéng méng　丰盛 fēng shèng　更正 gēng zhèng　萌生 méng shēng

(3) ing[iŋ]发音时，起点元音是前高不圆唇元音 i[i]，舌尖接触下齿背，舌面前部隆起。从 i[i]开始，舌面隆起部位不降低，一直后移，舌尖离开下齿背，逐步使舌面后部隆起，贴向软腭。当两者将要接触时，软腭下降，打开鼻腔通路，紧接着舌面后部抵住软腭，封闭口腔通路，气流从鼻腔透出。口形没有明显变化。

发音例词：叮咛 dīng níng　经营 jīng yíng　命令 mìng lìng　评定 píng dìng

(4) ong[uŋ]发音时，起点元音是后高圆唇元音 u[u]，但比 u 的舌位略低一点，舌尖离开下齿背，舌头后缩，舌面后部隆起，软腭上升，关闭鼻腔通路。从 u[u]开始，舌面后部贴向软腭，当两者将要接触时，软腭下降，打开鼻腔通路，紧接着舌面后部抵住软腭，封闭口腔通路，气流从鼻腔里透出。唇形始终拢圆。

发音例词：共同 gòng tóng　轰动 hōng dòng　空洞 kōng dòng　隆重 lóng zhòng

(5) iang[iɑŋ]

发音时，由前高不圆唇元音 i[i]开始，舌位向后滑降到后低元音 ɑ[ɑ]（后 ɑ），然后舌位升高。从后低元音 ɑ[ɑ]开始，舌面后部贴向软腭。当两者将要接触时，软腭下降，打开鼻腔通路，紧接着舌面后部抵住软腭，封闭口腔通路，气流从鼻腔里透出。

发音例词：两样 liǎng yàng　洋相 yáng xiàng　响亮 xiǎng liàng　长江 cháng jiāng

(6) uang[uɑŋ]发音时，由圆唇的后高元音 u[u]开始，舌位滑降至后低元音 ɑ[ɑ]（后 ɑ），然后舌位升高。从后低元音 ɑ[ɑ]开始，舌面后部贴向软腭。当两者将要接触时，软腭下降，打开鼻腔通路，紧接着舌面后部抵住软腭，封闭口腔通路，气流从鼻腔里透出。唇形从圆唇在向折点元音的滑动中渐变为展唇。

发音例词：狂妄 kuáng wàng　双簧 shuāng huáng　状况 zhuàng kuàng

(7) ueng[uəŋ]发音时，由圆唇的后高元音 u[u]开始，舌位滑降到央元音 e[ə]的位置，然后舌位升高。从央元音 e[ə]开始，舌面后部贴向软腭。当两者将要接触时，软腭下降，打开鼻腔通路，紧接着舌面后部抵住软腭，封闭口腔通路，气流从鼻腔里透出。唇形从圆唇在向中间折点元音滑动过程中渐变为展唇。

在普通话里，韵母 ueng 只有一种零声母的音节形式 weng。

发音例词：水瓮 shuǐ wèng　主人翁 zhǔ rén wēng　老翁 lǎo wēng　嗡嗡 wēng wēng

(8) iong[yŋ]发音时，起点元音是舌面前高圆唇元音 ü[y]，发 ü[y]后，软腭下降，打开鼻腔通路，紧接着舌面后部抵住软腭，封闭口腔通路，气流从鼻腔里透出。

为避免字母相混，《汉语拼音方案》规定，用字母 io 表示起点元音 ü[y]，写作 iong。

发音例词：炯炯 jiǒng jiǒng　汹涌 xiōng yǒng　穷困 qióng kùn　窘境 jiǒng jìng

## 二、韵母的结构与“四呼”

### （一）韵母的结构

一个音节中的韵母，通常可以分为韵头、韵腹和韵尾三部分。

**1. 韵头**

韵头是指复韵母中韵腹前面的元音，一般由高元音充当，发音不响亮。

普通话中有三个韵头 i、u、ü。

**2. 韵腹**

韵腹是指复韵母中开口度最大、发音最响亮的元音，也叫“主要元音”。如：ua 中的 a，ei 中的 e，iou 中的 o。

韵腹前面的元音是韵头，韵腹后面的元音或辅音是韵尾。

**3. 韵尾**

韵尾指复韵母中韵腹后面的元音或辅音。

普通话中有 n、ng 两个辅音韵尾和 i、u 两个元音韵尾。如：ei 中的 i，iao 中的 u，an 中的 n，ing 中的 ng。

如下：

iao　例字：腰、聊、叫、巧妙、逍遥。

iou　例字：忧、流、救、悠久、绣球。

uai　例字：歪、怀、帅、摔坏、外快。

uei　例字：威、回、睡、追随、摧毁。

汉语拼音方案规定：iou、uei 两个韵母和声母相拼时，写作 iu、ui。例如“牛”写作 niú，不作 nióu；“归”写作 guī，不作 guēi。

### （二）韵母“四呼”

除了按内部成分的特点分类外，韵母还可以按“四呼”（即韵头的四种不同情况）进行分类。“四呼”是我国传统语言学上的术语。音韵学家分韵母为开口、合口两类，每类又分洪音、细音两种。开口洪音称开口呼，细音称齐齿呼；合口洪音称合口呼，细音称撮口呼。以“四呼”为标准，普通话韵母分为下面四类：

(1) 开口呼韵母，没有韵头，而韵腹又不是 i、u、ü 的韵母，如 a、o、e、i、- i(前)、- i(后)、

er、ai、ei、ao、ou、an、en、ang、eng；

(2) 齐齿呼韵母，韵头或韵腹是 i 的韵母，如 i、ia、ie、iao、iou、ian、in、iang、ing；

(3) 合口呼韵母，韵头或韵腹是 u 的韵母，如 u、ua、uo、uai、uei、uan、uen、ong、uang、ueng；

(4) 撮口呼韵母，韵头或韵腹是 ü 的韵头，如 ü、üe、üan、ün、iong。

综合上述韵母的两种分类，可将普通话 39 个韵母列成下表。

普通话韵母总表如表 2.3 所示。

**表 2.3　普通话韵母总表**

| 口形<br>韵母结构 | 开口呼 | 齐齿呼 | 合口呼 | 撮口呼 |
|---|---|---|---|---|
| 单韵母 | -i[ɿ][ʅ] | i[i] | u[u] | ü[y] |
| | a[A] | ia[iA] | ua[uA] | |
| | o[o] | | uo[uo] | |
| | e[ɤ] | | | |
| | ê[ε] | ie[iε] | | üe[yε] |
| | er[ɚ] | | | |
| 复韵母 | ai[ai] | | uai[uai] | |
| | ei[ei] | | uei[uei] | |
| | ao[ɑu] | iao[iɑu] | | |
| | ou[ou] | iou[iou] | | |
| 鼻韵母 | an[an] | ian[iεn] | uan[uan] | üan[yan] |
| | en[ən] | in[in] | uen[uən] | ün[yn] |
| | ang[ɑŋ] | iang[iɑŋ] | uang[uɑŋ] | |
| | eng[əŋ] | ing[iŋ] | ueng[uəŋ] | |
| | | | ong[uŋ] | iong[yŋ] |

## 三、韵母辨正

方言区的人学习普通话声母时要注意以下三个问题：

### (一) i 和 ü

i 和 ü 都是舌面前高元音，差别只是发音时 i 不圆唇，ü 要圆唇。先发 i 的音，舌位保持不变，慢慢把嘴唇收圆就是 ü。闽方言、客家方言和西南一些地区的方言没有单元音 ü，这些地方的人常常把普通话里的 ü 读成 i。i 与 ü 的混淆，一种是 i 混入 ü，另一种是 ü 混入 i；前者如山东青岛话，后者如昆明、湖南、广西等地的一些方言。i 和 ü 的区别在于不圆唇和圆唇的区别，在保持舌位不变的前提下，把嘴唇展开或圆起来，就可发出相应的 i 与 ü。重点要记住哪些字读 i 韵头，哪些字读 ü 韵头。也可以利用谐声字来分辨 i 和 ü，在大多数情况下，它们不相混淆。如：

几(i)——机 肌 叽 饥 讥 矶 玑 虮 麂

具(ü)——俱 惧 飓 犋

结(i)——洁 秸 诘 颉 拮

决(ü)——诀 抉 玦 觖

注意分辨下列各组词语的发音：

名义 míng yì　　名誉 míng yù

前面 qian mian　　全面 quan mian

季节 jì jié　　拒绝 jù jué

盐分 yan fèn　　缘分 yuan fèn

### (二) 鼻韵尾 n 和 ng

n 和 ng 发音不同。n 是舌尖浊鼻音，发音时由舌尖和上齿背构成阻碍；ng 是舌根浊鼻音，发音时由舌根和软腭构成阻碍。普通话里由鼻韵尾 n 和 ng 组成两套鼻韵母，区别意义。有些方言却不能分辨，有的有 n 没有 ng，有的有 ng 没有 n。南京话不能区分 an 和 ang，ian 和 iang，uan 和 uang，“天坛”等于“天堂”，“平凡”等于“平房”。更多的地区不能区分 en 和 eng，in 和 ing，“人民”等于“人名”，“老陈”等于“老程”。注意分辨下列各组词语的发音：

赞颂 zan sòng　　葬送 zang sòng

陈旧 chén jiù　　成就 chéng jiù

山口 shān kǒu　　伤口 shāng kǒu

### (三) 单韵母和复韵母

普通话的复韵母比较丰富，有 13 个，而有些方言缺乏复韵母。吴方言的许多地方把 ai、ei、ao、ou 读成单韵母，粤方言的有些地方又缺乏韵头，也把带有韵头的复韵母读成没有韵头的韵母。这些方言区的人学习普通话时要注意学习复韵母，分辨下列各组词语的发音：

青菜 qīng cai　　青翠 qīng cuì

炉子 lú zi　　骡子 luó zi

大街 da jiē　　败坏 bai huai

西瓜 xī gua　　村庄 cūn zhuāng

### (四) 区分 o 与 e

o 与 e 不分，有 o 读成 e 的，如新疆、东北等地的方言；有 e 读成 o 的，如西南某些方言。二者同为舌面后半高元音，其区别在于圆唇与不圆唇。先通过训练熟练掌握二者的发音，然后再找出哪些字读 e，哪些字读 o。

根据普通话声韵拼合规律，o 只同唇音 b、p、m、f 拼，而 e 则同 b、p、m、f 以外的声母相拼(m 同 e 相拼只有很少的例子)，只要把唇音声母后读成圆唇的元音，而其他声母后读成不圆唇的元音就可以了，这样就能把二者区别开来。

### （五）避免 i、u 韵头脱落

丢失 i、u 韵头的情况主要发生在西南方言、湘方言、山东烟台方言中。

u 韵头的丢失，原因比较简单，主要是为了发音便利，而丢掉韵头。i 韵头的有无则比较复杂，除了与 u 韵头丢失同样的原因外，还有一部分字没有韵头是由于语音演变不同造成的。西南方言中比较突出地表现出这一情况，这就需要该方言区的人将本方言与普通话的读音进行比较，找出对应规律，然后可以系统地纠正。纠正这种状况需常常翻阅字表，熟悉声韵拼合规律，逐渐改正。

辨音字例：

电话——淡化　统帅——统晒
天上——摊上　坏河——害河
粘连——难连　灰色——黑色
连连——兰兰　鬼怪——给盖
家家——嘎嘎　亡羊——昂扬

## 四、押韵和韵辙

押韵是指在特定的文体里，在某些句子的一定位置上使用同韵的字。押韵的文体称韵文，诗歌是最常见的韵文。

### （一）韵与韵母

“韵”与“韵母”不同，韵指韵母中不包括韵头的部分，古代的时候韵还包括声调的成分，同韵的字必须同声调。现代押韵一般不考虑声母、声调和韵头，也不要求韵腹、韵尾完全相同，在韵的归并上，相同、相近的韵母经常可以一起押韵，可归为一个韵。例如：

像园中的韭菜，不要割(e)，
让它绿绿地长着(e)
像谷底的泉水，不要断，
让它淡淡地淌着(e)
像枝头的青果，不要摘，
让它静静地挂着(e)
也许，人总有那么一点，
想忘又不能忘，想说又不能说(uo)
像怯光的蝙蝠，
扇翅于黄昏的角落(uo)。

e 同 uo 发音相近，可以押韵。

### （二）押韵的位置

汉语中押韵的位置一般在句子的末一字，称韵脚，这种押韵方式叫做脚韵。

### （三）十三辙与十八韵

辙也是韵的意思，将同韵的字归并在一起，就形成一个一个的韵，宋代的《广韵》分为206韵，明清以来的白话讲唱文学则分为“十三辙”，现代人使用的十八韵则是根据黎锦熙等编的《中华新韵》，现在做诗押韵一般根据现代语音，按十三辙或十八韵押韵，而作旧体诗则要根据古代的韵书来押韵。如：

人闲桂花落，
夜静春山空(kōng)。
月出惊山鸟，
时鸣春涧中(zhōng)。
(王维《鸟鸣涧》)

其中二、四押韵，句尾的“空”与“中”韵母相同。

清明时节雨纷纷(fēn)，
路上行人欲断魂(hún)。
借问酒家何处有，
牧童遥指杏花村(cūn)。
(杜牧《清明》)

这里一、二、四句押韵，“纷、魂、村”三字韵母的韵腹、韵尾相同。

杨柳青青江水平(píng)，
闻郎江上踏歌声(shēng)。
东边日出西边雨，
道是无晴还有晴(qíng)。
(刘禹锡《竹枝词》)

这里一、二、四相押，“平、声、晴”三字韵母的韵尾相同，韵腹相近。

那榆荫下的一潭(tán)，
不是清泉，是天上的虹(hóng)；
揉碎在浮藻间(jiān)，
沉淀着彩虹似的梦(mèng)。
……
但我不能放歌(gē)，
悄悄是别离的笙箫(xiāo)；
夏虫也为我沉默(mò)，
沉默是今晚的康桥(qiáo)！
(徐志摩《再别康桥》)

这两章都是一、三相押，二、四相押。前一章“潭”与“间”韵腹、韵尾相同，韵头不同；“虹”与“梦”韵尾相同，韵腹相近。后一章“歌”与“默”韵腹相近，“箫”与“桥”韵母相同。

由此可见，语音里的“韵母”与音韵里的“押韵”是两个并不完全相同的概念。所谓韵母相同，指的是韵头、韵腹、韵尾完全一样，而“押韵”仅指韵腹相同或相近，韵尾相同。

为了便于押韵，使做诗写文的人有所依据，就需要把同韵的、可以相押的字归在一起，建立若干个韵部。现在广泛运用的是十八韵和十二辙。

## （四）韵辙表

1. 发花　（1）麻 a、ia、ua　例字：发、达，霞、家，画、瓜
2. 坡梭　（2）波 o、uo　例字：坡、摸，多、国
　　　　（3）歌 e　例字：俄、车
3. 乜斜　（4）皆 ê、ie、üe　例字：欸、斜、野，月、缺
4. 姑苏　（10）模 u　例字：图、书
5. 一七　（5）支－i(前)、－i(后)　例字：私、自，志、士
　　　　（6）儿 er　例字：而，耳
　　　　（11）鱼 ü　例字：雨、区
　　　　（7）齐 l　例字：西、医
6. 怀来　（9）开 ai、uai　例字：派、来，外、快
7. 灰堆　（8）微 ei、uei(ui)　例字：飞、雷，推、回
8. 遥条　（13）豪 ao、iao　例字：高考，笑料
9. 油求　（12）侯 ou、iou(iu)　例字：口头，流油
10. 言前　（14）寒 an、ian、uan、üan　例字：斑斓，先前，转弯，圆圈
11. 人辰　（15）痕 en、in、uen(un)、ün　例字：根深，金银，温顺，均匀
12. 江阳　（16）唐 ang、iang、uang　例字：方刚，响亮，狂妄
13. 中东　（17）庚 eng、ing、ueng(weng)　例字：风筝，英明，翁瓮
　　　　（18）东 ong、iong　例字：空中，汹涌

## 思考与练习

1. 普通话有哪些单元音韵母、复韵母、鼻韵母？

2. 单韵母、复韵母、鼻韵母各自的发音特点是什么？

3. 注出下列各字韵母，并根据“四呼”的标准对字音进行分组，说出各组字在四呼上的区别。

光 软 灭 轮 热 月 而 今 望 事 盖 饱 流 干 穷 出 中 爬 波 鱼 倍 桂 论 张 帅

4. 根据发音条件写出单韵母的汉语拼音字母。

舌面前、高、圆唇元音（　　）

舌尖后、高、不圆唇元音（　　）

舌面后、半高、不圆唇元音（　　）

舌面央、低、不圆唇元音（　　）

舌面后、高、圆唇元音（　　）

5. 试述普通话韵母的结构，用形格对下列字音的韵母结构进行分析。

木床战争标志旋转麻烦掠取楼房讨论

6. 为什么《汉语拼音方案》可以用字母 i 代表几个不同的音素？

7. 分辨前后鼻音并读读。

经常现象　江山永定　今生今世　条件齐全　阴阳两分

前生因缘　统战宣传　倾听江声　衡量才能　硬性规定

8. 分辨 o、e 字例。

哥哥——伯伯　革命——停泊

得到——波浪　核对——渤海

道德——抚摸　动辄——模仿

合格——寂寞　选择——余波

这个——薄膜　职责——揣摩

# 第四节　声　　调

**【知识目标】**

1. 掌握普通话的声调；
2. 掌握普通话的调值和调类。

**【能力目标】**

能为汉字注音，能区别方言语调。

## 一、调值和调类

声调指整个音节的高低升降的变化。汉语的声调可以区分意义。普通话里“山西”(shānxī)和“陕西”(shǎnxī)的不同，“主人”(zhǔrén)和“主任”(zhǔrèn)的不同，就是由于声调的不同。

声调包括调值和调类两个方面。调值指声调的实际读法，也就是高低升降变化的具体形式。调值是由音高决定的，音乐的音阶也是由音高决定的，但是调值和音阶不同。音阶的高低是绝对的，调值的高低是相对的。在音乐里，如 C 调的 1，不管谁来唱，也不管用什么乐器来演奏，音高都是一样的；调值则不同，用普通话读“天”字，成年男人的调值比女人和小孩儿的低，同一个人情绪平静时的调值比情绪激动时低。

描写调值常用五度制声调表示法。把一条竖线四等分，得到五个点，自下而上定为五度：1 度是低音，2 度是半低音，3 度是中音，4 度是半高音，5 度是高音。一个人所能发出的最低音是 1 度，最高音是 5 度，中间的音分别是 2 度、3 度和 4 度。一个音如果又高又平，就是由 5 度到 5 度，简称为 55，是个高平调；如果从最低升到最高，就是由 1 度到 5 度，简称为 15，是个低升调；如果由最高降到最低，就是由 5 度降到 1 度，简称为 51，是个全降调。如图 2.4 所示。

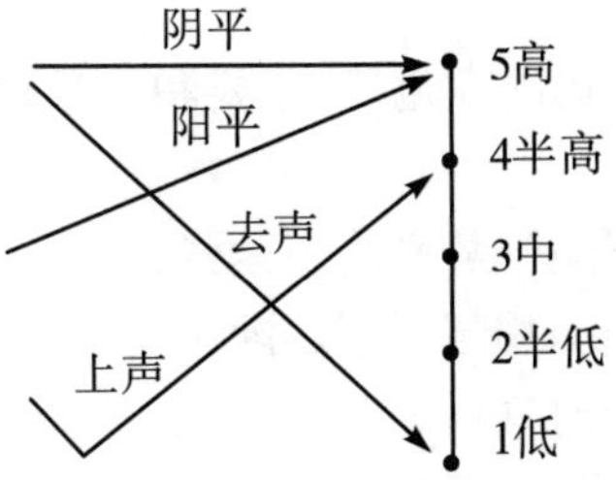


阴平是高平调，调值为 55；
阳平是中升调，调值为 35；
上声是降升调，调值为 214；
去声是全降调，调值为 51。

**图 2.4**

## 二、普通话的声调

普通话有四种基本调值，可以归并为四个调类。根据古今调类演变的对应关系，定名为阴平、阳平、上声和去声。具体描写如下：

**1. 阴平**

高而平，叫高平调。发音时由 5 度到 5 度，简称 55。例字：妈、督、加、先、通。

**2. 阳平**

由中音升到高音，叫中升调。由 3 度到 5 度，简称 35。例字：麻、毒、荚、贤、铜。

**3. 上声**

由半低音降到低音再升到半高音，叫降升调。由 2 度降到 1 度，再升到 4 度，简称 214。例字：马、赌、甲、显、桶。

**4. 去声**

由高音降到低音，叫全降调。由 5 度到 1 度，简称 51。例字：骂、度、价、县、痛。

如图 2.5 所示。

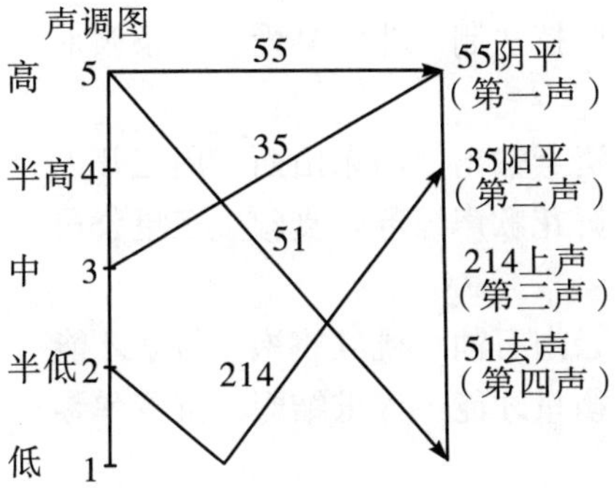


**图 2.5**

普通话声调的调类和调值可以综合为表 2.4。

**表 2.4**

| 调　类 | 调　值 | 调　型 | 调　号 | 例　字 |
|---|---|---|---|---|
| 阴　平 | 55 | 高　平 | ˉ | 咪 mī　身 shēn |
| 阳　平 | 35 | 中　升 | ˊ | 迷 mí　神 shén |
| 上　声 | 214 | 降　升 | ˇ | 米 mǐ　审 shěn |
| 去　声 | 51 | 全　降 | ˋ | 密 mì　慎 shèn |

普通话四个声调的发音，除注意调值高低抑扬的变化外，还要和气息控制结合起来。有学者把四声的读法归纳为一首口诀：

阴平起音高平莫低昂，气势平均不紧张。
阳平从中起音向上扬，用气弱起逐渐。
上声先降转上挑，降时气稳扬时强。
去声高起直送向下降，强起到弱要通畅。

用两个字概括就是：

阴平—高平，阳平—高升，上声—低曲，去声—全降

普通话声调也可简单概括为“一平、二升、三曲、四降”。

## 三、声调辨正

### （一）调类区分

汉语历史久远，各方言调类差别很大，其一调类数量不一，其二各调类收字有别，需要同普通话进行比较，找出其对应规律，向普通话看齐。

### （二）调值改读

同一调类的字，在不同方言中读音调值不一致，同是上声，有的读 214 的，有读 33 的，有读 35 的，要进行改读。

**1. 阴阳上去四声字例**

阴阳上去　中国伟大　天才领袖　说学捧唱　天文景象
喝茶醒胃　吃鱼吐刺　坚持法制　非常喜爱　三条领带

**2. 阴平字例**

中央空军　担心吃穿　资金输出　山东山西　周三开工
抽根香烟　天天插秧　鲜花歌声　苏州真丝　三星公司

**3. 阳平字例**

流行寒流　农民学习　云南石油　桃红旗袍　哲学才能
前年完成　油田来人　衡量才能　谋求结盟　沉着弹琴

**4. 上声字例**

展览场馆　洗洗小脸　美好理想　老鼠老虎　猛煮马肚
法语语法　整垮你我　胆敢眨眼　蒙古好酒　影响很小

**5. 去声字例**

计划社会　数量变化　再次抗日　日夜做梦　注意现在
饭菜质量　历届会议　教育运动　重要会议　电视任务

## 思考与练习

1. 什么是声调？什么是调值、调类？

2. 念准下列词语中各字的声调。

胸怀广阔　山明水秀　语重心长

淋漓尽致　披星戴月　杯弓蛇影

声情并茂　孤陋寡闻　专心致志

3. 下列音节中标调位置如有错误，请加以改正。

Yoū xiān(优先)　jiāng jìu(将就)　dúo dào(夺到)

wán lìe(顽劣)　gùi jiàn(贵贱)　shuǐ wèi(水位)

4. 选择题

① 下面各组词语声调全部正确的一组是________。

A. 吸取 xī qǔ　袭取 xǐ qǔ　戏曲 xì qǔ

B. 消失 xiāo shī　消食 xiāo shí　小时 xiǎo shí

C. 批复 pī fù　皮肤 pí fǔ　匹夫 pǐ fū

D. 作家 zuò jiā　作假 zuò jiá　作价 zuò jià

② 下面各组成语声调区别正确的一组是________。

A. 瑞雪丰年 ruì xuē - fēng nián

B. 冲锋陷阵 chōng féng - xiàn zhèn

C. 车载斗量 chē zài - dǒu liáng

D. 丰功伟绩 fēng gōng - wěi jì

③ “一些、稍微”的正确声调是________。

A. yì xiē、shāo wěi　B. yì xiě、shāo wēi

C. yì xiē、shāo wēi　D. yì xiē、shāo wěi

④ “青蛙、熊猫”的正确声调是________。

A. qīng wá、xióng máo　B. qīng wā、xióng māo

C. qīng wá、xióng māo　D. qīng wā、xióng máo

⑤ “因此、危险”的正确声调是________。

A. yīn cí、wéi xiǎn　B. yīn cǐ、wéi xiǎn

C. yīn cǐ、wēi xiǎn　D. yīn cí、wēi xiǎn

⑥“提供、供销”的正确声调是________。

A. tí gòng、gòng xiāo　B. tí gòng、gōng xiāo

C. tí gōng、gòng xiāo　D. tí gōng、gōng xiāo

# 第五节 音　节

**【知识目标】**

1. 掌握音节的结构；
2. 掌握普通话声韵拼合规律；
3. 掌握音节的拼合和拼写规则。

**【能力目标】**

能用正确的普通话与人交流。

音节是听觉上自然感到的最小的语音单位。汉字是表音节的文字，一般一个汉字代表一个音节，只有极少的例外，比如儿化时两个汉字代表一个音节，如“鸡儿”(jīr)即是。也有一个汉字代表两个音节的情况，比如“浬”读“hǎilǐ”，这种情况正逐渐消失，而改用两个汉字来表示，“浬”改为“海里”。

## 一、音节的结构

汉语普通话的音节由声母、韵母和声调构成，其主要特点可以总结如下：

(1) 一个音节最多包含四个音素，如“尖”(jiān)，最少要有一个音素，如“啊”(ā)。

(2) 每一个音节都有声调。

(3) 每一个音节都必须有元音，例外是鼻辅音有时可以单独充当音节，如“嗯”(ng)。一个音节最多可以有三个元音，如“有”(yǒu)、怀(huái)，分别有“i、o、u”三个元音和“u、a、i”三个元音。

(4) 一个音节中可以没有辅音，也可以有一个或两个辅音，但没有相连的辅音(复辅音)。

韵母又可分成韵头、韵腹、韵尾三个部分。普通话的韵头有 i、u、ü 三个。

按照韵头的不同，可把韵母分成四类：开口呼，齐齿呼，合口呼，撮口呼，简称四呼。

普通话的音节结构类型如表 2.5 所示。

**表 2.5**

| 例 字 | 声 母 | 韵 母 | | | 声 调 |
| --- | --- | --- | --- | --- | --- |
| | | 韵 头 | 韵 腹 | 韵 尾 | |
| 牛 nióu | n | i | o | u | 阳 平 |
| 归 guēi | g | u | e | i | 阴 平 |
| 论 luèn | l | u | e | n | 去 声 |
| 烟 iān | | i | a | n | 阴 平 |
| 威 uēi | | u | e | i | 阴 平 |
| 约 üē | | ü | e | | 阴 平 |
| 衣 ī | | | i | | 阴 平 |

普通话的音节有以下几个特点：

(1) 每个音节都有声母、韵母和声调三个部分。

(2) 声母有 21 个，同时还包括零声母。

(3) 韵母有 39 个，其中 10 个是单韵母，13 个是复韵母，16 个是鼻韵母。

(4) 韵母有韵头、韵腹和韵尾三个部分，其中韵腹是不可缺少的。可以做韵腹的有 9 个元音，就是 a、o、e、i、u、ü、- i(前)、- i(后)、er；可以做韵头的有三个元音，就是 i、u 和 ü；可以做韵尾的有两个元音 i、u(包括 o)和两个辅音 n 和 ng。

(5) 有 4 个声调，就是阴平、阳平、上声和去声。

## 二、普通话声韵拼合规律

普通话的声韵拼合规律主要有以下几方面：

(1) 双唇音 b、p、m 只能拼开口呼、齐齿呼，不能拼撮口呼，除 u 以外，其他的合口呼都不能拼。

(2) 唇齿音 f 只能拼开口呼，不能拼齐齿呼、撮口呼，除 u 以外，其他的合口呼都不能拼。

(3) 舌尖中音 d、t 能拼开口呼、齐齿呼、合口呼，而不能拼撮口呼。n、l 能拼开、齐、合、撮四呼。

(4) 舌面音 j、q、x 只能拼齐齿呼、撮口呼，不能拼开口呼、合口呼。

(5) 舌尖前音 z、c、s，舌尖后音 zh、ch、sh、r，舌根音 g、k、h 只能拼开口呼、合口呼，不能拼齐齿呼、撮口呼。

(6) 零声母四呼都有字。

普通话声母和韵母的配合有比较强的规律性，掌握了这种配合规律，有助于深入了解普通话的语音系统，更好地学习普通话。普通话声母和韵母的配合规律主要表现在声母的发音部位和韵母的四呼上。这种规律如表 2.6 所示。

**表 2.6 普通话声韵配合关系表**

| 声母 | | 开口呼 | 齐齿呼 | 合口呼 | 撮口呼 |
|---|---|---|---|---|---|
| 双唇音 | b、p、m | + | + | +(只限 u) | |
| 唇齿音 | f | + | | +(只限 u) | |
| 舌尖前音 | z、c、s | + | | + | |
| 舌尖中音 | d、t | + | + | + | |
| | n、l | + | + | + | + |
| 舌尖后音 | zh、ch、sh、r | + | | + | |
| 舌面音 | j、q、x | | + | | + |
| 舌根音 | g、k、h | + | | + | |
| 零声母 | | + | + | + | + |

从表中可以归纳出普通话声韵配合的主要规律：

① 双唇音 b、p、m 除了不与撮口呼韵母相拼外，可以跟开口呼、齐齿呼、合口呼韵母相拼。

② 唇齿音 f 只跟开口呼、合口呼(限于 u)韵母相拼，不跟齐齿呼、撮口呼韵母相拼。

③ 舌尖前音 z、c、s 只跟开口呼、合口呼韵母相拼，不跟齐齿呼、撮口呼韵母相拼。

④ 舌尖中音 d、t 不能跟撮口呼韵母相拼，但可以和开口呼、齐齿呼、合口呼韵母相拼。

⑤ 舌尖中音 n、l 可以跟开口呼、齐齿呼、合口呼、撮口呼四类韵母相拼。

⑥ 舌尖后音 zh、ch、sh、r 只跟开口呼、合口呼韵母相拼，不跟齐齿呼、撮口呼韵母相拼。

⑦ 舌面音 j、q、x 可以跟所有齐齿呼、撮口呼的韵母相拼，但不跟开口呼、合口呼韵母相拼。

⑧ 舌根音 g、k、h 只跟开口呼、合口呼韵母相拼，不跟齐齿呼、撮口呼韵母相拼。

⑨ 零声母则能跟四呼中所有的韵母相拼。

上述规律中，凡属某类声母与某类韵母不能相拼的，概无例外；能相拼的，则并非指全部能相拼，还可以存在特殊情况。例如：一般来说，开口呼韵母能与舌面音以外的声母相拼，但其中的 ê、er 这两个韵母就不与任何辅音相拼，还有舌尖韵母- i(前)、- i(后)分别不与舌尖前、舌尖后以外的辅音声母相拼。

## 三、音节的拼合和拼写规则

### (一) 拼音的方法

**1. 两拼法**

声母、韵母两拼，声母+韵母。如：

“广”，g+uǎng→guǎng

“变”，b＋iàn→biàn

**2. 三拼法**

声母、介音、韵三拼，声母＋介音＋韵。如：

“见”，j＋i＋àn→jiàn

“桥”，q＋i＋áo→qiáo

**3. 声介合拼法**

声母和介音拼合在一起，然后再同韵相拼，(声母＋介音)＋韵。如：

“船”，(ch＋u)＋án→chu＋án→chuán

“小”，(xi)＋ǎo→xi＋ǎo→xiǎo

### (二) 音节的拼写规则

**1. y与w的使用**

(1) 零声母音节中，如果韵头是i、u，则改i为y，改u为w。如：

ia→ya(呀)　　ie→ye(也)　　iao→yao(要)　　iou→you(有)

ian→yan(言)　　iang→yang(阳)

ua→wa(瓦)　　uo→wo(我)　　uai→wai(外)　　uei→wei(为)

uan→wan(万)　　uen→wen(文)　　uang→wang(王)　　ueng→weng(瓮)

(2) 零声母音节中，如果韵腹是i、u，则前加y和w。如：

i→yi(以)　　in→yin(音)

ing→ying(应)　　u→wu(吴)

(3) 声母音节中，撮口呼一律在ü前加y，同时省掉ü上的两点。如：

ü→yu(与)　　üe→yue(约)

üan→yuan(圆)　　ün→yun(韵)

**2. 隔音符号的用法**

以“a、o、e”开头的零声母音节，由于前面没有“y、w”等字母，容易产生混淆，必要时可加隔音符号“’”隔开。如：

gu’ai(骨癌)——guai(怪)

ji’nan(济南)——jin’an(金安)

ji’e(饥饿)——jie(节)

**3. 省写**

(1) 韵母iou、uei、uen的省写

iou、uei、uen在前面有声母的时候写成iu、ui、un，比如：

d＋iōu→diū(丢)

q＋iōu→qiū(丘)

z＋uěi→zuǐ(嘴)

k＋uéi→kuí(奎)

h＋uèn→hùn(混)

c＋uēn→cūn(村)

(2) ü上两点的省略

n、l两个声母能拼u和ü，形成对立，所以，它们拼ü时不能省略上面的两点，其他声母拼

ü时，都可以省略上面的两点。如：

nú(奴)——nǚ(女)

lǔ(鲁)——lǚ(吕)

j+ǜ→jù(句)

q+ǘan→quán(全)

x+ün→xùn(讯)

**4. 标调法**

(1) 声调符号要标在一个音节的韵腹上。如：

fān(翻)　jié(杰)　lǚ(吕)　dì(地)

(2) 在韵腹符号省略的 iu、ui 中，调号标在后一个元音符号上。如：

niú(牛)　huǐ(毁)

(3) 调号位于 i 上时，省略上面的点。如：

jī(鸡)　lì(立)　qí(其)

(4) 轻声不标调。如：

de(的)　ma(吗)　zhe(着)

(5) 文章标题中经常不标调。如：

SHILUN　JINGJI　GAIGE　DE　JIEDUANXING

试论　经济　改革　的　阶段性

**5. 音节连写**

同一个词的几个音节要连写，词与词分写。如：

zhōngguó　shì　yīgè　wěidà　de　guójiā

中国　是　一个　伟大　的　国家。

**6. 大写规则**

(1) 专用名词的开头字母要大写。如：

Nánjīng　Lǔxùn　Zhōngguó　Lìshǐ　Bówùguǎn

南京　鲁迅　中国　历史　博物馆

Zhōngguó　Dàbǎikē　Quánshū

《中国　大百科　全书》

(2) 文章标题可以全部大写，也可以每词开头字母大写，其他字母小写。如：

JIAQIANG　LIFA　CUJIN　JINGJI

Jiaqiang　Lifa　Cujin　Jingji

加强　立法　促进　经济

## 思考与练习

1. 什么是四呼？
2. 音节的拼写规则是怎样的？
3. 声韵拼写规律如何？
4. 为什么《汉语拼音方案》规定了 y、w 用法，又规定了隔音符号(')的用法？
5. 《汉语拼音方案》规定了 ü 行韵母与 j、q、x 相拼时，省去上两点，跟 n、l 相拼时，不省去，这样规定对拼写音节有什么作用？

6. 给下列字注音，并列表分析音节结构。

帅　光　优　妙　横　庄　夜　村　学　撇　美　喔

7. 下列音节形式都是错误的，请用声韵配合规律加以改正。

梦 mòng　小 shiǎo　多 dō　骄 jāo　双 suāng

洞 duèng　破 può　雷 luí　看 kiàn　抓 zuā

8. 下列音节拼写如有错误，请加以改正，并说明理由。

xǐ yüè(喜悦)　ú wèi(无畏)　yià nǚ(谚语)　iáng liǚ(杨柳)　üán yiú(原油)

ì ù(义务)　jī è(饥饿)　nǚ xǜ(女婿)　luè nuén(论文)　bǐ àn(彼岸)

# 第六节　语 流 音 变

**【知识目标】**

掌握普通话中的变调、轻声、儿化、语气词“啊”音变。

**【能力目标】**

能说一口标准普通话，并能顺利与人交流。

在一个语流中，语音有时会发生变化，这种变化有别于语音经过一段时间而产生的历史变化，这种音变叫做语流音变。普通话中的语流音变主要：变调、轻声、儿化、“啊”的音变。我们平常说话，总是一个一个音节连在一起发音的。音节和音节相连时，有的音节的调值会发生有规律的变化，这种变化叫做变调。变调是汉语许多方言都有的现象，最常见的变调是后面音节的调值影响前面音节的调值。下面我们将在语流音变一节介绍普通话里的重要的变调。

## 一、变调

普通话中常见的变调有：

### (一) 上声的变调

一般是位于别的声调之前，而单独念时，或位于其他音节之后时，不发生变调。上声变调的主要类型有：

**1. 上声(214)＋上声(214)⟶阳平(35)＋上声(214)**

好马　理解　美好　洗脸

讲演　乳品　打水　保险

想买　水果　影响　我俩

**2. 上声(214)+非上声⟶半上(21)+非上声**

武装　喜欢　打听　好说

语言　举行　想赢　你们

只是　努力　伟大　许诺

**3. 上声同轻声连读，有两种情况，以读半上居多**

上声(214)+轻声⟶半上(21)+轻声

姐姐　小子　椅子　奶奶

宝宝　婶婶　耳朵　马虎

上声(214)+轻声⟶阳平(35)+轻声

法子　响起　把手　哪里

讲法　写起　眼里　水里

**4. 三个上声字连读，也有两种情况**

上声+(上声+上声)⟶半上(21)+阳平(35)+上声(214)

小老虎　很勇敢　李小姐

厂党委　纸雨伞　补语法

好种马　老领导

(上声+上声)+上声⟶阳平(35)+阳平(35)+上声(214)

展览馆　雨伞厂　种马场

洗脸水　讲演稿　哺乳品

保险锁　虎骨酒

在快读的条件下，这两种情况都可以读成“阳平+阳平+上声”。

### (二) 去声变调

去声(51)+去声(51)⟶半去(53)+去声(51)

上课　大会　变化　细致

快去　木料　运算　烙印

害怕　电话　令箭　变态

再见　变调

### (三) “一、不”的变调

“一、七、八、不”由于它们都来源于中古的清声母入声字，所以具有独特的变调方式，其中“一、不”的变调规律如下：

**1. “一、不”+去声(51)⟶阳平(35)+去声(51)**

一定　一向　一对

一个　一去　一样

不去　不唱　不会

不对　不孝　不敬

**2. “一、不”+非去声⟶去声(51)+非去声**

一听　一说　一人

一行　一举　一想

不说　不吃　不行
不成　不准　不许

### (四)"七、八"的变调

"七、八"(55)+去声(51)⟶阳平(35)+去声(51)
七岁　七个　七上八下
八度　八代
"七、八"的变调正在趋于消失,好多情况下读原调,而不再读变调。

### (五)形容词重叠的变调

(1) 单音形容词重叠,无论是何声调,后一音节读阴平,这时多伴有儿化。
轻轻　长长　好好　慢慢
(2)"ABB"式的形容词,后边的叠音后缀都读成阴平。
黑漆漆　亮堂堂　明晃晃
(3)"AABB"式重叠后的形容词,第二音节读轻声,后两个音节读阴平。
认认真真　清清楚楚　高高兴兴　舒舒服服

## 二、轻声

### (一)轻声的表现

轻声是指在一定条件下,音节失去其原来的声调,而读成又轻又短的调子。轻声是一种复杂的语音现象,它牵涉到音强、音长、音高和音质四个方面。一般说来,轻声音强比较弱,音长比较短,音高则由前面的音节的声调所决定,大体情形如下:

阴平字+轻声字→2(半低)　　桌子　星星　吃着　酸的
阳平字+轻声字→3(中)　　馒头　德性　梨子　红的
上声字+轻声字→4(半高)　　椅子　码头　喜欢　美的
去声字+轻声字→1(低)　　面子　看头　绿的　护士

轻声在音色方面的影响,可以表现在声母和韵母上。
(1) 声母方面表现为使不送气的清塞音、塞擦音浊化,如:
"哥哥"[kɤ kɤ]变为[kɤ gə],"哥哥"[uo kɤ]变为[uo də]。
(2) 韵母方面表现为元音央化和失落。
央化的例子如"棉花"[mɪan xuᴀ]变为[mɪan xuə],
失落的例子如"意思"[isi]变为[is]。

### (二)轻声音节的出现范围

(1) 助词"的、地、得、着、了、过"。
红的　卖菜的　悄悄地　说得　唱着　去了　听过
(2) 语气词"吧、嘛、呢、啊"等。
玩吧　好嘛　你呢　是啊

(3) 叠音词、重叠式构词和动词重叠形式的后音节。

星星　姥姥　妹妹　看看　学习学习　合计合计

(4) 后缀“子、头”和词尾“们”。

金子　底子　竹子　椅子　想头　骨头　石头　木头　它们　你们　我们　学生们

(5) 名词、代词后面表方位的词或语素。

脚上　桌子上　被子里　抽屉里　这里　那里　家里

(6) 用于动词、形容词后面作补语的趋向动词。

穿上　放下　拿出来　推进去　扎起来　说下去　热起来　冷下去

(7) 量词“个”常读轻声。

五个　十个　四个

(8) 习惯轻声,一般出现在双音词和多音词的后音节。

月亮　窗户　云彩　西瓜　萝卜　白菜　鼓捣　力量　意思　运气　便宜　位置

### (三) 轻声的作用

**1. 区别意义**

孙子(重)——古代的军事家

孙子(轻)——儿子的儿子

老子(重)——古代的哲学家

老子(轻)——父亲

上头(重)——喝酒过量而头晕

上头(轻)——上面

这种情形有很多:

鸭头——丫头　文字——蚊子

狼头——榔头　东西——东西

虾子——瞎子　龙头——笼头

孢子——包子　本事——本事

**2. 区别词性**

地道(重)——地下通道,名词

地道(轻)——纯正,形容词

买卖(重)——动词

买卖(轻)——名词

这种情形也有很多:

对头——对头　利害——厉害

挠头——挠头　报仇——报酬

**3. 区别结构**

打死(重)人——“打”与“死人”构成动宾关系

打死(轻)人——“打死”与“人”构成动宾关系

想起来(重)——“想”与“起来”构成动宾关系

想起来(轻)——“想”与“起来”构成动补关系

轻声的性质和声调的性质不同。声调决定于音高，轻声决定于音强和音长。轻声音节都有它原来的声调，例如“们”永远读轻声，可是单独读这个字时要读阳平。“桌子”的“子”读轻声，“孔子、孟子”的“子”读上声。由此可见，轻声和声调是性质不同的两种语音现象。

汉语拼音方案规定轻声音节不标声调符号，而非轻声音节要标声调符号，两者不同。例如，“我们”要拼作 wǒmen，“去吧”要拼作 qùba。

轻声并不是单纯的语音现象，它和语法有密切关系，而且有比较强的规律性。有的轻声音节和非轻声音节构成对比，区别意义。例如：

| | |
|---|---|
| 买卖：生意。 | 买卖：买和卖。 |
| 地道：纯粹，真正。 | 地道：地下通道。 |
| 大意：疏忽，没有注意。 | 大意：主要的意思。 |
| 东西：泛指各种事物。 | 东西：东面和西面。 |

有些词语里的轻声音节并不区别意义，只是语言习惯。像下面这些词语的第二个音节，北京话里如果不读轻声，听起来很别扭：“衣服、豆腐、薄荷、扁担、认识、打听、拾掇、漂亮、干净、凉快”。此外，还有些词语在北京口语里可以读轻声也可以不读轻声，例如：“丁香、芍药、通知、预备、颠倒、打扫”。

普通话以北京语音为标准音，所以普通话要有轻声，这是就语音系统来说的。但这并不是说北京话里所有读轻声的词语，都应该原封不动地被引进普通话，而是要区别对待。像上面说的，一些读轻声的语法成分，读轻声能区别意义的词语，都应该引进普通话，以丰富普通话语音的表现力。像“衣服、豆腐”那一类，读或不读轻声既不表示语法意义，也不区分词汇意义，就不一定进入普通话。至于像“丁香、芍药”那些词语轻声的读法可以归入北京的方音，不必进入普通话。

## 三、儿化

### （一）定义

儿化是指后缀“儿”与前面音节的韵母融合成一个音节，使韵母带有卷舌色彩的现象。儿化时后缀“儿”不能成音节，只代表一个卷舌动作。“儿化”是北京语音里的一种十分突出的语音变化。

北京语音里读“儿”的可以分为两类：一类指“儿童、儿女、婴儿、幼儿”里的“儿”，有具体意义，独立构成音节；另一类指“花儿、鸟儿、玩儿、今儿、明儿、遛弯儿、大院儿、片儿汤、馅儿饼”里的“儿”，没有具体意义，也不能独立构成音节，只表示它前面韵母带有卷舌作用。“儿化”指的是后一种的“儿”。

北京话里的“花儿”不是两个音节，而是一个音节。在读“花”的韵母 ua 时，不等读完，舌尖就开始逐渐卷起来，使韵母 ua 改变了音色，带有明显的卷舌色彩。这种语音变化就叫儿化，带有儿化的音节就叫儿化音节。用汉字书写时，在儿化音节的后面加一个“儿”，例如“花儿、玩儿”。不过这个“儿”可以不出现。就是那些一定要儿化的音节，在书写时常常不写出“儿”来，例如“大院、遛弯、豆馅、焦圈（一种油炸的小食品）、馅饼、片警”。这是汉语书面语和口语不一致的一个突出了例子。汉语拼音规定，用 r 表示儿化，就是在儿化音节的后面加上个 r。例如“花儿”要拼作 huar，“一点儿”拼作 yi dian r。

### （二）儿化韵的发音

（1）无韵尾或有 u 韵尾只加卷舌动作，如花儿、卷毛儿。
（2）有-i、-n 韵尾去掉韵尾再加卷舌，如笔尖儿、小孩儿。
（3）韵母为 i、ü 时加央元音 ə 再加卷舌，如小旗儿、马驹儿。
（4）韵母为舌尖元音时元音变为 ə 再加卷舌，如鸡子儿、吃食儿。
（5）有-ng 韵尾去掉韵尾、元音鼻化再加卷舌，如小床儿、花瓶儿。

### （三）儿化的作用

**1. 区别词义**

| | |
|---|---|
| 头——脑袋 | 头儿——领导者 |
| 空（kòng）——腾出 | 空儿（kòng r）——时间 |
| 信——书信 | 信儿——消息 |
| 白面——白的面粉（一般指小麦的面粉） | 白面儿——毒品海洛因 |

**2. 区别词性**

| | |
|---|---|
| 盖——动词 | 盖儿——名词 |
| 破烂——形容词 | 破烂儿——名词 |

儿化在区别词性的同时，也区别词义。

**3. 表达喜爱色彩**

小孩儿　老头儿　小鞋儿　小床儿
小脸儿　小嘴儿　豆芽儿　小兔儿
蝴蝶儿　金鱼儿　花篮儿　脸盆儿

儿化音节带有明显的口语色彩，书面语词很少有儿化的。一个词儿化后，常常就有了“小”的意义，而且有喜爱的意味，例如“小孩儿、小猫儿、小刀儿、小碗儿、小玩意儿”。

不过这个现象并不严格，“老头儿、老伴儿、大院儿、东边儿”没有小的意思，“小偷儿、小流氓儿”也说不上什么喜爱的意味。

## 四、语气词“啊”的音变

普通话中语气词“啊”因受前一音节韵母的影响，常常会发生“同化”、“增音”等音变现象。规律如下：

（1）“啊”前面音节末尾音素为 i、ü、a、o、e、ê 时，“啊”读成 ya[ia]，写成“呀”。例如：
① 来呀。（lái ya）
② 你怎么打他呀。（tā ya）
③ 你说啊。（shuō ya）
（2）“啊”前面音节末尾音素为 u 时，“啊”读成 wa[ua]，写成“哇”。例如：
① 跑哇。（pǎo wa）
② 你不要哭哇。（kū wa）
③ 你快走哇。（zǒu wa）
（3）“啊”前面音节末尾音素为 n、ng 时，“啊”分别读成 na、nga。其中 na 写成“哪”，“nga”仍然写成“啊”。例如：

① 菜真咸哪。(xián na)

② 大家唱啊。(chàng nga)

(4) 当“啊”前面音节的音素为[ɿ]和[ʅ]时,分别加上与[ɿ]和[ʅ]同部位的浊擦音。当前面音节音素为[ɿ]时,在“啊”的原音节[ᴀ]前加 z[z];为[ʅ]时,在“啊”的原音节前加 r[ʐ]。在书面上仍写作“啊”。

① 这是他的字啊。(zìza)

② 你试试啊。(shìra)

以上所述,可以归纳成表 2.7。

**表 2.7　语气词“啊”的连读音变表**

| “啊”前面音节的韵母 | 前音节末尾的音素 | “啊”音变 | 例子 | 汉字写法 |
|---|---|---|---|---|
| i、ai、uai、ei、uei,ü | [-i] [-y] | [ᴀ→iᴀ] | 他呀 | 呀 |
| u、ao、iao、ou、iou | [-u] | [ᴀ→uᴀ] | 好哇 | 哇 |
| an、ian、uan、an、en、in、uen | [-n] | [ᴀ→nᴀ] | 看哪 | 哪 |
| ang、iang、uang、eng、ing<br>ueng、iong | [-ɴ] | [ᴀ→ɴᴀ] | 听啊 | 啊 |
| -i[ɿ] | [ɿ] | [ᴀ→ʐᴀ] | 字啊 | 啊 |
| -i[ʅ] | [ʅ] | [ᴀ→rᴀ] | 纸啊 | 啊 |
| a、ia、ua,o、uo,ie,e | [-ᴀ] [-o]<br>[-iε] [-ε] | [ᴀ→iᴀ] | 说呀 | 呀 |

## 思考与练习

1. 读好下列上声的变调。

买米　好酒　土改　检举

买姜　好书　写诗　语音

买油　好房　两条　语言

买菜　好戏　写信　美味

2. 练习“一”和“不”的变调。

①“一”加阴平,例如:一斤、一天、一杯。

②“一”加阳平,例如:一元、一年、一条。

③“一”加上声,例如:一两、一晚、一本。

(“一”的本调是阴平,单读时或在词句末尾时读本调。例如:一、第一。在阴平、阳平、上声的前边读时发生变调,改读为 51 去声。“一”在去声的前边改读为 35 阳平。例如:一寸、一夜、一个。)

④“不”加阴平,例如:不说、不高、不听。

⑤“不”加阳平,例如:不来、不直、不能。

⑥“不”加上声,例如:不走、不好、不肯。

(“不”的本调是去声,单读时或在词句末尾时读本调。例如:不、就是不。在阴平、阳平、上声的前边读时发生变调,改读为 51 去声。“不”在去声的前边改读为 35 阳平。例如:不去、不累、不会。)

3. 读下面加点的轻声词:

语气词“吧、吗、呢、啊”等。例如:吃吧、走吗、去呢、跑啊。

结构助词“的、地、得”。例如:我的书、慢慢地走、跑得很快。

动态助词“了、着、过”。例如:走了、看着、去过。

名词的后缀“们、子、头”。例如:你们、房子、石头。

名词后面表示方位的“上、下、里”。例如:桌上、地下、院里。

单音节动词重叠式的第二个音节。例如:看看、说说、问问。

作宾语的人称代词“我、你、他”。例如:找我、请你、麻烦他。

4. 判断题

① 轻声的特点是发音时用力特别小,音强特别弱,所以它除了与音强有关外,也与音高有一定关系,它的音高决定于它前面那个音节的调值。(　　)

② “爸爸、桌子、石头、知识、战士”各个词语中的后面音节都读轻声。(　　)

③ “一”在单念或在词句末尾时候念阴平。(　　)

④ 普通话的韵母除了“ê、er”以外都可以儿化。(　　)

⑤ “石子、瓜子、枪子、女子、分子”中的“子”都是词根,不读轻声。(　　)

⑥ “不”单念或在词句的末尾或在非去声前面的时候,声调不变,一律读原调——阴平。(　　)

⑦ “小牛儿”的拼音应该拼写成“xiǎoniúer”。(　　)

⑧ “小曲儿、脸蛋儿”中的“儿”含有小、喜爱、亲切等感情色彩。(　　)

⑨ “你请坐啊”中的“啊”音变为“wa”,汉字写为“哇”。(　　)

# 第七节　音　　位

**【知识目标】**

1. 了解音位的含义;
2. 掌握普通话的音位。

**【能力目标】**

能区别普通话与方言,能很好地使用普通话。

## 一、音位简述

音位是一个语音系统中能够区别意义的最小语音单位。音位是按照语音的社会属性划分出来的。在一种语音里,音素往往要远远地多于音位。例如,在普通话里,音位/a/代表着四个不同的音素[a]、[ε]、[ɑ]、[A]。音位是在实际语境中通过对比和替换而归纳出来的。

音位的分类：元音音位、辅音音位和调位。其中调位为非音质音位。

### （一）音位的性质

《汉语拼音方案》用来拼写普通话的字母只有25个，有的音与音之间差别不大，《方案》里却用了两个字母，如[ts]z和[t§]zh，有的音与音之间的差别比较大，《方案》只用一个字母，如[ɑ]和[ᴇ]都写成ɑ。这是为什么呢？因为方案选定的字母所代表的通常就是语音学里所说的“音位”。

音位是语音系统中能够区别意义的最小语音单位。[ɑ]和[ε]两个音素虽然差别大但不用来区别意义，所以可归并为一个音位，[ts]z和[t§]zh可以区别意义，所以尽管差别不大也区别为是两个音位。音位是按照语音的社会属性划分出来的。在一种语音里，音素一般都大大地多于音位。例如，在普通话里，音位/a/代表着四个不同的音素[a]、[ε]、[ᴀ]、[ɑ]。一个音素能否区别意义是在实际语境中通过对比和替换归纳出来的。

### （二）对立与互补

有的音素可以在相同的语境中出现，经过替换，就代表不同的意义，这样的几个音素它们之间的关系是矛盾的，对立的，是不同的音位。如：我们想知道普通话辅音[n]和[l]是不是两个音位，可把它们分别放入[—35]这样一个环境里去进行对比：[nan35]和[lan35]。这两个辅音的语音环境是相同的，但是[n]和[l]的不同导致产生了不同的意义：“南”和“蓝”。这说明[n]和[l]是对立的，有区别意义的作用。凡是彼此对立的语音就必然存在有两个不同的音位。

有的音素永远不在相同的语音环境里出现，它们有各自的出现环境，形成互相补充的局面，它们的关系是互补的，即使互换也不区别意义，这些音素就可以合并起来归成一类，成为一个音位的几个不同变体，用一个音位符号去标写。如lán（蓝）里的ɑ代表元音[a]，diān（颠）里的ɑ代表元音[ε]，yǎ（哑）里的ɑ代表元音[ᴀ]，yáng（阳）里的ɑ代表元音[ɑ]，[a]、[ε]、[ᴀ]、[ɑ]四个元音出现在不同语音环境中，它们是互补的关系，是同一个音位里的几个变体。

一个音位往往包含一些不同的音，这些音即称为音位变体。音位变体是音位的具体表现形式，音位是从中概括归纳出来的，因而音位具有一定的抽象性。音位与音位变体的关系是类别与成员的关系。例如，普通话的/ɑ/音位在语境中表现为以下形式[a]（安、爱）、[ε]（严、远）、[ᴀ]（啊、牙）和[ɑ]（昂、王）。

### （三）音位变体

一个音位往往包含一些不同的音，这些音即称为某音位的音位变体。音位变体是音位的具体表现形式，音位是从中概括归纳出来的，因而音位具有一定的抽象性。音位与音位变体的关系是类别与成员的关系。例如，普通话的/a/音位在语境中表现为以下形式[a]（安、爱）、[ε]（严、远）、[ɑ]（昂、王）和[ᴀ]（哑、阿）。

音位变体可分成条件变体和自由变体。在一定条件下出现的变体即为条件变体，音位/a/的各种变体是条件变体，[a]出现在合口呼开口呼韵母的[i][n]之前，[ε]出现在[i][y]和[n]的中间，[ɑ]出现在[u][n]之前，[ᴀ]出现在零韵尾之前。没有条件限制，可以自由替换而不影响意义的音位变体则为自由变体，如不少方言中的[n]和[l]是没有限制的，可任意读。

归纳音位应在同一语音系统中进行。归纳音位的标准主要是语音的辨义功能、互补分布和音感差异。在一个语音系统中，如果某种语音差异能够导致意义的不同，那么这种差异就是根本性的，并最终成为不同音位之间的界限。构成上述差异的语音特征被称作“区别性特征”，如送气与不送气即是。对音位的条件变体而言，不同的变体各有特定的分布位置，这种状况就是所谓的“互补分布”。处于互补状态的语音差异一般不造成音位的对立。因此，互补分布也是归纳音位的一种重要标准。但必须注意，当处于互补位置的几个音在音感上差别过大时，则不宜归纳为一个同一音位，如[m]、[n]。音感是划分音位的一个参照标准。

### （四）音质音位与非音质音位

元音和辅音是从音色（音质）的角度划分出来的，所以能区别意义的元音音位和辅音音位也叫音质音位。此外音高、音强、音长等因素也可能有区别意义的功能，也可形成不同的音位，这种音位统称为非音质音位，也叫“超音质音位”“超音段音位”。具体说，由音高构成的音位往往是以声调的不同来区别意义，也叫调位，如普通话的四个声调都能区别意义，是四个不同的调位；由音强构成的音位也叫重位或势位，如普通话的 sūn zǐ（孙子）和 sūn zi（孙子），主要是音强减弱，意义不同，是两个重位；由音长构成的音位叫时位，如英语中的[bi:t]（beat）和[bit]（bit）。

## 二、普通话的音位

### （一）元音音位

汉语普通话有/a/、/o/、/ə/、/e/、/i/、/ɿ/、/ʅ/、/u/、/y/、/ə˞/等十个元音音位。情形如下：

**1. /a/有四个音位变体，即[a]、[ᴀ]、[ɑ]、[ε]**

如表 2.8 所示。

**表 2.8**

| 音位变体 | 出现条件 | 例字 |
|---|---|---|
| [a] | 韵尾[i]、[n]之前 | 甘[kan]、海[xai] |
| [ᴀ] | 无韵尾时 | 瓜[kuᴀ]、巴[Pᴀ] |
| [ɑ] | 韵尾[u]、[ŋ]之前 | 好[xɑu]、广[kuɑŋ] |
| [ε] | 韵头[i]、[y]和韵尾[n]之间 | 健[tɕiεn]、全[tɕʻyεn] |

**2. /o/有两个音位变体，即[o]、[o$^c$]**

如表 2.9 所示。

**表 2.9**

| 音位变体 | 出现条件 | 例字 |
|---|---|---|
| [o] | 单韵母中 | 伯[po]、末[mo] |
| [o$^c$] | 作复韵母韵腹 | 作[tsuo$^c$]、够[ko$^c$u] |

**3. /ə/有两个音位变体，即[ɤ]、[ə]**

如表 2.10 所示。

**表 2.10**

| 音位变体 | 出现条件 | 例字 |
|---|---|---|
| [ɤ] | 单韵母中 | 德[tɤ]、客[kɤ] |
| [ə]作鼻韵母韵腹<br>作轻声音节韵腹 | 门[mən]、更[kən]的[tə] | |

**4. /e/有两个音位变体，即[e]、[ɛ]**

如表 2.11 所示。

**表 2.11**

| 音位变体 | 出现条件 | 例字 |
|---|---|---|
| [e] | 在韵尾[i]之前 | 给[kei]、对[tuei] |
| [ɛ] | 作韵腹、无韵尾时 | 鞋[ɕiɛ]、街[tɕiɛ]、欸[ɛ] |

**5. /i/有三个音位变体，即[i]、[ɪ]、[j]**

如表 2.12 所示。

**表 2.12**

| 音位变体 | 出现条件 | 例字 |
|---|---|---|
| [i] | 作韵腹及非零声母韵头 | 比[Pi]、定[tiŋ] |
| [ɪ] | 作韵尾 | 盖[kaɪ]、回[xuer] |
| [j] | 作零声母音节韵头 | 言[jɛn]、杨[jaŋ] |

**6. /u/有四个音位变体，即[u]、[ɷ]、[w]、[ʊ]**

如表 2.13 所示。

**表 2.13**

| 音位变体 | 出现条件 | 例字 |
|---|---|---|
| [u] | 作韵腹及非零声母韵头 | 呼[xu]、滚[kun] |
| [ɷ] | 作韵尾 | 高[kaɷ]、叫[tɕaɷ] |
| [w] | 作零声母音节韵头 | 王[waŋ]、文[wən] |
| [ʊ] | 在[f]声母后 | 腹[fʊ]、富[fʊ] |

**7. /y/有两个音位变体，即[y]、[ɥ]**

如表 2.14 所示。

表 2.14

| 音位变体 | 出现条件 | 例字 |
|---|---|---|
| [y] | 作韵腹 | 举[tɕy]、均[tɕyn] |
| [ɥ] | 作零声母音节韵头 | 约[ɥɛ]、元[ɥɛn] |

**8. /ɿ/只有一个音位变体[ɿ]**

如表 2.15 所示。

表 2.15

| 音位变体 | 出现条件 | 例字 |
|---|---|---|
| [ɿ] | 在[ts、ts‘、s]后作韵母 | 字[tsɿ]、四[sɿ] |

**9. /ʅ/只有一个音位变体[ʅ]**

如表 2.16 所示。

表 2.16

| 音位变体 | 出现条件 | 例字 |
|---|---|---|
| [ʅ] | 在[tʂ、tʂ‘、ʂ、ʐ]后作韵母 | 志[tʂʅ]、日[ʐʅ] |

**10. /ɚ/有两个音位变体,即[ɚ]、[ɐr]**

如表 2.17 所示。

表 2.17

| 音位变体 | 出现条件 | 例字 |
|---|---|---|
| [ɚ] | 阳平、上声音节 | 儿[ɚ]、尔[ɚ] |
| [ɐr] | 去声音节 | 二[ɐr]、贰[ɐr] |

### (二) 辅音音位

普通话由二十二个辅音音位,即:

/p/、/p‘/、/m/、/f/、/t/、/t‘/、/n/、/l/、/k/、/k‘/、/ŋ/、/x/、/tɕ/、/tɕ‘/、/ɕ/、/tʂ/、/tʂ‘/、/ʂ/、/ʐ/、/ts/、/ts‘/、/s/。

其变体情况大体如下:

(1) 不送气的清塞音、塞擦音有一个相应的浊辅音变体,出现条件为轻声音节。如:/p/、/t/、/k/、/tɕ/、/tʂ/、/ts/。

(2) 大多数辅音各有一个带有圆唇色彩的变体,出现条件为与[u]、[y]开头的韵母相拼。

(3) 舌尖中音/t/、/t‘/、/n/、/l/各有一个相应的腭化音变体,出现条件为与[i]开头的韵母相拼。

(4) 舌根音/k/、/k‘/、/x/各有一个相应的舌面中音变体,出现条件为与[ei]相拼。

(5) 鼻音/n/除圆唇辅音和腭化辅音变体以外,另有变体[n-]和[-n]。前者作声母,后者作韵尾。后者是唯闭音,没有除阻阶段。

(6) 鼻音/ŋ/有两个音位变体[ŋ-]和[-ŋ]。[-ŋ]作声母,只出现语气词“啊”[ᴀ]的开头,[ᴀ]同前面含有[ŋ]的音节连读时,因同化作用产生[ŋ-],例如“听啊”[tiŋŋᴀ]。[-ŋ]后者作韵尾,是唯闭音,持阻阶段发音,除阻阶段不发音。

影响汉语普通话辅音音位变体形成的因素主要有:

(1) 前后音影响。如合口呼中,辅音一般有一个唇化音的变体,舌尖中音在齐齿呼中具有腭化音变体。

(2) 在音节中的位置。n 位于音节前作声母和位于音节后作韵尾,形成不同的变体。

(3) 轻重音的影响。轻声音节不送气塞音和塞擦音容易产生相应部位的浊音变体。

### (三) 声调音位及其变体

声调音位是非音质音位。普通话的四个声调可以分别写成/1/、/2/、/3/、/4/四个调位。阴平、阳平都只有一个音位变体,分别为[55]、[35]。上声有三个音位变体:

/3/:[214]出现在后面有停顿时,如“很好”;

[21]出现在调位/1/、/2/、/4/之前,如“土地”;

[35]出现在调位/3/之前,如“美好”。

去声有两个变体:

/4/:[51]出现在非去声或停顿之前;

[53]出现在去声前,如“汉字”。

轻音失去原有的声调,是无调音节,用符号/0/来表示,如“棉花”。

**思考与练习**

1. 普通话的音位是什么?
2. 什么是音位变体? 请具体说说。

## 第八节 语　　调

【知识目标】

了解语调及其分类,掌握停顿、重音、句调的类型作用。

【能力目标】

准确理解别人说话的意思,更准确地把握信息。

说话的时候,除了每个音节的声调外,整个句子在语音上还有抑扬顿挫的变化。有的音节要读得重些,有的音节后面要有各停顿;有的句子的音高逐渐上升,有的句子的音高逐渐下降。这些变化和单个音节的读音没有直接的关系,但是和全句的意思和说话人的感情有直接的关系。例如说"他来了"这句话的时候,音高逐渐上升就是问话,音高逐渐下降就是一般的叙述。这种帮助表达说话人的意思和感情的贯穿全句的抑扬顿挫就是语调。构成语调的因素很复杂,因为它包括整句话声音的高低、快慢、长短、强弱的变化。下面只从停顿、重音和句调三个方面作一些介绍。

## 一、停顿

停顿就是句子内部或句与句之间说话时的间歇。一段话里面什么地方停顿、停顿是长是短,是由表达的需要来决定的。句与句之间的停顿一般要大于句子内部的停顿。在一句话里面,关系非常密切的词语间一般没有停顿,只在关系不很密切的词语间才可以有停顿。下面这个句子内可以有两个停顿:

中华民族/是一个/有五千年光辉历史的民族。

句中的停顿把一句话分为几个段落。这样的段落叫做"节拍群"。一句话里节拍群的多少可以有变化,说得快时节拍群就少些,说得慢些节拍群就多些。上面的句子在说得快些的时候,中间可以只有一个停顿,分成两个节拍群。例如:

中华民族/是一个有五千年光辉历史的民族。

说得慢些的时候,中间可以有 5 个停顿,分成 6 个节拍群。例如:

中华民族/是一个/有/五千年/光辉历史的/民族。

说话的时候,各节拍群所用的时间要相差不多,大体一致音节多的节拍群要说得快些,音节少的节拍群要说得慢些。这样就使各个节拍群有快有慢,听起来富于变化。

停顿的改变有时会引起结构和意义的改变。例如:"二加三/乘以五"和"二加/三乘以五"的层次不同,意义也不同。"/"表示句内较大的停顿。前者的得数是二十五,后者的得数是十七。又如:"我没找着小李,/小高很着急"和"我没找着小李小高,/很着急"。前者着急的是小高,后者着急的是"我"。

## 二、重音

重音指的是语句里的某些音节根据表达的需要而读得较重的语音现象。人们说话时,句子里的音节有的要重读。这又分两种情况:

### (一) 语法重音

根据语法结构的要求,句子里有些成分要重读,这种重读叫语法重音。具体如下:

(1) 一般句子的谓语常要读成语法重音。例如:

今天晴天。

北京的夏天常常刮风。

(2) 定语和状语常常传达新的信息,常读成语法重音。下面是定语带有语法重音的例子:

你们的胜利也就是我们的胜利。

平凡的人创出了不平凡的业绩。

下面是状语带有语法重音的例子：

天气渐渐地缓和起来了。

我们不怕敌人的威胁和恐吓。

(3) 动词的补语要读成语法重音。例如：

他的普通话说得很流利。

衣服洗得干干净净。

### (二) 强调重音

为了故意强调意思，而重读某些成分，这叫做强调重音。强调重音没有固定的规律，要根据交际的具体情况而定。例如：

谁在屋里看电视？　我在屋里看电视。

你在屋里干什么？　我在屋里看电视。

你在屋里看什么？　我在屋里看电视。

有时为了强调对比，有关的成分要读成强调重音。例如：

我问的是他，没有问你。

这件事我是不知道，不是故意不告诉你。

强调重音只起强调作用，不改变句子的意义。

又如：她去看演出。（不是别人。重音在"她"。）

她去看演出。（不是不去。重音在"去"。）

她去看演出。（不是参加演出。重音在"看"。）

她去看演出。（不是看球赛。重音在"演出"。）

## 三、句调

### (一) 句调的种类

贯穿于整个句子的高低升降变化叫句调。句调有四种形式，即升调、降调、平调、曲折调。

**1. 升调**

调子由平升高，一般用来表示疑问、反问、惊异、号召等语气。

难道我还不如昆仑山上的一棵草？（反问）

怎么，她又回来了？（惊异）

**2. 降调**

调子由平降低，一般用来表示肯定、请求等语气。

我一定要拿到学位。（肯定）

你赶快走吧！（请求）

**3. 平调**

调子保持同样高度推进，一般用来表示严肃、冷淡、叙述等语气。

她渐渐地走进暮色里去了。（叙述）

他走了几步，回过头来看见我，说，“进去吧，里边没人。”

**4. 曲折调**

调子先升后降或先降后升，一般表示含蓄、讽刺意味，表示言外之意、赞叹等，也常采用曲折调。

你的能耐可真不小。（讽刺）

当三个女子从容地辗转于文明人所发明的枪弹的攒射中的时候，这是怎样的一个惊心动魄的伟大呵！（赞叹）

### （二）句调对字调的影响

句调能对声调产生一定的影响，比较突出地表现在句末音节上，大体情形如下：

**1. 句调上升时**

（1）字调后部为上升，则使其升得更高一点。

阳平＋升调：你去济南？

上声＋升调：你姓李？

（2）字调是平的，则使字调后部上升。

阴平＋升调：你喜欢小说？

（3）字调是降的，则变为降升。

去声＋升调：你想去重庆？

**2. 句调下降时**

（1）字调后部为上升，则变为升降调。

阳平＋降调：我去桂林。

上声＋降调：你快走。

（2）字调是平的，则使字调变为平降调。

阴平＋降调：我们今天去北京。

（3）字调是降的，则降得更低。

去声＋降调：她姓杜。

## 思考与练习

1. 什么是朗读？它有什么要求？有哪些作用？
2. 什么是停顿？它有哪些类型？请你举例说明。
3. 什么是重音？它有哪些类型？请你举例说明。
4. 显示重音的常用方法有哪些？
5. 什么是句调？朗读或说话中的句调主要有哪些情况？请你举例说明。
6. 朗读或说话时候的快慢是有声语言表情达意的重要手段，请你举例说明快慢的应用。
7. 朗读与朗诵有什么异同，请你举例说明。

# 第九节　语音规范化

**【知识目标】**

1. 了解普通话的标准音；
2. 掌握普通话水平测试等级。

**【能力目标】**

能用普通话与人最好的沟通。

## 一、确立正音标准

### （一）语音的规范

普通话以北京语音为标准音。但是，由于各方面的原因，北京语音内部还存在有分歧现象。例如："飞跃"可读成 fēi yuè，也可读成 fēi yào；"理发"的"发"有去声和上声两种声调；"太阳"的"阳"轻读与否，也是两可的，这种分歧现象对学习和推广普通话是不利的，需要加以规范。

### （二）异读词的规范

异读词，即习惯上有几种不同读音的词。一个汉字有不同读音并不少见，有的是"异义异读"，即同一个汉字的不同读音只出现在不同的词里，或者不同读音所表示的意义并不相同，这是正常现象，如"长短"与"长辈"；有的是"同义异读"，即不同的读音并不表示不同的意义，这就是异读词，如"波浪 bō—pō"。

北京话的异读字有三百多个，构成的异读词，常用的大约有 1200 多个。从语音的角度来分析，可分为四类（例词中前一个读音是普通话审音委员会审订的规范读音）：

**1. 声母不同**

酵母　jiào—xiào　赏赐　cì—sì

**2. 韵母不同**

拂晓　fú—fó　怯懦　qiè—què

**3. 声调不同**

教室　shì—shǐ　拙劣　zhuō—zhuó

**4. 其他**

沸腾　fèi—fú　摄影　shè—niè

异读词产生的原因很复杂，主要有以下几方面：

**1. 文白异读**

有些是由于读书音(文读)和口语(白话)的分歧造成的,如"柏"读书音是 bó,口语音是 bǎi,"凿"读书音是 zuò,口语音是 záo,"液"读书音是 yì,口语音是 yè,"暴露"的"暴"读书音是 pù,口语音是 bào,还有"熟"shú(文)shóu(口)、"血"xuè(文)xiě(口)、"剥"bō(文)bāo(口)等。

**2. 方音影响**

有的异读是各方言读音影响造成的,例如北京话吸收吴方言的词"揩油",使"揩"产生了 kai 和 ka(方音)两种读音,还有"咖啡"的"咖","卡片"的"卡",都有 kā、qiā 和 kǎ、qiǎ 两种读音。

**3. 讹读影响**

有些异读是误读造成的,例如"械"读 jiè,"畸"读 qí,"酵"读 xiào,都是照半边字读错了字音,但是长期通行,正误并存,形成异读。

**4. 背离规律**

还有一些异读按语音发展规律应读某音,但又出现不合规律的特殊读法,如"帆"字是古浊平声字,按规律应读阳平,但又出现阴平的读法,"含"读成 hén、"(泥)泞"读成 néng 都是北京话语音发展的特殊现象。

国家于 1955 年召开了现代汉语规范问题学术会议,1956 年中国科学院成立了普通话审音委员会,审音委员会审定了北京话常用词的读音,于 1957 年 10 月公布了《普通话异读词审音表初稿》,审订了 446 条异读词;1959 年 7 月又公布了《普通话异读词审音表初稿(续编)》,审订了 568 条异读词的读音。1963 年将前两次发表的初稿辑录成《普通话异读词三次审音总表初稿》。1982 年 6 月重建了普通话审音委员会,对《初稿》进行修订,1985 年 12 月修订稿经国家语言文字工作委员会、国家教育委员会、广播电视部审核通过,以《普通话异读词审音表》名称公布。

## 二、推广标准音

普通话水平测试等级标准(试行)(国家语言文字工作委员会 1997 年 12 月 5 日颁布,国语[1997]64 号)如表 2.18 所示。

**表 2.18 普通话水平测试标准**

| | |
|---|---|
| 一级甲等 | 朗读和自由交谈时,语音标准,词语、语法正确无误,语调自然,表达流畅。测试总失分率在 3%以内。 |
| 一级乙等 | 朗读和自由交谈时,语音标准,词语、语法正确无误,语调自然,表达流畅。偶然有字音、字调失误。测试总失分率在 8%以内。 |
| 二级甲等 | 朗读和自由交谈时,声韵调发音基本标准,语调自然,表达流畅。少数难点音(平翘舌音、前后鼻尾音、边鼻音等)有时出现失误。词语、语法极少有误。测试总失分率在 13%以内。 |

| | |
|---|---|
| 二级乙等 | 朗读和自由交谈时,个别调值不准,声韵母发音有不到位现象。难点音(平翘舌音、前后鼻尾音、边鼻音、fu-hu、z-zh-j、送气不送气、iu不分、保留浊塞音和浊塞擦音、丢介音、复韵母单音化等)失误较多。方言语调不明显。有使用方言词、方言语法的情况。测试总失分率在20%以内。 |
| 三级甲等 | 朗读和自由交谈时,声韵母发音失误较多,难点音超出常见范围,声调调值多不准。方言语调较明显。词语、语法有失误。测试总失分率在30%以内。 |
| 三级乙等 | 朗读和自由交谈时,声韵调发音失误多,方音特征突出。方言语调明显。词语、语法失误较多。外地人听其谈话有听不懂的情况。测试总失分率在40%以内。 |

确立正音标准,主要解决两类问题:

一是剔除北京话里的土音成分,北京话里的土音成分,包括:

(1) 个别字的读音特殊,如“太好了”读成“tūi hǎo le”,“不言语”读成“bù yuàn yi”,都应该剔除。

(2) 北京话里过多的轻声、儿化、变调现象,如“找地方”说成“找地儿”,“现在”、“闹意见”等词语第一个音节变阳平等现象,这些都应剔除。

二是解决异读字的读音问题

异读字要区别不同情况对待,一个字有两种以上的读音,如果有区别意义的作用,则应该保留。例如:

觉:jiào—jué 睡觉 知觉

恶:è—wù 罪恶 好恶

长:cháng—zhǎng 长短 长幼

饮:yǐn—yìn 饮水 饮马

而一个字有两种读音,又没有区别意义的作用,形成累赘,就应该剔除一个。如:

波:bō—pō

暂:zan—zhan

酵:jiào—xiào

造成异读的原因主要有文白异读,方音影响,讹读,背离规律。

**1. 文白异读**

文白异读指读书音与口语音不同的现象。如表2.19所示。

**表2.19**

| | 贼 | 血 | 伯 | 剥 | 熟 | 给 | 凿 |
|---|---|---|---|---|---|---|---|
| 读书音 | zé | xuè | bó | bō | shú | jǐ | zuò |
| 口语音 | zéi | xiě | bāi | bāo | shóu | gěi | záo |

**2. 方音影响**

北京话在吸收方言词的时候,有时可能连带其语音一起吸收进来,方言音与原来的北京读音形成异读。例如吸收于吴方言的“揩(kā)油”与北京话的“kāi”音形成异读。

**3. 讹读**

有时读错的音与正音形成并存，产生异读。如“埠”正音 bù，讹读为 fù，长期使用，两者并存。

**4. 背离规律**

由合规律的读音和不合规律的读音共存，形成异读。如“帆”为古“奉”母字，是浊声母字，读为阳平 fán，合规律；同时又读阴平 fān，不合规律。

## 思考与练习

1. 按照拼写规则拼写下面文字。

在今天腾飞的年代里，高楼大厦像雨后的春笋那样，纷纷冒出了地面。这洋溢着立体感的美景，显示了北京已经成为真正的大都市。

2. 下面是电视连续剧《三国演义》片尾主题歌《历史的天空》的歌词，其中有多处用到了现代汉语的音变，请注明这些音变规律中的“啊”变、轻声、“一”和上声变调等。

（音变拼注示例：我们一定要学好语言啊！wǒ men yí hǎo yǔ na）

暗淡了刀光剑影，远去了鼓角争鸣
眼前飞扬着一个个鲜活的面容
湮没了黄尘古道，荒芜了烽火边城
岁月啊你带不走那一串串熟悉的姓名
兴亡谁人定啊，盛衰岂无凭啊
一页风云散啊，变换了时空
聚散皆是缘啊，离合总关情啊
担当生前事啊，何计身后评
长江有意化作泪，长江有情起歌声
历史的天空闪烁几颗星
人间一股英雄气在驰骋纵横

3. 按照朗读的要求朗读朱自清的散文《荷塘月色》。

荷 塘 月 色

朱自清

这几天心里颇不宁静。今晚在院子里坐着乘凉，忽然想起日日走过的荷塘，在这满月的光里，总该另有一番样子吧。月亮渐渐地升高了，墙外马路上孩子们的欢笑，已经听不见了；妻在屋里拍着闰儿，迷迷糊糊地哼着眠歌。我悄悄地披了大衫，带上门出去。

沿着荷塘，是一条曲折的小煤屑路。这是一条幽僻的路，白天也少人走，夜晚更加寂寞。荷塘四面，长着许多树，蓊蓊郁郁的。路的一旁，是些杨柳，和一些不知道名字的树。没有月光的晚上，这路上阴森森的，有些怕人。今晚却很好，虽然月光也还是淡淡的。

路上只我一个人，背着手踱着。这一片天地好像是我的。我也像超出了平常的自己，到了另一世界里。我爱热闹，也爱冷静；爱群居，也爱独处。像今晚上，一个人在这苍茫的月下，什么都可以想，什么都可以不想，便觉是个自由的人。白天里一定要做的事，一定要说的话，现在都可不理。这是独处的妙处；我且受用这无边的荷香月色好了。

曲曲折折的荷塘上面，弥望的是田田的叶子。叶子出水很高，像亭亭的舞女的裙。层层的叶子中间，零星地点缀着些白花，有袅娜地开着的，有羞涩地打着朵儿的；正如一粒粒的明珠，又如碧天里的星星，又如刚出浴的美人。微风过处，送来缕缕清香，仿佛远处高楼上渺茫的歌声似的。这时候，叶子与花也有一丝的颤动，像闪电般，霎时传过荷塘的那边去了。叶子本是肩并肩密密地挨着，这便宛然有了一道凝碧的波痕。叶子底下是脉脉的流水，遮住了，不能见一些颜色；而叶子却更见风致了。

月光如流水一般，静静地泻在这一片叶子和花上。薄薄的青雾浮起在荷塘里。叶子和花仿佛在牛乳中洗过一样；又像笼着轻纱的梦。虽然是满月，天上却有一层淡淡的云，所以不能朗照；但我以为这恰是到了好处——酣眠固不可少，小睡也别有风味的。月光是隔了树照过来的，高处丛生的灌木，落下参差的斑驳的黑影，峭楞楞如鬼一般；弯弯的杨柳的稀疏的倩影，却又像是画在荷叶上。塘中的月色并不均匀；但光与影有着和谐的旋律，如梵婀玲上奏着的名曲。

荷塘的四面，远远近近，高高低低都是树，而杨柳最多。这些树将一片荷塘重重围住：只在小路一旁，漏着几段空隙，像是特为月光留下的。树色一例是阴阴的，乍看像一团烟雾；但杨柳的风姿，便在烟雾里也辨得出。树梢上隐隐约约的是一带远山，只有些大意罢了。树缝里也漏着一两点路灯光，没精打采的，是渴睡人的眼。这时候最热闹的，要数树上的蝉声与水里的蛙声；但热闹是它们的，我什么也没有。

忽然想起采莲的事情来了。采莲是江南的旧俗，似乎很早就有，而六朝时为盛；从诗歌里可以约略知道。采莲的是少年的女子，她们是荡着小船，唱着艳歌去的。采莲人不用说很多，还有看采莲的人。那是一个热闹的季节，也是一个风流的季节。

于是又记起《西洲曲》里的句子：

采莲南塘秋，莲花过人头；低头弄莲子，莲子清如水。

今晚若有采莲人，这儿的莲花也算得“过人头”了；只不见一些流水的影子，是不行的。这令我到底惦着江南了。——这样想着，猛一抬头，不觉已是自己的门前，轻轻地推门进去。什么声息也没有，妻已睡熟好久了。

## 附录　容易读错的字

本表黑体字是容易读错的字。（括号内是错误的读音。）

| | | |
|---|---|---|
| 腌臜 ā zā(yān zàn) | 麻痹 bì(pì) | 参差 cēn cī(cān cā) |
| 狭隘 ài(yì) | 裨益 bì(pí) | 岑寂 cén(qīn) |
| 凹陷 āo(wā) | 复辟 bì(pǐ) | 刹那 chà(shà) |
| 翁媪 ǎo(wēn) | 包庇 bì(pǐ) | 金钗 chāi(chā) |
| 沙家浜 bāng(bīn) | 针砭 biān(fán) | 单于 chán(shàn) |
| 同胞 bāo(pāo) | 濒临 bīn(pín) | 阐明 chǎn(shàn) |
| 蓓蕾 bèi lěi(péi léi) | 波浪 bō(pō) | 忏悔 chàn(qiàn) |
| 悖逆 bèi(bo) | 哺育 bǔ(pǔ) | 赔偿 cháng(shǎng) |
| 迸裂 bèng(bìng) | 茅厕 cè(si) | 惆怅 chàng(zhàng) |

琛宝 chēn(shēn)
郴州 chēn(bīn)
嗔怒 chēn(zhēn)
瞠目 chēng(táng)
惩罚 chéng(chěng)
驰骋 chěng(pǐn)
魑魅 chī mèi(líwéi)
鞭笞 chī(tái)
豆豉 chǐ(zhī)
炽热 chì(zhí)
整饬 chì(shí)
憧憬 chōng(tóng)
黜免 chù(chuò)
怆然 chuàng(cāng)
辍学 chuò(zhuì)
阔绰 chuò(zhuó)
淙淙 cóng(zōng)
一蹴而就 cù(jiù)
簇拥 cù(zú)
皴裂 cūn(jùn)
鞑靼 dá(dàn)
傣族 dǎi(tài)
逮捕 dài(dí)
悼念 dào(diào)
缔造 dì(tì)
玷污 diàn(zhān)
句读 dòu(dú)
咄咄 duō(chū)
踱方步 duó(dù)
讹诈 é(uó)
沸腾 fèi(fú)
束缚 fù(fó)
咖喱 gā(jiā)
矸石 gān(qiān)
尴尬 gāngà(jiān jie)
佝偻 gōu(jú)
桎梏 gù(gào)
粗犷 guǎng(kuàng)
皈依 guī(fǎn)
日晷 guǐ(jiù)
鳜鱼 guì(jué)
刽子手 guì(kuài)
哈达 hǎ(hā)
憨厚 hān(gǎn)
引吭 háng(kēng)
沆瀣 hàngxiè(kēng jiù)
巷道 hàng(xiàng)
薅草 hāo(nòu)
呵欠 hē(ā)
干涸 hé(gù)
回纥 hé(gē)
一丘之貉 hé(háo)
恫吓 hè(xià)
沟壑 hè(huò)
华山 huà(huá)
徘徊 huái(huí)
浣溪沙 huàn(wán)
膏肓 huāng(máng)
畸形 jī(qí)
给养 jí(gěi)
觊觎 jì(qí)
雪茄 jiā(qié)
缄默 jiān(zhēn)
歼灭 jiān(qiān)
老趼 jiǎn(yān)
眼睑 jiǎn(liǎn)
僭越 jiàn(qián)
耩地 jiǎng(gòu)
发酵 jiào(xiào)
攻讦 jié(hán)
菁华 jīng(qīng)
兢兢 jīng(jìng)
粳米 jīng(gēng)
抓阄 jiū(guī)
狙击 jū(zǔ)
沮丧 jǔ(zǔ)
龃龉 jǔyǔ(zǔ wǔ)
咀嚼 jué(jiáo)
俊杰 jùn(zùn)
鸟瞰 kàn(gǎn)
可汗 kè hán(kěhàn)
铿锵 kēngqiāng(jiān jiàng)
窥探 kuī(guī)
喟然 kuì(wéi)
邋遢 lā(liè)
奶酪 lào(luò)
羸弱 léi(yíng)
酹酒 lèi(lǚ)
踉跄 liàngqiāng(láng cāng)
尥蹶子 liào(bào)
转捩点 liè(lì)
仓廪 lǐn(bǐng)
贿赂 lù(luǒ)
摞起 luò(luǐ)
埋怨 mán(mái)
联袂 mèi(jué)
懑懑 mèn(mǎn)
靡靡 mǐ(fēi)
分娩 miǎn(wǎn)
乜斜 miē(niè)
黾勉 mǐn(guī)
谬论 miù(niù)
万俟 mò qí(wàn sì)
冒顿 mò dú(mào dùn)
脉脉 mò(mài)
仫佬族 mù(me)
呶呶 náo(nú)
泥淖 nào(zhào)
讷于言 nè(nà)
气馁 něi(nuǐ)
嫩芽 nèn(nùn)
隐匿 nì(nuò)
酝酿 niàng(ràng)
玩弄 nòng(nèng)
鼻衄 nǜ(xù)
虐待 nüè(yuè)
怯懦 nuò(rú)
奇葩 pā(bā)

琵琶 pá(ba)
澎湃 pài(bài)
一爿 pán(bàn)
蹒跚 pán(mǎn)
河畔 pàn(bàn)
抨击 pēng(píng)
披衣 pī(pēi)
土坯 pī(pēi)
媲美 pì(bǐ)
胼胝 piánzhī(bìng dǐ)
骈文 pián(bìng)
血泊 pō(bó)
解剖 pōu(pāo)
苗圃 pǔ(bǔ)
瀑布 pù(bào)
蹊跷 qī(xī)
菜畦 qí(xí)
小憩 qì(tián)
关卡 qiǎ(kǎ)
接洽 qià(xiá)
悭吝 qiān(jiān)
掮客 qián(jiān)
钤印 qián(jīn)
天堑 qiàn(zǎn)
嵌入 qiàn(kān)
憔悴 qiáo(jiāo)
地壳 qiào(ké)
怯懦 qiè(què)
挈眷 qiè(jiè)
惬意 qiè(jiā)
侵占 qīn(qín)
沁园春 qìn(xīn)
引擎 qíng(jìng)
亲家 qìng(qīn)
龟兹 qiū cí(guī zī)
姓仇 qiú(qiú)
酋长 qiú(yóu)
囚犯 qiú(xiú)
姓瞿 qú(jú)
龋齿 qú(yǔ)

小觑 qù(xū)
颧骨 quán(quàn)
乐阕 què(kuí)
麇集 qún(jūn)
唱喏 rě(nuò)
稔知 rěn(niàn)
冗长 rǒng(chén)
蚊蚋 ruì(nà)
缫丝 sāo(cáo)
森林 sēn(shēn)
杉篙 shā(shān)
歃血 shà(chà)
禅让 shàn(chán)
赡养 shàn(zhān)
鞭鞘 shāo(qiào)
折耗 shé(zhé)
慑服 shè(niè)
摄影 shè(niè)
妊娠 shēn(chén)
蜃景 shèn(chèn)
舐犊 shì(tiǎn)
似的 shì(sì)
教室 shì(shǐ)
枢纽 shū(qú)
洗涮 shuàn(shuā)
游说 shuì(shuō)
吮吸 shǔn(yún)
硕大 shuò(sháo)
悚然 sǒng(shù)
嗾使 sǒu(zù)
塑料 sù(suò)
粟类 sù(lì)
鬼祟 suì(chǒng)
鹰隼 sǔn(zhǔn)
婆娑 suō(shā)
趿拉 tā(jí)
水獭 tǎ(lài)
鞭挞 tà(dǎ)
饕餮 tāo tiè(hào zhěn)
绦虫 tāo(tiáo)

忒慝 tè(nì)
心疼 téng(tòng)
倜傥 tìtǎng(chóu dǎng)
殄灭 tiǎn(zhēn)
迢迢 tiáo(zhào)
汀江 tīng(dīng)
荼毒 tú(chá)
湍急 tuān(chuǎn)
圩堤 wéi(yú)
斡旋 wò(gān)
可恶 wù(è)
膝盖 xī(qī)
葸葸 xǐ(sī)
阋讼 xì(ní)
潟卤 xì(xiè)
呷一口 xiā(jiǎ)
三峡 xiá(jiá)
翩跹 xiān(qiān)
纤维 xiān(qiān)
涎水 xián(yán)
癫痫 xián(jiǎn)
骁勇 xiāo(yáo)
混淆 xiáo(xiá)
挟制 xié(xiá)
叶韵 xié(yè)
携手 xié(xí)
机械 xiè(jiè)
省亲 xǐng(shěng)
不朽 xiǔ(qiǔ)
星宿 xiù(sù)
长吁 xū(yù)
自诩 xǔ(yǔ)
蓄养 xù(chù)
酗酒 xù(xiōng)
绚丽 xuàn(xún)
戏谑 xuè(nüè)
防汛 xùn(xin)
香蕈 xùn(tán)
山崖 yá(ái)

**阏氏** yān zhī(yú shì)
**燕**国 yān(yàn)
**殷**红 yān(yīn)
**赝**品 yàn(yīng)
**杳**然 yǎo(miǎo)
**舀**子 yǎo(kuǎi)
**疟**子 yào(nüè)
**钥匙** yào shi(yuè chi)
笑**靥** yè(yàn)
**谒**见 yè(jià)
呜**咽** yè(yàn)
摇**曳** yè(yì)
游**弋** yì(gē)
**疆场** yì(chàng)
**轶**事 yì(shì)
**屹**立 yì(qí)
造**诣** yì(zhǐ)
**熠熠** yì(xí)
**喑**哑 yīn(àn)
**湮**塞 yīn(yān)
无**垠** yín(gēn)
**郢**都 yǐng(chéng)
**邕**江 yōng(hù)
**拥**护 yōng(yǒng)
鸿**猷** yóu(qiú)
须**臾** yú(lì)
鬼**蜮** yù(huò)
老**妪** yù(qǔ)
**掾**吏 yuàn(chuán)
**跃**进 yuè(yào)
**崽**子 zǎi(sī)
**暂**时 zàn(zhàn)
宝**藏** zàng(cáng)
玄**奘** zàng(zhuàng)
穿**凿** záo(zuò)
**眨**眼 zhá(biǎn)
**栅**栏 zhà(shān)
**摘**取 zhāi(zhé)
破**绽** zhàn(dìng)
**蘸**水 zhàn(jiāo)
波**磔** zhé(jié)
**砧**板 zhēn(zhàn)
坚**贞** zhēn(zhēng)
**侦**察 zhēn(zhēng)
装**帧** zhēn(zhèng)
**鸩**毒 zhèn(chén)
**拯**救 zhěng(chéng)
**跖**骨 zhí(shí)
针**黹** zhǐ(fǔ)
执**掌** zhǐ(dǐ)
对**峙** zhì(shì)
投**掷** zhì(zhèng)
**陟**山 zhì(shě)
胡**诌** zhōu(zōu)
**骤**雨 zhòu(zòu)
**属**意 zhǔ(shù)
**贮**存 zhù(chǔ)
**拽**过来 zhuài(yè)
**惴惴** zhuì(chuǎn)
**谆谆** zhūn(chén)
**擢**用 zhuó(dí)
**髭**须 zī(cí)
浸**渍** zì(zé)
**倥偬** zǒng(cōng)
姓**贲** bēn(pēn)
姓**晁** cháo(zhào)
姓**郴** chēn(bīn)
姓**谌** chén(zhàn)
姓**种** chóng(zhǒng)
姓**笪** dá(dàn)
姓**葛** gě(gé)
姓**盖** gě(gài)
姓**龚** gōng(gǒng)
姓**郝** hǎo(hè)
姓**郦** lì(lí)
姓**缪** miào(niù)
姓**区** ōu(qǔ)
姓**朴** piáo(pǔ)
姓**郄** qiè(xì)
姓**仇** qiú(chóu)
姓**瞿** qú(jù)
姓**眭** suī(jū)

# 第三章　文　　字

## 第一节　汉字概说

【知识目标】

1. 了解汉字的起源；
2. 了解汉字的性质和特点；
3. 掌握汉字的作用。

【能力目标】

学会使用汉字进行书写。

文字是记录语言的书写符号系统。是音、形、义的统一体，是人类最重要的辅助性交际工具，人类有了文字就突破了语言在时间和空间上的限制，扩大了语言的交际功能。有了文字，口语通过文字的记录从而转化为书面语，并使语言产生了口语和书面语两种形式。

### 一、汉字的起源

汉字是记录汉语的书写符号系统。汉字产生的确切年代目前还不能确定，但汉字的起源可以追溯到六千年前的原始社会末期。1952 年在西安东郊半坡村氏族文化遗址发现了刻在陶器上的一些符号，这些符号同流传下来的古代汉字有某些相同之处，他们很可能是汉字的前身。距今 3000 多年前商代后期的甲骨文卜辞和青铜器铭文，是现在能够看到的最古老的成批的汉字资料，约有 3500 个字。关于汉字的起源，中国古代文献上有种种说法，如“结绳”“八卦”“图画”“书契”等，古书上还普遍记载有黄帝史官仓颉造字的传说。现代学者认为，成系统的文字工具不可能完全由一个人创造出来，仓颉如果确有其人，应该是文字整理者或颁布者。汉字应该是汉族人的祖先在长期的社会实践中逐渐创造出来的。

### 二、汉字的性质

汉字是表意体系的文字。世界上的文字基本可以分为两大类。一类是表音文字，即根据语言的读音来构造的文字，如英、法、俄、西班牙、阿拉伯和日语的字母(假名)的文字。另一类是表意文字，即根据语言的意义来构造的文字，如古埃及文字、古美索不达米亚苏美尔的楔形文字和我国的汉字。

在语言中音节或音素是有限的，所以字母的数目也是有限的。一般来说，一定的音用一定的字母来表示，一定的字母表示一定的音。只要掌握了字母和拼音规则，一般听到一个词就可以记录下它的发音，看到一个字就可以读出它的发音，而根据声音就可以知道它的意义。表音文字学习起来比较容易，使用起来也比较方便。

表意文字则相反，听到一个生词的声音不太可能写出相对应的文字来，看到一个生词也不可能读出它所代表的声音。因为人们找不到写和读的规则，汉字一般不能直接表示读音，大致一个汉字表示读音和意义相结合的一个语素，声音相同而意义不同的语素常常要用不同的字来表示，例如：(fēi) 飞、费、菲、妃、绯、扉、霏。汉字一个字就表示一个音节，如：天(tiān)、地(dì)、人(rén)等，因此，汉字在数量上就远远超过了表音文字的字母，用成千上万个符号去表示语素或词的意义，同时附带地表示语素的声音，所以有人把汉字说成是语素文字。虽然绝大多数汉字是一个字读一个音节，但它不是表音文字中的音节文字。汉语的一个音节一般用许多汉字来记录，如 mù 音节，《现代汉语词典》收"木、目"等 16 个同音字；而同一个汉字可以表示几个不同的音节，如"行"有 xíng、háng、hàng、héng4 个读音。

现行汉字形声字的形旁表示意类，声旁记录读音。形声字的声旁本来也是表意字，如"挡"中的"当"。再者，形声字的声旁表音也不是一个音节一个字符，同一读音也可能会有很多的声旁，如读 yì 音的"亿、译、驿、意、益、毅、逸、翼、懿"等通用字中用了十几个声旁；而同一个声旁有可能表示不同的读音，如声旁"者"可能表示赭(zhě)、奢(shē)、诸(zhū)、暑(shǔ)、睹(dǔ)、屠(tú)、绪(xù)、都(dōu)等读音。所以形声字的声旁不能等同于表音文字的字母。从文字体系来看，汉字虽然有大量的形声字，但仍然应看做表意体系的文字。

此外，汉字还具有一定程度的超时空性。几千年来，汉语的语音变化很大，但是汉字的字形和所记录的语素的意义却变化不大。例如古书上的"天、地、人、风、雨、电"等字，现代人不懂他的古音，但能了解它的字义。这些汉字在不同的方言区大都有不同的读音，但字义却基本相同。表意体系的汉字的超时空性使它能在不同历史时期、不同方言地区很好地起到交际工具的作用，因而起到增强民族凝聚力的作用。

汉字的另一个特点是同音不同形，具有分化同音词的作用。汉语音节简短，同音词比较多。如果同音都同形，同形词多了，产生歧义现象就多了，这不利于书面上交流思想。表意汉字适应了汉语的需要，这是汉字的表意体制得以长期保持活力的原因之一。

此外，汉字还有不分词连写，结构体是个方块形这两个特点。

## 三、汉字的作用

汉字是国家法定的通用文字，也是世界上历史最悠久，而且一直使用到现在的唯一的文字，它对我国社会的发展和统一，对汉族语言的发展，都有重要的贡献。我国的各民族为了参与国家大事，同汉族人民相互学习、交流经验，也在学习和运用汉字。汉字不但在历史上有过不可磨灭的功绩，而且在我国今天的社会主义建设中，继续发挥着作用。

汉字也曾经被朝鲜、韩国、越南、日本等国家借去记录他们的民族语言，对保存这些国家的文化遗产起过重要作用。至今，日本、韩国还在使用部分汉字，新加坡、马来西亚把我国的现行汉字作为国家的正式文字之一。我国的规范汉字还被定为联合国工作用的6种文字之一，在国际交往中继续发挥着重要的作用。

**思考与练习**

1. 汉字是怎样产生的？你对“仓颉造字”有什么看法？
2. 汉字有哪些特点？为什么说汉字是表意体系的文字？
3. 从历史和现实、国内和国际不同角度说明汉字的作用。

## 第二节　汉字的结构

**【知识目标】**

1. 掌握汉字构形的原理和依据；
2. 了解传统“六书”；
3. 掌握汉字六种造字方法。

**【能力目标】**

学会根据六种造字方法分析现代汉字。

### 一、构形的原理和依据

#### （一）汉字起源于图画

图画来源于现实形象。古代象形字接近于图画，但是与图画有本质区别：① 象形字于语言中的声音和意义有直接的对应关系；② 图画虽然可以表意，但不能表示语言中确定的词，不能与词语形成确定的对应关系。

#### （二）象形字是构成汉字的基础

许多会意字和形声字是由象形字组成的，现在汉语中仍然有许多字都来自于象形。虽然由于形体演变已经看不出所像之物的原形了，但是要追根溯源的话，还是可以找出形体演变的轨迹。

汉字的部首多数来自象形字。例如：

人　木　田　口　火　日

因此，掌握了象形字，基本上就掌握了汉字的大部分构件，从而推及学习其他的汉字就比较容易了。

### （三）语言中的词并不都有形可像

象形字也有很大的局限性，如复杂的事物、抽象的概念无法象形，即使是具体的有形之物，也未必都能够使用这种方法造字。例如：桌椅板凳、衣物床铺；飞禽走兽、瓜果李桃；家什器皿，工具产品等等。虽然都有具体的形体外观，也都可以描摹成像，却并不一定采用象形造字法造字。如：虎豹豺狼、鸡鸭鹅狗、鱼鳖虾蟹、鹰雕燕雀等等。其中只有“虎”“鱼”“燕”是象形字，其余都是形声字。又比如，同样是树上结的果子，象形字很少。“李、杏、枣”是会意字；“梨、桃、桔、柿”则是形声字；只有“果”是象形字。联绵词“枇杷、菠萝、葫芦”等等都是形声字。

### （四）采用形、音、义复合法

抽象的观念、复杂的概念都无法使用简单模仿的图画方式，只有采用复合法造字。例如：表示“酸甜苦辣”的感觉，“劳动”“休息”的动作，“思念”“盼望”的心理等等，都不能用简单象形的方法来表示。因此，通过图形组合、意义相关或者语音联想等方式，表达复杂的词汇意义。

围绕汉字“形、音、义”三要素，通过构字成分的组合变换，或加指示的符号、或用符号拼合、或提示意义、或提示读音……经过无数代的约定俗成，逐渐形成了汉字独特的构型理性。不断增加表音成分是汉字构型历史发展的结果，现代汉字中形声字占主体就是明证。

## 二、传统“六书”

关于汉字的构型理性，传统有“六书”的说法，即：象形、指事、会意、形声、转注、假借。“六书”是古代文字学家根据汉字形体和意义的关系，分析归纳出来的构型规则。东汉的许慎系统地分析了篆字的结构特点，对传统六书做了明确的界定。许慎在《说文解字·序》中说：

象形者，画成其物，随体诘诎，日月是也；
指事者，视而可识，察而见意，上下是也；
会意者，比类合谊，以见指挥，武信是也；
形声者，以事为名，取譬相成，江河是也；
转注者，建类一首，同意相受，考老是也；
假借者，本无其字，依声托事，令长是也。

## 三、汉字的造字法

汉字的造字法是指汉字的构造方式。一般来说，古代汉字有象形、指事、会意、形声四种造字法；现行汉字同古代汉字相比又有一些特殊情况。

### （一）象形

象形就是用描绘事物形状来表示字义的造字法，用这种方法造的字就是象形字。例如：

月　水　火　牛　羊

古象形字有的像事物的整体轮廓，如“日、月”等，有的像事物的特征部分，如“牛”像牛角上弯。大部分的古代象形字从现行汉字看不出原物的样子了，如“牛、马、鱼”等。后起字（许慎《说文解字》中未收录、后世出现的字）中也有象形字，如“丫、凹、凸、伞”等。

这种用象形的方法造字是汉字最早的造字方法，但是它局限性很大。复杂的事物难以象形，抽象的概念又无形可像，客观事物无限纷繁，根本不可能一律造出象形字。鲁迅先生曾经说过：“有些事物画不出，有些事物画不来，譬如松柏，叶样不同，原是可以分出来的，但写字究竟是写字，不能像绘画那样精工。”所以，即使在古代，单靠这一种造字方法，也不能满足记录语言的需要。

（二）指事

指事就是用象征性符号或在象形字上加提示符号来表示字义的造字法。用这种方法造的字就是指事字。例如：

上　下　三　本　末　朱　甘　刃

“上、下”两字的横线表示界限，一竖在上表示“上”，一竖在下表示“下”，这是由两个象征性符号组成的字。“木”是一个象形字，指的是“树”，在木的下面加一横，指明是树根。在目的上面加一横，指明是树梢。“刃”是在刀口上加一点，指出刀刃的部位，“刀”是一个象形字。“亦”是“腋”的本字，是一个正身站立的人，两臂张开，在腋下一边一点，表示腋下的部位，以上四个字都是在象形字上加上一个指示符号组成的字。

指事只是一种辅助性的造字法。因为只有极少数的意义才能用指事的方法表示出来，所以汉字里的指事字很少。

（三）会意

用两个或几个部件合成一个字，把这些部件的意义合成新的意义，这种造字法叫会意。用会意法造的字，就是会意字。例如：

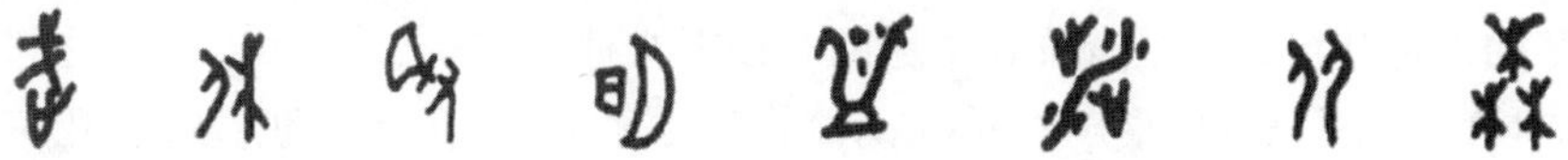

武　休　取　明　益　涉　从　森

两个人相跟，就是“从”字。三人以上表示人多，就是“众”字。“采”由“爪”和“木”两个字组成，表示用手在树上采摘东西。“牧”由“攴（pū）”和“牛”两个字组成，一只手拿着棍子赶牛，表示放牧。“苗”字上面是草，下面是田，是植物刚刚从地里长出来的意思。

一般来说，会意字可以分为下列三类：

（1）重复同一偏旁而成的会意字。如：

林：表示许多树木

卉:草的总名

磊:石头众多的样子

淼:水大的样子

炎:焚烧,燃烧

(2) 偏旁连续成语的会意字。

凭:任几就是依靠在几上的意思

尘:小土为尘

拿:合手为拿

歪:不正为歪

楞:四方木为楞

(3) 其他不能归于以上两类的会意字,仔细分析起来还可以分为一些不同的类型。但这些字不多,我们把它们统归为一类。例如:

臭:“臭”是“嗅”的初文。狗以嗅觉灵敏著称,以“臭”字从“犬”从“自(自是个象形字,像人的鼻子)”会意。后来“臭”专用为香臭的“臭”,另造“嗅”字来表示它的本意。

吠:“吠”是狗叫,所以从“犬”从“口”会意。

删:古人在竹木简上写字,不需要用了或写错了就用刀子削去,所以“删”字从“刀”从“册”会意。

灶:砌灶用土。灶中生火,所以“灶”字从“火”从“土”会意。

斌:文武俱备为“斌”。

掰:两手分物为掰。

会意字以象形字为基础,远比象形字能产,但是它也满足不了记录语言的需要,于是就出现了形声字。用象形、指事、会意这三种方法造出来的字,都是纯表意的文字。

### (四) 形声

由表示字义类属的部件和表示字音的部件组成新字,这种造字法叫形声。例如用“木”做形旁,可以组成“桃、梅、梨、枝、株”等与树木相关的形声字。同一个声旁和不同的形旁结合,又可以构成许多声音相同或相近而意义不同的字,例如用“冈”做声旁,可以组成“刚、钢、纲”等读 gāng 的形声字。

汉字虽然至今仍属于表意文字体系,但是却产生了大量的形声字。殷商时代,形声字只占当时汉字的 20%左右,东汉的《说文解字》形声字占所收 9353 个字的 80%以上,清代的《康熙字典》形声字占 90%。形声字的大量增加,成为汉字造字的主流。

形声字的形符和声符的结合方式常见的有以下八种:

(1) 左形右声:哼(从口,亨声)、祥(从示,羊声)、河(从水,可声)、肌(从肉、几声)

(2) 右形左声:领(从页,可声)、功(从力,工声)、邵(从邑,召声)、切(从刀、七声)

(3) 上形下声:宇(从宀,于声)、篱(从竹,离声)、霖(从雨、林声)、芳(从艹,方声)

(4) 下形上声:盂(从皿,于声)、斧(从斤,父声)、裘(从衣,求声)、赏(从贝、尚声)

(5) 声占一角:徒(从辵,土声)、徙(从辵,止声)、旄(从㫃,毛声)、旗(从㫃,其声)

(6) 形占一角:载(从车,𢦏声)、颖(从禾,顷声)、腾(从马,朕声)、佞(从女,仁声)

(7) 外形内声:圆(从口,员声)、阁(从门,各声)、衷(从衣,中声)、衙(从行,吾声)

(8) 内形外声:闻(从耳,门声)、哀(从口,衣声)、辩(从言,辩声)、问(从口,门声)

以上八种类型里，最常见的是左形右声的类型。形声字是在象形字、指事字、会意字的基础上产生的，不论它的形符或声符都是从这三者来的。例如：“沐”的形符是象形字，声符也是象形字；“祖”的形符是象形字，声符是指事字；“猕”的形符是象形字，声符是会意字。因此，形声字也常有表意的性质。

形声字有表音的成分，故不同于象形、指事和会意。形声字的结构简单清楚，能产性最高。运用形声造字的方法，可以造出大量的汉字，以满足记录语言的需要，为汉字的发展开辟一条宽阔的路。例如，统一形符“木”，加上不同的声符，就可以构成“朴、杈、杯、柴、枯、桃、李、松”等字。同一声符“吉”加上不同的形符，也可以构成“洁、桔、结、劼、颉、诘、秸”等字。即使形符声符完全相同，通过位置的变换，也可以造出不同的字来，如：“晕”和“晖”，“紊”和“纹”，“吟”和“含”，“忠”和“忡”，“叨”和“召”，“怡”和“怠”等。因此，可以说形声造字法是汉字各种造字法中最重要的一种。

形声字的大量出现，也容易产生别字和错字。一般来说，一个形声字的形符和声符的位置是固定的，若任意调换位置就会变成另外一个字，或造成错字。如：“吟”字的形符“口”在声符“今”的左边，如果把“口”调到“今”的下面，就成了“含”字；若把“口”调到“今”的上边或右边就不成为字了。在书写时我们要特别注意这一点。

有的形声字的偏旁传统上有两种配置方法，因而形成书写上的异体字，如“峰”和“峯”，“群”和“羣”。我们后面还会讨论关于异体字的规范写法。

古代讲的“六书”，除了上面讲的四种造字法之外，还有转注和假借。一般认为转注和假借是用字法，不是造字法。假借的产生是由于语言中有了某个词，但还没有表示这个词的字，于是就从通行字中找出一个同音字来代替。转注的说法，历来分歧很多，按照许慎《说文解字》中的说法，即两个或两个以上的字，具有同样的形符，它们的意义可以互相注释。例如：“老”和“考”，同属“老”部，“老”字又产生了“丂(kǎo)”的读音，于是就分化出“考”字了。就“考”字本身的构造来说，它是一个形声字，“从老、丂声”，但就它产生的原因来说，是因为“老”字的读音变异所致，所以称为转注。由于转注字的数量不多，且说法很不统一，这里就不详细介绍了。

## 思考与练习

1. 说说什么是象形字、指事字、会意字和形声字。
2. 形声造字法为什么能成为占优势的一种造字方法？
3. 指出下列汉字的造字方法并说明这些字是怎样表示意义的。

网　策　初　赳　伐　帘　析　剔　几　闪

4. 形声字的结构有几种类型？下列汉字各属于哪种类型：

旄　鸩　箕　述　闸　赈　园　翔　芍

婆　忍　楼　郊　疆　简　蜻　苞　靶

5. 用下面的字分别做形符和声符，各组成一个字：

禾(　　)(　　)　父(　　)(　　)

木(　　)(　　)　马(　　)(　　)

豆(　　)(　　)　音(　　)(　　)

6. 下列用“丁”做声旁的字，它们的字义同形旁有什么联系？试给每个字注音，看哪些字同声旁的读音不完全相同。

订 顶 盯 灯 钉 叮 町 酊 玎

仃 耵 矴 厅 亭 庁 圢 忊 打

# 第三节 汉字的形体

**【知识目标】**

1. 掌握汉字形体演变的过程；
2. 了解汉字字体演变的原因；
3. 掌握汉字形体演变的规律。

**【能力目标】**

1. 学会辨认汉字的各种字体；
2. 会用各种字体编辑文本。

## 一、汉字字体的演变

字的形体，简称字体，是指文字的书写形态。汉字的形体是指汉字的外形、体式。汉字作为一种能够完整的记录汉语的文字体系，大约形成于夏商之交。汉字萌芽的时代还要早得多。但是关于商代以前的汉字，目前只有一些很零碎的资料。我们讲汉字的字体，只能从商代后期讲起，3000多年来汉字的形体沿着由繁到简的道路发展着。

从现在已经了解到的情况来看，汉字形体的演变，大致经历了三次大的变革：① 商代甲骨文—周代金文和籀文—秦代小篆；② 秦代小篆—汉代隶书；③ 汉代隶书—魏晋后草书、楷书和行书。汉字从甲骨文刀小篆可统称为古文字，从隶书到草书、楷书、行书可统称为今文字。

### （一）甲骨文

甲骨文通行于商代，是商代刻在龟甲兽骨上的文字。甲骨文于1899年在河南安阳小屯村发现，那地方是当时商王都的遗址——殷墟。那些龟甲兽骨上的文字，是当时商王朝占卜的记录，所以也有人把它称为甲骨卜辞。商代人有时也在占卜用的兽骨上刻记一些与占卜无关的文字，严格地说，甲骨文的范围比甲骨卜辞广一些。殷墟的甲骨至今发掘出十六七万片。当时应用的甲骨文字大约有3500个，其中一半以上现在可以认读。从字数和结构方式来看，甲骨文已是一种相当完备的文字。由于书写工具是刀笔骨板，所以甲骨文在笔法上是方笔居多，圆笔较少，线条较为纤细。同时这种字字形不够统一，繁简悬殊，异体字很多，字体的形体结构尚未定型，例如一个“车”字，就可以找出许多种写法。之所以会出现这种现象，主要是因为当时文字的象形程度比较高，写字的人只要把所像之物的特征表示出来，就可以使人们认识，不必像后世那样拘泥于点画之间。这些都反映了甲骨文作为古老文字的特点。如图 3.1 所示。

**图 3.1　甲骨文**

## （二）金文

金文产生于商代后期，通行于西周，当时的贵族们喜欢把铭功或记事的文字铸在钟鼎等青铜器上，所以金文又叫做“钟鼎文”或“铜器铭文”。金文是利用胎膜浇铸铜液而铸成的文字，所以它的笔画较甲骨文丰满粗壮，屈曲圆转，字的大小匀称，结构也日趋方正。金文由甲骨文发展而来，其形体跟甲骨文非常接近。金文的形体结构仍未定型，但笔画已比甲骨文简易，文字的象形程度明显比甲骨文降低，书写起来方便多了。目前我们从地下发掘出来的古代钟、鼎，以及其他仪器上所见到的金文共 3000 多个不同的字，其中有 2000 多个经过考释，能认出来。如图 3.2 所示。

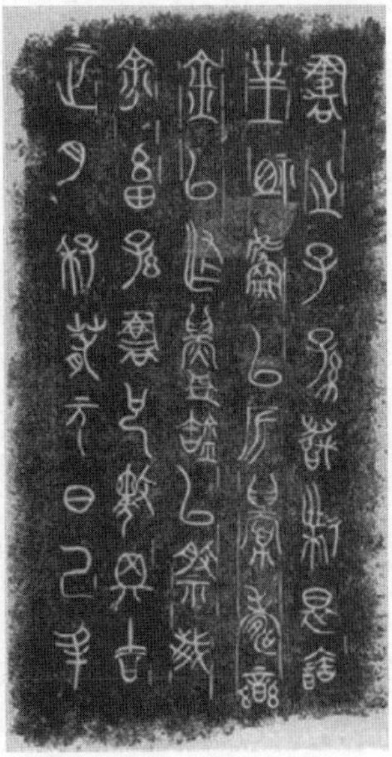

**图 3.2　金文**

(三) 籀文

籀文可称为“大篆”,是通行于春秋、战国时代的一种字体。史传为周宣王是太史籀所造,顾名籀文。这种字体是在金文的基础上演变而来的。它的特点是结构工整,笔画均匀,圆曲而富于篆意。字形变为长方形,奠定了“方块汉字”的基础。由于字形趋于整齐匀称,象形的意味比金文就更少了,但是它的笔画还是较繁,而且字形不够统一,异体字较多,这仍然说明它是一种古老的文字。如图 3.3 所示。

**图 3.3 籀文**

(四) 小篆

小篆是秦始皇统一六国后全国通行的字体,是由籀文(大篆)演变来的。公元前 221 年秦始皇统一六国后,由于政治、经济、文化上的原因,实行了“书同文”的政策,在省改籀文的基础上把汉字加以整理,简化字形,划一写法,这就产生了小篆。小篆正式通行的时间不长,汉代已不常用了,但两千年来印章一直用小篆镌刻。汉字发展到小篆,标志着中国历史上汉字的第一次大统一。小篆是汉字发展中的一个重要阶段,它上承甲骨文、金文和籀文,下启隶书、草书和行书,是古文字向今文字转化的一种过渡文字。小篆的特点是笔画匀圆整齐,线条化;结构简化统一,已定型。如图 3.4 所示。

**图 3.4 小篆**

### （五）隶书

隶书是由小篆的省易快写而成的一种应急字体，开始于秦朝，因为多为徒隶（办普通文书的小官员）所用，所以称为“隶书”。隶书分为秦隶和汉隶两种。

秦隶实际上是小篆的一种快写体，只是把篆书的圆转笔画变为方折，书写大大便利了。秦代篆隶并用，小篆是规矩的正体，隶书是不合标准的俗体。到了汉代，隶书上升为主要的通行字体，为了书写方便，一种新的、更简单的、更容易书写的隶书字体代替了秦隶，这种新的字体就是“汉隶”。这种隶书的特点是文字点画化；笔画变曲为直，变圆为方；笔势飞扬，带有“波磔”（就是撇和捺要挑起来），平捺和有些横也要挑起来；结构工整；字字有棱角。隶书的字形由小篆的长方形变为扁方形。隶书大大简化了笔画，已经同楷书汉字相近。由篆书发展到汉隶是汉字形体发展的一次大变革。可以说，隶书是古今汉字的分水岭。隶书之前的汉字具有明显的图形性质，从隶书开始，汉字逐渐突出了线条的符号性质。如图 3.5 所示。

**图 3.5　秦隶**

### （六）草书

草书创自汉初，盛行于晋，分为“章草”和“今草”两种。

“章草”是隶书的草写体，流行于东汉章帝时期。章草仍保留隶书的痕迹，笔画虽带草意，有连笔，但仍保留隶书的“波磔”，字字独立，不相连属，布局也比较匀称，书写比隶书简便迅速得多。章草虽然写起来很方便，但是因为笔画太简单，并且连笔较多，字形容易混淆，辨认起来比较费力，故不能代替隶书而成为主要的字体。如图 3.6 所示。

“今草”，是晋以后的草书。这种草书，体势连绵，曲折多，从笔画到写法都做了很大的简化，书写起来灵活流畅。但是它难学难写难认，脱离广大群众的书写需要，很少有实用意义。

然而，作为一种字体，草书仍有很高的艺术价值。如图 3.7 所示。

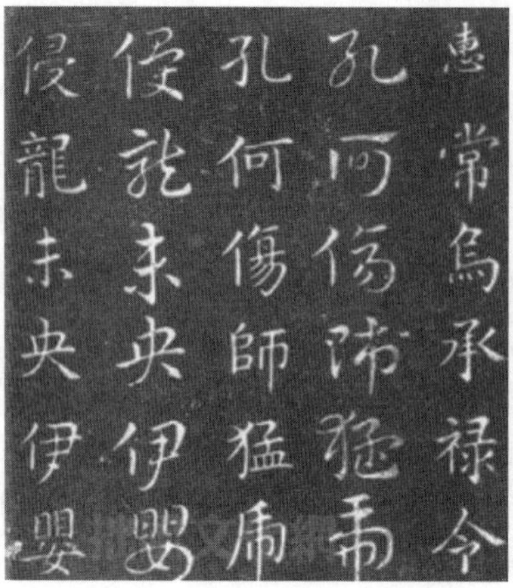

图 3.6　章草

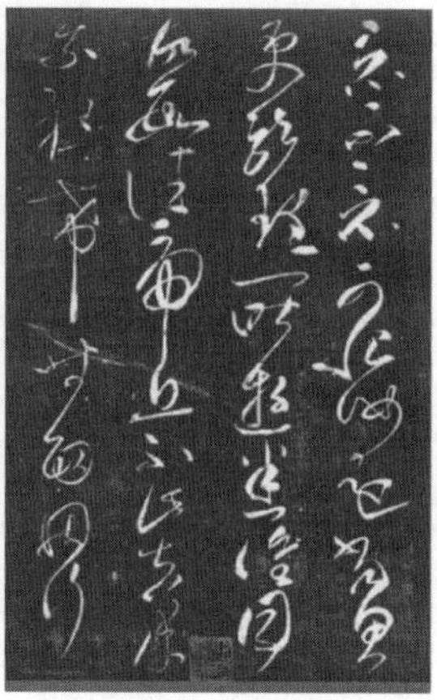

图 3.7　今草

（七）楷书

楷书也称“真书”“正书”。“楷”是法式、模范的意思。楷书兴于汉末，盛于魏晋南北朝，是由隶书演变来的一种字体。楷书吸收隶书结构匀称清晰的优点，把隶书的“波磔”改为平直，一笔一画，规规矩矩，字形由隶书的扁平方形变为正方形，形成了“方块汉字”，同时，比以前的字体更为简化。正因为楷书有很大的优越性，所以一直沿用到今天，成为通用时间最长的标准字体。如图 3.8 所示。

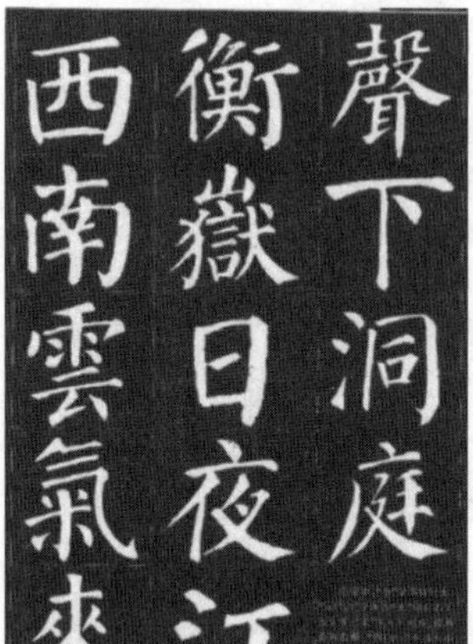


图 3.8　楷书

（八）行书

行书始于楷书出现之后，晋代已经流行，是简化楷书笔画，兼采草书连绵笔法，介于草、楷之间的一种字体。写得稍微规矩一些，接近楷书的叫做“行楷”，如图 3.9 所示。写得放纵一些，接近草书的叫做“行草”。行书的特点是姿态灵活，书写便利，比草书易认，比楷书易写，切合实际应用，因此至今仍然是人们手写时惯用的一种字体，如图 3.10 所示。

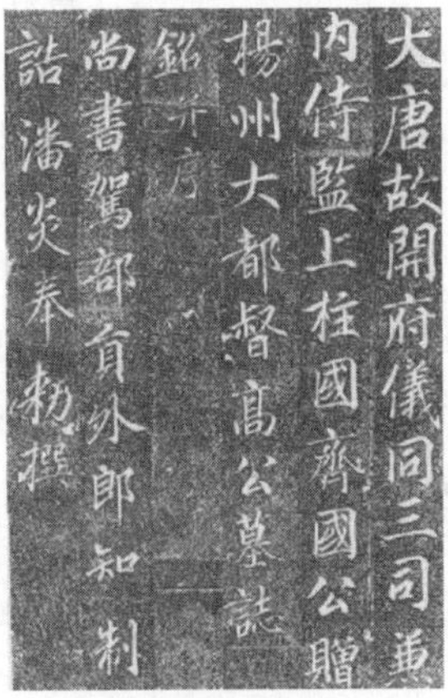


图 3.9　行楷

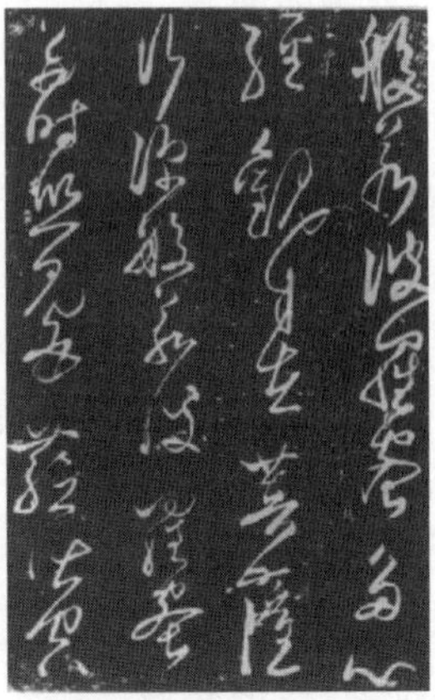

图 3.10　行草

（九）印刷字体

印刷术发明后，为适应印刷，尤其是书刊印刷的需要，文字逐渐向适于印刷的方向发展，出现了横平竖直、方方正正的印刷字体——宋体。其发端于雕版印刷的黄金时代——宋朝，定型于明朝，故日本人称其为“明朝体”。由于宋体字适于印刷刻版，又适合人们在阅读时的视觉要求，是出版印刷使用的主要字体。印刷体的特点是笔画清晰，端正匀称，便于辨认，大都不容易手写。

印刷体常用的有下列几种变体。① 宋体，又叫老宋体、古宋体、灯笼体，笔画横细竖粗，结体方正严谨，是最通用的印刷体。② 仿宋体，又叫真宋体，笔画不分粗细，结体方正秀丽，讲究顿笔。③ 楷体，又叫大宋体，近于手写楷书。④ 黑体，又叫黑头字、方头字、方体字，笔画等粗，浓黑醒目，一般表示着重时用，常用来排标题。随着计算机的普遍运用，还可以选用楷书的许多变体，如彩云体、琥珀体、魏碑体、综艺体等。

印刷字体按字体大小不同，分成不同的字号。常用的字号从大到小有初号、小初号、一号、小一号、二号、小二号、三号、小三号、四号、小四号（新四号）、五号、小五号（新五号）、六号、小六号、七号等。

## 二、汉字形体演变的原因

汉字作为书面符号，在实际书写过程中追求“简、明、快”是导致形体演变的主要原因。同时，汉字的使用频率、社会化程度以及书写材料、工具等的改变也是重要的原因。汉字形体的演变发展同书写工具的变化与改进是分不开的。甲骨文基本上是用刀契刻在龟甲兽骨版上，刀硬版实，容易刻成线条，圆笔与方笔相间而以方笔为多，体态瘦长。金文上的文字通常是先制成模子然后再浇铸而成，笔画布局齐整均匀，比甲骨文丰硕粗壮而又有肥瘦之别。小篆笔画圆转，隶书变圆转为方折，变弧线为直线，楷书则有了撇捺等变化，这些都是因为主要使用毛笔并不断改进毛笔的缘故。书写工具的革新，给汉字形体演变提供了条件。

不同的材料，制约了汉字的书写速度和形体效果。汉字历史上使用过各种材料。造纸术发明以前，曾经使用过龟甲兽骨、钟鼎陶器、篆书、金文、碑石简牍、丝绸布帛，这些材料的成本、刻写的难易程度、需要的工具等也各不相同。造纸术发明以后的一千多年里，除了特殊需要外，都是以纸张为书写材料。现在进入信息化时代，使用计算机进行汉字处理，多数情况下通过键盘和屏幕、磁盘等作为载体材料实现汉字的“书写”。

汉字形体演变跟提高汉字书写效率以便于应用分不开。春秋战国时代，社会发生巨变，文字使用日益频繁，而诸侯割据，各国文字异形，秦统一后实行书同文。由于小篆的笔画是圆转的，写起来比较麻烦，人们在省繁就简调整部首之时，把字的圆转笔画变为方折笔画，写起来也就既快又便利了，隶书便是在这一情况下产生的。但隶书藏锋翻笔，讲究蚕头燕尾，运用起来仍不方便。人们为了提高书写效率，切合实用，便加以扬弃而向楷书过渡。又为了加快书写速度以适应交际需要，就产生了行书与草书。

汉字形体的演变发展同其所使用的色料的变化与改进是分不开的。汉字形体演变跟书写色料有很大的关系，用漆书写，因为漆腻，写出的字头粗尾细，形似蝌蚪；用墨书写，因为墨匀，写出的字，笔画粗细易控，形体匀称。

为了使汉字普及，要想使更多人掌握汉字，就必须在不破坏汉字构形理据的前提下尽可能地简化汉字的形体构造。古今汉字中使用频率高的字往往笔画数相对少，便于人们掌握。新中国成立后，我国政府对汉字进行了比较合理的简化工作，其目的都是为了普及和推广汉字。

## 三、汉字形体演变的规律

汉字的形体演变，总的来说，分为字形体态的变化和字形结构的变化。汉字字形体态的变化，主要表现为笔势和笔意的走向、呈现的状态，即一般所说的字体风格，或书体。字形结构的变化，则表现为结构的繁复和简化、分化和同化，以及讹变等。

### （一）繁化和简化

**1. 繁化**

是指为了更明确地表达意义或读音，在原有文字的基础上再加上表意构件或表音构件。如骨头的“骨”，本来写作冎，后来加肉，成为骨，表意就更清楚了。“齿”，甲骨文大象口中有牙齿之形，后来又加上声符，成为一个形声字。再如“益”，本来表示水从器皿里溢出来的意思，后来被借作利益和副词的益之后，于是又加水旁成为溢字。“尉”字，根据许慎的解释就是熨的意思，由于借为古代军队职官名用字，于是又加个火，成为熨字。“且”字的结构类型也由原来的会意字变成形声字了。繁化与简化一样，贯穿着汉字形体发展演变的始终。

**2. 简化**

是指将原来结构繁复的字变为相对简单、易写易认的字。简化既包括字体形态方面，也包括字形结构方面，是汉字发展演变的主流。因为人们发明创造文字的目的，就是为了生活实际的使用。简化可分为三种情况：一是将原来形体复杂的图形文字线条化、符号化，这种简化方式常用在古文字里。一些描绘事物实体形状的字，本来就像那个客体对象的形状，如马、羊、鹿、象、鱼、风、凤、雀等字，后来也都线条化了，成为纯粹的文字符号了。又如“更”字小篆的写法从攴(pū)丙声，本义“改也”，简化以后就分析不出它的形体结构了，又如“年”字，甲骨文从禾人声，像人抱禾回家，正是丰收之象，因而有年成、成熟的意思。许慎说是从禾千声，恐非是。二是删去一些装饰性的符号，或删去用来表示多数的相同的形体，只保留能体现文字本义的基本部分。这种简化方式主要在古文字里常用。例如甲骨文和早期金文“车”字，就像一辆车子的形状，结构很复杂，后来简省为只用一个车轮和辖来代表车。又如小篆

“集”字，上部本从三个隹，下从木，以表示群鸟积聚的意思，后来也简省为集。金文“雷”字，下部本从三个，后来也简省为雷。三是用一些形体简单的构件替换形体复杂的部分，从而达到简化的目的。这种简化的方式主要用在隶变楷化以后的汉字简化中。这种简化方式的结果，常会导致汉字形体结构的改变。例如，小篆从“辵”的字，如“造”，隶变以后绝大部分简化为从“⻌”。小篆左边从“心”的字，如“快”，隶变简化为从“忄”。“焦”字上部本从“龜”，下从“火”，简化后用结构简单的“隹”代替“龟”。“巖”本来是形声字，简化作岩，是会意字。“泪”本从水戾声，是形声字，简化后从水。简化是汉字形体演变的总趋势。

（二）分化与同化

普通语言学理论告诉我们，词汇是语言中最活跃的因素。一个新事物产生，就会有一个相应的新词语来表达它。新词语不断产生，就要求文字作相应的增加。汉字的增加，有时并不需要完全重新创造新字，往往是在原有相关字的基础上增加必要的表意形旁，或者改变某字原来的写法就可以了。这就是汉字的分化现象。同化，指本来不同的写法由于同化作用也变得相同了。同化现象主要发生在隶变以后，更表现为偏旁的同化。就是说，本来不相同的部首，隶变以后写法变得相同了。比如部首“月”，实际上是由月、肉、舟，动物的嘴比如龙、熊、羸，细腰蜂等同化而来。又如春、秦、舂、泰、奏、奉等字的上部“𡗗”，也是由不同部首经同化而写法一样了。

思考与练习

1. 汉字在历史演变过程中都有哪些字体？各通行于什么时期？它们的结构特点怎样？
2. 为什么说秦隶在汉字形体演变的历史中具有划时代的意义？
3. 为什么说汉字形体演变是朝着由繁趋简的方向发展？
4. 查看有关书报，学习辨认不同字体、不同字号的印刷体。
5. 自己写毛笔字和钢笔字，具体对比两种手写字体在形体上的差别。

## 第四节　汉字的字形结构

【知识目标】

1. 掌握汉字的基本笔画类别及笔画顺序；
2. 掌握汉字的基本结构及单位。

【能力目标】

会用现代汉字常用部件拆分方法进行汉字结构分析。

## 一、结构单位

现行汉字的结构单位有两级：一是笔画，二是部件。部件也是笔画构成的，所以笔画是构成汉字的最小单位，独体字、合体字都是由笔画构成的。部件又叫偏旁或构件，是高一级的构字单位，只有合体字是由部件组合而成的，独体字在组字时只能充当一个部件。

### （一）笔画

**1. 笔画**

笔画是构成汉字字形的最小连笔单位。从落笔到起笔所写的点和线叫一笔或一画。笔画的具体形状叫笔形。传统的汉字基本笔画有 8 种，即：丶（点）、一（横）、丨（竖）、丿（撇）、㇏（捺）、㇀（提）、㇕（折）、亅（竖钩），又称“永”字八法。

1965 年文化部和 1988 年国家语言文字工作委员会发布的相关文件规定了 5 种基本笔画，即一（横）、丨（竖）、丿（撇）、丶（点）、㇕（折），又称“札”字法。这些笔画大都有变形。例如点可以写得很长（偏旁“又”的第二笔），捺可以写得很平（偏旁“辶”的最后一笔）。单笔笔画可以连写而成为比较复杂的笔画。例如：㇄（竖折）、㇕（横竖）、㇇（横撇）、㇀（撇横）、㇛（撇点）、㇉（竖横竖），这些笔画都可以用“折”这个名称来概括。

**2. 笔画的计算**

正确计算笔画数目，对于汉字教学、查字典和索引都是必要的，排列人名也往往按姓氏笔画的多少和笔形的顺序。下面简单介绍计算笔画应该注意的要点。

（1）我们写横画一定要从左到右，写竖画一定要从上到下，由横竖组成的笔形也不能破坏这个规则，因此，“㇄”“㇕”“㇕”、这样的笔形可以算一笔，而“𠂆”“㇗”这样的笔形必须分成两笔。所以“臣”是六画：

“鼎”的下部是七画：

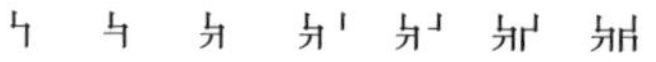

加上上面的“目”共 12 画。

（2）虽然汉字允许“㇄”形的连笔，但是在四面包围的或与之类似的笔画结构里，“㇄”形通常分开书写，所以要算两画。例如“口”是三画而不是两画，“自”是六画而不是五画。此外如“凹”是五画：

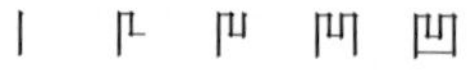

“凸”也是五画：

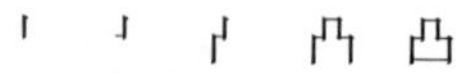

“曷”字的下部看起来很像四面包围的笔画结构，但是它的“㇄”却只能算一笔，不能算两笔。

（3）“㇀”“㇇”“㇛”“㇙”“㇕”“㇈”等笔形通常算一笔。例如“彘”字的“彑”头是三画，“母”是五画，“之”是三画，“女”是三画。“瓜”是五画，“讠”旁是两画，“飞”是三画。

（4）“㇉”形现在通常算一笔。例如“与”是三画，“马”是三画，“鸟”是五画，“焉”字先写上部的“正”字，是十一画。

(5)“乛”“㇌”一类笔形现在通常算一笔。例如“乃”是两画，“𠃓”旁是三画，“及”是三画，“阝”旁、“廴”旁是两画。但是“了”仍旧算两画。

(6)有些字居中的一撇可以分成上竖下撇两笔，有些字上半部的中竖跟下半部的撇可以连成一笔，现在通常算一笔，如“免”是七画：

丿 ⺈ 𠂊 㐫 𠂤 争 免

“兔”是八画，“象”是十一画，“鬼”是九画，“羌”是七画，“羞”“养”“差”等字类推。上面举例的字过去都比现在多算一画。“男”字上面部分的“田”的中竖和“力”的一撇现在仍旧分开计算。

据《现代汉语通用字表》的统计，7000 个现行汉字的总笔画数是 75290 画，平均每字 10.75 画；最少的是 1 画(一、乙)，最多的是 36 画(齉)。

文字笔画名称如表 3.1 所示。

**表 3.1　汉字笔画名称表**

| 笔画 | 名称 | 例字 | 笔画 | 名称 | 例字 |
|---|---|---|---|---|---|
| 丶 | 点 | 六 | ㇕ | 横折 | 口 |
| 一 | 横 | 十 | ㇆ | 横折钩 | 月 |
| 丨 | 竖 | 中 | ㇇ | 横撇 | 又 |
| 丿 | 撇 | 八 | ㇜ | 撇折 | 去 |
| ㇏ | 捺 | 人 | ㇛ | 撇点 | 女 |
| ㇀ | 提 | 虫 | ㇈ | 横折弯钩 | 九 |
| 亅 | 竖钩 | 小 | ㇗ | 竖折 | 山 |
| ㇁ | 弯钩 | 家 | ㇉ | 竖折折钩 | 马 |
| ㇂ | 斜钩 | 民 | ㇊ | 横折提 | 说 |
| ㇃ | 卧钩 | 心 | ㇋ | 横折折撇 | 建 |
| ㇄ | 竖弯 | 四 | ㇌ | 横撇弯钩 | 都 |
| ㇟ | 竖弯钩 | 儿 | ㇡ | 横折折折钩 | 奶 |
| ㇙ | 竖提 | 衣 | ㇍ | 横折弯 | 船 |
| ㇖ | 横钩 | 皮 | ㄣ | 竖折撇 | 专 |

**3. 笔顺**

一个字先写哪一笔，后写哪一笔，有一定的顺序。这种笔画的书写顺序叫做笔顺。写字不依照笔顺，就会感到不方便，不自然。汉字笔顺的一般规则有先横后竖、先撇后捺、从上到下、从左到右、从内到外、先里头后封口，先中间后两边等几条。由于汉字结构方式比较复杂，具体到每个字的笔顺究竟怎样写，只能遵从 1997 年 4 月 7 日发布的《现代汉语通用字笔顺规范》的规定。例如，七(一 七)、上(⺊ 卜 上)、代(丿 亻 仁 代 代)等等。下面是笔顺易错的字：

乃：㇌ 乃(2 画)

与：一 与 与(3 画)

万：一 丆 万(3 画)

义：丶 ㇒ 义(3 画)

叉：㇇ 又 叉(3 画)

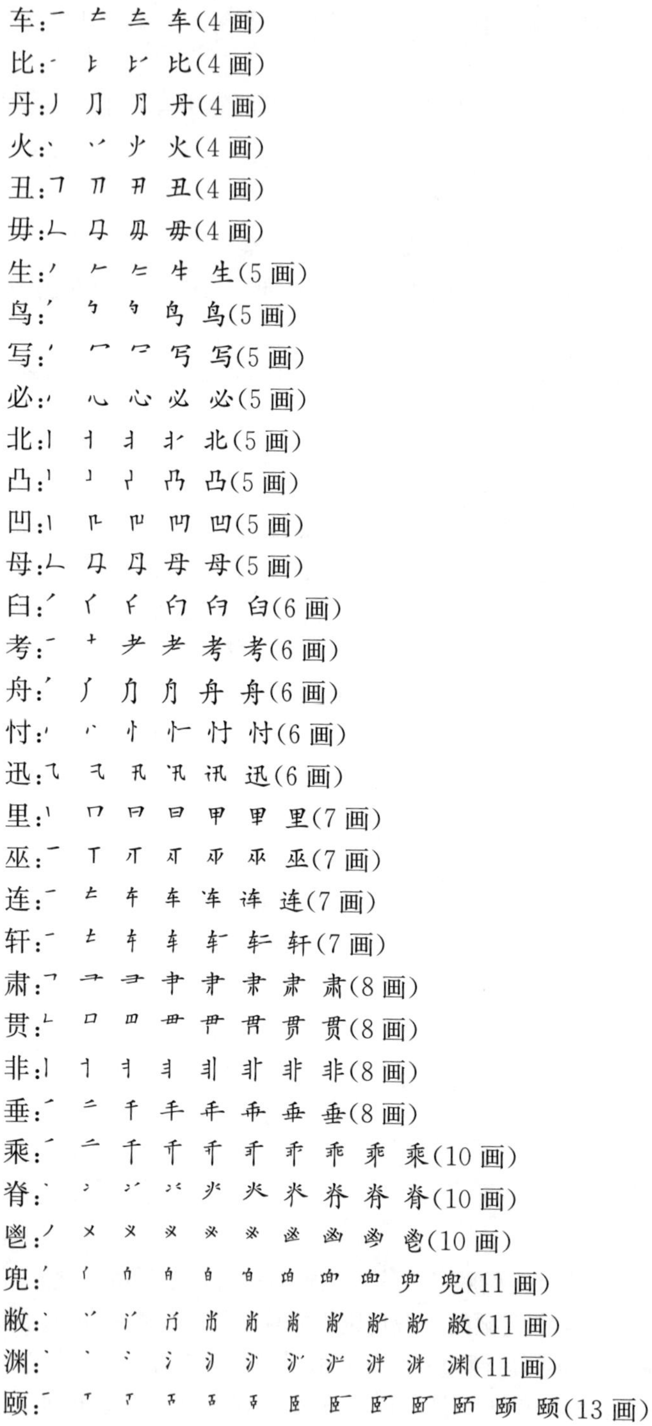


（二）部件

**1. 部件**

部件又称偏旁，是由笔画组成的具有组配汉字功能的构字单位。根据汉字部件的多少，汉字可分为独体字和合体字。独体字只有一个部件，如“女”字。合体字由两个或两个以上的部件构成。部件是由笔画构成的，一个部件由一画或更多笔画构成，如“好”的部件“女、子”；少数部件是由一画构成的，如构成“亿”的部件“亻、乙”中的“乙”。

现行汉字中的部件，按照不同标准可以分成不同的类型。

（1）按照现在能否独立成字划分，可以分为成字部件和非成字部件两类。成字部件现在一般可以独立成字，如“好、思、坏、显、和”等字中的“女、子、土、不、曰、业、禾、口”等，其中有的在独立成字时笔画要做些调整，如“坏”中的“土（土）”。非成字部件现在一般不能独立成字，在古代一般可以独立成字，如“字、杉、煮、恭、剔”中的“宀（miǎn，房屋）、彡（shān，毛饰物）、灬（火的变体）、⺗（心的变体）、刂（刀的变体）”。

（2）按照笔画的多少划分，可以分为单笔部件、多笔部件两类。单笔部件只有一个笔画，如“丛、旦”中的横，“引、旧”中的竖。“氕、胤”中的“丿”，“主、勺”中的点；多笔部件有两个或两个以上笔画，如“切”中的“七、刀”。

（3）按照能否再切分成小的部件划分，可以分成单一部件和复合部件两类。单一部件又称单纯部件、基础部件，不能再切分成小的部件，如“分、仍”的“八、刀、亻、乃”。复合部件又称合成部件，可以再切分成小的部件。例如“攒”，第一次切分出“扌、赞”，其中“赞”是复合部件；第二次切分出“兟（shēn）、贝”，其中“兟”是复合部件；第三次切分出“先、先”。

（4）按照部件切分的先后层次划分，可以分成一层部件、二层部件、三层部件等。例如在“整”中，“敕、正”是一层部件，“束”是二层部件。又如“瘾”：

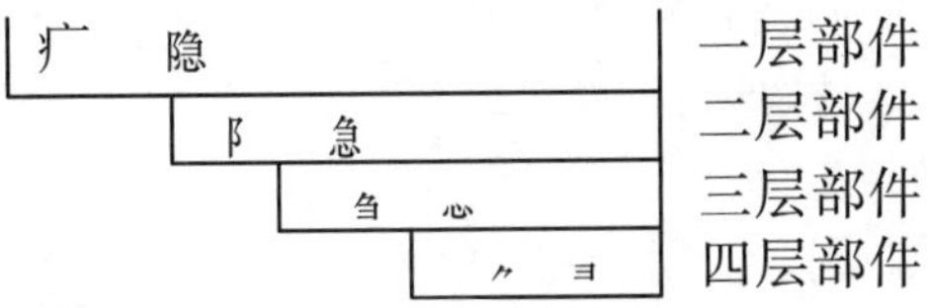


汉字的数量很多，但是部件是有限的。《信息处理用 gB13000，1 字符集汉字部件规范》所收 20902 个汉字共有单一部件 560 个，分成 393 组，每组一个主形部件，其余都是附形部件。如“竹”是主形部件，“⺮”是附形部件。分析和研究汉字的部件，对于汉字的学习和运用可以收到以简驭繁的效果。

**2. 部首**

部首是字书中各部的首字，具有字形归类的作用。大部分部首是汉字的部件，如“江、河”的部首“氵”；有的部首是单一部件中的一个笔画，如“几、乃”中的“丿”；有的部首可以分为几个部件，如部首“音”可以分为“立、日”两个部件。

采用部首给汉字归类，始于东汉许慎的《说文解字》，他把 9353 个汉字归为 540 部。明代梅膺祚的《字汇》合并为 214 部，其后《康熙字典》、《中华大字典》、《辞源》、《辞海》均为 214 部。《汉语大字典》200 部，《现代汉语规范词典》（2004）和《现代汉语词典》（2005）都是 201 部。

偏旁部首大部分是由独体字演变而来的。在小篆以前的汉字里，一个字的独立成字的写法同用作偏旁的写法，一般是没有显著出入的。后来随着字体的演变，有的偏旁部首也发生了变化，如“水”在左边写作“氵”；“火”在下面写作“灬”（焚、炙、灸是例外）；“人”在左边写作“亻”；“心”在左边写作“忄”；在下面写作“心”，有的字写作“⺗”（如慕、恭等）；“犬”在左写作“犭”；“玉”在左写作“王”；“示”在左写作“礻”；“肉”在左写作“月”，在下写作“⺼”（腐、脔等字是例外）。所以书写的时候要注意偏旁笔画的形状，并要掌握它组合成合体字时的大小比例。

偏旁部首在合体字里的位置，一般都是比较固定的。如带某旁的（人字旁、竖心旁、提手旁),大都在字的左边;带某字头的(八字头、田字头、宝盖头),都在字的上方;带某底的(心字底、四点底、木字底),都在字的下方,等等。了解偏旁在合体字中的位置,书写时可以避免摆错位置,出现错字。

总之,掌握偏旁的笔画和名称,既有利于识字,也有利于书写。

## 二、结构关系

汉字的形体结构可以分为汉字、部件、笔画三个层次。汉字是最高层次,部件是中间层次,笔画是最低层次。例如,"湖"的三个层次:汉字层:湖。部件层:氵、古、月。笔画层:丶 ㇀ 丨 ㇕ 一 丿 ㇆。

根据汉字中部件与部件之间的方位关系,汉字的结构可分为 14 种:

(1) 左右结构。如:挣、伟、休、妲。

(2) 上下结构。如:志、苗、字、胃。

(3) 左中右结构。如:树、撇、粥、辩。

(4) 上中下结构。如:奚、髻、禀、亵。

(5) 右上包围结构。如:句、可、司、式。

(6) 左上包围结构。如:庙、病、房、尼。

(7) 左下包围结构。如:建、连、毯、尴。

(8) 右下包围结构。如:斗、头。

(9) 上三包围结构。如:同、问、闹、周。

(10) 下三包围结构。如:击、凶、函、画。

(11) 左三包围结构。如:区、巨、匝、匣。

(12) 全包围结构。如:囚、团、因、图。

(13) 单体结构。如:丈、甲、且、我。

(14) 框架结构。如:坐、爽、夹、噩。

所有汉字的部件组合都可以归类到上述的某一形体结构。绝大多数汉字属于左右结构和上下结构,包围结构较少,框架结构极少。结构复杂的汉字可能分析出多层组合。如"霖"有两层结构,一层结构是"雨、林",上下结构;二层结构是"林"的"木、木",左右结构。"耱"有四层结构,一层是"耒、磨",左右结构;二层结构是"磨"的"麻、石",上左包围;三层结构是"麻"的"广、林",上左包围;四层是"林"的"木、木",左右结构。

## 三、笔画组合

汉字的笔画组合有 3 种方式:

相离:二、三、儿、川、八、小、心、刁。

相接:人、口、上、下、山、刀、工、几。

相交:十、九、七、力、丰、也、韦、井。

多数汉字是综合运用上述 2 种或 3 种方式构成的。如"大、千、木、天"运用了相接、相交 2 种方式;"么、亏、气、亿"运用了相离、相接 2 种方式;"义、芊、斗、计"运用了相离、相交 2 种方式;"犬、权、丹、匡"运用了相离、相接、相交 3 种方式。有时候笔画相同,由于组合方式不同，会形成不同的字，如：人、八，刀、力。

## 思考与练习

1. 什么是笔画？它有哪些类型？确定笔画数的依据是什么？
2. 数数下面的字的笔画：

切　指　竖　真　太　竹　芳　盂　缅

派　毚　晖　虚　赞　峰　永　照　齉

3. 汉字笔顺的主要规律是什么？按照笔顺的规则写下面的字。

二　炙　承　幽　肃　势　练　姆　忒

篇　围　闻　小　鲁　家　习　乘　鬯

临　鼎　长　女　都　兜　享　数　璃

器　飞　非　垂　生　凹　凸　迅　渊

4. 汉字笔画的组合有哪些方式？举例说明。
5. 什么是部件？它有哪些类型？
6. 字典的部首大都是形符，根据这一特点，下列汉字该属于哪一部首？

都　懂　字　传　叩　阉　晚　欣　釜

翔　锦　敲　盲　博　恭　裹　炙　国

7. 写出下列偏旁的名称，并各组成三个合体字：

彳　攵　刂　衤　讠　阝　饣　氵

8. 下列各字属于哪种结构方式？

步　此　渐　禹　磬　瓮　曼　辛　皑　配

觅　朝　漆　戴　黜　莫　鸿　建　森　床

# 第五节　汉字的简化和整理

**【知识目标】**

1. 掌握汉字简化的规律；
2. 了解汉字整理的过程。

**【能力目标】**

能够辨认繁体字，掌握繁简对应字。

## 一、汉字的整理

汉字整理的工作，是给汉字定量、定形、定音、定序，使它规范化、标准化的工作。整理工作的对象是现代汉字。主要内容有：定量工作，规定现代汉字的常用字、通用字、专用字（人名、地名、物名、文言等用字）的字数；定形工作，规定现代汉字印刷体和手写体（包括行、草）的字形，确定正体，淘汰繁体、异体；定音工作，规定现代汉字的普通话读音，确定正音，消除不必要的多音、异读；定序工作，规定现代汉字的几种统一的排检法或查字法。汉字整理的目的在于制订一套标准现代汉字，以提高学习和使用的效率。

### （一）历史上的汉字整理工作

春秋战国至秦汉之间，《史籀篇》《仓颉篇》《急就篇》等童蒙识字课本的编纂是规定字量的先例。秦代用小篆统一六国文字，东汉许慎编纂《说文解字》来确立解释、书写字形的权威。唐代颜元孙的《干禄字书》、宋代郭忠恕的《佩觿》、宋代张有的《复古编》对当时字形混乱的纠正，都是统一字形的典型例子。始于汉末的反切，兴于魏晋的韵书，目的都是为了统一汉字的读音。《说文解字》创造了部首检字法，辽僧行均的《龙龛手镜》、金代韩孝彦的《篇海》开了音序检字法的先河。明代梅膺祚的《字汇》则首先采用了笔画排列法。

1913年，读音统一会逐字审定了“国音”，编成《国音汇编草》。1919年第一次出版《国音字典》。1921年，经国语统一筹备会校订后再次出版，定名为《教育部公布校改国音字典》，共收13000多字，可以看作20世纪中国政府第一次正式公布的现行汉字表。1923年，国语统一筹备会成立国音字典增修委员会。1926年完成了《增修国音字典稿》。后又几经修订，于1932年5月定名为《国音常用字汇》，由教育部正式公布。《国音常用字汇》收正字9920字，别体重文（异体字）1179字，变音重文（异读字）1120字，共计12219字；重新确定了以北京语音为标准的“新国音”；加收了一些通用的简体字形，正文按注音字母音序排列，从而在字量、字形、字音、字序方面建立了初步的规范。《国音常用字汇》的公布是中华人民共和国建立以前中国整理现代汉字的一块里程碑。

### （二）新中国成立后的汉字整理工作

#### 1. 扫除文盲的标准

中华人民共和国建立后，扫除文盲、普及教育受到政府的重视。1952年6月，教育部公布《二千常用字表》，收一等常用字1010个、次等常用字490个、补充常用字500个，作为扫除文盲的标准。为了减少字数，逐步消除字形混乱现象，1955年12月，中华人民共和国文化部和中国文字改革委员会联合公布《第一批异体字整理表》，该表收异体字810组，以从俗从简为原则，选用810个正体，淘汰1053个异体。该表从1956年2月1日起在全国正式实施，全国出版的报纸、杂志、图书一律停止使用表中括号内的异体字，机关、团体、企业、学校用的打字机盘中的异体字也应逐步改正。只有4种情况可以作为例外：

（1）翻印古书需要用原文原字的；

（2）一般图书已经制成版的或分册尚未出齐的，可以等重排再版时改正；

（3）商店原有牌号不受限制；

（4）用作姓氏的，在报刊图书中可以保留原字，不加变更。

#### 2. 公布《汉字简化方案》

为了缓和汉字难学难用的矛盾，减少学习和书写中的困难，1956年1月国务院公布《汉字简化方案》，收简化字515个、简化偏旁54个。1964年，中国文字改革委员会又根据国务院关于简化偏旁类推的指示，编制《简化字总表》，共收2236字，确定了简化字的字形规范。

1986 年 10 月，国家语言文字工作委员会重新发表《简化字总表》，对原表作了微小的修改（见汉字简化）。

**3. 公布《普通话异读词审音表》**

1956 年，中国文字改革委员会成立普通话审音委员会，对 1100 多个异读词和 190 多个地名的读音进行审议，并于 1957 年 10 月、1959 年 7 月和 1962 年 12 月先后发表《普通话异读词审音表初稿》正编、续编和第三编，对现代汉语的语音规范和普通话的推广起了积极作用。随着语言的发展，《初稿》中原审的一些词语的读音需要重新审定，作为语音规范化的标准，《初稿》也亟须定稿。因此，1982 年 6 月恢复了普通话审音委员会，进行修订工作。修订以符合普通话语音发展规律为原则，以便利广大群众学习普通话为着眼点，采取约定俗成、承认现实的态度，对《初稿》原订读音的改动力求慎重。1985 年 12 月，国家语言文字工作委员会、国家教育委员会和广播电视部联合发出通知，决定把修订稿用《普通话异读词审音表》的名称予以公布。自公布之日起，文教、出版、广播等部门及全国其他部门、行业所涉及的普通话异读词的读音、标音均以此表为准。

**4. 制订《印刷通用汉字字形表》**

随着出版事业的发展，消除印刷物上的字形混乱对实现文字标准化有着十分重要的意义。1955 年，中国文字改革委员会组成标准字形研究组。1956 年 9 月研究组拟订《标准字形方案（草案）》。1957 年，在广泛征求意见的基础上进行修订，改名为《汉字字形整理方案（草案）》。1959 年 12 月，中华人民共和国文化部召开革新铅字字形座谈会，委托中国文字改革委员会、中华人民共和国教育部和中国科学院语言研究所联合组成汉字字形整理组，于 1960 年 9 月拟订《通用汉字字形表（草案）》。1962 年 3 月，中华人民共和国文化部再次召开联席会议，并增加中华人民共和国文化部为汉字字形整理组的组成单位，继续进行研究工作，于 1964 年 5 月制订《印刷通用汉字字形表》，1965 年 1 月由中华人民共和国文化部和中国文字改革委员会联合发布。该表收字 6196 个，遵循从简从俗、便于学习和使用的原则，提供了通用汉字印刷字体（宋体）的标准字形，规定了表内字的笔画数目、笔画形状、笔画顺序和构件部位，它既是印刷字体的标准，也是写字教学的标准。《印刷通用汉字字形表》的发布，是中华人民共和国建立后汉字整理工作的一项重要成果，对统一印刷字形、促进用字规范和方便中文信息处理都起到了一定的作用。

**5. 拟订《统一汉字部首表》**

为了促使汉字排序标准化，1963 年，中华人民共和国文化部、中华人民共和国教育部、中国文字改革委员会和中国科学院语言研究所联合组成汉字查字法整理工作组，对音序、部首、四角号码和笔画笔形等 4 类查字法方案进行研究讨论，于 1964 年提出这 4 类查字法的方案草案，推荐给各方面试用。1983 年 6 月，又拟订出《统一汉字部首表》（征求意见稿），共立部首 201 个。

1980 年 5 月，中国文字改革委员会在“文化大革命”结束后的第一次全体会议上提出并通过了关于研究和制订《标准现代汉语用字表》的建议和科研计划（草案），对“五四”以来的现代汉语用字进行全面的、系统的、科学的整理，制订一套标准现代汉字。为了完成这项工作，1983 年起中国文字改革委员会与武汉大学合作，利用电子计算机对 1979 年版《辞海》所收的 16296 个单字以及未收的 43 个单字共 16339 字的结构进行分析统计，取得了笔画、部件和结构方式等的数据。1984 年，又与山西大学合作，利用 1982 年全国人口普查资料，用电子计算机对 174900 个人名进行抽样综合统计，取得了人名用字的数据。另外还与中国地名委员会合作,对中国的地名用字进行摸底调查;与北京航空学院等单位合作,用电子计算机对“五四”以来的用字进行字频统计。1986 年 1 月召开的全国语言文字工作会议把“研究和整理现行汉字”定为当前语言文字工作的一项主要任务。汉字整理工作还将在一个较长的时期中进行。

## 二、汉字的简化

汉字的简化包括精简笔画、精简字数和其他整理。

### (一) 精简笔画

精简笔画是从汉字的形体上进行简化,把笔画多的字简化为笔画少的字,把繁体字简化为简体字。1956 年国务院公布了《汉字简化方案》,方案中的简化字分四批推行。1964 年文字改革委员会公布了《简化字总表》。1986 年 10 月,国家语言文字工作委员会对个别字稍作调整后重新公布,使简化字总数达 2235 个。1977 年 12 月,中国文字改革委员会发布了《第二次汉字简化方案(草案)》包括两个字表。第一表计 248 字,自公布之日起在出版物上试用;第二表计 605 字,广泛征求意见。《第二次汉字简化方案(草案)》于 1986 年 6 月被国务院废止。

《简化字总表》所用的简化方法主要有以下几种:

**1. 简化偏旁**

简化一个偏旁,有时候可以类推简化一批繁体字,就可以使一些简化字和它所简化的繁体字之间有对应规律,便于学习和记忆。这种简化方法是最有效的方法。例如:

庫—库　錫—锡　貨—货　帳—帐

語—语　貓—猫　舉—举　優—优

**2. 同音代替**

在意义不混淆的前提下用形体简单的同音字代替繁体字,既减少了字数,又突出了表音的特点。例如:

後—后　鬥—斗　醜—丑　穀—谷

**3. 草书楷化**

草书笔画简单,只要把有些字的草书笔形改用楷书的写法,就可以达到减少笔画的要求。例如:

書—书　樂—乐　堯—尧　齊—齐

為—为　農—农　專—专　長—长

**4. 换用简单的符号**

用一个笔画很简单的符号代替繁体字中特别繁难的符号。例如:

趙—赵　懷—怀　觀—观　環—环

鄧—邓　區—区　雞—鸡　戲—戏

**5. 保留特征或轮廓**

把繁体字中繁难的部分删去,只保留该字的特征或轮廓部分。例如:

從—从　滬—沪　寧—宁　號—号

飛—飞　聲—声　齒—齿　奪—夺

**6. 构成新的形声字或会意字**

例如：

淚—泪　體—体　塵—尘　響—响

驚—惊　筆—比　竄—窜　寶—宝

汉字简化取得了明显的效果。首先是减少了笔画数目。《总表》2235个简化字平均每字10.3画，被简化的2261个繁体字每字平均每字16.03画，平均每字减少5.73画。其次，减少了通用汉字的字数。另外，有些形声字改换声旁，表音更准确，如“态(態)、战(戰)”等；有些字简化后部件更便于称说，如“灶”(竈)等。实践证明，简化字有利于广大人民群众对文字的使用，尤其有利于中小学语文教学及扫盲工作。因此，汉字的简化取得了显著的效果。

## （二）精简字数

汉字整理的另一个内容是精简字数。主要包括整理异体字、规范印刷体字形、更改生僻地名用字、统一度量衡单位名称。

**1. 整理异体字**

异体字是音同、义同而形体不同的字，如“柏(栢)、冰(氷)、劫(刧刼刦)”等。这类异体字较多，完全是汉语的累赘，只会增加人们的负担，在学习及应用中浪费时间和精力，在印刷、打字等工作中浪费物质财富，所以必须整理和精简。

1955年12月，文化部和文改会公布了《第一批异体字整理表》，这个表列出810组异体字，共1865个。根据从俗从简的原则，每组选定一种形体作为规范字，其余的1055个做异体字，一般不在书报杂志等出版物中出现。翻印古书或作姓氏用时，可以例外。

**2. 规范印刷字形**

1965年文化部文改会公布了《印刷通用汉字字形表》，共收通用的印刷体字6196个；1988年3月，国家语言文字工作委员会、中华人民共和国新闻出版署发布了《现代汉语通用字表》，收字7000个。这两个字表明确规定了每个字的字形标准。例如，采用“直”等，不用“直”等。这样印刷体字形统一了，印刷体和手写楷书也基本上一致了，精简了一些在印刷上的特殊写法的字，很有利于汉字的学习和使用。

**3. 更改生僻地名用字**

从1956年到1964年，全国有8个省和自治区的35个地区和县经国务院批准更改了生僻的地名用字。例如，陕西的盩厔县、郃阳县改为周至县、合阳县，青海的亹源回族自治县改为门源回族自治县等，共精简生僻字30多个。

**4. 统一计量单位名称**

1977年7月20日，文改会和国家标准计量局发出《关于部分计量单位名称统一用字的通知》，要求“采用附表选定的译名，淘汰其他旧译名”。例如，废除表示长度的“浬、海浬”，改称海里；废除表示容量的“竏”，改成“升”；废除表示重量的“咟”，改称英担、英石等。这样，共精简旧译名字20多个。

## （三）其他整理

其他整理包括整理异读词和异形词。

**1. 整理异读词**

现行汉字的读音，有不确定的情况。例如过去“庇”读 bì，又读 pì；“殊”读 shū，又读 chū。

普通话审音委员会于1957年、1962年先后发表了《普通话异读词审音表初稿》,并于1963年辑录成《普通话异读词三次审音总表初稿》。1982年重建了普通话审音委员会,对《初稿》进行了修订;1985年,国家语委、国家教委、广播电视发布了《普通话异读词审音表》。这样,普通话异读词的读音就有了规范化的标准。例如"庇"只读 bì,"殊"只读 shū,其余的读音废除。国家语委、国家教委、广播电视部在《关于〈普通话异读词审音表〉的通知》中指出,"这次修订以符合普通话语音发展规律为原则,以便利广大群众学习普通话为着眼点,采取约定俗成、承认现实的态度。对《初稿》原订读音的改动,力求慎重。"

**2. 整理异形词**

异形词是社会上并存并用的同音、同义而书写形式不同的词语,如"笔画——笔划、人才——人材、倒霉——倒楣"等,在《现代汉语词典》中就收了1000组左右,数量较多。教育部和国家语委已经于2001年12月18日发布《第一批异形词整理表》,整理了异形词338组。

### 思考与练习

1. 简要叙述历史上和新中国成立后采取过的整理汉字的措施,取得了哪些方面的成就?
2.《简化字总表》采用了哪些简化方法?举例说明。
3. 下列简化字是用什么方法简化的?

(态)態　(迟)遲　(众)眾　(窜)竄
(飞)飛　(韦)韋　(卜)蔔　(风)風
(丰)豐　(龟)龜　(伞)傘

4. 什么是异体字,为什么要整理异体字?
5. 在精简字数方面已经取得了哪些方面的成就?

## 第六节　汉字的标准化和使用规范汉字

**【知识目标】**

1. 掌握汉字标准化的"四定";
2. 掌握规范汉字的写法。

**【能力目标】**

会使用规范汉字进行书写,不写错别字,能够纠正错别字的写法。

## 一、汉字标准化

当前语言文字工作的中心是促进语言文字工作的规范化、标准化，使语言文字在社会主义现代化建设中更好地发挥作用。这就要求对汉字进行全面整理，确定明确的标准，提高汉字的规范化、标准化水平。汉字标准化要求对汉字进行“四定”，即字有定量、字有定形、字有定音、字有定序。

### （一）定量

定量指规定现代汉语用字的数量，使汉字的使用便于教学、管理、通讯、微机使用及信息处理等。

汉字的数量到底有多少，至今没有一个准确的数字。从历代字书的收字数目来看，汉字的数量呈不断增多的趋势。

历代汉字书收字数目如表 3.2 所示。

**表 3.2　历代汉字书收字数目一览表**

| 时间 | 编著者 | 书名 | 字数 |
|---|---|---|---|
| 东汉 | 许慎 | 《说文解字》 | 9353(小篆) |
| 南朝·梁 | 顾野王 | 《玉篇》 | 22726 |
| 宋 | 陈彭年等 | 《广韵》 | 26194 |
| 明 | 梅膺祚 | 《字汇》 | 33179 |
| 清 | 张玉书等 | 《康熙字典》 | 47035 |
| 1968 年 | 该词典编委会 | 《中华大词典》 | 49905 |
| 1990 年 | 徐中舒等 | 《汉语大字典》 | 54678 |
| 1994 年 | 冷玉龙等 | 《中华字海》 | 85568 |

汉字的总量约 6 万个，但现代汉语通用汉字远没有这么多。概括起来说，现代汉字大约在 6000～9000 个之间。通用汉字的研究从 50 年代就开始了。1955 年 12 月中国文字改革委员会编印了《通用字表(初稿)》，收字 5709 个，修订后于 1965 年公布了《印刷通用汉字字形表》，收字 7000 个，这可以看做是现代汉语通用的汉字。为了确定现行汉字的数量，必须对现代汉语书面语(包括各种文体、各种风格)的用字进行统计。为了适应语文教学、辞书编纂以及汉字机械处理和信息处理等方面的需要，1988 年 1 月 26 日国家语言文字工作委员会、国家教育委员会发布了《现代汉语常用字表》，收入 2500 个常用字和 1000 个次常用字；1988 年 5 月 7 日，国家新闻出版署、国家语言文字工作委员会发布了《现代汉语通用字表》，收入 7000 个通用汉字。

### （二）定形

定形是指规定现代汉语用字的标准字形。凡属于通用规范汉字，一个字只能有一种确定的形体，不能有多种形体。过去所做的简化汉字、废除异体字和统一印刷字形等工作实际上都是在为汉字定形。

1956 年文化部和中国文字改革委员会发布《第一批异体字整理表》，初步解决了异体字的问题。1964 年文字改革委员会公布了《简化字总表》。1965 年文化部和中国文字改革委员会公布的《印刷通用汉字字形表》规定了 6196 个印刷通用宋体字的标准字形（包括字数、笔数、和笔顺三项内容）。这样就解决了印刷体和手写体不一致的问题，使汉字字形得到了进一步的统一，有利于汉字的学习和使用。这三个表的发布都为汉字的定型工作打下了坚实的基础。目前汉字定形的重要任务就是：一要进一步整理异体字；二要进一步整理异体词；三要进一步规范书写笔顺。为了适应社会发展的要求，今后要进一步做好调整和修订工作，规范汉字的字形和规范汉字的具体写法。

### （三）定音

定音是指规定现代汉语用字的标准读音，消除异读现象。字无定音就会增加人们学习和使用汉字的负担。在过去，汉字的读音非常不统一，不同方言区对同一个字往往有不同的读法。为了统一读音，从 50 年代开始国家进行了普通话异读词的审音工作。1956 年普通话审音委员会成立，先后发表了三批审音材料。1963 年 1 月编成了《普通话异读词三次审音总表（初稿）》，根据通行性、规律性和简易性的审音原则，审定了 1800 多个异读词的标准读音，废除了异读音。1982 年 6 月重建了普通话审音委员会，对“初稿”进行了修订。1985 年 12 月国家语委、国家教委、广播电视部发布了《普通话异读词审音表》，这样就使现代汉语异读词的读音有了规范的标准。今后，现行汉字的定音工作还要继续进行。此外，一些多音字的读音也要审定，以进一步消除异读现象。

### （四）定序

定序是指规定现代汉语通用字的排列顺序，规定标准的检字法。编写词典、字典，目录和索引的编制，数据资料的编排，印刷铅字的编排，计算机汉字数据字库的编制等，都要求汉字有定序，以便查索，这就对汉字的定序提出了很高的要求。汉字有多种排序方法，现行汉字的排列顺序主要有义序法、音序法和形序法。

义序法是按照字义对汉字进行分类并排列顺序，如《尔雅》《释名》等。按照字义排序很难统一标准，现在已经基本不使用了。目前对汉字排列顺序主要采用音序法和形序法。

音序法是按照字母顺序排列字的顺序。音序法主要优点是简单明了，便于检查。但是，不会念的字无法查检，这是它最大的弱点。

形序法是按照字形排列字的顺序，主要有笔画法、部首法和号码法三种。笔画法是根据笔画数和笔形的顺序排列编写。部首法是按照部首编排汉字的，同部首的字再按笔画数和笔形顺序编排。号码法是按照字形确定的号码编排汉字。目前最通行的号码法是四角号码法。

总体来看，现行的每一种汉字编排方法都有很多应该进一步研究的问题，缺乏严格、统一的标准，需要进一步标准化。

汉字信息处理中的汉字编码在电子计算机的应用方面具有重要的意义。汉字编码主要是指汉字输入码的编制，汉字编码输入法是把汉字输入电子计算机的一种重要方法。因此，汉字编码问题也属于汉字定序的问题。电子计算机的应用对语言文字的规范化和标准化提出了更高的要求。

## 二、使用规范汉字

汉字是人们进行交际的重要工具。只有使用规范汉字，才能充分发挥汉字的交际作用。

当前社会上使用的汉字形体标准，主要以“字表”为依据，即《简化字总表》(国家语言文字工作委员会，1986)，《第一批异体字整理表》，《现代汉语通用字表》(国家语言文字工作委员会、国家教育委员会，1988)。《印刷通用汉字字形表》，1981 年 5 月，国家标准局颁布的 GB2312－80《信息交换汉字编码字符集·基本集》则是用于汉字信息处理的“国标字”。现代汉字字音和字义，则以国家有关部门颁布的文件为依据。其中《普通话异读词审音表》(国家语委，国家教委，广播电视部，1985)，《现代汉语词典》(修订 1996 年北京版)是现代汉字主要的音义规范标准。

以上是现代汉字的规范依据。使用规范汉字，则要以上述标准为依据，在树立规范意识的前提下，做好以下几个方面的工作。

### (一) 不滥用繁体字

(1) 国家颁布的《简化字总表》具有法定地位，已经被简化了的繁体字，只能用在古籍整理出版、文物古迹、书法艺术方面，其他情况，原则上必须使用简体字。以社会用字而言以下诸方面必须使用简体字：

① 报刊用字，各级各类教材；

② 公文、布告、通知、标语、宣传栏、奖旗奖状等；

③ 各类地名、站名；

④ 机关团体、企事业单位的牌匾；

⑤ 电影、电视片名，制作单位、演职人员姓名表、字幕等。

个人用字应当破除旧习俗，不书写繁体字。为工作需要，部分工作人员可采用“识繁写简”的办法处理“繁、简”字问题。

(2) 使用简体字还应注意的问题。

注意简化字“类推”的范围。《简化字总表》第一表中的 350 个简化字，都不能作为简化偏旁去类推简化繁体字。如“階”简化作“阶”，但“楷、揩”中的“皆”不能写作“介”。汉字和简化的偏旁不会完全一致。比如“金”与“铁、银”的偏旁不同。有的简化字有特殊用途也要注意。

### (二) 不应使用“二简”字

1972 年公布《第二次汉字简化方案(草案)》后，国家于 1986 年发出《通知》予以“废止”。但由于“二简”字中一部分字已经在社会上传开，尤其是一些老年人，仍在沿用这些字，如“厡”(原)、“仃”(停)、“旦”(蛋)、“㞑”(量)、“芏”(菜)、“灿”(煤)等，在社会上造成了一些不良的影响。应当重申，“二简”字是国家明令“废止”的字，属于不规范字，不应当继续使用。

### (三) 不写异体字

《第一批异体字整理表》公布后，确定的正体字为规范字，其异体字属于不规范字之列，不应当继续使用。例如：泄(洩)、群(羣)、阔(濶)、拿(拏)、灾(災)等。

### （四）纠正错别字

错字是多笔少画的字，字典上找不出来。如尧(尧)，武(武)、庆(庆)。有些错字是由于没有注意新字形的变化。如爭(争)、吕(吕)、奐(奂)等。别字是把甲字写成了乙字，如“兰球(篮球)，连系(联系)，英雄倍(辈)出，走头(无路)”等。

纠正错别字首先要从思想上提高认识，增强规范意识，在书写时从字形、字音、字义三个方面入手进行正误辨析，错字别字是可以减少乃至避免的。第二，写规范字。汉字规范化前面已经讲了很多，单不规范的情况仍很多。目前较突出的有异体字和“二简”方案字。异体字多见于人名，“二简”方案字多见于街头广告。现代一些书法作品中错别字较多，有些事沿袭古人的错误，有些是今人的误写。我们希望书法家在汉字规范化工作中起到表率作用。第三，不滥用繁体字。滥用繁体字的现象多见于商店招牌、商品包装、名片、广告等。凡国内销售的商品，其标识、包装如为繁体，应视为不合格产品。

容易读错写“白”的字很多，应在大中小学生中持续开展消灭错别字的活动。如组织学生上街，纠正错别字和不规范字；校园内的标语、公告、板报上均不应有错别字，有了就要大张旗鼓地纠正；教师板书和讲课有错，学生应大声纠正；作业、试卷有错别字应予扣分，等等。

### 思考与练习

1. 收集街面上的错别字和不规范汉字，并分析其错误原因，如滥用繁体、用错繁体、缺笔少画、形似误用、同音替代、不规范简化字、当地俗字等，还可以进一步分析其错误的心理原因。可分组上街调查结果汇总后分送市长办公室、市工商局、市城建局、市文化局、市教育局等单位。

2. 收集报刊上的错别字，并向该报刊去信指出。

3. 收集教师上课错别字，用你认为恰当的方式指出。

4. 按要求为“中华人民共和国”7个字排序。

汉语拼音顺序：

笔画顺序：

5. 下面是从1998年12月29日的《广州日报》上摘出的字例，分析一下这些用法属于什么情况。你认为它们的使用合理吗?

① 钱要纳税，私人不例外。

开平外来工揾到新财路。

如今揾工正适时。

② 咁都得?

③ (帕瓦罗蒂)与前妻拍拖7载结婚35年分手。

④ 张子强扬言一个月内把哨兵搞掂。

⑤ 新会发生六单儿童食饼中毒。

⑥ 影响市容，妨碍交通，人力三轮收档。

⑦ 传真或E-mail给网络运行维护中心。

# 附录　常见的别字

黑体字是正确的字，本表按正字的音序排列；括弧里的是别字。

a

和**蔼**（霭）可亲
**唉**（哀）声叹气
**安**（按）装机器
**黯**（暗）然销魂
意义深**奥**（粤）

b

飞扬**跋**（拔）扈
甘**拜**（败）下风
纵横**捭**（俾）阖
**稗**（裨）官野史
**阪**（板）上走丸
以见一**斑**（般）
**班**（搬）门弄斧
洋泾**浜**（滨）
自**暴**（抱）自弃
英雄**辈**（倍）出
并行不**悖**（背）
民生凋**敝**（蔽）
遮天**蔽**（避）日
大有**裨**（稗）益
原物**璧**（壁）还
金**碧**（壁）辉煌
刚**愎**（腹）自用
针**砭**（贬）时弊
明**辨**（辩）是非
**辩**（辨）证法
**舶**（泊）来品
脉**搏**（膊）微弱
赤**膊**（博）上阵
按**部**（步）就班
**部**（布）署已定
令人恐**怖**（布）

c

**惨**（残）无人道
**残**（惨）酷无情
九中**掺**（渗）水
为虎作**伥**（帐）
天崩地**坼**（折）
**嗔**（填）目叱之
计日**程**（成）功
驰**骋**（聘）疆场
故作矜**持**（恃）
鞭**笞**（苔）三百
一张一**弛**（驰）
一**筹**（愁）莫展
相形见**绌**（拙）
**川**（穿）流不息
**戳**（戮）穿阴谋
义不容**辞**（词）
**刺刺**（剌）不休
出类拔**萃**（粹）
鞠躬尽**瘁**（粹）
文笔精**粹**（萃）

d

披星**戴**（带）月
以逸**待**（代）劳
**殚**（惮）精竭虑
肆无忌**惮**（弹）
虎视**眈眈**（耽）
稍事**耽**（担）搁
管理**档**（挡）案
循规**蹈**（导）矩
中流**砥**（抵）柱
**玷**（沾）污清白
**掉**（调）以轻心
横**渡**（度）长江
欢**度**（渡）春节
**堕**（坠）落腐化
**咄咄**（拙）逼人

f

三**番**（翻）两次
**反**（翻）复无常
**翻**（反）云覆雨
**妨**（防）碍交通
冷不**防**（妨）
浪**费**（废）金钱
发**愤**（奋）图强
治丝益**棼**（纷）
破**釜**（斧）沉舟
原子**辐**（幅）射
一**副**（幅）对联
翻来**覆**（复）去
人不**敷**（付）出
认识**肤**（浮）浅
感人肺**腑**（府）

g

言简意**赅**（该）
英雄气**概**（慨）
**亘**（互）古未有
卑**躬**（恭）屈膝
**贡**（供）献巨大
巧夺天**工**（功）
**辜**（姑）负好意
悬梁刺**股**（骨）
一**鼓**（股）作气
明知**故**（固）犯
**灌**（贯）输知识
羽扇**纶**（伦）巾
发扬**光**（广）大
性格粗**犷**（旷）

步入正**轨**（规）
行踪**诡**（鬼）秘
阴谋**诡**（鬼）计
食不**果**（裹）腹

h

短小精**悍**（干）
震**撼**（憾）人心
临时凑**合**（和）
随声附**和**（合）
**和**（合）盘托出
万事**亨**（享）通
宽**宏**（洪）大量
声音**洪**（宏）亮
**哄**（轰）堂大笑
**侯**（候）门如海
**候**（侯）车室
精神**涣**（焕）散
惨绝人**寰**（环）
**荒**（谎）谬绝伦
病入膏**肓**（盲）
富丽堂**皇**（黄）
心**灰**（恢）意冷
言谈**诙**（恢）谐
风雨如**晦**（诲）
融**会**（汇）贯通
鱼鲜**荤**（晕）腥

j

迫不**及**（急）待
**既**（即）往不咎
召之**即**（既）来
土地贫**瘠**（脊）
丰功伟**绩**（迹）
模范事**迹**（绩）
不**计**（记）其数
绝代**佳**（隹）人
汗流**浃**（夹）背
**缄**（箴）口不言
**艰**（坚）难困苦
草**菅**（管）人命
**矫**（姣）揉造作
专挖墙**脚**（角）
**截**（接）长补短
一掷千**金**（斤）
情不自**禁**（尽）
事过**境**（景）迁
**兢兢**（竞）业业
不**胫**（颈）而走
针**灸**（炙）疗法
**赳赳**（纠）武夫
前**倨**（踞）后恭
龙盘虎**踞**（据）
相**距**（矩）不远
规规**矩矩**（距）
面面**俱**（具）到
性格**倔**（崛）犟
**绝**（决）对服从
千**钧**（钓）一发
工程**竣**（峻）工

k

热**炕**（坑）头
不卑不**亢**（坑）
不落**窠**（巢）臼
**刻**（克）苦耐劳
**颗**（棵）粒归仓
**坑**（吭）害好人
**空**（恐）前绝后
**脍**（烩）炙人口
功亏一**篑**（匮）

l

地板打**蜡**（腊）
味同嚼**蜡**（腊）
心狠手**辣**（棘）
死皮**赖**（癞）脸
**蓝**（兰）天白云
可做**蓝**（篮）本
**篮**（兰）球健将
陈词**滥**（烂）调
无耻**谰**（滥）言
身体**羸**（赢）弱
大多**雷**（类）同
鼎**力**（立）相助
三国鼎**立**（力）
再接再**厉**（砺）
**利**（厉）害得失
变本加**厉**（利）
**厉**（励）行节约
风声鹤**唳**（泪）
史无前**例**（列）
火中取**栗**（粟）
劳动锻**炼**（练）
军事训**练**（炼）
一枕黄**粱**（梁）
这老**两**（俩）口
**寥寥**（廖）无几
书写**潦**（了）草
一一**列**（例）举
**浏**（流）览一遍
**流**（浏）连忘返
水**龙**（笼）头
惨遭屠**戮**（戳）
**戮**（戳）力同心
优待俘**虏**（掳）
高官厚**禄**（录）
庸庸**碌碌**（录）
手脚痉**挛**（孪）
语无**伦**（仑）次
美**轮**（仑）美奂
脉**络**（胳）分明

m

蛛丝**马**（蚂）迹
**漫**（满）山遍野
无理**谩**（漫）骂
风**靡**（糜）一时
萎**靡**（糜）不振
望风披**靡**（糜）
甜言**蜜**（密）语
**勉**（免）强答应
沉**湎**（缅）酒色
**明**（名）信片
**模**（糢）糊不清

**墨**(默)守成规
观**摩**(磨)教学
碑帖临**摹**(摩)
大**拇**(姆)指
n
自寻烦**恼**(脑)
**拈**(沾)花惹草
罪不及**孥**(奴)
强**弩**(努)之末
o
**呕**(沤)心沥血
打架斗**殴**(欧)
金**瓯**(殴)无缺
无独有**偶**(隅)
p
坚如**磐**(盘)石
如法**炮**(泡)制
**披**(批)沙拣金
嗜酒成**癖**(僻)
**纰**(批)漏百出
**平**(凭)添麻烦
心怀**叵**(巨)测
**抔**(杯)土未干
艰苦**朴**(扑)素
前**仆**(扑)后继
风尘**仆仆**(扑)
q
出**其**(奇)不意
星罗**棋**(旗)布
感情融**洽**(恰)
**恰**(洽)如其分
**乔**(巧)装打扮
一**窍**(窃)不通
提纲**挈**(携)领
承蒙**青**(亲)睐
**顷**(倾)刻之间
**罄**(磬)竹难书
卑躬**屈**(曲)膝
怙恶不**悛**(俊)
入场**券**(卷)

声名**鹊**(雀)起
尚待商**榷**(确)
**却**(缺)之不恭
r
熙熙**攘攘**(让)
当**仁**(人)不让
**任**(忍)劳任(忍)怨
发**轫**(韧)之作
矫**揉**(柔)造作
**孺**(儒)子可教
耳**濡**(儒)目染
含辛**茹**(如)苦
方**枘**(柄)圆凿
s
**搔**(瘙)首弄姿
**瘙**(搔)痒病
**煞**(杀)费苦心
**歃**(插)血为盟
**潸**(潜)然泪下
**赡**(瞻)养父母
诗歌欣**赏**(尝)
礼**尚**(上)往来
喜上眉**梢**(捎)
**稍**(少)纵即逝
海市**蜃**(唇)楼
谈笑风**生**(声)
人情**世**(事)故
有**恃**(持)无恐
挑拨**是**(事)非
手不**释**(失)卷
额**手**(首)称庆
**首**(手)屈一指
**授**(受)予奖章
军事部**署**(暑)
不辨**菽**(黍)麦
**肆**(肄)无忌惮
到处传**诵**(颂)
毛骨**悚**(耸)然
追**溯**(塑)渊源
鬼鬼**祟祟**(崇)

t
**蹚**(淌)水过河
金榜**题**(提)名
**恬**(括)不知耻
义愤**填**(添)膺
**铤**(挺)而走险
如火如**荼**(茶)
w
深为**惋**(婉)惜
**枉**(妄)费心机
**萎**(痿)靡不振
甘冒不**韪**(讳)
**唯**(为)命是听
从中**斡**(干)旋
运筹帷**幄**(握)
**戊**(戍)戌政变
定期会**晤**(悟)
x
**稀**(惜)世之珍
雨声**淅**(浙)沥
条分缕**析**(拆)
人口迁**徙**(徒)
**瑕**(暇)瑜互见
洁白无**瑕**(暇)
自顾不**暇**(遐)
声闻**遐**(暇)迩
举止安**详**(祥)
**向**(想)往光明
**骁**(饶)勇善战
通**宵**(霄)不眠
报**销**(消)车费
**胁**(协)从不问
歪风**邪**(斜)气
不**屑**(霄)一顾
睡眼**惺**(醒)忪
学识**修**(休)养
**休**(修)养生息
申酉**戌**(戍)亥
一切就**绪**(序)
**栩栩**(诩)如生

无法**宣**（渲）泄
**旋**（弦）律优美
寒**暄**（喧）客套
**喧**（宣）宾夺主
**徇**（殉）私舞弊
**循**（寻）序渐进

y

**揠**（堰）苗助长
**雅**（鸦）俗共赏
**偃**（揠）旗息鼓
举行**宴**（晏）会
**湮**（淹）没不闻
此系**赝**（膺）品
敷**衍**（演）塞责
**杳**（沓）无音信
专程**谒**（竭）见
不能自**已**（己）
**异**（一）口同声
演**绎**（译）归纳
不可思**议**（义）
苦心孤**诣**（旨）
巍然**屹**（讫）立
一劳永**逸**（易）
**贻**（遗）笑大方
大学**肄**（肆）业
绿草如**茵**（荫）
一望无**垠**（银）
化学反**应**（映）
反**映**（应）意见
**优**（忧）柔寡断
良**莠**（秀）不齐
记忆**犹**（尤）新
**犹**（尤）如白昼
怨天**尤**（由）人
滥**竽**（芋）充数
竭泽而**渔**（鱼）
手头宽**裕**（余）
向**隅**（偶）而泣
始终不**渝**（逾）
**逾**（渝）期作废
**元**（原）气大伤
世外桃**源**（园）
断壁颓**垣**（桓）
**缘**（沿）木求鱼

z

销**赃**（脏）灭迹
口干舌**燥**（躁）
鼓**噪**（躁）而进
烦**躁**（燥）不安
人言**啧啧**（责）
读书**札**（扎）记
不**眨**（贬）眼
敲**诈**（榨）勒索
压**榨**（诈）平民
大葱**蘸**（醮）酱
改弦更**张**（章）
通货膨**胀**（涨）
青蛙**蛰**（蜇）伏
动**辄**（辙）得咎
装**帧**（祯）考究
计划**缜**（慎）密
饮**鸩**（鸠）止渴
现场坐**镇**（阵）
举世**震**（振）惊
仗义**执**（直）言
**抵**（抵）掌而谈
出奇**制**（致）胜
**炙**（灸）手可热
**掷**（抛）地有声
幼**稚**（雅）可笑
莫**衷**（中）一是
接**踵**（踪）而来
九**州**（洲）四海
捉襟见**肘**（胄）
满脸**皱**（绉）纹
高瞻远**瞩**（属）
孤**注**（柱）一掷
土**著**（着）居民
招摇**撞**（装）骗
梳**妆**（装）打扮
**惴惴**（揣）不安
**缀**（掇）句成文
呱呱**坠**（堕）地
心劳日**拙**（绌）
真知**灼**（卓）见
**擢**（捉）发难数
**恣**（姿）意胡为
故作**姿**（恣）态
恶意**诅**（咀）咒
编**纂**（篡）字典
有所**遵**（尊）循
**坐**（做）月子

# 第四章　词　　汇

## 第一节　词汇、词汇单位和词的构成

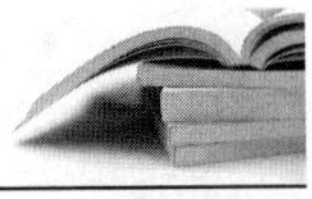

**【知识目标】**

1. 了解词汇以及词汇单位;
2. 掌握词的构成方式。

**【能力目标】**

培养能用词语交际,提高用词能力。

### 一、词汇

语言的构成要素有三个,即语音、词汇和语法。

词汇可以定义为“语言中词、语的总汇”。

词是可以独立运用的,最小的语音、语义结合体。即是说,每个词都有一定的读音,表示一定的意义。有的词具有实在的意义(词汇意义),叫实词。如:

人音 rén,意思是“能制造工具并使用工具进行劳动的高等动物”。

生产音 shēng chǎn,意义是“人民使用工具来创造各种生产资料和生活资料”。

偏僻音 piān pì,意思是“离城市或中心区远,交通不方便”。

当然,有些词的意义并不很实在(语法意义),叫虚词。如:

的音 de,意思是“助词,表示它前边的词或词组是定语”。

了音 le,意思是“助词,用在动词后面,表示动作或变化已经完成……”

吗音 ma,意思是“助词,用在句末表示疑问……”

“独立运用”是词的最大特点之一。所谓“独立运用”,对实词来说,就是可以单独作句法成分,或者在对话中可以单独回答问题。“衣服漂亮”中的“衣服”是主语,“漂亮”是谓语;“打篮球”中的“打”是述语(动语),“篮球”是宾语。而在“你去哪儿?”“商店”。/“他去不去?”“去。”/“这个人怎么样?”“好!”三组对话中,“商店”“去”和“好”都单独回答了问题。

对虚词来说,“独立运用”则表现为:第一,它不是某个实词的一部分,具有独立性;第二,它虽不能单独作句法成分,不能单独回答问题,但有辅助语法结构(短语或句子)生成的作用。如:“认真地讨论”“美丽的风景”“干得热火朝天”“吃饭了吗?”中的“地”“的”“得”“了”“吗”。

"最小",又是词的一大特点。但必须明白,它是以"独立运用的语音、语义结合体"为前提的,也就是说,在"可以独立运用的语音、语义结合体"之中,词是"最小的";在"独立运用"一个词的时候,我们无必要对其进行切分,因为切分的结果要么得到的是不能独立运用的构词单位(语素),要么得到的是毫无意义的音节,更何况有些词根本就不能切分。如"基础"切分出来的是语素"基""础";"葡萄"切分出来的是音节"葡""萄";"天"则无法切分。同时,词的"最小",也意味着还有"大于词的(较大的)可以独立运用的语音语义结合体",那就是短语。短语是词的等价物,即在作用上常常相当于一个词。在"祖国伟大"里,"祖国"是主语,"伟大"是谓语;在"我们的祖国真伟大"里,"我们的祖国"是主语,"真伟大"是谓语。可见"我们的祖国"与"祖国"等值;"真伟大"与"伟大"等值。"我们的祖国"和"真伟大"是由词构成的、与词有相同功能的语音语义结合体。所以,词汇的定义才是"词、语的总汇",这比以往将词汇定义为"词的总汇"要准确、科学。

短语有两种:根据表意的需要临时用词构造的短语叫"自由短语";在语言中长期使用并为人们所熟知的短语叫"固定短语",成语、惯用语等即此。自由短语数量庞大,无以统计,固定短语大体可以数计,因此,词汇又可以定义为"语言中词和固定短语(熟语)的总汇"。在词汇中,词是主体。

"词汇"是个多义词。它可以是其定义中的含义,如"汉语词汇""英语词汇";可以是"某个范围内词语的总汇",如"基本词汇""一般词汇""方言词汇""文言词汇";可以是"某人掌握的或某个语言成品使用的词语的总汇",如"钱钟书的词汇""郭沫若的词汇""《白鹿原》的词汇""《鲁迅全集》的词汇";也可以是"关于词汇的学科(词汇学)",如"《现代汉语词汇》这本书""现代汉语《词汇》这一章"。

"词汇"既是"总汇",便不能指单一的词语,即是所谓的"集合名词"。故而"这个词汇使用不当"的说法是错误的;"这个词语使用不当"的说法是正确的。

词汇是语言三要素中发展最快的。社会生活的一切变化,都会首先在词汇中得到反映。一种语言词汇的丰富发达,不仅促进了语言的丰富发达,提高和加强了语言的表现力,而且体现了使用语言的民族思维能力、认识能力、表达能力的高超。汉语的词汇堪用"海洋"来比喻,《汉语大词典》收词语 35 万条;《现代汉语词表》收词语约 10 万条;1996 年版的《现代汉语词典》所收词语即达 5 万个,所以,汉语当之无愧地成了世界上最优美的语言之一。

## 二、词汇单位

词汇单位包括语素、词和短语。

### (一) 语素

#### 1. 语素的概念

是语言中最小的语音、语义结合体,是一级词汇单位。

例如:

书音 shū,意为"装订成册的著作"。

霹雳音 pī lì 意为"云和地面之间发生的一种强烈雷电现象"。

"书"和"霹雳"都是音义结合体,而且都已经"最小"——不能再行切分,所以,它们都是语素。

现代汉语的语素以单音节形式为主。这是因为，它们大都从古汉语的词转化而来。古汉语的词多为单音节，所以形成了现代汉语语素多为单音节的特点。现代汉语的单音节语素也有从外族语言中引进的，如“吨、米、克”等。但多音节语素，则大多由外族语中引进，如“尼龙、布什、克林顿、孟什维克”等，也有一部分是汉语中旧有的，如“逍遥、蟋蟀、踌躇、蚯蚓”等。

语素不是独立运用的语言单位，而是用来构词的备用材料。如，“马”这个语素可以构成“马”这个词；“云”和“彩”两个语素可以构成“云彩”这个词；“阿”和“爸”两个语素可以构成“阿爸”这个词；“桌”和“子”两个语素可以构成“桌子”这个词。

**2. 确定语素的方法**

确定语素的方法最常见的有两种：

定义确认法即紧扣语素定义中“最小”和“语音、语义结合体”两大特点来认定语素。其要点是：先看是否“语音、语义兼备”，再看是否“最小”。“人民”有读音 rénmín，有意义“以劳动群众为主体的社会基本成员”，但它不是“最小”，还可以分出更小的音义结合体“人”和“民”，所以不是一个语素，而是两个语素。“沙发”的读音 shāfā，意义是“装有弹簧或厚泡沫塑料等的坐具”，但不能切分，强行切分得到两个无意义的音节“沙”、“发”，这说明“沙发”已经“最小”，是一个语素。“大”，读音 dà，意义是“在体积、面积、数量、力量、强度等方面超过一般或超过比较的对象”，显然“最小”，不能切分，所以是一个语素。

用这种方确定语素方便、实用，也易于掌握，因此，是辨认语素的基本方法。

语素替换法即用已知语素替代有待确定是不是语素的语言单位。如：“美丽”中的“美”“丽”均可用其他语素替代：

美——美丽壮丽瑰丽绮丽

丽——美丽美妙美好美观

可见“美”、“丽”各为一个语素。

这种方法具体操作起来有一定难度。其一，须注意两种（次）替代缺一不可。如“蝴蝶”中的“蝴”虽然可以用“粉”“彩”等语素替代，但“蝶”却不能为其他语素替代，换句话说只能出现一种（次）替代，因此“蝴蝶”是一个语素。其二，还要注意保持意义的基本一致。如“马虎”按下面的方式替代就是错误的：

马——马虎老虎猛虎雌虎

虎——马虎马鞍马尾马车

“马虎”中的“马”“虎”与“马鞍”中的“马”，“老虎”中的“虎”，意义上毫无联系，这说明“马虎”中的“马”和“虎”无语素可替代，都不是语素，“马虎”才是一个语素。

**3. 语素的分类**

对语素的认识有助于分析词的构造及意义，而“分类”就是认识语素的门径。从包含音节的数量看，语素可分为单音节语素和多音节语素；从表示的意义看，语素可分为实语素和虚语素；从语法功能看，语素可分为成词语素和不成词语素；从分布位置（灵活性）看，语素可分为定位语素和不定位语素。

（1）单音节语素与多音节语素

第一组 人 手 跑 说 硬 红

体 工 习 健 户 寒

第二组 蜘蛛 伶俐 徘徊 芙蓉

咖啡　逻辑　摩登　克隆

第三组　托拉斯　奥林匹克　英特纳雄耐尔

第一组是单音节语素；第二、第三组是多音节语素。第二组的双音节语素有两种：第一行是古汉语的遗留物；第二行是从外族语言中音译而来的。第三组是三音节以上的语素，全是从外族语言中音译的。在汉语里，单音节语素是大量的，多音节语素数量较少，其重要性远不及单音节语素。

（2）实语素与虚语素

实语素是具有词汇意义的语素。所谓词汇意义，指的是标志人、事物、动作、形状、数目、单位等实在的意义（见"单音节语素与多音节语素"例）。虚语素是具有语法意义的语素，即表示一些抽象的结构和附加意义的语素，如"刷子""盖儿""初五""第一"中的"子""儿""初""第"。"子、儿"为名词的标志；"初、第"表示顺序；"的""地""得"表示偏正或补充关系。

汉语的虚语素大都是由实语素虚化来的，但虚化的程度有不同。"子、儿、头"只表示所在的词是名词，是地地道道的虚语素，但"化、性、派、员"虚化不彻底，多少还有一点词汇意义。如"绿化""美化""西化"中的"化"是动词的标志，但还有"转变为某种性质和状态"的意义；"～性""～派""～员"还有"性质""派别""人员"的意义。

（3）成词语素与不成词语素

成词语素是可以独立成词的语素。上文中第一组的第一行语素及第二、三组语素都是成词语素。这说明多音节语素绝大多数都是成词语素。成词语素，特别其中的单音节成词语素，也可以与其他语素共同构词。

不成词语素是不能独立成词，只能和其他语素组成合成词的语素，如上文（一）中第一组的第二行语素。"体"可构成"体育、体验、身体、物体"；"健"可构成"健康、健美、强健、保健"，但"体"、"健"不能单独成词。

以上所讲的成词语素、不成词语素都是实语素。虚语素也可分为成词、不成词两种："从北京来"的"从"，"在临汾上学"的"在"，以及"和""的""啊""吗""了""着"是成词语素；"第一"的"第"，"记者"的"者"都是不成词语素。

（4）定位语素与不定位语素

定位语素是构词时位置固定的语素，也叫词缀。有的总在词的前部出现，如"阿""老""第""初""可"等，称为前缀；有的总在词的后部出现，如"子""儿""头""者""性""化"等，称为后缀。

不定位语素是构词时位置不固定的语素，可在词的前部，可在词的后部，也叫词根。如：

民　民主　民族　民众　民心
　　公民　农民　国民　居民
水　水平　水库　水准　水患
　　江水　湖水　泪水　铁水
书　书本　书籍　书脊　书法
　　楷书　草书　历书　诏书
结　结构　结论　结识　结果
　　小结　归结　冻结　终结

四种分类的联系是：实语素有成词的，也有不成词的，但都是不定位的，是词根；虚语素有成词的，有不成词的，不成词的是定位的，是词缀；各种语素既有单音节的，也有多音节的。

### （二）词

**1. 词是由语素构成的二级词汇单位**

现代汉语的词或由一个语素构成，就是单纯词，或由两个（以上）的语素构成，就是合成词。前者如："天、地、走、看；好、坏；一、万；斤、尺；你、我；很、极；于、从；呢、吗；的、着；玻璃、蚂蚱；普京、奥克玛"等。后者如"首脑、学习、提高、司仪、书本、老师、记者、妈妈"等。

**2. 确定词的方法**

根据词的定义和语言事实，可以采用如下方法认定词：

第一，能单独回答问题，甚至能单独成句的语言单位是词。如："你买的什么水果？""香蕉"。/"明天干什么？""游泳"。/"这座楼房高吗？""高"/"票！"/"滚！"这些例子中的"香蕉""游泳""高"能单独回答问题；"票""滚"能单独成句，所以都是词。

第二，能单独作句法成分又不能再切分的语言单位是词。如：超额完成（述（动）宾短语）/十分高兴（状中短语）/黑下来（述（中）补短语）/眼睛明亮（主谓短语），这些短语中各有两个句法成分，又不能切分，故为两个词。

第三，虽不能单独回答问题，但能单独作句法成分的语言单位是词。如"金""彩色"不能单回答问题，不可为"她戴的是什么戒指？"和"小王家买了个什么电视机？"分别作答。但在"金戒指"和"彩色电视机"这两个语法结构中却充当了定语。因而，"金"和"彩色"是词。

第四，用"剩余法"。把语法结构中，可作句法成分的词提出之后，剩余的不能单独回答问题，不是句法成分，但有独立性的语言单位也是词。如："妈妈的吻""站起来了""坐着说""去北京吗"，其中使用的"的""了""着""吗"都是词。

第五，用"插入法"（扩展法）。试在某个语言单位中间插入别的语言成分，不能插入的表示它是一个结构和意义的整体，是词；反之，则表示它是一个可以分割的语言单位，是短语。如："开关"是一种电器的名称，插入"和"后，"开和关"与"开关"意义不同，所以是词。但"白布"中间插入"颜色的"后，"白颜色的布"与"白布"同义，所以不是词，而是短语。

### （三）短语

**1. 短语的概念**

短语也称作词组，是由词构成的三级词汇单位。如前所述，一般情况下它的作用相当于词，但一个短语如果有了语调，表达了相对完整的意思，末尾有句末标点符号，它就转化成了句子。汉语句子绝大多数由或简单、或复杂的短语充当。

短语可以按结构分类，如主谓短语、述（动）宾短语、联合短语等；也可以按功能分类，如名词性短语、动词性短语、形容词性短语（或体词性短语、谓词性短语）等；还可以按灵活度分类，如自由短语、固定短语。这里主要谈谈固定短语。

固定短语是词的固定组合，常见的有两种：

专名短语，即用于表示专用名称的短语，如"山西师范大学、《鲁迅全集》《新华月报》《红岩》"等。较长的专名短语常常可以简化为缩略语。

熟语，具有结构上定型化、意义上整体化两大特点。结构定型化是指一般不能任意增减、改变其中的词语和词语顺序；意义上整体化是指许多熟语必须从表里两层意思上把握其含义，如"水落石出"，既要看到表层"写景"的意义，又要看到它"真相大白"的深层含义，而后一意义，才是要使用的正义。

熟语包括成语、惯用语、歇后语、谚语等，可参看本书的“熟语”部分。

**2. 确定短语的方法**

一般地讲，短语是一目了然的，是词和词的结合体：有的是实词和实词的结合(依语序或用虚词)，如：首都北京(依语序结合)，蔚蓝的天空(用虚词结合)；有的是实词和虚词的结合(依语序)，如：在城里(介宾短语)、学电脑的(“的”字短语)、花儿似的(比况短语)。有相同构造成分的双音节短语和双音节词的划界须采用一些方法，经常用的有两种：

插入法

中间可以插入成分的是短语，否则是词。如：“鱼虾”，可说成“鱼和虾”，“头脑”不能说成“头和脑”，所以“鱼虾”是短语。

析义法

短语的意义是其构成成分意义(词义)的相加，词的意义却往往不是其构成成分意义(语素义)的简单相加。如：“伤人”是“伤害别人”，是短语；“断肠”不是“断了肠子”，而是“悲痛、忧伤到了极点”，是词。

有些语言单位是短语还是词，仍难以判断，如“理发”“报名”“布鞋”之类。

### (四) 语素、词和短语的联系与区别

语素、词和短语都是语音、语义的结合体。语素是构词单位，词是构造短语的单位。三级词汇单位中，语素是最小的，不能独立运用。词和短语大都可以独立运用，但二者相比，词又是“独立运用”中最小的，短语是“独立运用”中较大的。词和短语可以转化为句子，语素绝对不行。

## 三、词的构造

词可以分为单纯词和合成词，具体如下：

### (一) 单纯词

单纯词是由一个语素构成的词，可分为以下几类：

**1. 单音节词**

如：人、马、牛，走、笑、瞧，黑、红、高，一、百、千，丈、斤、块，吧、了、啊等。

**2. 多音节词**

可以分为：

(1) 联绵词，古人又称“联绵字”。“联绵”是说两个音节紧密相连，不可分割。包括：

双声　两音节声母相同，如：

蜘蛛　伶俐　秋千　崎岖　惆怅

叠韵　两音节韵母相同或相近，如：

哆嗦　逍遥　徘徊　彷徨　苗条

非双声叠韵两音节声、韵都不同，也可叫“联字”，如：

蝴蝶　垃圾　妯娌　蜈蚣　芭蕉

(2) 叠音词。把相同音节重叠而成的词，后一音节多读轻声，不能分开说。分开之后，要么无义，要么与词的意义大不相同。

前者如“蝈蝈”“蛐蛐”“猩猩”；后者如“爷爷”“奶奶”“太太”。

(3)音译词。用汉字记录外语词的声音，每个字纯粹是一个音节，合起来才可以表义。如：“咖啡”“马达”“吉普”“芭蕾”“镭射”“强的松”“莫斯科”“罗曼蒂克”“康斯坦丁诺维奇”。有时，为理解的方便，在音译词上加注其意义，如：“啤酒”“卡片”“卡车”“酒吧”“因特尔网”。

### (二) 合成词

合成词是由两个(或两个以上)语素构成的词。

根据语素在构词中的作用，可以把它分为词根和词缀两类。

词根是词的主要组成部分，是词义的基础。词根语素的意义比较实在，在体现词的意义上起着主要作用，一个词不能缺少词根。例如“改革”就是由词根语素“改”和“革”组成，各自都表示一定的意义，不可缺少其中任何一个。

词缀是词中附加在词根上的构词成分。词缀语素数量很少，意义也没有词根语素实在，但构词能力很强。例如“老师”中的“老”，“花儿”中的“儿”。一个词可以只有词根而无词缀。

根据词根和词缀的不同组合情况，合成词的构造方式可以分为以下几种：

**1. 复合式**

由两个或两个以上的词根结合在一起组成。从词根之间相互的关系看，又可以分为以下几种类型：

(1) 偏正型

前一词根限制或修饰后一词根，词的意义以后一词根为主，前一词根只起附加作用。例如：

文化　同学　视线　公园　地铁　奇迹　冷饮　热爱　前进　广播

回顾　遥控　中立　崭新　鲜红　美观　细心　深入　必然　火红

(2) 支配型

前一词根表示动作、行为，后一词根表示动作、行为所支配的对象。例如：

主席　将军　理事　立春　举重　结果　签名　下海　招生　挑战

冒险　出版　建议　超群　动人　进步　抽象　及时　照旧　因此

(3)补充型

后一词根补充说明前一词根，词的意义以前一词根为主。补充型词又可以分为两类：

第一类：前一词根表示动作，后一词根表示动作的结果或趋向，这一类较多。例如：

证实　纠正　震动　充满　放大　推广　降低　凑巧　充实　镇静

第二类：前一词根表示物件，后一词根是物件的计量单位，对前一词根起着补充说明作用，我们也把它们归入这一类。例如：

车辆　人口　书本　信件　纸张　船只　花朵

(4)陈述型

前一词根表示被陈述的对象，后一词根表示陈述的情况。例如：

事变　花生　堤防　心得　沟通　体贴　神往　符合　年青　面熟

(5)联合型

由两个词根并列组合而成。根据两个词根意义关系的不同，又可以分成以下四类：

第一类：两个词根的意义相同或相近。例如：

人民　朋友　功劳　语言　拼搏　污染　答复
爱好　商量　简单　清楚　孤单　刚才　自从

以上这些词，并列的词根意义上起着互相补充的作用。

第二类：两个词根的意义相反。例如：

老小　今昔　表里　奖惩　彼此　高下　迟早
买卖　动静　矛盾　春秋　来往　反正　横竖

以上这些词，有的并列的词根原义仍然保留着，组合成的词包含相互对立的两方面意义，如“表里”“迟早”。有的并列的词根原义出现了变化，组合成的词产生了新的意义，如“动静”“反正”。

第三类：两个词根的意义相关。例如：

口齿　血汗　心胸　江湖　河山　水土　形容
描写　印刷　负担　招待　零碎　辛酸　冷淡

以上这些词不能从词根的字面意义来解释，已经具有新的意义。

第四类：这一类与前三类有所不同，虽然它们也是由两个词根并列组合而成，但其中一个的意义已经消失了，所以这类词又称偏义词。例如：

国家　人物　窗户　质量　恩怨　忘记　好歹

**2. 附加式**

由一个词根和一个词缀结合在一起组成。词根是词的中心部分，词缀是词的附加部分。根据词缀在词中的位置以及是否叠音，又可以分为三类：

第一类：词缀(前缀)＋词根　例如：

老——老乡　老师　老总　老虎　老倭瓜
阿——阿爸　阿哥　阿姨　阿毛　阿猫
小——小张　小伙子　小两口　小狗　小聪明

第二类：词根＋词缀(后缀)　例如：

子——孩子　脑子　帽子　椅子　日子
儿——瓶儿　事儿　花儿　鸟儿　个儿
头——石头　苗头　看头　奔头　甜头
家——大家　作家　儒家　科学家　老人家
性——感性　弹性　重要性　积极性　创造性
化——美化　深化　强化　淡化　多样化

第三类：词根＋叠音词缀　例如：

雄赳赳　亮晶晶　绿油油　病歪歪　慢腾腾
美滋滋　火辣辣　喜洋洋　气呼呼　羞答答

由词根和词缀组合的合成词中，以下几点要加以注意：

(1) 现代汉语中词缀多由词虚化而来，要把词缀和同形的词根加以区别。例如：在“老乡”“老师”中，“老”已经不表示具体的、实在的意义。但在“老干部”中，“老”表示年纪大或资历深；在“老话”中，“老”表示陈旧或流传已久。又如：在“石头”“苗头”中，“头”的意义也比较虚。但在“头痛”中，“头”表示人身体的顶部；在“分头(办理)”中，“头”表示方面，意义都比较实在。

(2) 某些词缀加在指人或动植物的词根前，往往带有一定的感情色彩。“阿”就带有亲昵的意味，如“阿姨”“阿哥”。“小”多表示爱称，或指喜欢的东西，如“小张”“小狗”。

(3) 某些词缀表示一定的语法意义。以“子”为例，词根之后加“子”的词多表示名物，即使是一些表示动作行为、性质状态的词根加上“子”之后，也都名物化了。如“骗子、剪子、胖子、乱子”。词缀“子、儿、头”都有这样的语法作用，差不多成了名词的标志(带“儿”的词有少数例外，如“玩儿、火儿”)。“性”和“化”是受外语影响发展而成。大体说来，词缀“性”是名词的标志，表示某种抽象的意义；词缀“化”是动词的标志，有使变化之意。

**3. 重叠式**

由相同的语素重叠组成。例如：

爸爸　哥哥　星星　饽饽　恰恰　仅仅　纷纷　滚滚　巍巍

炯炯　断断续续　口口声声　形形色色　原原本本

汉语的合成词若是三个音节以上的，其结构便有了层次性。由三个以上语素构成的合成词，内部关系一般比较复杂，它们往往是按照一定的结构方式逐层地构造起来的。分析这一类词时，必须一层一层地将结构关系弄清楚。如“高科技”一词，由“高”和“科技”组成，为偏正型合成词。但是“科技”是两个语素，为联合关系。所以“高科技”包含两个层次的结构关系。图示如下：

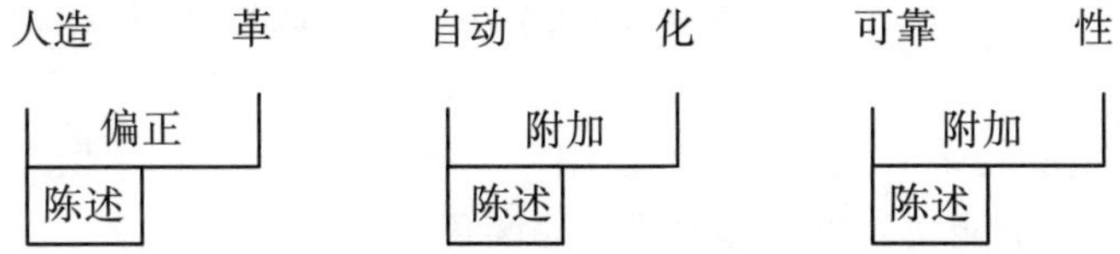


(三) 简称

(1) 简称就是把结构较长的词语、名称进行节缩或省略而形成的词语，所以也可叫做“缩略语”。如：

中华人民共和国——中国

中华人民共和国外交部——外交部

相对于简称，原先的语言单位叫“全称”。

(2) 简称的方式主要有：

① 节缩。即截取全称中的部分词语。如：

中华人民共和国国务院——国务院

中国人民解放军——解放军

清华大学——清华

三角学——三角

② 紧缩。即取全称中有代表性的语素。如：

公共关系——公关

环境保护——环保

北京师范大学——北师大

整顿作风——整风

高等院校——高校

扫除文盲——扫盲

中学和小学——中小学

马克思主义、列宁主义——马列主义

③ 标数。用数字来概括全称中几个相同语素或相关的事物。如：

耳、目、口、鼻、身——五官（“五官”通常指脸上的器官）

百花齐放、百家争鸣——双百

工业现代化、农业现代化、国防现代化、科学技术现代化——四化

稻、黍、麦、豆、高粱——五谷

象形、指事、会意、形声、假借、转注——六书

有些简称，在长期的使用过程中，逐渐凝固为合成词，如“基建”（基本建设）、“增产”（增加生产）、“化肥”（化学肥料）、“地铁”（地下铁道）、“空调”（空气调节器）。

简称的应用要注意明确、合理，让人一看便知其意，不会有误解。以下简称就不甚恰当：

五讲四美办公室——五四办公室

上海吊车厂——上吊

参加考试——参考

简称如果在某些场合中不宜使用，则应恢复使用全称。如：“山大代表团访问山大”，必须说成“山西大学代表团访问山东大学”；“外交部声明”，为庄重起见，应说成“中华人民共和国外交部声明”。

（3）缩略语最重要的是应该注意规范运用

① 要表义明确。不能使人难以理解或引起误解。

② 避免出现同音同形词。若不同的词组，缩略后形式相同，或缩略语与词汇系统中已有的某合成词形式相同，很容易出现误解。如“人大”既是“人民代表大会”的简称，也是“中国人民大学”的简称，在一定的语境中，“人大”一词所指明确，但有时也会出现所指对象难以确定的情况，这时为了表意准确，或为了用词庄重，就应该使用全称。这种同音同形词，有时会给言语表达增加一些幽默色彩，特别是临时特意缩略的；使用不恰当，则可能会给词汇系统带来混乱。

③ 缩略方法要合理。

④ 使用通行的缩略形式，不生造缩略语。

## 思考与练习

1. 什么是词汇？词汇和词语有什么关系？

2. 什么是语素？什么是词？二者有什么区别，有什么联系？

3. 用“替代法”证明“啤酒”“驼绒”“驼毛”是由几个语素构成的。

4. 分别指出下列字中的成词语素、不成词语素，实语素、虚语素，定位语素、不定位语素和不能单独做语素的字。

基　天　宏　老　民　蜘　机

子　感　山　琵　柿　土　蒂

5. 下列一段话中，哪些是单纯词？哪些是合成词？请指出合成词的构成方式。

立冬小雪，正是渔民拉干贝的季节。渔船都扬起白帆，往来拉网，仿佛是成群结队翩翩

飞舞的白蝴蝶。干贝、鲍鱼、海参一类东西，本来是极珍贵的海味。

6. 指出下列复合式合成词的类型。

编码　收录　磁头　咨询　优化　招标　变量

热点　破译　航天　刷新　竞技　污染　下榻

模拟　歌星　智囊　晚育　击穿　试销　癌变

空调　出线　离休　婴儿　核子　长子　甜头

老化　共性　任性　找头　体验　滚圆　口吃

记者　良心　揭发　扭转　澄清　多少　棋子

7. “老家”和“老兄”两个词的结构方式是否相同？应怎样区别？

8. 下列各词中的“老、儿、子、头”，哪些是词缀，哪些是词根？

老大　老小　信儿　宠儿

笛子　瓜子　日头　插头

9. 指出下列句子中简称的不当之处。

① 广州商店开展“三声”服务活动。（“三声”指迎客声、回答声、送客声。）

② 他们参观了故宫、历博、人民大会堂。

③ 在老师的指导下他认真地阅读了《唯批》。（《唯批》指列宁的《唯物主义与经验批判主义》。）

# 第二节　词义的性质和构成

**【知识目标】**

1. 了解词义的性质和构成；
2. 掌握词义的运用。

**【能力目标】**

培养用词语交际，提高人际交流能力。

## 一、词义的性质

### （一）词义是什么

（1）词义是词的意义，包括词汇意义和语法意义，即词的内容。词的形式是语音。词汇学讲的词义通常是指词汇意义，即狭义的词义，广义的词义还包括词的语法意义，即词性，这将在下册第五章“语法”部分讲解。举例来说，“改革”这个词的形式是语音 gǎi gé，它的内容有二：一是词汇意义，即“把事物中旧的不合理的部分改成新的、能适应客观情况的”；二是语法意义，“改革”的词性是动词兼名词。又如“体制”的形式是 tǐ zhì，它的内容一是“国家机关、企业、事业单位等的组织制度”；二是名词。

（2）词是一种符号，它可以表示各种各样的事物。不管是客观存在的还是人们头脑中想象的事物，不管它是否事实，只要社会交际中需要，都可以用词来表示。从人类本身到宇宙万物，都可以用词来表示，这内容也就是词义。“神仙”在现实世界里当然是没有的，但是在人们交际中能够用到这个词，这个词也就一直存在着，它的词汇意义是：“神话中有特殊能力，可以长生不老的人物”。再如：

【玉皇大帝】道教称天上最高的神。也叫玉帝。（《现汉》1540 页）

【阎罗】佛教称管地狱的神。也叫阎罗王、阎王、阎王爷。（《现汉》1448 页）

【龙王】神话传说中在水里统领水族的王，掌管兴云降雨。迷信的人向龙王求雨。

### （二）词义的概括性

（1）一般的词指的都是整类事物或现象。例如“改革”便包括经济改革、政治改革、文字改革等各种各样的改革。词义为了准确地反映这个词所表示的对象的范围，便须舍弃各种“改革”的具体的个别的特征，概括出对象的共同的、本质的特征。这就是词义的概括性。“笔”这个词指的是各种的笔：毛笔、圆珠笔、钢笔、铅笔、蜡笔……形状不一，颜色各异，从这些各种各样的笔中概括出来的共同的本质的特征，那就是“写字画图时用来书写的工具”。

（2）任何一个词的意义都具有概括性，即使专有名词也不例外。例如“杜甫”虽然指的只是唐朝的一位诗人，却也是概括了不同时期（童年、少年、青年、中年、晚年）的杜甫，虽然在各个时期他的外貌、习惯等可以有所不同，但总有一些共同的东西足以表明他是同一个杜甫，而这些共同的东西便是从不同时期概括得来的。地名也是这样，“北京”的词义也是对这个城市历史和现状的各种特征的概括。

### （三）词义的模糊性

（1）词义的模糊性指的是词义的界限有不确定性，它来源于词所指的事物边界不清。例如“中午”同“上午”“下午”之间便没有一个明确的界限：

【上午】指半夜十二点到正午十二点的一段时间，一般也指清晨到正午十二点的一段时间。

【下午】从正午十二点到半夜十二点的一段时间，一般也指从正午十二点到日落的一段时间。

【中午】指白天十二点左右的一段时间。

（2）词义的模糊性是客观事物连的反映。事物的核心部分一般来说还是比较明确的，但它与邻近事物的差异是逐步扩大的，并没有中午与上午的明确界限。但是“中午”的核心还是明确的，这核心部分乃是人们注意的重心，是词义所要概括的主要对象。至于边缘部分则有意无意地加以忽略。

（3）模糊与精确是相对而言的。列车时刻表规定 12 点开的火车，实际开车时间在 11 点 59 分 59 秒或 12 点 0 分 5 秒，都可以认为正常，但比起火箭发射的时间，则火车开车的时间表也还是很模糊的，因为火车只精确到分，火箭发射必须精确到秒，而从天文钟的角度看，以秒计也还模糊的。要求不同，所用词语模糊的程度便不同。

（四）词义的民族性

（1）词义在理性意义上有民族性。例如汉语用“哥哥、姐姐、妹妹”表示同一父母所生的子女，而英语只用 brother 表示哥哥或弟弟，用 sister 表示姐姐或妹妹。再如英语：“uncle：伯父、叔父、叔父；伯父；舅父；姑父；姨父”，英语“aunt：伯母、叔母、舅母，阿姨”。英语的 car 一经借到现代汉语便成了“卡”，有了现代汉语的特点，语音上有变化，词义上也有变化。Car 指汽车、电车以及车厢等，现代汉语的“卡”则专指载重的大汽车，如“十轮卡”（单用时还得成“卡车”）。又如：“的”意化。

（2）词义不仅在理性意义上有民族性，在附加色彩上也可以显示出民族性。例如“狗”，虽然汉族与英吉利民族对这种家畜都是喜爱的，但用于指人时，褒贬就大不相同。汉语中的“癞皮狗、走狗、疯狗、叭儿狗、狗腿子、狼心狗肺、人模狗样”都是有贬义的，而英语中的这类词语除一部分因受外来语影响而具有贬义外，大都没有贬义，甚至有褒义，例如 doggish（激战），doggish（泼辣、华丽），而 to work like a dog 是“拼命地工作”的意思，a lucky dog 则指“幸运儿”。

## 二、词义的构成

词义是由多种因素构成的。实词都有一种与概念相联系的核心意义——理性义，此外还可能有附着在理性义上面的色彩义。词义的内容可以归纳成表 4.1。

**表 4.1**

| 词义 | | | | |
|---|---|---|---|---|
| 概念义 | | 附属义 | | |
| 对象特征 | 适用对象 | 形象色彩 | 感情色彩 | 语体色彩 |

（一）理性义

词义中同表达概念有关的意义部分叫做理性义，或叫概念义、主要意义。例如：

【花茶】用茉莉花等鲜花熏制的绿茶。

【桌子】家具，上有平面，下有支柱，在上面放东西或做事情。

词典对词目所作的解释，主要是理性义。

（二）色彩义

词还有附属的色彩义，也可称作附属义。

**1. 感情色彩**

（1）有些词表明说话人对有关事物的赞许、褒扬的感情，这就是词义中的褒义色彩，这样的词称作“褒义词”。例如：成果。

（2）有些词表明说话人对有关事物的厌恶、贬斥的感情，这就是词义中的贬义色彩，这样的词叫做“贬义词”。例如：后果。

（3）当然更多的词既没有褒义色彩，也没有贬义色彩，它们是中性词。例如：结果。

注意:有一些词造成短语或句子之后,可以使整个语句产生褒义或贬义的感情色彩(语句中的感情色彩)。例如“有水平、是地方、够朋友”。

**2. 语体色彩**

语体色彩又叫文体色彩。

(1) 有的具有书面语色彩,例如:今日　明日　汗颜　父亲。

(2) 有的具有口语色彩,例如:今儿　明儿　不好意思　爸爸。

选择具有语体色彩的词,固然用使用的场合有关,例如:牢房——监狱——囹圄;客栈——旅馆——馆驿。

**3. 形象色彩**

(1) 表示具体事物的词,往往给人一种形象感,这种形象感来自对该事物的形象的概括。例如“一百只鹅、两条蛇”。

(2) 具有形象色彩的词不限于“形态”方面,还可包括“动态、颜色、声音”等。

例如:

视觉形象:丹顶鹤　金钱豹　狮头鹅　鸭嘴兽　鸡冠花　卷心菜。

听觉形象:笑哈哈　哗啦啦　啧啧。

嗅觉形象:香喷喷　臭烘烘　辣丝丝　舔滋滋　淡乎乎。

动感形象:晃荡　摇曳　抽噎　哆嗦。

(3) 词的形象色彩往往在文学作品中得到充分的表现。有古代的例子。古代的如:

两个黄鹂鸣翠柳,

一行白鹭上青天。

现代的如:

“秋天的后半夜,月亮下去了,太阳还没有出,只剩下一片乌蓝的天”。

——鲁迅《药》

(4) 色彩意义同词的来源有密切关系。古词往往带有书面语的庄重色彩,而方言词则常常带有地域色彩。

“能治好的,破上半斗小米,搁巴斗里,入在井里泡上,咱们粮食有多的,破上点粮给它吃就行。”

“咱们的沙栗儿马骠多厚,劲多大。这马算啥呀?真是到哪里也是扔货。”

(周立波《分马》)

(5) 此外,不同的阶层、行业、集团的习惯用语,都有自己的特殊色彩。

如:“存货、收现、行市、下跌、空户、买进、公债”等具有搞股票生意的行业色彩。

## 三、词义的理解与词的运用

(1) 深入领会词义的内涵特性,用起来才能表达得准确、鲜明、生动。人们往往十分重视词语的锤炼,就是这个道理。

如:鲁迅是在文化战线上,代表全民族的大多数,向着敌人冲锋陷阵的最正确、最勇敢、最坚决、最忠实、最热忱的空前的民族英雄。

(2) 领会词的理性义。不能准确地理解词义所指的范围,所受的限制,就会导致用词的失误。

如：中旬的月光，把每个年轻人的脸庞照得一清二楚。

### 思考与练习

1. 什么叫词义？它包括哪几个构成部分？词义具有哪些性质？

2. 以“粉笔”为例，说明词义是对客观事物的概括反映。

3. 理性义与色彩义有什么区别？

4. 汉语中的姐姐、哥哥、弟弟、妹妹能用相同的称呼吗？英语中用什么表示？试分析其原因。

5. 指出下列各词的色彩意义。

附和　浩瀚　走狗　拉扯　气概

令堂　发毛　引诱　高尚　居心

特此　法人　脑袋　赶明儿　泥腿子

无与伦比　为所欲为　博闻强识　狐朋狗友

## 第三节　义项和义素

**【知识目标】**

1. 了解义项的分类和单义词、多义词、同音词；

2. 了解义素的分析和运用。

**【能力目标】**

培养分析词语的能力，提高与人交际能力。

### 一、义项

#### （一）义项的含义

义项是词的理性意义的分项说明。一般而言，词的一个理性意义即为一个义项。除了单义词外，语言中的其他词都是多义词，都有两个以及两个以上的义项。词的义项来自实际的语境，词在语境中表现出多少种意义即意味着它有多少个义项。词在语境中表现出的是显性意义，在词典中表现出的则为隐性意义，二者不完全等同。

词的义项并非固定不变，必须随着社会的变化和语言自身的发展而不断调整，或增或减。就一个词而言，词的各义项是彼此相关的互补关系。在特定的语境里，词的若干个义项只能有一个显性化。否则，就可能导致歧义（出于修辞目的的则为“双关”）。如：

1. 水流到了地下。
2. 他教国语。
3. 将！秘书长！从全局来看，你输了，你完了，你交枪吧。(《八一风暴》)
4. 这是我的先生。

### (二) 义项的分类

按照词的义项在共时和历时词义系统中的地位和作用，义项可分为以下三类：

**1. 本义**

词的原始意义，一般只指最早的文献意义。

**2. 基本义**

最常用、最核心的义项。

注意：本义与基本义的关系：有时可以等同（如“圆”、“亮”、“苦”等），有时则不一致（如“兵”、“汤”等）。

**3. 转义**

由基本义直接或间接转化而来。词的转义主要由引申和比喻两种途径产生。

引申义：即在本义或基本义的基础上推演发展出来的意义。引申义强调的是相关性。例如：

口：户口—人口（口粮）——一口（一口）

笔杆子：笔的手抓部分—笔—能写文章的人

引申义有近引申义和远引申义之分。例如：

兵—兵器—战士—军队（例：不战而屈人之兵）——战争（例：兵无常势，水无常形）

比喻义：即借用词的一个义项来喻指与之无关的事物。比喻义是词的比喻用法固定下来的意义，它源自事物之间的相似性。例如：

“口”的比喻义有：① 关隘：西口、腊子口；② 容器与外界的相通之处：瓶口；③ 出入通行的地方：路口。

其他例如“皮毛”、“浪潮”、“下海”等。

比喻义和一般的由比喻手法而临时产生的修辞义不同。比喻义已成为多义词中固定的引申义，即使离开了一定的语境仍保留该义，记录在词典中。而比喻手法产生的修辞义则是临时的，离开了那个语境，该义就消失了。如“近视、结晶、帽子、后台、傀儡、包袱”都有比喻义，都是固定义；而像“鲜花”一词只有在“姑娘好比鲜花”这类句子中才有“姑娘”的修辞义，用的是临时的比喻用法。

### (三) 单义词和多义词

根据词的义项的多少，可以把词分为单义词和多义词两种。

**1. 单义词**

只有一个固定义的词是单义词，它在词典中只有一个义项。单义词，意义固定、明确，不会有歧义。单义词主要包括：① 科学术语概念。如“音节”“比重”“元素”“偶数”。② 专有名词，鸟兽、草木、器物等常见事物的名称。如“北京”“李白”“地球”“钢琴”“熊猫”“鹿茸”“闹钟”。单义词虽然只有一个明确的固定义，但可以另有临时义，通过比喻借代等手法，临时赋予新的词义。有的临时义会逐渐固定下来。

**2. 多义词**

多义词是相对于单义词而言的。只有一个意义的词叫单义词,如科学术语、专有名词和常见事物的名称等。同时存在几个互有联系的意义的词就是多义词。

具有多个相关的固定义的词是多义词。它在词典中有多个义项,义项之间互相联系。如:

铁:本义是指一种金属,又用来比喻"确定不移",如"铁的纪律"。它所包含的这两个义项虽然互不相同,但又互相联系。

浅:本义指深度小,引申有"短暂"(如"相处日浅")、"淡薄"("浅颜色")等意义。包含的义项虽互不相同,但也是互相联系的。

汉语中,单音节的多义词,往往义项很多,如《现代汉语词典》中,"红"有 5 个义项,"一"有 9 个义项,"打"有 25 个义项。而多音节的多义词,一般只有两三个义项。现代汉语中,多义词多于单义词。多义词的产生具有积极的意义,丰富了词的内涵,扩大了词的使用范围。

### (四)同音词

**1. 同音词**

同音词是指语音相同,而意义不同的词。同音词可以根据词形的异同情况分为两大类:异形的同音词,同形的同音词。

(1) 异形同音词

词形不同的同音词。就字形而言,异形同音词又有两种情况:

① 字形完全不同

每组是完全不同的字。有单音词,也有多音节词。如:

书—输　快—块　加—家　著名—注明　唯心—维新

轨迹—诡计　异议—意义　元音—原因　叙述—序数

② 字形有同有异

都是多音节词。各组同音词之间,有相同的字,也有不同的字。如:

礼帽—礼貌　势力—视力　异乡—异香

号子——耗子　借代——借贷　后进——后劲

(2) 同形同音词

字形完全相同的一组同音词,叫同形同音词。

这类同音词容易与多义词混同,要注意辨别。有的是单音节的,有的是双音节的。

① 单音节的

白 1　一种颜色,如:"白色"。

白 2　指字音读错、字形写错,如:"把这个字读白了"。

花 1　耗费。

花 2　花朵,花。

怪 1　奇怪。

怪 2　责备,埋怨。

把 1　如"把好这个关"。

把 2　如"把经济搞上去"。

会 1　如"开一个会"。

会2 如"我会学好的"。

② 双音节的

回生1 死后再活过来。

回生2 对前一阶段已经学会的东西又感到生疏。

海口1 河流通海的地方;海湾内的港口。

海口2 漫无边际地说大话叫夸海口。

仪表1 人的外表,包括容貌、姿态、风度等,指好的方面。

仪表2 测定温度、气压、电量、血压等的仪器。

**2. 同音词在语言表达中的作用**

(1) 别具新意,发人深省。在文章中,常常将原有的某个词语改换成另一同音词语,或将二者组合使用,使词语别具新意,发人深省。这在文章题目或新闻标题更为常见。例如:

① 文人相亲(轻)(《文汇报》)

② 胳膊肘朝理(里)拐(《人民日报》)

③ "文明"与"闻名"——记大连东站货场(《人民日报·海外版》)

(2) 使语言活泼风趣。这在很大程度上是由谐音双关所带来的表达效果。

例如:

① 戏真做 防患未"燃"(然)——看浦东张家浜地区模拟消防演习(《文汇报》)

② 萧县汪屯大队户户发羊(洋)财(《人民日报》)

③ 北京人"官念"(观念)开始淡化了(《文摘报》)

例③"官念"指对担任国家机关公职的看法。

**3. 相同的同音词和多义词区别开来。**

多义词是具有几个意义的一个词,这些意义相互有一定联系;而同音词则是没有意义联系的几个词,各自独立存在。例如:"花",表示可供观赏的植物(花很美),形状像花朵的东西(灯花、火花),烟火的一种(礼花),花纹(白地蓝花),用花或花纹装饰的(花篮、花灯),颜色或种类错杂的(花花绿绿),等等。这些意义之间有相通的地方,是多义词。可是另外还有一个"花",表示用、耗费(花费、花钱)。它与前面那个"花"没有什么联系。所以这两个不同的"花"就是同音词。

## 二、义素

### (一) 义素的含义

义素是构成词义的最小意义单位,即词义的构成要素。义素又称语义成分或语义特征。义素能够帮助我们找到事物之间的共同特征和区别特征。一组词所具有的共同特征和区别特征分别称为共同义素和区别义素。例如:

鞋: +物品+穿在脚上-有筒+着地

靴子:+物品+穿在脚上+有筒+着地

袜子:+物品+穿在脚上+有筒-着地

### (二) 义素分析法

(1) 要明确分析的对象。只能在相关的词与词之间展开,如"男人—女人—小孩",而不是“男人—突然—和”。

(2) 进行词义间的比较,找出其共同特征与区别特征。即找出相应的义素。如:

男人——[人][男性][成年]

女人——[人][女性][成年]

[人][成年]是共同特征;而[男性]和[女性]是区别特征。

(3) 进行义素的概括,两项对立的义素可以归并为一个,用“+”“-”号进行区分。

男人——[+人][+男性][+成年]

女人——[+人][-男性][+成年]

### (三) 义素分析的运用

(1) 有助于分辨多义词和同音词

同音词各义素间毫不相干,而多义词各义项间往往有相同义素。如:

花1:+有性植物+器官+种子植物

花2:+有关人+耗费时间,钱财等

哨岗1:+处所+站岗放哨

哨岗2:+处所+站岗放哨+人

(2) 有助于分辨等义词与近义词

范围义素、特征义素、附属义素完全相同的词就是等义词。例如:演讲\讲演,曲别针\回形针。

诞辰:+日子+出生+重要人物+褒义+书面语

寿辰:+日子+出生+老年人+褒义+书面语

(3) 有助于辨析反义词

正确:+对事物评价+反映主客观关系+相符合

错误:+对事物评价+反映主客观关系+不相符合

轻:+指物体+重量或比重+小

重:+指物体+重量或比重+大

(4) 有助于分辨同类词

同类词属于一个意义范畴而未见同义或反义现象的一组词。例如:

吃:+人或动物行为+在嘴上+一般是固体事物+咽+咀嚼

吞:+人或动物行为+在嘴上+一般是固体事物+咽+咀嚼

喝:+人或动物行为+在嘴上+一般是液体事物+咽+咀嚼

### 思考与练习

1. 什么是义项和义素,请举例说明。

2. 什么是多义词?指出下面哪些是单义词,哪些是多义词。

效应　告别　过时　好看保安　满口　投诉　化解　周边　高速

3. 什么是词的基本义?请举例说明。

4. 什么是同音字?举例说明。

5. “我突然从睡梦中惊醒”和“你别惊醒了孩子”中两个“惊醒”的意思分别是________和________，其中本义是________，后起义是在本义的基础上通过________方式产生出来的。

6. “哨”有两个意思：① 站岗放哨的处所；② 站岗放哨的人。其中第二个意思是在本义的基础上通过① ② 方式而产生出来的，属于________义中的________义。

7. 下面句子中加点的词，哪些是本义？哪些是引申义？哪些是比喻义？

① 黄河流域是我国古代文化的摇篮。

② 海滨城市，卫生抓得紧，街道整洁，空气新鲜。

③ 就凭你这破嗓子，能唱好歌？

# 第四节　词义的聚合

**【知识目标】**

1. 了解语义场和语义场的层次、种类；
2. 掌握同义词和同义义场辨析和运用；
3. 掌握反义词和反义义场辨析和运用。

**【能力目标】**

培养委婉的用语交际能力。

## 一、语义场

### （一）语义场的含义

(1) 语义场就是通过不同词之间的对比，根据它们词义的共同特点或关系划分出来的类。属于同一语义场的各词义有共同的义素表明它们同属一个语义场；又有一些不同的义素，表明词义彼此之间的区别。

(2) 共同义素表明各词义之间的联系，区别义素表示各词词义之间的区别。

处于不同语义场中的词的意义会有所不同，这是受同一语义场中其他词的词义制约的结果。

### （二）语义场的层次

(1) 语义场有不同的层次。

(2) 上一层次中某个词的义素必然为下一层次的各词所具有，而下一层次又必然有自己一些特殊的义素。

(3) 上位词必有下位词，下位词也可以有自己的下位词，对它的下位词来说它又成了上位词。

(4) 语义场的各项,也可以没有共同的上位词。

(5) 语义场同类属词虽然有一定联系,但并不是一回事。

有些词可以兼属不同层次的语义场。例如"金"便分属上下两个层次。

### (三) 语义场的种类

**1. 类属义场**

类属义场的成员同属于一个较大的类,如"桌子—椅子—板凳"同属家具类,"锅—碗—瓢—盆"同属厨具类,"红—黄—蓝—白—黑"同属颜色类,"纸—笔—墨—砚"同属文具类。

(1) 类属义场所概括的事物,往往超过所列举的事物的总和,例如"桌椅板凳"实际可以代表一切家具,"锅碗瓢盆"实际可以代表一切厨具,"煎炒烹炸"实际代表一切烹调的手法。

(2) 汉语中的类属义场的划分并不一定符合科学分类的要求。很多分类都只是根据人们的某种思想、习惯,例如"家禽——野禽""害虫——益虫"。

**2. 顺序义场**

(1) 顺序义场的各成员按照某种固定的顺序排列,例如"大学—中学—小学"。

(2) 有些顺序义场可以周而复始,叫做"循环义场",如"春—夏—秋—冬"。

**3. 关系义场**

(1) 关系义场一般由两个成员组成,二者处于某种关系的两端,互相对立、互相依靠。例如"老师—学生"。

(2) 方位、过程也可以做为关系,组成某些关系义场。如"上—下""高—低"。

(3) 行为动作过程也可以看作一种关系,从而形成关系义场。例如"买—卖""嫁—娶""收—发""来—去""交—接""输—赢"等。

(4) 关系义场的成员只有两项。

## 二、同义义场和同义词

### (一) 同义义场的含义

意义相同或相近的词组成的语义场叫做同义义场,义场中的各个词叫做同义词。

### (二) 同义词

**1. 同义词的类型**

同义词指意义相同或相近的一组词。可以分为两类:

(1) 等义词

也叫绝对同义词,指的是理性义完全相同、附加义略有不同的几个词。这类词可互相代替,语言中数量不多。例如:

士兵—兵士　演讲—讲演　代替—替代

觉察—察觉　水泥—洋灰、水门汀　青霉素—盘尼西林

(2) 近义词

也叫相对同义词,指的是理性义有所差异、附加义也有不同的几个词。这类同义词数量

很多,使用中有着积极意义和作用,是词汇学和修辞学研究的重要对象。例如:

表扬—表彰　悲伤—悲哀　锋利—锐利　思念—想念—怀念

反映—反应　权利—权力　改革—改良　清除—根除—铲除

近义词之间常有如下形式方面的特点和联系:

语音相同。如:

年轻—年青,必需—必须,企求—乞求,发愤—发奋,功夫—工夫,反映—反应,做—作。

语素相同而次序不同。如:

灵魂—魂灵,代替—替代,健康—康健,粮食—食粮。

各词有相同语素也有不同语素。如:

保护—庇护—维护,成果—结果—后果,例如—比如,

显露—披露—裸露—表露—透露,错误—失误,

延误—耽误,愚昧—愚蠢。

当然,也有各词语素都不相同的。如:

仿佛—好像,干脆—索性,鲁莽—冒失,劳累—疲倦,

卓越—杰出,广泛—普遍。

**2. 同义词的产生**

(1) 古语词的沿用,与现代普通话用词形成了同义词。例如:

赠—送　诞辰—生日　取—拿　逝世—死　措施—办法

(2) 方言词的吸收,与共同语用词形成同义词。例如:

搞—做—干　玉米—包米—苞谷—棒子　太阳—日头

(3) 专业词的使用,与普通口头用词形成同义词。例如:

牙床—齿龈　水银—汞　痨病—肺结核　稀释—冲淡

(4) 外来词的吸收,与本族用词形成同义词。例如:

维他命—维生素　麦克风—话筒　马达—发动机

**3. 同义词辨析**

同义词大多是为了准确地反映事物之间的细微差别,贴切而细致地表达人们对客观事物的态度、感情,或者为适应各种语体风格的需要,不断创造出来的。因此,掌握和运用好同义词,可以使思想表达得更为精确、严密,使语言更加鲜明、多样、生动、有力。

掌握运用同义词,固然要把握其相同点,但关键还在于能辨析同义词之间的细微差别。辨析同义词,必须结合语言实际,掌握充分材料,明确其意义和用法之"大同",分辨其意义和用法之"小异",即找出同义词的"共性"和"个性"。辨析大致可从以下几方面入手。

(1) 理性意义的辨析

语义侧重。有些同义词的差别在于语义侧重点不同。比如"幻想—空想—梦想",都有主观的不切实际的想象或想法的意思,但"幻想"侧重于虚幻,"空想"侧重于凭空,"梦想"侧重于梦寐以求、急迫。又如"精细—精致—精巧—精美"中的"精细"着重指细密、细致,"精致"着重指别致、新奇,"精巧"着重指巧妙、玲珑,"精美"着重指美好、漂亮。

程度轻重。有些同义词的差别在于词义的轻重程度不同。如"损坏—毁坏"所表示的是破坏行为,而"损坏"的语意轻些,"毁坏"的语意重些。其他如:

改革—改良　嗜好—爱好　相当—非常—万分—极其—最

绝密—机密—秘密　哀求—恳求—祈求—请求　优异—优秀—优良

范围大小。有的同义词所指对象的范围大小有区别。例如“边境”与“边疆”都是指远离内地临近国境的地区，但“边疆”指“近边界的领土”，范围较大，“边境”指“边界的地方”，范围较小。其他如：

时代—时期　局面—场面　事件—事变—事故

灾难—灾荒—饥荒　家族—亲属—家属—家眷

战争—战役　性质—品质

个体与集体。“信”和“信件”指的是相同性质的事物，但“信”往往是具体的个别的信，而“信件”是集合的很多的信。其他如：

书—书籍　人—人类　山—山脉　枪—枪支

湖—湖泊　马—马匹　纸—纸张　花儿—花朵

(2) 色彩意义的辨析

感情色彩。有些同义词的基本意义相同，但感情色彩不同。有的是肯定或赞许，带有喜悦的感情，有的是否定或贬斥，带有憎恶的感情，前者叫褒义词，后者叫贬义词。有的词无所谓褒贬，是中性词。例如“鼓舞—鼓动—煽动”是指某件事或某个人的高尚品质对人的感染、激发，使人振奋起来，是褒义词；“煽动”就是挑动，指使他人做坏事，是贬义词；“鼓动”指激发推动，无所谓褒贬，是中性词。类似的例子如表 4.2 所示。

**表 4.2**

| 褒义—贬义 | 中性—贬义 | 褒义—中性 | 褒义—中性—贬义 |
|---|---|---|---|
| 果断—武断 | 手段—伎俩 | 瞻仰—观看 | 诱导—引诱—诱惑 |
| 顽强—顽固 | 比较—比附 | 光辉—光线 | 团结—结合—勾结 |
| 充满—充斥 | 排除—排斥 | 温馨—温暖 | 领袖—首领—头子 |

语体色彩。现代汉语的语体从不同的角度可以有不同的类，同义词在语体色彩上的差别也各式各样。

口语和书面语的不同。例如：

吓唬—恐吓　怎么—如何　剃头—理发　溜达—散步

闺女—女儿　今儿个—今天　生日—诞辰　死—逝世

走—步行　信—函　爸爸—父亲　在—于

普通用语和特殊用语的不同。例如：

飞—飞翔　半夜—子夜　心—心灵　光亮—晶莹

静—寂静　寂寞—寂寥　好—美好　好意—美意

以上是普通用语和文艺作品用语的例子。

给—给予　办法—措施　现在—兹　私下—擅自

以上是普通用语和公文用语的例子。

盐—氯化钠　脑袋—头部　脸—面部　月球—月亮

以上是普通用语和科技用语的例子。

爬行—匍匐　扔—投掷　趴下—俯伏　早上—拂晓

以上是普通用语和军事用语的例子。

(3) 功能意义的辨析

搭配对象。“改进”和“改善”都有改变原来某一不好的状态并使之有所进步的意思，但“改进”一般与“工作、方法、技术”等词搭配，“改善”则常与“生活、关系、条件”等词搭配。类似例子如：

交换—意见　礼物　资料　　担负—责任　使命　任务　　交流—思想　经验　物资

担任—职务　工作　　　　　转移—视线　阵地　目标　　侵占—土地　财产　领土

转变—作风　立场　态度　　侵犯—主权　利益　权益

词性和造句。“反应”和“反映”，都指一事物受另一事物的影响而产生相应的活动。但“反映”本指光线景象的反照，它的引申义是从某一事物的现象里看出某些情形，是动词，有时用作名词；“反应”原指有机体受到刺激而引起的相应的活动，或化学上所说的两种物质发生作用而产生一种新物质的过程，它的引申义是指因受外界影响而产生的意见、态度或行动，是名词。“必须”和“必需”都表示一定要，但“必须”是副词，只能作状语，修饰动词，“必需”是动词，可带宾语。

词性不同，句法功能也就不同。有的词，虽然词性相同，句法功能也不一致。如“重要”和“主要”都是形容词，意义相近，前者既可用作述语也可用作定语，后者只作定语。“摇动”和“动摇”都是动词，但前者可插入“得/不”，后者不能插入“得/不”。

**4. 同义词的作用**

(1) 细致区分，表达严密。例如：

我是主张先把本民族的东西搞通，吸收外国的东西要加溶化，要使它们不知不觉地和我们本民族的文化溶合在一起。这种溶合是化学的化合，不是物理的混合，不是把中国的东西和外国的东西“焊接”在一起。(周恩来:《在文艺工作座谈会和故事片创作会议上的讲话》)

在这段话中，作者选用“溶化、溶合、化合、混合、焊接”(依上下文而形成的临时性同义词，或叫条件同义词)五个意义上有联系但又有区别的同义词，精确而严密地阐明“溶化”是这样的，不是那样的。

(2) 语体得当，风格鲜明。例如：

人民解放军所到之处，深望各界人民予以协助。兹特宣布约法八章，愿与我全体人民共同遵守之。

这里的“深、望、予以、兹、愿、之”分别是“深深地、盼望、给以、现在、希望、它”的意思，选用于布告这种特殊文体里，以表示郑重、严肃的语体色彩。

(3) 避免重复，富于变化。例如：

我们以我们的祖国有这样的英雄而骄傲，我们以能生活在这个英雄的国度而自豪！(魏巍《谁是最可爱的人》)

独有英雄驱虎豹，更无豪杰怕熊罴。

上两例加点的同义词分别用在上下文中，避免了重复，使语言富于变化，生动活泼。

(4) 同义连用，加强语势。有些成语是两个同义词并列连用搭配构成的。这样的成语都有加重语气，突出强调的作用。例如：

粗心大意　聚精会神　心满意足　评头品足　轻描淡写　冷言冷语

粉身碎骨　不屈不挠　赤手空拳　丰功伟绩　真凭实据　奇形怪状

(5) 避忌避讳，显得委婉。例如：不说“死”，而针对具体情况说“去世”“逝世”“老了”等等。“落后”和“后进”，“受伤”和“挂彩”，都属于这一类。

**5. 辨析同义词的方法**

(1) 在语境中考察;

(2) 替换分类。

## 三、反义义场与反义词

### (一) 反义义场

两个意义相反或相对的词可以构成反义义场,这两个词互为反义词。

### (二) 反义词

**1. 反义词的性质**

反义词即意义相反或相对的一组词。反义词在意义上的矛盾、对立,是客观事物矛盾、对立的反映。是不是反义词要考虑下面几个因素。

(1) 属同一意义范畴。例如“长—短”都属于长度这个范畴,“拥护—反对”都属于对人或事物的态度范畴,“春—秋”都属于季节范畴。不同范畴的词,如“浅—大(深度—体积)”,就不能构成反义词。

(2) 词性相同、结构相当。“缺点—完美”意义相反,但前一个为名词后一个为形容词,不构成反义词,“傻子—聪明”“败仗—胜利”也都是词性不同,不构成反义词,“暗—光明”虽也有反义关系,但单双音结构不同,也不是反义词。

(3) 色彩一致。反义词要俗皆俗,要雅皆雅,如“买”与“卖”同为口语色彩的反义词,“购入”与“售出”同为书面语色彩的反义词。

(4) 有语言习惯基础。反义词都是习惯被对比或对举用的词,例如:“浪费—吝啬”语义对立,但“浪费”的反义词习惯上一般是“节约”,而不是“吝啬”;“晴天”的反义词一般是“阴天”而不是“雨天”。

反义词是就词与词的关系说的,不是就词与词组的关系说的。所以“乱—井井有条/麻痹—提高警惕/好—不好/早—不早”等词的对应,尽管表示的意义互相排斥,但不属反义词。

词汇里反义词多,但并不是说每个词都有一个相对的反义词。此外,有的简单概念有反义词,复杂概念却不一定有相应的反义词,比如单音节的“轻—重”是反义词,复音节却有“重点”,无“轻点”,有“轻装”无“重装”。再如单音的“凉—热”是反义词,复音却有“热心”无“凉心”。

**2. 反义词的类型**

(1) 绝对反义词。绝对反义词一般是二元的,肯定甲,就必否定乙,否定甲,就必肯定乙,对乙也是这样,中间没有第三种意义。例如:

死—活　有—无　完整—残缺　主观—客观　动—静

(2) 相对反义词。相对反义词指的是肯定甲,就否定乙,但否定甲却不一定就肯定乙,中间还有丙丁等其他意义。例如:

白—黑　冷—热　快乐—忧愁　苦—甜方—圆

正因为是相对的,所以哪个词跟哪个词构成反义关系,并不是固定不变的。就通常情况说,“白—黑”是反义关系,在特殊情况下,“白—红”,“红—黑”也可用构成反义词。

在语用中,人们为实现映衬对比之效果,往往套用,临时创造反义词,可称“偶发性反义词”,例如：

阴风—阳风　公理—婆理　冒进—冒退　阔人—狭人

**3. 反义词的对应关系**

反义词的对应关系也就是反义词的配对情况。反义词不是简单地一一对应,它们的配对关系是复杂的。了解这种情况对如何运用反义词很有帮助。

(1) 单义词之间构成反义关系,例如：

恩人—仇人　内行—外行　出席—缺席

亏本—盈利　非法—合法　昂贵—低廉

(2) 单义词与多义词的某一个义项构成反义关系。例如:“买”是单义词,“卖”是多义词,“买”的“用钱购物”义项和“卖”的“以物换钱”的义项上构成反义关系。另外,“卖”还有“背叛义”和“尽量使出来”义,在后面两个义项上同“买”不构成反义关系。

(3) 多义词与多义词在某一个义项上构成反义关系。例如:“假”和“真”都是多义词,它们只在“不真实”“真实”的意义上构成反义关系,在其他意义不构成反义关系。

(4) 多义词与多义词在某几个义位上构成反义关系。例如“高潮”和“低潮”,“高潮”有三个义项,“低潮”有两个义项,“高潮”的基本义是指“在潮的一个涨落周期内,说明上升的最高潮位”,“低潮”则是指“说明下降的最低潮位”。“高潮”的比喻义是指“事物高度发展的阶段”,“低潮”则是指“事物发展过程中低落、停滞的阶段”。在者两个义项上,它们构成反义词。此外,“高潮”还指“小说、戏剧、电影情节中矛盾发展的顶点”,在这个义项上,“高潮”和“低潮”不构成反义关系。

(5) 一个多义词在它的几个义位上有不同的反义词。例如“老”的本义是“年岁大”,在这个意义上,它的反义词是“少”和“幼”。“老”的引申义有“很久以前就存在的”,如“老朋友”,在这个意义上,它的反义词是“新”。“老”还有一个引申义是“(蔬菜)长过了适口的时期”,如“菠菜老了”,在这个意义上,它的反义词是“嫩”。

(6) 一个词在它的某一个义位上也可以有多个反义词。例如：

脆弱 {
坚强　① 性格脆弱(坚强)
坚实　② 感情基础脆弱(坚实)
稳固　③ 国民经济的基础脆弱(稳固)
}

**4. 反义词的不平衡现象**

反义词中的词总是成对的,但两个词之间的语义范围,使用频率并不相等,就形成了反义词的不平衡现象。

(1) 形容词构成的反义不平衡现象,例如:在“～不～”格式中,可以说“厚不厚”,但一般不说“薄不薄”;在“多～”格式中,可以说“多重/多宽”,一般不说“多轻/多窄”;可以说“大陆、大粪、大赦、大使、大自然、大本营”,一般不说“小陆、小粪、小赦、小使、小自然、小本营”。

(2) 动词构成的反义不平衡现象。例如:在“把”字句中,可以说“把收音机关了、把工资减了、把帽子脱了”,一般不说“把收音机开了、把工资加了、把帽子戴了”。

(3) 方位词构成的反义不平衡现象。例如:作方位词使用时,可以说“地球上、身上”,但一般不说“地球下、身下”。

**5. 反义词的作用**

(1) 正反对照,突出矛盾。例如：

旧社会把人逼成鬼,新社会将鬼变成人。

悲剧将人生的有价值的东西毁灭给人看,喜剧将那无价值的撕破给人看。(鲁迅《再论雷峰塔的倒掉》)

(2) 构成对偶,精警含蓄。例如:

有的人活着,他已经死了,有的人死了,他还活着。(臧克家《有的人》)

祸兮福所倚,福兮祸所伏。(《老子》)

(3) 正反连用,含义深刻。例如:

读者定会觉得是一条“新闻”吧,其实却是一条旧闻。

希望大家积极支持改革工作,促进这一工作,而不要促退这一工作。

(4) 作为语素,合成新词。例如:是非　早晚　动静　开关　利害　深浅　死活　始终　胜败　吞吐。

这种合成词的语义不是简单相加,而是概括出新义,如“动静”指动作或说话的声音情况,“深浅”指程度或比喻分寸。反义词还可构成成语,例如:

左右逢源　啼笑皆非　坐观成败　举足轻重

自相矛盾　乐极生悲　阳奉阴违　有头无尾

古往今来　推陈出新　山高水低　大同小异

## 思考与练习

1. 什么是同义词?怎样辨析同义词?

2. 辨析下列各组同义词。

坚决—坚定　诧异—惊讶　漏洞—破绽

揭露—暴露　摧毁—摧残　商量—商榷

3. 反义词之间有许多类型,下面各词属于哪一类反义词。

肥沃—贫瘠　非法—合法　仇敌—挚友

感情—理智　运动—静止　快乐—忧愁

4. 指出下列各词的反义词:

顺利　薄弱　明亮　隐匿　腐朽

稳重　同情　热烈　淡薄　减免

5. 下列句子用词有毛病,予以改正,并说明理由:

① 这位曾经不可一世的罪犯,今天终于在法庭上低下他那罪恶的头颅,接受人民的审判。

② 虽然他们这次好不容易分到了房子,但并没有表明高兴的样子,甚至带有某种忧虑。

③ 有人说足球运动员也能有这些踢毽子运动员的脚下功夫就好了,虽然踢毽子和踢足球是不可比物质,但足球运动员的技术确实有待提高。

④ 人的衰老虽不可避免,但推迟和延缓它的进程是完全可行的。

# 第五节　词义和语境的关系

【知识目标】

1. 了解语素的性质和分类；

2. 认识语素和词的联系及区别；

3. 掌握合成词的构成方式。

【能力目标】

培养能用词语交际，提高用词能力。

## 一、语境

语境是指语言使用的特定环境。语境由多种因素构成，有书面语中的上下文和口语中的前言后语，有使用语言的时间、地点、场合等，有使用语言的对象的身份、职业、年龄、文化程度等。这些因素都能影响语言的使用。《三国演义》中有这样一个故事：曹操行刺董卓未成，逃亡到他父亲的好友吕伯奢家。晚上，曹操听到后堂有人说话：“缚而杀之，何如?”曹操以为吕家人要杀他，思忖：“是矣，今若不先下手，必遭擒获。”于是杀尽吕伯奢一家。直至到后面看到一口被绑着待宰的猪，他才明白杀错了。曹操在亡命中，思想处于高度警惕和防备之中，正是在这种特殊的环境下，曹操错误地理解了“缚而杀之”这一句话，从而铸成大错。

## 二、语境对词义的影响

语境对词义的作用，主要表现在以下几个方面：

**1. 语境使词义单义化**

在我们的语言中，多义词的数量远远多于单义词，可这并没有影响到语言的交际功能，其主要的原因就是语言的使用是在语境中进行的，语境制约了多义词只有一个意义起作用。例如，“五一广场的地下通道修建好了”中的“地下”是指“地面之下”；“一个地下赌博场所被公安部门查封了”中的“地下”是指“秘密活动的，不公开的”。在上述两个语境里，“地下”一词的意义被单义化了，只能作一种理解。

**2. 语境使指称具体化**

词义具有概括性，但是在语境里，所指对象具体化了。例如，“牛”是指一种身体大，趾端有蹄，头上长角，尾巴尖端有长毛的反刍类哺乳动物，这个意义是抽象概括的，但当一个人问：“你看见了什么?”另一个人回答“我看见了一头牛在草地上吃草”，在这种情景中，“牛”具体化了，是指特定时间、地点被特定的人所看见的牛。再如韩愈说过的一段话：“世有伯乐，然后有千里马。千里马常有，而伯乐不常有”，前后两个“千里马”虽然都代替指人才，但由于所处的上下文不同，在具体意义上还是有差别的：前一个“千里马”是指被发现、被赏识、出了名的人才，后一个“千里马”是指没被发现、没被赏识、被埋没了的人才。

**3. 语境使词义发生变化**

常见的有两种情况：

(1) 变成反义

词的色彩意义在语境中有时会临时发生相反的变化。例如：

① 我们全党全民要把这个雄心壮志牢固地树立起来，扭着不放，“顽固”一点，毫不动摇。（邓小平《目前的形势和任务》）

② “中国军人的屠戮妇婴的伟绩，八国联军的惩创学生的武功，不幸全被这几缕血痕抹杀了。”（鲁迅《纪念刘和珍君》）

例① 中的“顽固”在句中是用来指实现新时期总任务时所应具有的坚忍不拔的精神。例② 中的“伟绩”“武功”二词在句中是指“中国军人”和“八国联军”屠戮、惩创人民的劣绩。这三个词在各自的语境中所表达的褒贬色彩与词汇意义中的褒贬色彩相反。

(2) 产生新义

词的理性意义在语境中临时发生变化，转出新的意义。例如：

③ 3 月 14 日下午两点三刻，当代最伟大的思想家停止思想了。让他一个人留在房里还不到两分钟，当我们进去的时候，便发现他在安乐椅上安静地睡着了——但已经永远地睡着了。（《恩格斯在马克思墓前的讲话》）

例③中地“睡着”一词并不是指进入睡眠状况，而是指逝世，这一意义就是在特定的语境中产生的转义变化。转义变化现象往往还发生在一些专用名词上，例如“活雷锋”“当代的花木兰”“中国的牛顿”等词语中，“雷锋”泛指具有毫不利己、专门利人的共产主义思想的人，“花木兰”泛指女扮男装的战士，“牛顿”泛指有突出贡献的大物理学家。这些词的泛指意义都是在特定语境中产生的转义。

## 思考与练习

1. 什么是情景语境？什么是上下文语境？
2. 语境对词义有哪些作用？请举例说明。
3. 下面词语中的“球”，哪些是指足球的？在后面的括号中填上“√”号。

角球(　　)　扣球(　　)　点球(　　)　抽球(　　)

任意球(　　)　三分球(　　)　头球(　　)

# 第六节　现代汉语词汇的组成

【知识目标】

1. 掌握基本词汇的特点；
2. 现代汉语词汇的组成；
3. 了解新词、古语词、外来词、方言词、行业词语、隐语。

【能力目标】

培养积累现代汉语词汇的能力。

现代汉语的词汇极其丰富，从其组成的来源看，包括新造词、古语词、方言词、外来词和行业词、隐语，这一切都成为现代汉语词汇的组成部分。

## 一、基本词汇和一般词汇

### （一）基本词汇

基本词汇是词汇中的主要部分，其包括的词叫做基本词。

基本词汇的特点：

**1. 全民性**

基本词汇中的基本词所表示的都是全体社会成员在日常生活里所使用的最基本最常用的概念或关系。不分阶层、不分职业、不分文化程度。

**2. 稳固性**

基本词汇中的词所反映的事物或现象都是人们生活中最必需、最重要、长期存在的，因而表示这些事物或现象的基本词汇也就随之长期存在，具有稳固性。但稳固性是相对而言的，基本词汇也有变化。

**3. 能产性**

基本词具有比较强的构词能力，是构成新词的基础。如“大”，由“大”构成的词就将近400个。但也有一些基本词构词能力不强。

基本词汇中的基本词也处在变动之中，不过变动比较缓慢罢了。

几组重要概念：

词汇的核心是基本词汇，基本词汇的核心则是根词。它们是基本词汇中构成新词的能力很强的词，如“天、地、山、水、人、大”等，都是根词。

### （二）一般词汇

**1. 一般词汇**

基本词汇以外的词和固定短语的总汇称一般词汇。与基本词汇相比，一般词汇使用的范围比较窄，使用的频率也比较低，从总体上讲，在稳固性和构词能力等方面也比基本词汇弱得多。

实际上，每个人掌握的一般词汇都是不一样的，人们总是习惯于掌握和使用与自己的生活、工作环境以及文化素养关系密切的那部分非基本词，例如足球界人士经常使用"射门、越位、点球、前锋、角球、黄牌"等词语，而医务工作者则掌握很多诸如"化疗、高压舱、造影、甘油三酯"等医疗词语，这也正是每个行业、每个人的语言都有各自的风格与特点的一个原因。

**2. 基本词汇和一般词汇的关系**

基本词汇和一般词汇的关系是核心与外围的关系，但基本词汇和一般词汇的界线不是一成不变的。一般词汇中有的词，经过长时间的使用，逐渐具有了普遍性和稳固性，就可以转化为基本词，进入到基本词汇中去，例如"电子"本来是非基本词，现在已经被普遍使用并具有了稳固性，并以此为语素创造了大量新词语"电子词典、电子秤、电子商务、电子邮件"等等，因此"电子"有了向基本词汇转化的倾向。基本词汇中的个别词，也可能因为丧失了普遍性和稳固性而进入一般词汇，例如"君""臣"在封建社会一直是汉语的基本词，现在则因为社会制度的变化退出基本词汇队伍，进入到一般词汇中。

**3. 词汇系统的不断丰富，主要表现一般词汇上**

丰富词汇的主要途径是创造新词，还可以不断地从古代书面语、本民族各方言、其他民族语言中吸收有用的成分。这就是我们所说的新词、古语词、方言词、外来词、行业语等，它们是一般词汇中几种带有特殊色彩的词的类聚（并不是一般词汇的全部构成成分），这是从词的来源的角度看的。

下面先介绍新词、古语词、方言词、外来词、行业语和隐语。

## 二、新词、古语词、方言词、外来词

### （一）新造词

新造词的产生，是由于社会制度、生产方式、文化、科学等发展的结果。新造词是非基本词汇中的一个重要成员，与其他一般词汇不同的地方在于：新造词总是以反映新概念、新事物、新面貌出现的。当新概念、新事物随着时间的推移不再新的时候，代表该事物的词也就不再是新造词，新造词是以一定时代为标记的。"五四"前后产生的新词现在已经不看成是新词了，"文革"期间产生了"红卫兵""文攻武卫""忠字舞"等新词，现在也成了历史词。近些年常有新词新语词典出版，也总有一部分前些年产生的新词退出使用。

这 20 多年来，社会发展速度快，新事物、新现象、新概念多，新造词也不断出现，如：

倒爷　白领　万元户　空嫂　第三者　的哥　打工妹　打工仔　钟点工　小金库　奖金税　净菜　手机　鼠标　随身听　微软　硬件　软件　网络　主页　网吧　网虫　黑客　格式化　千年虫　克隆　双休日　下岗　入世　速递　传销　专卖店　超市　纯平　小康　休闲　房改　打的　买单　面膜　安乐死　炒作　双规　纯净水　三栖明星　氧吧

大腕　蹦极　蹦迪　灰色收入　绿色食品　盗版　猎头　性骚扰　托儿　211工程　防盗门

新造词主要是利用原有的语素根据需要而创制的，如“保送、认购、手机、健身操、电子信箱”，也有一部分是由中国香港、中国台湾转借或从外语翻译而来的，如“激光、买单、发烧友、比基尼”。

有的词新增加了词义，如“水分、包装、菜单、窗口”，这些属于词义的扩大，不是新造词。

新词的创造应该考虑社会基础(包括社会需要和社会心理)，也要考虑构词规则，如“网吧、网友、网民、网虫、网迷、上网”既能满足新事物指称和交际的需要，符合人们求新求美求简的心理，也符合汉语的构词规则，易于理解和接受。

新造词不等于生造词，如果将两个语素生硬拼凑在一起是不会得到承认的，如“跨裂”，如果随意改变原有的语序而形成新的词也不会得到认可，如“会理、抖颤”。使用生造词不能达到传情达意的目的，对语言也是一种污染。

### (二) 古语词

古语词汇包括文言词和历史词。文言词是指在古汉语中产生的、仅在现代汉语的书面语中继续使用的词。如一些虚词，还有一些产生于古代的词语，它所表示的事物现象或概念，在今天的现实生活中依然存在，只不过在现代汉语中已经被通俗易懂的词语代替了，原有的词只在现代汉语的书面语中使用，这样的词就成为文言词。例如：

之(的)　何(怎么样/什么样)　且(尚且/而且)　乎(吗)　羸弱(瘦弱)　谋面(见面)　式微(衰落)　狼藉(乱七八糟)　囹圄(监狱)

有些单音节的文言词被现代汉语词语取代之后，不能再作为词单独使用，成为不成词语素。如“惧”被现代汉语“害怕”取代，“惧”不再作为词使用，只能和其他语素构成“恐惧、惧怕、惧内”等双音节词。这样的文言词还有“首(头)、冠(帽子)、足(脚)、履(鞋)、目(眼睛)”等。

现代汉语中吸收适量的文言词，可以使语言表达言简意赅、凝练匀称、庄重文雅，如公共场所的“请勿吸烟、严禁赌博、闲人免入”等，如果换成现代口语的说法，显得别扭，也不庄重严肃，起不到警示作用。再如在对别人的称谓前加上“贵、令、贤、尊”，在自我称谓前加上“愚、拙、鄙、家”，显得文雅谦逊。

历史词指表示历史上存在过的或神话传说中出现过的一些事物和现象的词。历史词所反映的事物和概念现在已经不存在了，现在一般交际中不会用到这些词，只有在特定的语境中涉及这些历史事物和概念或者为了达到一定的修辞效果时，才会使用它。在历史题材的文艺作品和学术论著中，历史词的使用比较集中。例如：

裹脚　黄包车　巡捕　租界　科举　进士　翰林　驿站　太监

诸侯　员外　妾　驸马　红卫兵　私塾　县令上朝　凌迟

有些历史词现在可以用于修辞，起到比喻的作用，例如：“独生子女简直就是家里的小皇帝”“皇帝的女儿——不愁嫁”“‘钦差大臣’满天飞”。

### (三) 方言词

方言词有两个含义，一是指用方音表现的、在某地方言范围内使用的词，二是指普通话中有方言色彩的词，即从某地方言中吸收到普通话里用普通话标准音、成为全社会通用的词。从普通话的角度看，其词汇以北方方言为基础，在发展的过程中也从其他方言中吸收了不少有用的成分，这些吸收进来的有用成分是现代汉语词汇的重要组成部分。从方言的角度看，方言中的方言词，只有一小部分由于小说、电影、电视剧、流行歌曲、广告等的传播，可能慢慢地进入普通话之中，为广大群众所了解。例如：

老玉米　搞　唠嗑　埋汰　瘪三　磕巴

名堂　磨蹭　炒鱿鱼　估摸　窗棂　摆谱

方言中表义形象生动特殊或表现力特殊而普通话又没有相应词来表现的方言词，最容易进入普通话。例如"二流子、尴尬、垃圾"就是从方言中吸收的有特殊意义的词，而"搞"相对于"做"，"窝囊"相对于"无能"，后者更具有形象色彩，富有表现力，已吸收到普通话词汇中。

总之，方言词的吸收可以丰富共同语的词汇，恰如其分地使用方言词，也可以使表达更生动、更具有个性色彩。从各方言吸收到普通话中的方言词在汉语词典中常标明〈方〉的字样。

### （四）外来词

从外族语言中借用的词叫外来词。例如"法兰西、巴尔干、模特儿、幽默、浪漫、景气、取缔"等等。外来词是不同民族在交往过程中，把对方语言的词汇成分吸收到本族语言中来的结果。一般情况下，一种语言在吸收外族语言的词汇时，都要在原来外语词汇的基础上，经过一些改造，它和外语词虽有联系，但并不等同。

汉语吸收外来词的历史很久，从汉朝和魏晋时期就有外来词引入，比如"佛"借自梵文的buddha，"站"借自蒙古语的jam。更多的外来词是近代和现代吸收的结果，比较多的是从西方语言中吸收，也有从东方语言如日语中吸收的。到二十世纪八十年代，中国实行改革开放以后，外来词大量涌现，其数量之多，涉及范围之广，形成方式之多样化，都是空前的。汉语外来词按其吸收方式可分为以下几类：

**1. 音译**

用汉语的语音形式模仿外语词的发音而形成的外来词。例如：

麦克风(microphone)　扑克(poker)　苏打(soda)

卡通(cartoon)　沙发(sofa)

**2. 半音半义**

把整个外语词分成两半，一半用音译，一半用意译的方式翻译而成的外来词。例如：

romanticism：浪漫主义　chauvinism：沙文主义

ice-cream：冰淇淋　Cambridge：剑桥

**3. 音译加注**

音译整个外语词之后，在其前后再添加一个注明类名的汉语语素形成的外来词。例如"卡车"的"卡"是car的音译，"车"是后加上去的。下列词中加线的语素都是汉语类名语素：

芭蕾舞　沙丁鱼　派克笔　高尔夫球　法兰绒

**4. 音兼义译**

在按照外语词的声音对译成汉语时，特意选用与原词意义相关的汉字。例如：

基因　幽默　逻辑　俱乐部　可口可乐

香波　苦力　芒果　维他命　模特儿

**5. 借形**

汉语外来词的借形方式有两类：字母式借形，汉字式借形。

字母式借形词指直接借用西文字母或将其与汉语语素相组合形成的词，这种词也叫字母词。

直接借用的字母词有的是借来一个词，比如 E-mail（电子邮件）在 mail 前加一个定性字母 E；更多的是借外文缩略语词，如：

DVD（数字激光视盘） UFO（不明飞行物） MBA（工商管理硕士）
CBD（中央商务区） CEO（首席执行官） WTO（世界贸易组织）
DNA（脱氧核糖核酸） OA（办公自动化） APEC（亚太经济合作组织）
BBS（电子公告牌系统） MTV（音乐电视） ABS（汽车防抱死制动系统）
WC（盥洗室） IT（信息技术） CD（激光唱盘）

西文字母与汉语语素结合成词的如：

AA 制 B 超 e 化 PC 机 T 恤衫 三 K 党 ATM 机 三 C 革命
pH 值 A 股 X 光 IP 卡 T 细胞 IP 电话 $C^3I$ 系统

受外来字母词的影响，把汉语词用汉语拼音缩写的方式简化，也会形成字母词，如：HSK（汉语水平考试）；通过比喻的方式也可能形成字母词，如：T 型台（呈 T 形的表演台）。

汉字式借形词是一种特殊的外来词，指的是从日语中转借来的汉字词语。这有两种情况，一种是古代汉语就有的词在日语中赋予了新义，如：

革命 文明 具体 宪法 主义古典 想象 乐观

另一种是日语中直接利用汉语材料创造的，这类词数量相当可观，直到现在还有少量日语词被汉语吸收，如：

景气 金融 引渡 体操 客观 主观 内在 能动 取缔
物质 政党 共产 组合 元素 直接 间接 资本 放送

使用外来词要注意：

第一，一个外来词可能有多个并存的音译形式，应根据普遍性原则，选用通行较广的一个。下面的外来词前面一个更具有普遍性：巧克力—朱古力/瑜珈—逾迦/迪斯科—的士高/色拉—沙拉/歇斯底里—歇私德里/悉尼—雪梨/新西兰—纽西兰/司汤达—司丹达尔/里根—列根。

第二，一个外来词可能两种方式（如音译与义译）并存，甚至三种方式（如借形、音译、义译）并存，应视情况，有时宜义译优先，使语言通俗易懂；有时可从俗，用普遍流行的那一个，因为在不同的场合不同的地点可能作不同的选择才得体。下面的外来词在目前是多个方式并存的：克隆—无性繁殖/E—mail—伊妹儿—电子邮件/APEC—艾佩克—亚太经合组织/雷射—激光/秀—表演。

## 三、行业语、隐语

### （一）行业词包括术语和行业专门用语

**1. 术语**

指学科的专门用语。例如：

物理学:电子、质子、射线、反应堆、电磁波、反物质

化学:元素、分子、电解、氧化、催化、硬脂酸、热塑性

生命科学:细胞、胚胎、遗传、进化、无性繁殖、基因工程

哲学:唯物、思辨、理论、感性、同一、对立、归纳、演绎

文艺学:形象、典型、塑造、情节、细节、喜剧、悲剧

**2. 行业专门用语**

指某一行业所应用的专门词语。例如:

医疗:化验、透视、处方、理疗、化疗、手术、望闻问切

交通:列车、地铁、海轮、客机、航线、集装箱

农业:嫁接、保墒、套种、点灌、良种、营养基

商贸:商场、营业、采购、热销、盘点、打假、售后服务

戏曲:小生、花旦、扮相、行当、脸谱、水袖、龙套

随着人们文化水平的提高、传播媒介的普及和社会交往的频繁,许多专门用语也广泛流传开来,成为全民使用的一般词。例如:“战略、突破”原来是军事用语,“背景、角色、亮相”原来是戏曲用语,“曝光”原来是摄影用语,“工程、设计、蓝图”原来是建筑学用语,“污染、腐蚀、饱和”原来是化学用语,这些,已经引用到广泛的社会生活中来,成为全民共同语词汇中的一部分了。

### (二) 行业语还有一种通行范围极窄的所谓“隐语”(黑话)

只流通在个别社会集团或秘密组织中。

比如,旧社会的商贩,为了使局外人不知道行市,就把“一”叫“平头”,“二”叫“空工”,“三”叫“横川”,“四”叫“侧目”,“五”叫“缺丑”,“六”叫“断大”,“七”叫“皂底”,“八”叫“分头”,“九”叫“未丸”,“十”叫“田心”。道门、土匪、青楼、盗贼这些旧社会的“行当”里,也有一些外人所难知晓的用语。

黑话中也有一些词语进入了全民语言,如“挂彩、挂花、洗手、卧底、黑线、叫板、喷粪、一路人、清一色、玩儿去、老冒儿”等。

## 思考与练习

1. 区分基本语汇和一般语汇有什么意义?
2. 基本语汇的主要性质有哪些?
3. 汉语吸收外来词主要有哪几种方式?
4. 指出下列外来词的类型。

奥林匹克(Olympics)

CT(Computerized Tomography)

MTV(Music Television)

巴黎(Paris)

DVD(Digital Video Disc)

法老(Pharaoh)

CD(Compact Disc)
B超
BP机
吉普车(jeep)
5. 外来词的形式有哪几种？指出下列外来词的类型。
高尔夫　基因　俱乐部　芭蕾舞　蒙太奇　幽默　沙丁鱼

# 第七节　熟　　语

**【知识目标】**

1. 了解熟语的含义以及在结构成分、结构形式、意义、来源等特点；
2. 掌握成语、惯用语、歇后语、谚语、格言的性质、特点以及划分标准。

**【能力目标】**

提高与人交际和说话的能力，培养热爱祖国语言的情感。

熟语是习用的定型词组，是词汇的重要组成部分。熟语内容丰富，形式精练，很有表现力，为人们喜闻乐道。从结构上看，它是词组，但作用相当于词。熟语主要包括成语、谚语、歇后语、惯用语等。

## 一、成语

成语是一种简练精美的固定词组，它是在社会演进和语言发展的历程中形成的，是人们长期的语言实践的认识结晶，是我们民族语言宝库中的精华。

### （一）成语的特点

**1. 意义的整体性**

成语和一般的词组不同，它的意义不是各个词的词义的简单相加，而是由各个词所融合成的一个含意深刻的整体。例如“痴人说梦”，从字面看，是傻子说自己做的梦，实际上是讽刺人凭着妄想，说根本办不到的话。再如“问道于盲”，从字面看，是向瞎子问路，实际上是比喻向根本不懂的人请教，不能解决问题。

**2. 结构的凝固性**

成语的整个结构是定型凝固的，一般不能任意变动词的位置，更换或增减其中的成分。例如“见仁见智”，不能说成“见智见仁”；“惊涛骇浪”，不能说成“狂涛骇浪”；“开源节流”，不能说成“开源并节流”；“侃侃而谈”，不能说成“侃侃谈”。

### （二）成语的来源

**1. 神话寓言**

例如“夸父逐日”，语出《山海经・海外北经》：“夸父与日逐走，入日；渴，欲得饮，饮于河、渭，河、渭不足，北饮大泽。未至，道渴而死。弃其杖，化为邓林。”大意是说：夸父（神话中的英雄）和太阳赛跑，追赶上了太阳。他渴极了，想喝水，喝了黄河、渭河的水还不够，又到北边去喝大湖的水，人还没有到，就在半路上渴死了。他的木杖也丢弃了，后来变成了一片树林，叫做邓林。这个成语比喻决心大，也喻指不自量力。又如“叶公好龙”，语出汉代刘向《新序・杂事》：“叶公子高好龙，钩以写龙，凿以写龙，屋室雕文以写龙。于是天龙闻而下之，窥头于牖，施尾于堂。叶公见之，弃而还走，失其魂魄，五色无主。是叶公非好龙也，好夫似龙而非龙者也。”大意是说：叶公子高特别爱好龙，钩形的刀具上刻上了龙，凿子上刻了龙，凡是房屋卧室雕花的地方都刻上了龙。天龙知道了就下到叶公住的地方，把头伸进窗户探望，尾巴拖在厅堂上。叶公看见龙，掉头就跑，吓得失魂落魄，脸色都变了。可见叶公并不是真爱好龙，他爱好的只是外表像龙实际上并不是龙的东西啊。这个成语比喻口头上说爱好某事物，实际上并不是真爱好。

**2. 历史故事**

例如“唇亡齿寒”，语出《左传・僖公五年》：晋侯复假道于虞以伐虢。宫之奇谏曰：“虢，虞之表也；虢亡，虞必从之。晋不可启，寇不可玩，一之谓甚，其可再乎？谚所谓辅车相依，唇亡齿寒者，其虞虢之谓也。”大意是说：晋国的献公第二次去打虢国，又向虞国借路。虞国的臣子宫之奇向虞公劝说道：“虢国是虞国外面的一层保护，虢国一亡，虞国一定跟着灭亡。晋国永不满足，不可助长他这个念头，就像强盗不可不在意一样。一次失着已经足够了，还可以来第二次么？俗话所说的面颊和牙床相互依存，没有了嘴唇牙齿就要觉得冷了。这句话正是说的虞国和虢国呢！这个成语比喻关系密切，利害相关。又如“图穷匕首见”，语出《战国策・燕策》。其中说，战国时燕太子丹派荆轲去刺秦王，荆轲以献燕国督亢（地名）的地图为名，预先把匕首卷在图里。到了秦王座前，慢慢地把地图展开，展到最后，露出了匕首。后以此比喻事情发展到最终，真相或本意显露了出来。

**3. 诗文语句**

例如“未雨绸缪”，语出《诗经・豳风・鸱鸮》：“迨天之未阴雨，彻彼桑土，绸缪牖户。”大意是说：趁着天还没有下雨，剥些桑树根儿的皮，把巢室有缝隙的地方缠缚紧了（后多指修理好门窗）。这个成语比喻事先做好准备。又如“水落石出”，语出欧阳修《醉翁亭记》：“野芳发（花开）而幽香，佳木（美好的树木）秀而繁阴（浓密的树荫），风霜高洁，水落而石出者，山间之四时也。”比喻事物真相完全显现。

**4. 口头俗语**

例如“利令智昏”“亡羊补牢”“众志成城”“投鼠忌器”等都是古时的俗语俚词；“改头换面”“拐弯抹角”“七手八脚”“平心静气”等都是后世流传于民间的口语。

除以上所说外，也有一些是从外语吸收来的。如“昙花一现”，源于佛经，从梵语来。“天方夜谭”，来自阿拉伯民间故事；“火中取栗”出于法国文艺作品。

### （三）成语的构造

成语绝大多数由四个字组成。从它的结构关系看，主要有以下几种类型：

**1. 联合型**

例如：

骄奢淫逸　悲欢离合　情投意合　精雕细刻
斩尽杀绝　好逸恶劳　废寝忘食　兴高采烈

**2. 偏正型**

例如：

一孔之见　后起之秀　庞然大物　世外桃源
孜孜不倦　焕然一新　彬彬有礼　豁然开朗

**3. 支配型**

例如：

崭露头角　平分秋色　包罗万象　饱经风霜
重整旗鼓　不落窠臼　感人肺腑　搜索枯肠

**4. 陈述型**

例如：

人定胜天　草木皆兵　叶公好龙　史无前例
气贯长虹　势不可当　双管齐下　师出无名

**5. 补充型**

例如：

感激涕零　逃之夭夭　极盛一时　体贴入微
迫不及待　轻于鸿毛　毁于一旦　遗臭万年

**6. 连动型**

例如：

守株待兔　束手待毙　缘木求鱼　过河拆桥
改邪归正　手到病除　结党营私　负荆请罪

**7. 兼语型**

例如：

望子成龙　引人入胜　发人深省　请君入瓮
纵虎归山　引狼入室　按兵不动　诱敌深入

### （四）成语在语言表达中的作用

**1. 言简意赅**

例如：

(1) 沈雁冰同志把个人的名誉、地位、“实惠”等等都看得很淡薄，犹如过眼云烟，而把对党忠心耿耿、对共产主义事业的坚强信念看得高于一切。（雷克《追求·奋斗·理想》）

(2) 未雨绸缪，防患未然——我国灾害性天气预报水平居世界前列。

例(1)“过眼云烟”，简洁而形象地描述了沈雁冰对待个人名誉、地位等等的“淡薄”态度，它与“忠心耿耿”一起，表现了沈雁冰的高尚品德。例(2)“未雨绸缪”“防患未然”都是大家所熟悉的成语，将二者连用，既符合标题文字简短的要求，又十分精当。

**2. 语含警策**

例如：

倘若走下车去，越过这些“屏障”，深入到腹地一看便会发现，有的整座山冈被砍伐成了“癞痢头”，树桩累累，枝干横陈，狼藉满地；有的连同主干被放火“烧荒”，黑烟弥漫，终日不散；有些虽然种植上了甘蔗、香蕉、菠萝等经济作物，但与那些被连根铲除的珍稀树种相比，有如焚琴煮鹤，实在是得不偿失！（吴学良《哭泣的原始森林》）

“焚琴煮鹤”是说把琴当做柴火烧，用来煮鹤吃，谁都会认为这是一件愚不可及的事情。作者以此喻指毁林行为，具有促人深省的效果。

**3. 流畅和谐**

例如：

“国”字从玉，古已有之，顺应了炎黄子孙对祖国的一片深情。在我们民族的文化中，玉是美好的象征。“玉洁冰清”“璞玉浑金”“宁为玉碎，不为瓦全”等词语，都含有高贵、纯洁、坚定之意。“国”字从玉，正表达了华夏儿女对祖国悠久历史、灿烂文化的赞美。（黄勤信《国庆读“国”》）

“玉洁冰清”“璞玉浑金”“宁为玉碎，不为瓦全”，由四字构成的成语本身各自就很匀称，这里连用，读来朗朗上口，和谐悦耳。

运用成语要理解成语的意思及其结构，以防出错。例如：

(1) 当年鉴真和尚冒着生命危险，前往一衣带水的邻邦日本，这一壮举千百年来广为人们传颂。（习作）

(2) 北京这许多年发生了翻天地复的变化，一幢幢高楼拔地而起，面貌大变，不用说外地人，连本市居民也都认不出来了。（报）

例(1)“一衣带水”意为一水相隔，如同一条衣带那样狭窄，是强调距离近。这里和“生命危险”“壮举”不能搭配。可改成：“……冒着生命危险，渡过东海，前往邻邦日本”。例(2)“翻天地复”，应为“天翻地覆”，由两个并列的主谓词组组成。

## 二、谚语

谚语是在群众中口头流传的通俗而深刻的句子。它是人民群众长期生活实践的经验总结，是对自然界、人类社会客观规律的认识，凝结着集体的智慧，充满了生活的气息。

谚语涉及的范围很广，内容非常丰富。其中：

有寓含哲理的。例如：

独弦不成音

立木顶千斤

满架葡萄一条根

不嚼碎，不知味

有讲工作方法的。例如：

横吹笛子竖吹箫

锯快不怕树粗

急走冰，慢走泥

骆驼脖子再长，也吃不了隔山草

有勉励人勤奋的。例如：

笔勤能使手快，多练能使手巧

枯木逢春犹再发，人无两度再少年
没有一番寒彻骨，哪得梅花香满园
活到老，学到老，还有三分没学好

有讲生态环境的。例如：

要想风沙住，人人来栽树
搞好四旁绿化，风沙旱涝不怕
山上多栽树，等于修水库
栽树在河畔，防洪保堤岸

有讲自然气象的。例如：

早上浓雾一天晴
游丝天外飞，久晴便可期
一颗星，夜保晴
寒水枯，春水铺
头九二九下了雪，头伏二伏雨不缺

谚语中也有一些应该剔除的糟粕。例如："龙生龙，凤生凤，老鼠生的儿子会打洞"，反映了反动的血统论；"出头的椽子先烂"，宣扬了"中庸"思想；"人不为己，天诛地灭"，表现了剥削阶级腐朽的人生观；等等。

谚语语意深刻，简明通俗，活泼生动，无论是口语还是书面语都常常运用。例如：

(1) 糖弹战的基本战术，不外是伺机察隙，择薄弱者而攻，各投所好，因势取不同手段。如俚语所说："苍蝇专叮有缝的蛋"，"见缝下蛆"。（欣仁《弹糖及其战法种种》）

(2) "磨刀不误砍柴工"，保养身体为的是更好地工作。中年人，请爱护自己的健康！（周冠虹《中年人要调整好生活节奏》）

例(1)"苍蝇专叮有缝的蛋"，"见缝下蛆"为经验性民谚，这里以此佐证，带有揭示规律作用。例(2)"磨刀不误砍柴工"，是流传于广大群众口头的谚语，以此提醒人群中最为忙碌的中年人，通俗而有说服力。

## 三、惯用语

惯用语是一种意义整体化了的、短小定型的习惯用语。惯用语的意义大都由比喻来。例如"吹鼓手"，原指旧时办喜事丧事时吹奏乐器的人，现表示吹捧某人的人。又如"当耳边风"，其中"耳边风"原指从耳边吹过的风，"当耳边风"，表示对别人的劝告、嘱咐根本听不进去。

惯用语在结构上，多数为三音节的词组。例如：

走过场　放空炮　敲边鼓　打头阵　赶浪头　翘尾巴　过电影
和稀泥　夹尾巴　嚼舌头　开绿灯　开夜车　两面光　关系网

非三音节的数量较少。例如：

卡壳　抹黑　婆婆妈妈　唱独角戏勒紧裤带
打马虎眼　花岗岩脑袋　脸红脖子粗　七大姑八大爷

惯用语在结构上具有定型性，但使用时可有一定的灵活性。例如"碰钉子"，可以说成"碰了个大钉子""碰了个软钉子"。又如"打光棍儿"，也可以说成"打了半辈子光棍儿"。

惯用语来源于口语，其中的许多直接反映现实生活，带有一定的时代色彩。现在有的除特殊表达需要外，一般已不再使用。有的新惯用语则随着社会的发展而不断产生出来。如“小皇帝（娇生惯养的独生子）”“小公主（娇生惯养的独生女）”“小金库（在单位财务以外另立账目的公款）”“递红包（为求人办事而送钱财）”。这一点也是惯用语和成语的重要区别。成语大都历史久远，构成比较稳定，不像惯用语处于变动之中。

运用惯用语可以使语言显得生动、新鲜。例如：

(1) 最近进一步打击经济领域里的犯罪活动，对犯有此类罪行的干部进行彻底追究。特别是对那些过去人们认为摸不得的老虎屁股，现在就是要摸。经济领域的一些大案，一个个被揭露出来，得到了切实处理。如此严肃认真，群众精神也就为之振奋。消极泄气的话也就少了，无人传播了。“来真格的了”，这种充满信心的语调代之而起，遍及街谈巷议。（张雨生《认真与信心》）

(2) 莫斯科天客隆今天掀盖头（《北京晚报》）

例(1)“老虎屁股”“来真格的”，都是惯用语。例(2)“掀盖头”，掀去新娘蒙在头上遮住面部的红绸布之意，惯用语。1999 年中国在莫斯科开设天客隆超市，此处代指“开业”。

## 四、歇后语

歇后语是由近似设谜和解谜两部分组成的一句话，前一部分是谜面，后一部分是谜底。平时说话，常常只说前一部分，而将后一部分藏着不说，让听话人去猜测体会，所以显得幽默风趣，歇后语的名称也正由此得来。

歇后语可以分为两类：

### （一）喻意歇后语

它的前一部分往往是一个比喻，后一部分字面上是对前面的解释，实际上言在此而意在彼，另有含意。例如：“六窍皆通——一窍不通”，人有“七窍（两眼、两耳、两鼻孔和口）”，表面上说的“六窍”怎样，实际上暗指“一窍”怎样。再如：

半天云里点灯——高明
拿着锄头刨黄连——挖苦
山水画——没人
泥佛爷的眼珠儿——动不得
钥匙插进胸口里——开心
镜子挂在后脑勺——只照别人，不照自己

### （二）谐音歇后语

前一部分说出一件具体的事情，后一部分加以解说，这是运用谐音双关的手法，表达出深层的意思。例如：“老虎拉车——没人敢（赶）”，后一部分的解说借助于“敢”“赶”谐音，来表示“没人敢”。再如：

僧人到了家——妙（庙）
冰糖拌黄瓜——干（甘）脆
冻豆腐——难办（拌）

何家姑娘嫁郑家——正(郑)合(何)适(氏)

卖布不带尺——存心不良(量)

纸糊的琵琶——谈(弹)不得

运用歇后语可以使语言活泼形象,富于趣味性。例如:

(1) 党八股的第一条罪状是:空话连篇,言之无物。我们有些同志喜欢写长文章,但是没有什么内容,真是“懒婆娘的裹脚,又长又臭”。(毛泽东《反对党八股》)

(2) 郑云山笑着说:“他让我在欠条上批了句话:下辈子还。”人们听完,不由得都笑了起来。连武艾英也忍不住笑了。郑谷雨说:“只有老牛筋能出这号点子。他是属鸭子的,肉煮烂,嘴也是硬的。”(马烽《结婚现场会》)

例(1)“懒婆娘的裹脚,又长又臭”,例(2)“属鸭子的,肉煮烂,嘴也是硬的”,都是歇后语,要说的意思分别是后一个分句的“又长又臭”和“嘴硬”。

## 思考与练习

1. 解释下列成语中画线的语素的意义,并说明成语的整体意义。

① 休戚相关　　② 草菅人命

③ 墨守成规　　④ 怙恶不悛

⑤ 栩栩如生　　⑥ 偃旗息鼓

⑦ 海市蜃楼　　⑧ 良莠不齐

⑨ 运筹帷幄　　⑩ 礼尚往来

2. 分析下列成语的结构类型。

① 叱咤风云(　　)　　② 浮云蔽日(　　)

③ 宽宏大量(　　)　　④ 惊世骇俗(　　)

⑤ 刻舟求剑(　　)　　⑥ 守株待兔(　　)

⑦ 赤子之心(　　)　　⑧ 对牛弹琴(　　)

⑨ 恩重如山(　　)　　⑩ 虎啸风声(　)

3. 分析下列歇后语的类型(比喻/谐音)。

① 小孩子坐飞机——抖起来了(　　)

② 和尚到了家——妙妙妙(　　)

③ 张果老倒骑驴——不见畜生之面(　　)

④ 张飞穿针——大眼瞪小眼(　　)

⑤ 孙猴子变山神庙——藏不住尾巴(　　)

⑥ 陈世美犯法——包办(　　)

4. 举例说明成语和谚惯用语的区别。

# 第八节　词汇的发展变化和词汇的规范化

**【知识目标】**

1. 了解词汇的发展变化；

2. 掌握词汇的规范化要求。

**【能力目标】**

培养规范化用语能力。

## 一、词汇的发展变化

主要表现在新词不断地产生，旧词逐渐地消亡；同时，词的语义内容和词的语音形式也不断地发生变化。

### （一）新词的产生

社会不断地发展，新事物不断地涌现，人们需要认识，指称这些新事物，就要给它命名，以满足交际的需要，于是产生了新词。同时社会的发展变化，提高了人们的认识能力，人们对已知的事物加深了认识，发现了前人所未知的新特点，为了记录和指称这些新认识，也要创造新词，如“火箭、卫星、电视机、计算机、软件、遥感、质子、中子、电子、离子、凝聚力、力度、透明度”等。此外，在现代汉语中，由于词的双音化的发展趋势的要求，单音节词或多音节短语出在交际中取得了新的双音节形式，也为语言增加了新词。

其产生的形式有：

**1. 新事物产生新造词**

任何新事物、新思潮的出现，都需要有与之相应的词来表达，一般情况下，这个词是以新的形式出现的，属于新造词。

(1) 社会制度的变更会带来新词的出现。例如：

奴隶社会：隶、臣、妾、童、仆、民

封建社会：朕、宰相、庶民、衙门、太监、科举、状元

近现代资本主义萌芽时期：洋务、学堂、鸦片、殖民地

社会主义阶段：计划经济、共产党、一国两制、精神文明

(2) 社会的重大变动也会带来一批新词的出现。例如：

“文化大革命”：红卫兵、最高指示、四旧、四大（大鸣、大放、大字报、大辩论）、串联、喷气式、白专

改革开放：特区、个体户、外企、融资、入关

(3) 社会生产力的提高和科技水平的进步带来的新词。例如：

渔猎时代：网、弓、矢、鱼、兔、鹿、射、渔

畜牧时代：骥(千里马)、驽(劣马)、骁(良马)、驹(两岁马)

农业时代：黍、稻、麦、糜、麻、耕、犁、井、畴、丝

工业时代：螺丝、齿轮、机车、工人、银行、煤气、发动机

信息时代：电脑、上网、传呼、终端、多媒体

(4) 人们的思维能力的不断提高、思想意识的某些改变，带来了抽象词语的增加。

例如受儒家思想的影响，产生了“忠”“义”“仁”“孝”“礼”“信”“悌”“慈”“中庸”“天时”“地利”“人和”等抽象词，受西方近代思潮的影响，产生了“民主”“人文”“平等”“自由”等新的抽象词，受社会主义思想的影响，产生了“四项基本原则”“公有制”“马列主义”“按劳分配”等新词。

**2. 已有事物产生新词**

有些词是内部调节过程中逐渐替换的，如“走”最初的意义是现在的“跑”，“跑”这个词产生以后，逐渐代替了“走”的概念。这样的词还有很多，如“冠——帽”“舟——船”“梁——桥”“足——脚”“口——嘴”等。

出于避讳，如在唐代以前，“世”表示辈分的层次，“代”表示朝代的更替，但由于要避讳唐王李世民的名字，“世”的概念暂时被“代”取代，以后逐渐稳固下来。再如“筷子”在古代叫做“箸”，因为渔民们在出海打鱼时很忌讳它的谐音“住”(意味着抛锚)，所以把“箸”称为“筷”，与“快”谐音，后来，“筷子”完全替代了“箸”。

由于观念和情感的变化。比如，过去一直称身体某些功能有缺陷的人为“残废”，但这个词中的词素“废”给人以“对社会无用，成为废人”的消极暗示和歧视的意味，不利于表现对这一群体平等相待的态度，因此后来逐渐用“残疾”或“残疾人”代替了“残废”这个词，其中的语素“疾”只说明身体有疾病，与当事人的社会价值、能力志向没有关系，一个词的改变，体现出了人们观念的进步。这样的词还有许多，如“首长”代替了“长官”，“厨师”代替了“厨子”，“饲养员”代替了“猪倌”，“邮递员”代替了“邮差”等等。目前，还有许多词正在向这一方向转化，如“傻子—弱智—智障”“办公楼—写字楼”“厕所—卫生间—洗手间—化妆间”等。

由于社会心理的影响，也会造成概念改换名称的情况。比如，移动电话刚在中国出现时，有一个非常响亮的名称——“大哥大”，因为当时移动电话还属于奢侈品，只有少数有钱有势的人可以用得起，所以这个名称很形象地反映了这种夸富攀富的心态，盛行一时，但随着移动电话的普及，这种新生事物已经越来越平民化了，“大哥大”的名称也逐渐给人一种土气、俗气的感觉，首先是一些白领阶层的人士改换了更为平实的名称“手机”，以后，“手机”这一名称逐渐取代了“大哥大”，现在已经很少听到有人用“大哥大”这个名称了。

**3. 词义演变产生新词**

词义在演变过程中带来了义项的增多，为了易于辨别，往往会用一个新词来表示其中的一个义项。如古代“匠”本是“木匠”义，(《说文》：“匠，木工也；从工，斤所以作器也。”)，到汉代已用于一般手工业工人，如“木匠”“土匠”“瓦匠”等，那么原有的本义就独立出一个新词“木匠”。“生”的本义是生育，后来又演变出“生死”的“生”“出现”“生命”义等。为了便于区别，就出现了“生育”“生活”“生存”“生命”“产生”“发生”等新词。“妇”的意思是“成年女子”，后又生出“已婚女子”义，为了便于区别，分别产生了“妇女”“妇人”等新词。再如，“击”在古代是“敲”(敲击乐器)和“打”(打击敌人)的通称，后来由于词义的分化，产生了分别代表各自

意义的新词“敲”和“打”。

**4. 词组凝固成词或简缩成词**

有些词的产生不是因为新事物或新观念的影响，也不是因为词义的演变，仅仅是因为几个经常搭配的词组成的词组经过长期配合，逐渐凝固为一个词，这样产生的词也是新词。例如在古代，“一扉曰户，两扉曰门”，两者经常在一起使用，就产生了新词“门户”。“道路”“国家”“久远”“宝贵”“变革”“始终”“日夜”等词都是这样形成的。

随着社会的飞速发展和信息量的迅速增加，适应省时省力的经济原则，简缩词大量出现。如“假话、空话、大话—假大空”“彩色电视机—彩电”“对外贸易—外贸”“工商行政管理局—工商局”“土地改革—土改”等。

**5. 吸收其他语言或方言的词**

(1) 外来词的吸收

社会之间的接触和交流是贯穿于人类社会的整个发展过程中的。外民族对某个概念有了一定的认识，赋予它一定的形式，形成了外语词。如“葡萄”“苜蓿”“石榴”“檀香”“菠菜”等。

自东汉始，佛教传入我国，佛教的传播必须与佛经的翻译同步。大量的佛教用语由此进入汉语中，例如“佛”“阿弥陀佛”“弥勒佛”“菩萨”“罗汉”“魔”“罗刹”“夜叉”“阎罗”“地狱”“和尚”“僧”“瑜伽”“忏悔”“结果”“世界”“报应”“红尘”“超脱”“顿悟”等。

近现代西方文化影响到中国，又有大量翻译来的外来词出现，例如“逻辑”(logic)、“乌托邦”(utopia)、“图腾”(totem)、“美阿”(市长 mayor)、“雷达”(radar)、“麦克风”(microphone)、“拖拉机”(俄语 трактор)、“歇斯底里”(hysteria)、“维他命”(vitamin)、“幽默”(humour)、“奥林匹克运动会”(Olympic Games)、“酒吧”(bar)、“摩登”(modern)等等。

近现代以来，由于日本与西方的交流频繁，思想文化、科学技术都吸收了不少西方语汇，使得汉语出现了借用日语中的汉字外来词的特殊语言现象，如“淋巴”(日音 rinpa，英语 lymph)、“俱乐部”(日音 Kurabu，英语 club)、“吨”(日音 ton，英语 ton，tun)，“腺”(日音 sen，英语 gland)、“科学”(英语 science)、“绝对”(英语 absolute)、“象征”(英语 symbol)、“革命”(英语 revolution)、“经济”(英语 economy 或 economics)、“政治”(英语 politics 或 polity)、“消费”(英语 consumption)等。

新时期改革开放以来，外来词又掀起了一个新的高潮。如“欧佩克”(英语 OPEC)、“克隆”(英语 clone)、“比基尼”(英语 bikini)、“派”(英语 puff)、“艾滋病”(英语 AIDS)、“秀”(英语 show)。

近些年来，外来词出现了一种新的趋势：字母词。如：“X 光”“AA 制”“BP 机”“B 超”“卡拉 OK”“维生素 E”等，甚至出现了完全由英文字母组成的词，如“CT”“DVD”“MTV”等。

(2) 吸收方言词

在使用共同语的同时，各方言区的人们还熟悉和使用着本地方言，不同方言区的人也交流不断，所以，必然有一些方言词汇通过较大范围的推广之后进入了汉语共同语——普通话。有些方言词因为运用普遍，甚至被使用者忽略了它的方言身份。汉语普通话中的方言词很多，例如“老公”“埋汰”“尴尬”“搞”“瓷实”“大虫”“当间儿”“晓得”“掂量”“抖搂”“大大咧咧”“死乞白赖”等。

## （二）旧词的逐渐消失和变化

随着社会的发展变化，一些标志旧事物、旧观念的词语，有的逐渐在语言中消失了，有的逐渐缩小使用范围。例如："丫环、童养媳、变工队、锄奸队、堡垒户、堡垒村"等。

但有的旧词词义增多了，这是由于人们利用旧词指称新事物、新认识的缘故。例如："产前、产后"两个词，近年来就分别增加了"产品生产前、产出后"的意义。

随着社会的发展和人们观念的变化，一些已经消失的事物和现象又重新出现了，一些被抛弃的观念又变了回来，这都促成了旧要素的复生。旧要素的消亡并不意味着它在汉语系统中踪影全无，在适当的语言环境中还会看到它们的影子。但旧要素的复生并不是指这种偶尔为之的情况。只有当一个已经消亡的要素重新被较普遍地、较长时间地使用时，才可以称之为旧要素的复生。例如已经消失的事物和现象重新出现带来的旧词复生，像"当铺""股票""股市""老板""债券""二奶"等；观念的变化带来的旧词复生，如"太太""先生（丈夫）""小姐""薪水""公务员""保镖"等。

习用套语也有复生的现象，例如"恭喜发财""上帝保佑"等，有相当长的一段时间因观念的变化而被弃用，现在又重新回来了。

## （三）词义的演变

**1. 词的一个意义的演变情况**

词的一个意义的演变分为四种情况：

（1）词义的丰富和深化

词义的丰富和深化是指词的某一个意义在外延不变的情况下，在内涵方面发生了由简单到复杂，由肤浅到深刻，由不正确到正确的变化和发展。例如"气"在古时的词义为"云气"，而现在对"气"的理解是"没有一定形状，没有一定体积，可以流动的物体，在常温下，空气、氧气、沼气等都是气体"，在词义内涵上更加丰富、更加深刻了。

（2）词义的扩大

词义的扩大是指词义所指称的客观事物的范围发生了由小到大的变化。例如"肉"原来只是指"鸟兽之肉"，后来词义扩大，凡一切动物的肌肉皆称为"肉"。这样，"肉"先前的意义就消失了。

（3）词义的缩小

词义的缩小是指词义所指称的客观事物的范围发生了由大到小的变化。例如"臭"原意为"气味"，后来内涵缩小，特指"（与'香'相对的）臭味"，原义也消失了。

（4）词义的转移

词义的转移是指词义所指称的客观事物发生了新旧更替的变化。例如"脚"原指"小腿"，现在则指"人或动物的腿的下端，接触地面支持身体的部分"，由指称一种事物改变为指称另一种事物。

**2. 一个词的意义的变化**

义项是对词的词汇意义的分项说明。一个词的意义的变化一般表现为义项的增多和义项的减少两种情况。

（1）义项的增多

前面讲过，多义词的意义包括原始义和派生义、基本义和非基本义等几对关系，一个词在基本义基础上派生出其他义项，必然导致义项的增多。这种情况，一是表现为单义词变成多义词，一是表现为多义词内部义项增多。如“缺口”的基本义是“物体上缺掉一块而形成的空隙”，后来又派生出“指(经费、物资等)短缺的部分”，由一个义项增加到两个义项，也就由单义词变成了多义词。

(2) 义项的减少

词的义项的消亡也是词义演变的结果。一般是在某一个新义项派生出并与原有义项并存一段时间后，原来的义项逐渐被放弃，最终造成义项的减少。如“丈人”一词的原始义是指“一般年老之人”，后来增加了“岳父”义；“兵”最早是“兵器”的意思，后也表示“军队”、“士兵”，现只表示“士兵”的意思；“臭”一词原有两个含义：一泛指“一般气味”，一单指“恶臭”但是在现代汉语中，上面各词前面的义项已经消亡了，只剩下最后一个义项了。

词的义项减少了，并不等于这个成分的意义也一定消失了，有些意义内容作为语素义继续保留下来，如“兵”的“军队”义和“兵器”义作为语素义保留在“兵不厌诈”、“兵刃”等词中。

此外，还有词的感情色彩的转移，褒义转为贬义或贬义转为褒义，或转移为原义的反面，如称小孩子为“小鬼”表示亲昵，把不听话的孩子或娇生惯养、脾气很坏的孩子叫“小祖宗”。

## 二、词汇的规范化

词汇规范化工作有两个方面，一是维护词语的既有规范，一是对普通话从古语词、方言词或其他语言新吸取进来的成分进行规范。

### (一) 古语词的规范

古语词的吸收，是丰富现代汉语词汇的一个重要途径。但是应该吸收那些有表现力或适应特殊场合需要的古语词，例如“逝世、哀悼、呼吁、秀才、状元”之类，必须反对吸收那些丧失了生命力的词语。

### (二) 外来词的规范

吸收外来词对丰富本民族语言词汇，增强语言表达能力，有积极作用。但是要注意如下三点：

一是不要滥用外来词。滥用外来词有损于语言的纯洁，能用汉语固有的语素组成词并把意思表达得准确清楚的，就不用外来词。如用“连衣裙”，不用“布拉吉”；用“小提琴”，不用“凡亚铃”。

二是统一外来词的汉语书写形式，采用通用式。如用“托拉斯”，不用“托拉思”。

三是吸收外来词，应尽量用意译方式。除了人名、地名、国名要用音译方式，以及不用音译就不能准确表达原外来事物意义的以外，应尽量采用意译，因为意译更接近民族习惯，便于理解记忆。如用“维生素”，不用“维他命”；用“话筒”不用“麦克风”等。

### (三) 方言词的规范

现代汉民族共同语的词汇是在北方方言的基础上发展起来的，它包括汉民族共同使用的和逐渐发展为共同使用的词。1955 年现代汉语规范问题学术会议明确规定普通话以北方话为基础方言，但是普通话词汇远比北方方言区任何一个地点方言的词汇都丰富多彩，都更加具有普遍性。因此,普通话词汇的规范不能像语音那样,以一个地点方言为标准,而应以广大的北方话为基础。近百年来普通话词汇发展得比较快,大量基础方言和非基础方言的词涌进普通话里来,这的确起了丰富普通话词汇的作用,但也给普通话词汇带来一些分歧和混乱,使得同一对象有几种说法。如同在基础方言区内,"蚜虫、蚁虫、密虫、油虫、旱虫"等并存,该选哪一个词呢?从普遍性看该选用"蚜虫",从必要性、明确性、健康性看,也较合适。

在方言词的规范中,一定要注意到这样一个事实,那就是有些产生于或常用于某些方言地区的词,由于它具有某种特殊表现力或特殊表现范围,已经或将成为普通话中某同义词群中的有特殊作用的一员,例如"老鼠、耗子""孩子、娃娃、小嘎子、儿童、小孩儿""名堂、名义、名目""搞、弄"等等。这类词无论在词的义项或义素方面,还是在色彩意义或搭配范围方面都是有差别的,决不能以个人的习惯、好恶来决定它们的取舍。

那些标志着只在某个或某几个地区产生和存在的事物的词,如广东广西的"剑麻、荔枝、芒果",西北的"青稞、牦牛"等等,不应看做"规范对象",因为普通话中不必要再另外造个词来替代它们。

### (四) 新词的规范

为了满足交际的需要创造出一些新词,这是必要的。可是有些所谓"新词",意义含混,不为广大群众所接受,这样的词实际是"生造词",是词汇规范化的对象。例如:

当工人的宿望,算砸锅了。

坐 3 路汽车的人特别多,每次坐这趟车,都让人挤站得难受。

小琴的脸是那么白丽。

"宿望""挤站""白丽"都是生造的。

### (五) 简称的规范

简称是较复杂的名称的简化形式。

在缩略语中也有很多生造现象,例如把"英雄业绩——雄业","熟练技巧——熟巧","严格执法——严执",等等。

使用缩略语一定要规范,对那些表义明确、但容易产生歧义的,应尽量避免,即便是符合缩略语结构规律的,只要还没有广为人知,在行文中第一次出现时,最好要加以说明。

## 思考与练习

1. 词义发展的原因是什么?

2. 举例说明词义变化的基本类型。

3. 词语的发展演变表现在哪些方面?

4. 词义发展变化有哪几种原因?其发展变化的途径有哪几种?

5. 请分析下列现象是属于词义的扩大,还是义项的增加。并进一步阐述词义的扩大与义项的增加的区别。

① 末班车

② 入流

③ 锐利
④ 颜色
⑤ 嘴
⑥ 文人
⑦ 汤

## 附录　字典和词典

### 一、字典与词典的区别

字典和词典被人们誉为“无声之师”，是很有道理的。它虽然不会出声，却和老师一样，可以帮助解决人们学习遇到的字、词方面的疑难。这是每一名学生、文字工作者，乃至一般社会成员身边不可缺少的工具书。走自学成才道路的人，学习中的困难是可以想见的，所以了解一点有关字典和词典的知识，以便随时请教，就显得尤为重要。

字典是以单字为收集的对象，主要解释单个字的写法、读法、意义和用法。有的字典也附带解释一些词语，目的还是为了说明字的意义和用法。词典是以词语为收集的对象，主要解释一个个词语的意义和用法。汉语的词典一般要以单字打头，由单字带出一系列的词语，先解释“领头字”，然后逐条解释所列词语。词典的单字部分和字典基本相同，往往兼有字典的功能。

### 二、几种字典、词典简介

**1.《汉语大字典》**

由四川、湖北两省三百多位专家、教授和语文工作者编写，经过十多年的艰苦工作，于1984年编成初稿，1985年开始分卷定稿，陆续出版。1990年底八卷全部出齐。

《汉语大字典》是汉字楷书单字的汇编，共计收列单字五万六千左右。全部单字按部首编排，设二百部。它注重形音义的密切配合，历史地、正确地反映汉字形音义的发展。在字形方面，于楷书单字条目下收列了能反映形体演变关系的、有代表性的甲骨文、金文、小篆和隶书形体，并简要说明其结构的演变。在字音方面，注出了现代读音，并收列了中古的反切，标注了上古的韵部。在字义方面，不仅注重收列常用字的常用义，而且注意考释常用字的生僻义和生僻字的义项。

《汉语大字典》的编纂是我国文化建设方面的一项宏伟工程，1994年获国家图书奖。

**2.《新华字典》**

新华辞书社编纂。1953年由人民教育出版社出版，1957年改由商务印书馆出版，至今曾作过五次大的修订。

这部字典是新中国成立后第一部按《汉语拼音方案》音序排列编纂的字典，也是中国第一部用白话文来注释字词意义的工具书。1998年本在1992年修订本的基础上，就字形、字音、释义、例证、体例等作了较大的修改和调整。修改时注意吸收了语言文字研究和相关学科的新成果。全书所收单字共一万余个(包括繁体字和异体字)、带有解释的复音词三千五百余个。书前列有“新旧字形对照表”“汉语拼音音节索引”和“部首检字表”。这部字典注音准确，检索方便，字形标准，释义简明，受到各类读者的广泛欢迎，在国外亦有一定影响。

**3.《辞海》**

《辞海》由舒新城主编。编纂历时20年，于1936年由中华书局出版。新中国成立后，曾进行过一次改编，于1965年出版了《辞海》(未定稿)。1979年进行修订，夏征农任主编。《辞海》(1979年版)，共三卷，词目九万一千条。他们提出了"每隔十年修订一次"的方针。《辞海》(1989年版)对许多过去以阶级斗争为纲时期视为禁区的学科和自然科学方面的新兴学科，做了大量补充。1994年获国家图书奖荣誉奖。《辞海》(1999年版)在内容上、设计上都有新的补充、改进。词目增加到十二万二千余条，六千条新增词目大部分是近10年来新出现的词语。《辞海》为语文兼百科的综合性词典，古今语词兼收并蓄，时代感较强，适用于各行各业的普通读者。

**4.《现代汉语词典》**

中国科学院语言研究所编写。1956年着手收集资料，1960年印出"试印本"，1978年正式出版，1983年出第二版，1996年出修订第三版。二十多年来，先后共付印185次。1994年获国家图书奖。

《现代汉语词典》为中型词典，收字、词、词组、熟语等约六万余条，全书共三百万字。本书内容丰富，除一般语汇外，还收有一些常见的方言词语、文言词语、专门术语等。这部词典体系细密完善，选词立目严谨精当，释义简明扼要。作为现代汉语的第一部规范词典，问世后赢得了广大读者和学术界的赞誉，成为大、中学生，教师，新闻工作者以及其他语言文字工作者的重要工具。

**5.《汉语大词典》**

由上海市、山东省、江苏省、安徽省、浙江省、福建省共同编写，参加的专家、学者共四百多人。1986年开始出第一卷，1994年正文十二卷、附录及索引一卷全部出齐，历时20年。1994年获国家图书奖。

《汉语大词典》是一部大型的、历史性的汉语语文辞典，共收词目约三十七万条，五千余万字，插图二千二百余幅。本书特色鲜明，在收词方面，不仅数量甚大，而且古今兼备，查全率高，形体齐全，注音周详。在释义方面，准确度高，纠正了以往辞书的一些误释，义项也比较齐备；并能努力追溯语源，充实释文内容。在引证方面，资料翔实，例证繁富。本书在编写前即组织上千人从上万种古今图书、报刊上收集资料，共收词制卡七百多万张。

《汉语大词典》和《汉语大字典》是我国新编大型语文辞书的双璧，代表了我国辞书编纂的最新成就和最高水平。

**6.《四角号码新词典》**

商务印书馆编辑，1950年初版，1982年出修订第九版。这是一部小型词典，共收单字一万六千多个，词语二万多条。单字下用拼音字母和同音汉字注音。解释简明扼要，通俗易懂。单字用四角号码的顺序编排。

**7.《中国成语大辞典》**

王涛等20人编撰。1987年上海辞书出版社出版。本书共收成语一万八千余条，在同类词书中条目总数最多。本书注意搜集第一手资料，而且范围相当广泛，体例比较细密，检索也比较方便，这是它的优点。所收条目分主条和附见条，主条是成语的早期形式或主要形式，作音义解释；附见条是成语的其他形式，不另解释。

## 三、检字法

检字法是汉字排列次序的查检方法。了解并掌握检字法，对熟练地利用字典、词典这一类工具书很有帮助。

**1. 部首检字法**

以汉字的部首作为编排检字的方法叫部首检字法。东汉的《说文解字》,清代的《康熙字典》以及旧版的《辞源》《辞海》等都是采用的这种方法。部首是根据汉字形体偏旁所分的类别。部首的排列顺序以部首本身的笔画多少为准,少的在前,多的在后。凡是偏旁相同的字都归入同一部首,同一部首字的排列顺序,也以字的笔划多少为准。

部首检字法利用了汉字的结构特点,易于掌握,这是它的优点。但是由于汉字的结构复杂,部首没有固定的位置,有些字从字形上认不出该属哪一个部,又是它的缺点。为了弥补这一不足,有的字典、词典附有难字表,或汉语拼音索引。

**2. 笔画检字法**

将汉字的笔画数和笔形结合起来编排检字的方法叫笔画检字法。先按笔画多少将字加以排列,少的在前,多的在后。笔画数相同的字,再按起笔的形状(横、竖、撇、点等)依次编排。使用这种检字法的工具书很少。

**3. 号码检字法**

将汉字的笔形编成号码,再按号码查字的方法叫号码检字法。这可以"四角号码"检字法作为代表。它把汉字的笔形归纳为十种,每种用一个号码代表。每个字取四角的笔形,用四个阿拉伯字作为代码。四个代码依左上、右上、左下、右下的顺序组成。这种方法掌握熟练以后,查字较快。《四角号码新词典》就是用这种方法编排的。

**4. 音序检字法**

按照字音的字母顺序来检字的方法叫音序检字法。这种方法是将汉字按照汉语拼音字母的顺序加以排列的。查字时,先看音节的第一个字母,依次再看第二、第三个字母。现在普通话日益推广,汉语拼音方案已经为广大的中、小学生以及社会上愈来愈多的人所掌握,所以用这种方法查阅字典、词典又方便,又快速,受到人们的欢迎。《新华字典》《现代汉语词典》等就是用这种方法编排的。

# 第五章 语 法

## 第一节 语法概说

**【知识目标】**

1. 了解了解语法的基本特征；

2. 掌握语法的基本单位。

**【能力目标】**

培养使用规范语法与人交际，提高交际能力。

### 一、语法

语法是语言的结构规则。

语法是语言的三要素之一，语法是语言的结构规律。即词、短语、句子等语言单位的结构规律。我们理解一个句子，不但要懂得该句子每一个词所表示的词汇意义，还要了解语言单位之间的结构关系、组合层次、分布位置以及词类的功能，也就是语法意义。词汇意义所反映的是客观事物及其相互之间的联系，以一定的客观事物和现象作为概括的对象，而语法意义所反映的是语言单位——词、词组、句子的功能和性质及其相互之间的联系，语法以语言结构为概括的对象。比如：

什么事情让你们这么高兴？

高高兴兴而来，平平安安而去！

快告诉我，让我也高兴高兴。

说汉语的人都知道用“高兴”来表达“愉快而兴奋”的意思。所以，这三个句子中“高兴”的词汇意义是基本一致的，但语法意义却各不相同。“高兴”是基本形式；“高高兴兴”是性质形容词的 AABB 重叠式，表示程度的加深；“高兴高兴”是某些动态形容词的 ABAB 重叠式，表示使某人获得体验或感受。

语法意义同词汇意义具有本质的区别，词汇意义具体实在，要想扩大词汇量，就必须一个一个去学、去记，所以叫积累词汇。而语法意义抽象概括，一条规律往往可以概括一大批同类语言现象。比如说一部分比较常用的双音节性质形容词的重叠形式是 AABB 式，表示程度加深，那么，除了可以说“高高兴兴上班去”以外，自然也可以说“漂漂亮亮地打了一个大胜仗”“大大方方地登上了讲台”“密密麻麻地写满了字”“干干净净地上托儿所”等等。当然，AABB式是部分褒义和中性义性质形容词的重叠形式。如果是贬义的，一般要用A里AB式，比如“啰里啰嗦”“糊里糊涂”“流里流气”。同样，部分动态形容词可以以ABAB方式重叠，所以，除了可以说“高兴高兴”外，也可以说“凉快凉快”“舒服舒服”“轻松轻松”等。

语法分为词法和句法两个部分。词法研究的范围包括词的语法分类、词的构成和变化等语法特征。上面讲“高兴”的变化是属于语法范畴的，句法的研究范围包括短语、句子的结构类型、组合搭配的规律及其表达功用等。比如：

| | |
|---|---|
| 空气新鲜(主谓) | 新鲜空气(偏正) |
| 市场繁荣(主谓) | 繁荣市场(动宾) |
| 撰写文章(动宾) | 撰写的文章(偏正) |
| 孩子脾气(比况) | 孩子的脾气(领属) |
| 我们老师(同位/偏正) | 我们的老师(偏正) |
| 学习文件(动宾/偏正) | 学习的文件(偏正) |

语序的变化和虚词的增加导致了结构或语义的改变。这些属于短语的语法结构规律。

再比如：

请你把一支钢笔递给我。

你把废纸果皮不该乱扔。

他把孩子又想念了一次。

如果渴了，你就把茶喝。

为什么上面四个“把”字句都是错误的呢？凭语感人们都可能讲出一些，但学了语法以后，就可以比较准确地指出这些句子错在何处了。上面四句分别违反了使用一般“把”字句所需要遵循的四个方面的规范：① “把”字句宾语应该是定指的至少是已知的；② 否定词和助动词应当位于“把”字前面；③ 动词的词义必须具有一定的处置意味；④ 动词后面还要有其他成分以表示结果。

“语法”这个术语，在人们的实际运用中有两个含义。一是指语言结构规则本身；一是指研究语言结构规则的科学。比如“这样说不符合语法”，这句中的“语法”是指语言的结构规则；“语法是一种专门的学问”，这句中的“语法”指研究语言结构规则的科学。在需要加以区别的时候，人们把前者叫做语法，把后者叫做语法学。

## 二、语法的性质

### (一) 抽象性

语法是语言的结构规则。语法具有抽象性特点。例如“勇敢地战斗”“很好”“认真学习”，这些语句在具体意义上毫无共同之处，但在结构上却有共同之处：都由状语加中心语组成的偏正结构。又如“名词不能用‘不’否定”这条规则几乎适用于所有名词，“山、水、学生、衣服、街道、文化、语言、足球”等等，前面都不能出现“不”。

抽象的语法规则表现在人们说写的话语中，储存在人们的大脑里，它是客观存在的。抽象性是语法最重要的特点。

### （二）稳固性

语法的稳固性是相对语音、词汇而言的。其稳固性主要表现在历史继承性和不可渗透性两个方面。

现代汉语“主＋动＋宾”这种结构在甲骨文中就已存在。如“河杀我？河不杀我?”（董作宾《殷墟文字乙编中辑》）。其中“河杀我”就是“主＋动＋宾”结构。此外，现代汉语的联动、兼语、双宾语等结构，也是先秦两汉汉语中常见的。如“项庄拔剑起舞”（《史记·项羽本纪》），“命夸蛾氏二子负二山”（《列子· 汤问》），“王赐晏子酒”（《晏子春秋》）。这些都体现了语法惊人的稳固性。

语法的不可渗透性体现在语言接触中，会出现大量的借词，但语法体系受到的影响却很小。外文汉译时必须接受汉语语法规则的支配，如英语中短语或从句作定语时放在中心语之后，但译成汉语时，必须把定语放在中心语之前。

### （三）民族性

汉语数词与名词间要出现量词，而英语则不需要量词。汉语名词性偏正结构是“定＋中”，而傣语的则是“中＋定”。汉语的动宾结构是“动＋宾”，而日语的则是“宾＋动”。英语的谓语动词有词形变化，而汉语的则没有。

## 三、语法单位和句子成分

### （一）语法单位

语法规则离不开具体的语法单位之间的联系，因而，在全面研究各种语法规则之前，需要弄清楚什么是语法单位。凡是能在组合的某一位置上被替换下来的片断都是语法单位。例如“他是学生”“他”分别可以用“那个人”“你昨天见到的那个人”等替换下来；同样，“是”“学生”也可以用别的词语替换下来。“他”“那个人”“你昨天见到的那个人”等在同一位置上可以相互替换。这些可以相互替换的单位在句子中的作用相同，都是语法单位。

语法单位有大有小，最小的是语素。比语素大的语法单位依次是词、词组和句子。

**1. 语素**

语素是最小的音义结合体，它既是词汇单位，又是最小的语法单位。

**2. 词**

词是造句时能够独立运用的最小的语言单位，它既是词汇的主体层级，又是高一级的语法单位。词汇部分讨论它的构造，语法部分讨论它的句法功能。

“独立运用”和“最小”是区别词与非词不可缺少的两个条件。所谓独立运用，是指在造句中能够到处作为一个单位出现；所谓最小，是指不能扩展，即中间不能插入别的成分。词和词组都可以“独立运用”，但词组不是“最小”。如“白菜”与“白布”都可以作为造句的单位，但“白菜”不能扩展，是词，而“白布”可以扩展为“白色的布”，是词组。词和语素的定义中都有“最小”二字，但词是能独立运用的最小语言单位，而语素只是“最小”，不能“独立运用”。例如，“危险”可“独立运用”，是词；若再分成“危”和“险”便不能独立运用，只是最小的音义结合体——语素。

**3. 词组**

词组又叫短语，是由两个以上的词组成的语法单位。词组可分为两类：自由词组和固定词组。交际有需要马上就能按照有关语法规则组织起来的短语叫做自由词组。

**4. 句子**

句子是由词或词组构成的语言的基本运用单位。口语中的句子都有一定的语气，句子前后都有间隔性的语言停顿；书面语中的句子则要用句号、问号或感叹号来表示语气和停顿。

作为语法单位，语素是构词单位，词和词组是造句单位；句子是语言的运用单位。

词、词组可以成句，那么，它们与句子有什么区别呢？区别在于词语所叙述的内容是否与现实发生特定联系。词、词组是造句单位，没有语气，不能与现实发生特定联系。而句子是使用单位，为了适应具体环境中的交际需要，必须有特定的语气。带上了语气也就同现实发生特定联系了。例如，词典里找到的“好”只是一个词，但在对特定事物进行评价时说“好!”，则是一个句子。“禁止吸烟”是一个词组，但当它出现在公共场所的墙壁上提醒人们不要吸烟时则是一个句子。

### （二）句法成分

句法成分是句子结构的组成成分。

汉语有八种一般句法成分。

（1）主语和谓语。主语是谓语陈述的对象，谓语是陈述主语的。通常主语在前，谓语在后，两者之间有陈述关系。

（2）动语和宾语。动语在前，表示动作行为，是支配、关涉后面的宾语的成分；宾语表示人、物或事情，是动作所支配、所关涉的对象。

（3）定语和状语两种。定语是名词性短语里中心语前面的修饰语，状语是谓词（动词、形容词）短语里中心语前面的修饰语。

（4）中心语和补语。两个成分组成中补短语，整个短语是动词性或形容词性的。所以说补语是动词、形容词性短语里中心语后面的补充成分。

每个句子成分总是跟另一句子成分相依存，发生一定的语法关系。例如：全体同学都做完了语法作业。

### 思考与练习

1. “语法”这一术语有几种含义？它们之间有什么联系和区别？

2. 举例说明什么是语法的性质。

3. 跟英语相比，现代汉语语法具有什么特点？

4. 语序是现代汉语最重要的语法手段之一，有人认为现代汉语语序是固定的，也有人认为现代汉语的语序具有灵活性。对此，你怎么看？

5. 语法单位可分为哪几种？它们之间的关系如何？

# 第二节　词类(上)

**【知识目标】**

1. 了解词类及其划分依据；
2. 掌握实词的语法特点；
3. 能够准确使用实词。

**【能力目标】**

培养用语能力，提高用语规范化水平。

## 一、词类及其划分依据

词类是词的语法分类。所谓词的语法分类就是依据词的语法特征(也叫语法功能)对词进行分类。词的语法特征主要表现为：词的造句能力、词的组合能力和词的形态变化。

### (一) 词的造句能力

能否单独充当句法结构成分(以下简称句法成分)。根据这一语法特征，可以把词分为两大类：实词和虚词。能充当句法成分的词是实词。不能充当句法成分的词是虚词。例如，老师和学生配合得很好。“老师、学生”作主语，“配合”作谓语，“很”作状语，“好”作补语，因而它们都属于实词。“和”“得”不能单独充当句法成分，属于虚词。

有实词，我们就可以造一些简单句子了。而只有虚词则不能造句。比如，有了“你”“看”“电视”这三个实词就可以组合成“你看电视”这个句子。而“了”“吗”“吧”这些虚词是无论如何不能组合成句的。但是，实词若有了虚词的帮助就可以表达更多的意思。如“你看了电视。”“你看电视吗?”“你看电视吧?”。

### (二) 词的组合能力

能跟一些什么词语发生组合关系，不能跟一些什么词语发生组合关系。实词和虚词的继续分类就是根据词的这一语法特征来进行的。能单独充当句法成分，能受形容词修饰而不能受“不”修饰的词是名词。如可以说“新的机遇”，不可以说“不机遇”，所以“机遇”是名词。不能单独充当句法成分，只能附着在名词性词语前面的词是介词。如“从北京”中的“从”不能单独充当句法成分，只能附着在名词“北京”之前，是介词。根据词的组合能力，可以把实词分为名词、动词、形容词、副词、数词、量词、代词七类；把虚词分为介词、连词、助词、语气词四类。为了适应研究和教学的需要，也可以把实词分为两类：体词和谓词。经常充当主语和宾语的词称为体词，包括名词、数词、量词。经常充当谓语的词称为谓词，包括动词和形容词。

叹词和拟声词比较特殊：它们能单独成句，但在句法结构中通常不跟其他词发生结构关系。可以把它们归入特殊的词类。

### （三）词的形态变化

指具备什么样的形式标记和变化方式。有些词不用去考察它们的组合关系而从形态上就可以知道它们属于哪一类词。如前缀“老”是名词的标记，因而带有前缀“老”的词都是名词。“老外、老板、老师、老李”等便是。能与“们”组合的是名词性词语。“A—A”是单音节动词的重叠方式，AABB是双音节形容词的重叠方式。在给词分类时，词的形态变化只可以作为一项参考标准，因为汉语只有部分词有上述变化方式。

词的类别意义不是指具体的某一个词的意义，而是指概括了的某一类词的意义。如名词是人或事物的名称，形容词是表示性质状态的词等。词的类别意义与词的语法特征是密切联系着的。具有名词的语法特征的词一般也是表示人或事物名称的词；具有形容词语法特征的词一般也是表示性质状态的词。一般来讲，根据词的类别意义就可以确定其词类。比如，有人问你“书”是什么词？你根据它属于“事物名称”一类，很快就能判断它是名词，而用不着去讨论它的语法特征——经常充当主语或宾语，不受“不”的修饰。但有的词从类别意义上看没有明显的差异。如“偶然”和“偶尔”，“打仗”和“战争”，从类别意义上就很难看出它们的词性，这时必须依据它们的语法特征来确定它们所属的词类。“偶然”能作定语、谓语和状语，如“偶然的发现”“这件事情很偶然”“偶然听到”，可确定为形容词。“偶尔”只可作状语，如“偶尔听到”，是副词。“打仗”能受副词修饰，不能受数量词组修饰，如可以说“不打仗”，不可以说“一场打仗”，可确定为动词。“战争”能受数量词组修饰，不能受副词修饰，如可以说“一场战争”，不可以说“不战争”，是名词。因此，我们把词的类别意义作为参考，把词的语法特征作为区分词类的主要标准。

实词是具有比较具体实在的意义、能够在句法结构中充当成分的词。现代汉语的实词有以下十类：

名词、动词、形容词、区别词、副词、数词、量词、拟声词和叹词。其中，前面八类一般都可以进入句子与其他词语相结合；后面两类即“拟声词和叹词”没有组合功能，不能与其他词语组合应用，只能充当独立成分或者独词句。

## 二、实词

### （一）名词

表示人、物、时、地的词。如“书、山、纸张、报纸、文章、积极性、鲁迅、北京、现在、上边、中间、前后”。

**1. 名词的主要语法特征**

(1) 一般能受数量词组修饰。如“两个鸡蛋、三本书、一个人、五年计划、一种思想、一些意见、一点积极性、一批军火”。专有名词、时间名词和方位名词一般不受数量短语修饰。如“鲁迅、北京、现在、今天、上边、中间”等，前面一般不出现数量词组。

(2) 能出现在介词后面，一起组成介宾结构。如：从国外（回来）、向雷锋（学习）、把椅子（搬来）、在教室（讨论）。

别类的词也可以出现在某些介词后面，但不具有普遍性，而且都有办法证明不是名词。如“从生到死”可以转换为“从生下来到死去”，“从小到大”可以转换成“从很小到很大”。由此证明介词“从……到……”后面的“生、死、大、小”不是名词。

(3) 不受副词修饰。例如，不说“不战争”“很智慧”“最青年”等。有时也有副词出现在名词前面的，但一般只限于某些固定格式。如“管他……不……”“……不……，……不……”“……＋方位/时间名词”这几种格式中，名词前面可以出现副词。如：

管他飞机不飞机，冲上去再说。

画得山不山，水不水的。

他们生活在最下层。

这个东西放得太前(太后)了一点。

昨天已经中秋了。

今天才星期三。

(4) 经常用作主语和宾语。另外，有些名词带有某些前缀和后缀作为形式标记。如“阿姨、阿爸、剪子、胖子、兔子、学者、劳动者、赚头、甜头、盖儿”中的“阿－、－子、－者、－头、－儿”就是名词的标记。

**2. 名词的分类**

名词可以分为四类：人物名词、处所名词、时间名词和方位名词。

(1) 人物名词：表示人或事物。如“外宾、运动员、山、河流”等。

(2) 处所名词：也叫处所词，表示处所。如“亚洲、中国、江西、滕王阁、邮局、附近、周围、门口”等。

(3) 时间名词：也叫时间词，表示时间。如“中秋、春季、星期天、上午、现在、将来、过去、从前、昨天、今天、明天、国庆节”等。

(4) 方位名词：也叫方位词，表示方向和关系位置。方位名词可分为两种：单纯方位词和合成方位词。

单纯方位词。也叫单音节方位词，共有 16 个：上、下、前、后、左、右、东、西、南、北、中、内、外、里、间、旁。

合成方位词。有如下几种合成方式：

① 两个单纯方位词对举：上下、前后、左右、里外、内外。

② 以＋单纯方位词：以上、以下、以前、以后、以内、以外。

③ 之＋单纯方位词：之前、之后、之间、之内。

④ 单纯方位词＋头：上头、下头、前头、后头、东头、西头、里头、外头。

⑤ 单纯方位词＋边：上边、下边、前边、后边、左边、右边、东边、西边、南边、北边、外边、里边、旁边。

⑥ 单纯方位词＋面：上面、下面、前面、后面、左面、右面、东面、西面、南面、北面、外面、里面。

⑦ 其他：底下、当中、中间。

单纯方位词是一种粘着词，单用能力很差。它的主要用途是：

① 作为合成词(包括合成方位词)中的一个语素，如“天上、早上、地下、乡下、后天、野外、夜里”。

② 位于其他名词后组成方位结构。如“树林里、操场上、春节前、寒假后”。

③ 位于介词后组成介宾结构。如“向后转、朝南开、往东走”。

④ 在句子中可以对举着用。如：

人群里三层，外三层。

上有天堂，下有苏杭。

东有村，西有店。

(5) 构成成语。如“由表及里、南辕北辙、外强中干、东奔西走”。

① 合成方位词大部分可以单用。如“东边有山”“南面是操场”“教室在后面”。但它的主要用途还是构成方位结构，或介宾结构。如“长城内外、大江上下、毕业以后、离开北京以前、在旁边、从西面”。

② 方位词除了表示方位之外，有的还可以：表示时间(见上例)；表示在某个方面，如“政治上、理论上、历史上”；表示界限，如“四十上下、县团级以上”。

时间词、处所词和方位词除了具备一般名词的特点(如能跟介词组成介宾结构)以外，还经常修饰动词，这是它们不同于一般名词的地方。如“下午开会”“您前面坐”“咱们清华见”“以后再谈”。

### (二) 动词

表示动作变化等的词。如“看、做、思念、进行、来、有、可以、属于、是、使”。

**1. 动词的主要语法特征**

(1) 能用“不”修饰，如“不做、不来、不可以、不是、不属于”。

(2) 经常作谓语，大部分能带宾语。带宾语的动词叫做及物动词，又叫他动词，不带宾语的叫做不及物动词，又叫自动词。

(3) 大多数能在后头加“着、了、过”等动态助词。如“看着、看了、看过、进行着、进行了、进行过”。

由于词义的限制，有的动词能带“着、了、过”(见上例“看”)；有的只能带其中的一个，如可以说“通过了”而不能说“通过着、通过过”；有的动词不能带动态助词，如“属于、是、使”等动词，都不能带“着、了、过”。

(4) 大多数表动作的动词可以重叠，重叠后表示动量，有“一下”或“反复多次”的意思。单音节动词的重叠方式为 AA，双音节动词的重叠方式为 ABAB。

如：

看一看看，做一做做，聊一聊聊

学习一学习学习，讨论一讨论讨论

**2. 动词的分类**

可分为一般动词和特殊动词。

(1) 一般动词包括行为动词(如“洗、飞”)、心理活动动词(如“爱、厌恶、尊敬”)、使令动词(如“使、让”)、比似动词(如“像、似、如”)等。

(2) 特殊动词指助动词和趋向动词。

① 助动词：表示可能、必要和意愿。如：

第一组：能、能够、可、可以、可能、会；

第二组：应、应该、应当、要、得、肯、敢。

(a) 助动词除了具有一般动词的主要语法特征(如受“不”修饰，多数可做谓语)之外，还可以作状语，修饰动词。“这样做可以”“你敢吗”“他会”是助动词作谓语的例子；“你可以走了”“你夜里敢出去吗”“他会说英语”是助动词作状语的例子。

(b) 助动词大都能进入“不X不”这个格式中，表示委婉或强调的口气。第一组助动词用在这个格式中有委婉的意味，如“不能不相信”不等于“能相信”，而是“应当相信”的意思，不过口气要委婉一些。第二组助动词用在这个格式中有强调的意味，如“你不应该不帮他一把”比“你应该帮他一把”更强调一些。

② 趋向动词：表示动作的趋向。可分三组：

第一组：来、去；

第二组：上、下、进、出、过、回、开、起；

第三组：上来、上去、下来、下去、出来、出去、过来、过去、回来、回去、起来。

第一组以说话人为着眼点，向着说话人的方向移动为“来”，离开说话人为“去”。第二组以说话人之外的事物或位置为着眼点。第三组兼有一、二组的特点。如“上来”，“上”表示从低往高走，“来”表示朝着说话人的位置，表明说话人在上面。若说“上去”，“去”表示离开说话人所处的位置，表明说话人在下面。

趋向动词除了具有一般动词的主要语法特征(如能受“不”修饰，能作谓语)之外，还能作补语。如“寄来、脱下、跑回去”。有的趋向动词还有引申用法，词义虚化。如“热起来、好起来、坚持下去、瘦下去”中的“起来”和“下去”表示动作或性质变化的“开始”和“继续”。

### (三) 形容词

表示性质和状态。如“大、高、认真、生动、美丽、精明、可爱、冰凉、初级”。

**1. 形容词的主要语法特征**

(1) 一般能受“不”和“很”的修饰。如“不大、很大、不生动、很生动”。少数带有表示程度语素的普通形容词和非谓形容词不受“不”和“很”的修饰。如不说“不冰凉、很冰凉、不雪白、很雪白、不初级、很初级”。

(2) 能修饰名词，如“大眼睛、高楼、冰凉的酸梅汤、初级职称”。

(3) 部分形容词可以重叠。

① 单音节形容词的重叠形式是“AA”，如“大大、高高、短短、细细”。这类重叠式修饰动词时表示程度的加强，修饰名词时不仅没有加强的意味，反而表示程度减弱，即表示一种轻微的程度。例如：

大大缩短了距离　(程度加强)
大大的眼睛　　　(与“大眼睛”相比程度减弱)
高高举起　　　　(程度加强)
高高的个儿　　　(与“高个儿”相比，程度减弱)

② 双音节形容词的重叠一般表示程度的加强，有三种格式：

(a) AABB：高高兴兴　踏踏实实　勤勤恳恳　干干净净　和和气气　随随便便

(b) A里AB：这里的AB限于某些含贬义的形容词，重叠后既表示程度加强，又表明嫌恶的感情。如：小里小气　古里古怪　慌里慌张　糊里糊涂　马里马虎

(c) ABAB：这里的AB只限于某些带有表示程度的语素的双音节形容词。如：

冰凉冰凉　雪白雪白　通红通红　笔直笔直　碧绿碧绿　鲜红鲜红

③ 重叠属于形容词生动形式。形容词生动形式除了重叠之外还有单音节形容词A加

双音节或多音节后缀这种形式。

(a) A+双音节后缀:这个后缀一般是叠音的。如:

暖洋洋　胖乎乎　绿油油　慢腾腾　毛茸茸　直勾勾

醉醺醺　香喷喷　干巴巴　沉甸甸　羞答答　亮晶晶

(b) A+多音节后缀,如:

黑不溜秋　黑咕隆咚　花里胡哨　傻不愣登　蠢了呱叽

形容词的生动形式不受"不"和"很"的修饰。如不说"不慢慢、不干干净净、不老里老气、不活生生、不灰不溜秋、很慢慢、很干干净净、很老里老气、很活生生、很灰不溜秋"。

**2. 形容词的分类**

形容词可分为性质形容词和状态形容词。

性质形容词表示属性,如"红、黄、大、小、软、硬、伟大、平凡、美丽"。

状态形容词带有明显的描写性,包括形容词的一切生动形式,如"喷香、冰凉、红红、大大方方、冰凉冰凉、直勾勾、傻里呱唧"。

**3. 形容词与动词的区别**

(1) 共同点

① 能用"不"修饰:"不走、不高"

② 能作谓语:"他走了、这棵树很高"

③ 肯定否定相叠:"走不走、高不高"

(2) 不同点

普通形容词(以下只称"形容词")能受"很"修饰,动词一般不能受"很"修饰。如可以说"很高、很美丽",不可以说"很走、很学习"。

心理活动动词大都能受"很"修饰,这一点与形容词相同;能带宾语,这一点区别于形容词。如"很爱(他)、很佩服(陈老师)、很了解(情况)"。

状态词是指下面这样一些词:通红、雪白、喷香,红彤彤、绿油油、湿淋淋,黑咕隆咚、灰不溜秋,马里马虎、糊里糊涂、干干净净、清清楚楚、通红通红、雪白雪白。

这些词从表面看,似乎跟形容词差不多,其实有很大的差别。我们不妨将形容词"香""干净"跟这类词的"喷香""干干净净"作一比较,就可以看出它们在语法功能上的差异:

第一形容词"香""干净"能受"不"修饰,如"不香""不干净";可是"喷香""干干净净"都不能受"不"的修饰,我们不说"不喷香""不干干净净"。

第二形容词"香""干净"能受"很"修饰,如"很香""很干净";可是"喷香""干干净净"都不能受"很"的修饰,我们不说"很喷香""很干干净净"。

第三形容词"香""干净"能带补语,如"香极了""香得很""香得醉人"和"干净极了""干净得很""干净得一点儿灰尘都没有";可是"喷香""干干净净"都不能带补语,我们不说"喷香极了""喷香得很""喷香得醉人"和"干干净净极了""干干净净得很""干干净净得一点儿灰尘都没有"。

从所表示的意义看,形容词表示事物的性质,而这些词都表示事物的某种状态。正因为这样,所以我们把这类词称为"状态词"。

### (四) 区别词

也叫非谓形容词。与形容词的不同之处主要在于:不能充当谓语,不能用"不"和"很"修饰。常见的区别词如：

正 副 男 女 雌 雄 单 大型 初级 多项 巨额 慢性 新式
长期 特等 万能 共同 个别 天然 人为 主要 高产 亲生 彩色
白色 黄色 西式 男式 上等 恶性 微型 阴性 超级 大号 双重
临床 多幕 私人 民用 简装 国营 高效 直观 新生 新兴 真正
主要 高速 名牌 高频 海洋性 流线性 多民族 单方面 喷气式

有些区别词用途极窄，只作科学技术名词的组成部分，如“高频电波、侧吹转炉”。

### （五）数词

表示数目。如“零、半、一、二、两、八、十、百、千、万、亿”。

**1. 语法特征**

数词最突出的语法特征是能同量词组合，组合成数量词组。如“三个(班)、去了两趟、要三斤”。

**2. 序数**

数词或数词结构前加“第、初”表示序数。如“第一、初二”。有时表示序数不用“第”，但实际上隐含“第”，如“一中”，等于“第一中学”；“(住在)四楼”，等于“(住在)第四层楼”；“十六中队”，等于“第十六中队”。又如，分析问题时按顺序用“一、二”，等于说“第一部分/点/类”“第二部分/点/类”。

除此之外，还有些习惯用法：大儿子，小女儿，老大，老三，末班车，头一回。

**3. 概数**

数词或数词结构后面加“多、几、把、来、上下、左右、以上、以下”表示概数。如：千把人，一千来人，一千多人，十几斤，五十上下，五十左右，五十以上，五十以下。

表示概数的方法还有：一到九之间，相邻的两个数连用，表示范围在这两个数之间。如“一两百人，二三百斤，四五千斤”。还可用“成……上”或“几……”，表示概数。如“成千上万、几十天、几百斤、好几百年”。

**4. 倍数和分数**

(1) 倍数以“数词＋倍”表示。如“一倍、十倍、三十倍”。倍数也可以用分数表示。如“百分之二百”等于两倍，“百分之三百”等于三倍。

(2) 分数常用固定结构表示，格式是“几分之几”。如“三分之一”“百分之五十”。口语中也用“成、分”表示分数。如“五成”等于“百分之五十”，“一成”等于“百分之十”，“三分”等于“百分之三十”，“三分象人，七分象鬼”。

(3) 倍数一般用于数目的增加，不用于数目的减少。如可以说“增加了两倍”，不可以说“减少了一半”。

分数既可以用于数目的增加，也可以用于数目的减少。如可以说“提高了百分之百”也可以说“减少了百分之百”。

表示数量增减有一套习惯用语：

① 表示增加：“增加了，增长了，提高了，上升了”——不包括底数，指净增数。“增加到，增长到，提高到，上升到”——包括底数，指总数。如：原来是5，现在是10，可以说：增加了一倍，增加了100%或增加了5；增加到两倍，增加到200%或增加到10。

② 表示减少：“减少了，降低了，下降了”——指差额；“减少到，降低到，下降到”——指

余额。如:以前是10,现在是7,可以说:减少了30%或减少了3;减少到70%或减少到7。

**5. 两和二**

(1) 个位数在一般量词前用“两”。如:两本书、两倍、一年零两个月。多位数中的个位数用“二”。如:二十二、一百零二次。

(2) 传统的度量衡单位前“两”“二”都可以用,重量单位“两”前只用“二”。如:两升(二升)、两丈(二丈)、两斤(二斤)、二两(酒)。

新兴的度量衡单位大都用“两”。如:两吨、两公里、两英尺。

(3) “十”前用“二”,“百”前一般用“二”,“千、万、亿”前多用“两”。如:二十、二百二十块(两百二十块)、两千元(二千元)、两亿。

(4) 序数、小数、分数只能用“二”。“半”前用“两”。如:第二、二哥、二月、零点二、二分之一、两半。注意区分:“二次世界大战”与“两次世界大战”;“二儿子”与“两个儿子”。

另外,“两”还可以表示不定数目(限于二至九),相当于“几”。如:过两天再说(=过几天再说),我说两句(=我说几句)。注意区分“两”和“俩”。“俩”是“两个”的合音。如:俩人(=两个人)、俩馒头(=两个馒头)、兄弟俩(=兄弟两个)。

**6. “一”的活用**

(1) “一……一”,前面的“一”是“每一”的意思。如:一人一本、一个萝卜一个坑。

(2) 用在名词性词语前,有“同一”或“满”的意思。如:

他们各干各的,不一条心(同一)

他走出了一身汗(满)

一房子人(满)

一肚子阴谋诡计(满)

(3) 用在形容词或动词前,表示动作“快”或“突然发生”。如:

一学就会 (快)

心一凉,鼻一酸 (突然)

他把眼一瞪 (突然)

### (六) 量词

表示计算单位。如“个、寸、斤、双、趟、遍”。

**1. 量词的主要语法特征**

(1) 能跟数词或指示代词组合。如“一个、两寸、三斤、四遍、这位、那本”。

(2) 单音节量词一般可以重叠,重叠后表示“每”或强调“多”。如:

回回吃亏(每回)句句是实话(每句)

歌声阵阵,白云朵朵(强调“多”)

**2. 量词的分类**

量词可以分为物量词和动量词。

(1) 物量词:表示人或事物的单位。

① 专用的物量词

(a) 度量衡单位:寸、尺、米、丈、里;分、亩、顷;升、斗、石;两、斤、磅、吨。

(b) 个体单位:个、只、件、支、朵、把、条、张、本、片、辆、架、颗、块、篇、匹、场、阵。

(c) 集体单位:双、对、副、堆、批、群、帮、班、打。

(d) 不定单位:点儿、些。

“点儿”和“些”可以和“有”组合成“有点儿”“有些”。“有些”“有点”后面可以接名词性、动词性或形容性词语。接名词性词语时,“有”是动词,“些”“点儿”作定语。如“有些水、有点儿灰尘”。接动词或形容词时,“有些”“有点”不表量,而是表示程度,应看作副词。如“有些想家、有点后悔”。

② 借用的物量词

(a) 借用名词:一尾鱼、一杯水、一盒饼、一支笔、一碗饭、一线希望、一道闪电、一轮满月、一眼磨、一车货、一肚子气、一桌酒席、一箱衣服、一处风景、一笔交易、一床被子。

(b) 借用动词:一发炮弹、一挑水、一包东西、一捆柴、一封信、一捧米、一挂鞭炮、一抹斜阳、一弯新月。

数词和物量词组成的词组一般作定语,当它不在句首且其中的数词是“一”时,“一”常可省略。如:我去买套衣服。有个村子叫李庄。喝杯水吧。

(2) 动量词:表示动作行为的单位。

① 专用的动量词:次、回、趟、遍、场、阵、顿、下、遭、番。

② 借用的动量词:往往借用名词来表示动作的量。如:

看一眼,踢一脚,砍一刀,开一枪,抽一鞭子。

数词和动量词组成的词组一般作补语,如“读三遍、打一拳”。

有些量词既可以是物量词又可以用作动量词。如:

顿:一顿饭,骂了一顿

阵:一阵风暴雨,跑了一阵

场:一场电影,大闹了一场

把:一把米,拉了他一把

面:一面红旗,见过一面

口:一口水,咬他一口

另外,还有一些复合量词,如“人次、架次、吨公里、秒立方米”。

**3. 运用量词应注意的几个问题**

(1) 不同的名词、动词要求特定的量词配合。如:

一缕轻烟　一匹马　一个人

一股浓烟　一头牛　一条蛇

踢一脚打一拳

(2) 可以配合的常常不止一个量词,但不同的量词所表达的意义不同。如:

下了一场雨(时间较长,可以是几天或更长)

下了一阵雨(时间较短,一阵过去就没有了)

解释一番(内容多一些,时间长一些)

解释一下(内容少一些,时间短一些)

解释一遍(从头到尾)

解释一次(只涉及次数,不涉及内容)

(3) “一”和量词组合可以重叠,有两种方式:一 AA 式或一 A 一 A 式。

① 作主语,常用“一 AA”式,表示“每一”。如:

一个个身强力壮。一个个呆若木鸡。

② 作状语,表示“逐一”。

一件件(一件一件)检查。一棵棵(一棵一棵)扶起来。

③ 作定语,表示“多”。

一担担(一担一担)的南丰蜜橘。墙上挂着一幅幅(一幅一幅)的画儿。

“一 AA”与“AA”作主语时都表示“每一”,但角度不同,如:

个个神采飞扬。(从整体看)

一个个神采飞扬。(从个体看)

### (七) 副词

**1. 副词的语法特征**

副词最突出的语法特征是作状语,修饰形容词、动词或全句。

很好　非常好　亲自去　大力支持　难道这样做对吗　偏偏他病了

“很、极、万分”这几个副词除了作状语之外,还可以作补语。如:

很机智　机智得很　极方便　方便极了　万分兴奋　兴奋万分

**2. 副词的分类**

(1) 程度副词:很、十分、非常、格外、更加、过于、顶、最、极端、比较、越发、稍微、略微等。

(2) 情状副词:亲自、互相、大力、赶紧、陆续、大肆、赶快、尽情、连忙、悄悄、依稀、特意、特地、仿佛、极力、尽量、相继、私下、暗中等。

(3) 频率副词:再、又、也、还、一再、再三、再次、屡次、重新等。

(4) 时间副词:立即、立刻、马上、已经、才、就、正、在、正在、刚、刚刚、刚才、已经、曾经、经常、常常、依旧、依然、渐渐、永远、一直、老是、始终、终于、偶尔、忽然、起初、随即、随时、一向、历来、从来、原来等。

(5) 范围副词:只、都、全、共、一共、总共、光、统统、仅、仅仅、一齐、一概、全都、单等。

(6) 否定副词:不、没、没有、别、未、莫、勿、甭、未必、不用、不必、休等。

(7) 语气副词:难道、也许、大概、莫非、必、准、必定、必然、的确、当然、其实、却、公然、居然、竟然、索性、偏偏、偏、简直、几乎、幸亏、幸而、反倒、反正、横竖、究竟、到底、毕竟、决、绝、何尝、明明、只好、未免、可、断然等。

**3. 应注意的几个问题**

(1) 有的副词有关联作用(可称作“关联副词”)。如“却、再、又、就、才、还、既、越”等。例如:

他仍没有听懂,却没有再问。

你越活越年轻了。

他一回来我就会告诉他。

既当群众的先生,又当群众的学生。

再难也不怕。

(2) 有的副词存在多种语义,使用时要加以区分。

① 与不同的词语组合时语义不同。

都:大家都同意。(表范围)

一个人都不见了。(“都”轻读,表语气)

都二十五了,还像个小孩子。(表时间)

又：他今天又来了。（表频率）

山又高，路又滑。（表关联）

心里有千言万语，嘴里又说不出。（表语气）

② 在句首和在句中语义不一样。

就我去看电影。（表范围）

我就去看电影。（表时间）

偏偏小李休息。（客观原因）

小李偏偏休息。（主观原因）

仅仅他有康熙字典。（“别人没有”，指人的范围）

他仅仅有康熙字典。（“别的没有”，指物的范围）

幸好你来了（不然我们会迷路的）。（受益的是“你”以外的人）

你幸好来了（不然你会错过这次机会的）。（受益的是“你”）

(3) 有的形容词也可以作状语，它与副词的区别在于：副词只作状语，而形容词除了作状语之外，还可以作定语和谓语。如：

特别—格外

特别鲜艳　格外鲜艳　　　（状语）

特别快车　　　　　　　　（定语）

这事情很特别　　　　　　（谓语）

可以看出“特别”是形容词，“格外”是副词。

偶然—偶尔

偶然碰到　偶尔碰到　　　（状语）

偶然事件　　　　　　　　（定语）

事情的发生也很偶然　　　（谓语）

可以看出“偶然”是形容词，“偶尔”是副词。

(4) 时间名词也可以作状语，它与时间副词的区别在于：时间副词只作状语，而时间名词除了状语之，还能作介词宾语。如“现在”和“正在”；“刚才”和“刚刚”的意义相近，都可以作状语，所不同的是：“现在”“刚才”前面可以加“从、到”等介词，而“正在”“刚刚”前面不可以加介词。

(5) “没有(或没)”既可以是否定副词，也可以是动词，区别在于：接动词的“没有”是副词，接名词的“没有”是动词。如：

他今天没有(没)来上课。　（副词）

教室里没有(没)人。　　　（动词）

他买了电影票没有？　　　（副词）

你有没有康熙字典？　　　（动词）

(6) 副词：“没有(或没)”和“不”的区别：

① “没有(或没)”用于客观叙述，限于指过去和现在，不指将来。“不”用于主观意愿，可指过去、现在和将来。如：

前天他没有来。　　（客观叙述）

前天请他他不来。　（着重主观叙述）

他没有来。

他不来。

他明天不来。

② “不”可用在所有助动词前边,“没有(或没)”只限于“能、能够、敢”等少数几个。下例都不能用“没有(或没)”。

不会讲,不该去,不愿走,不可以用

“不”和“助动词+动词”组合有五种形式,而“没有(或没)”只有一种形式。

不能去/能不去/不能不去/能不能去/能去不能/没能去

(八) 代词

**1. 代词的语法特征**

代替实词和词组。

(1) 代替实词。如:

小王来了。——他来了。——谁来了?

小王病了。——小王怎么了?

小王很好。——小王怎么样?

小王明天来。——小王什么时候(多会儿)来?

小王去宿舍。——小王去哪儿?

(2) 代替词组。如:

他昨天病了,这大家都知道。

小王学习很用功。——小王学习怎么样?

他买了一套新公寓。——他买了什么?

**2. 代词的分类**

代词按其作用的不同可以分为三类:人称代词、疑问代词和指示代词。

人称代词是代替人或事物名称的词;疑问代词是指出疑问的词;指示代词,也叫指别词,是指称或区别人物和情况的词。

(1) 人称代词

我 我们 咱 咱们 你 你们 您 他 她 它 他们 她们 它们自己 自个儿 别人 人家 大家 大伙儿

① 我们、咱们

“咱们”包括听话人在内,“我们”不包括听话人。如:我们明天参加义务劳动,你要是没事,咱们一块去。有时“我们”也可以包括对方。如:你来得正好,我们一起去看足球赛。在书面语中,一般用“我们”代替“咱们”。

② “您”是“你”的敬称,在口语里没有复数形式,有时用“您二位、您几位”。近年来,书面语中也有用“您们”的。

③ 别人、人家

(a) 指说话人和听话人以外的人,可以指单数,也可以指复数。二者可以互换,这是共同点。如:

话是说给别人(人家)听的,文章是写给别人(人家)看的,人家(别人)都不怕,就你怕。

(b)“人家”可以确指某人,意思跟“他”或“他们”相似。也可指自己,指“我”,含有亲热或俏皮的意味。这样用时,“人家”不能换成“别人”。如:

你把东西给人家送回去吧。

你慢点走行不行,人家跟不上啊!

(c)"人家"后带同位语时,不能换成"别人"。如:

人家小芳天天六点钟就起床。

我是新手,比不上人家有经验的。

(d)"别人"表示"另外的人"时,不能换成"人家"。

这里除了他,别人都不会这样做。

(2) 指示代词

含"这、那"的指示代词:

这(近指) 那(远指) 那里 这儿 这会儿 那会儿 这么 那么这么些 那么些 这些 那些 这样 那样 这么样 那么样

特殊的指示代词:

① 分指:每 各

② 不定指:某

③ 旁指:另 另外 其他 其余

④ 统指:一切 所有 任何

(3) 疑问代词

谁 什么 哪 哪里 哪儿 哪会儿 多会儿 几多 多少 怎么

怎样 怎么样

**3. 代词的活用**

以上三类代词都可以活用。所谓活用是指除了实指(如疑问代词表示疑问)之外,还有虚指用法(如疑问代词不表疑问)。

(1) 不定指用法。如:

你告诉我,我告诉他,没有半天工夫,全班都知道这件事了。

他说得天花乱坠,不由你不信。

这孩子要这要那,纠缠个没完。

他摸摸这儿,摸摸那儿,什么都觉得新鲜。

不知谁把窗户打破了。("谁"为不能确定的某一个人)

看上去很面熟,似乎在哪儿见过似的。("哪儿"为不能确定的某个地方)

(2) 任指用法。如:

谁都会唱这首歌。("谁"意为"任何人")

他什么歌都会唱。("什么"意为"任何")

我哪儿也不去。("哪儿"意为"任何地方")

(3) 虚无所指。如:

你喜欢拉二胡,就拉他个痛快吧! 先种他个几亩试试。 你想吃就吃他一个饱。

(上三例的"他"无所指称,只起增强语势的作用)。又如:

——你写的字真漂亮! ——哪里哪里。(谦辞)

实现代汉语的实词有十类:名词、动词、形容词、区别词、副词、数词、量词、拟声词和叹词。其中,前面八类一般都可以进入句子与其他词语相结合;后面两类即"拟声词和叹词"没有组合功能,不能与其他词语组合应用,只能充当独立成分或者独词句。

### （九）拟声词

（1）拟声词又称“象声词”或“摹声词”，是描摹自然界声音、能够独立成句或充当独立成分的词。应当注意的是拟声词只是一种模仿，仅仅与实际声音有联系，与客观存在的声音不会是完全相同的。例如模拟麻雀叫声的“唧唧喳喳”，与自然界鸟类的实际声音相比，几乎感觉不到有什么相似之处。

（2）常见的拟声词主要有：

嗷　呼　啪　嘭　唧　呼啦　喀嚓　啪嗒　扑通　噗咚

丁冬　咕咚　轰隆　呼呼　喃喃　嗷嗷　哗哗　咚咚

哈哈　哎呀　嗡嗡　噗噗　哗啦啦　哎呀呀　叽叽喳喳

（3）拟声词的语法特点：

① 可以单独成句或充当句子的独立成分

拟声词加上句调可以单独成句，或者充当句子的独立成分。

例如：

轰隆！那座老房子塌了。（单独成句）

扑通！他一头崴倒在雪地里。（单独成句）

哎呀，都到点了，他们怎么还不回来？（独立成分）

砰，砰，我正在摆枪的时候，响起了敲门声。（独立成分）

呼——呼——狂风夹着沙石扑来了。（独立成分）

② 充当句子成分

拟声词可以进入句子，临时充当句子成分。

例如：

树上的麻雀唧唧喳喳叫个不停。（状语）

大亚湾的工程依然在轰隆隆地进行。（状语）

他从两丈多高的树上噗咚一声跳了下来。（状语）

窗外传来隆隆的炮声。（定语）

他的脑袋“嗡”的一声，汗水顺着发根直往下淌。（定语）

小溪的水哗哗哗哗。（谓语）

岸边的树丛里，鸟雀在睡梦中呢呢喃喃。（谓语）

他早已回来睡得呼呼的了。（补语）

他小声地哼了一声。（述语）

摄影师在他耳边叽叽咕咕了几句。（述语）

③ 拟声词没有否定形式，不受其他词类修饰；拟声词的成分之间没有结构关系。

④ 拟声词可以根据需要重叠使用。例如：

他哼哼唧唧地唱着。

人们分别拿着寻人启事，“呼呼啦啦”地拥了出去。

### （十）叹词

叹词是表示感叹或呼答、能独立成句或充任独立成分的词。

**1. 叹词的种类**

叹词从功能上看可以分为以下两类：

(1) 表示喜怒等感情

如：咦？还要我来教你？

嘿！怕什么？他见的世面多了！

哟，还挺厉害啊！

嚯，你小子还真行啊！

呕，原来是你呀。对不起，让你久等了

(2) 表示呼唤与应答

如：喂，你是哪位？

唉，透露透露，最近有什么内部消息？

**2. 叹词的语法特点**

叹词独立性很强，一般不参加句子结构，常作句子中的独立成分，或单独成句。

例如：

呵！你是一座耸立云端的擎天丰碑。

哎呀呀！我可不是故意的呀！

哎，不要吃得太饱。

哎呀，这是谁给你抹的？

叹词一般不在句子中充当成分，常常单独成句，但有时也作句子成分。

他哼了一声。(述语)

门外传来喂、喂的声音。(定语)

他哎呀哎呀乱叫。(状语)

他疼得直哎哟。(补语)

有些叹词的书写缺乏规范，同一个叹词往往有不同的书写形式，容易造成混淆，应尽量采用通行的写法，例如“啊、阿、呵、嗄”都读 a 音，现在一般写作“啊”。

## 三、常见的词类误用毛病

词类误用是指错把属于某类词的词当做其他词类的词来用。例如：

中国这 20 年来的变化真是惊人，就拿电视机、洗衣机、电话、电脑来说吧，在 20 年前，平常百姓家对这些是想都不敢想的高档商品，如今在北京、上海等许多大城市，都已成为日常的必须日用品了。(报)

上例里的“必须”应改为“必需”。“必须”是副词，它只能作状语。现在把它误作为动词去修饰名词“日用品”了。这可能是因为“必须”和“必需”是同音，而且还部分同形，所以把它们搞混了。这就是词类误用的实例。

词类误用有多种情况。

### (一) 名词误用为形容词

(1) 叶莹兰是个很智慧的孩子。(书)

(2) 女子举重运动一直是我们很优势的项目。(报)

例(1)、例(2)里的"智慧"、"优势"都是形容词,它们不能受程度副词修饰。例(1)里的"智慧"宜换成"聪明"。例(2)或在"优势"前加个"有",说成"……是我们很有优势的项目";或干脆把"优势"前后的"很"和"的"删去,在"我们"后加上一个"的"字,说成"……是我们的优势项目"。

### (二) 名词误用为动词

(1) 在他心目中,古陵县的变化可以认为是缩影着整个省。(报)

(2) 当他知觉王守忠欺骗了自己,他怒火中烧……(报)

例(1)、例(2)里的"缩影""知觉"都是名词,它们都不能带宾语。例(1)可改为"……古陵县的变化可以看作整个省的缩影"。例(2)宜将"知觉"换成"觉察"。

### (三) 形容词误用为动词

(1) 她并不害怕嘲讽,但她怯懦人言杀人。(报)

(2) 有的黑白照片,其摄影效果优越彩色照片。(报)

例(1),例(2)里的"怯懦""优越"都是形容词,它们不能带宾语。例(1)宜将"怯懦"改为"害怕"。例(2)可把"优越"改为"优于"。

### (四) 名词误用为副词

(1) 他兴致地观赏着每一件展品。

(2) 这种治疗方法确实效力地遏制了流感的蔓延。(报)

例(1),例(2)里的"兴致""效力"都是名词,不能作状语。例(1)可改为"他饶有兴致地观赏着……",或改为"他兴致勃勃地观赏着……"。例(2)可将"效力"改为"有效"。

## 思考与练习

1. 为什么要划分词类?如何给现代汉语的词进行词类划分?

2. 指出下列各词的词性:

理想　感想　幻想　突然　偶然　忽然　常务　家务　医务

一致　一概　一律　作用　使用　费用　充满　充足　充分

3. 时间名词和时间副词有什么共同点?如何区分这两类词?指出下列各词的词性:

从前　平时　时常　经常　现在　正在　将来　即将　刚

刚刚　刚才　当初　目前　已经　将　原先　原来

4. 就语法功能而言,副词一般不能修饰名词。对下列"副词+名词"的现象你怎么看?

① 人不人鬼不鬼,僧不僧道不道。

② 时间已将深夜,路上行人稀少。

③ 他现在已经副教授了。

④ 发言很热烈,独独二排长没有吭声。

⑤ 她留了一个极新潮的运动头。

⑥ 最前沿的必定是陌生的。

⑦ 他很绅士地点了点头。

⑧ 我觉得跟你特说得来，特知音。

5. 可以说“很了解”“很高兴”“很端正”，也可以说“了解他”“端正态度”，为什么说“了解”是动词，“高兴”是形容词，而“端正”是动词兼形容词？请再举出同类现象各五例。

6. “你”和“您”，“那”和“哪”，“二”和“两”用法有什么不同？

7. 现代汉语中哪几类词可以重叠？各自按照什么方式重叠？重叠后的语法意义是什么？举例说明。

## 第三节　词类（下）

**【知识目标】**

1. 掌握各类虚词的语法特征；

2. 熟练分析词类的兼用。

**【能力目标】**

提高规范词语能力，培养良好交际能力。

### 一、虚词的语法特征

虚词没有词汇意义，只有语法意义。汉语由于缺乏印欧语言那样的词性变化，许多语法意义要靠虚词来表示。例如，表示动作的完成须在动词后加“了”；表示动作的持续须在动词后附上“着”；表示并列常在前后两项之间加上“和”或“并”；表示偏正关系常在偏项与正项之间加上“的”或“地”。因此，掌握每一类虚词的语法意义，了解每一个虚词的用法，对准确地表达思想和理解话语都有很大的帮助。汉语虚词的用法有灵活的一面，也有固定的一面。所谓灵活的一面是指加不加虚词意思差不多。如“他的哥哥”和“他哥哥”，“玻璃被打破了”与“玻璃打破了”意思差不多。所谓固定的一面是指加不加虚词意思不一样。如“爸爸的妈妈”和“爸爸妈妈”，“吃了饭”和“吃饭”意思不一样。讲语法，主要讲明后一种情况。

虚词不能单独充当句法成分，主要作用是连接和附着，被连接和附着的是各类实词和词组。根据实词与虚词之间不同关系，可以把虚词分为下列各类。

（一）介词

**1. 介词的语法特征**

（1）表示时间、处所、方式、对象等语法意义。如：

从明天(开始)(表示时间)　　在家(自修)(表示处所)

按原则(办事)(表示方式)　　把作业(做完)(表示对象)

(2) 介宾结构主要充当状语,修饰动词或形容词。如"从车上下来""比他高"。有的介宾结构可以作定语,但要加"的",如"对历史人物的评价""在桌子上的书"。少数介宾结构可以充当补语,如"工作到深夜""睡在床上"。介宾结构不能做谓语。

(3) "在、向、于、到、给、自"等可以直接附着在动词或其他词语后边,构成一个整体,相当于一个动词。如"落在我身上""奔向二十一世纪""取决于你的考试成绩""勇于实践""走到了目的地""献给人民""来自纽约"。

**2. 介词的分类**

(1) 表示时间方所:从、自、自从、于、打、到、往、在、当、朝、向、顺着、沿着、随着

(2) 表示方式:按、照、按照、依、依照、本着、经过、通过、根据、以、凭

(3) 表示目的:为、为了、为着

(4) 表示原因:因、由于、因为

(5) 表示对象、范围:对、对于、把、向、跟、与、同、给、关于

(6) 表示排除:除、除了、除去、除非

(7) 表示被动:被、叫、让、给

(8) 表示比较:比、和、同

上述介词中的"着、了、过"是语素,不是动态助词。

**3. 介词与动词的区别**

现代汉语的介词大多数是从古代汉语演变而来的,有些词还兼有介词和动词两种功能。如"在、为、比、到、给、朝、经过、通过"等。

他为谁?为大家。(动词)

我们为人民服务。(介词)

学校的大门朝南。(动词)

学校的大门朝南开着。(介词)

今天我们比技巧。(动词)

你比他强。(介词)

计划通过了。(动词)

通过学习,我们提高了认识。(介词)

二者的区别在于:

(1) 动词能肯定否定相叠表示疑问,介词不能。

他在不在宿舍?(动词)

他在黑板上写了几个字。("在"为介词,不能改为"在不在")

(2) "X+宾"的前后是否有别的动词,若有别的动词,"X"是介词;若没有别的动词,"X"是动词。如:

火车到站了。(动词)

火车到十一点钟才进站。(介词)

他在宿舍。(动词)

他在宿舍住。(介词)

他住在宿舍。(介词)

(3) 大部分动词能带动态助词“了”，介词不能。

汽车经过了八一桥。(动词)

经过认真的考虑，他决定到新疆去。(介词)

他给了我一本书。(动词)

他给我买了一本书。(介词)

## (二) 连词

### 1. 连词的语法特征

连词的作用是连接，没有修饰作用。从连接的成分看，有的是词或词组，有的是分句。从连接的方式看，有的表示联合关系，有的表示偏正关系。每个连词必定连接一定的成分并表示一定的关系。如：

讨论并通过。(“并”连接两个动词，表示联合关系。)

因为今天要办很多事情，所以天刚亮他就出门了。(“因为...所以”连接的分句，表示偏正关系。)

### 2. 连词的分类

根据连接方式的不同，可以把连词分为两大类：表联合关系的和表偏正关系的。

(1) 并列连词(表示联合关系)

A. 连接词或词组的：和　跟　同　与　及　以及　而　而且　或　或者

B. 连接分句的：并　并且　于是　从而　甚至　况且　何况　然后　接着

不但……而且　与其……不如　或者……或者

与其……宁可　不是……就是　要么……要么

(2) 偏正连词(表示偏正关系)

A. 连接词或词组：而

B. 连接分句：而　只有　只要　尽管　不过　不论　任凭　以免　以便

免得　除非　就算　假使　即使　如果　以致　因此　由于

因为……所以　虽然……但是

### 3. 应注意的几个问题

(1) 有的连词既可连接词或词组又可以连接分句。如：

① 并、并且

会议讨论并通过了今年的工作计划。(连接动词)

教室干净、明亮并且温暖。(连接形容词)

他一九三七年参加革命，并在同年入党。(连接分句)

② 不但……而且

水库不但要修，而且要修好。(连接分句)

不但在这个车间，而且在全厂都实行了承包制。(连接介宾词组)

③ 而

“而”这个连词用法不同，则意义不同。既可用作并列连词又可用作偏正连词；既可连接词或词组，又可连接分句。

文笔简练而生动　少而精　战而胜之(顺接)

经验是宝贵的，而经验的获得又往往是需要付出代价的。(顺接)

这里已经春暖花开，而北方还是大雪纷飞的季节。（转接）

这种苹果大而不甜。（转接）

（2）同一类型的连词用法有区别。“和、跟、同、与”都可以连接词或词组，但有一些区别。“跟、同”用于口语，“与”带有一些文言色彩，口语里用得少，文章里用得最多的是“和”。“及”和“以及”也有不同的地方，“及”只能连接名词性成分，不能连接动词，也不能连接分句。“以及”没有这些限制，其前面还可以用逗号隔开。

（3）有的词兼属连词和介词两种功能。如“因为、由于、和”等。

因为天下大雨，所以没有出门。（连词）

因为伊，这豆腐店的买卖非常好。（介词）

可以用如下方法区别：

① 和、跟、同、与

作为连词，它们表示并列，所连接的各部分平等，不分主次，因此可以互换位置而意思不变。如：

“他和我都去过北京”换成“我和他都去过北京”意思不变。

作为介词，它们前后两部分有主次之分，不能互换。若调换位置，意思就变了。如：

我和他谈过这件事。（以“我”为主）

他和我谈过这件事。（以“他”为主）

② 因为、由于

二者作连词和作介词的意义相同。区别在于：作连词用时，连接的是分句；作介词用时，连接的是名词性词语。如：

由于他身体不太好，老师不让他参加校运会。（连词）

由于健康原因，老师不让他参加校运会。（介词）

（4）有些起关联作用的副词也可以用来连接分句，它们与连接分句的连词的区别是：关联副词既有关联作用，又有修饰动词的作用，因而只能出现在动词之前，不能出现在主语之前。连词只表连接，因而既可出现在主语前，也可以出现在主语后。如：

他虽然没有听懂，却没有再问。

虽然他没有听懂，但他却没有再问。

（5）有的连词还可以连接句子或句群。如“因此、但是、可是、所以”等。

### （三）助词

助词是附在词或词组后面表示一定的结构关系或附加意义的一类词。助词可以分为动态助词、结构助词和数量助词（如“来、等、等等、左右、上下”等）三小类。其中动态助词和结构助词比较重要，下面特别介绍一下。

动态助词有“了、着、过”三个，它们主要用在动词之后。“了”表示动作的完成或实现；“着”表示动作或状态的持续；“过”表示有某种经历。例如：

（1）吃了一个苹果

买了一件衣服

（2）外面下着大雨

他在床上躺着

(3) 学过英语

去过北京

结构助词有“的、地、得、所、似的”几个。

“的”和“地”,读音都是“de”(轻声);它们附在修饰语后面标示前后成分之间是修饰关系;但二者有明确的分工:定语之后用“的”,状语之后用“地”,前者如“聪明的孩子”(不能写成“聪明地孩子”),后者如“仔细地看”(不能写成“仔细的看”)。“的”字还有一个用法,那就是附在实词性词语之后,组成一个可以指代事物的“的”字结构。例如“木头的”指用木头做的物品,“便宜的”指价格便宜的东西,“骑车的”指骑车的人。“的”字结构是名词性的,在用法上大致相当于一个名词。

“得”用在动词或形容词之后,引出表示可能、状态或程度的补语,例如:

(4) 吃得完爬得上去 [可能]

(5) 洗得很干净笑得直不起腰来[状态]

(6) 好得很苦得不得了[程度]

“所”,加在及物动词头上,形成一个名词性的“所”字结构,如“所见所闻”、“所答非所问”。“所”字结构是古汉语里遗留下来的。在现代汉语里,“所”字结构单独作主语或宾语的情况已很少见,更常见的是,“所”与“的”配合使用。例如:

(7) 他没有去过那里,所说的只是从诗赋中、历史上得来的印象。(朱自清)

(8) 这半年来,我们所见的,却只有他的静默而已。(朱自清)

“所”字结构多用于书面语,口语里很少用。

### (四) 语气词

语气词主要用在句尾,表示某种语气。例如:

(1) 她多漂亮啊!

(2) 你去吗?

(3) 快走吧!

其中的“啊”“吗”“吧”就是语气词,它们在上面的句子里分别表示感叹语气、疑问语气和祈使语气。常用的语气词主要有:

啊 吗 吧 啦 呢 了2 罢了……

语气词“了2”和助词“了1”字形、读音相同,但用法和意义都不同。语气词“了2”只用在句尾,表示变化和肯定;助词“了1”只用在句中,表示行为动作的完成或实现。例如“他吃了饭了”,前一个“了”是助词“了1”,后一个“了”是语气词“了2”。

## 二、词类的兼用

语言里绝大多数词都可以按照语法功能的异同分别划入不同的类,但有少数词既具有这类词的语法功能,又具有那类词的语法功能,而意义上有联系,这样的词一般称为兼类词,这种现象叫词的兼类现象。例如:

| | | |
|---|---|---|
| 代表 | (a)我们选了三位代表。 | [名词] |
| | (b)他代表我们发言。 | [动词] |
| 科学 | (a)学习自然科学。 | [名词] |

（b）这个方法很科学。　　[形容词]

热　　（a）今天很热。　　[形容词]

（b）你热一下饭。　　[动词]

注意：“开会”的“会”（名词）和“会唱歌”的“会”（动词）不是兼类词，而是同音词，因为这两个“会”在意义上毫无联系，只是字音、字形相同而已。临时活用也不看作词的兼类，例如：

（1）那家伙比秦桧还秦桧。

（2）他这个人是很唐·吉诃德的。

（3）你也太近视眼了！

例（1）、例（2）、例（3）都是名词活用为形容词的例子。例（1）里的“秦桧”，例（2）里的“堂·吉诃德”，例（3）里的“近视眼”都是名词，按说它们都不能受程度副词修饰，但这里分别受程度副词“还”“很”“太”的修饰，似乎变成形容词了，其实都只是临时活用为形容词，并不真成了形容词。它们都不属于词的兼类。

## 思考与练习

1. “和、跟、同、与”既可以作连词用，也可以作介词用，如何区分？指出下列各例中加点词的词性。

① 老师和家长都赞成这样做。

② 小王正在跟家里打电话。

③ 老李跟老陈说他今天下午不来。

④ 北部与蒙古接壤。

⑤ 张明跟李不平是北京人。

⑥ 和前几天相比，最近凉快多了。

⑦ 他经常同小李一起来。

⑧ 你同家里商量一下再做决定吧。

2. 指出下列加线的词性：

① 这本书是他的。我会去找他的。

② 那里没有人。　昨天没有下雨。

③ 啊！太精彩了。快来看啊！

④ 他在黑板上写了个通知。

我们在做实验。

小李不在教室。

⑤ 来客人了。

只来了两个人。

他们早就来了。

3. 什么是词的兼类现象？指出下列词的词性。

编辑　组织　代表　充实　文明　密切　错误　道德

标准　矛盾　困难　民主　经济　通知　明确　计划

# 第四节 短　　语

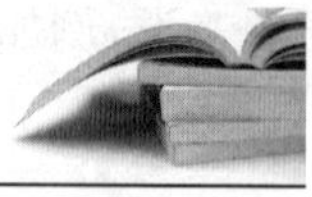

【知识目标】

1. 了解短语及其分类；
2. 掌握短语的结构、功能类型以及复杂短语的结构分析；
3. 了解多义短语。

【能力目标】

培养能用词语交际，提高用词能力。

## 一、短语及其分类

### （一）短语的理解

短语是词的组合，是意义上和语法上能够搭配而没有句调的一组词，所以又叫词组。

意义上能够搭配　即符合语义关系的要求，一般说符合逻辑。如“吃月饼”可以，“吃月亮”则不行，除非在神话中。“骑马”可以，“骑床”则不行。

语法上能够搭配　如动词不能受数量短语修饰，“一个走”，一般不成立，不复合语法上的要求。动宾短语，一般是动词＋名词，而“跳美丽”不能搭配，“跳绳”当然可以。

没有句调　因为许多短语加上句调便成为句子。

汉语组成短语的语法手段是词序和虚词。如，“红花”不同于“花红”；“爸爸的妈妈”不同于“爸爸和妈妈”。语序和虚词的不同，则短语类型不同，即为不同的短语。

### （二）短语的分类

(1) 按结构分类：主谓、动宾、偏正等等（内部分类）；

(2) 按功能分类：名词性、谓词性（动词性、形容词性）（外部分类）；

(3) 按构成成分性质分类：① 实词短语，实词与实词组合，即使有虚词也只能起辅助作用，如：中国人民、伟大的人民、今天和明天。② 虚词短语，实词与虚词各为一方的组合，如：中国的、花儿似的、在教室、所感动。

(4) 按结构凝固性分类：① 固定短语，如词汇章说到的成语、惯用语；② 临时短语（非固定短语），一般我们所举的例子都是临时短语，如上述“伟大的人民”等。

(5) 按意义分类：① 单义短语，如，伟大的祖国、红旗飘扬；② 多义短语，如，学习文件、开刀的老李。

(6) 按成句能力分类：① 自由短语，只要加上句调便能实现成句子的短语；② 不自由短语（又叫粘着短语），即不能独立成句的短语——加不上句调，如，狐狸的狡猾、通讯的自由、肩并肩、(手拉手)、高一脚(低一脚)、在中国、所安排。

## 二、短语的结构类型

实词短语:主谓、动宾、偏正(定中、状中)、中补、联合、连谓、兼语、同位、方位、量词(数量、指量)等,共10类;

虚词短语:介词短语、助词短语包括的字短语、比况短语、所字短语等,具体的共4类。与实词短语一起共14类。

基本短语:或称为“五大结构”,包括主谓、动宾、偏正、补充、联合等5类。

注意:

(1) 注意短语内各成分(即词)的词性,有些短语各成分的词性有一般情况和特殊情况之分。如主谓短语,谓语一般为谓词,但也有名词;动宾短语,宾语一般为名词,但也有谓词;定语的中心语一般为名词,却也有谓词。

(2) 语法关系相同的短语,其语义关系往往很有差异。如,动宾短语,语法上看为动宾关系,即支配关涉关系,但语义关系却相当复杂,从宾语与动词的语义关系看,宾语可以表示动词的动作对象、工具、处所、时间、目的、原因、结果、存现的事物、数量、判断等等。举例如下:

打人、歌唱祖国(对象)/打毛衣、修水库(结果)/吃食堂、刮脸(处所)/来客人、死了一条牛(存现)/是学生、是电灯(判断)/吃大碗、跳大绳(工具)/救火、养病(原因)/打扫卫生、歇凉(目的)/过年、起五更(时间)/买两斤、喝一杯(数量)。

(3) 中心语为非名词性成分(即谓词成分)的定中短语,整体仍然为名词性。

如:经济的发展、文艺演出、他们的到来、通讯的自由、小明的精明、中国人的勤劳。

其特点:

① 中心语常为双音节谓词性词语;

② 修饰语常为名词性词语;一般要用“的”字;

③ 独立性差,为不自由短语,只能作主语、宾语。

## 三、短语的功能类型

短语的功能,一是作句法成分(或说作更大的短语的成分),一是实现成句。所有的短语都能作句法成分,但并非都能成句。介词短语、“所”字短语、谓词为中心语的定中短语等,一般不能成句。

短语分成两大类:名词性短语——相当于名词,经常作主语、宾语;谓词性短语——相当于谓词,经常作谓语。当然谓词性短语还可以进一步分为动词性和形容词性短语两类。

短语的功能与其结构类型的关系大致如下:

### (一) 名词性短语

(1) 联合短语(成分为名词性):工人、农民、解放军/你、我、它

(2) 偏正短语(定中短语):祖国大地/问题的产生/那人的精明

(3) 同位短语:他们几个/“美丽”这个词

(4) 方位短语:三年前/教室东边/江淮之间
(5) 量词短语(量词为名量词):三斤/六套/这种
(6) "的"字短语:开车的/我们的/图书馆的
(7) "所"字短语:所认识/所涉及

### (二) 谓词性短语

(1) 联合短语(成分为谓词性):调查研究/伟大、光荣、正确
(2) 偏正短语(状中短语):已经完成/不认真
(3) 动宾短语:有人/是工人/怕脏/给他钱
(4) 中补短语:坐好/看一遍/拿出来
(5) 连谓短语:下河洗菜/看到他很高兴
(6) 兼语短语:请人解答/有人赞成
(7) 比况短语:狮子似的/飞一样
(8) 主谓短语:肚子痛/时间流逝

介词短语和动量词构成的量词短语(三趟、五次、两遍)这两类短语的功能类型不好确定,教材的处理实事求是,暂且置疑。但在中学教学语法中,动量词构成的量词短语归在形容词短语中,并另外设立了"主谓短语"和"介词短语"两个功能类型——这种名称与结构类型重合。因此,中学教学语法中,功能类型共有五种:名词性短语、动词性短语、形容词性短语、主谓短语、介词短语。

## 四、复杂短语的结构分析

层次分析法源自结构主义语法的直接成分分析法,是一种结合了句子成分分析法的直接成分分析法。其优势是既能反映结构层次,又能反映结构关系——或直接标写关系名称,或借助句法成分的名称来标明,我们采取后者,但某些特殊结构关系,只写结构名称。除特殊结构外,一般分析到词为止。下面举例:

(1) 鲜红的太阳照耀着大地
(2) 全体同学都做完了语法作业
(3) 教学经验丰富的老年教师
(4) 本国生产的和从外国进口的

## 五、多义短语

词有多义,短语也有多义。一个短语同时有两种或多种意义,即同形异义,为多义短语。造成多义短语,有词汇的原因,也有语法的原因。

词汇的原因。主要指多义词或同音词在短语中造成多义。如:

(1)我上课去　　上课:① 听课;② 讲课。
(2)菜要多吃　　菜:① 所有菜肴;② 蔬菜。
(3)他会唱　　会:① 愿意;② 能够。
(4)我想起来了　　想:① 回忆;② 打算、欲望。

语法上原因，指短语的结构层次（或是说短语的切分）、结构关系和语义关系等方面的不同而造成的多义，也称句法多义。本节主要讨论语法原因造成的多义现象。根据结构层次、结构关系、语义关系的交互情况，句法多义可分出 4 种类型：

**1. 结构层次（切分）相同，但结构关系不同**

① 学习文件

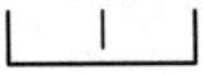

学习文件

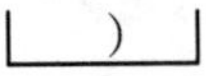

② 进口机电产品

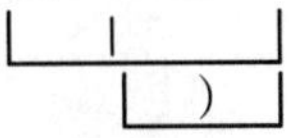

进口机电产品

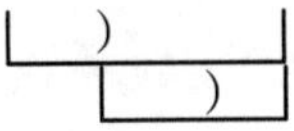

③ 想起来了

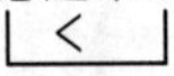

想起来了

**2. 结构层次不同（或不尽相同），结构关系也不同**

① 学习雷锋的故事

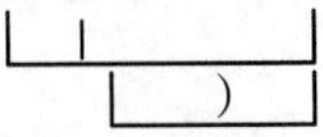

学习雷锋的故事

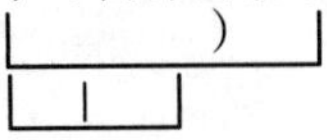

② 对张三的批评

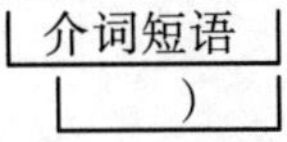


对张三的批评

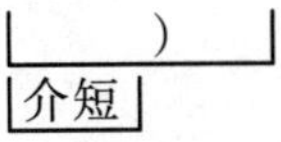


③ 两个工厂的劳模

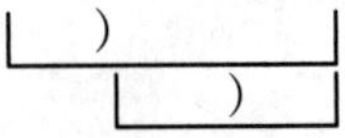

两个工厂的劳模

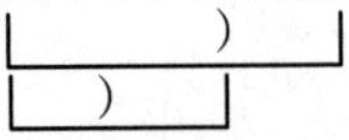

**3. 结构层次相同，结构关系也相同，但语义关系不同**

① 鸡不吃了

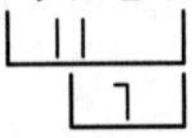

② 母亲的回忆

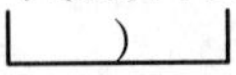

③ 曹操的问题

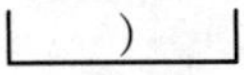

④ 反对的是张主任

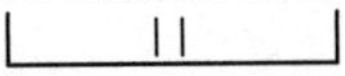

**4. 结构层次、结构关系、语义关系都不同**

① 热爱人民的总理

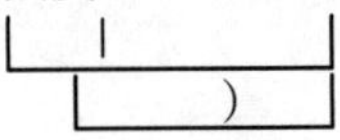

热爱人民的总理

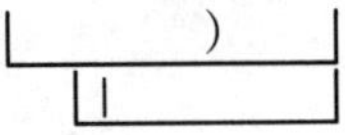

② 咬死农民的狗

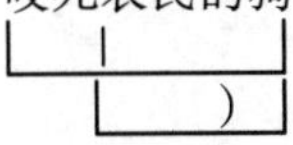

咬死农民的狗

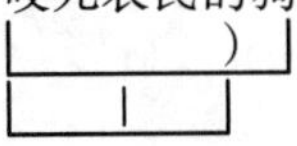

句法歧义形成如表 5.1 所示。

**表 5.1　句法歧义形成原因简明表**

| 类型 | 结构层次 | 结构关系 | 语义关系 |
|---|---|---|---|
| 1 | 相同 | 不同 | |
| 2 | 不同 | 不同 | |
| 3 | 相同 | 相同 | 不同 |
| 4 | 不同 | 不同 | 不同 |

多义短语在具体的环境中一般呈单义，不影响理解和交际；如果在集体语境中仍呈多义，则称为歧义现象，歧义现象会阻碍交际。如，“今天我们开了五个小时的会，讨论了小李的问题。”这时，“小李的问题”仍呈多义，会形成歧义，让人不能理解句意。

组织语言时，应尽量排除歧义，消除多义，其方法主要有：适当增加词语，改变结构，改变表达方法等。口语中借助重音和停顿是常见的消除多义的方法。

## 思考与练习

1. 指出下列短语的结构类型和功能类型：

做一个有创新精神的青年
给我留下了深刻的印象
最满意的解决方案
大熊猫的故乡中国
要求我们按时完成任务
知道他今天去上海
同意他们去
那棵树上
从他最近的表现
你所说的
送来两本书
来送两本书
看了两遍

2. 用层次分析法分析下列短语：

桌子上放了几本刚买的新书
必须说清楚刚才发生的事情
那些关于他的传说
他的欺诈行为终于被公安人员发现了
他的成绩比我好得多
首都北京的著名景点故宫
他的一句话说得大家都笑了
他有能力担任这个职务
很满意地朝他看了一眼

3. 多义短语可分为哪几种类型？分析下列多义短语：

热爱人民的总理
许多朋友送来的礼物
对朋友的态度
老王也通知了
援助的是中国
哥哥和弟弟的朋友

他们两人一组

# 第五节　句法成分

**【知识目标】**

1. 掌握句子的结构成分的类型；
2. 掌握句子的成分分析法和层次分析法。

**【能力目标】**

培养用语能力和与人交际能力。

有八种句法成分同短语成分一致：主、谓、动、宾、定、状、补、中心语。第九个句法成分——独立语，下面逐一来学习。

## 一、主语和谓语

### （一）主语的确认

这有三种观点：

(1) 主语相对谓语动词而言(主语一般为施事或受事)；

(2) 主语为陈述对象(主语可以是施事、受事、与事、工具、时间、地点、方位等)；

(3) 主语是话题，即说话的起点(主语的语义同于2，另加关涉对象)。

例句：

① 新中国又建造了一座长江大桥。

② 田间管理，老王很有经验。

据观点1，例①主语为"中国"，谓语为"建造"。据观点(1)，其主语为"新中国"，谓语是"又建造了一座长江大桥"。但就例②来说，据观点(1)和(2)，都不能将"田间管理"看作主语，只有依据观点3，才能将其看作主语。

### （二）主语的构成材料

其材料主要是名词性词语，这种材料构成的主语称名词性主语，回答"谁"、"什么"等问题，处于句首。

名词性词语包括：名词、数词、名词性代词、名词性短语等。许多主语是谓语中动词动作的施事，但是数词、数量短语、处所名词、时间名词、方位短语等名词性主语不可能是动作的施事，只能算作陈述对象，它们的谓语往往也不是动作性动词，或者根本就不是动词。

谓词性词语和主谓短语也可作主语，称谓词性主语，这种主语的句子叫谓词主语句。

应该特别注意谓词性主语的构成条件：即它们的谓语由非动作性词语构成，包括：形容词、静动词（是、有、由、像、使）、主谓短语等。

### （三）谓语的构成材料

作谓语的常见的是谓词性短语。

特殊的有三种情形：

（1）主谓短语作谓语——主谓谓语句

（2）名词性词语作谓语——名词谓语句

（3）动词和形容词单独作谓语。

上述（1）、（2）两种情形，后面将专门讨论。第（3）种情形的条件是：

① 对话语境：你看。这件衣服好吗？

② 复句中的分句（或对举，或排比，或先行句与后续句相承）：

（a）你好，他也好。（b）你去，我去，他也去。

（c）说容易，做难。（d）你去，他就来。

（e）路远，得马上动身。（f）一人唱，五人和。

③ 句末加语气词：

（g）秋天来了。（h）花开了。（i）枫叶红了。

### （四）主语和谓语的意义类型

主谓间的意义类型指主语所表示的人和事物同谓语所表示的动作之间的语义关系。这种关系的讨论只限于谓语为动词性词语。

主谓间的语义关系多种多样，如：施事（动作的发出者）、准施事（不能真的发出动作）；承受者、结果、对象；时间、处所、工具、目的、原因、数量等；还有一些主语同谓语的动作没有直接的联系。

教材将上述种种关系简化为三大类：施事，受事，当事（按：用排除法首先记住施事和受事主语）

**1. 施事主语**

主语表示施事和准施事。施事，即动作行为的发出者。如：

① 狼咬死了小羊。

② 他把那本书看了三遍。

准施事，指主语不能真的发出动作，主语一般是无生命的，但说话人把它当做实施者来看待（类似比拟）。如：

③ 演员的表情 抓住了每个观众的视线。

④ 这片红枫 招徕了许多游客。

⑤ 灯光 引来大量飞虫。

**2. 受事主语**

构成被动句，但不是“被”字句。

主语表示动作行为的承受者。如：

① 信 寄出去。

② 羊 被狼咬死了。

③ 那本书 他看了三遍。

主语表示动作行为的结果。如：

④ 文章 写好了。

⑤ 楼房 建起来了。

主语只是动词——这个动词往往没有很强的动作性——所针对的对象。如：

⑥ 这样的好机会 你可别错过了。

⑦ 那件事 他已经淡忘了。

受事主语句(被动句)的谓语动词一般是及物动词。这种句子,有时既有被动主语而动词同时还带有宾语——这宾语也是受事性的。如：

⑧ 老虎 画成了猫。

⑨ 他的手 烫起了泡。

**3. 当事主语**

主语表示的是施事、受事以外的语义关系,如,原因、工具、目的、时间、处所数量等;有的主语则同谓语动作没有直接关系。如：

① 外伤会感染。(原因。因是外伤,故会感染。)

② 快刀切肉,大碗喝茶。(工具)

③ 预防流感要吃板蓝根。(目的)

④ 今年是个丰收年。(时间)

⑤ 门前有座山。(处所)

⑥ 一斤卖五元钱。(数量)

⑦ 这件事不能怪他。

⑧ 湖光山色,我也喜欢欣赏。

⑨ 老李走失了一条牛。

最后三例,主语同谓语动词没有直接关系

另外,形容词、名词性词语作谓语的句子,其主语也属于当事主语。

**4. 谓语的意义类型**

是就谓语对于主语的作用而言的。总体可分为三大类:叙述类,谓语主要是动词;描写类,谓语主要是形容词;判断说明类,谓语主要是名词和静动词。

但是谓语的意义类型与谓语词性的对应关系并不严格,所以上述的说法,只是个大概。

## 二、动语和宾语

### (一) 短语的构成材料

动语同宾语对立统一。惟有动词性词语才可构成动语。

形容词不能带宾语,但形、动兼类者可带,如：

多一份功夫,长一份知识;少一份心思,多一份错误。

丰富校园文化生活。

繁荣市场经济。

一些不及物动词带宾语,受到宾语意义类型的限制。如：

哭她的儿子，哭她的丈夫。(原因宾语)　哭枕头。(?)

走大路。走钢丝。(处所)　※走中国。(范围)

但是，上述不能成立的动宾组合，如果动词带上了适当的补语，则又变成合理的组合。如：哭湿了一个枕头。　走遍了中国。

### (二) 宾语的构成材料

宾语主要由名词性词语构词。

谓词性词语也能作宾语，但受到条件限制。这个条件指动语的动词性质(动语动词可以分为谓宾动词和名谓宾动词，详见下文)。

### (三) 宾语的意义类型

具体看，宾语相对于动语的意义类型也是多种多样，包括，对象、承受者、发出者、目的、工具、原因、方式、时间、处所、等等。但概括起来，也只分为三类：

**1. 受事宾语**

宾语是动语的承受者、对象、和结果(如，育出新苗/挖了一个洞)。

**2. 施事宾语**

宾语是动作的发出者、主动者，宾语可以是生命体，也可以是无生命体。如：

来了一个人/走失了两头牛/走漏了消息/生了痱子/麦子抽穗了/树枝上挂着冰/

其特点是：① 动词为不及物动词；② 宾语可以移为主语；③ 多为存现宾语。

**3. 当事宾语**

宾语是动作的时间、处所、工具、目的、原因、类别(判断)、存在的事物等。

### (四) 动词的宾语性质分类

能带受事宾语的及物动词，不能带受事宾语的是不及动词(休息、游行、来、去)。及物动词，根据其所带宾语性质的不同可分为名宾动词、谓宾动词和名谓宾动词三类，后两类还可以进一步分成若干小类。如表 5.2 所示。

**表 5.2　动词的宾语性质分类表**

| 类别 | 小类 | 真谓宾语：动词、动宾短语、状中短语、主谓短语 | 准谓宾语：定中(V)短语 | 名宾语：名词、名词性短语 |
|---|---|---|---|---|
| 名宾动词 | “敲”类 | × | × | √ |
| 谓宾动词 | a. 真谓宾动词“打算”类 | √ | × | × |
| | b. 准谓宾动词“给以”类 | × | √ | × |
| | c. 真准谓宾动词“开始”类 | √ | √ | × |
| 名谓宾动词 | a. 名真谓宾动词“指出”类 | √ | × | √ |
| | b. 名准谓宾动词“得到”类 | × | √ | √ |
| | c. 名真准谓宾动词“想像”类 | √ | √ | √ |

名宾动词：只能带名词性宾语的动词。

谓宾动词：只能带谓词性宾语的动词（可进一步分为真谓宾动词、准谓宾动词和真准谓宾动词三小类）。

名谓宾动词：既可带名词性宾语、又可带谓词性宾语的动词（又可进一步分为名真谓宾动词、名准谓宾动词和名真准谓宾动词三类）。

### （五）动词的"向"

不及物动词为单向动词，及物动词中有双向和三向动词。

动词的"向"，是指动词在句法结构中能直接同名词性词语（常作主语和宾语）相结合的能力。只能跟一个名词性词语直接结合的动词是单向动词；可以跟两个直接结合的是双向动词；可以跟三个直接结合的是三向动词。如：

大家休息吧/大家快帮忙　（单向动词）

许多人看猴子/大家各拿一份　（双向动词）

老师给小明一本书/这把刀我们切熟肉　（三向动词）

如，"老张用望远镜看梅花"——此例虽有三个名词同"看"发生联系，但"望远镜"是借助介词"用"的帮助而引进的，故而，"看"仍然只能看作双向动词。

再如，"小李帮老张拿行李"——此例中名词性词语"老张"是借助动词"帮"的作用而出现的，故而，"拿"仍为双向动词。

还如，"人们看中国的大熊猫"——名词性词语"中国"为定语成分，所以"看"仍然为双向动词。

## 三、定语

定语指名词性短语的修饰部分。如：（祖国）新貌/（侦察员）的机智

实词和绝大多数短语都能作定语。

### （一）定语的意义类型

定语和中心语的语义关系也是多种多样的：表性质状态//领有者、时间、处所、环

境、范围、用途、质料、数量、类属、类别//同一性等等。将这些小种类概括为两类：一是描写性定语——表性质状态，多用形容词；一是限制性定语——上述从"领有者"至"同一性"等都是，一般用名词性词语、动词性词语和区别词。其中，同一性定语需要特别提一下：

① （为谁服务）的问题是一个原则问题。

② 张大爷正在讲述（董存瑞舍身炸碉堡）的故事。

同一性定语内容上与中心语一致，若将"的"换成"这个"或"这一"，偏正短语便转化为同位短语，如"为谁服务这一问题"。

### （二）定语有完成结构或成句作用

如：

尽（最大）努力/争取（更大）光荣/

（这几句）话，一字一字她听着很舒服。

她有(一双)大眼睛。

以上各短语和句子,如果除掉其定语则不能独立。

### (三) 定语标志"的"

"的"使用与否,有种种要求,我们凭语感基本能掌握。值得注意的是,有时用和不用会导致意义的变化。如:

积累经验——积累的经验/学习文件——学习的文件/进口机电——进口的机电(各组前者为动宾或多义短语,后者为偏正)

中国的朋友很多——有一位中国朋友/她是英雄的母亲——她有一位英雄母亲(各组前者表领属,后者表类别、性质)

### (四) 多层定语

以单个词作定语的是简单定语,以短语作定语的是复杂定语。多层定语是指定语不止一个层次,一般的是定语的个数在两个以上,简单定语和复杂定语都是单层定语,因为只有一个定语。例如;

| 单层 | | 多层 |
|---|---|---|
| 简单 | 复杂 | |
| (红)太阳 | (金光闪闪)的红太阳 | (一轮)(金光闪闪)的红太阳 |
| (我)的钢笔 | (我买)的钢笔 | (我买的)(那支)(红色)钢笔 |
| (小明)的爸爸 | (当团长)的爸爸 | (小明)的(当团长)的爸爸 |

总之,简单定语是一个词语作定语;复杂定语是一个短语作定语;单层定语是一个定语;多层定语是两个以上的定语。

多层定语有两个特点:① 各定语可分别修饰中心语,② 各定语之间没有任何语法关系。这两点当同时具备。

① (我买)的 ② (那支) ③ (红色)的钢笔

这是个多层定语,定语①②③ 分别能修饰中心语,而且相互之间有没有任何语法关系。

(我买)的钢笔/(我的同学的父亲)的汽车

这两例都不是多层定语,都是单层定语,各定语都为复杂定语,其内部都有语法关系,分别是主谓、联合、偏正等关系。

多层定语排列次序有一定的规则:

领属——时间——地点——指量——数量——动词性——主谓短语(怎样的)——形容词性(什么样的)——名词,表性质、类别、范围(什么)。例如:

中国的两名来自上海的优秀的足球运动员

(领属)(数量)(动词性)(形容词)(名词)

## 四、状语

作状语的主要有副词、时间名词、能愿动词、介词短语以及状态形容词、量词短语等。

名词、动词直接作状语的较少,限于不是动作方式、手段或状态的词。如,集体购票、电话联系、笑脸相迎、现金支付、现场直播、批判地继承、不眨眼儿地盯着，等等。

### （一）状语的意义类型

粗分：限制性和描写性两类。

细分：表时间、处所、程度、否定、方式、手段、目的、范围、对象、情态、条件、数量、语气，等等。

### （二）状语的语义指向

状语的语义指向不仅指向谓语中心，也可以指向主语或宾语。如：

① 王英悄悄溜出去了。

② 王英高兴地跑了回来。

③ 王英脸色阴沉地走了进来。

④ 王英浓浓地泡了一杯茶。

⑤ 王英圆圆地画了一个圈。

各例中加点的状语，语义指向画线的对象，分别指向谓语中心、主语和宾语。

### （三）状语的位置

其位置有句首、句中两种正常情况。句首状语一般表示时间、处所、条件、范围、语气和关涉对象。见 P92。

### （四）多层状语

| 单层 | | 多层 |
|---|---|---|
| 简单 | 复杂 | |
| [飞快]地跑 | [非常吃力]地跑 | [非常吃力]地[慢步]跑来 |
| [很]美 | [脸色阴沉]地走了 | [的确][很]美 |

简单状语：单个词作状语；

复杂状语：短语作状语；

多层状语：两个以上的状语。简单状语和复杂状语都是单层状语，因为是一个状语。

多层状语的特点有两点：① 各状语可分别修饰限制中心语；② 各状语之间没有任何语法关系。如“的确”和“很”分别都可以修饰限制“美”，“的确”与“很”之间没有任何语法关系。

多层状语也是左边的修饰限制右边的，也用“以左统右”的方法进行分析。如：

同学们[昨天][在教室里][十分热烈]地辩论着人道主义问题。

多层状语的次序比多层定语自由，很难有固定的规则，有时，可以变动，而变动后意思有所不同。如，“很不好”不同于“不很好”；“都不去”不同于“不都去”。其次序的大致规则是：条件——时间——处所——语气——范围——否定——程度——情态。

“许多代表[昨天][在休息室里][都][热情]地[同他]交谈。”（时间—处所—副词—形容词—介词短语）

## 五、补语

### (一) 补语的构成和意义类别

补语由谓词性词语、数量短语、介词短语等充当。

补语标志助词是“得”,“得”的使用受到补语意义类型和作补语的材料的影响。

从语义上看,补语是说明中心语(谓词性)动作行为的结果、程度、状态、趋向、数量、时间、处所、可能性等的。据此,我们将补语分为如下类型:

**1. 结果补语**

表示动作行为的结果。

特点:

(1) 中心语是行为动词,如,挂、写、踢、哭等等;

(2) 补语同中心语结合很紧,以致助词“了、过”只能附着在补语后,如,哭＜肿＞了/踢＜坏＞了/写＜错＞过;

(3) 绝对不用“得”字;

(4) 补语的语义指向可以分别指向中心语、主语、和宾语,如:护士打＜完＞了针/他喝＜醉＞酒/踢＜破＞了球。

各例补语分别指向例中黑体字。

**2. 程度补语**

补语表示性状的程度。

特点:

(1) 中心语是形容词或能受程度副词(如“很”)修饰的动词(按:这两种词可以受程度副词修饰)。

(2) 补语限于有限的几个词语:极、很/透、慌、死、坏(意义已经虚化)/一些、一点(都是数量短语)。

(3) 补语本身没有否定形式。“乐不坏”/“气不死”——如果成立,“死”则未虚化,便为结果补语。

(4) 补语语言形式较短。

**3. 状态补语**

表示由动作、性状而呈现出来的状态,具有描写性、具象性。另外:

① 她洗衣服洗得＜满头大汗＞

② 她洗衣服洗得＜遍地是水＞

③ 她洗衣服洗得＜干干净净＞

④ 她洗衣服,把衣服洗＜破＞了(结果补语)

⑤ 雨下个＜不停＞

⑥ 打了个＜稀巴烂＞

⑦ 打得个＜稀巴烂＞

⑧ 你看他的脸上红得＜/＞

⑨ 你看他急得＜/＞

⑧⑨两例补语省略。

⑩ 她笑得＜一脸的皱纹＞

⑪她急得＜一身冷汗＞　⑩⑪两例补语是名词性词语。

特点：

(1) 必须带“得”(“得个”“了个”“个”)。这同结果补语区别开来：“听＜明白＞了”——结果补语；“听得＜很明白＞”——状态补语。

(2) 补语的语言形式较长。如，闹得＜慌＞＜程度＞——闹得＜不亦乐乎＞＜状态＞。

(3) 中心语可以是行为动词，如，“来”“去”；也可以是受程度副词“很”等修饰的动词；还可以是形容词。后两类与程度补语相同。

结果、程度和状态三类补语特点如表5.3所示。

**表5.3　结果、程度和状态三类补语特点简明表**

| 补语小类 | 带“得” | 中心语为行为动词 | 中心语为形容词或受“很”修饰的动词 | 中补结合紧密 | 补语较短 |
|---|---|---|---|---|---|
| 结果 | － | ＋ | － | ＋ | ＋ |
| 程度 | ± | － | ＋ | ＋ | ＋ |
| 状态 | ＋ | ＋ | ＋ | － | － |

**4. 趋向补语**

表示动作行为的趋势、方向。另外：

① 笑＜起来＞/唱＜起来＞——表开始；

② 说＜下去＞/唱＜下去＞——表继续；

③ 池塘养＜上＞了鱼/请把这儿的括号补＜上＞——表事情的实现(包含将来的实现)。

特点：

(1) 趋向动词(包括虚化者)作补语；

(2) 绝对不带“得”。

**5. 数量补语**

以数量短语作补语，表示动作的次数(动量)和动作持续的时间(时量、时段)，如：

看＜一次＞/看＜一遍＞/看＜一眼＞/看上＜几眼＞/查阅＜一遍＞/走＜两趟＞/踢＜两场＞球/炮击＜一阵＞；

住＜三天＞/走了＜两年＞/停＜三秒＞/等＜一会儿＞。

**6. 时间、处所补语**

主要特点是以介词短语作补语，表示动作的时点和处所——包括动作的终点。如：

① 他生＜于1980年＞

② 坐＜在床上＞

③ 从胜利走＜向胜利＞——抽象处所

④ 战斗＜在敌人心脏＞——抽象处所

⑤ 把对联贴＜到大门的两侧＞

⑥ 跑＜到操场上＞——表终止地点。

**7. 可能补语**

说明动作行为的可能性，总要带“得”字。其构成由三种形式：

(1) 在动词＜少数为形容词＞后加“得/不得”，表示可能和不可能。如：

① 这东西吃＜得＞，那东西吃＜不得＞。

② 这鞋你也穿＜得＞。

③ 这件事放松＜不得＞。

④ 他呀，简直批评＜不得＞。

⑤ 这事大意＜不得＞。

注意：肯定式，补语动词限于单音节；否定式，无此限制，还可以是形容词，如例⑤ 。

(2) 在趋向补语前加“得”和“不”。如：

① 抬＜出来＞——抬＜得出来＞、抬＜不出来＞

② 走＜回去＞——走＜得回去＞、走＜不回去＞

(3) 结果补语前加“得”和“不”。如：

① 打＜破＞——打＜得破＞、打＜不破＞

② 听＜见＞——听＜得见＞、听＜不见＞

注意：

(1) 趋向补语和结果补语原本是决不带“得”的；

(2) 可能补语与状态补语的区别。

① 可能：写得好(肯定式)——写不好(否定式)
——写得好写不好？(提问式)
状态：写得好(肯定式)——写得不好(否定式)
——写得好不好？(提问式)

② 可能：跑得快(肯定式)——跑不快(否定式)
——跑得快跑不快？(提问式)
状态：跑得快(肯定式)——跑得不快(否定式)
——跑得快不快？(提问式)

可能补语和状态补语的肯定式相同，但否定式及提问式不同。

另外，“写好了”，“好”是结果补语，结合紧密，不带“得”，意思指动作“完结”，而非表状态“很优秀”。

## (二) 多层补语

① 打＜翻＞＜在地＞　　② 被人摔＜倒＞＜在擂台上＞

③ 走＜向溪边＞＜去＞　　④ 炼＜出＞好钢＜来＞

⑤ 青年们走＜散＞＜到个革命根据地＞＜去＞

## (三) 补语和宾语的顺序

1. 补在宾前(常式)；
2. 补在宾后(特式，有限制)；
3. 两个趋向补语夹一个宾语(多层补语，如上述例④ )。

### （四）补语和宾语的辨别

形容词后不带宾语；宾语和补语的纠缠出现在动词作中心语的现象上。区别方法有：

**1. 看关系**

宾语回答“什么”，补语回答“怎么样”。如：

① 喜欢安静　　　　　喜欢什么？

② 考虑再买一件　　　考虑什么？

③ 喜欢＜昏了头＞　　喜欢得怎么样？

④ 考虑＜清楚＞　　　考虑得怎么样？

“得”作助词，为补语标志。但合成词“取得、获得、觉得、显得”等中的“得”是词尾，应注意区分。“取得胜利、获得丰收、觉得很好、显得很浪漫”等都是动宾结构，而“觉得、显得”带的是谓词性宾语，回答的不是什么，而是怎么样——这更加要注意分辨。

**2. 看成分的词性**

动词后的数量短语，当量词为物量词时，则为宾语；当量词为动量词时，则为补语。如：

① 踢＜两场＞球　② 这风刮了＜一阵＞　③ 这种鞋我买过＜一回＞　④ 这种鞋我买过三双　⑤ 这布他买了六尺

**3. 看句式变换情况**

宾语能用“把”字前置，补语不能；如：

① 浪费了五个小时——把五个小时浪费了

② 干了＜五个小时＞——※把五个小时干了

宾语能转换作主语，补语不能。如：

③ 时间已过了两年——两年过去了

④ 这个小组成立了＜两年＞——※两年成立了

### （五）补语和状语

注意：同一个词语，作状语、补语时，有时意义基本一致，有时却有差异。如：

① 跑＜到操场上＞——动作的终点　　[到操场上]跑——动作的处所

② 走＜快＞了——动作结果　　　　　[快]走吧——动作状态

③ 拉他＜一把＞——动作动量　　　　[一把]拉住他——动作方式

## 六、中心语

偏正（定中、状中）短语、中补短语的中心成分叫中心语。

**1. 构成**

词或短语。例如：

红太阳/飞快地跑/好极了——中心语是词

一轮鲜红的太阳/飞快地朝前跑/打倒在地上——中心语是短语

**2. 分类**

（1）定语的中心语

中心语在后。

定语中心语主要为名词性词语。如：

新毛巾/白色的新毛巾/久违的他/高级人才

谓词性词语也可以作定语的中心语。如：

经济的振兴/会议的召开/他的举手投足/小李的精明/黄继光的勇敢

（2）状语的中心语

中心语在后。

状语中心语主要为谓词性词语。如：

不好/很不好/十分激动/坚决执行/坚决马上执行

也可以是名词性词语。如：

已经半夜了/就他们俩/最前方/才15岁

（3）补语的中心语

中心语在前。

中心语一般为谓词性词语。如：

走得快/高兴得手舞足蹈/活泼好动得像个小孩/嗡嗡叫得直响

## 七、独立语

特点：句意上不可缺少，结构上不同任何成分发生结构关系，位置则很灵活——或居于句首、或居于句中、或居于句末——“快乐的单身汉”。

种类：插入语、称呼语、感叹语、拟声语。

插入语可再作如下分类：

（1）表示肯定或强调的语气。

如，“毫无疑问、不可否认、不用说、十分明显、尤其是、主要是、特别是”等。

（2）表示对情况的推测和估计。

如，“看来、算起来、我想、我看、充其量、少说一点”等。

（3）表示对别人意思的引用（即消息的来源）。

（4）表示总括。

如，“总之、总而言之、一言以蔽之、综上所述”等。

表示注释、补充、举例。

如，“也就是、换言之、包括、正如”等。

## 八、句子成分小结

句法结构分析，也叫句法分析。对句法结构进行分析的方法有：句子成分分析法、层次分析法。

## （一）句子成分分析法

句子成分分析法是传统语法中通用的分析句子的方法，也叫中心词分析法。由于句子与词组在结构上基本一致，因而句子成分分析法实际上也是句法成分分析法。分析时要求一举找出整个结构的两个中心词——名词中心词和动词中心词，以作为该结构的主要成分主语和谓语，让其他成分分别依附于主语和谓语。其分析步骤是：先看清整个结构的主要成分，哪个是主语，哪个是谓语；再看充任谓语的动词是不是及物动词，以决定谓语后面是否有连带成分宾语；最后指出附加在主、宾之前，谓语前后的所有附加成分。例如对"这些工人立刻造好了一座桥"这一结构该作这样三步分析：

(1) 这些工人立刻造好了一座桥……第一步分析

(2) 这些工人立刻造好了一座桥……第二步分析

(3)(这些)工人[立刻]造〈好〉了(一座)桥……第三步分析

或：这些工人立刻造好了一座桥

() ＝＝＝[]—〈〉() ﹏

(＝＝＝表示主语，——表示谓语，﹏表示宾语，() 表示定语，[]表示状语，〈〉表示补语)

这种分析方法的优点是句法结构中各词之间的关系主次分明，有提纲挈领的作用。同时这种方法也有很大的局限性：忽视句法结构的层次性，把六大句法成分放在同一个平面来分析；抽出的"主干"(中心词)往往不能概括整个结构的意义。

分析有歧义的句法结构看，这种局限性表现得更为明显。例如，"这张照片放大了一点儿"这个结构是有歧义的：

(1) 相当于"这张照片只放大了一点儿"(言下之意是这张照片放得不太大)。

(2) 相当于"这张照片放得大了点儿"(言下之意是这张照片放得太大了)。

造成上述歧义的原因是内部构造层次不同。

但是，如果用句子成分分析法，就无法分化歧义，因为不管 A 义还是 B 义，都分析为：

这张照片放大了一点儿

() ＝＝＝—()()

## （二）层次分析法

直接组成一个层次的两个部分就是这个层次的直接组成成分(直接成分)。层次分析的客观基础是语法构造的层次性。其分析手续是：逐层切分出直接成分，一般是不断二分，只有当该结构包含的直接成分不止两项时才多分。

## （三）句法结构层次分析常用的方法

**1. 框式法**

(1) 从大到小：上文句法结构的层次分析使用的都是这种方法。

(2) 从小到大。

**2. 符号法**

常用的符号有：＝＝＝＝表示主语，——表示谓语，﹏表示宾语，() 表示定语，[]表示状语，〈〉表示补语，"。"表示中心语。句子成分分析法也使用这些符号，但不体现句法构造的层次性，而层次分析法使用这些符号时仍要体现层次性。

## 思考与练习

1. 指出下列句子的主语，哪些是典型主语，哪些是其他主语，其他主语又各属于哪类？
① 该做的事情都做完了。
② 新买的一支钢笔弟弟又弄坏了。
③ 你别总是用眼睛盯着我。
④ 警犬死死地咬住了匪徒。
2. 指出下列各句的主语。
① 前天，我遇见了一位朋友。
② 马路上站着一个卖艺的老人。
③ 昨天商店里还有许多折价处理的成衣。
④ 今天来了许多新同学。
⑤ 这些话前几天我都听到了。
3. 指出下列各句哪些是“宾语前置”句，哪些是“受事主语”句，哪些是“施事主语”句。
① 一切愿意为四化做贡献的人我们都欢迎！
② 所有自愿建设海岛的人都来。
③ 近来，他什么事都不想干了。
④ 整整一个假期，我一场电影都没看。
⑤ 整整一个假期，我没有看一场电影。
⑥ 一句话说得大家都笑了。
⑦ 我谁也不想欺负。
⑧ 这个我可真不认识。
4. 指出下列各句中补语补充说明的对象。
① 小狗咬伤了孩子。
② 这个人跳得真高。
③ 一气之下我打了他两巴掌。
④ 小王把这件衣服洗得干干净净。
⑤ 小王洗衣服洗得满头大汗。
⑥ 小王洗衣服洗得很快很快。
⑦ 董存瑞手托炸药包奋不顾身冲了上去。
5. 分析下列句子的歧义情况，并把它们改为只含其中某一种意义的句子。
① 桌子上放着许多朋友送来的礼物。
② 小王没有找到。
③ 她的奶奶演得真好。
④ 张三租借李四的一间房子。
⑤ 这十多个少数民族学校的学生都来了。
⑥ 小王和小刘的师傅来了。

# 第六节　句子的分类

**【知识目标】**

1. 掌握句子分类、句类、句型；
2. 掌握几种动词谓语句；
3. 掌握变式句和省略句；
4. 掌握句子的变换和结构分析。

**【能力目标】**

培养更好的表达能力，拥有良好的与人交际能力。

## 一、句子分类概说

(1) 句类——句子的语气类，即根据句子的语气分出的句子的类别。包括陈述句、疑问句、祈使句和感叹句。

(2) 句型——句子的结构类，即根据句子的结构特点分出的句子的类别。包括单句和复句，单句和复句又可以下分若干小类。

一个句子从不同的角度或标准看可以属于不同的类别，例如“你看电影吗?”是疑问句，又是单句、主谓句、动词谓语句。“下雨了。”是陈述句，又是单句、动词性非主谓句。

## 二、句类

### (一) 陈述句

叙述或说明事实的具有陈述语调的句子叫陈述句。陈述句句末可以带上“的、了、呢、罢了”等语气词。“的—了”:“的”表示本来如此，“了”表示有了变化，如：① 这道题我会做的。② 这道题我会做了。“呢—罢了”:同样表示肯定，但“呢”稍带夸张和强调，而“罢了”却把事情往小里说。如：③ 这塘里鱼可大呢。④ 只不过多花几个钱罢了。

陈述句可用肯定形式，也可用否定形式。有时可带语气词“了、的、呢、罢了、嘛、啊”等。常用的标点符号：句末用“句号”。陈述句是思维的最一般的表现形式，也是运用最广泛的一种句子。例如：

① 明天要下雨。

② 我紧张得心都要蹦出来了。

③ 您今天精神挺好的呢。

④ 他说了不回家的。

⑤ 事情本不是这样嘛。

①②③肯定④⑤否定

否定句常用“不、非、没有、无、莫、否、句、勿、未”等。但双重否定句表示肯定，常用的否定词“不……不……”“没有……不……”“非……不……”等。例如：

① 我们不得不重新设计图纸。(必须)

② 他们不会这么不讲理的。(是)

③ 他不敢不来。(会来)

④ 没有永远不变的真理。(所有的都)

⑤ 没有一个人不同情他。(人人都)

⑥ 没有什么不可以。(都)

⑦ 我非要你干完它不可。(一定要)

⑧ 我们非学好英语不可。(一定要)

⑨ 非准时到校不可。(一定要)

⑩ 非说说不痛快。(必须要)

从上面的例子可以看出双重否定句跟相应的单纯的肯定句意思并不完全一样。口语中还有“非得去”“非要做”等说法，这种说法就是从“非……不可……”变来的，这种用法的“非”不再是否定副词，而是语气副词。在书面语言中常见“无不、无非、不无、未必不”等说法。例如：“在场的人无不为之动容。|他这么卖力，无非是想取得上司的信任。|他说的话不无道理。|这道题你未必会做。”

### (二) 疑问句

具有疑问语调的句子叫疑问句。其中有疑而问的叫询问句，无疑而问的叫反问句。提问手段有以下几种：疑问语调、疑问词、语气副词、语气词、疑问格式等，疑问语调不可或缺。根据结构形式上的特点和语义情况分：是非问、特指问、选择问、正反问。

**1. 是非问**

陈述句加疑问语调或兼用语气词“吗”“吧”等构成，一般是对整个命题的疑问，回答也是对整个命题的简单的肯定和否定。例如：

① 你明天会来吗?

② 这件事你知道吧?

③ 这事你真的不管?

④ 你昨天迟到了，是吗?

这些句子可以用“是、对、嗯”或“不、没有”等作答，或用点头、摇头回答。

**2. 特指问**

用疑问代词(如“谁、什么、怎样”等)和由它组成的短语(“为什么、什么事、做什么、怎么做”等)来表明疑问点，说话者希望对方就疑问点作出答复，句子往往用升调。例如：

① 今天谁值日?

② 什么时候开会?

③ 你怎么不去图书馆呢?

④ 你为什么不同意?

⑤ 什么事不能好好商量的?

常用语气词“呢、啊”，不用“吗”。

**3. 选择问**

用两个或两个以上分句提出不止一种看法供对方选择，用“是、还是”连接分句。常用语气词“呢、啊”，不用“吗”。例如：

① 是早上锻炼好，还是下午锻炼好？

② 喝水还是喝茶？

③ 明天你去呀我去？

④ 是这个意见好，还是那个意见好？

⑤ 是保持沉默，还是指出缺点？

**4. 正反问**

由谓语动词的肯定形式和否定形式并列构成。① V不V(来不来)；② V不(来不)；③全句＋V不V。常用语气词“呢、啊”。例如：

① 昨天玩得高兴不高兴？

② 你愿意不愿意？

③ 你买的东西便宜不？

④ 明天你来不？

⑤ 你根本就没看过书，是不是？

⑥ 我先走一步，行不行？

反诘问句，即反问句，也有上述四种格式，只是多用是非问和特指问格式，选择问和正反问用得少。例如：

① 我不是已经跟你说过了吗？(＝不用说了——是非问)

② 十二点了，怎么还看电视？(＝不要看电视了——特指问)

③ 你是来帮我呢，还是来拆台呢？(＝老拆台——选择问)

④ 他们这么不讲理你说对不对？(＝不对——正反问)

### (三) 祈使句

要求对方做或不做某事的句子叫祈使句(降调)。

**1. 表示命令、禁止**

带有强制性，常不用主语、语气词，结构简单、语调急降而且很短促，否定句用“不准、不许、别”等。例如：

① 禁止吸烟。

② 不许乱说乱动。

③ 别说话。

④ 站远点！

⑤ 快去做作业。

**2. 表示请求、劝阻**

包括请求、敦促、商量、建议、劝阻等。例如：

① 大爷，您请进来坐吧。

② 请给我一杯茶。

③ 快说呀，为什么不说呢？说吧。

④ 快点！你可以再快一点吗？

请求或敦促人家做事，总有商量余地，因此宜于使用重叠形式的动词，常用敬词“请”，例如：“您说说。|您请坐。|您帮帮忙吧。|请喝茶。”以下几句表示劝阻：

⑤ 别去了，会已经开完了。

⑥ 不要说了，都知道了。

⑦ 别慌，慢慢写。

⑧ 别闹了，好不好？

### （四）感叹句

带有浓厚感情的句子叫感叹句。它表示快乐、惊讶、悲伤、愤怒、恐惧等浓厚的感情。一般用降调。

**1. 由叹词构成（从叹词辨别感情）**

例如：

① 哇！这衣服真漂亮！（惊叹）

② 哎哟！你还真自以为是！（讥讽）

③ 唉，真没办法呀！（叹息）

④ 哼，等着瞧吧！（愤怒）

**2. “名词　啊”表感叹**

例如：

① 天哪！这可怎么办啦！

② 我的上帝呀！

③ 我的妈呀！

**3. 口号、祝词**

例如：

① 共产党万岁！

② 为幸福的明天干杯！

③ 明天会更美！

**4. 更多的感叹句里有“多、多么、好、真”等副词，句尾有语气词**

例如：“那该有多好哇！好热的天气呀！多么可爱的小孩呀！多好的想法呀！”

## 三、句型

按照结构分，句子可分为单句和复句，单句又可分为主谓句和非主谓句。依据谓语的性质，主谓句可分为动词性谓语句、形容词性谓语句、名词性谓语句和主谓谓语句。非主谓句分为动词性非主谓句、形容词性非主谓句、名词性非主谓句、叹词非主谓句、拟声词非主谓句。复句详见第八节。下面着重分析主谓谓语句和几种较特殊的动词性谓语句。

### （一）主谓谓语句

主谓短语作谓语的句子叫主谓谓语句。这是汉语中很有特色的一种句子。为了便于说明，我们把全句的主语称为大主语，把作谓语的主谓短语中的主语称为小主语，把主谓短语中的谓语称为小谓语。例如：

这部电影‖我看过。

(大主语)(小主语)(小谓语)

主谓短语作谓语的情形比较复杂，归纳起来，大致有以下几种情况。

第一种：大主语同小主语有施受关系。

**1. 受事‖施事＋小谓语**

大主语是受事，在意念上受小谓语支配；小主语是施事。例如：

① 这件事‖我知道。

② 那本书‖我看完了。

③ 这个道理‖任何人都能讲得清清楚楚。

④ 任何困难‖我们都能克服。

⑤ 一口水‖他都不喝。

这类句子一般都可以转换成“主—动—宾”格式的动宾谓语句。

**2. 施事‖受事＋小谓语**

大主语是施事；小主语是受事，在意念上是受小谓语支配的。

第一种：

例如：

① 我们‖任何困难都能克服。

② 我‖什么事也不知道。

③ 他‖一口水都不喝。

这类句子也往往可以转换成“主—动—宾”格式的动宾谓语句。另外，这类句子中的小主语在语义上往往表示普遍性，遍指一切，有夸张或强调的意味(小主语中有任指性词语，后面有“都”或“也”相呼应，有往大里夸张的意味；主谓短语里有“一……不〔没有〕”这种格式，有往小里夸张的意味)。

第二种：大主语同小主语有领属关系。

小主语代表的事物隶属于大主语，是大主语的一部分。例如：

① 他‖身体健康。

② 山里人‖胆子本来就小。

③ 这些战士‖眼睛熬红了。

这类句子的小谓语大多是形容词性词语；但也有非形容词性的，如例③ 。

第三种：大主语是全句谓语关涉的对象。

① 那个地方，‖他并不陌生

② 这类事，‖我们的经验很丰富。

③ 这个问题，‖研究的人太多了。

④ 新的操作方法，‖现在能掌握的人很少。

这类句子的特点是：① 大主语前一般都能加上“对于”“关于”一类的介词，当然，一旦加上介词，句子的结构就变了。② 大主语前边往往有“这、那”一类的词；如果不带这类词，也要有修饰语，多多少少起点区别的作用；但专用名词作大主语，前边可以不带“这、那”或修饰语，如“炒股，我一窍不通”。③ 大主语和后面部分往往用逗号隔开，大主语有提示作用。

第四种：作谓语的主谓短语是主宾同形结构。

① 他们俩‖手拉着手。

② 全世界人民‖心连心。

③ 咱们‖谁也别忘了谁。

④ 生产的高潮‖一浪高过一浪。

⑤ 他们‖你帮我,我帮你。

这类句子的大主语和小主语之间也有整体和部分的关系或领属和被领属的关系,只不过格式上有点特殊。例①至例④的主谓短语是主宾同形结构;例⑤中"你帮我,我帮你",是两个主谓短语回环的形式,一般不单用一个。

第五种:大主语同谓语中的某一词语(常常是代词)有复指关系。

① 这盆水,‖你把它倒了。

② 坐车买票‖这是天经地义的事。

③ 这个孩子,‖我也疼他。

④ 猫头鹰‖乡间人叫它夜猫子。

⑤ 我们的部队,我们的战士,‖我觉得他们是最可爱的人。

⑥ 这位从教五十年的老教师,‖他的教学经验十分丰富。

下面的句子也可归入这一类型:

⑦ 他的两个妹妹,‖一个是教师,一个是医生。

⑧ 他们‖有的讲故事,有的发议论,有的兴冲冲地作补充。

例⑦、⑧中的大主语分别同谓语里的有关词语有复指关系,它们的谓语都是由主谓短语构成的联合短语充当的。

第六种:大主语是时间或处所词语,谓语对大主语进行描写或说明。

① 江南的夏夜,‖蛙声如潮。

② 天安门前,‖灯火辉煌。

③ 湖面上,‖波光粼粼。

④ 江岸上,‖厂房巍峨。

⑤ 那边山坳里,‖枫树的叶子全红了。

⑥ 那个地方,‖风景优美。

这类句子的特点是,时间、处所词语前面一般不能加介词"在",大主语也不能够移到小主语后面去。

第七种:大主语是一种商品,作谓语的主谓短语说明或询问这种商品的价格、数量。小谓语是名词性词语。

① 这书‖一本两块钱。

② 这书‖两块钱一本。

③ 这种塑料花‖多少钱一把?

这种名词性主谓谓语句比较少见,多见于口语。

### (二)几种动词谓语句

#### 1. "把"字句

"把"字句是用介词"把"(或"将")将动词支配、关涉的对象提到动词之前的一种句式,它是汉语主谓句中一种很有特点的句子。它的主要作用是突出、强调"把"所引介的词语。试比较:

① 我们‖打〈败〉了敌人。

② 我们‖〔把敌人〕打〈败〉了。

当然，“把”字句中，“把”所介引的对象也并非都能还原到动词后面去作宾语，如“你把书放在桌上”“小王把炉子生上了火”，这两例中“把”后面的“书”和“炉子”都不能移到动词后面去(前一例动词后面有介宾短语充当的补语，后一例动词后面另有宾语)。

“把”字句有以下一些特点：

(1) 在主谓句中，由“把”构成的介宾短语所修饰的动词往往是表示强烈动作的及物动词，这个动词在意念上要能管得着“把”后边的词语，并对它有一种处置的意味。例如“把杯子打破了”中，“打”是及物动词，且表示强烈动作，在意念上它管得着“把”后边的“杯子”(“打”的是“杯子”)；“打”的结果是杯子“破了”，这就是处置的意义，“杯子”则是被处置的事物。但少数非处置性的动词也可以构成把字句，如：“只把目录看了一遍”“把牙磕了”“把脸一红”“把他忘得一干二净”。

非主谓句中，“把”用在句子的开头，“把”后面的宾语(指介词的宾语而不是整个句子的宾语)是施事，“把”后面的动词常是不及物动词，如“把你急的”“把他热得”。

(2) 动词前后通常总有一些别的词语，一般不能只用一个动词，尤其不能是个光杆的单音节动词(韵文不受这个限制，如“夫妻双双把家还”)。如：“把茶喝了”(带动态助词)、“把他拉起来”(带趋向动词)、“把头发理理”(动词重叠)、“把敌人彻底消灭”(带状语)、“把信给他”(带宾语)、“把菜洗干净”(带补语)。有些动补式合成词，可以不再带其他词语，如“把直线延长”、“把桌子推翻”。

(3) “把”字句中如果用了否定词或能愿动词，一般应放在“把”字前面。如不能说“把话没有说清楚|我把衣服没有弄坏|把字应该写端正”。只是在一些熟语性的例子里，“不”才可前可后，如“不把它当做一回事儿”也可说成“把它不当作一回事儿”。

(4) “把”后面的宾语(即介宾短语中的宾语)一般是有定的、已知的人或事物，而不能是无定的。前面常带上“这、那”一类修饰语。如果用无定的、泛指的词语，常用来泛指一般的道理，如：不能把整理看成谬误|把一天当做两天用。

把字句中“把”介引的成分不一定就是动词的受事，也可以是处所、工具，还可以跟动词无语义联系，而跟动补短语有联系，动词只是使介词宾语达到补语所表示的那种结果的手段而已。例如“把手绢儿哭湿了|把腿坐麻了|把眼睛哭肿了”。

**2. “被”字句**

是指在谓语动词前面，用介词“被”(给、叫、让)引出施事或单用“被”的被动句。

“被”字句有以下一些特点：

(1) 谓语动词一般是表示动作意义的及物动词，一般要有处置性。一些非动作性动词或有些趋向动词、心理活动动词，就不能构成“被”字句。例如不能说“书被我们有|北京被他去|这一意见被他赞成”等。

(2) 谓语动词的前后往往有一些别的词语，而不能是一个光杆的单音节动词。动词前后一般要有其他词语。例如“杯子叫我弟弟打〈破〉了|夜空被焰火照得〈光彩夺目〉|小鸡被黄鼠狼叼〈去〉了一只|这句话[可能]被人误解”。

(3) 时间副词、否定词或能愿动词，一般应放在“被”字前边。如不能说“这件事被人已经传出去了|我们被困难决不能吓倒|自行车被他没有骑走”。在一些熟语性的句子里，否定词可以用在“被”字后边，如“他一向被人瞧不起”，其中的“瞧不起”是熟语，结合得很紧，不能

拆开。

(4) 主语表示的受事一般是确定的人或事物。如果没有特定的语境,就不能说“一本书被同学借走了”。当然,例外的情况也有,如“一个人如果没有缺点,是不会被人批评的”中的“一个人”表示泛指。但一般说来,“被”字句中的主语常常是确定的。也正因为如此,“被”字句中都有主语,没有非主谓句的“被”字句。

“被”字句有以下一些固定格式:

(1) “被(为)……所……”式

这是由古汉语“为……所……”式演变而来的。这种格式中“被”后一定要引进施事,后面的动词多为双音节的,动词后面往往没有其他成分。句子带有文言色彩。“所”是助词,本身没有什么意义,双音节动词前面的“所”字可以省略,单音动词前的“所”字不能省。例如:

① 我们不能被表面现象所迷惑。

② 他的作品为广大读者所欢迎。

(2) “被(让、叫)……给……”式

这种句式常用于口语。“给”同“所”一样,是个助词,本身没有什么意义,去掉“给”字,句子基本意思不变。“给”后面一般不能是单个动词。例如:

① 他让人家给撵走了。

② 你呀,叫她的花言巧语给迷惑住了。

(3) “被……把……”式

这种句式里的两个受事往往有领属关系或有全体和部分的关系。例如:

① 有翼被石头把脚砸烂了。

② 小芹叫豆荚把手刺破了。

例①中的“有翼”和“脚”都是受事,两者有领属关系;例②中的“小芹”和“手”也是受事,两者也有领属关系,其中的“叫”表示被动,相当于“被”。

“被”字句和“把”字句有密切的关系,它们之间往往可以互相转换。例如。

① 我们把敌人消灭了。〔主语(施事)——状语(把+受事)——动词〕

② 敌人被我们消灭了。〔主语(受事)——状语(被+施事)——动词〕

**3. 连谓句**

由连谓短语充当谓语的主谓句,或者是由连谓短语直接构成的非主谓句。连谓句的主要特点是:两个或两个以上的谓词性词语连用,中间没有语音停顿,也没有关联词语,它们在意义上都能与同一主语发生主谓关系,即都是陈述同一主语的。连谓短语的各项之间往往有时间先后、目的、方式、手段等关系。例如:

① 他‖爬上树摘果子。(动作之间有先后关系)

② 他‖绕着场子跑了好几圈。(前一动作表示后一动作的方式)

③ 我们‖有信心完成这个任务。(前一动词是“有”或“没有”,表示后一动作的条件或原因)

④ 总理抓住她的手不放。(从正反两方面说明同一动作,相互补充)

⑤ 大家听了很高兴。(后一性状表示前一动作的结果)

连谓句有的是由连谓短语直接构成的非主谓句。例如:

上车买票!

排队上车!

连谓句同联合短语作谓语、谓词性词语作宾语、介宾短语作状语、包含有能愿动词或趋向动词的句子和紧缩复句等有些相似,因此要注意辨认,不能混淆。例如:

① 他看书写字。(这是联合短语作谓语。一般来说,联合短语中的几个部分位置可以对调,连谓短语中的几项是不能调换位置的)

② 这一年秋季,她们学会了射击。(这是动词作宾语)

③ 她们一点也不知道疲倦。(这是形容词作宾语)

④ 马克思十分重视学习外国语言。(这是动宾短语“学习外国语言”作了“重视”的宾语)

⑤ 我们沿着河边走着。(这是介宾短语作状语)

⑥ 你应该到他那里去一趟。(“应该”是能愿动词作状语,“到他那里”是介宾短语作状语)

⑦ 里面走出来一个人。(“出来”是趋向动词作补语)

⑧ 他一来就走。(这是紧缩复句,有“一……就……”之类的关联词语,连动短语的几项之间没有关联词语)

**4. 兼语句**

兼语句是用兼语短语充当谓语的主谓句,或者是由兼语短语直接构成的非主谓句。

兼语句的主要特点是:包含有“兼语”成分,“兼语”成分对前边的动词说来是宾语,对后边的词语说来是主语。作谓语的兼语短语是由一个动宾短语和一个主谓短语套接而成的,动宾短语中的动词通常是使令性动词(如“叫”“让”“派”“使”“请”“命令”“禁止”“任命”“号召”“选举”等),也可以是“有”“陪”等动词。兼语句主要有以下几种类型。

(1) 前面的成分表示使令,后面的成分表示使令的结果或目的。例如:

① 张老师请同学们发表意见。

② 多次反复的实践使人们的认识不断提高和深化。

③ 虚心使人进步,骄傲使人落后。

④ 他们那种不畏风霜的姿态却使人油然而生敬意。

⑤ 这件事真叫人心情不愉快。

(2) 前一个动词用“有”(包括“没有”“没”“无”),兼语表示存在的事物,兼语后面的部分是用来说明或叙述兼语的。例如:

① 他‖有个妹妹是画家。

② 上边和下边‖有几堆火没有熄灭。

③ 我国‖有广袤的山区土地可以耕种。

④ 那个地方‖没有人去过。

⑤ 这件事‖无人过问。

(3) 前一个动词一般是“称”“认”“叫”“选”“骂”等表示称谓或认定意义的动词,兼语后面常用“是”“做”“当”“为”之类的动词。例如:

① 大家‖称他是“小神童”。

② 他‖认白茹当干女儿。

③ 一些外国朋友‖视中国为他的第二故乡。

④ 省政府‖追认他为革命烈士。

⑤ 大家‖选他为班长。

⑥ 七斤‖骂过老七爷是“贱胎”。

要注意的是:现在一般把“大家叫她祥林嫂”归入了双宾语句,而把“大家叫她为祥林嫂”

看作兼语句。应注意区分，不能混淆。

兼语句和连谓句有很密切的关系，两种句式常常套用在一起，形成更加复杂的句式。例如：

① 大家‖站起来请刘老师坐。

② 你‖叫他明天请个师傅来这里修水管。

③ 我们‖请向导领我们顺着南坡上山。

④ 月亮‖派仙女把老头接进月亮里去住。

应该注意的是：并不是包含有连谓短语或兼语短语的句子就是连谓句或兼语句。例如：

① 让大家提意见‖是为了改进工作。

② 我‖真猜不出有什么事情叫他。

③ 打电话请医生的王老师‖也回来了。

④ 张老师‖说得使我心服。

例①由兼语短语作主语，例②由连谓短语作宾语，例③由连谓短语作定语，例④由兼语短语作补语。它们都不是兼语句或连谓句。

**5. 双宾句**

动词之后先后出现近宾语、远宾语两层宾语的句子叫双宾句。

① 我也赠送他一两次东西。（鲁迅《故乡》）

② 母亲教给我许多生产知识。（朱德《母亲》）

③ 王老师教我们语文。

④ 我问他该怎么办。

⑤ 大家称他为“活雷锋”。

双宾语的特点：

（1）表“给予”“接受”“询问”“称说”“谁给谁什么”。

（2）近宾指人或人的等价物，中间无语音间歇，常由简短的代词、名词充当。远宾多数指物，也可指人，远离动词，一般较复杂，可由词、短语、复句形式充当。

（3）双宾句有的可变换为非双宾句同义句，多数用介词将远宾语或近宾语提前。

兼语句和双宾句要注意区分，试比较下面句子：

（1）领导通知老王晚上看电影。

（2）舅舅请我和妹妹晚上看电影。

（3）我教大家学唱歌。

（4）我领大家学唱歌。

应从两个方面辨别：① 从第一个动词辨认。兼语句的第一个动词常常有使令意义，而双宾句的第一个动词常是表示“交与、告知和称叫”意义的动词。② 从后面部分回答内容看。兼语句中兼语后面的部分回答“干什么”或“怎么样”，双宾句中的远宾语是回答“什么”的。据此分辨出例(1)、例(3)是双宾句，例(2)、例(4)是兼语句。

**6. 存现句**

表示什么地方存在、出现或消失了什么人或事物的一种句型，句首有处所词作主语（也可隐去），宾语表存现的主体。这种句子的特点是：主语是表处所的词语；谓语动词是表示存在、出现、消失的动词。表示存在的句子中，动词后边常带“着”，表示出现或消失的句子中，动词后边常带“了”或趋向动词；宾语表示存在、出现或消失的事物，而且大多是不确定的，宾语里常含有数量定语，有时即使宾语是专用名称，也要带上“一群”“一个”之类的数量定语，宾语往往是施事。例如：

① 山坡上‖卧着些小村庄。（表存在）

② 苏州园林里‖都有假山和池沼。（表存在）

③ 突然梨树丛中‖闪出了一群哈尼小姑娘。（表出现）

④ 河上‖架起一座赵州桥。（表出现）

⑤ 放假那天，班里‖走了十几个同学。（表消失）

存现句往往可以变换成一般主谓句，如“深蓝的天空中挂着一轮金黄的圆月”，可以变换成“一轮金黄的圆月挂在深蓝的天空中”，或变换成“一轮金黄的圆月在深蓝的天空中挂着”。存现句侧重于说明某一处所存在着或出现、消失了什么事物，这种句式多用于环境或景物的描写、说明，例如文学作品中的写景部分，剧本中的舞台布景说明，说明文中有关建筑物的布局和陈设的说明等，都经常使用存现句。

## 四、变式句和省略句

### （一）变式句

根据句子成分是否按正常顺序排列，句子可以分为常式句和变式句两种。句子各个成分处于通常位置上的是常式句，为了强调、突出等语用目的而颠倒原有语序的是变式句。（也叫倒装句。）常见的变式句有以下几种：

**1. 主谓易位**

这种句子往往是为了强调谓语，或者是说话急促而先把重点说出来，然后追加主语。例如：

(1) 多美啊，北京的初冬！

(2) 出来吧，你们！

(3) 来了吧，你哥哥？

**2. 定语、状语后置**

这种句子有的用于抒情或描写，有的用于补充。例如：

(1) 无数双眼睛——金黄的、碧蓝的，同时注视着那条受伤的手臂。

(2) 她是文工团的演员，跳芭蕾舞的。

(3) 月亮升起来了，静静地、悄悄地。

(4) 你干什么去了，昨天晚上？

### （二）省略句

句子成分完全的叫完全句，句子成分有所省略的叫省略句。省略句一般都是主谓句的省略形式。它有两个基本特征：第一，省略句必须有一定的语言环境。省略句是完全主谓句在一定语言环境里对句子成分的有意识省略，不是句子成分的残缺不全。第二，省略句中被省略的成分是显而易见的可以确定无疑地补出来，补出后句子意思不变。省略句可以分为两种类型，对话省略和上下文省略。

省略句和非主谓句的区别：① 表意上，省略句需要特定的语境才能表达一个完整的意思，非主谓句无此必要。② 结构上，省略句省略的部分可以明确地补出来，一般只有一种明确的补法，非主谓句不能作这样的补充。

## 五、句子的变换和结构分析

### （一）句子的变换

什么是句子的变换？根据表意的需要，按照一定的规则把甲句变成乙句，这叫句子的变换。有哪些方法？移位、添加、删除、替换。

**1. 句类之间的变换**

① 人都到齐了。（陈述句）人都到齐了吗？（疑问句）

② 他已经准备好了。（陈述）

他已经准备好了吗？（是非问）

他已经准备好了呢？（反语问）

他已经准备好了，还是正在准备？（选择问）

同类句之间的变换：你想什么？（特指问）你想什么了吗？（是非问句）

**2. 句型之间的变换（主谓句）**

① 今天是星期天。（动词谓语句）

今天星期天。（名词谓语句）

② 桌子上放着书。（存在句）

书放在桌子上。（一般动词谓语句）

③ 老板炒了我。

老板把我炒了。（“把”字句）

我被老板炒了。（“被”字句）

④ 我骂了他几句。

我把他骂了几句。

他被我骂了几句。

“把”字句表示积极处置，“被”字句一般表示不如意，不希望的事情。有时候，“被、把”会同时出现在一个动词句里，这种句子可能有多种变换形式。例如：

⑤ 有翼被石头把脚砸烂了。

有翼的脚被石头砸烂了。（“被”字句）

有翼被石头烂了脚。（“被”字句）

石头把有翼的脚砸烂了。（“把”字句）

有翼把脚砸烂了。（不出现“石头”，“把”字句）

### （二）句子分析

“观全句，分二部，主干、枝叶要清楚”。

框式图解法：

他拿走了我的书。（一般主谓句）

他把我的书拿走了。（“把”字句）

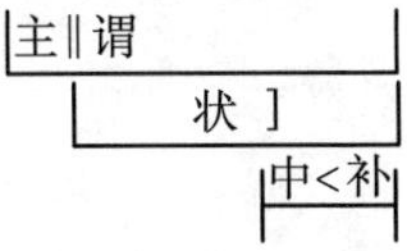


我的书被他拿走了。（“被”这句）

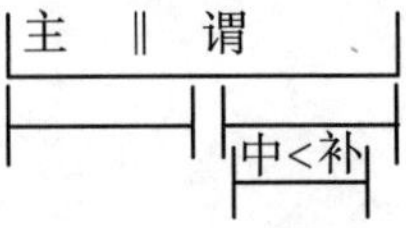


我的书，他拿走了。（主谓谓语句）

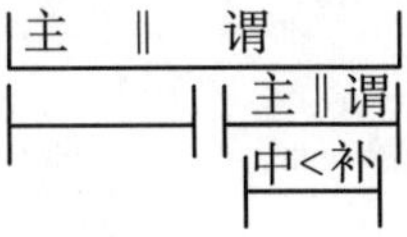


符号法：

① 他||拿<走>了|(我)的书。

他||[把我的书]拿<走>了。

(我)的书||[被他]拿<走>了。

(我)的书||「他拿<走>了」。

② (我们)连队||[把敌人的碉堡]攻<破>了|两个。

(敌人)的碉堡||[被我们连队]攻<破>了|两个。

③ 他||「什么[都]不懂」。(主谓谓语句)

(我)的书||「你看完了没有」?

(你刚才看)的(那本)书||我(只)看过|目录。

## 思考与练习

1. 什么是主谓谓语句？试把下列主谓句改写成主谓谓语句，但意思不能改变。

① 我们应当努力掌握现代科学文化知识。

② 这个人的知识面很广。

③ 他已经完成了任务。

④ 我喜欢游泳，也喜欢打球。

2. 从句法的角度改正下列病句，并说明理由。

① 许多小镇的老人、小孩和青年都跑来看我们。

② 关于这个事例，对广大青少年当时教育很深。

③ 这是有效的治疗风湿病的办法。

④ 山西铜的蕴藏量是我国最丰富的地区之一。

⑤ 他们示范表演后。车间主任又详细介绍了操作情况,听了收获很大。
⑥ 你不按照大家的决定,把事情弄糟了。
⑦ 实行一对夫妇只生一个小孩,控制人口的增长。
⑧ 经过大家的努力,产品的数量和质量都有显著的提高。
⑨ 没想到他连我也不认识。
⑩ 由于大熊猫保护区的冷箭竹大面积开花枯萎,受到饥饿的严重威胁。
3. 指出下列疑问句的类型:
① 意外么? 这是情理之中的意外。
② 我急忙追着问他:"我娘说什么没有?"
③ 你说,这样的书有多少? 要几天才能看完?
④ 他这样对待人,你说气人不气人?
⑤ 这算什么海市蜃楼?
⑥ 你不觉得我们的战士是最可爱的人吗?
4. 指出下列主谓句的下列类型:
① 林子里很静。
② 堤上有一道弯弯曲的壕沟。
③ 吴吉昌山西闻喜县人。
④ 什么痛苦他都可以忍受。
⑤ 大木匠肺都气炸了。
⑥ 一场冰雹,把棉苗打成了光杆。
5. 指出下列非主谓句的下列类型:
① 多么可爱的性格!
② 怎么少了个人?
③ 请多多关照。
④ 一支精干的队伍。

# 第七节 常见的句法失误

**【知识目标】**
1. 了解常见的句法失误;
2. 掌握修改病句的方法和原则。
**【能力目标】**
培养用正确的表达方式与人交流。

学习语法的一个重要目的是了解和掌握语言的结构规律,提高理解、分析和运用语言的能力。语言上的毛病有语法方面的，有逻辑、修辞方面的，三者常常相互联系。下面着重从句法结构方面分析病句。

## 一、常见的句法失误

语法错误是多种多样的，下边谈几种常见的情况。

### （一）搭配不当

**1. 主语、谓语搭配不当**

① 中学生是青少年学习的重要阶段。

② 教育事业是培养和造就实现四个现代化人才的重要阵地。

③ 狂风和暴雨从天空一齐倾泻下来。

④ 金色的阳光，拨开云层，露出笑脸。

⑤ 秋天的盘山是美丽的季节。

例①“中学生”指的是人，谓语把它判断成“阶段”是错误的。应把“中学生”改成“中学时期”。例②“事业”不是“阵地”，例③“从天空中……倾泻下来”的只能是“暴雨”，“狂风”不能“倾泻”。例④“阳光”不会“露出笑脸”，可以把“金色的阳光”改为“金色的太阳”。例⑤“盘山”和“季节”不是同一属性的东西，“盘山”不可能是“季节”，应该为“盘山的秋天是美丽的季节”。

**2. 述语、宾语搭配不当**

① 盐在血液循环中起着重要地位。

② 学习语文可以丰富知识和写作水平。

③ 家大业大，要节省不必要的开支和浪费。

④ 同学们以实际行动批判了敌人妄图破坏我国四化建设的罪恶阴谋。

例①中的“地位”可以和“提高”相搭配，不能和“起”相搭配，而“起”可以和“作用”搭配。因此应把“地位”改成“作用”。例②“写作水平”不能“丰富”，只能提高，应改成“丰富知识，提高写作水平”。例③“开支”可以“节省”，“浪费”不能节省，只能“杜绝”，应改成“节省不必要的开支，杜绝浪费”或把“节省”换成“减少”。例④“批判”的对象应是已表露出来的言行，“阴谋”是隐藏着的东西，与“批判”不相配，应改为“批判……罪恶言行”或“粉碎……阴谋”。

**3. 述语、补语搭配不当**

① 我们对他照顾得实在不周全。

② 它将把我们的家乡打扮得更加美丽富饶。

③ 他的字写得稀里糊涂一大片。

④ 她每天把屋子打扫得整整齐齐。

例①“周全”是“完整全面”的意思，多用来形容说话。“周到”是面面都照顾，不疏忽。应把“周全”改为“周到”。例②打扮的结果可以“美丽”，但不能“富饶”。可把整句改为“它将使我们的家乡更加美丽、富饶”。或“……把家乡打扮得更加美丽，建设得更加富饶”。例③“稀里糊涂”是用来形容头脑不清晰，迷迷糊糊。说明字写得如何，要说“好”“坏”“工整”“不工整”“清楚”“不清楚”，应改为“乱七八糟一大片”。例④“打扫”的结果只能是“干净”，通过“整理”或“收拾”才会“整齐”，应改为“收拾得整整齐齐”或“打扫得干干净净”。

**4. 定语、中心语搭配不当**

① 一切有志气的青年，应为光辉灿烂、美丽富饶的共产主义事业而努力奋斗。

② 在茫茫九派流中国的封建社会里，广大人民群众生活在水深火热之中。

例①“富饶”是物产多、财富多的意思，多用来修饰土地等，不能修饰某种“事业”，可把它去掉，把“美丽”改成“美好”，或把“美丽富饶”去掉。例②“茫茫九派流中国”是描写祖国自然景物的，用它来形容旧社会的形势不妥，可换成“灾难深重”。

**5. 状语、中心语搭配不当**

① 建华的心很细，做作业总是精打细算地演算数学题。

② 有的人在生活作风上拖拖拉拉，得过且过。

例①“精打细算”是形容计算得相当精细，没有“仔细”的意思，应改为“很仔细地演算数学题”。例②状语“生活作风”可以与“拖拖拉拉”相配，“得过且过”是生活态度，与“生活作风”不能相配。应改为“在生活作风上拖拖拉拉，在生活态度上得过且过”，或变状中结构为主谓结构，“生活作风拖拖拉拉，生活态度得过且过。”

### （二）语序不当

**1. 定状错位**

我们的语言中有“长长地吁了一口气”“圆圆地围了一个圈”之类的说法。可是下边的句子属于定语错放在状语位置上，或状语放在定语位置上。例如：

① 绚丽的朝阳，灿烂地放射出万道光芒。

② 过去的苦难岁月，在她幼小的心灵中，留下了这深深的永远的烙印。

例①的“灿烂”是定语，错放在状语的位置上了，应改为“放射出万道灿烂的光芒”。例②“永远”是状语，错放在定语的位置上了，应改为“永远地留下了这深深的烙印”。

**2. 多项的定语、多项的状语序位不当**

即处于不同层次的多项的定语或状语的序位不妥当。例如：

① 革命的、符合社会主义建设需要的各项规章制度，每个同志都应当自觉遵守。

② 在社会主义建设事业上，发挥着他们无穷的蕴藏着的力量。

③ 市公共汽车三厂决定，陆续从今天起在早晨高峰时增开母子专车。

④ 他们仍然有些同志继续战斗在引滦前线。

⑤ 雨越下得大越好。

按照多项修饰语的序位，例① 应改为“各项符合社会主义建设需要的革命的规章制度”。例② 应改为“发挥着他们蕴藏着的无穷的力量”。例③应改为“从今天起，在早高峰时陆续增开母子专车”。例④是小主语和状语的序位不当，应改为“他们有些同志仍然继续战斗在引滦前线”。例⑤应改为“雨下得越大越好”。

### （三）成分残缺或多余

**1. 成分残缺**

① 在这场不大不小的风波中，悟出了一个深刻的道理。

② 东方歌舞团来津演出，受到热烈欢迎，对演出评价很高。

③ 傍晚的时候，张大爷在去林场的路上，突然有个人迎面走来。

④ 这篇战斗檄文，在当时起过何等的作用。

⑤ 学校根据实现四化的要求，培养德才兼备、有新的科学技术水平的人才，放在首要地位加以考虑。

⑥ 我们要在广大青少年中造成一种爱科学、讲科学、用科学。

例①缺主语，没有说明是谁“悟出了一个深刻的道理”。在“悟出”前面应加上适当的主语。例②也是缺主语，谁“对演出评价很高”，也没有说明，应该在“对演出……”之前加上适当的主语。例③缺谓语，“张大爷在去林场的路上”，怎么样？没有交代，应改成“张大爷在去林场的路上走着……”例④缺少必要的定语，“起过何等作用”语义不明，应给“作用”加上“重要”一类的定语。例⑤缺少状语。从全句的内容来看，“培养……人才”应是“放在首要地位加在考虑”的状语，但由于缺少“把”字，而使它失去了状语的资格。应改为“把培养……人才放在首要地位加以考虑”。例⑥“造成”的后面应是一个定中短语作它的宾语，应在“爱科学、讲科学、用科学”的后面加上中心语的“的风气”。

**2. 成分多余**

句子结构已完整，表意也很明确，却又画蛇添足，增加了不必要的词语。

① 这班学生，在上课时，一般来说，大家都能遵守课堂纪律。

② 他每天读报，注意关心国家内外大事。

③ 今年高考还有三天就要开始考试了。

④ 她是一位漂亮、美丽、聪明、好看的刚满二十岁的年轻姑娘。

⑤ 曾经没有人听到那件事。

例①“这班学生”是主语，在谓语里又出现了主语“大家”，显得多余，应删掉。例②“关心国内外大事”是个述宾短语，构成了一个完整的谓语，前面又增加“注意”作述语，没有必要，应删掉。例③“高考”本身就是考试，后面又出现“考试”作宾语是多余，应删去。例④定语重复多余，“漂亮”“美丽”“好看”同是一个意思，应取一个，删去两个。“二十岁”必然是“年轻”的，也可以删去一个。例⑤状语多余，“曾经”应删掉。

### （四）句式杂糅

**1. 不同结构相套**

把两种能够表达同一个意思的语言结构，生硬地糅在一起，造成结构上的混乱。例如：

① 要想真正学点东西，一定要下苦功夫不可。

② 我一定要做好一个受学生欢迎的辅导员工作。

例①或者说“一定要下苦功夫”，或者说“非下苦功夫不可”。这里把两种结构套在了一起。例②或者说“我一定要做好辅导员工作”，或者说“我一定要做一个受学生欢迎的辅导员”。现在把这两种说法混在了一起。

**2. 前后纠缠**

把前一句话的后部分用为后一句话的前部分，两句话硬捏成一句话。例如：

① 这部电影多么使人感动人心啊！

② 鲁迅具有坚忍不拔的战斗精神作为我们学习的榜样。

例①把“使人感动”和“感动人心”套在一起了。应改为“……多么感动人啊”或“使人感动啊”。例②把“鲁迅坚忍不拔的战斗精神值得我们学习”或“具有坚忍不拔的战斗精神的鲁迅是我们学习的榜样”套在一起了。应改为“鲁迅坚忍不拔的战斗精神值得我们学习”或“具有坚忍不拔的战斗精神的鲁迅是我们学习的榜样”。也可以改成复句“鲁迅具有坚忍不拔的战斗精神，他是我们学习的榜样”。

造成这种成分上的残缺与多余或句式上的杂糅与纠缠的原因，主要是对汉语各种句式的结构特点还没有掌握，否则就不会出现这种缺东少西、不伦不类的句子。

### （五）歧义及歧义的消除

歧义句是指在语言交际中存有两种或多种意义的句子。如“我去上课”，既可理解为“我去讲课”，也可理解为“我去听课”。

造成歧义的原因是多种多样的，如：

**1. 由同音词语造成的**

例如：

① 生产的产品全部(全不)合格。

② 我在(再)写一篇文章。

这种歧义只出现在口语交际中，在书面上不会出现。

**2. 由兼类词或多义词语造成的**

例如：

① 我的门没有锁。

② 这个人又上台了。

例① “锁”兼属名词和动词，所以有不同理解。例② “上台”既可理解为“登台演出”，又可理解为“当领导”。这种歧义在一定的语境中，一般是不会出现的。

**3. 由多义短语造成的**

(1) 句法关系两可，例如：

学习文件　保留意见

出口商品　研究方法

改良品种　表演节目

动词接上名词，可以构成述宾关系，也可以构成偏正关系。由于词义的制约，一般情况下，只体现一种关系。如“建筑房屋”是述宾短语，而“建筑材料”只能是定中短语。上边的例子属两可，用在句中就可能产生歧义。如：“我们要学习文件”“研究方法十分重要”“他们打算试验改良品种”。

(2) 施受关系含糊，例如：

鸡不吃了　谁都不认识

女子理发店　找一个人去

上边例子中的“鸡”“谁”“女子”可以理解为施事，也可以理解为受事。“找一个人去”中的“人”可能是“去”的施事，也可能不是。比如有人问“你上哪儿去?”听话的人回答：“找一个人去。”

(3) 层次关系不明，例如：

公开对话的时间产生歧义的原因有多种，消除歧义的方法也有多种。

**1. 更换词语**

这种方法多使用于由同音词语造成的歧义。如“生产的产品全部合格”，“部”可能误作“不”。可将“全部”换成“完全”。“我在写一篇文章”，可将“在”换成“正在”，或将“在”换成“还要”。

**2. 更换句式**

这种方法多用于由多义词语造成的歧义。如“这个人又上台了”有歧义,可以说成“上台演出了”或“上台掌权了”,变述宾谓语为连述谓语。

**3. 利用上下文的联系**

有些句子孤立地看有歧义,联系上下文看并没有歧义。例如:

① (这件事是官僚主义造成的,)有关领导应当处理。

② 对小王的意见,(领导很重视)。

由于有了上下文的联系,例①不会理解为“有关领导处理别人”。例②不会理解为“给小王提的意见”。

**4. 借助语音**

利用语音的停顿、轻重是口语中常用的消除歧义的方法。例如:

① 公开对话的/时间。

② 公开/对话的时间。

例①语音停顿在“对话的”后面,是定中型,指“什么时间公开对话”。例②语音停顿在“公开”之后,是述宾型,指“把对话的时间公开”。

再如:

③ 一天就思考两门功课。

④ 一天就思考两门功课。

例③重音落在“一天”上,表示思考的课多。例④重音落在“两门”上,表示思考的课少。

## 二、修改病句的方法

### (一) 语感审读法

调动语感,在审读的过程中,从感性上察觉语句的毛病,即按习惯的说法看是否别扭。如别扭则再做分析比较,明辨原因,加以修改。

### (二) 主干梳理法

运用语法分析的手段,先将句子中的附加成分(定语、状语、补语)去掉,紧缩出主干,检查主干是否有毛病;如果主干没问题,再检查局部,看修饰语和中心词之间、修饰语内部是否有毛病。但要注意有时需保留少数附加成分以便理解,如果否定副词的状语被除去,句义就变了。

### (三) 仿句替换法

有的句子是否有毛病,一时拿不准,这时仿照原句的结构造日常用的句子,经过比较问题就清楚了。例如:这个经验值得文教工作者特别是中小学教师的重视。原句结构复杂,先压缩化简为“这值得他们的重视”。再比照它的结构造句:“这值得他们的学习”。“这值得我们的参观。”这三个句子和日常说法相比多了一个“的”字,原句要将“教师的重视”中的“的”删去。

## 三、修改病句的原则

修改病句一定要尊重原句的意思，切忌大删大改，一定要做到：

(1) 原句有的意思不要删，原句没有的意思不要添。如果不是这样，即使修改得再通顺，也是不合适的。

(2) 尽量保留原句的陈述对象，一般不改变原句的句型。

(3) 要分清语法现象和修辞现象。如“蜜蜂在跳舞”用了拟人的修辞手法，不能认为是主语谓语搭配不当。

### 思考与练习

改正下列各句的语法错误并说明理由。

1. 人们都承认，他的思想很进步，工作很勤勤恳恳。
2. 经过改革，货运站简单了一些托运手续。
3. 从大量的统计来看，吸烟会导致癌症是无可疑问的。
4. 他的身体好多了，稍微喝了一碗粥。
5. 各教研室对如何保证教学质量的问题上进行了热烈的讨论。
6. 导演谢添同志把生活的真实与艺术的夸张处理的那么和谐适度。
7. 他们还开办了一个服务部，出租雨伞、套鞋、自行车，小吃部，热饭热菜。
8. 喷液时，千万注意不能喷到叶片上，否则会引起下部叶片发黄和植株正常生长。
9. 美国火山爆发，后果严重，山顶削减二百米，气流扩散四千公里。爆发能量相当于投在广岛的二千五百颗原子弹。
10. 这篇通讯报道了他家乡的巨大变化，当然对他十分关心。
11. 采用全部引进国外空调器生产线的办法，将用三年时间建设形成十万台家用空调器的生产能力。
12. 我省战斗在各条战线上的有数以万计的青年应当广泛动员起来，更加奋发努力。
13. 请大家先把问题考虑，以后再抽时间讨论。
14. 半夜醒来，突然听见门口有人在说话的声音。
15. 由于清朝政府的破坏，使馆被义和团围攻了五十六天，西什库教堂被围攻了六十三天，都没能攻下。
16. 我们就不得不敬佩关汉卿在七百多年前就在舞台上为我们创造了这样一个熠熠生辉的女性形象。
17. 钢铁厂业余剧团这次来我校演出，我们不仅看到了工人同志精彩的表演，而且也给了观众深刻的思想教育。
18. 我们一到学校，高年级的同学首先带我们参观图书馆，然后参观他们的实验室。
19. 中国人民不但认识了加强世界人民大团结的重要意义，而且越来越多的国家和人民也都从自己的经验中认识了这一点。

# 第八节　复　　句

【知识目标】

1. 掌握复句以及复句各种类型；
2. 能分析多重复句的层次关系、紧缩复句；
3. 掌握复句和多重复句的分析。

【能力目标】

培养用正确的表达方式与人交流。

## 一、复句

复句由两个或两个以上意义上相关，结构上互不包含的分句组成。分句是类似于单句而没有完整句调的语言单位。分句在结构上互不包含，即互不作句子成分(都有相对完整的意思)。各分句之间一般有停顿，书面上用逗号或分号、冒号表示。复句句末有较大的停顿，用句号或问号、叹号表示。例如“我定睛望着他的脸|可是我不认识他|但我又十分熟悉他。”

复句有下面四个特点：

(1) 从结构上看，组成复句的分句具有相对的独立性，互不作句子成分。如果一句话中的两部分，一部分作了另一部分的句子成分，那就不是复句而是单句了。

(2) 从意义上看，复句的分句之间必须有某种内在的逻辑联系，意义上没有联系的几个单句是不能组成复句的。

(3) 分句之间的意义关系靠语序或关联词语来表示。靠语序来表示的，叫“意合法”；靠关联词语来表示的，可以叫“关联法”。所谓关联词语，主要指的是连词和具有关联作用的副词，另外还有少量充当独立成分又兼起关联作用的习惯语，如“反之、总而言之、一方面……另一方面”等。这些关联词语除少数(如“因此、因而、以致、可见”等)单用外，绝大部分总是成对使用。不同的关联词语，表示不同的意义关系。

(4) 复句的分句之间都有一个短暂的连接性的语音停顿，书面上用逗号、分号或冒号表示；一个复句句末则有一个较长的隔离性的语音停顿，书面上用句号、叹号或问号表示。整个复句只有一个统一的语调。

## 二、复句的类型

复句分为联合复句和偏正复句。联合复句指各分句之间意义上平等，无主从之分。偏正复句指各分句之间意义有主有从，也就是有正句有偏句。

## （一）联合复句

### 1. 并列关系

前后分句分别叙述描写有关联的几件事情或同一事物的几个方面。

常用的关联词语如表 5.4 所示。

**表 5.4**

| | | |
|---|---|---|
| 并举 | 合用 | 既 A，也（又）B　又（也）A，又（也）B　有时 A，有时 B　一方面 A，另（又）一方面 B　一边 A，一边 A　一会儿 A，一会儿 B |
| | 单用 | 也　又　还　同时　同样　另外 |
| | 合用 | 不是 A，而是 B　是 A，不是 B |
| | 单用 | 而，而是 |

例：① 油蛉在这里低唱，蟋蟀们在这里弹琴。

② 我们既要反对大汉族主义，也要反对地方民族主义。

③ 我不是要人装傻，而是要人一片天真。

④ 她回答得那么流畅，又记得那么准确。

⑤ 虚心使人进步，骄傲使人落后。

### 2. 顺承关系

前后分句按时间、空间或逻辑事理上的顺序说明两个连续的动作或相关的情况，分句之间有先后相承的关系。

常用的关联词语：如表 5.5 所示。

**表 5.5**

| | |
|---|---|
| 合用 | 首先（起先）A　然后（后来）B　刚 A，就 B |
| 单用 | 就　便　才　又　再　于是　然后　后来　接着　跟着　继而　终于 |

例：① 我们把野菜洗干净，送到炊事班去。

② 这件事悄悄地一传二，二传三，人们纷纷到河里捞鱼去了。

③ 愿为事业献青春，献了青春献终身，献了终身献儿孙。

### 3. 解说关系

几个分句之间有总说和分说的解释关系，一般靠分句的次序和意义来体现，不用关联词语。

例：① 我们的祖先在历史的黎明时期便幻想出一个神话式的人物，叫大禹。

② 历史上战争分为两类：一类是正义的，一类是非正义的。（先总后分）

③ 对自己，学而不厌，对别人，诲人不倦，我们应采取这种态度。（先分后总）

### 4. 选择关系

有的分别说出两种或几种可能的情况，让人从中选择，这叫未定选择；有的说出选定其中的一种，舍弃另一种，这叫已定选择。

常用关联词语如表 5.6 所示。

**表 5.6**

| | | | |
|---|---|---|---|
| 未定选择 | 数者选一 | 合用 | 或者(或,或是)A,或者(或,或是)B 是 A,还是 B |
| | | 单用 | 或者　或是　或　还是 |
| | 二者选一 | 合用 | 不是 A　就是 B　要么 A　要么 B |
| 已定选择 | 先舍后取 | 合用 | 与其 A　不如(毋宁、宁肯、还不如、倒不如)B |
| | | 单用 | 还不如　倒不如 |
| | 先取后舍 | 合用 | 宁可(宁肯、宁愿)A　也不(决不,不)B |

例:① 或者你去,或者他去,或者我去。(数项选一)

② 要么被困难吓倒,要么把困难克服。(二者选一)

③ 文章与其长而空,还不如短而精。(先舍后取)

④ 我们宁要少而精,也不要多而杂。(先取后舍)

**5. 递进关系**

后面分句的意思比前面分句的意思更进一层,一般由轻到重,由小到大,由浅到深,由易到难,反之亦可。

常用关联词如表 5.7 所示。

**表 5.7**

| | | |
|---|---|---|
| 一般递进 | 合用 | 不但(不仅,不只,不光,非但)A,而且(还、也、不、更、就连)B,不但(不但不,非但没)A,反而(反倒还、相反还、偏偏还)B |
| | 单用 | 而且、并且、何况、况且、甚至、更、还、甚至于、更何况 |
| 衬托递进 | 合用 | 尚且 A,何况(更不用说,还)B,别说(慢说,不要说)A,连(就是)B |
| | 单用 | 尚且、何况、反而 |

例:① 这种桥不但形式优美,而且结构坚固。(一般递进)

② 他不认识我,甚至连我的名字都不知道。(一般递进)

③ 小学生都知道,何况是我们大学生呢?(衬托递进)

④ 见面尚且怕,更不必说向他提意见了。(衬托递进)

## (二) 偏正复句

**1. 转折关系**

前后分句的意思相反或相对,后面分句是说话人所要表达的正意。

常用关联词如表 5.8 所示。

表 5.8

| | | |
|---|---|---|
| 重转 | 合用 | 虽然(虽是、虽说、虽则、虽、尽管) A,但是(可是,然而、但、却、还、也、而) B |
| | 单用 | 虽然、虽、但是、但、然而 |
| 轻转 | 单用 | 可是、可、却 |
| 弱转 | 单用 | 只是、不过、倒 |

例:① 虽然二诸葛说是千合适万合适,小二黑却不认账。

② 天气虽然这么冷,但是我身上还在出汗呢。

③ 这间屋子尽管很大,可是光线很差。

“重转”分句间的意思明显相反,转折意味很重,又叫让步转折句。

“轻转”的转折意味比重转轻,只用承上关联词语。“弱转”分句之间意义上的相对往往不那么明显,转折语气更弱,只用承上关联词语。

④ 人们都在灯下匆忙,但窗外很寂静。(轻转)

⑤ 这人很面熟,不过我一时记不起他的名字了。(弱转)

**2. 条件关系**

偏句提出条件,正句表示在满足条件的情况下所产生的结果。

常用关联词如表 5.9 所示。

表 5.9

| | | | |
|---|---|---|---|
| 有条件 | 充足条件 | 合用 | 只要(只需、一旦)A,就(那,便,总)B |
| | | 单 | 便、就 |
| | 必要条件 | 合 | 只有(唯有、除非)A,才(否则,不)B |
| | | 单 | 才、否则、要不然 |
| 无条件 | | 合 | 无论(不论,不管,任,任凭)A,都(总,总是,也,还)B |

例:① 只要怀抱着信心,就能创造奇迹。

② 多读多写,作文就会有进步。

以上例句中的偏句是充足条件,不排斥其他条件,语气和缓。

③ 只有春天到来了,才能看见这种鲜花。

④ 你们一定要努力,否则不能取得好成绩。

以上例句中的偏句是必备条件,缺少了这个条件,就不能产生后面正句指出的结果。

⑤ 我八点钟一定动身,除非我临时有事。

⑥不管谁来,他都会按制度办事。

⑦无论你是谁,都得遵守法纪。

以上例句中的偏句表示排除一切条件,正句表示在任何条件下都会产生同样的结果。

**3. 假设关系**

偏句提出假设,正句表示假设实现后所产生的结果。包括一致关系和相背关系两类。

常用的关联词有如表 5.10 所示。

**表 5.10**

| | | |
|---|---|---|
| 一致 | 合用 | 如果(假如,假使,假若,假设,倘若,倘使,若是,若,要是)A,就(那么,那,便,则,也)B |
| | 单用 | 那,那么,就,便,则 |
| 相背 | 合用 | 即使(就是,就算,纵使,纵然,哪怕)A,也(还)B,再 A,也 B |
| | 单用 | 也,还 |

例:① 如果你愿意,我就陪你去白云山看看。

② 天上的彩虹落到江面上,我们就可以踏着彩虹过江去了。

③ 你有更好的意见,我们一定采纳。

④ 即使所有的人都放弃了,我也要继续向前。

⑤ 前途有再多的险阻,也改变不了我前进的决心。

**4. 因果关系**

偏句说出原因,正句表示结果。包括说明因果关系和推论因果关系。

常用关联词语如表 5.11 所示。

**表 5.11**

| | | |
|---|---|---|
| 说明 | 合用 | 因为(由于)A,所以(才,就,便,于是,因此,因而,以致)B,之所以 A,是因为(是由于,就在于)B |
| | 单用 | 因为,由于,是因为,是由于,所以,因此,因而,以致,致使 |
| 推论 | 合用 | 既然 A,那么(就,不,便,则)B |
| | 单用 | 既然,既,就,可见 |

说明因果关系复句较常见,书面语常合用关联词语,口语多单用。

例:① 因为今天进城要办的事多,所以天刚亮他就出门了。

② 知识的海洋是无穷无尽的,因此学习是无止境的。

“以致,致使”多用于后果不好的情况或说话人所不希望的结果。

例:① 河里结了冰,致使轮船不能开航。

② 他事先没有充分调查研究,以致做出了错误的结论。

推论关联词语可单用,也可合用,偏句提出理由或根据,正句是从理由或根据推出的结论。

例:① 既然我把那么深厚的感情灌注在我的歌里,她怎么会听不见呢?

② 你既然知道错了,就应当赶快纠正。

**5. 目的关系**

偏句表示行为,正句表示行为的目的。可以分为以下两种(见图表)。

关联词语如表 5.12 所示。

表 5.12

| | | |
|---|---|---|
| 达到目的 | 单用 | 以，以便，以求，用以，借以，好，好让，为的是 |
| 避免什么 | 合 | 以免，免得，省得，以防 |

例：① 你们把笔记整理一下，以便思考用。

② 为了生产安全起见，她还是把心爱的辫子剪掉了。

③ 夏天外出时最好打一把伞，以免太阳晒伤皮肤。

④ 旧车要及时检修，以免路上出现故障。

复句的类型如图 5.1 所示。

- 复句
  - 联合复句
    - 并列关系
    - 顺承关系
    - 解说关系
    - 选择关系
    - 递进关系
  - 偏正复句
    - 转折关系
    - 条件关系
    - 假设关系
    - 因果关系
    - 目的关系

图 5.1

## 三、紧缩句

紧缩句由复句紧缩而成。紧，是紧凑，指分句间的语音停顿没有了。缩，是缩减，指好些词语被压缩掉了。

例：即使你不说，我也知道。　　/你不说我也知道。

　　只要天一亮，就出去锻炼。　/天一亮就出去锻炼。

紧缩句常在口语中运用，紧缩句内部可以用成对的关联词语或用一个关联词语显示关系，也可以不用关联词语。紧缩句可以独立成句，也可以充当复句的一个分句。

## 四、多重复句及其分析

多重复句是指有两个或两个以上结构层次的复句，其分句间层次关系与分句的多少无关，有多分句的单层复句现象。

分析多重复句的步骤：

(1) 总观全句，确定分句界限，在每个分句开头标明数码。

(2) 找出关联词语，判定分句间的关系。

(3) 尽量一分为二，先用单竖线把第一层次的分句隔开，并在上方注明前后分句间的关系，然后用双竖线把第二层次的分句隔开，并且写明关系。如剩下的还可以分出层次，就标上三条竖线，并且写明关系。逐层分析，一直分析到都是单个分句为止。例如：

（一）① 唐代的诗最多最好，‖ ② 宋代的词最多最好，| ③ 所以有“唐诗”、“宋词”之称。

并列　　　　因果

（二）① 生命是以时间为单位的，| ② 浪费别人的时间，等于谋财害命；‖ ③ 浪费自己

因果　　　　并列

的时间，等于慢性自杀。

（三）① 想收获庄稼，‖ ② 就得先拿种子；| ③ 想骑马，‖ ④ 就得先支出草料。| ⑤ 搞

假设　　　　并列　　　　假设　　　　并列

革命这样的大事业，‖ ⑥就得投入血本。

假设

（四）① 人类可以听到 20 到 30 赫兹范围内的声音，‖ ② 蝙蝠发出的超声波是 3 万到

并列

7 万赫兹之间，‖ ③ 有的达到 100 万赫兹，| ④ 所以，我们听不到蝙蝠发出的声音。

递进　　　　因果

（五）① 北京是美丽的，我知道，| ② 因为我不但是北京人，‖ ③ 而且到过欧美，‖ ④见

因果　　　　递进　　　　顺承

过许多西方的名城。

（六）① 这座桥有 1600 多公尺长，| ② 上下两层；‖ ③ 上层是公路桥面，‖ ‖ ④ 可以

因果　　　　解说　　　　并列

容纳六辆汽车并排通过；‖ ⑤ 下层是铺设双轨的复线铁路，‖ ‖ ⑥铁道两侧还有人行道。

并列　　　　顺承

## 五、复句运用中常见的错误

### （一）分句之间缺乏密切联系

例：① 忘我的工作精神和青春的活力来源于献身四化的崇高理想，伟大的毅力产生于伟大的目标，这是我们这一代先进青年的鲜明特征。

② 大家如果不认真学好语文，就不会有较高的思想水平。

③ 只要你认真学习，准能当上“三好生”。

④ 他是个养猪能手，我们对他很感激。

### （二）结构混乱，层次不清

例：① 本品容易受潮，用后盖紧，防止结块，并放在干燥处。（违反事理承接的顺序，应改为：本品容易受潮，用后盖紧，并放在干燥处，防止结块。）

### （三）关联词语使用不当

**1. 关联词语错用**

例：① 他跑得是那样认真，虽然速度快，但轻松自如，几乎听不到脚步落地的声音。

② 培养一代新风，不只是学校的事，而是或整个社会的事，必须动员全社会的力量。

③ 即使你出发点是好的，就不能不考虑客观效果。

例① 错用转折关系关联词语，应改为并列关系或递进关系。例② 原句语义是递进关系，应把“而是”改为“而且是”。例③ 应把“就”改为“也”。

**2. 关联词语残缺**

例：① 水渠修成了，老天不下雨，我们有水来灌田。（应补上表转折的关联词语）

② 他开始教中学语文的时候，虽然遇到了一些困难，苦干了几个月，终于摸到了一些门道。（应补上“但是”与“虽然”呼应）

**3. 关联词语滥用**

例：① 李老师工作积极认真，关心同学，但原则性强，所以同学们都尊敬他。（删去“但”）

② 登上海南岛，首先引起我注意的是高大的椰子树，而且这以后当我了解了它的用途，我便深深爱上了它。（删去“而且”）

## 思考与练习

1. 分析下列复句：

① 一旦掌握了要领，就很容易深入下去了。到时候你给我提个醒，免得我忘了。

② 由于主要人物还没到，屋里“嘁嘁喳喳”一片。

③ 你烧得这么厉害，一定是病了。

④ 尽管穷得叮当响，我依然穷其心力来守护和经营自己的心灵家园。

2. 指出下列这些句子哪些是单句，哪些是复句？

① 延安的歌声，是革命的歌声，战斗的歌声，极为广泛的群众歌声。

② 老田说完，一扭身看到了我们，连忙亲热地和我们打招呼。

③ 无论姥姥、母亲和我，都没有反对女孩子的这个正义要求。

④ 车子出了村，上了大路。

⑤ 这挺立在风雪中的青松，正是陈毅同志一生的真实写照。

⑥ 只有爱读书的人，才懂得书籍的重大价值。

⑦ 这风俗在国内，即使在新中国成立前也已经不容易见到了。

⑧ 你一来他就走了。

3. “因为”表示原因，“为了”表示目的，“为了要”也可以表示原因，试举例说明。

4. “因而”和“因此”的用法是否一样？请举例说明。

5. 根据语义，试分析下面两个句子，哪种说法更合理些，为什么？

① 只要锻炼，身体就会好。

② 只有锻炼，身体才会好。

6. 在下面复句的后一分句中，分别加上“但是”“反倒”“不过”这些关联词语，试分析它们在表意上有什么不同。

两人依旧往来，贴心话比以前少多了。

7. 改正下列复句中的错误，并说明理由。

① 他不仅迅速地端正了学习态度，而且诚恳地接受了团支部对他的批评。

② 不论我们做了很多的思想工作，他的问题还是解决不了。

③ 即使敌人胆敢跳出来捣乱，我们就坚决消灭他。

④ 因为这个戏直接触及到了当前社会生活中的尖锐矛盾，因此很自然地引起了人们的关注。

⑤ 你不但不愿意去，而且他也不愿意去。

⑥ 我并不是在个别的问题上跟他有分歧，而且是在一系列问题上都跟他有分歧。

8. 分析下列多重复句的层次和关系。

① 孩子是要别人教的，毛病是要别人医的，即使自己是教师或医生。

② 芭蕾舞艺术虽然萌芽于意大利，但是形成一种完整的艺术形式却是在法国，所以人们把法国称作“芭蕾舞的故乡”。

③ 如果使海水生长更多的浮动植物，那就不但保证了海洋鱼类的饲料，还可能为人类提供新的食物资源。

④ 这个院子，虽然并不气派，甚至连一条平坦的路也没有，下雨天到处是水塘和泥坑，但却时有漂亮的卧车驶入，都是找人事局那位陈科长的。

⑤ 如果我们的知识分子读了一些马克思主义的书，又在同工农群众的接近中，在自己的工作实践中有所了解，那么，我们大家就有了共同语言，不仅有爱国主义方面的共同语言，社会主义制度方面的共同语言，而且还可以有共产主义世界观方面的共同语言。

⑥ 早上下过一阵小雨，现在虽然放了晴，路上还是滑得很，两边地里的秋庄稼，却给雨水冲洗得青翠、晶莹。

# 第九节　句　群

**【知识目标】**

1. 掌握句群特点、结构类型；
2. 掌握句群同复句的区别与联系；
3. 掌握句群和段落的关系；
4. 了解多重句群的分析。

**【能力目标】**

培养用语能力，培养良好的人际关系。

## 一、句群及其特点

也叫“句组”“语段”，它由前后连贯共同表示一个中心意思的几个句子组成。它是大于句子的语言单位，一头联系着句子，一头联系着篇章，在语言运用上有着特殊的重要地位。

句群有如下几个特点：

(1) 一个句群要由两个或两个以上相对独立的句子组成。即至少有两个句调,在书面上至少有两个句末标点符号。例如:

① 松树的生命力可谓强矣!松树要求与人的可谓少矣!

② 青年人有旺盛的精力,有美好的理想,有火样的热情,更要有坚韧不拔的精神。只有这样,才能从立志到成才,使自己的志向成为现实。

③ 在这千万被压榨的包身工中间,没有光,没有热,没有温情,没有希望,没有人道。这儿有的是20世纪的技术、机械、体制和对这种体制忠实服役的16世纪封建制度下的奴隶!

例① 是由两个单句组成的,例② 是由两个复句组成的,例③ 是由一个复句和一个单句组成的。

(2) 组成句群的几个句子在意义上必须前后衔接连贯,有一个明晰的表达中心。如例① 赞颂松树的高尚品格;例③ 是对包身工制度的强烈控诉。

(3) 句子排列顺序和关联词语是组合句群的两大手段。如例① 用排列顺序组合,例② 用关联词语“而且”连接两个复句。

## 二、句群的结构类型

句群的结构类型和复句的结构类型具有一致性,它们都是按语序和虚词表示出来的逻辑关系来划分的。根据逻辑关系的不同,句群可以分为若干类型。

**1. 并列关系**

几个句子分别说明相关的几件事情或从不同的方面阐明一件事情。各句之间的关系是并列的,平行的,没有主次之分。

① 洱海,这面光洁的梳妆镜,南北长百里,东西宽十余里,就放在它前面。苍山,这扇彩色锦屏,高达八里,宽百余里,就竖在它背后。

② 海水,轻轻地抚摸着细软的沙滩,发出温柔的刷刷声。晚来的海风,清新而又凉爽。

**2. 承接关系**

几个句子叙述的事情有时间先后或者是事理的连续。

① 一会儿,我们的炮响了,天空划过几颗红色的信号弹,攻击开始了。不久,断断续续地有几个伤员下来,包扎所的空气立即紧张起来。

② 夕阳把水面映得通红,把天空也染成万道彩霞。转眼工夫,又变成紫绛色,最后,逐渐增加一层层灰暗。于是,黄昏的纱幕就轻轻地落到水面上。

**3. 递进关系**

句子之间是递进关系,语意上有轻重之分,后面句子比前面的句子在意思上更进一层。

① 大理的花又多又好。尤其是茶花,如果说云南茶花甲天下,那么大理茶花就该是盖云南了。

② 在这些时候,我可以附和着笑,掌柜是决不责怪的。而且掌柜见了孔乙己也每每这样问他,引人发笑。

**4. 选择关系**

各句分别提出几种情况,要求从中选择一种。

① 把它放了吧,它准是死。养着它吧,家里没有笼子。

② 要么我们重复过去的错误,给人民带来更大的痛苦。要么清除过去错误的影响,把

中国的事情办好，使人民得到切实的利益。

**5. 转折关系**

组成句群的句子之间有转折关系。

① 所有的同学对大哥都畏之如虎。其实，大哥很少揍他的同学。

② 我用夹被裹紧了身子，翻了一个身，心里咒骂着可恶的天气。可是，我的心突然哆嗦了一下，把头从枕头上抬起来，似乎是听到有人叫喊。

**6. 因果关系**

组成句群的句子之间有原因和结果的关系。

① 湿沙层的水分足够供应固定沙丘的植物的需要。所以，在流动沙丘上植林种草，是可以成活的。

② 老者用嘛法子叫这个不可一世的藤黑子乖乖离去的？显然露出了真玩意儿，把藤黑子镇住了。

**7. 假设关系**

组成句群的句子之间有假设和结果的关系。

① 你对于那个问题不能解决吗？那么你就去调查那个问题的现状和它的历史吧！

② 缩微图书保存和使用都很方便，还可以节约纸张和印刷费用。不妨比较一下，如果把一万种每本 15 万字的书放在一块，它的总量大约有 5 吨，而缩微以后的胶片只有 15 公斤。这样，一座收藏上万册缩微图书的图书馆，一个人用手提箱就可以拿走了。

**8. 条件关系**

组成句群的句子之间有条件和结果的关系。

① 真正的好文章，一定要鲜明有力地拥护那应当拥护的东西，同时也一定要鲜明而有力地反对那应当反对的东西。这才会是生气勃勃的好文章。

② 我们要认真推行廉政制度，大力恢复和发扬党的优良革命传统。只要这样，社会风气就会逐步好起来。

**9. 解说关系**

组成句群的句子之间有解释说明的关系。

① 春天，在北海公园，常常有一位面容清瘦、精神矍铄的老人，早晨从北门进园，南门出去；晚上从南门进园，北门出去。这位老人就是卓越的科学家竺可桢。

②《骆驼祥子》写的是什么呢？简单地说，写的就是骆驼祥子这样一个北洋军阀时代的洋车夫，他的一生的遭遇和命运，以及作者通过他的遭遇和命运所揭示出来的当时社会的丑恶面目。

**10. 总分关系**

组成句群的句子之间有总括和分述的关系。有的先总后分，有的先分后总。

① 从严密的综合科学体系讲，最基础的是两门学问。一门物理，是研究物质运动基本规律的学问。一门数学，是指导我们推理、演算的学问。

② 双堆集是个百十来户的乡村小集，集的东西两边，各有一个四五十公尺高的大土堆。在这一马平川的地方，这种土堆是很显眼的。西边的那个叫平古堆，离集稍远些。东边的那个紧挨着集镇，因为顶是尖的，叫尖古堆。两个古堆都是古代战争中烽火台的遗址，双堆集就因这两个古堆而得名。

**11. 目的关系**

组成句群的句子之间有目的和手段的关系。

① 我们大家辛辛苦苦为的是什么？就为的一个心愿：要把死的变成活的；把臭的变成香的；把丑的变成美的；把痛苦变成欢乐；把生活变成座大花园。

② 你来得好！省得我去找你。

## 三、句群和复句的区别与联系

句群和复句分属于不同的两级语言单位，它们的主要区别在于：

(1) 从结构上看，复句的构成单位是分句，分句之间的结构关系是句子中间的内部关系，联系较为紧密，各分句是不能独立的；句群的构成单位是独立的句子(包括单句和复句)，句子与句子间的结构关系是外部关系，联系较为松散，各句子是可以独立的。

(2) 从语调上看，复句不管内部包含多少个分句，有多么复杂，它都只有一个贯串全句的统一的语调；句群不管它多么简短，总是由两个或两个以上的独立句子组成的，每个独立的句子都有一个语调，因此整个句群就包含两个以上的语调，而不可能有一个统一的句群的语调。

(3) 从语音停顿上看，复句内部各分句之间的语音停顿，属间歇性的，一般都较短，书面上都用句中点号(逗号、分号或冒号)来隔开；句群内部各句子之间的语音停顿，属隔离性的，一般都较长，书面上都使用句末点号(句号、问号或叹号)来隔开。

(4) 从关联词语上看，复句中分句间意义上的联系十分密切，常常使用或者可以补上成对的关联词语，来表示这种密切关系，结构比较严谨；句群中句子间的联系相对比较松散，句子间除了表并列关系、选择关系有时用成对的关联词语外，往往只在后一个句子的开头单用一个关联词语来表示句子之间的关系。

(5) 从类型上看，复句和句群的类型绝大多数相同，但也有不同之处：复句没有解说句群中的问答式；句群没有选择复句中限选关系和决选关系。因此，句群和复句有些是不能互换的。

## 四、句群和段落的关系

句群和段落既有区别，也有密切的联系：段落要由句子、句群来组成，而句群又往往是段落中的一个意义层次。段落与句群的关系大致有以下几种情况：

### (一) 句群小于段落

即文章中的一个自然段大于句群，可以由两个或两个以上的句群组成，或由几个句子和句群共同组成。这种情况是较常见的。

### (二) 句群等于段落

即句群与段落在形式上重合，文章的一个自然段正好是一个句群。这种情况也是比较多的。例如：

① 路上只我一个人，背着手踱着。② 这一片天地好像是我的；我也像超出了平常的

自己，到了另一世界。③ 我爱热闹，也爱冷静；爱群居，也爱独处。④ 像今晚上，一个人在这苍茫的月下，什么都可以想，什么都可以不想，便觉是个自由的人。⑤ 白天里一定要做的事，一定要说的话；现在都可以不理。⑥这是独处的妙处；我且受用这无边的荷香月色了。

这是朱自清散文《荷塘月色》的第三自然段，也是一个句群，表达了作者内心烦闷，想超脱一切，独自享受着静夜中的荷香月色。句群所表达的中心意思正好与段落要表达的中心意思相重合。

### （三）句群大于段落

这是一种特殊情况。一般来说，段落大于句群，但有时为了修辞上的某种需要，比如为了强调、突出，或者为了表达强烈的感情，常常把意义上密切相关的几句话分行写成几个段落。这时，便会出现几个段落组成一个句群，即句群大于段落的情况。例如：

春天像刚落地的娃娃，从头到脚都是新的，它生长着。

春天像小姑娘，花枝招展的，笑着，走着。

春天像健壮的青年，有铁一般的胳膊和腰脚，领着我们向前去。

这个句群由三个自然段组成，通过比喻、拟人和排比，描绘了春天的蓬勃生机与迷人的魅力。

## 五、多重句群的分析

多重句群又称为“复杂句群”，是具有两个或两个以上层次的句群。例如：

古希腊的政治集会广场阿戈拉和意大利罗马集会广场，构成古代都市政治、经济、宗教活动的中心，也是国民行使权力的舞台。|阿戈拉广场由许多与建筑物相连的柱廊环抱形成四边形，是世界闻名的古建筑之一。||古罗马集会广场虽一度废弃，但从 11 世纪起，随着商业的振兴，城市的价值又逐渐恢复，广场也得以复活。|||到了中世纪，罗马市开始向外扩展，于是就把古罗马集会广场旧址和当时的广场巧妙地结合起来，使其获得了新生。||||并以它为中轴，逐步拓宽了旧罗马的版图。

这个多重句群包括四个层次，第一个层次是总分关系，第二个层次是并列关系，第三、第四个层次都是承接关系。

### 思考与练习

1. 什么是句群？句群有哪些特点？

2. 简述句群和复句的关系。

3. 分析下列句群的层次和关系。

① 从此，马良用心地学画画。他到山上去打柴，用树枝在沙地上画天上的鸟。他到河边去割草，用草根在河边上画水中的鱼。他见到什么就画什么。

② 党八股这个形式，不但不便于表现革命精神，而且非常容易使革命精神窒息。要使革命精神获得发展，必须抛弃党八股，采取生动活泼、新鲜有力的马克思列宁主义的

文风。

③ 时至今日，一切空话不必说了，还是做件切实的工作，借以立功自赎为好。免得逃难，免得再受蒋介石死党的气，免得永远被人民所唾弃。

④ 无论准确也好，鲜明、生动也好，就语言方面讲，字眼总要用得恰如其分。这样，表现的概念才会准确，也才能使人感到鲜明。

⑤ 你对于那个问题不能解决吗？那么，你就去调查那个问题的现状和它的历史吧！

⑥ 仿佛从这一天起，未庄的女人们忽然都怕了羞，伊们一见阿Q走来，便个个躲进门里去。甚而至于将近五十岁的邹七嫂，也跟着别人乱钻，而且将十一岁的女儿都叫进去了。

⑦ 有几回，邻舍孩子听得笑声，也赶热闹，围住了孔乙己。他便给他们茴香豆吃，一人一颗。孩子吃完豆，仍然不散，眼睛都望着碟子。孔乙己着了慌，伸开五指将碟子罩住，弯腰下去说道："不多了，我已经不多了。"直起身又看一看豆，自己摇头说："不多不多！多乎哉？不多也。"于是，这一群孩子都在笑声里走散了。

⑧ 祥子真想硬把车放下，去找个地方避一避。可是，看看浑身上下都流水，他知道一站住就会哆嗦成一团。他咬上了牙，蹚着水，不管高低深浅地跑起来。

⑨ 人没有生来就会吹竽的。南郭先生不会吹竽，本来无可厚非。但是，他不该不会装会，弄虚作假，冒充内行，而且一味装下去，蒙骗过日子，以致落得个逃之夭夭，贻笑天下的结局。

⑩ 我曾见过北京什刹海拂地的绿场，脱不了鹅黄的底子，似乎太淡了。我曾见过杭州虎跑寺近旁高峻而深密的"绿壁"，重叠着无穷的碧草和绿叶的，那又似乎太浓了。

4. 下列句群是否有语法错误？为什么？

① 她已经完成了硕士论文的撰写。导师劝她毕业后留校执教。她的论文答辩已经通过。她不肯，一心要去较艰苦的新疆工作。

② 谁是为农民设计飞机的？不久前记者访问了北京航空学院五系轻型飞机研究设计室主任胡继忠，请他谈谈是怎样为农民设计飞机的。

③ 车到了站，没有上下的旅客。突然，我隐隐约约地听到窗外的风雨里，传来了急促的喊声。车已经停下来。车门打开，上来一位五十多岁的老大爷。他没拿雨具，只提了一个小包袱，穿着崭新的布鞋和制服。我想：他大概是从乡下来走亲戚的吧。

④ 黑石礁的海滩，是捕鱼捉蟹的好地方。山套山，山山环抱；岭接岭，岭岭相连。到了捕蟹季节，处处是灯火在闪光，每个渔民都能捕到数十斤螃蟹。

⑤ 许多青年同志喜欢读诗，也喜欢写诗。青年人写诗，要学习多写现代诗。青年人读诗，要也读一点唐诗。不应该忘记我国诗歌的优良传统。

# 第十节　标点符号

**【知识目标】**

1. 掌握标点符号的基本用法；
2. 掌握标点符号的活用。

**【能力目标】**

培养正确的书写格式和规范，提高公文写作能力。

## 一、标点符号的作用和种类

### （一）标点符号的作用

标点符号是辅助文字记录语言的符号，是书面语言中不可缺少的组成部分，它虽然不能代替语言，但能帮助人们确切地表达自己的思想感情和理解别人的语言。在书面语言中，标点符号可以把语言的语气、结构、停顿以及各种特殊情况清楚地表达出来。在书面语言里，不同的语气除了用语气词表示之外，还要用标点符号来表示。例如：

① 蚊子战胜了狮子？（疑问语气，疑问句）

② 蚊子战胜了狮子。（陈述语气，陈述句）

③ 蚊子战胜了狮子！（感叹语气，感叹句）

上面句子中所用的标点符号不同，表示的语气也不一样，还有一种祈使语气的祈使句（如“别走了”），它的语气缓和就用句号表示，语气强烈就用感叹号。

标点符号更多的是用来表示句子中的各种停顿。如果不用或错用了标点符号，就会增添读者理解语言的困难，甚至造成误解。例如：

① 我们打败了，他们得了冠军。

② 我们打败了他们，得了冠军。

③ 我不要，你吃。

④ 我不要你吃。

例①、②如果没有标点符号，句子的结构就不明确，到底要表达哪一种意思，就难以确定。例③、④一个句中用了标点，一个句中没有用，意思就完全相反了。

要注意的是标点和停顿并不是绝对一致的，并不是语言里的所有的停顿都要用标点符号表示出来。有些长句，尽管一口气念不完，需要停顿的地方不止一处，但往往除了句末的句号外，句中没用一个标点符号表示停顿，这是因为结构上不需要。

标点符号还有标示作用，能用来表示词语的性质和作用。如“《王小二》”表示这里指的是文章的标题或书名，不是人名。另外，有些破折号可以表注释，有些省略号可以表示十分复杂的感情。

### （二）标点符号的种类

标点符号分为点号和标号两大类。点号主要表示语言的停顿和语气，它包括句号（。）、问号（？）、感叹号（！）（以上三种都是句末点号）、逗号（，）、顿号（、）、分号（；）、冒号（：）（以上四种都是句内点号）；标号主要表示词语的性质和作用，它包括引号（“”）、括号（（））、破折号（——）、省略号（……）书名号（《》）、着重号（.）、间隔号（·）。问号、感叹号是点号，也是标号：用在问句、感叹句末尾表示停顿时是点号；就它表示疑问、感叹的性质而言，又是标号。

## 二、标点符号的用法

### （一）句号、问号、感叹号

这三种点号基本用途是表示句子末尾的停顿和语调，但它们表示的语气不同。

**1. 句号**

句号用在陈述句和感情不强烈的祈使句的末尾，停顿较长，语气平和。如：“实践是检验真理的唯一标准。”“我爱母亲。”（陈述句）“深夜。”（陈述语气的非主谓句）“你躺躺吧。”（祈使句）句号除“。”外，还有一种形式，即一个小圆点“·”，一般用在科技文献或外文中。在文章中，如果该用句号而不用，或不该用句号而用了，就会使句子结构不清楚，意思不明确。

**2. 问号**

问号用在疑问句的末尾，停顿较长，语气一般是上扬的。例如：“他走了吗？”“谁走了？”“你走不走？”“你不为我们的祖国有这样的英雄而自豪吗？”

使用问号要注意两点：

（1）有些句子虽然有疑问代词或谓词肯定否定的重叠形式，但并不表示疑问，句末不用问号。例如：

※鲁迅先生为什么写《自嘲》这首诗？是值得谈一谈的问题。

※我不知道这是什么道理？

※我们该研究一下，要不要这么办？

※当时他说了什么？究竟有没有说？他都不记得了。

（2）疑问句中间有停顿时，一般只在句末用问号。例如：“是你去，还是他来？”“上哪儿去，老王？”有时为了强调，也可以在每个分句后面用问号。例如：“站在他们的前头领导他们呢？还是站在他们的后头指手指脚地批评他们呢？还是站在他们的对立面反对他们呢？”

**3. 感叹号**

感叹号用在感叹句和感情强烈的祈使句末尾，停顿较长，语气一般是下降的。例如：

① 多么美的花！（感叹句，表赞颂）

② 多美呀，祖国的春天！（主谓倒装，感叹号应放在句末）

③ 眼——熬红了！脸——消瘦了！（为了加重语气，表示强烈的感情）

④ 起立！（祈使句）

有人喜欢连用两三个感叹号，其实表达强烈的感情主要应该依靠句子里的词语，不能光靠用重叠的感叹号。也有人爱频频使用感叹号，以表示句句话都有丰富的感情，其实多用了反而冲淡了真正感情强烈的感叹句。只是平平常常地叙述一件事情的句子，就不要感叹号。兼有感叹语气和疑问语气的句子，应该根据句子的基本形式属于哪一种，根据这个句子用在那个特定的地方所着重表示的语气，选用一个合适的符号。除非特殊需要（如“千古奇冤，江南一叶，同室操戈，相煎何急?!”）一般不要合用问号和感叹号。

### （二）顿号、逗号、分号

这三种点号用在句子里边主要表示某些部分之间的停顿。

**1. 顿号**

常用在联合短语的并列成分之间，表示句子内部最小的停顿。例如“我爱读李白、杜甫和白居易的诗”，有些连得很紧的并列词语，中间可以不用顿号，如“艰苦朴素是劳动人民的本色”。

有些并列的词语中间的停顿较长，可以不用顿号而用逗号，例如“祖国的更光辉的前途，人民的美好的未来，深深地吸引着年轻人的心”。

并列词语之间有了“和”“与”“及”等连词，不能再在连词前用顿号。

顿号还可以用在序数后边表示停顿，如“一、”“二、”和“甲、”“乙、”等。如果序数用了括号，就不必再用顿号，“(1)、(2)”这种用法是不对的。

**2. 逗号**

表示一句话中间的停顿。一句话没有说完，不能用句号、问号或感叹号；如果需要停顿，该用逗号。逗号的用法比较复杂，下面分项说明：

(1) 用在主语和谓语之间。例如：

① 女主人优美而安详地安排一切的能力，制服了她。（主语部分较长）

② 梦，就是理想。（强调主语）

③ 你呀，也太马虎了。（主语后有语气词）

④ 这件事，我还不知道。（谓语是主谓短语）

(2) 用在比较复杂的宾语之前。例如：“我深信，我们的会议一定能取得丰硕的成果。”

(3) 句首状语、一部分复指短语、独立成分同别的成分之间也用逗号隔开。例如：

① 现在，我们民族正在经历一场伟大的复兴。（句首状语）

② 北京，祖国的首都，是一座美丽的城市。（复指短语）

③ 这个孩子的嘴多巧，你听。（独立成分）

(4) 用在并列词语之间。例如：“这位老师多么慈祥，多么伟大，多么公平！”

(5) 用在倒装的句子成分之间。例如：

① 出来吧，你们！（主谓倒装）

② 妈妈给我做了件新衣服，蓝布的。（定语后置）

③ 他来了，悄悄地，慢慢地。（状语后置）

(6) 用在复句的分句之间。例如：

① 石头能敲出火，雷电能射出波，金子能闪出光，理想能奏出歌。

② 他们爱祖国，爱人民，爱和平，爱正义。

**3. 分号**

表示复句中分句之间的停顿，凡是用逗号不能清楚地表示并列分句关系的地方就用分号。分号表示的停顿，大于逗号而小于句号。非并列关系的多重复句，第一层次的前后两部分之间也可以用分号来分清层次。例如：

① 白杨的嫩叶在日光下闪着乌金光；榆叶梅也比昨日开得更烂漫。（并列复句）

② 倘若不和实际的社会斗争接触，单关在玻璃窗内做文章，研究问题，那是无论怎样的激烈，“左”，都是容易办到的；然而一碰到实际，便即刻要撞碎了。（全句是一个转折复句，分号前后的分句内部都用了逗号）

分行列举的各项之间，行文简短，也可用分号；最后一项末尾用句号。例如：“耕牛得病，不外三个原因：一是受了细菌的传染；二是饲养不当；三是使用不合理。”

### （三）冒号

表示提示语后或总括语前的停顿，有提示下文或总括上文的作用。冒号表示的停顿小于句号，大于分号。冒号的用途主要有两种：

**1. 用在提示语之后，表示有话要说，引起下文**

例如：

① 老爹说：“孩子，你就叫木棉树吧？”

② 代词分三类：人称代词、疑问代词和指示代词。

**2. 用在总括语的前面，表示后边的话总括前边的话**

例如：

① 做，要靠想来指导；想，要靠做来证明：想和做是紧密地联系在一起的。

② 老师爱护学生，学生敬重老师：师生关系非常融洽。

使用冒号要注意两点：(1) 没有比较大的停顿不要用冒号；(2) 冒号一般管到句终。

### （四）引号

表示文中引用的部分。分为直接引用和间接引用。直接引用必须依照原样，不可改动，原文末了的标点符号也应放在引号里面。引用的话若为一句话的一部分，那么引号末了的标点符号应放在引号外面。间接引用又叫转述，转述别人或书刊上的话，可以有所变动，但不加引号。引用成语、谚语等，可用可不用，以不用为常。例如：

① 马克思有句名言：“在科学上没有平坦的大道，只有不畏劳苦，沿着陡峭山路攀登的人，才有希望达到光辉的顶点。”（引用的是一句完整的话，句号放在引号内）

② 你感到像是走进了连绵不断的画卷，真是“舟行碧波上，人在画中游”。（引用的是一句话的一部分，句号放在引号外）

③ 毛泽东同志曾说过，青年人像早晨八九点钟的太阳。（转述）一些特定称谓，强调的词语，有讽刺否定意味的词语或也可用引号。例如：“卢沟晓月”很早就成为北京的胜景之一。

引号有双引号和单引号两种形式，一般多用双引号。引文之内又有引文，就用单引号；如果单引号之内又有引文，那又要再用双引号。有时引用别人的话，分做几段引，则在每段开头用上引号，直到全部引完后才再用下引号。对每段来说，只有上引号，没有下引号。这就是所谓的“半边引号”。例如：

“我告诉你一件事——

“一家人家生了一个男孩，合家高兴透顶了。满月的时候抱出来给客人看……

“一个说：‘这孩子将来要发财的。’他于是得到一番感谢。

“一个说：‘这孩子将来要做官的。’他于是收回几句恭维。

“一个说：‘这孩子将来是要死的。’他于是得到大家一顿合力的痛打。

“说要死的必然，说富贵的说谎。但说谎的得好报，说必然的遭打……”

### （五）括号

主要表示文中注释的部分。例如：

① 这时候，就应当进行各种必要的工作（例如调查研究、看书、和别人讨论等等）。

② 鲁迅指出：“名人的话并不都是名言；许多名言，倒出自田夫野老之口。”（《鲁迅全集》第六卷289页）（句末用了一个句外括号）从注释的范围上分，有句内括号和句外括号两种。只注释或补充说明句中一部分词语的叫句内括号，如例①。注释全句的叫句外括号，如例②。句外括号内如有标点符号，照原样不动。

括号还用在序数的外面，如（一）（二）（三），（甲）（乙）（丙），这时它和顿号的作用相同。

### （六）破折号

表示解释说明，或表示语意的转换、跃进，或表示语言的中断、延长。例如：

① 雪花落在她的金黄色的长发上——这头发卷曲地散在她的肩上，看起来非常美丽。（表解释。只用了一个破折号，破折号前没有逗号）

② 车夫毫不理会，——或者没有听到，——却放下车子，扶那女人慢慢起来……（表解释。用了两个破折号，破折号前面有逗号）

③ “好香的干菜，——听到了风声了么？”赵七爷站在七斤的后面、七斤嫂的对面说。（表语意的转换）

④ “团结——批评——团结”是解决人民内部矛盾的方法。（表意思的跃进）

⑤ 我们在天安门前深情地呼唤：周——总——理——。（表声音的延长）

⑥ 怎么死的？——还不是穷死的！（表语言的中断）

### （七）省略号

表示语言的省略，中断，断断续续，欲言又止，语意含蓄，状态连续等情况。例如：

① 就在那样不平凡的时刻，在那个可纪念的地方，我第一次听见唱：“二月里，好风光，家家户户种田忙。……”（表语言的省略。省略号前边原来有句号、问号、感叹号的，可以保留；如前边原来是顿号、逗号、分号或冒号，说明前边不是完整的句子，这类标点可省去；省略号后边不再用表示停顿的符号）

② 刘胡兰、黄继光、邱少云、董存瑞……我一下子写不完那些光辉的名字。（省略的是同类的人）

③《唱支山歌给党听》的嘹亮歌声，久久地在空中回荡、回荡……（表示动人的歌声连绵不断，情意深切，激荡人心）

④ 党……派我……到兰考……工作，我……没有……完成……党交给我的任务。（表示语言断断续续）

⑤ 张红说：“这本书……”没等她说完，我就说了。（表示语言的中断。破折号也可表示语言的中断，两者不同处：破折号表示语言戛然而止，省略号表示余声未尽）

⑥ 我即刻胆怯起来了，便想全翻过先前的话来，“那是……实在，……我说不清……其

实，究竟有没有灵魂，我也说不清。”（表示含混其词，欲言又止）

⑦ 敌人举起柴刀，向我们的小英雄砍下去……（表示语意含蓄，后边的情况不忍写出）

⑧ 大家坚守在手术台前，继续抢救伤员……（表示状态的延续）省略号是六个圆点，占两个字的位置。如果是整段文章或诗行的省略，则用12个小圆点，独占一行。文中的“等”“等等”，有时也表示省略，用了“等”或“等等”就不能再用省略号。

### （八）书名号

表示书籍、报告、文章、歌曲等的名称。如书名内还有书名时，外用双书名号，内用单书名号，如《论〈红楼梦〉的心理描写》。

### （九）着重号

表示需要强调的词句。着重号是圆点，放在字的下边。用着重号的地方往往是需要重读的地方。例如：我们要全心全意为人民服务。

### （十）间隔号

又称分读号或音阶号，常用来表示外国人的名字和姓氏的音界，也用来表示书名和篇名之间的分界或用在月份和日期之间。如：

诺尔曼·白求恩　《史记·项羽本纪》　一二·九运动

## 三、标点符号的活用

上面谈的是标点符号的一般用法，在实际运用中，它有一定的灵活性，人们往往根据表达的需要作某些变通。例如：“多子，饥荒，苛税，兵，匪，官，绅，都苦得他像一个木偶人了。”这个句子的主语是一个联合短语，各并列的成分之间不用顿号而用逗号，有突出强调主语的作用。有些地方的标点可此可彼。如句号和感叹号都可以用来表示祈使句末的停顿，遇到一个祈使句（如“进来吧”），该用句号还是感叹号，就有灵活性。我们只能根据句子的意思，根据两种点号的基本用法来判定。如果说话的人感情强烈，就用感叹号，不然就用句号。同一词语或同一句子，由于语气停顿不同，也可以有的用标点，有的不用标点。另外，标点符号表示停顿，但语言中的停顿却不一定全部用上标点，这是因为语言本身是有节奏的，我们说话或朗读时，必然会根据语言本身的节奏和逻辑重音有所停顿，这些停顿处往往不加标点符号。标点符号的活用比较复杂。我们在使用标点符号的时候，应该首先掌握其基本用法，在此基础上，再掌握一定的灵活性。活用同错用和任意乱用不能混为一谈，不要把错用、乱用当成活用。总之我们应在掌握标点符号的基本用法的前提上，根据内容的需要，从语气、结构、修辞等方面着眼，灵活运用，使标点符号能起到更好地帮助文字表情达意的作用。

## 四、标点符号的书写位置

标点符号除了要用得正确、恰当以外，还应注意书写的位置。

点号必须在语句的右下角。可以放在一行的末了，不能放在一行的开头。

标号中的引号、括号、书名号的前半个不能放在一行的末尾、后半个不能放在一行的开头:同时都不能分作两截放在上下两行的末尾或开头。直行书写,点号都用在文字底下的右侧。着重号放在文字的右边。书名号放在文字的上下,如改用竖浪线,就放在文字的右边。引号改为『』、「」,括号改用︵︶,破折号改用竖线,省略号改为直行。

## 思考与练习

1. 什么是标点符号?现代常用的标点符号有哪些?

2. 改正下列句中使用不当的标点符号,并加以说明。

① 什么时候动身?从哪儿上车?我都想好了。

② 花生秧是猪的好饲料。种花生为养猪提供了有利条件!

③ 天上地下的分不清是雨,是雪,还是雪粒籽?

④ 这是革命的春天;这是人民的春天;这是科学的春天。

⑤“你说吧!”他微笑着对我说:“有什么就都说出来吧!”

⑥如果你不去;那么我也不去。

⑦ 我要更刻苦地学习。为祖国,为人民。

# 第六章　修　　辞

## 第一节　修辞概说

**【知识目标】**

1. 掌握修辞的含义；
2. 了解掌握修辞与语境的关系、与语音、词汇和语法的关系。

**【能力目标】**

增强正确认识和分析复杂言语修辞现象的能力，提高言语表达水平。

### 一、修辞的含义

修辞是人们在运用语言传递信息、表情达意的过程中，追求最佳表达效果的言语实践。

最佳表达效果就是指“准确、鲜明、生动、形象”。

语言中表达同样一个意思，可以有许多种不同的表达方式。

例如：

她很漂亮(/美/俊/好看/靓/喜欢人/稀罕人)。

上面使用不同的词语表达同样的意思，各有不同的语体风格和方言色彩，因此有不同的表达效果。

采用不同的句式或修辞格会取得更加不同的效果。

例如：

一提起她来，十里八村没有一个不说她漂亮的。(使用双重否定，加强肯定)

她长得鼻子是鼻子，眼是眼的，越端详越好看。(使用熟语描写)

她长得好像仙女一样。(明喻)

她长得简直就是个人样子。(暗喻)

都说王晓明漂亮，她比王晓明还漂亮。(衬托)

她可是百里挑一的大美人。(夸张)

她就是咱村的“七仙女”。(借代)

看见她一眼，这辈子就算没白活。(夸张)

她是现代的赵飞燕、东方的维纳斯、中国的戴安娜。（排比）

同样，如果说一个人长得丑，也有各种各样的说法。

不同的词语表现了不同的语体风格和方言色彩。

她很丑（可碜/难看/不好看/不俊/）。

她长得像个丑八怪。（比喻）

整个一个猪八戒他二姨。（借代）

大家都叫她“朱二姨”。（借代）

以下几例都是夸张，但是夸张的程度不同，表达的效果也不同。

她长得五官都错了位。（夸张）

看她一眼三天不想吃饭。（夸张）

她丑得可以去当吓唬乌鸦的稻草人。（夸张）

她要是去当稻草人，准把所有的乌鸦都吓跑了。（夸张）

她不但能吓得乌鸦不敢偷庄稼，还能吓得乌鸦把偷走的玉米送回来。（夸张）

又如：

她的皮肤很好。（一般叙述）

她的肉皮真细发。（口语化）

她的皮肤就像四五岁的孩子似的又白又嫩。（明喻）

她真是肤如凝脂、面若桃花。（对偶）

要取得最佳的表达效果，就要结合语体、具体的语境、人物角色等选择恰当的语言材料和表达手段。

## 二、修辞和语境

语境既是进行言语活动的依据，也是检验修辞效果的依据。

语境包括主观语境和客观语境。

主客观因素都直接有力地对言语活动给以语境上的制约，从而形成了修辞上的语境意义。任何诗文都可照字面直解，然而其潜在字里行间的言外的联想意义、感情意义、意境意义乃至风格意义，只能靠“此情此景”获得。

## 三、修辞与语音、词汇和语法的关系

### （一）修辞与语音的关系

修辞和语音各有其研究对象，语音是以语言声音的性质、结构规律为研究对象，修辞是研究运用语言因素、语言规律来提高表达效果的，着重研究谐音、语调等等，着重研究这些语音现象，在特定语景中表现出来的感情色彩、民族风格等，借以强化语言的表达效果。不少修辞方式是利用语音条件体现修辞效果的，如双关、对偶、拈连、谐音等。

### （二）修辞与词汇的关系

词汇研究的是词义、词的构成、词汇的形成、发展变化及规范化等内容，修辞则是从筛选、锤炼的角度去研究词语运用的，这就从声音、形体、意义、色彩、用法方面对词语加以调遣、安排，如同义词、反义词等等。词汇为词的筛选、锤炼，为形成具体的修辞方式提供方便条件，几乎所有的修辞方式都同词汇有关，如语义双关、借代等等。词语修辞是修辞体系中的一个组成部分。修辞使词汇在语言运用中发挥了脱俗的作用。

### （三）修辞同语法的关系

修辞同语法的关系非常密切。如讲究句之长短、分合等，有时看来不合语法的句子，却是修辞利用超常特点加工的结果。而语法为修辞现象、修辞规律的体现提供表现形式。没有句子和句群也就没有体现修辞外在形式的语言模式，比如没有语法上的并列句；也就没有修辞的排比、顶真、回文等手法及其语言模式。句法修辞研究的不断加强，说明了修辞在语言运用中扩大了语法的功用。

## 四、如何学习修辞

（1）修辞是语言的实际应用，因此，具有很强的实践性。应当结合言语实践学习修辞。

（2）修辞是多种同义形式的最佳选择。因此，应当尽量掌握多种同义形式，这样才能保证自己有选择的余地。

（3）言语应用涉及的方面很多，包括对象、语境、内容、语体等等。运用修辞格式和手段必须结合具体情况。如果在严肃的场合使用俏皮话、在娱乐的场合使用对偶、排比等都显得不得体，这时候，再美的辞藻、再工整的句式也不会收到好的修辞效果。

（4）修辞贵在创新。不论词语锤炼、句式选择，还是辞格的运用，都应当有新意，防止落入俗套。有句话说，第一个说女人是花的人是天才，第二个说女人是花的人就是蠢材。比如：

人们在描写秋景时，往往突出它的萧瑟、悲凉，表达一种悲伤的情绪。下面这段文字却恰恰相反，写出了新意。

这几天，碧云寺的秋意一天天浓起来了。

四门口石桥下的水声，越来越显得清壮了。晚上风来时，树木的呼啸，自然不是近来才有的，可是，最近这种声响更加来得频繁了，而且声势是那么浩大，活像冲进堤岸的钱塘江的夜潮一样。（钟敬文《碧云寺的秋色》）

这段文字中，作者所要表达的是一种赏秋的情绪，借以表达对共和国飞速进步的赞叹，所以描写的秋天的水声是清壮的，树木的呼啸是声势浩大的，与萧瑟、悲凉的气氛全然不同。

### 思考与练习

1. 怎样理解“修辞”的含义？
2. 吕叔湘提出修辞讲究“各有所宜”，你是怎么理解这个“各有所宜”的？
3. 怎样认识修辞与语境的关系？

# 第二节　词语的锤炼

**【知识目标】**

1. 掌握词语意义的锤炼；
2. 掌握词语声音的锤炼。

**【能力目标】**

培养生动有趣的用语能力，与人创造良好的人际关系。

词语的锤炼，古人叫做“炼字”，是从“对”到“好”的过程。

词语的锤炼需要创新精神，创新不是追求华丽辞藻，也不是要另创新词。它包括意义的锤炼和声音的锤炼。

## 一、意义的锤炼

词语的选择有两个层级的要求：一是选准词语，使语句稳妥；二是锤炼词语，使语句生辉。

### （一）选准词语，使语句稳妥

要达到这个目的，首先要掌握词语的意义和用法。如：

他们都把自己未婚妻的照片拿出来，互相传阅。

要选准词语，必须有明确的目的性：

① 准确反映人和事物的特点；

② 突出语篇的主题或重点；

③ 适合交际语境的方方面面，把话说得得体；

④ 突出感情色彩；

⑤ 增加文采，增强表达效果。

如：

老栓**慌忙**摸出洋钱，**抖抖**地想交给他，却又不敢去接他的东西。那人便焦急起来，嚷道，“怕什么？怎的不拿！”老栓还**踌躇**着；黑的人便抢过灯笼，一把扯下纸罩，裹了馒头，塞予老栓；一把抓过洋钱，捏一捏，转身去了。

赵老：西边的**厕所**昨儿交工，今天没事。……

大妈：真没想到啊！共产党给咱们修**茅房**，抓土匪，还要修沟，……（老舍《龙须沟》）

这回到南方去，游了三个湖。在南京，**游**玄武湖，到无锡，当然要**望望**太湖，到了杭州，不用说，四天的**盘桓**离不开西湖。

### （二）锤炼词语，使语句生辉

这是使用词语更积极的一面，在上述基础上再经过推敲，把词语锤炼得更富有表现力，用得更巧妙，把事物表现得更加生动形象，把思想表现得更加深刻，把感情表达得更加深沉，使意境更加深远，让语句增加特有的神韵，发出异样的光彩。

这个境界里的用词，有不少已成为佳话。如王安石“春风又绿江南岸”。鲁迅“惯于长夜过春时”中的“眼看朋辈成新鬼，怒向刀丛觅小诗”改为“**忍**看朋辈成新鬼，怒向刀**丛**觅小诗”，大大加深了诗的思想深度。

锤炼词语要有创新，但不是追求华丽的词缫，而是让现成的词语在特定的语境中显示出神奇的表达效果和高度的艺术魅力，达到“淡中藏美，拙中寓奇”“返璞归真”的理想境界。如：

闰土说着，又叫水生上来打拱，那孩子却害羞，紧紧地只**帖**在他的背后。（一个“帖”字，使水生害羞的程度跃然纸上）

他们就是想把这些人**塞**进领导班子。（一个“塞”字，把“他们”的处心积虑和说话人的反感态度都表现出来了）

赵劲脸色严峻，那由心里涌出来的难过**爬**上了嘴角。（“爬”把“难过”心理的流露写活了）

## 二、声音的锤炼

声音协调是选择词语的重要方面。

词语的声音美具体体现在：

（1）音节匀称；

（2）平仄相调；

（3）韵脚和谐；

（4）叠音自然。

注意：音节不匀称、平仄不相间、押韵不和谐等是声音锤炼中常出现的问题，在实际运用中要注意韵律配合的协调。

### （一）音节匀称

音节的匀称主要是指结构相似、音节数目相等。

诗歌及抒情散文等讲究音节整齐，使语言具有节奏感，能增强语言表达的抒情色彩和感人力量。例如：

我爱我们祖国的土地！狂风曾来扫荡过它，冰雹曾来打击过它，霜雪曾来封锁过它，大火曾来烧灼过它，大雨曾来冲刷过它，异姓奴隶主的铁骑曾来践踏过它，帝国主义的炮弹曾来袭击过它。（黄药眠《我爱我们的祖国》）

句中的几个分句构成了结构相似、字数基本相同、音节整齐匀称的排比句，读来感情充沛，很有气势。

### (二) 平仄相调

平声长而平缓，是扬；仄声短而曲折，是抑。

平仄相间、抑扬顿挫是汉语语音修辞常用手法。

音节安排恰当，平仄相配，就使得诗歌或散文声调抑扬起伏，和谐动听，构成汉语的音律美。例如：

虎踞龙盘今胜昔，
天翻地覆慨而慷。
（毛泽东《人民解放军占领南京》）

诗句的平仄是：仄仄平平平仄仄，平平仄仄仄平平。

### (三) 韵脚和谐

把韵母相同或相近的字放在句子的末尾，这就叫押韵。

押韵通过同韵相押使句子的末尾字音回环反复，同音相应，给人以和谐悦耳的美感。例如：

卑鄙是卑鄙者的通行证，
高尚是高尚者的墓志铭。
看吧，在镀金的天空中，
飘满了死者弯曲的倒影。
（北岛《回答》）

诗中的韵字是“证”“铭”“影”，押“ing”韵。声韵和谐，悦耳动听。

### (四) 叠音自然

叠音词是指用音节重叠的方式构成的词。如“密密麻麻”“朗朗”“嗡嗡”“兴冲冲”等等。

叠音词的声音有很强的音乐性，听起来和谐悦耳，给人以美的享受。作品中使用叠音词，可增强语言的音律美。例如：

五颜六色的街灯闪闪烁烁，远远近近，高高低低，时隐时现，走在路上，就像浮游在布满繁星的天空。（丁玲《曼哈顿街头夜景》）

句中“闪闪烁烁”“远远近近”“高高低低”都是叠音词，读起来很有节奏感，清新明朗，让人在领略街灯多姿多态的美的同时，也在声音上得到一种音乐美的享受。

## 思考与练习

1. 为什么说现代汉语是音乐性很强的语言？这同修辞有什么关系？

2. 分析下列语句的语音修辞现象：

① 这个厂生产的金葵向日、孔雀开屏、红霞万朵、草木争春、繁花似锦等花色的花布，富有民族特色，很受消费者的欢迎。

② 远处，千里洪湖一片汪洋，湖边是蜷曲结实的堤防，堤外棉苗青，早稻黄，数株葵花正向阳。

近处，在台右砌有台阶的土墩上，建筑着一座旧式的高大瓦房，门首挂着“沔阳县彭家墩乡苏维埃”的木牌，红色标语“打土豪，分田地”横写在院墙。墩旁有棵大树，树前是一片广场。

③ 我站在高山之巅，
望黄河滚滚，奔向东南，
金涛澎湃，
掀起万丈狂澜；
浊流宛转，
结成九曲连环；
从昆仑山下奔向黄海之边，
把中原大地劈成南北两面。

④ 我喜欢极目远眺多变的大海。季节不同，天气各异，早、中、晚，阴、晴、风、雨，大海呈现着各种姿态，变化着各种颜色。黑黝——翻滚；墨绿——潜流；发白——奔腾。

⑤ 这里溪流缓慢，萦绕着每一个山脚，在轻轻荡漾着溪流的两岸，满是高过马头的野花，红、黄、白、紫、蓝，五彩缤纷，像织不完的织锦那么绵延，像天边的彩霞那么耀眼，像高空的长虹那么绚烂。

3. 从现代典范的文学作品（如朱自清《春》、郭沫若《天上的街市》等）中选择一篇，试分析其中的语音修辞之美。

# 第三节　句式的选择

**【知识目标】**

掌握长句与短句、肯定句与否定句、整句与散句、口语与书面语的修辞效果。

**【能力目标】**

培养生动有趣的用语能力，与人创造良好的人际关系。

## 一、长句和短句

### （一）长句的选择

长句结构复杂、表意精确、严密，抒情深沉、细腻。

长句一般多出现在政论、科技等语体中。例如：

事实表明，不触动封建根基的自强运动和改良主义，旧式的农民战争，资产阶级革命派领导的民主革命，以及照搬西方资本主义的其他种种方案，都不能完成救亡图存的民族使命和反帝反封建的历史任务。

这是一个长句。主语是“事实”，谓语中心语“表明”的宾语很长，是“不触动封建根基的自强运动和改良主义，旧式的农民战争，资产阶级革命派领导的民主革命，以及照搬西方资本主义的其他种种方案，都不能完成救亡图存的民族使命和反帝反封建的历史任务。”

文学作品也有采用长句形式的，例如：

每逢看到了欣欣向荣的庄稼，看到正在翻犁的涌着泥浪的肥沃的土地，我就想起了《红旗歌谣》中的民歌所描写的——“沙果笑得红了脸，西瓜笑得如蜜甜，花儿笑得分了瓣，豌豆笑得鼓鼓圆”这一类带着泥土、露水、草叶、鲜花香味的大地的情景。（秦牧《土地》）

这个长句子用了复杂状语“每逢看到了欣欣向荣的庄稼，看到刚犁好的涌着泥浪的肥沃的土地”；句子中宾语“情景”的定语很长，“像《红旗歌谣》中的民歌所描写的——‘沙果笑得红了脸，西瓜笑得如蜜甜，花儿笑得分了瓣，豌豆笑得鼓鼓圆’这一类带着泥土、露水、草叶、鲜花香味的大地的”共有四个修饰限制的成分，具体、细致、明确、生动地描写了“我”心头涌起的情景，使读者如同身临其境，充分地领会作者对土地的深厚情感。

### （二）短句的选择

短句表意简短、生动、明快、有力，叙事简明，抒情强烈激越。

短句常用于口语中；文艺作品一般也多用短句。例如：

啊，美，伟大的美，令人陶醉的美。（峻青《沧海日出》）

“美”这个名词和“伟大的美”“令人陶醉的美”两个偏正短语构成了具有递进关系的感叹句，简洁明了表达了作者对日出美景的赞叹。

有个农村叫张家庄。张家庄有个张木匠。张木匠有个好老婆，外号叫“小飞蛾”。小飞蛾生了个女儿叫“艾艾”，算到 1950 年正月 15 元宵节，虚岁 20，周岁 19。庄上有个青年叫“小晚”，正和“艾艾”搞恋爱。故事就是出在他们两个人身上。（赵树理《登记》）

这段文字没有任何修饰语句，只使用短句平铺直叙，却收到了简洁、明快、清晰利落的表达效果。

## 二、整句和散句

### （一）整句是结构相同或相似、形式整齐匀称的句子

整句整齐匀称、节奏和谐、气势贯通、意义鲜明，常常用于诗歌、散文等文艺性文体中。例如：

走生路，生而出新；走险路，险而出奇；走难路，难而不俗。（徐刚《黄山拾美》）

三部分句子字数、结构都相同，构成排比格式。

作者拿黄山的不同的路与作家三种不同的创作道路相类比，形式齐整匀称，表意简练醒目。

我们分担寒潮、风雷、霹雳；我们共享雾霭、流岚、虹霓。（舒婷《致橡树》）

两个分句构成对比，分述恋人之间同甘苦、共患难的不同情况，表现那种相互理解、相互支持、平等和谐的爱情，抒情强烈激越，音调悦耳和谐。

### (二) 散句是结构不同，字数长短不一的句子

散句可以随意抒写，自由畅达，灵活自然。例如：

不过，瞿塘峡中，激流澎湃，涛如雷鸣，江面形成无数漩涡，船从漩涡中冲过，只听得一片哗啦啦的水声。过了八公里的瞿塘峡，乌沉沉的云雾，突然隐去。峡顶上一道蓝天，浮着几小片金色浮云，一柱阳光像闪电样落在左边峭壁上。(刘白羽《长江三日》)

例句描写瞿塘峡的景色，句式各种各样，字数长短不一，灵活多变，形象生动，把瞿塘峡的美景描写得栩栩如生，避免了单调呆板、毫无生气。

## 三、主动句和被动句

(1) 句中主语表示动作或行为的施事，这种句子叫主动句例如：

"风把树叶吹落了。"

句中主语表示动作或行为的受事，这种句子叫被动句。

"树叶被风吹落了。"

[辨析]被动句和"被"字句

(2) 如果说话人要突出主动者，可以用主动句式；如果要突出被动者，则用被动句式。例如：

风卷着雪花，狂暴地扫荡着山野、村庄，摇撼着古树的躯干，撞开了人家的门窗，把破屋子上的茅草大把大把地撕下来向空中扬去，把冷森森的雪花撒进人家的屋子里，并且在光秃秃的树梢上怪声地怒吼着、咆哮着，仿佛世界上的一切，都是它的驯顺的奴隶，它可以任意地蹂躏他们，毁灭他们……

这段话连用一系列主动句，生动地描写风雪肆虐的情景，突出地表现了风雪的无情、冷酷，衬托出了冬日的寒冷、萧索。

如果把上面的句子改成被动句，则会是另一种效果。例如：

雪花被风卷着，山野、村庄被风雪狂暴地扫荡着，古树的躯干被摇撼着，人家的门窗被撞开了，破屋子上的茅草被大把大把地撕下来扬向空中，人家的屋子里被撒进了冷森森的雪花，雪花在光秃秃的树梢上怪声地怒吼着、咆哮着，仿佛世界上的一切，都是风的驯顺的奴隶，可以被它任意地蹂躏、毁灭……

主语成了山野、村庄、古树的躯干、门窗、茅草等，整个场景显得寒冷、萧索，突出地表现了山野、村庄、古树的躯干、门窗、茅草等的孤单、无助、弱小、可怜等。最典型的主动句是"把"字句，最典型的被动句是"被"字句。

由于宣传哥白尼的新宇宙观，意大利哲学家布鲁诺坐了七年牢，最后被处火刑；意大利物理学家伽利略七十岁时受到宗教法庭审判，并被终身监禁。(钱三强)

## 四、肯定句和否定句

### (一) 肯定句的表达特点

肯定句是对事物做出肯定判断的句子。如：

"他是中文系的学生。"

否定句是对事物做出否定判断的句子。如：

"他不是中文系的学生。"

肯定句和否定句语义的轻重强弱有差别。

表达同样的意义，可以使用肯定句，也可以使用否定句。

肯定句语义要重一些、语气强一些。

否定句语义轻一些，语气比较缓和。

例如：

不过，你真是个古怪的老头儿，在斑白的头发底下还保持着一个二十岁小伙子般强烈的感情，这样的人是不会幸福的。（黄秋耘《丁香花下》）

这是一句否定句。如果换成肯定句表达，结果就是：

不过，你真是个古怪的老头儿，在斑白的头发底下还保持着一个二十岁小伙子般强烈的感情，这样的人是会很痛苦的。

两者相比，"不会幸福"比"很痛苦"更加委婉、含蓄，语气相对较缓和，而"很痛苦"则更直接，语气更强，甚至还有些武断。

### （二）单重否定与双重否定

单重否定句是只用一个否定词的否定句。

单重否定句如果与肯定句并用，形成鲜明的对比，所表达的意思就会更加明确，语气会更强烈。例如：

他们不是喝血者，不是寄生虫，不是强盗，也不是懦夫；他们是真正的人，大写的人。（秦牧《花蜜和蜂刺》）

"不是喝血者，不是寄生虫，不是强盗，也不是懦夫"这四个分句是为了衬托后面肯定的分句"他们是真正的人，大写的人"，从而增强肯定的意义和语气。

双重否定句是含有两个否定词的句子。

双重否定表示肯定的意思，比肯定句表达的语气更强烈。例如：

男子倘要这么突然的飞黄腾达，单靠原来的男性是不行的，他至少非变狗不可。（鲁迅《关于妇女解放》）

这个句子使用了"非……不可"，突出强调了"他必然要变狗"。

在实际上，这样的事情也并非全没有，逢蒙杀羿就是一个前例。（鲁迅《作文秘诀》）

这个句子使用了"并非……没有"的双重否定，意思是肯定了"有这样的事情"的几率，增强了语气。

### （三）双重否定与肯定句

(1) 双重否定属于否定句中的一种。但是，双重否定所表达的是肯定的意思。

(2) 双重否定句所表达的肯定语气的程度超过一般肯定句。例如：

"这是任何人都承认的真理。"（一般肯定句）

"这是任何人都不能不承认的真理。"（双重否定句）

"这是任何人都无法否认的真理。"（双重否定句）

"这是任何人都不能否认的真理。"（双重否定句）

## 五、口语句式和书面语句式

口语句式结构比较简单，句子短小，附加成分少，常用口语色彩浓的词语，单音节词用得多，语气词用得比较多，关联词语用得少。书面语句式结构可以很复杂，句子较长，常用书面色彩浓的词语，双音词较多，常可以有欧化句式、文言词语、文言句式，关联词语也用得多。下面是几个书面语句式：

作为既是鲁大海的母亲又是周萍的生母的她，看到周萍他们一伙施行淫威，她恨。

我第二次到仙台的时候，我惊诧于梅雨潭的绿了。

这个问题的解决，是很及时的。

人民创造了并将继续创造着自己的历史。

### 思考与练习

1. 下列语句中的一些词语都作了修改。作者为什么要作这样的修改？

① 忍看(原作“眼看”)朋辈成新鬼，怒向刀丛(原作“刀边”)觅小诗。

② 小篷船，装粪来，橹摇歌响悠悠然，穿过(原作“来自”)柳树云，融进(原作“进入”)桃花山。

③ 上至王后，下至弄臣，也都恍然大悟，仓皇(原作“即刻”)散开，急得手足无措，各自转了四五个圈子。

2. 指出下列语句在词语配合上的特色。

① 我们以我们的祖国有这样的英雄而骄傲，我们以生在这个英雄的国度而自豪。

② 共产党员在政府工作中，应该是十分廉洁、不用私人、多做工作、少取报酬的模范。共产党员在民众运动中，应该是民众的朋友，而不是民众的上司，是诲人不倦的教师，而不是官僚主义的政客。共产党员无论何时何地都不应以个人利益放在第一位，而应以个人利益服从于民族和人民群众的利益。因此，自私自利、消极怠工、贪污腐化、风头主义等等，是最可鄙视的；而大公无私，积极努力，克己奉公，埋头苦干的精神，才是可尊敬的。

③ 黑的人便抢过灯笼，一把扯下纸罩，裹了馒头，塞与老栓；一手抓过洋钱，捏一捏，转身走了。

④ 这地方的火烧云变化极多。一会儿红彤彤的，一会儿金灿灿的，一会儿半紫半黄，一会儿半灰半百合色，葡萄灰、梨黄、茄子紫，这些颜色天空都有，还有些说也说不出来、见也没见过的颜色。

⑤ 选择一两个现在人们还经常谈到的古人“炼字”的例子，谈谈中国古代讲究语汇修辞的传统。

3. 指出下列句子改变语序、改变句序的修辞效果。

① 同学们自发地聚集到操场，从教室、从宿舍、从图书馆、从活动中心。

② 多勤奋啊，这个学生！

③“吃大户”是和平的手段，照惯例是不能拒绝的，虽然被吃的人家不乐意。

④ 房后河边上有许多好看的石子儿，红的，黄的，粉的。

4. 将下列长句化为短句：

① 当前，实现“四化”这场大革命，既然要大幅度地改变目前落后的生产力，也就必然要多方面地改变生产关系，上层建筑，社会结构，工农业生产的管理方式和家的管理方式，以及人的活动方式和思想方式。

② 本着可开可不开的会议不开，可缓开的会议缓开，必须开的会议做好准备，缩短会议时间，能下去开的会议就下去开的精神，第一季度就减少了四次全县性的会议，需要召开的会议也缩短了会议时间。

5. 下列各段选用了什么句式？有什么修辞效果？

① 如果我们承认上面说的一番话可以站得住，那么，我们也不能不承认短篇小说要写得好，实在非下苦功不可。

② 而当赵太爷家遭抢以后，这个政权就出面进行干预，于是阿 Q 被不明不白地抓进县城，被不明不白地监禁和审讯，最后被不明不白地处死刑，这就显示了那个反动政权是如此的野蛮和横暴。

③ 雪中的北海，好像是专为她而安排，浓浓的雪花，纷纷扬扬，遮盖着高高的白塔、葱葱的琼岛、长长的游廊和静静的湖面，也遮盖着恋人们甜蜜的羞涩。

# 第四节　辞　　格

**【知识目标】**

1. 了解什么是辞格；

2. 掌握比喻、比拟、借代、夸张、拈连、双关、仿词、反语、排比、对偶等修辞格的特点和使用。

**【能力目标】**

热爱祖国的语言，培养良好的与人沟通语言。

辞格也称辞式、修辞格，是为了增强语言表达效果而运用的一些修饰描摹的特殊方法。

## 一、比喻

### （一）比喻是用相似的事物打比方的修辞方法

被比方的事物叫“本体”，用来打比方的事物叫“喻体”，联系二者的词语叫“喻词”。例如：

她一头的褐色卷发，盖着一张小圆脸，眼极活泼，口也很灵动，配着一身极鲜艳的衣裳一

一漆鞋，绿丝长袜，银红绸的上衣，紫酱的丝绒围裙——亭亭地立着，像一棵临风的郁金香。（徐志摩《曼殊斐儿》）

更多比喻例子：

（1）远远望去，一座细长的泥桥像一条发白的绷带，在把这条裂痕马马虎虎地包扎起来。（张一弓《春妞儿和她的小嘎斯》）

（2）此刻天阴，工事土墙呈现出生机勃勃的暗红色，真像运动员鼓起的大块胸肌。（朱苏进《凝眸》）

（3）这世道就像一杆秤，不会总摆不平。（冯骥才《神鞭》）

（4）她看到教导员面颊有些苍白，但白得不过分，就像一块细腻的玉石。（张波《白纸船》）

（5）我一直认为疼痛是一种力量，是使一个人早熟的催化剂。（迟子建《原始风景》）

### （二）比喻的类型

**1. 明喻**

明喻就是本体、喻体和比喻词都出现的比喻。例如：

这初秋之夜如一袭藕荷色的纱衫，飘起淡淡的哀愁。（何其芳《秋海棠》）

**2. 暗喻**

暗喻又叫隐喻，只出现本体和喻体，不用比喻词语，或用“是、变成、成为、等于”等喻词。例如：

美感的记忆，是人生最可珍的产业，认识美的本能是上帝给我们进天堂的一把秘钥。（徐志摩《曼殊斐儿》）

**3. 借喻**

借喻是只出现用来代替本体的喻体，而本体和喻词都不出现。例如：

我这辈子只是在生活的道上盲目的前冲，一时踹入一个泥潭，一时踏折一枝草花，只是这无目的的奔驰……（徐志摩《再剖》）

### （三）运用比喻应注意的问题

（1）比喻的本体和喻体是两个具有相似点的不同类别的事物，而且喻体必须是常见、易懂，能使人清楚地了解本体和喻体之间的比喻和被比喻的关系。

（2）比喻要贴切，紧紧抓住本体和喻体之间的相似点。

（3）比喻要有感情色彩，应当表现出作者的思想感情。

（4）比喻运用不恰当常常表现为本体和喻体之间没有相似点，或者喻体表达的思想感情不恰当，在运用时应当特别注意避免。

## 二、比拟

### （一）比拟

把物当做人写或把人当作物写，或把甲物当做乙物来写，就叫比拟。

例如：

树倒下了，发出一声快乐的叫喊，一种牺牲自己的快乐，如梦想的孩子离开家，奔向不可知的运命时嘴里所喊出的。（何其芳《伐木》）

更多比拟例子：

(1) 黑暗在不住地退却，又像捉迷藏似的，从飞驰而去的汽车两旁包抄上来。（张一弓《春妞儿和她的小嘎斯》）

(2) 踏上岛便感到四周充满威胁，每道石缝都在咬牙切齿，晶亮的口涎滴答着。（朱苏进《凝眸》）

(3) 我无法再继续写下去，所有的英文字母全在我脑子里跳疯狂的舞蹈。（陈丹燕《玻璃做的夏天》）

(4) 九月的热浪隔着门帘和厚厚的墙壁顽强地挤了进来。（方方《祖父在父亲心中》）

(5) 那笔落地时很伤心，但还是无可奈何地破碎了，洒出一串黑血。（何继青《哭歌》）

### （二）比拟的类型

**1. 拟人**

拟人就是把物当做人来写，让无生命的事物好像有生命一样能活动，让有生命的动物好像人一样有思维和情感。例如：

下面溪水大概是涸了，看着有无数用为筑桥剩下的大而笨的白色石块，懒懒散散睡了一溪沟。（沈从文《遥夜》）

“睡”是有生命的人或者动物的行为。

假如是孤行者，就可以听到草棵、树叶被风吹折的声音，听到各类小虫的绵绵情话。（庞天舒《蓝旗兵巴图鲁》）

这里是赋予小虫人的思想情感，把它们的叫声比作人的“情话”。

**2. 拟物**

拟物把人当作物来写，或者把甲事物当做乙事物来写。例如：

所以诗人在冬夜，只合围炉话旧，这就有点近于“蛰伏”了。（茅盾《冬天》）

“蛰伏”是动物的行为，这是把人当做动物来写。

三月的微风像一只小猫一样舔舐着我的脸颊，弄得我浑身痒酥酥的。

“舔舐”是动物的行为，这是把风当做动物来写。

### （三）运用比拟应注意的问题

(1) 运用比拟必须符合人物的思想感情，符合所描写的环境氛围。

(2) 用以比拟的人和物必须具有相似点，使比拟生动自然，收到良好的效果。

(3) 比拟不当常常表现为用以比拟的人和物之间没有相似点，或者不符合人的思想感情和描绘的环境氛围。

### （四）比拟和比喻的异同

比拟和比喻都是两事物相比，但是有区别。

比喻的重点在“喻”，即以乙事物（喻体）来说明甲事物（本体），甲乙两事物有主有从；比拟的重点在“拟”，即干脆把甲事物当做乙事物来写，甲乙两事物不分主从，浑然一体。

## 三、借代

### （一）借代

借代是用与人或事物有关的东西来代替人或事物，被代替的事物叫“本体”，用来代替的事物叫“借体”。

例如：

你要是爱细腰粉腿，就有跳舞场。（茅盾《现代化的话》）

“细腰粉腿”就是借代修辞格，指舞女。

如果首长一句话不讲，扔下“有线”，全用“无线”去了，那我们才受不了呐。（徐怀中《西线轶事》）

“有线”“无线”分别借代“有线班的战士”“无线班的战士”。

更多借代例子：

(1) 我还不能声张，“营业部主任”知道了，又会幸灾乐祸地嘲笑我。（张贤亮《绿化树》）

(2) 你们捧铁饭碗的，命也比俺值钱，就是停车一百天，关上门进行啥“安全教育”，也少不了你们一分钱的工资。（张一弓《春妞儿和她的小嘎斯》）

(3) 春妞儿和她的小嘎斯正以八十公里的时速向前疾驶。（张一弓《春妞儿和她的小嘎斯》）

(4) 十年前玻璃花还是一个无名的土棍，小名三梆子。（冯骥才《神鞭》）

(5) 有一天，学生们决定批斗“牛鬼蛇神”。（赵长天《师道》）

### （二）借代的类型

**1. 特征、标志代本体**

用本体的特征、标志去代替本体的名称。例如：

“你先猜猜，你们的英雄战士‘北京’，也就是薛凯华烈士……”高干事非常神秘地望着我，“你猜他的爸爸是谁?”（李存葆《高山下的花环》）

这里是用薛凯华的籍贯“北京”代指薛凯华。

**2. 专名代泛称**

用具有典型性的人或事物的专用名称代替本体的名称。例如：

方鸿渐从此死心不敢妄想，开始读叔本华……（钱钟书《围城》）

这里是用叔本华代指他的作品。

**3. 具体代抽象**

用客观存在的具体事物代替抽象的事物。例如：

人民浴血奋战赢得的胜利，又将为血泊所淹没。中国往何处去?（刘白羽《红太阳颂》）

具体的“血泊”代指抽象的战争。

**4. 部分代整体**

用事物具有代表性的部分代替本体事物。例如：

春天，树木开花了，是晴明暖和的天气，早晨大路上还充满了褴褛的衣服和光赤的脚。（巴金《能言树》）

"褴褛的衣服和光赤的脚"代指穷人。

**5. 结果代原因**

用事情所产生的结果代替本体事物。例如：

林先生早已汗透棉袍。虽然累得那么着，林先生心里却很愉快。（茅盾《林家铺子》）

"汗透棉袍"是累的结果。

### （三）运用借代应注意的问题

(1) 借体和本体关系密切，借体必须能突出地代表本体，有时需要在上下文中对借体有所交代，使读者明白本体是什么。

(2) 借体往往带有褒贬色彩，反映作者的思想感情。如"诸葛亮"等作借体，常用来指代正面人物，而"三只手"等作借体，常用来指代反面人物。

(3) 借代不当常表现为本体和借体之间关系不明确。

(4) 借代和借喻的异同

借代和借喻有相似处，但是不同。

借代侧重相关性，强调借体和本体有关系；借代是代而不喻，不能改为比喻；借喻侧重相似性，强调喻体和本体之间有相似点。借喻是喻中有代，可以改为明喻或暗喻。

## 四、夸张

### （一）夸张

故意言过其实，对事物加以超越事实的描述，这叫夸张。

例如：

来了阵雨，雨点一开始就有烂梅子那么大，砸得人疼。（金曾豪《野种》）

经过了几百年漫长的等待之后，手术室的门打开了，她看见了那张下面带轮子的床，老周还在那上面躺着，他的脸上蒙了一块白布。（述平《某》）

更多例子：

(1) 啊，今天，我已成了自由人，我要用我干裂的、没有血色的嘴唇一千遍地吻这片土地！（张贤亮《绿化树》）

(2) 掩体内的土壤被敲打得结结实实，几乎敲出一层油来。（朱苏进《凝眸》）

(3) 几只小虫在灯光中翩翩飞动，屋子里静得几乎能听到女兵们每一次把竹针穿进毛线的声音。（张波《白纸船》）

(4) 眼泪滚滚，连我自己也被吓住。它们扑扑有声地打在我的碎花衬衣上，衬衣很快就湿了，很凉。（陈丹燕《玻璃做的夏天》）

(5) 母亲已经哭得再哭不出声，几天间老了几十年。（何继青《哭歌》）

### （二）夸张的类型

**1. 扩大夸张**

故意把一般事物往大(多、快、高、长、强……)处说。例如：

母亲已经哭得再哭不出声，几天间老了几十年。(何继青《哭歌》)

**2. 缩小夸张**

故意把一般事物往小(少、慢、矮、短、弱……)处说。例如：

五岭逶迤腾细浪，乌蒙磅礴走泥丸。(毛泽东《七律·长征》)

**3. 超前夸张**

在两件事之间，故意把后出现的事说成是先出现的，或是同时出现的。例如：

瑞雪兆丰年。看着这漫天飘舞的雪花，大家已经看到了来年的好收成。

### （三）运用夸张应注意的问题

(1) 夸张要以客观实际为基础，合乎情理、合乎分寸，给人以真实感。

(2) 夸张要明确、显豁，突出夸张的特点，不能在事实与夸张之间模棱两可。

(3) 要注意夸张的具体表现。夸张往往借助于比喻、比拟等辞格来表现。

(4) 要注意夸张运用的场合，在科学性文章中不适合运用夸张。

(5) 如果夸张脱离了现实基础，或与思想感情不协调等，易造成夸张不当。

### （四）比喻、比拟和夸张

因为夸张往往借助于比喻、比拟等辞格来表现，所以，二者的区别主要看有没有夸张的成分。

如果有夸张的成分，尽管使用了比喻或者比拟的修辞格，也应当归于夸张。

## 五、拈连

### （一）拈连

利用上下文的联系，巧妙地把适用于甲事物的词用于乙事物，这种修辞方法叫拈连。例如：

他飘飘然地飞了大半天，飘进土谷祠，照例应该躺下便打鼾。(鲁迅《阿Q正传》)

“飞”和“飘”都不是形容人的词语，在这里巧妙地用于描写阿Q，表现了阿Q在调戏小尼姑之后得意的心情。

夜里天冷北风急，
班长下岗月儿西；
手拿针线灯下坐，
为我熬夜缝军衣；
线儿缝在军衣上，
情意缝在我心里。

这里把用于军衣的“缝”巧妙地用于“情意”，表现了战士们互相关心、爱护的真情。

更多拈连例子：

(1) 在这儿呢，东南西北全沉到海里去了。(朱苏进《凝眸》)

(2) 歌厅、舞厅、酒吧、咖啡屋正是兴旺的时刻，一阵阵乐声从幽密的灯光里流溢出来。(张波《白纸船》)

(3) 她关上门，迅速将那封信的落款看了一眼，"连军"两个字倔强地钻进了她的心里。(张波《白纸船》)

(4) 我知道我的文字只有在这一时刻才变得格外真实和有情，当我看着一架四轮马车辘辘穿过街头，我一直认为它的方向是朝我所向往的那片土地去的，我的笔将跟随它的踪迹，走久远的路，去叙述那些朴素而结实的往事。(迟子建《原始风景》)

(5) 母亲月白色的绸衫和蓝色的长裙从那一夜起，便永远飘扬在了父亲的眼睛里。(方方《祖父在父亲心中》)

### (二) 拈连的类型

**1. 全式拈连**

甲乙两事物都出现，拈连词语不可少。它像锁链一样，使前后拈连在一起。例如：

铃子叮叮当当地摇着，一切低起头在书桌边办公的同事们，思想都为这铃子摇到午饭的馒头上去了。(沈从文《到北海去》)

把用于铃子的"摇"用于思想，表现铃声对大家的影响。

**2. 略式拈连**

甲事物省略，或甲事物中的拈连词语省略，乙事物必须出现，借助上下文，省略的内容还是清楚的。例如：

然而，在有"人"心者的眼中、脑中，红红的被屠杀者的血，是永远洗涤不去的。(郑振铎《六月一日》)

一般用于衣物的"洗涤"一词用于"眼"和"脑"，表现了对被屠杀者的深深的悼念和对屠杀者的憎恨。

### (三) 运用拈连应注意的问题

(1) 拈连要贴切自然，避免只注意形式、不考虑内容的生搬硬套。

(2) 在形式上，甲事物一般是具体的，在前；乙事物一般是抽象的，在后。

(3) 在语义上，甲乙两事物要有密切的内在联系。甲事物是乙事物的根据或条件，乙事物只有联系甲事物才能得到确切深刻的理解。

## 六、双关

### (一) 双关

双关是借助语音或语义的联系，使语句同时关涉两种事物，表达两种意思，言在此而意在彼的修辞格式。

例如：

父亲现在躺在殡仪馆的冰库里，那地方很冷。(何继青《哭歌》)

“那地方很冷”的“冷”是双关辞格，既指冰库里温度低，又指那里让人心寒。

更多双关例子：

(1) 那房子再好再大，妈妈一死公家就收回了。住不长久的。我觉得很寒冷。又想，也许这就是个寒冷的季节。(何继青《哭歌》)

(2) 父亲现在躺在殡仪馆的冰库里，那地方很冷。(何继青《哭歌》)

(3) 我倒不如躲到肃杀的严冬中去吧，——但是，四面又明明是严冬，正给我非常的寒威和冷气。(鲁迅《风筝》)

(4) 夜正长，路也正长，我不如忘却，不说的好吧。(鲁迅《为了忘却的纪念》)

(5) 这次他是摇着一条小小的乌篷船来的，那条黑色的破船看上去阴险异常。(金曾豪《野种》)

### (二) 双关的类型

**1. 谐音双关**

利用音同或音近的条件使词语或句子语义双关。

例如：我失骄杨君失柳，杨柳青飏直上重霄九。(毛泽东《答李淑一》)

“杨”“柳”是双关辞格，明指杨花、柳絮，暗指杨开慧、柳直荀两位烈士。

**2. 语义双关**

利用词语或句子的多义性在特定语境中形成双关。例如：

“雅”要地位，也要钱，古今并不两样的。但古代的买雅，自然比现在便宜；办法也并不两样，书要摆在书架上，或者抛几本在地板上，酒杯要摆在桌子上，但算盘却要收在抽屉里，或者最好是在肚子里。(鲁迅《病后杂谈》)

“收在抽屉里”的“算盘”是计算工具，“肚子里”的“算盘”是个人的想法和打算。

### (三) 运用双关应注意的问题

(1) 双关的意思要明确，不能有歧义。双关言在此而意在彼，既要含而不露，又要让读者清楚地明白要表达的含义。

(2) 运用双关要注意内容的思想性，尤其是在构成歇后语时，不要单纯追求风趣含蓄而忽略了思想健康。

### (四) 语义双关和借喻

借喻是借用喻体说明本体事物，使抽象深奥的事物表达得具体、生动、简洁。

语义双关是借一个词语或句子关顾两个事物，同时包含两种意思，表面一层意思，隐含另外一层意思，使表达含蓄委婉、幽默风趣。

## 七、仿词

### (一) 仿词

根据表达的需要，更换现成词语的某个语素或词，临时造出新的词语，这种修辞手法叫仿词。

例如：

满心“婆理”而满口“公理”的绅士们的名言暂且置之不论不议之列，即使真心人所大叫的公理，在现今的中国，也还不能救助好人，甚至于反而保护坏人。（鲁迅《论“费厄泼赖”应该缓行》）

从熟语“公说公有理、婆说婆有理”仿造出的“婆理”，临时与“公理”构成相反相对的关系。接露出所谓的绅士们的新口不一。

更多仿词例子：

(1) 第二天早晨，她们的头发上都结了霜。男同志们笑她们说：“嘿，你们演‘白毛女’都不用化妆了!”她们也笑男同志，“还说哩！你看，你们不是‘白毛男’吗?”（魏巍《年轻人，让你的青春更美丽吧!》）

(2) 一个阔人说要读经，嗡的一阵一群狭人也说要读经。岂但“读”而已哉，据说还可以“救国”哩。（鲁迅《这个与那个》）

(3) 那几年，我不就改造成家庭妇男了吗？不信，你们问文婷，我什么不干？什么不会？（谌容《人到中年》）

(4) 经验使我知道，我在受着武力征伐的时候，是同时要得到文力征伐的。（鲁迅《准风月谈·后记》）

(5) 虽然未庄只有钱赵两姓是大屋，此外十之九是浅闺，但闺中究竟是闺中，所以也算得一件神异。……后来这终于从浅闺里传进深闺里去了。（鲁迅《阿Q正传》）

### （二）仿词的类型

**1. 音仿**

使用读音相同或相近的词素仿造新词语。例如：

11月，广州还是秋高气爽，北国名城哈尔滨早已草木皆冰了。

这就是利用同音词“兵”和“冰”仿造词语。

**2. 义仿**

换用意义相反或相近的词素仿造新词语。例如：

有些天天喊大众化的人，连三句老百姓的话都讲不出来，可见他就没有下过决心跟老百姓学，实在他的意思仍是小众化。（毛泽东《反对党八股》）

“小众化”就是换“大众化”中的“大”为“小”而造的词语。

### （三）运用仿词应注意的问题

仿词都是临时创造的，在形式上和被仿的词有近似的特点，内容上又富有新意。仿词和被仿的词往往同时出现，如果被仿的词不出现，单用仿词要加引号。仿词运用应该自然合理，否则就会成为生造词。

## 八、反语

### （一）反语

反语是指故意使用与本来意思相反的词语或句子去表达本意，也叫“反话”。

例如：

中国军人屠杀妇人的伟绩，八国联军惩创学生的武功，不幸全被这几缕血痕抹煞了。（鲁迅《纪念刘和珍君》）

“伟绩”和“武功”都是褒义词，这里作为反语使用，表达了对“中国军人”和“八国联军”强烈的讽刺和憎恨。

更多反语例子：

(1) 参加八国联军打败中国，迫出庚子赔款，又用之于“教育中国学生”，从事精神侵略，也算一项“友谊”的表示。（毛泽东《“友谊”，还是侵略？》）

(2) 我早已想写一点文字，来纪念几个青年的作家。这并非为了别的，只因为两年以来，悲愤总时时来袭击我的心，至今没有停止，我很想借此算是竦身一摇，将悲哀摆脱，给自己轻松一下，照直说，就是我倒要将他们忘却了。（鲁迅《为了忘却的纪念》）

(3) 我在这里不想讨论梅博士演艺和象征主义的关系，总之，活人代替了古董，我敢说，也可以显出一点进步了。（鲁迅《拿来主义》）

(4) 几个女人很失望，也有些伤心，各人在心里骂着自己的狠心贼。（孙犁《荷花淀》）

(5) 老旦进场，玩笑旦出场，大观园的人才着实不少。（瞿秋白《人才易得》）

### （二）反语的类型

**1. 以正当反**

用正面的语句去表达反面的意思。例如：

但衣角会被踹住，可见穿的是长衫，即使不是“高等华人”，总该是属于上等的。（鲁迅《推》）

“高等华人”的人格实际上是非常低劣的，在这里表达了对穿长衫者的讽刺。

**2. 以反当正**

用反面的语句去表达正面的意思。例如：

小陶气愤地说：“这些死人！只管看着干什么，还不把你们的雨衣扔过来。”（徐怀中《西线轶事》）

“死人”是气话，实际上表达的是一种见到战友时的亲切感。

### （三）运用反语应注意的问题

(1) 运用反语要认清不同的对象，区别对待。

(2) 运用反语应当鲜明、显豁，使反语的意思明确、易懂。

## 九、排比

### （一）排比

把三个或三个以上结构相同或相似、语气一致、意思密切关联的句子或句子成分排列起来，表达强烈的语气或感情，这叫排比。

例如：

我爱动，爱看动的事物，爱活泼的人，爱水，爱空中的飞鸟，爱车窗外掣过的田野山水。

(徐志摩《自剖》)

白天,我被求生的本能所驱使,我谄媚,我讨好,我妒忌,我要各式各样的小聪明。(张贤亮《绿化树》)

例子:

(1) 她需要防范,需要警觉,需要佯装不知地刺探,需要不动声色地窥视。(张一弓《春妞儿和她的小嘎斯》)

(2) 她留恋这个世界。她爱太阳,爱土地,爱劳动,爱清朗朗的大马河,爱大马河畔的青草和野花……(路遥《人生》)

(3) 老人家常常跟我讲他的这一段学子生涯,讲那家小饭馆的饭菜,讲当时自己的衣着打扮。(阿成《父亲》)

(4) 看到好的风景,欣赏好的电影,听到美妙的音乐,吃到美味的菜肴——遇到一切美好的东西,你就情不自禁地想起他,希望与他分享。(张守仁《心祭》)

(5) 在去汤河口的路上,荆条到处能看到,一丛丛、一片片长在山岭上的;一捆捆、一担担放在收购站门口的;一堆堆积在几个长途汽车站上的。(袁鹰《荆条蜜》)

### (二) 排比与对偶的区别

排比与对偶是不同的:

(1) 排比是三个或三个以上句子的平行排列,对偶只限于两个句子。

排比的形式不如对偶严格。排比的各个句子字数可以不完全相等。

(2) 排比往往运用相同的词语;对偶的两个句子字数必须相等,而且忌用相同的词语。

## 十、对偶

### (一) 对偶

将字数相等、意义上密切相关、结构相同或基本相同、用词互相对应的两个短语或句子,放在一起,这种辞格叫对偶。

严格的对偶要求字数相等、结构相同、互相对应的词词性一致、平仄协调、实虚相对。现代诗文中对偶运用相当宽松,只要字数相等、结构相同、声韵大体协调就可以。例如:

墙上芦苇,头重脚轻根底浅;

山间竹笋,嘴尖皮厚腹中空。

这是严格的对偶,字数相等,结构相同,互相对应的词性一致,平仄协调。

谦虚使人进步,
骄傲使人落后;
端起饭碗想起了妈,
拿起筷子想起了家;
辛苦我一个,
幸福千万家。

这些都是宽对,字数相等,结构相同,声韵大体协调。

更多对偶例子:

(1) 四面江山来眼底,万家忧乐到心头。(李锐《怀念田家英》)

(2) 有名闲富贵,无事小神仙。(张欣《爱又如何》)

(3) 眉扬大漠狂沙净,唇吐珠玑天籁鸣。

(4) 望前程虹腾七彩,展未来鹏击九天。

### (二) 对偶的类型

**1. 正对**

从两个角度、两个侧面说明同一事理,表示相似、相关的关系。例如:

宝剑锋从磨砺出,
梅花香自苦寒来。

**2. 反对**

对偶的两部分,表示一般的相反关系或矛盾对立关系。例如:

横眉冷对千夫指,
俯首甘为孺子牛。(鲁迅《自嘲》)

**3. 串对**

对偶的两部分,在意义上有的相关联(承接,连贯,递进,因果,假设,条件等),叫“串对”,也叫“流水对”。例如:

为有牺牲多壮志,
敢教日月换新天。(毛泽东《到韶山》)

## 思考与练习

1. 比喻构成的条件有哪些?比喻在表达上有什么作用?
2. 借喻和借代有什么联系与区别?
3. 什么是比拟?比拟与比喻有什么不同?
4. 夸张可分为几类?运用夸张需要注意哪些问题?
5. 对偶与对比有什么区别?请举例说明。
6. 辞格的综合运用有哪几种情况?请举例说明。
7. 指出下列每段话中的修辞格

① 人生是一条没有尽头的路,我走着走着,不停地走着。我探索着人生,人生也探索着我。

② 古老的济南,城内那么狭窄,城外又那么宽敞,山城上卧着些小村庄,小村庄的房顶上卧着点雪,对,这是一张小水墨画,也许是唐代的名手画的吧。

③ 美丽的长江大桥在诉说着我们美丽的社会主义生活,美丽的社会主义现实,美丽的社会主义前景。

④ 人生有限,知识无穷。当你用汗水敬献她的时候,她和你携手前进;当你用游荡讨好她的时候,她和你分道扬镳。

⑤ 四周笼罩着渐次加深的暮色,使人仿佛置身于巨大的宝蓝色的玻璃器皿之中;河中景物仍可一一辨认。低头看水,绿波白浪,抬头望岸,黛树紫苇;鸥鸟双翅如灰白的飞剪,迅

捷上下，仿佛要用锐剪剪破夜色；塘鹅鸣声自隐处传来，似惊喜交加，为多瑙河下游的风光增添着情趣。

⑥ 桃树、杏树、梨树，你不让我，我不让你，都开满了花赶趟儿。红的像火，粉的像霞，白的像雪。

⑦ 这种感情像红松那样，根深蒂固，狂风吹不动，暴雨浸不败，千秋万载永不凋谢。

# 第五节　辞格的运用

**【知识目标】**

了解、掌握辞格综合运用的几种形式。

**【能力目标】**

热爱祖国的语言，培养良好的与人沟通语言。

## 一、辞格的运用

辞格的连用是在一句话或一段话中，连用几个辞格说明同一内容。

(1) 天上也是皎洁无比的蔚蓝色，只有几片薄纱似的轻云，平贴于空中，就如一个女郎，穿了绝美的蓝色夏衣，而颈间却围绕了一段绝细绝轻的白纱巾。(郑振铎《海燕》)

这句话中就连用了两个比喻。一个是“几片薄纱似的轻云”，一个是“就如一个女郎，穿了绝美的蓝色夏衣，而颈间却围绕了一段绝细绝轻的白纱巾”。

(2) 我就向着最近的藤椅上瘫了下去，两手按住急颤的前胸，紧闭着眼，纵容内心的浑沌，一片黯黄，一片茶清，一片墨绿，影片似的在倦绝的眼膜上扯过……(徐志摩《我过的端阳节》)

这句话连用了排比和比喻。排比是“一片黯黄，一片茶清，一片墨绿”，比喻是“内心的浑沌，一片黯黄，一片茶清，一片墨绿，影片似的……”。

## 二、辞格的套用

辞格的套用是指一种辞格里又包含着其他辞格，形成大套小的包容关系。

例如：

高粱好似一队队的“红领巾”，

悄悄地把周围的道路观察。

(郭小川《团泊洼的秋天》)

这句话总体来看是比喻，把高粱比作“红领巾”；比喻中又有借代，借“红领巾”代指少先队员。

一个扰攘喧嚣，一个肃穆幽静；一个珠光宝气，炫人耳目，一个雄奇深邃，浑然天成；一个灯火辉煌，城开不夜，一个月色迷离，万籁俱寂；一个矗起沙漠间，蓝天绿地，却置身万丈红尘，一个历经千百劫，刀劈斧斫，反化成胸中丘壑。（邵燕祥《大峡谷去来》）

这段话是运用了排比，排比的每一个分句又用了对比。

## 三、辞格的兼用

辞格的兼用是指一句话里兼有两种以上的修辞方式，也叫"兼格"。

例如：

啊，乡愁呀，如轻烟似的乡愁呀。（郑振铎《海燕》）

这句话里兼用了反复和比喻两种辞格。

它高高的栖在梧桐树或竹枝上，迎风而唱，那是生之歌，生之盛年之歌，那是结婚曲，那是中世纪武士美人的大宴时的行吟诗人之歌。（郑振铎《蝉与纺织娘》）

这句话兼用了拟人和排比两种辞格。

### 思考与练习

从辞格综合运用的角度分析下文中的辞格，分别说明哪些是连用或兼用。

(1) 山风啊，成了进军的喇叭，
松涛啊，成了庆功的唢呐，
漫山遍野，
都为咱吹吹打打。

(2) 一般情况？青藏线上哪有一般情况，都是特殊情况！每年每月每日每时每刻每分每秒都是特殊、特殊、特殊！

(3) 高松年听说他来了，把表情整理了一下，脸上堆的尊严厚得可以用刀刮。

(4) 田蛙篱外唱，
蜜蜂院里答，
落叶几片戏绿水，
乱了门前一群鸭。
竹桌上，摆满了富，
茶壶里，泡香了话。

(5) 突然，我发现一个孩子，一个从海的怀里奔跑过来的孩子。黧黑的裸体的，皮肤被浪朵吻黑了，小脸被海风抚圆了，像一轮跃动着的黛红色的太阳！我看见他举起一只白色的海螺，呜呜地吹响了，吹出的是一阵阵浑厚的、深沉的、带着海的咸涩的韵味的风！

# 第六节　语　　体

【知识目标】

掌握谈话、公文、科技语体、文艺语语体的特点和使用场合。

【能力目标】

培养在不同场合与人建立良好的关系。

人们在语言运用过程中，根据交际的内容、对象、范围、语境和交际目的不同所形成的言语行为的体式，叫语体。

语体的划分，第一层分为口头语体和书卷语体。口头语体现在研究得很不够。书卷语体下又分公文语体、科技语体、政论语体、文艺语体。

## 一、谈话语体

人们的言语行为都是有目的的，这种目的或者动机就叫做“话语意图”。俗话说“说话听声，锣鼓听音”，指的就是话中有话，或者叫言外之意。言外之意表现出说话者的真正意图、真正动机。

例如：

实行每周双休日制度以后，星期五便成了周末。

有些学生想回家度周末的，就会在星期五中午的时候问老师：

——老师，今天下午有没有事情？

他的话语意图实际上是：

(1) 下午最好没有事情，我不用请假就可以回家了；

(2) 如果有事情，希望不是什么很重要的事情，这样，就可以好请假。

往往一句话的言外之意与表面字义是完全相反的，

例如：

“你真行啊！”

这句话的直接意思是称赞、夸奖你能干、聪明、有办法、事情办得好等等；

但是也可以赋予它含意完全相反的潜台词，表示愚蠢、无能、把事全办糟了等等。

在表示嘲讽、讥笑、责备、斥责的时候，话语意图是隐含在字面意义之外的。

## 二、公文语体

公文语体是使用范围：政治事务，如批复、公告；外交事务，如照会、国书、公告；军事事务，如命令；经济事务，如合同、协议书；机关团体日常事务，如通知、证明、介绍信函；人与人之间的事务往来，如领条、请假条等。

公文的特点：有固定的格式，话语简明扼要，遣词造句准确，不能含糊。规格性。简要性。明确性。

语言特点：

(1) 有专用词语。

比如，介绍信常用“兹有”“为荷”(荷：承受恩惠。)

“以上报告如无不当，请批转执行。”

有些还常用到一些文言词语，因为这些公文庄重、典雅，有的人信函讲究雅，表明自己文化品位高，如用到“顺颂教祺”之类。

(2) 语句上看，多用陈述句。因为表达一些明确规定，以说清楚为好。当然也有祈使句，这在命令、指示中更加明显。

(3) 从修辞上说，可以有整句，整句为对偶句、排比句等。公文一般不要求形象生动。

## 三、科技语体

使用范围：社会科学、自然科学论文论著，以及向大众宣传科学知识的科普论著。

科技语体是发布科学研究成果、普及科学知识的论著所使用的语言体系。

语言特点：

(1) 词语。有专门用语。不断吸收外来词。

(2) 句式。不要求有什么修饰，讲清楚、讲准确为好。科技语体比较严密。

(3) 科技语体的一些特殊手段。

## 四、文艺语体

表现在文艺作品中。文艺语体在书卷语体中最具特色，重在给人以美的享受，重在形象思维，重形象性、生动性、变异性。

文学家很喜欢这个变异性。变异就是偏离。应该思考的是，变异到什么程度。现在语言又有粗俗化现象。这些都值得探讨。

(1) 散文体。包括狭义的散文，以及小说等，这是与韵文相对的。有人称散言体。散文体的风格是繁丰、华丽。但并非都如此。不同作家有不同风格，同一个作家后期与前期也有不完全相同的风格。

(2) 韵文体。主要是诗、词、快板、顺口溜等。更讲究音乐美。讲韵律、节奏等。

(3) 戏剧体。特别是人物语言、剧本的对白，讲求个性化。口语色彩浓。

其实各种语体风格是可以互相渗透的，如：① 文艺语体向科技语体渗透，形成通俗的科技语体。② 文艺语体向政论语体渗透，形成文艺政论语体。一些老作家写的政论性文章很富形象性。③ 口语语体向书卷语体渗透,形成书面口语语体。有些作家作品力求通俗。

## 思考与练习

1. 什么是语体?语体与修辞的关系如何?

2. 什么是语言风格?语言风格一般分为哪些类别?

3. 指出下列几段文字的语体类别及其特征:

① 生物按照亲代所经历的同一发育途径和方式,摄取环境中的物质建造自身,产生与亲代相似的一种自身繁殖过程叫做遗传。

② 拉开架子,他打了趟查拳:腿快,手飘洒,一个飞脚起去,小辫儿飘在空中,像从天上落下一个风筝;快之中,每个架子都摆得稳、准、利落;来回六趟,把院子满都打到,走得圆,接得紧,身子在一处,而精神贯串到四面八方。抱拳收势,身儿紧缩,好似满院乱飞的燕子忽然归了巢。

③ 北京话的土语很多,而现在呢,有些个,欸,也都渐渐地被淘汰了。因为,人的文化提高了,年轻人说话不照老年人那么说喽,自然改变喽。欸,特别说,过去北京劳动人民说的话,很多现在不用了。你比如说,过去吧,北京这个,不是最近演这个《茶馆》啊,过去,北京呢,大街小巷有许多的茶馆,当然,它那个电影里演的是比较大的茶馆。照北京吧,矮矮的,一两间房子,连住家带茶馆,就叫茶馆儿。

4. 语言的表现风格有哪些?请举例说明。

# 参考文献


[1] 语文出版社.语言文字规范手册[M].增订本.北京:语文出版社,1993.

[2] 胡裕树.现代汉语[M].重订本.上海:上海教育出版社,2001.

[3] 黄伯荣,廖序东.现代汉语[M].2版.北京:高等教育出版社,1997.

[4] 林焘,王理嘉.语音学教程[M].北京:北京大学出版社,1992.

[5] 张志公.现代汉语[M].北京:人民教育出版社,1982.

[6] 张斌.现代汉语[M].北京:语文出版社,2000.

[7] 林祥楣.现代汉语[M].北京:语文出版社,1995.

[8] 周一民.现代汉语[M].北京:东方出版社,2001.

[9] 江西大学中文系.现代汉语.上[M].南昌:江西人民出版社,1986.

[10] 刘照雄.普通话水平测试大纲[M].长春:吉林人民出版社,1994.